新訂朱子全書

附外編

25

[宋]朱熹 撰
朱傑人 嚴佐之 劉永翔 主編

上海古籍出版社

本册書目

晦庵先生朱文公文集（五）

戴揚本　曾抗美　校點

晦庵先生朱文公文集卷第七十一

雜著

記和靜先生五事

「學者，所以學爲人也」，蓋尹和靜語。徐丈見尹和靜，問曰：「某有意於學，而未知所以爲問。」先生曰：「此語自好。若果有此意，歸而求之，有餘師。」又嘗語人曰：「放教虚閒，自然見道。」先生在從班時，朝士迎天竺觀音於郊外，先生與往。有問：「何以迎觀音也？」先生曰：「衆人皆迎，某安敢違衆。」又問：「然則拜乎？」曰：「固將拜也。」問者曰：「不得已而拜之與，抑誠拜也？」曰：「彼亦賢者也。見賢，斯誠敬而拜之矣。」先生日誦金剛經一卷，曰是其母所訓，不敢違也。徐丈語及蘇氏「使民戰栗」義，問曰：「如何？」先生艴然曰：「訓經而欲新奇，無所不至矣。」

右五事，熹紹興二十一年五月謁徐丈於湖州，徐丈以語熹，因退而書。徐丈名度，字惇立，和靜門人。

記孫覿事

靖康之難，欽宗幸虜營。虜人欲得某文，欽宗不得已，爲詔從臣孫覿爲之，陰冀覿不奉詔，得以爲解。而覿不復辭，一揮立就，過爲貶損，以媚虜人，而詞甚精麗，如宿成者。虜人大喜，至以大宗城鹵獲婦餉之，覿亦不辭。其後每語人曰：「人不勝天久矣，古今禍亂，莫非天之所爲。而一時之士，欲以人力勝之，是以多敗事而少成功，而身以不免焉。孟子所謂『順天者存，逆天者亡』者，蓋謂此也。」或戲之曰：「然則子之在虜營也，順天爲已甚矣，其壽而康也宜哉！」覿慚無以應，聞者快之。乙巳八月二十三日與劉晦伯語，録記此事，因書以識云。

記林黄中辨易西銘

六月一日，林黄中來相訪，問曰：「向時附去易解，其間恐有未是處，幸見諭。」予應之曰：「大凡解經，但令綱領是當，即一句一義之間，雖有小失，亦無甚害。侍郎所著，却是大綱領處有可疑者。」林問：「如何是大綱領處可疑？」予曰：「繫辭所謂『易有太極，是生兩儀。兩儀生四象，四象生八卦。』此是聖人作易綱領次第，惟邵康節見得分明。今侍郎乃以六畫之卦爲太極，中含二體爲兩儀，又取二互體通爲四象，又顛倒看二體及互體通爲八卦。若論太極，則一畫亦未有，何處便有六畫底卦來？如此恐倒説了。兼若如此，即是太極包兩儀，兩儀包四象，四象包八卦，與聖人所謂生者意思不同矣。」林曰：「惟其包之，是以能生之。包之與生，實一義爾。」予曰：「包，如人之懷子，子在母中；生，如人之生子，子在母外。恐不同也。」林曰：「公言太極一畫亦無，即是無極矣。聖人明言『易有太極』，而公言易無太極，何耶？」予曰：「太極乃兩儀、四象、八卦之理，不可謂無，但未有形象之可言爾。故自此而生一陰一陽，乃爲兩儀，而四象、八卦又是從此生，皆有自然次第，不由人力安排。然自孔子以來，亦無一人見得，至邵康節然後明其説，極有條理，意趣可玩，恐未可忽，更詳之。」林云：「著此書，正欲攻康節爾。」予笑語之曰：「康節未易攻，侍郎且更子細。若此論不改，恐終爲有識者所笑也。」林艴然曰：「正要人笑。」

又論西銘，予曰：「無可疑處，却是侍郎未曉其文義，所以不免致疑。其餘未暇悉辨，只『大君者，吾父母宗子』一句，全錯讀了，尤爲明白。本文之意，蓋曰人皆天地之子，而大君乃其適長子，所謂宗子，有君道者也。故曰大君者，乃吾父母之宗子爾，非如侍郎所説『既爲父母，又降而爲子』也。」林曰：「宗子如何是適長子？」予曰：「此正以繼禰之宗爲喻爾。繼禰之宗，兄弟宗之，非父母之適長子而何？此事它人容或不曉，侍郎以禮學名家，豈不曉乎？」林乃俛首無説而去，然意象殊不平。黄中西銘説曰：近世士人尊横渠西銘過於六經，予讀而疑之，試發難以質焉。易曰：「乾，健也；坤，順也。乾爲天，爲父，坤爲地，爲母，是以順健之至性，而有天地父母之大功。其稱名也小，其取類也大，此之謂也。今西銘云「乾爲父，坤爲母」，是以乾坤爲天地之號名，則非易之本義矣。既曰乾爲父，坤爲母，則所謂「予兹藐然，乃混然中處」者，於伏羲八卦、文王六十四卦爲何等名稱象類乎？方大樸之未散也，老聃謂之混然成列，莊子謂之混沌，是混然無間，不可得而名言者也。既已判爲兩儀，則輕清者上爲天，重濁者下爲地，人居其中，與禽獸草木同然而生，猶有别也，安得與天父地母混然中處乎？又曰「天地之塞吾其體，天地之帥吾其性」，此其語脈出於孟子。孟子言浩然之氣，養而勿害，則塞乎天地之間。又言志，氣之帥也，故志至焉，氣次焉。今舍氣而言體，則又非孟子之本義矣。其意蓋竊取於浮屠所謂佛身充滿法界之説。然彼言佛身謂道體也，道之爲體，擴而充之，雖滿於法界可也。今言吾體，則七尺之軀爾，謂充塞乎天地，不亦妄乎？至言天地之帥吾其性，尤無所依據。孟子以志爲帥者，謂氣猶三軍，聽命於志，惟志所之爾。今舍志而言性，則人生而静，未嘗感物而動者，焉得以議其所之乎？其所統帥何如也？况於父天母地而以吾爲之帥，則惟子言而莫之違矣，不亦妄乎！又曰：「民吾同胞，物吾與也。大君者，吾父母宗子也。其大臣，宗子之家相也。」若以其並生乎天地之間，則民物皆吾同胞也。今謂物吾與者，其於同胞何所辨乎？與之爲名，從何立也？若言大君者吾父母宗子也，其以大君爲父母乎？爲宗子乎？書曰：「惟天地萬物父母，惟人萬物之靈。亶聰明，作元后，元后作民父母。」兹固西銘所本以立其説者也。然一以爲父母，一以爲宗子，何其親疏厚薄尊卑之不倫也！其亦不思甚矣。父母可降而爲宗子乎？宗子可升而爲父母乎？是其易位亂倫，名教之大賊也，學者將何取焉？又言其大臣，宗子之家相也，則宗子有相而父母無之，非特無相，亦無父母矣。可不悲哉！孟子曰：「楊氏爲我，是無君也。墨氏兼愛，是無父也。無父無君，是禽獸也。若邪説誣民，充塞仁義，將有率獸食人之事。」予於西銘亦云。尊西銘者，其不可以無辨。予還自臨安，客有問此曲折者。事之既往，本無足言，而恐學者疑於邵張之學也，因命兒輩録此以示之。

客因有問者曰：「太極之論則聞之矣，宗子之云，殆即莊生所謂『知天子與我皆天之所子』者，子不引之以爲夫子之助，何耶？」予應之曰：「莊生知天子與我皆天之所子，而不知其適庶少長之别；知擎跽曲拳爲人臣之禮，而不知天理之所自來。故常以其不可行於世者爲内直，而與天爲徒；常以其不得已而强爲者爲外曲，而與人爲徒。若如其言，則是臣之視其君，陰固以爲無異於吾之等夷，而陽爲是不情者以虚尊之也。孟子所謂『楊氏爲我，是無君也』，正謂此爾。其與張子之言理一而分殊者，豈可同年而語哉！」昔予書宋君事後，嘗發此意〔一〕，因復并記其説，以俟同志考焉。

記濂溪傳

戊申六月，在玉山邂逅洪景盧内翰，借得所脩國史，中有濂溪、程、張等傳，盡載太極圖説。蓋濂溪於是始得立傳，作史者於此爲有功矣。然此説本語首句但云「無極而太極」，今傳所載乃云「自無極而爲太極」，不知其何所據而增此「自」、「爲」二字也。夫以本文之意，親切渾全，明白如此，而淺見之士猶或妄有譏議。若增此字，其爲前賢之累，啓後學之疑，益以甚矣。謂當請而改之，而或者以爲不可。昔蘇子容特以爲父辨謗之故，請删國史所記「草頭木脚」之語，而神祖猶俯從之，況此乃百世道術淵源之所繫耶？正當援此爲例，則無不可改之理矣。

記旌儒廟碑陰語

歐陽叔弼作集古録目云：「旌儒廟者，秦所坑諸儒之廟也。杜佑以爲儒者不居其位而是非當世，以自取禍。及引後漢錮黨之事，以横議激訐爲戒，刻于廟碑之陰。」予以爲佑之識趣如此，此其所以役於伾、文之黨，而取隨人執下之譏也。叔弼之爲此書，但記姓名、事目、年月、州里，而獨於此詳著其語，豈亦有所病於其言歟，抑以爲是而存之也？

偶讀漫記

吴執中傳在徽録八十八卷、國史九十三卷，與其家傳皆相應。但家傳云：「公緣微病，踰月不對，已有間之者。一日面奏，論列邊防利害，及於一二大臣，上不説。翌日，落職知滁州。」大觀三年十月二十五日告下。又載：「十月二十二日奉聖旨，吴執中初除中憲，議論剛正，凡所陳述，殊無顧忌，頗有古直之操，遂降詔褒之。厥後僅兩月餘日，並無建明。一日進對，奏陳論列，殊無根柢，惑於邪説，頓失所守。可落職知和州，替蔡薿。仍放謝辭，限日下出國門。其蔡薿别與差遣。」此必是省劄〔二〕。而傳云：「先是，蔡京忌張康國，引執中居言路。執中論劉炳兄弟不葬親，數宋喬年父子過惡〔三〕，相繼罷黜。炳與喬年皆京黨也。及上語執政，嘉其不阿，康國奏：『意在逐臣。』已而言康國之章果上。上怒執中懷讒，出知滁州。」此事不知何據。但語意向背不倫，執中本是京引居言路，使攻康國，則不應先攻京黨而後及康國也。又家傳云：「政和改元，星文示變，公以爲推尋厥咎之由，實自蔡京始，因列其命令不信、刑罰失中、公帑空虛、民力困匱、農桑失業、貨財不通，而窮荒無用之地追討興建無已之罪，請降京五官，以太子少保退居于杭。」又載御筆云：「比以舊弼蔡京擅作威福，傲睨弗悛，屢致人言，褫官斥外，申嚴邦憲，足示誠懲。尚慮怨仇乘時騁忿，捃摭舊事〔四〕，論列未休，下石相擠，彈擊不已。務快復讎之私忿，不思體貌之前規，致矯枉過中，疾惡已甚。宜俾寬宥，曲示始終。咨爾臺僚，明聽朕命。」大觀四年。而傳云：「彗星見，上察京姦狀，欲逐之，言者交論京不已。執中上章，謂進退大臣，當存體貌，於是爲京降詔，而京得不重貶。」此與家傳亦不同。然執中後以不論張商英貶黜，則非蔡氏之黨矣。未知本傳何據書此。「執中嘗舉游酢自代，又嘗差同開封尹李孝壽鞫陳正彙告變事〔五〕，執中平心以處，得罪者自以爲不冤。嘗論花石綱，詔即罷之。後每有所須索，必戒左右曰：『毋令吳某知。』翰林學士張閣等出守杭州，陛辭日，乞領花石綱事。自是應奉愈熾，不可救矣。嘗論郭天信過惡，而言者以爲與商英皆天信所薦。與呂惠卿爲友婿，惠卿遭時得君，所薦無不拔用，執中在選調，未嘗附麗以圖進取。」並家傳。御筆云：「卿前日上殿，奏陳曾任學事，見今放罷姓名，可親書實封進入。」「臣伏奉御封云云。右臣昨面奏，係是提舉荆湖南學事胡安國，謹具奏聞。」

執中子巖夫，政和七年十一月除考功郎官，出太師魯公京門。余深嘗於彭世英家見其議蔡卞謚文正議。

魏徵以小戴禮綜彙不倫，更作類禮二十篇，數年而成。太宗美其書，録寘内府。今此書不復見，甚可惜也。

王彥霖行蔡確詞，乃邵武大乾高宇所爲，其家尚有遺藁。方伯謨嘗見之。

乙卯十一月四日，詹元善說：去年見李兼濟，說壽皇曾遣一小璫，以中原事問平江何蓑衣。蓑衣授以紙筆，口誦數語，令書以進，曰：「賀新郎，賀新郎，胡孫拖白不終場。不終場，未便休，雄豪分裂爭王侯。爭王侯，鬧啾啾，也須還我一百州。」壽皇以示兼濟之父秀叔參政。後數年，虜儲允恭死，虜酋雍亦斃，而孫璟襲位，即所謂胡孫者也。豈璟將不終，而中原分裂，河南北將復我也耶？元善又見異書云：「火龍變化丹蛇騰，青羊躑躅烏犍耕，玄豨衝突蒼鼠平。」亦莫詳其爲何等語也。姑并記此，三年而後出之。

釋氏有清草堂者，有名叢林間。其始學時，若無所入。有告之者曰：「子不見貓之捕鼠乎？四足據地，首尾一直，目睛不瞬，心無它念。唯其不動，動則鼠無所逃矣。」清用其言，乃有所入。彼之所學，雖與吾異，然其所以得之者，則無彼此之殊，學者宜以是而自警也。

閩中人李復，字履中，及識横渠先生，紹聖間爲西邊使者。博記能文，今信州有潏水集者，即其文也。其間有論孟子養氣者，「動必由理，故仰不愧於天，俯不怍於地，無憂無懼，其氣豈不充乎？故曰是集義所生者。舍是則明有人非，幽有鬼責，自歉於中，氣爲之喪矣，故曰無是餒也。」此語雖疏，然却得其大旨。近世諸儒之論，多以過高而失之，甚者流於老莊而不知，不若此說之爲得也。惜其亂於詩文博雜之中，學者或不之讀，故表而出之。

蜀人馮當可之文號縉雲集，集中有封事，末云：「臣前所言，望陛下移蹕建康，選將練卒，用張浚、劉錡總統諸軍，節用損己，以充軍費，皆事也，非事之本也。惟陛下遠便佞，疏近習，清心寡欲，以臨事變，此興事造業之根本，洪範所謂『皇建其有極』者也。」此紹興庚辰、辛巳之間所上，其謀畫議論，皆奇偉的當，而所論皇建有極，又深明治本而略識經意，古今論洪範者少能及也。余嘗作皇極辯，與之暗合，因筆其語，以證余說。舊見汪端明嘗稱其人，甚敬重之，今果不謬云。

說文：「𠔁，振𠔁也，從肉，八聲。許訖反。」東坡疑從八無緣爲𠔁聲，而謂舞必八人爲列，乃謂「佾」即「𠔁」字，從八從肉。今按此乃說文之誤，東坡疑之是也，而其所以爲說則非。若以「八」字爲兮而從肉〔六〕，兮省聲，則正得許訖切矣。𠔁又從人，乃爲佾字〔七〕，蓋舞則人之振𠔁也〔八〕。然今說文不見「佾」字，坡云有之，未詳其說。每詳「𠔁」字即「肹」字，故說文但有「𠔁」字，而別無「肹」字，坡疑「佾」即「𠔁」字，亦非也。班史武紀謂云「肸然如有聞」，亦肹蠁之義也。

東坡又云：宋書樂志論房中樂非后妃事，蓋周禮注誤，極有理。當考。武庚即是祿父，東坡以爲兩人，恐別有據。已上並見泉州舶司所刻雪堂帖。

東坡手書煑猪肉法，引孟子曰：「心勿忘，勿助長。」知前輩讀此，皆依古注「勿正」爲句絶，非獨程先生也。作「正心」者，其始於王氏乎？然文勢亦或有之，未可直以爲非，故予於集注兩存之。

會稽官書版本有子華子者，云是程本字子華者所作，即孔子所與傾蓋而語者，好奇之士多喜稱之。以予觀之，其詞故爲艱澀而理實淺近，其體務爲高古而氣實輕浮，其理多取佛老醫卜之言，其語多用左傳、班史中字，其粉飾塗澤，俯仰態度，但如近年後生巧於模擬變撰者所爲。不惟決非先秦古書，亦非百十年前文字也。原其所以，祇因家語等書有孔子與程子傾蓋而語一事，而不見其所語者爲何説，故好事者妄意此人既爲先聖所予，必是當時賢者，可以假託聲勢眩惑世人，遂僞造此書，以傅合之。正如麻衣道者本無言語，祇因小説有陳希夷問錢若水骨法一事，遂爲南康軍戴師愈者僞造正易心法之書以託之也。麻衣易，予亦嘗辯之矣，然戴生樸陋，予嘗識之，其書鄙俚，不足惑人。此子華子者，計必一能文之士所作，其言精麗，過麻衣易遠甚。如論河圖之二與四抱九而上躋，六與八蹈一而下沈，五居其中，據三持七，巧亦甚矣。唯其甚巧，所以知其非古書也。又以洛書爲河圖，亦仍劉牧之謬，尤足以見其爲近世之作。或云王銍性之、姚寬令威多作贋書，二人皆居越中，恐出其手。然又恐非其所能及。如子華子者，今亦未暇詳論其言之得失，但觀其書數篇與前後三序，皆一手文字。其前一篇託爲劉向而殊不類向它書，後二篇乃無名氏、歲月而皆託爲之號，類若世之匿名書者，至其首篇「風輪」、「水樞」之云，正是並緣釋氏之說。其卒章宗君、三祥、蒲璧等事，皆剽剥它書，傅會爲說。其自叙出處，又與孔叢子載子順事略相似，孔叢亦僞書也。又言有大造于趙宗者，即指程嬰而言。以左傳考之，趙朔既死，其家内亂，朔之諸弟或放或死，而朔之妻乃晉君之女，故武從其母畜於公宫，安得所謂大夫屠岸賈者興兵以滅趙氏，而嬰與杵臼以死衛之云哉？且其曰有大造者，又用吕相絶秦語，其不足信明甚。而近歲以來，老成該洽之士亦或信之，固已可怪，至引其說，以自證其姓氏之所從出，則又誣其祖矣。大抵學不知本而眩於多愛，又每務欲出於衆人之所不知者以爲博，是以其弊必至於此，可不戒哉！

或云程邑在雍州之東二十里，王季所居。又引蘇黄門詩說，周之程邑，漢扶風安陵縣也。予按雍州之境，東自西河，西距黑水，延袤數千里，不知所謂州東二十里者自何處計。此里數若指豐、鎬而言，則經傳初不明言其爲雍州治所。又按漢志，安陵在長安北四十里，不應言東。又按皇矣之詩，此詩乃是文王克密之後所作，亦不得爲王季所居也。然意此語必有自來，但「州」字當是衍文耳。所謂雍者，乃扶風之雍縣，其地亦在長安之北，計與安陵相去不遠，故得引以相明。唯王季之云，恐别有所據。然亦未知其與詩說孰爲得失也。當考。上虞、餘姚二邑，皆以舜名，而上虞村落又有號百官，俗傳百官，牛羊之處也。或謂四旁多舜事迹，疑其子孫所封，理或有之，然不可考矣。大抵地名古迹亦多沿襲訛謬，如子華子後序乃言鬼谷子所居在今信州貴溪縣，蓋其圖經之説如此，豈有此理哉！以它書考之，地名「鬼谷」者凡數處，疑特俚俗相傳物魅之區爾，未必儀、秦之師所居也。上虞旁邑嵊縣有戈、過二姓，即少康所滅羿、浞之黨。其子孫乃聚於一邑，又近禹葬之地，不知其何故也。

俚俗相傳，疫疾能傳染，人有病此者，鄰里斷絶，不通訊問，甚者雖骨肉至親，亦或委之而去，傷俗害理，莫此爲甚。或者惡其如此，遂著書以曉之，謂疫無傳染，不須畏避。其意善矣，然其實不然，是以聞者莫之信也。予嘗以爲，誣之以無染而不必避，不若告之以雖有染而不當避也。蓋曰無染而不須避者，以利害言也；曰雖染而不當避者，以恩義言也。告之以利害，則彼之不避者信吾不染之無害而已，不知恩義之爲重也。一有染焉，則吾説將不見信，而彼之避也，唯恐其不速矣。告之以恩義，則彼之不避者知恩義之爲重而不忍避也。知恩義之爲重而不忍避，則雖有染者，亦知吾言之無所欺，而信此理之不可違矣。抑染與不染，似亦係乎人心之邪正，氣體之虚實，不可一概論也。吾外大父祝公，少時隣里有全家病疫者，人莫敢親。公爲煮粥藥，日走其家，遍飲病者而後歸。劉賓之官永嘉時，郡中大疫，賓之日遍走視，親爲診脈，候其寒温，人與藥餌，訖事而去，不復盥手，人以爲難。後皆無恙云。

沙隨有活人書辨，當求之。

嚴州王君儀能以易言禍福，其術略如徐復、林瑀之說，以一卦直一年。嘗言紹興壬戌太母當還，其後果然。人問其故，則曰是年晉卦直事，有「受茲介福，于其王母」之文也。予謂此亦小數之偶中耳。若遂以君儀爲知易，則吾不知其說也。

沙隨春秋例說滕子來朝，爲自貶而用小國之禮，如鄭人爭承之比，最爲精當。但朝桓公者，郳、牟、葛稱人，穀、鄧書名，又有不可通者。而諸儒之說，亦莫之能明也。

孟子「決汝、漢，排淮、泗，而注之江」，此但作文取其字數，以足對偶而云耳。若以水路之實論之，便有不通，而亦初無所害於理也。說者見其不通，便欲强爲之說，然亦徒爲穿鑿，而卒不能使之通也。如沈存中引李習之來南録云：「自淮沿流至于高郵，乃泝于江。」因謂淮、泗入江，乃禹之舊迹，故道宛然，但今江、淮已深，不能至高郵耳。此說甚似，其實非也。按禹貢，淮水出桐柏，會泗、沂，以入于海。故以小江而列於四瀆，正以其能專達于海耳。若如此說，則禹貢當云南入于江，不應言東入于海，而淮亦不得爲瀆矣。且習之「沿、泝」二字似亦未當，蓋古今往來淮南，只行邗溝、運河〔九〕，皆築埭置閘，儲閉潮汐，以通漕運，非流水也。若使當時自有禹迹故道可通舟楫，則不須更開運河矣。故自淮至高郵不得爲沿，自高郵以入江不得爲泝，而習之又有「自淮順潮入新浦」之言，則是入運河時，偶隨淮潮而入，有似於沿，意其過高郵後，又迎江潮而出，故復有似於泝，而察之不審，致此謬誤。今人以是而説孟子，是以誤而益誤也。今按來南録中無此語，未詳其故。近世又有立説，以爲淮、泗本不入江，當洪水横流之時排退淮、泗，然後能決汝、漢以入江。此説尤巧而尤不通。蓋汝水入淮，泗水亦入淮，三水合而爲一，若排退淮、泗，則汝水亦見排退，而愈不得入江矣。漢水自嶓冢過襄陽，南流至漢陽軍，乃入于江；淮自桐柏東流，會汝水、泗水以入于海。淮漢之間自有大山，自唐、鄧、光、黄以下至於灊、霍，地勢隔驀，雖使淮、泗横流，亦與江、漢不相干涉，不待排退二水而後漢得入江也。大抵孟子之言只是行文之失，無害於義理，不必曲爲之説，閑費心力也。

春秋：「上辛，大雩。季辛，又雩。」公羊爲昭公聚衆以攻季氏。此説非是，昭公失民已久，安能聚衆？不過得游手聚觀之人耳，又安能逐季氏？昭公、季氏事見左氏傳〔一〇〕，極有首尾。公羊子特傳聞想料之言爾，何足爲據。或者乃信其説，以解春秋，既爲謬誤，又欲引之以解論語樊遲從遊舞雩之下一段問答，以爲爲昭公逐季氏而發者，則又誤之甚矣。此弊蓋原於蘇氏問社之説，而近世又增廣之也。嘗見徐端立文説曾以蘇説問尹和靜，和靜正色久之，乃言曰：「解經而欲新奇，何所不至？」聞之，令人悚然汗下。

或説魚麗詩云：「罶，笱也；笱者，寡婦之器也。寡婦得魚而不爲富彊所奪，則是太平之象，而可告功於神明也。」此因小序而失之，固爲無理，然專以笱爲寡婦之器，似亦未然。蓋聚石爲梁，必有笱，以承其闕空，乃可得魚。凡取魚者皆然，非但寡婦也。但笱易成而易用，雖寡婦亦能置之，故以爲寡婦之笱。它人則取魚之器尚多，不專用笱耳。非謂它人不得用笱，而唯寡婦得用；亦非謂寡婦只得用笱，而不得更以它物取魚也。谷風、小弁之詩皆曰：「無逝我梁，無發我笱。」豈寡婦之作也哉！

「打」字，今浙西呼如謫耿切之聲，亦有用去聲處。大抵方言多有自來，亦有暗合古語者，如浙人謂「不」爲「弗」，又或轉而爲「否」；呼若甫云。閩人有謂「口」爲「苦」〔一一〕，「走」爲「祖」者，皆合古韻。此類尚多，不能盡舉也。

附子，今人未嘗不服，但熟即已疾，生則殺人耳。漢淳于衍毒殺許后，蓋生用也。果爾，則雖平人亦不免，況乳婦乎？或者乃以今人有新產而以附子愈疾者，遂疑漢史之誤，過矣。予嘗中烏喙毒，始時頭岑岑然，久之加煩懣，正如許后之證。當時在深山中，不能得藥，須臾通身皆黑，勢甚危惡，意必死矣。偶記漢質帝語得水尚可活，亟令多汲新水，連飲之，遂大嘔洩而解。此亦不可不知也。

或謂李華著論廢卜，故終失節；王涯首議榷茶，後亦得禍。至如近歲茶商作賊，殺人甚衆，皆涯之罪也。予謂廢卜固其所見之謬，然與失節事不相類；榷茶固爲有罪，然甘露之變死者十餘族，豈皆榷茶所致？且今村民爭田爭水，劫取穀粟，以致殺傷者多矣，又可追咎神農、后稷耶？大抵論事只當言其理之是非，不當計其事之利害。此等議論，雖欲因事設爲警戒，然其勢將有所窮，反使世人并與正理而疑之，非小失也。

韋蘇州集載秦系詩自署「東海釣客、試秘書省校書郎」，而詩有「久卧雲間已息機，青袍忽著狎鷗飛」之句，蓋系嘗隱泉州九日山，故有「東海」之號。「青袍忽著」，自謂其新授校書郎爾，故韋和詩云：「知掩山扉二十秋，魚須翠碧弄床頭。」正答其意也。或者乃謂「青袍」、「翠碧」皆爲韋發，既失詩意，又謂唐刺史不借服色，則又誤矣。牛叢對宣宗云：「臣今服緋，是刺史所借。」而白樂天忠州被召時詩言之極詳，何考之不審耶？韋蘇州事迹，王厚叔序中考之已詳，近年姚令威又作後序，於厚叔外又增補二事，然皆失之。其一以韋贈人詩有「少年遊太學」之句，遂謂韋嘗遊太學，不知韋詩所云乃是謂所贈之人也。其一以韋有「分竹守南譙」之句，遂謂韋嘗守亳，不知南譙乃滁州也。其説之誤，正與「青袍」者相似。夸多之弊，至於如此。事雖不急，亦可戒也。

或説「説大人則藐之」，以「藐」爲自小之意云。説大人時當如子弟之對父兄，恬然泰然，説盡道理，不作大事看，非謂小視大人也。此説甚怪。下文更説不行，如「吾何畏彼哉」一句，不知却如何説。人皆知其不可，而或者信之，蓋正理不明而先入爲主，故其惑如此。

亦非止此一條也。

或云：「舊見水懺，言有行者盜常住食物而變爲餓鬼者，初不之信，近見夷堅志亦有此事，乃信。理可推者，人理耳；若鬼神仙佛事，非理可究。」予謂二事一律，妄則皆妄，真則皆真，今乃疑其一於前，而信其一於後，何耶？天下之事，巨細幽明，莫不有理，未有無理之事、無事之理，不可以内外言也。若有不可推者，則豈理之謂哉！或又云：「莊、列、釋氏皆有大過人者，但爲從别路去，故不可與校是非。」予謂既云别路，則須自有正路。只此正路、别路之間，便有是非可校，何言不可耶？

或讀關雎，問其訓詁名物，皆不能言，便説「樂而不淫，哀而不傷」云云者。余告之曰：「若如此讀詩，則只消此八字，更添『思無邪』三字，成十一字後，便無話可説。三百五篇皆成查滓矣。」因記得頃年汪端明説沈元用問尹和靜伊川先生易傳何處是切要處，尹云：「體用一源，顯微無間，此是最切要處。」後舉似李先生，先生曰：「尹説固好，然須是看得六十四卦、三百八十四爻都有下落處，方始説得此話。若學者未曾子細理會，便與他如此説，豈不誤它！」余聞之悚然，始知前日空言無實，全不濟事，自此讀書益加詳細云。

艮下坎上，其卦爲蹇，蹇，難也。西南陰方，平易之地；東北陽方，險阻之處。當蹇之時，利趨平易，而不利走險阻，又利見大人，以濟蹇而守正則吉。故筮得此卦，其占如此，以象傳言之，云易本義合如此。

禮書，此書異時必有兩本。其據周禮、分經傳，不多取國語、雜書迂僻蔓衍之説，吾書也。其黜周禮，使事無統紀，合經傳，使書無間別，多取國語、雜記之言，使傳者疑而習者蔽，非吾書也。劉原父嘗病何休以不修春秋百二十國寶書三禮春秋，而予反病二書之不傳，不得深探聖人筆削之意也。異時此書別本必將出於信饒之間、石橋之野故箱敗簏之間，其亦足以爲予筆削之助乎？十月十八夜因讀余正父修禮而書。

讀雜書偶記三事

周公玉堂雜記記中朝舊典，待詔宣召學士有茶酒接坐之禮。今待詔廷參，贊喝禮與院吏雖小不同，而平時視之，全與吏等，無由待以茶酒。予謂唐用待詔如王伾、王叔文輩，雖姦邪小人，然皆略知文義，可兼太子侍讀，能預公卿議論，則其選與今固不同矣。計祖宗時所用之人，亦必稍加甄擇，未至如今日之猥賤，此其待遇之禮所以異也。又自記其當制時，有縣伯進封郡侯者，院吏寫云「某郡進封開國侯」，當爲正之。予謂此正緣待詔不知文義，故煩學士點檢爾。予嘗受詔獎諭，其首云「省奏詞，免某官，已依所乞，事具悉」者，其失正類此，而當時學士不之省也。又記親祠之禮，至尊升輅，則以學士爲執綏官一節甚詳。予按曲禮、少儀等書及先儒説，綏，安也；升車者執之以爲安也。故執綏乃乘車者之事，非僕御之職也。蓋君車已駕，則僕者負良綏、取貳綏以先升。良綏，君所執以升者；貳綏，亦曰散綏，御者所執以升者也。既升，然後以良綏授君。君正立執之以升，立於左方，僕執轡立於車中以御，勇力之士升立於御之右，以備非常。周禮大馭、諸右等官，即其職也。故開元、開寶、政和禮書親祠乘輅，皆以太僕卿爲御、千牛將軍爲右，蓋放周禮。而國史所記國初時事，猶云：「奚嶼攝太僕卿，備顧問。」當時中御立乘之禮不知其如何，然猶未有執綏之名也。今乃條敕差執綏官，而以綵繩維於箱柱，不知自何時失之，甚可笑也。又至尊不立乘而設倚以坐，不以千牛陪乘，而同時降敕差帶甲内侍二人立於御坐之旁。凡此既皆失禮，而刑餘共載，乃袁盎所爲變色者〔一二〕，尤爲乖戾。不知歷幾何時，禮官皆不能正，儒臣爲執綏者亦莫覺其繆，而方且夸以爲榮，何哉！

記尚書三義

堯典卒章「我其試哉，女于時，觀厥刑于二女」，皆堯言也。「釐降二女于嬀汭，嬪于虞」，乃史氏記堯下嫁二女于嬀水之旁，而爲婦於虞氏耳。「帝曰欽哉」者，戒敕二女之言，猶所謂往之女家，必敬必戒者也。今自孔傳及諸家皆失之，殊不成文理也。

舜典「肆覲東后」，「五玉、三帛、二生、一死，贄」便當屬此文下，言其見東方諸侯，而使各以其物爲贄也。其下乃云「協時月正日，同律度量衡，修五禮，如五器」，乃得事之序，而文勢亦順。「如」亦齊同之義，「卒乃復」者，言既訖事而旋反。二句皆張子説也。

棐，本木名，而借爲「匪」字。顔師古注漢書云：「棐，古匪字，通用。」是也。「天畏匪忱」，猶曰天難謀爾。孔傳訓作「輔」字，殊無義理。嘗疑今孔傳并序皆不類西京文字氣象，未必真安國所作，只與孔叢子同是一手僞書。蓋其言多相表裏，而訓詁亦多出小爾雅也。此事先儒所未言，而予獨疑之，未敢必其然也。姑識其説，以俟知者。

記濇水集二事

同州韓城縣北有安國嶺，東西四十餘里。東臨大河，瀕河有禹廟，在山斷河出處。禹鑿龍門，起於唐張仁願所築東受降城之東，自北而南，至此山盡。兩岸石壁峭立，大河盤束於山硤間千數百里，至此山開岸闊，豁然奔放，怒氣噴風，聲如萬雷。廟像豕首而冕服。舊傳鯀入羽淵化爲黄熊，又云鯀爲玄熊。熊首類豕，肖像以此。而廟乃稱禹，甚非也。然鄉人不敢以豕肉薦，必致神怒，大風發屋拔木，百里被害。

舊説禹鑿龍門，而不詳言其所以鑿。誦説相傳，但謂因舊修闢，去其齟齬，以決水勢而已。今詳此說，則謂受降以東，至於龍門，皆是禹所新鑿。若果如此，則禹未鑿時，河之故道不知却在何處，而李氏此說，又何所考也？李氏之學極博，所論禹像豕首，當是鯀廟爲黄熊之像，而不考漢書說啓母石處，注中言禹亦嘗變熊，則俚俗相傳，塑禹像爲豕首，自不足怪也。

邢恕奏乞下熙河路打造船五百隻，於黄河順流放下，至會州西小河内藏放〔一三〕。熙河路漕使李復奏：「竊知邢恕欲用此船載兵，順流而下取興州。契勘會州之西小河鹹水，其闊不及一丈，深止於一二尺，豈能藏船？黄河過會州，入韋精山，石硤險窄，自上乘流直下，高數十尺，船豈可過？至西安州之東，大河分爲六七道散流，謂之南山逆流，數十里方再合。逆流水淺灘磧〔一四〕，不勝舟載，此聲若出，必爲夏國侮笑。」事遂寢。邢恕之策，果如李復之言，可謂妄矣。然禹貢所言雍州貢賦之路，亦曰「浮于積石，至于龍門西河，會于渭汭」，則古來此處河道固通舟楫如恕策矣。復之言乃如此，何也？復集中記事甚多，特此一條與禹貢相關，故録之以備參考云。

記山海經

浙江出三天子都，在其東。按地理志：浙江出新安黟縣南蠻中，東入縣，今錢塘浙江是也。

黟，即歙也。浙，音折。在閩西北，入海，餘暨南。餘暨縣屬會稽，爲永興縣。廬江出三天子都，入江，彭澤西。彭澤。今彭蠡也，在潯陽彭澤縣。一曰天子鄣。

右出山海經第十三卷。按山海經唯此數卷所記，頗得古今山川形勢之實，而無荒誕譎怪之詞。然諸家皆莫之考〔一五〕，而其它卷謬悠之説，則往往誦而傳之，雖陶公不免也。此數語者，又爲得今江浙形勢之實，但經中浙字，漢志注中作「漸」，蓋字之誤，石林已嘗辨之。其更檢。注中「黽中」字，羅端良所著歙浦志乃作「率山」，未知孰是。廬江得名，不知何義。其入江處西有大山，亦以「廬」名，説者便謂即是三天子都。此固非是，然其名之相因，則似不無説也。「都」，一作「鄣」，亦未詳其孰是。但廬江出丹陽郡陵陽縣，而其旁縣有以「鄣」名者，則疑作「鄣」爲是也。予嘗讀山海諸篇記諸異物飛走之類，多云東向或云東首，皆爲一定而不易之形，疑本依圖畫而爲之，非實記載此處有此物也。古人有圖畫之學，如九歌、天問皆其類。

記三苗

頃在湖南，見説溪洞蠻傜，略有四種，曰獠，曰犵，曰狑，而其最輕捷者曰猫，近年數出剽掠爲邊患者，多此種也。豈三苗氏之遺民乎？古字少而多通用，然則所謂三苗者，亦當正作猫字耳。詹元善説苗民之國三徙其都，初在今之筠州，次在今之興國軍，皆在深山中，人不可入，而已亦難出。最後在今之武昌縣，則據江山之險，可以四出爲寇，而人不得而近之矣。未及問其所據，聊併記于此云。

考韓文公與大顛書

今按杭本不知何人所注，疑袁自書也。更以跋尾參之，其記歐公之語不謬矣。而東坡雜説乃云：「韓退之喜大顛，如喜澄觀、文暢，意非信佛法也。而或者妄撰退之與大顛書，其詞凡鄙，雖退之家奴僕，亦無此語。今一士人又於其末妄題云歐陽永叔謂此文非退之不能作，又誣永叔矣。」蘇公此語，蓋但見集注之出於或人，而未見跋尾之爲歐公親筆也。二公皆號一代文宗，而其去取不同如此，覽者不能無惑。然方氏盡載歐語而略不及蘇説，其意可見。至吕伯恭乃於文鑑特著蘇説，以備乙覽，則其同異之間，又益後人之惑矣。以余考之，所傳三書，最後一篇實有不成文理處，但深味其間語意一二，文勢抑揚，則恐歐、袁、方意誠不爲過。但意或是舊本亡逸，僧徒所記不真，致有脱誤。歐公特觀其大概，故但取其所可取，而未暇及其所可疑。蘇公乃覺其所可疑，然亦不能察其爲誤，而直斥以爲凡鄙。所以其論雖各有以，而皆未能無所未盡也。若乃後之君子，則又往往不能究其本根，其附歐說者既未必深知其所以爲可信，其主蘇氏者亦未必果以其說爲然也。徒幸其言可爲韓公解紛，若有補於世教，故特表而出之耳，皆非可與實事而求是者也〔一六〕。至如方氏，雖附歐說，然亦未免曲爲韓諱，殊不知其言既曰「久聞道德，側承道高」，又曰「所示廣大深迴，非造次可諭」，又曰「論甚宏博」，安得謂初無崇信其說之意耶？韓公之事，余於答孟簡書已論其詳矣，故不復論，特從方本載此三書於別集，并録歐公二語，而附蘇說、方說於其後，且爲全載書文於此，而考其同異，訂其謬誤如左方，以爲讀者以此觀之，則其決爲韓公之文，而非它人之所能作無疑矣。

愈啓：孟夏漸熱，惟道體和安。愈弊劣無謂，坐事貶官到此。久聞道德，竊思見顏。緣昨來未獲參謁，倘能暫垂見過，實爲至幸。已帖縣令具人船奉迎。日久竚瞻，不宣。某白。

愈啓：海上窮處，無與話言。側承道高，思獲披接，專輒有此咨屈。倘惠能降諭，「惠」字疑衍，或下有「然」字，而并在「能」字之下。非所敢望也。至此一二日却歸高居，亦無不可。旦夕渴望，不宣。某白。

愈啓：惠勻至，辱答問，珍悚無已。所示廣大深迴，非造次可諭。易大傳曰：「書不盡言，言不盡意。」然則聖人之意，其終不可得而見耶？如此而論，讀來一百遍，「一」字疑衍，蘇氏所謂凡鄙，蓋指此等處耳。不如親顔色隨問而對之易了。此句來晴明，旦夕不甚熱，儻能乘閑一訪，幸甚。旦夕馳望。

愈聞道無凝滯，行止繫縛，苟非所戀著，則山林閑寂，與城郭無易。大顛師論甚宏博，而必守山林，義不至城郭，自激修行，獨立空曠無累之地者，非通道也。勞於一水〔一七〕，安於所識，道固如是。「識」疑當作「適」，猶言便也。與「唯適之安」之語用字略同〔一八〕，言一水雖勞，而既來則當隨其所便，無處不安也。「道固如是」，即所以結上文「道無凝滯」之意也。不宣。某頓首。韓公之於大顛，既聞其語，而爲禮益恭如此。

考歐陽文忠公事蹟

余讀廬陵歐文新本，觀其附録所載行狀、謚議、二刻、四傳，皆以先後爲次，而此事蹟者獨居其後，豈以公諸子之所爲，而不敢以先於韓、吳諸公及一二史臣之作耶？此其用意已精，而爲法亦嚴矣。然綜其實，則事蹟云者，正行狀之底本，而碑志、四傳所繇出也。向使直指先後之次，而以冠於附録之篇，則彼數書者，皆可見其因革損益之次第矣，是亦豈不可耶？間又從鄉人李氏得書一編凡十六條，皆記公事大略，與此篇相出入，疑即其初定之草稿。顧其標題，乃謂公所自記，而凡「公」字，皆以丹筆圍之。此則雖未必然，然於此本，亦有可相發明者。因略考其異同有無之互見者，具列於左方。

經術

李本云：公嘗謂：「世之學者，好以新意傳注諸經，而常力詆先儒。先儒於經不能無失，而其所得者固多矣。正其失可也，力詆之不可也。」其語在詩譜後序。又謂：「前儒注諸經，唯其所得之多，故能獨出諸家而行於後世。而後之學者，各持好勝之心，務欲掩人而揚己，故不止正其所失，雖其是者，一切易以己説，欲盡廢前人而自成一家，於是至於以是爲非，牽彊爲説，多所乖繆，則并其書不爲人所取，此學者之大患也。」故公作詩本義止百餘篇而已，其餘二百篇無所改易，曰毛鄭之説是也，復何云乎？又其作易童子問，正王弼之失者纔數十事耳。其極論繫辭非聖人之書，然亦多使學者擇取其是而捨其非可也；便以爲聖人之作，不敢取捨而盡信之，則不可也。其公心通論常如此。此與定本大旨不異，但書先後詳略有不同者。繫辭之説，則疑其諸子不敢力主而復自删之也。

醉翁亭記

李本「未有此體」下有「醉翁亭在瑯琊山寺側，記成刻石，遠近爭傳，疲於模打。山僧云寺庫有氊，打碑用盡，至取僧堂卧氊給用。凡商賈來供施者，亦多求其本。僧問作何用，皆云所過關征，以贈監官，可以免税」。乃屬於「公作集古録目序」之上。此條疑以其不急而删去。

修五代史

李本「亂世之書也」下，有「吾用春秋之法，師其意不襲其文」十三字。又「其事備」下，有「議者以謂公不下司馬遷，又謂筆力馳騁相上下，而無駁雜之説。至於本紀立法精密，則又遷所不及也。亦嘗自謂：『我作伶官傳，豈下滑稽也？』」「議者」以下疑以不欲凌跨古人而删之。

平心無怨惡

李本云：公自言學道三十年，所得者平心無怨惡爾。初以范希文事得罪于吕公，坐黨人遠貶三峽，流落累年。比吕公罷相，公始被進擢。及後爲范公作神道碑，言西事時吕公擢用希文，盛稱二公之賢，能釋私憾而共力於國家。希文子純仁大以爲不然，刻石時輒削去此一節，云：「我父至死未嘗解仇。」公歎曰：「我亦得罪於吕丞相者，惟其言公，所以信於後世也。吾嘗聞范公平生自言無怨惡於一人，兼其與吕公解仇書見在贇集中。豈有父自言無怨惡於一人，而其子不使解仇於地下乎？父子之性相遠如此，信乎堯、朱善惡異也！」公爲潁州時，吕公之子公著爲通判，爲人有賢行而深自晦默，時人未甚知。公後還朝，力薦之，奏疏具集中。由是漸見擢用。陳恭公執中素不善公，其知陳州時，公自潁移南京，過陳，陳拒而不見。公後還朝作學士，陳爲首相，公遂不造其門。已而陳出知亳州，尋還使相，换觀文。公當草制，陳自謂必不得好詞，及制出，詞甚美，至云「杜門却掃，善避權勢以遠嫌；處事執心，不爲毁譽而更守」。陳大驚喜，曰：「使與我相知深者，不能道此，此得我之實也。」手録一本，寄其門下客李中師，曰：「吾恨不早識此人。」此段疑避呂、范二家子弟，因并陳恭公事而去之。竊謂於此尤可以見歐、范之存心，與呂、陳之悔過，恐皆不可遺也。

惟稱蘇梅

李本「自以爲不及」下有「二人因此名重天下。公惟嘗因醉，戲親客曰：『廬山高，它人作不得，唯韓退之作得；琵琶前引，退之作不得，唯杜子美作得；後引，子美作不得，唯太白作得。』公詩播人口者甚多，唯此三篇，其尤自喜者也」。此段恐嫌於誇而去之。

修唐書

李本此段不同者三：一則首云公於修唐書最後至局，專修紀、志而已，列傳則宋尚書祁所修也。朝廷以一書出於兩手，體不能一，遂詔公看詳列傳，令删修爲一體。二則

「列官最高者一人」下有「姓名云某等奉敕撰而」九字。三則「書宋名」下有「此例皆前所未有，自公爲始也」十一字，乃屬於「宋相聞之」之上。此但差詳，疑定本欲删以從簡耳。

不從范公之辟

李本大同小異，今不復著。

議不廢麟州及許耕棄地

李本大同而文差略，今亦不著。

不誅保州脅從之兵

李本首著爲政仁恕之語，大抵與定本别段旨意略同。其末乃云其爲河北轉運使時，所活二千餘人。先是，保州屯兵閉城叛命，田況、李昭亮等討之不克，卒招降之。既開城，況等推究反者，殺二千餘人，投於八井。又其次二千餘人不殺者，分隸河北州軍。諸事已定，而富相出爲宣撫使，懼其復爲患，謀欲密委諸州守將同日悉誅之。計議已定，方作文書，會公奉朝旨權知鎮府，與富公相遇於内黄，夜半屏人，以其事告公。公大以爲不可，曰：「禍莫大於殺已降，昨保州叛卒，朝廷已降敕榜，許以不死而招之。八井之戮，已不勝其怨，況此二千人者本以脅從，故得不死，奈何一旦無辜就戮？」爭之不能止，因曰：「今無朝旨而公以便宜處置，若諸郡有不達事機者以公擅殺，不肯從命，事既參差，則必生事，是欲除患於未萌而反趣其爲亂也。且某至鎮州，必不從命。」富公不得已，遂止。是時小人譖言已入，富、范勢已難安，既而富公大閱河北之兵，將卒多所升黜。譖者獻言：「富某擅命專權，自作威福，已收却河北軍情，北兵不復知有朝廷矣。」於是京師禁軍亟亦大閱，多所升擢。而富公歸，至國門不得入，遂罷樞密，知鄆州。向若遂擅殺二千人，其禍何可測也！然則公之一言不獨活二千人之命，亦免富公於大禍也。此比定本爲詳，足以盡見事之曲折。又「譖言已入」之下，所係更重，尤不可闕。疑後以不欲形迹當時聽讒之失而刪去之也。

春帖子

李本云：内臣梁實嘗言，在内中祇候，見仁宗云云，末云云，是歐陽某，必索文書自覽，是它人當直則否也。

知開封府

李本末後有：韓子華謂公曰：「外議云餘材可以更知一箇開封府。」似亦嫌太誇而刪之。

連典大郡

李本曰：公嘗語人曰：「治民如治病。彼富醫之至人家也，僕馬鮮明，進退有禮。

爲人診脈，按醫書述病証，口辯如傾，聽之可愛，然病兒服藥云無效，則不如貧醫矣。貧醫無僕馬，舉止生疏，爲人診脈，口訥不能應對，病兒服藥云疾已愈矣，則便是良醫。凡治人者不問吏材能否，施設何如，但民稱便，即是良吏。」故公爲數郡，不見治迹，不求聲譽，以寬簡不擾爲意。故所至民便，既去民思。如揚州、南京、青州皆大郡，公至三五日間，事已十減五六，一兩月後，官府閒然如僧舍。或問：「公爲政寬簡而事不廢弛者，何也？」曰：「以縱爲寬，以略爲簡，則弛廢而民受其弊矣。吾之所謂寬者不爲苛急爾，所謂簡者不爲繁碎爾。」識者以爲知言。此比定本語意尤詳備。

濮議初不出於公，及臺諫有言，公獨力辨於朝，故議者指公爲主議之人。公未嘗自辨，唯曰：「今人以濮議爲非，使我獨當其罪，則韓、曾二公宜有愧於我；後世以濮議爲是，而獨稱我善，則我宜愧於二公。」公又撰濮議四卷，悉記當時論議本末甚詳。又於五代史記書晉出帝父敬儒、周世宗父柴守禮事，及李彦詢傳，發明人倫父子之道，尤爲詳悉。李本有之而此本無，疑公諸子後已不敢力主其父之論而刪之也。

蔡州妖尼于惠普託佛言人禍福，朝中士大夫多往問之，所言時有驗，於是翕然共稱爲神尼。公既自少力排釋氏，故獨以爲妖。嘗有一名公於廣座中稱尼靈異，云嘗有牽二牛過尼前者〔一九〕，指示人曰：「二牛前世皆人也。前者是一官人，後者是一醫人。官人嘗失入人死罪，醫人藥誤殺人，故皆罰爲牛。」因各呼其前世姓名，二牛皆應。一座聞之，皆歎其異。公獨折之曰：「謂尼有靈，能此有闕文萬物之最靈，其尤者爲聰明聖智，皆不能自知其前世，而有罪被罰之牛乃能自知乎？」於是座人皆屈服。李本有之。所謂名公者，疑指富公。此本無者，蓋爲賢者諱也〔二〇〕。

公嘗爲杜祁公墓誌，云：「簿書出納，爲之條目甚密，必使吏不得爲姦，及其施於民者，則簡而易行。」公曰：「我之爲政亦如此也。」李本在「連典大郡」之後，此本無。

梅龍圖摯知杭州，作有美堂，最得登臨佳處。公爲之作記。人謂公未嘗至杭，而所記如目覽。坐堂上者使之爲記，未必能如是之詳也。李本在醉翁亭記之前。此本無。

右凡十六條。其十二條定本有之，而詳略先後或不同；其四條則定本所無，而李本有之。其平心、保州、妖尼三事，尤非小補，蓋公平生學問根源、出處大致、言行本末皆已略見於此而無遺矣。平心、保州、唐書三事亦見於張邦基墨莊漫録，云得之公孫建世、望之者，則其出於公子叔弼之徒所記。而「學道」以下，「堯朱」以上，必是著手書本語無疑矣。但張誤於陳恭公以下別爲一事耳。獨晚年守青州時論執青苗一事，尤足以見其剛毅大節始終一致，不以既老而少衰。而公之諸子乃有所避而不敢書。吳丞相作行狀，因亦不載。至韓魏公作墓誌，乃始見其嘗有乞不收息及罷提舉官之奏，與其辭太原有「守拙循常」

之語。元祐之爲裕録者，又不載志語於附傳。至葉致遠朱本之書出，乃反著其不俟報可，擅止散錢而有特與放罪之詔。又至近歲洪景盧作四朝史傳，乃盡見其以是深爲王安石所詆，而遂決歸老之計。蓋此一事凡更六人之手，而三書闕焉，幸其有肯書者，然猶歷三手，越百餘年而後，首末得以粗備。然則士之制行不苟合於當時，而有待於後世者，豈不難哉！抑公之言曰：「後世苟不公，至今無聖賢。」蓋俗情之愛惡雖有短長，而公論之光明終不泯没，此古之君子所以未能以此而易彼也歟？因并記其語，以補此篇之闕，以爲有志之士必將有感於斯焉。

校勘記

〔一〕嘗發此意　「嘗」，原作「當」，據閩本、浙本改。
〔二〕此必是省劄　「是」，原作「見」，據浙本改。
〔三〕數宋喬年父子過惡　「數」，原作「服」，據浙本改。
〔四〕捃摭舊事　「捃」，原作「据」，據閩本、浙本改。
〔五〕又嘗差同開封尹李孝壽鞫陳正彙告變事　「李」，原作「一」，底本原注：「『一孝』之『一』字，一本空。今據宋史卷三一〇李迪傳改。然「孝壽」疑爲「孝稱」之誤，據傳，當爲李孝稱事也。又宋史卷三四五陳瓘傳亦謂孝稱任開封尹時脅陳瓘使證其子正彙事。

〔六〕若以八字爲兮而從肉　「兮」，原作「今」，據閩本、浙本改。

〔七〕乃爲佾字　「佾」，原作「㑚」，據閩本、浙本改。

〔八〕蓋舞則人之振肸也　「舞」，原作「振」，據閩本、浙本改。

〔九〕只行邗溝運河　「邗」，原作「刊」，據閩本、浙本改。

〔一〇〕昭公季氏事見左氏傳　「昭公」前原衍「宋」字，據左傳删。

〔一一〕閩人有謂口爲苦　「苦」，原作「若」，據閩本、浙本改。

〔一二〕乃袁盎所爲變色者　「盎」，閩本、浙本作「絲」。漢袁盎字絲。見史記卷一〇一、漢書卷四九本傳。

〔一三〕至會州西小河内藏放　「放」，原作「於」，據浙本改。四庫全書本卷一乞罷造船疏作「放」。

〔一四〕逆流水淺灘磧　「流」，原作「溜」；「磧」字原闕，據潏水集卷一乞罷造船疏改補。

〔一五〕然諸家皆莫之考　「家」，原作「經」，據正訛改。

〔一六〕皆非可與實事而求是者也　「實事」，原作「言事」，據韓文考異卷九改。

〔一七〕勞於一水　「水」，韓文考異卷九作「來」。下小注中「言一水雖勞」之「水」字同。

〔一八〕與唯適之安之語用字略同　「與」字原缺，「唯」字原作「雖」，據韓文考異卷九補改。

〔一九〕有牽二牛過尼前者 「二」字原闕，據浙本補。

〔二〇〕蓋爲賢者諱也 「爲」，原作「謂」，據閩本、浙本改。

晦庵先生朱文公文集卷第七十二

雜著

北辰辨

帝坐惟在紫微者，據北極七十二度常見不隱之中，故有北辰之號而常居其所。蓋天形運轉，晝夜不息，而此爲之樞，如輪之轂，如磑之齊，雖欲動而不可得，非有意於不動也。若太微之在翼、天市之在尾、攝提之在亢，其南距赤道也皆近，其北距天極也皆遠，則固不容於不動，而不免與二十八宿同其運行矣。故其或東或西，或隱或見，各有度數。仰而觀之，蓋無晷刻之或停也。今曰是與在紫微者皆居其所而爲不動者四，則是一天而四樞、一輪而四轂、一磑而四齊也。分寸一移，則其輻裂而瓦碎也無日矣，若之何而能爲運轉之無窮哉？此星家淺事，不足深辨。然或傳寫之誤，則不可以不正也。

聲律辨

五聲之序，宮最大而沈濁，羽最細而輕清。商之大次宮，徵之細次羽，而角居四者之中焉。然世之論中聲者，不以角而以宮，何也？曰：凡聲，陽也。自下而上，未及其半，則屬於陰而未暢，故不可用。上而及半，然後屬於陽而始和。故即其始而用之以爲宮，因其每變而益上，則爲商、爲角、爲變徵、爲徵、爲羽、爲變宮，而皆以爲宮之用焉。是以宮之一聲，在五行爲土，在五常爲信，在五事爲思。蓋以其正當衆聲和與未和、用與未用陰陽際會之中，所以爲盛。若角，則雖當五聲之中，而非衆聲之會。且以七均論之，又有變徵以居焉，亦非五聲之所取正也。

然自其聲之始和者推而上之，亦至於變宮而止耳。自是以上，則又過乎輕清而不可以爲宮。於是就其兩間而細分之，則其別又十有二。以其最大而沈濁者爲黄鍾，以其極細而輕清者爲應鍾。及其旋相爲宮，而上下相生，以盡五聲二變之用，則宮聲常不越乎十二之中，而四聲者或時出於其外，以取諸律半聲之管，然後七均備而一調成也。黄鍾之與餘律，其所以爲貴賤者亦然。若諸半聲以上，則又過乎輕清之甚，而不可以爲樂矣。蓋黄鍾之宮，始之始、中之中也。十律之宮，始之次而中少過也。應鍾之宮，始之終而中已盡也。諸律半聲，過乎輕清，始之外而中之上也。半聲之外，過乎輕清之甚，則又外之外、上之上，而不可爲樂者也。正如子時初四刻屬前日，正四刻屬後日，其兩日之間，即所謂始之始、中之中也。然則聲自屬陰以下，亦當默有十二正變半律之地，以爲中聲之前段，如子初四刻之爲者，但無聲氣之可紀耳。

由是論之，則審音之難，不在於聲而在於律，不在於宮而在於黄鍾。蓋不以十二律節之，則無以著夫五聲之實；不得黄鍾之正，則十一律者又無所受以爲本律之宮也。今有極論宮聲之妙而無曰黄鍾云者，則恐其於聲音法制之間，猶有所未盡也。夫以聲音法制之粗而猶有未盡，則雖有黄帝、大舜之君，伶倫、后夔之佐，亦如之何徒手而可以議大樂之和哉？又有爲宮當配仁之説者，恐亦非是。迹其所以，蓋以仁當四德之元而有包四者之義耳。夫仁，木行而角聲者也，以之配宮，則仁既不安，而信亦失據。然以爲可包四者，則不害其有是理也。夫五行之序，木爲之始，水爲之終，而土爲之中。以河圖、洛書之數言之，則水一、木三而土五，皆陽之生數而不可易者也，故得以更迭爲主而爲五行之綱。以德言之，則木爲發生之性，水爲貞靜之體，而土又包育之母也。故木之包五行也，以其流通貫徹而無不在也；水之包五行也，以其歸根反本而藏於此也。若夫土，則水火之所寄，金木之所資，居中而應四方，一體而載萬類者也。故孔子贊乾之四德，而以貞元舉其終始，孟子論人之四端，而不敢以信者列序於其間，蓋以爲無適而非此也。是則宫之統五聲、仁之包五常，蓋有並行而不悖者矣，何必奪彼以予此，然後快於其心哉！

開阡陌辨

漢志言秦廢井田，開阡陌。説者之意，皆以「開」爲「開置」之「開」，言秦廢井田而始置阡陌也。故白居易云：「人稀土曠者，宜修阡陌；户繁鄉狹者，則復井田。」蓋亦以阡陌爲秦制，井田爲古法。此恐皆未得其事之實也。按阡陌者，舊説以爲田間之道。蓋因田之疆畔制其廣狹，辨其横從，以通人物之往來，即周禮所謂「遂上之徑」、「溝上之畛」、「洫上之涂」、「澮上之道」也。然風俗通云「南北曰阡，東西曰陌」，又云「河南以東西爲阡，南北爲陌」，二説不同。今以遂人田畝夫家之數考之，則當以後説爲正。蓋陌之爲言百也，遂洫從而徑涂亦從，則遂間百畝，洫間百夫，而徑涂爲陌矣。阡之爲言千也，溝澮横而畛道亦横，則溝間千畝，澮間千夫，而畛道爲阡矣。「阡陌」之名，由此而得。至於萬夫有川，而川上之路周於其外，與夫匠人井田之制，遂、溝、洫、澮亦皆四周，則阡陌之名疑亦因其横從而命之也。

然遂廣二尺，溝四尺，洫八尺，澮二尋，則丈有六尺矣。徑容牛馬，畛容大車，涂容乘車一軌，道二軌，路三軌，則幾二丈矣。此其水陸占地，不得爲田者頗多，先王之意，非不惜而虚棄之也，所以正經界〔二〕、止侵爭、時畜洩、備水旱，爲永久之計，有不得不然者，其意深矣。商君以其急刻之心，行苟且之政，但見田爲阡陌所束，而耕者限於百畝，則病其人力之不盡，但見阡陌之占地太廣，而不得爲田者多，則病其地利之有遺；又當世衰法壞之時，則其歸授之際，必不免有煩擾欺隱之姦，而阡陌之地切近民田，又必有陰據以自私而税不入於公上者。是以一旦奮然不顧，盡開阡陌，悉除禁限，而聽民兼并買賣，以盡人力；墾闢棄地，悉爲田疇，而不使其有尺寸之遺，以盡地利；使民有田即爲永業，而不復歸授，以絶煩擾欺隱之姦；使地皆爲田，而田皆出税，以覈陰據自私之幸。此其爲計，正猶楊炎疾浮户之弊，而遂破租庸以爲兩税，蓋一時之害雖除，而千古聖賢傳授精微之意，於此盡矣。故秦紀、鞅傳皆云「爲田開阡陌封疆而賦税平」，蔡澤亦曰「決裂阡陌，以靜生民之業而一其俗」，詳味其言，則所謂開者，乃破壞剗削之意，而非創置建立之名；所謂阡陌，乃三代井田之舊，而非秦之所置矣。所謂「賦税平」者，以無欺隱竊據之姦也；所謂「靜生民之業」者，以無歸授取予之煩也。以是數者合而證之，其理可見。而蔡澤之言，尤爲明白。

且先王疆理天下，均以予民，故其田間之道，有經有緯，不得無法。若秦既除井授之制矣，則隨地爲田，隨田爲路，尖斜屈曲，無所不可，又何必取其東西南北之正，以爲阡陌而後可以通往來哉？此又以物情事理推之，而益見其説之無疑者。或乃以漢世猶有阡陌之名，而疑其出於秦之所置，殊不知秦之所開，亦其曠僻，而非通路者耳。若其適當衝要而便於往來，則亦豈得而盡廢之哉？但必稍侵削之，不使復如先王之舊耳。或者又以董仲舒言「富者連阡陌」而請限民名田，疑田制之壞由於阡陌，此亦非也。蓋曰富者一家而兼有千夫、百夫之田耳。至於所謂商賈無農夫之苦，有阡陌之得，亦以千夫、百夫之收而言。蓋當是時，去古未遠，此名尚在而遺迹猶有可考者。顧一時君臣，乃不能推尋講究而修復之耳，豈不可惜也哉！

九江彭蠡辨

「嶓冢導漾，東流爲漢，又東爲滄浪之水。過三澨，至于大别，南入于江，東匯澤爲彭蠡。東爲北江，入于海。」又曰：「岷山導江，東别爲沱，又東至于澧，過九江，至于東陵，東池，北會于匯，東爲中江，入于海。」又曰：「岷山之陽，至于衡山，過九江，至于敷淺原。」此皆禹貢之文也。古今讀者皆以爲是既出於聖人之手，則固不容復有訛謬，萬世之下，但當尊信誦習，傳之無窮，亦無以覈其事實是否爲也。是以爲之説者，不過隨文解義，以就章句。如説「九江」，則曰江過潯陽，派别爲九。或曰有小江九，北來注之。説「彭蠡」，則曰漢水所匯，而江水亦往會焉。説「北江」、「中江」，則曰漢既匯而出爲北江〔二〕，江既會而出爲中江也。説「九江」，則但指今日江州治所以當之。説「敷淺原」，則但以爲漢歷陵縣之傅易山，在今日爲江州之德安縣而已。如是而言，姑爲誦説則可矣，若以山川形勢之實考之，吾恐其説有所不通，而不能使人無所疑也。

若曰派别爲九，則江流上下，洲渚不一，今所計以爲九者，若必首尾短長均布若一，則横斷一節，縱别爲九，一水之間，當有一洲，九江之間，沙水相間，乃爲十有七道，於地將無所容。若曰參差取之，不必齊一，則又不知斷自何許而數其九也。況洲渚出没，其勢不常，江陵先有九十九洲，後乃復生一洲，是豈可以爲地理之定名乎？此不可通之妄説也。若曰旁計横入小江之數，則自岷山以東至入海處，不知其當爲幾十百江矣，此又不可通之妄説也。且經又言「九江孔殷」，正以見其吐吞壯盛、浩無津涯之勢，決非尋常分派小江之可當。又繼此而後，及夫沱、潛、雲夢，則又見其決非今日江州甚遠之下流。此又可以證前二説者爲不可通之妄説也。

若曰漢水匯爲彭蠡，而江水亦往會焉，則彭蠡之爲澤也，實在大江之南，自今江州湖口縣南跨南康軍、饒州之境，以接于隆興府之北，瀰漫數十百里。其源則東自饒、徽、信州、建昌軍，南自贛州、南安軍，西自袁、筠以至隆興、分寧諸邑，方數千里之水，皆會而歸焉。北過南康揚瀾、左里，則兩岸漸迫山麓，而湖面稍狹，遂東北流，以趨湖口而入于江矣。然以地勢北高而南下，故其入于江也，反爲江水所遏而不得遂，因却而自豬，以爲是瀰漫數十百里之大澤。是則彭蠡之所以爲彭蠡者，初非有所仰於江、漢之匯而後成也。不唯無所仰於江、漢，而衆流之積，日遏日高，勢亦不復容江、漢之來入矣。又況漢水自漢陽軍大別山下南流入江，則其水與江混而爲一，至此已七百餘里矣。今謂其至此而後，一先一後，以入于彭蠡；既匯之後，又復循次而出，以爲二江。則其入也，何以識其爲昔日之漢水而先行，何以識其爲昔日之江水而後會？其出也，何以識其爲昔日之漢水而今分以之北？何以識其爲昔日之江水而今分以居中耶？且以方言之，則宜曰南會而不應曰北會；以實計之，則湖口之東，今但見其爲一江，而不見其分流。然則所謂漢水匯爲彭澤而江水亦往會焉者，亦不可通之妄説也。

此數説者，既無一之不窮，於是「味別」、「洲別」之論出焉，而終亦不免於窮也。蓋曰味別，則不知凡禹之所爲過門不入、胼手胝足而不以爲病者，爲欲大濟天下昏墊之民，使得平土而居，以衣且食，而遂其生耶，抑如陸羽、張又新輩，但欲較計毫分於齒頰間，以爲茗飲一時之快也？嗚呼！彼以是而爲説者，亦可謂童騃不思之甚矣。且河之所會，漆、沮、涇、渭，伊、洛、瀍、澗，支川尤多，而初無味別之說；濟之所經，或潛或見，或止或流，其變不一，而初無味別之説，何獨至此而辨之若是悉耶？此又可見其爲不通之妄説也。若曰洲別，則又「九江」之鑿，吾既辨於前矣。若果如此，則漢水入江之後，便須常有一洲介於其間，以爲江、漢之别，而湖口入匯之處，又當各分爲二，以爲出入之辨，而後可也。今皆無之。而湖口横度之處，予常過之，但見舟北爲大江之濁流，舟南爲彭蠡之清漲而已。蓋彭蠡之水，雖限於江而不得洩，然及其既平，則亦因其可行之際而又未嘗不相持以東也，惡睹所謂中江、北江之别乎？此又可見其爲不通之妄説也。

若曰古之九江，即今之江州，古之敷淺原，即今之德安縣，則漢九江郡本在江北，而今所謂江州者，實武昌郡之柴桑縣，後以江北之尋陽并柴桑而立郡，又自江北徙治江南，故江南得有尋陽之名，後又因尋陽而改爲江州，實非古九江地也。又況經言「過九江，至于東陵」，而後會于彭蠡，則自今江州城下至湖口縣，才四十里，不知東陵的在何處，何所表異，而其志之繁密促數乃如此？又曰「過九江，至於敷淺原」，則已自江州順流東下湖口，又復泝流南上彭蠡，百有餘里而後至焉，亦何説哉！此又不可通之妄説也。

至於今之所謂敷淺原者，爲山甚小而庳，不足以有所表見，而其全體正脈，遂起而爲廬阜，則甚高且大，以盡乎大江、彭蠡之交，而所以識夫衡山東過一支之所極者，唯是乃爲宜耳。今皆反之，則吾恐其山川之名，古今或異，而傳者未必得其真也。凡此差舛，其類不一。讀而不思，思而不考者，既昏憒鹵莽而無足言矣，其間亦有心知其誤而口不敢言，乃反爲之遷就穿鑿以蓋其失者，則其巧愈甚而其謬愈彰，使有識之士讀之愈疑而愈不敢信。唯國初胡秘監旦、近世晁詹事説之，皆以九江爲洞庭，則其援證皆極精博，而莆田鄭樵漁仲獨謂「東匯澤爲彭蠡，東爲北江，入于海」十三字爲衍文，亦爲得之。予既目睹彭蠡有原兩江不分之實，又參之以此三説者而深以事理情勢求之，然後果得其所以誤也。蓋洪水之患，唯河爲甚，而兖州乃其中流〔三〕，水曲而流緩，地平而土疏，故河之患於此爲尤甚。是以作治之功十有三載，然後同於諸州。竊計當時唯此等處事急民困，勢重役煩，禹乃親涖而身督之，不可一日而捨去。若梁、雍、荆、揚，地偏水急，不待疏鑿，固已通行，則分遣官屬往而視之，其亦可也。況洞庭、彭蠡之間，乃三苗氏之所居，當是之時，水澤山林深昧不測，彼方負其險阻，頑不即工。則官屬之往者，固未必遽敢深入其境。是以但見彭蠡之爲澤，而不知其源之甚遠而且多；但見洞庭下流之已爲江，而不知其中流之常爲澤而甚廣也。以此致誤，宜無足怪。

若其用字之同異，則經之凡例，亦自可考，顧讀者未深思耳。今但删去「東匯北江」之衍字，而正以洞庭爲九江，更以經之凡例通之，則「過九江，至於東陵」者，言導岷山之水，而是水之流，橫截乎洞庭之口以至東陵也。是漢水過三澨之例也。「過九江，至于敷淺原」者，言導岷陽之山，而導山之人至于衡山之麓，遂越洞庭之尾，東取山路以至乎敷淺原也。是導岍、岐、荆山而逾于河，以盡常、碣之例也。以是觀之，則經之文意，不亦既明矣乎？

若更以它書考之，則山海經云：「廬江出三天子都，本注云：「一作鄣。」今按丹陽故爲鄣郡，其得名蓋以此，則作「鄣」爲是。入江，彭澤西。」本注云：「彭澤，今彭蠡也，在鄱陽彭澤縣。」漢志亦云：「廬江出陵陽東南，北入江。」蓋陵陽者，丹陽之屬縣，今寧國府旌德縣有陵陽山。而三天子都乃在徽、饒之境，疑與陵陽腹背相直，故廬江者得出其東南而西流，北折以爲鄱、餘二水，遂以會于彭蠡而入于江也。及其入江，則廬山屹立乎其西南，而江之北岸即爲郡之南境，疑江與山蓋相因以得名，而郡境雖在江北，亦以其南直此江此山而名之也。然則彭蠡安得爲無原，而必待漢匯江會而成哉！漢志：豫章爲郡，領縣十八。其彭澤縣下注云[四]：「禹貢彭蠡澤在西。」其餘則言水入湖漢者八，鄱陽鄱水、餘干餘水[五]、艾脩水、淦淦水[六]、南城盱水、建成蜀水、宜春南水、南壄彭水。入大江者一。贛豫章水。而湖漢一水，則又自雩都東至彭澤入江，行千九百八十里也。按今地勢，彭蠡既與江通，而豫章諸水，不由彭蠡別無入江之路。則湖漢者即是彭蠡，而其所受衆水之原，又不止於廬江而已也。以此而觀，則山海經之言，猶有未盡。且其曰「入江彭澤西」者，本謂逕彭蠡縣之西而入江耳，而語意不明，遂若析江與澤各爲一水，而一東一西以入江者，此亦其立言之疵也。漢志又自不知湖漢之即爲彭蠡而兩言之，又不知入大江者亦必豬于彭蠡，而别爲一例，又不知湖漢之爲湖，正以其澤名之，而復兼以漢稱，則又承禹貢之誤而弗深考也。至於雩都之水，則但見其爲一郡衆流之最遠者，而遂推爲湖漢之源以主其名，則又不知湖漢之名，初非一水，必自隆興以北衆水皆會，豬爲大澤，然後可以名之，非雩都一水所可得而專也。至如鄭漁仲漢水衍文之説固善矣，而其下文「江水東迤，北會于匯東，爲中江，入于海」之數言，似亦可疑，而彼猶未能盡正也。嗚呼！禹貢所載者，九州之山川，吾之足迹，未能遍乎荆揚，而見其所可疑者已如此，不知耳目見聞之所不及，所可疑者又當幾何，是固不可得而知矣。

至於經之凡例，本自明白，而諸儒乃有過爲新奇之説以亂之者。若論導山而逾于河，而以爲導岍、岐、荆山之脈，使之度河以爲壺口諸山之類，則亦不待聞見之及而知其謬矣。夫禹之治水，隨山刊木，其所表識諸山之名，必其高大可以辨疆域、廣博可以奠民居，故謹而書之，以見其施功之次第，初非有意推其脈絡之所自來，若今論葬法者之所言也。若必實以山脈言之，則亦自有可言，而尤足以見其説之謬者。蓋河北諸山，本根脊脈，皆自代北寰、武、嵐、憲諸州乘高而來，其脊以西之水，則西流以入龍門西河之上流。其脊以東之水，則東流而爲桑乾，道幽、冀以入于海。其西一支，爲壺口、太岳。次一支，包汾、晋之源而南出，以爲析城、王屋，而又西折以爲雷首。又次一支，乃爲太行。又次一支，乃爲常山。其間各隔沁、潞諸川，不相連屬。豈自岍、岐跨河東度，而反爲是諸山哉！

若「過九江，至于敷淺原」，亦有襲其謬者，以爲衡山之脈東度而來，則以見聞所及而知其必不然也。蓋岷山之脈，其一支爲衡山者，已盡於九江之西；其一支又南而東度桂嶺者，則包湘原而北徑潭、袁之境，以盡於廬阜；其一支又南而東度大庾者，則包彭蠡之原以北至乎建康；其一支則又東包浙江之原，而北其首以盡于會稽，南其尾以盡乎閩越也。豈衡山之脈能度九江，而其度也又直爲敷淺原而已哉？

又有欲以揚州之三江即爲荆州之中江、北江，而猶病其闕一，乃顧彭蠡之餘波適未有號，則姑使之濳冒南江之名以足之，且又自謂聖經書法之妙，非它人之所及，是亦極巧而且新矣。然自湖口而下，江本無二，安得有三？且於下文之震澤，又懸隔遼敻而不相屬也，則又安能曲説而彊附之哉！問諸吳人，震澤下流實有三江以入于海，彼既以目驗之，恐其説之必可信，而於今尚可考也。因并論之，以俟來者有以質焉。

皇極辨

洛書九數而五居中，洪範九疇而皇極居五，故自孔氏傳訓「皇極」爲「大中」，而諸儒皆祖其説。余獨嘗以經之文義語脈求之，而有以知其必不然也。蓋皇者，君之稱也；極者，至極之義、標準之名，常在物之中央，而四外望之以取正焉者也。故以極爲在中之準的則可，而便訓極爲中則不可。若北辰之爲天極，脊棟之爲屋極，其義皆然。而禮所謂「民極」、詩所謂「四方之極」者，於「皇極」之義爲尤近。顧今之説者既誤於此，而并失於彼，是以其説展轉迷繆，而終不能以自明也。即如舊説，姑亦無問其它，但即經文而讀「皇」爲「大」、讀「極」爲「中」，則夫所謂「惟大作中」、「大則受之」爲何等語乎？今以余説推之，則人君以眇然之身履至尊之位，四方輻湊，面内而環觀之，自東而望者，不過此而西也，自南而望者，不過此而北也，此天下之至中也。既居天下之至中，則必有天下之純德，而後可以立至極之標準。故必順五行、敬五事以脩其身，厚八政、協五紀以齊其政，然後至極之標準卓然有以立乎天下之至中，使夫面内而環觀者莫不於是而取則焉。語其仁，則極天下之仁，而天下之爲仁者莫能加也。語其孝〔七〕，則極天下之孝，而天下之爲孝者莫能尚也。是則所謂「皇極」者也。由是而權之以三德，審之以卜筮，驗其休咎於天，考其禍福於人，如挈裘領，豈有一毛之不順哉？此洛書之數所以雖始於一、終於九而必以五居其中，洪範之疇所以雖本於五行、究於福極而必以皇極爲之主也。

若箕子之言，有曰「皇建其有極」云者，則以言夫人君以其一身而立至極之標準於天下也。其曰「斂時五福，用敷錫厥庶民」云者，則以言夫人君能建其極則，爲五福之所聚，而又有以使民觀感而化焉，則是又能布此福而與其民也。其曰「惟時厥庶民于汝極，錫汝保極」云者，則以言夫民視君以爲至極之標凖而從其化，則是復以此福還錫其君，而使之長爲至極之標凖也。其曰「凡厥庶民，無有淫朋。人無有比德，惟皇作極」云者，則以言夫民之所以能有是德者，皆君之德有以爲至極之標凖也。其曰「凡厥庶民，有猷、有爲、有守，汝則念之；不協于極，不罹于咎，皇則受之」云者，則以言夫君既立極於上，而下之從化，或有淺深遲速之不同，其有謀者、有才者、有德者，人君固當念之而不忘；其或未能盡合而未抵乎大戾者，亦當受之而不拒也。其曰「而康而色，曰予攸好德，汝則錫之福，時人斯其惟皇之極」云者，則以言夫人之有能革面從君而以好德自名，則雖未必出於中心之實，人君亦當因其自名而與之以善，則是人者，亦得以君爲極而勉其實也。其曰「無虐煢獨而畏高明，人之有能有爲，使羞其行，而邦其昌」云者，則以言夫君之於民，一視同仁，凡有才能，皆使進善，則人材衆多而國賴以興也。其曰「凡厥正人，既富方穀，汝弗能使有好于而家，時人斯其辜。于其無好德，汝雖錫之福，其作汝用咎」云者，則以言夫凡欲正人者，必先有以富之，然後可以納之於善。若不能使之有所賴於其家，則此人必將陷於不義。至其無復更有好德之心，而後始欲教之以脩身，勸之以求福，則已無及於事。而其起以報汝，唯有惡而無善矣。蓋人之氣禀，或清或濁，或純或駁，有不可以一律齊者。是以聖人所以立極乎上者至嚴至密，而所以接引乎下者至寬至廣，雖彼之所以化於此者，淺深遲速，其效或有不同，而吾之所以應於彼者，長養涵育，其心未嘗不一也。其曰「無偏無陂，遵王之義。無有作好，遵王之道。無有作惡，遵王之路。無偏無黨，王道蕩蕩。無黨無偏，王道平平。無反無側，王道正直。會其有極，歸其有極」云者，則以言夫天下之人，皆不敢徇其己之私以從乎上之化，而會歸乎至極之標準也。蓋偏陂好惡者，己私之生於心者也；偏黨反側者，己私之見於事者也。王之義、王之道、王之路，上之化也，所謂皇極者也。遵義、遵道、遵路，方會其極也。蕩蕩、平平、正直，則已歸于極矣。其曰「皇極之敷言，是彝是訓，于帝其訓」云者，則以言夫人君以身立極而布命于下，則其所以爲常爲教者，皆天之理，而不異乎上帝之降衷也。其曰「凡厥庶民，極之敷言，是訓是行，以近天子之光」云者，則以言夫天下之人，於君所命，皆能受其教而謹行之，則是能不自絶遠而有以親被其道德之光華也。其曰「曰天子作民父母，以爲天下王」云者，則以言夫人君能立至極之標準，所以能作億兆之父母而爲天下之王也。不然，則有其位，無其德，不足以首出庶物、統御人群，而履天下之極尊矣。

是書也，原於天之所以錫禹，雖其茫昧幽眇有不可得而知者，然箕子之所以言之而告武王者，則已備矣。顧其詞之宏深奥雅，若有未易言者，然嘗試虚心平氣而再三反復焉，則亦坦然明白，而無一字之可疑。但先儒未嘗深求其意，而不察乎人君所以脩身立道之本，是以誤訓「皇極」爲「大中」。又見其詞多爲含洪寬大之言，因復誤認「中」爲含胡苟且、不分善惡之意。殊不知極雖居中，而非有取乎中之義。且中之爲義，又以其無過不及，至精至當，而無有毫釐之差，亦非如其所指之云也。乃以誤認之「中」爲誤訓之「極」，不謹乎至嚴至密之體，而務爲至寬至廣之量，其弊將使人君不知脩身以立政，而墮於漢元帝之優游、唐代宗之姑息，卒至於是非顛倒、賢否貿亂，而禍敗隨之，尚何斂福錫民之可望哉？

嗚呼，孔氏則誠誤矣！然迹其本心，亦曰姑以隨文解義爲口耳佔畢之計而已，不知其禍之至此也。而自漢以來，迄今千有餘年，學士大夫不爲不衆，更歷世變不爲不多，幸而遺經尚存，本文可考，其出於人心者又不可得而昧也，乃無一人覺其非是而一言以正之者，使其患害流于萬世，是則豈獨孔氏之罪哉！予於是竊有感焉，作皇極辨。

馮當可，字時行，蜀人，博學能文。其集中有封事云：「願陛下遠便佞、疏近習，清心寡欲，以臨事變，此興事造業之根本，洪範所謂『皇建其有極』者也。」其論「皇極」，深合鄙意。然則予前所謂千有餘年無一人覺其繆而正之者，亦近誣矣。但專經之士無及之者，而文士反能識之，豈汨没傳注者不免於因陋踵訛，而平心誦味者有時而得之文字之外耶？慶元丙辰臘月甲寅東齋南窗記。

尹和靜手筆辨

伊川先生曰：「某在，何必看此書？若不得某之心，只是記得它意，豈不有差？」既云某在不必看，則先生不在之時，語録固不可廢矣。不得先生之心而徒記己意，此亦學者所當博學、審問、精思而明辨之，不可以一詞之失而盡廢其餘也。但先生在，則可以式瞻儀刑，親受音旨，自是不必看耳。然讀焉而質其疑於先生，豈不益有助於發明哉？如楊遵道録中記李端伯録「至大至剛以直」之論，若使遵道於此廢而不觀，存而不論，則亦無以決此語之得失矣。伊川所以告和靖者，蓋就其力量所至而語之，惜乎其不復致疑於此，而遽誦以終身也。

所見有淺深，故所記有工拙。失其意者，不假一二言也。淺拙而失其意者，固不足觀矣。其見深、其記工而得其意者，豈可以彼之失而遽廢之哉？

如世傳史評之類，皆非先生所著。

史評固非先生所著，但當論辨以曉學者，不可因此并廢語録也。

紹興初，士大夫頗以伊川語録資誦説，言事者直以狂怪淫鄙詆之，蓋難力辨也。

以語録資誦説者，當時士大夫之罪；以狂怪淫鄙詆之，當時言事者之失，非語録使然也。今惡當時士大夫、畏當時言事者，而諱語録以爲不足觀，是既助言者以自攻，而又無以服當時學者之心也，豈不誤哉！

掇同門所記僅數十端示之。

愚嘗讀此書矣，類多解釋經義之言。若程氏之學止於如此，則亦無以繼孔孟不傳之緒矣。前輩言學，欲博不欲雜，欲約不欲陋，誠有味哉！

伊川之學在易傳，不必它求也。

孔子删詩、定書、繫周易、作春秋，而其徒又述其言以爲論語，其言反復證明，相爲表裏，未聞其以此而廢彼也。

易傳，所自作也；語録，它人作也。人之意，它人能道者幾何哉？如是，則孔氏之門亦可以專治春秋而遂廢論語矣，而可乎？

伊川先生爲中庸解，疾革，命焚於前。門人問焉，伊川先生曰：「某有易傳在足矣，何以多爲！」

嘗見别本記：或問和靖：「據語録，先生自言中庸已成書，今其書安在？」和靖曰：「先生自以爲不滿意而焚之矣。」此言恐得其真。若無所不滿於其意，而專恃易傳，逆廢中庸，吾恐先生之心不如是之隘也。

雜學辨 何叔京跋語附。

蘇氏易解

乾之彖辭，發明性命之理，與詩、烝民、維天之命。書、湯誥、大誓。中庸、孟子相表裏，而大傳之言亦若符契。蘇氏不知其說，而欲以其所臆度者言之。又畏人之指其失也，故每爲不可言、不可見之說以先後之，務爲閃倏滉漾不可捕捉之形，使讀者茫然，雖欲攻之而無所措其辨。殊不知性命之理甚明，而其爲說至簡，今將言之而先曰不可言，既指之而又曰不可見，足以眩夫未嘗學問之庸人矣。由學者觀之，豈不適所以爲未嘗見、未嘗知之驗哉？然道衰學絶，世頗惑之，故爲之辨，以待後之君子。而其它言死生鬼神之不合者，亦并附焉。

大哉乾元，萬物資始，乃統天。

蘇曰：此論元也。元之爲德不可見也，所可見者萬物資始而已。天之德不可勝言也，惟是爲能統之。

愚謂四德之元，猶四時之春，五常之仁，乃天地造化發育之端，萬物之所從出，故曰「萬物資始」，言取其始於是也。存而察之心目之間，體段昭然，未嘗不可見也。然惟知道者乃能識之，是以蘇氏未之見耳。不知病此，顧以己之不見爲當然，而謂真無可見之理，不亦惑之甚與？

雲行雨施，品物流形。

蘇曰：此所以爲亨也。

大明終始，六位時成，時乘六龍以御天。

蘇曰：此所以爲利也。

愚謂此言聖人體元亨之用，非言利也。

乾道變化，各正性命，保合大和，

蘇曰：此所以爲貞也。

愚謂此兼言利貞，而下句結之也。

乃利貞。

蘇曰：并言之也。

愚謂此結上「乾道變化，各正性命，保合大和」之文，與「大明終始，六位時成，時乘六龍以御天」不相蒙，蘇氏之説亦誤矣。

蘇曰：正，直也。方其變化，各之於情，無所不至。反而循之，各直其性，以至於命。此所以爲貞也。

愚謂品物流形，莫非乾道之變化，而於其中，物各正其性命，以保合其大和焉，此乾之所以爲利且貞也。此乃天地化育之源，不知更欲反之於何地，而又何性之可直、何命之可至乎？若如其説，則「保合大和」一句無所用矣。

蘇曰：古之君子，患性之難見也，故以可見者言性。以可見者言性，皆性之似也。

愚謂古之君子，盡其心則知其性矣，未嘗患其難見也。其言性也，亦未嘗不指而言之，非但言其似而已也。且夫性者，又豈有一物似之，而可取此以況彼耶？然則蘇氏所見，殆徒見其似者，而未知夫性之未嘗有所似也。

蘇曰：君子日修其善，以消其不善。不善者日消，有不可得而消者焉。小人日修其不善，以消其善。善者日消，有不可得而消者焉。夫不可得而消者，堯舜不能加焉，桀紂不能逃焉，是則性之所在也。又曰：性之所在，庶幾知之，而性卒不可得而言也。

愚謂蘇氏此言，最近於理。前章所謂性之所似，殆謂是耶？夫謂不善日消而有不可得而消者，則疑若謂夫本然之至善矣；謂善日消而有不可得而消者，則疑若謂夫良心之萌蘖矣。以是爲性之所在，則似矣。而蘇氏初不知性之所自來、善之所從立，則其意似不謂是也，特假於浮屠「非幻不滅，得無所還」者而爲是説，以幸其萬一之或中耳，是將不察乎繼善成性之所由、梏亡反覆之所害，而謂人與犬牛之性無以異也，而可乎？夫其所以重歎性之不可言，蓋未嘗見所謂性者，是以不得而言之也。

蘇曰：聖人以爲猶有性者存乎吾心，則是猶有是心也。有是心也，僞之始也。於是又推其至者而假之曰命。命，令也。君之命曰令，天之令曰命。性之至者，非命也，無以名之，而寄之命耳。

愚謂蘇氏以性存於吾心則爲僞之始，是不知性之真也，以性之至者非命而假名之，是不知命之實也。如此，則是人生而無故有此大僞之本，聖人又爲之計度隱諱，僞立名字以彌縫之，此何理哉！此蓋未嘗深考夫大傳、詩、書、中庸、孟子之説，以明此章之義，而溺於釋氏「未有天地已有此性」之言，欲語性於天地生物之前，而患夫命者之無所寄，於是爲此説以處之，使兩不相病焉耳。使其誠知性命之説矣，而欲語之於天地生物之前，蓋亦有道，必不爲是支離淫遁之辭也。

蘇曰：死生壽夭，無非命者，未嘗去我也，而我未嘗覺知焉。聖人之於性也至焉，則亦不自覺知而已矣，此以爲命也。又曰：命之與性，非有天人之辨也，於其不自覺知，則謂之命。

愚謂如蘇氏之説，則命無所容。命無所容，則聖人所謂至命者，益無地以處之，故爲是説以自迷罔，又以罔夫世之不知者而已，豈有命在我而不自覺知而可謂之聖人哉！蘇氏又引文言利貞性情之文，傅會其説，皆非經之本旨，今不復辨。

首出庶物，萬國咸寧。

蘇氏云云。

愚謂此言聖人體利貞之德也，蘇氏説無病。然其於章句，有未盡其説者。

一陰一陽之謂道，繼之者善也，成之者性也。

蘇曰：陰陽果何物哉？雖有婁、曠之聰明，未有能得其髣髴者也。陰陽交然後生物，物生然後有象，象立而陰陽隱。凡可見者，皆物也，非陰陽也。然謂陰陽爲無有，可乎？雖至愚知其不然也。物何自生哉？是故指生物而謂之陰陽，與不見陰陽之髣髴而謂之無有，皆惑也。

愚謂陰陽盈天地之間，其消息闔闢、終始萬物，觸目之間，有形無形，無非是也。而蘇氏以爲「象立而陰陽隱，凡可見者皆物也，非陰陽也」，失其理矣。達陰陽之本者，固不指生物而謂之陰陽，亦不别求陰陽於物象見聞之外也。

蘇曰：聖人知道之難言也，故借陰陽以言之，曰一陰一陽之謂道。一陰一陽者，陰陽未交而物未生之謂也。喻道之似，莫密於此者矣。陰陽一交而生物，其始爲水。水者，無有之際也，始離於無而入於有矣。老子識之，故其言曰：「上善若水。」又曰：「水幾於道。」聖人之德，雖可以名，而不囿於一物，若水之無常形，此善之上者，幾於道矣，而非道也。若夫水之未生，陰陽之未交，廓然無一物，而不可謂之無有，此真道之似也。

愚謂一陰一陽，往來不息，舉道之全體而言，莫著於此者矣。而以爲借陰陽以喻道之似，則是道與陰陽各爲一物，借此而況彼也。陰陽之端，動靜之機而已。動極而靜，靜極而動，故陰中有陽，陽中有陰，未有獨立而孤居者，此一陰一陽所以爲道也。今曰一陰一陽者，陰陽未交而物未生；廓然無一物，不可謂之無有者，道之似也，然則道果何物乎？此皆不知道之所以爲道，而欲以虛無寂滅之學揣摸而言之，故其說如此。

蘇曰：陰陽交而生物，道與物接而生善。物生而陰陽隱，善立而道不見矣，故曰「繼之者善也，成之者性也」。仁者見道而謂之仁，智者見道而謂之智。夫仁智，聖人之所謂善也。善者道之繼，而指以爲道，則不可。今不識其人而識其子，因之以見其人則可，以謂其人則不可。故曰「繼之者善也」。學道而自其繼者始，則道不全。

愚謂繼之者善，言道之所出無非善也，所謂元也。物得是而成之，則各正其性命矣，而所謂道者固自若也。故率性而行，則無往而非道。此所以天人無二道、幽明無二理，而一以貫之也。而曰陰陽交而生物，道與物接而生善，物生而陰陽隱，善立而道不見，善者道之繼而已，學道而自其繼者始，則道不全，何其言之繆耶！且道外無物，物外無道。今曰道與物接，則是道與物爲二，截然各據一方，至是而始相接也，不亦繆乎？

蘇曰：昔者孟子以爲性善，以爲至矣。讀易而後知其未至也。孟子之於性，蓋見其繼者而已矣。夫善，性之效也。孟子未及見性而見其性之效，因以所見者爲性。猶火之能熟物也，吾未見火，而指天下之熟物以爲火。夫熟物，則火之效也。

愚謂孟子道性善，蓋探其本而言之，與易之旨未始有毫髮之異，非但言性之效而已也。蘇氏急於立説，非特不察於易，又不及詳於孟子，故其言之悖如此。

蘇曰：敢問性與道之辨。曰：難言也，可言其似。道之似，則聲也；性之似，則聞也。有聲而後聞耶？有聞而後聲耶？是二者果一乎，果二乎？孔子曰：「人能弘道，非道弘人。」又曰：「神而明之，存乎其人。」性者，所以爲人者也，非是無以成道矣。

愚謂子思子曰：「率性之謂道。」邵子曰：「性者，道之形體也。」與大傳此章之旨相爲終始，言性與道，未有若此言之著者也。蘇氏之言曲譬巧喻，欲言其似而不可得，豈若聖賢之言直示而無隱耶！昔孔子順謂公孫龍之辨〔八〕，幾能令臧三耳矣。然謂兩耳者甚易而實是也，謂三耳者甚難而實非也。將從其易而是者乎，將從其難而非者乎？此言似之矣。

仁者見之謂之仁，智者見之謂之智，百姓日用而不知，故君子之道鮮矣。

蘇曰：屬目於無形者，或見其意之所存。故仁者以道爲仁，意存乎仁也；智者以道爲智，意存乎智也。賢者存意而妄見，愚者日用而不知，是以君子之道成之以性者鮮矣。

愚謂蘇氏不知仁智之根於性，顧以仁智爲妄見，乃釋老之説。聖人之言豈嘗有是哉？謂之不見其全，則或可矣。又曰君子之道成之以性者鮮矣，文義亦非。

原始反終，故知死生之説。

蘇曰：人所以不知死生之説者，駭之耳。原始反終，使之了然而不駭也。

愚謂人不窮理，故不知死生之説。不知死生之説，故不能不駭於死生之變。蘇氏反謂由駭之而不知其説，失其指矣。窮理者，原其始之所自出，則知其所以生，反其終之所歸，則知其所以死。夫如是，凡所以順生而安死者，蓋有道矣，豈徒以了然不駭爲奇哉？蘇氏於原始反終言之甚略，無以知其所謂。然以不駭云者驗之，知其溺於坐亡立化、去來自在之說以爲奇，而於聖人之意則昧矣。

精氣爲物，遊魂爲變，是故知鬼神之情狀。

蘇曰：物，鬼也；變，神也。鬼常與體魄俱，故謂之物。神無適而不可，故謂之變。精氣爲魄，魄爲鬼。志氣爲魂，魂爲神。故禮曰：「體魄則降，志氣在上。」鄭子産曰：「其用物也弘矣，其取精也多矣。」古之達者，已知此矣。一人而有二，知無是道也。然而有魄者有魂者，何也？衆人之志不出於飲食男女之間與凡養生之資，其資厚者其氣彊，其資約者其氣微，故氣勝志而爲魄。聖賢則不然，以志一氣，清明在躬，志氣如神，雖禄之天下，窮至匹夫，無所損益也，故志勝氣而爲魂。衆人之死爲鬼，而聖人爲神，非有二致也，志之所在者異也。

愚謂精聚則魄聚，氣聚則魂聚，是以爲人物之體，至於精竭魄降，則氣散魂遊而無不之矣。降者屈而無形，故謂之鬼；遊者伸而不測，故謂之神。人物皆然，非有聖愚之異也。孔子答宰我之問言之詳矣，蘇氏蓋不考諸此而失之。子産之言是或一道，而非此之謂也。

蘇黄門老子解

蘇侍郎晚爲是書，合吾儒於老子，以爲未足，又并釋氏而彌縫之，可謂舛矣。然其自許甚高，至謂當世無一人可與語此者。而其兄東坡公亦以爲不意晚年見此奇特。以予觀之，其可謂無忌憚者與？因爲之辨。而或者謂蘇氏兄弟以文義贊佛乘，蓋未得其所謂，如傳燈録解之屬，其失又有甚焉，不但此書爲可辨也。應之曰：予之所病，病其學儒之失而流於異端，不病其學佛未至而溺於文義也。其不得已而論此，豈好辯哉？誠懼其亂吾學之傳而失人心之正耳。若求諸彼而不得其説，則予又何暇知焉！

蘇曰：孔子以仁義禮樂治天下，老子絶而棄之，或者以爲不同。易曰：「形而上者謂之道，形而下者謂之器。」

愚謂道、器之名雖異，然其實一物也，故曰「吾道一以貫之」，此聖人之道所以爲大中至正之極，亘萬世而無弊者也。蘇氏誦其言不得其意，故其爲説無一辭之合。學者於此先以予説求之，使聖人之意曉然無疑，然後以次讀蘇氏之言，其得失判然矣。

孔子之慮後世也深，故示人以器而晦其道。

愚謂道、器一也，示人以器，則道在其中，聖人安得而晦之？孔子曰：「吾無隱乎爾。」然則晦其道者，又豈聖人之心哉？大抵蘇氏所謂道者皆離器而言，不知其指何物而名之也。

使中人以下守其器，不爲道之所眩，以不失爲君子。

愚謂如蘇氏此言，是以道爲能眩人而使之不爲君子也，則道之在天下，適所以爲斯人之禍矣。

而中人以上自是以上達也。

愚謂聖人所謂達，兼本末精粗而一以貫之也。蘇氏之所謂達，則舍器而入道矣。

老子則不然，志於明道而急於開人心。

愚謂老子之學以無爲爲宗，果如此言，乃是急急有爲，惟恐其緩而失之也。然則老子之意，蘇氏亦有所不能窺者矣。

故示人以道而薄於器，以爲學者惟器之知，則道隱矣，故絶仁義、棄禮樂以明道。

愚謂道者，仁義禮樂之總名，而仁義禮樂皆道之體用也。聖人之脩仁義、制禮樂，凡以明道故也。今曰絶仁義、棄禮樂以明道，則是舍二五而求十也，豈不悖哉！

夫道不可言，可言者皆其似者也。達者因似以識真，而昧者執似以陷於僞。

愚謂聖人之言道，曰君臣也，父子也，夫婦也，昆弟也，朋友之交也。不知此言道邪，抑言其似者而已耶？ 執此而行，亦有所陷者耶？ 然則道豈真不可言，但人自不識道與器之未嘗相離也，而反求之於昏默無形之中，所以爲是言耳。

故後世執老子之説以亂天下者有之，而學孔子者無大過。

愚謂善學老子者，如漢文景、曹參，則亦不至亂天下，如蘇氏之説，則其亂天下也必矣。學孔子者，所得亦有淺深，有過無過，未可概論。且如蘇氏，非不讀孔子之書，而其著書立言以惑誤天下後世如此，謂之無過，其可得乎？

因老子之言以達道者不少，而求之於孔子者，常苦其無所從入〔九〕。

愚謂因老子之言以達道者不少，不知指謂何人？ 如何其達？ 而所達者何道也？ 且曰不少，則非一二人而已，達道者果如是之衆耶？ 孔子循循善誘，誨人不倦，入德之途，坦然明白，而曰常若其無所從入，則其未嘗一日從事於此，不得其門而入可知矣，宜其析道與器而以仁義禮樂爲無與於道也。然則無所從入之言，非能病孔子之道而絶學者之志，乃所以自狀其不知道而妄言之實耳。

二聖人者，皆不得已也。

愚謂以孔子、老聃並稱聖人，可乎？ 世人譏太史公先黄老後六經，然太史公列孔子於世家，而以老子與韓非同傳，豈不有微意焉？其賢於蘇氏遠矣。

全於此，必略於彼矣。

愚謂有彼有此，則天下常有二道也。

蘇氏後序云：六祖所云「不思善，不思惡」，即喜怒哀樂之未發也。

愚謂聖賢雖言未發，然其善者固存，但無惡耳。佛者之言似同而實異，不可不察。

又云：蓋中者，佛性之異名；而和者，六度萬行之總目也。

愚謂喜怒哀樂而皆中節，謂之和。而和者，天下之達道也。六度萬行，吾不知其所謂，然毁君臣、絶父子，以人道之端爲大禁，所謂達道固如是耶？

又云：天下固無二道，而所以治人則異。君臣、父子之間，非禮法則亂。知禮法而不知道，則世之俗儒，不足貴也。居山林，木食澗飲而心存至道，雖爲人天師可也，而以之治世則亂。古之聖人，中心行道而不毁世法，然後可耳。

愚謂天下無二道，而又有至道、世法之殊，則是有二道矣。然則道何所用於世，而世何所資於道耶？王氏有「高明處己，中庸處人」之論，而龜山楊公以爲如此則是道常無用於天下，而經世之務皆私智之鑿。愚於蘇氏亦云。

張無垢中庸解無垢本佛語，而張公子韶侍郎之別號也。張公以佛語釋儒書，其跡尤著，故正其名如此。

張公始學於龜山之門，而逃儒以歸於釋。既自以爲有得矣，而其釋之師語之曰：「左右既得欛柄入手，開導之際，當改頭換面，隨宜說法，使殊塗同歸，則世出、世間，兩無遺恨矣。然此語亦不可使俗輩知，將謂實有恁麼事也。」見大慧禪師與張侍郎書，今不見於語録中，蓋其徒諱之也。用此之故，凡張氏所論著，皆陽儒而陰釋。其離合出入之際，務在愚一世之耳目，而使之恬不覺悟，以入乎釋氏之門，雖欲復出而不可得。本末指意，略如其所受於師者。其二本殊歸，蓋不特莊周出於子夏、李斯原於荀卿而已也。竊不自揆，嘗欲爲之論辨，以曉當世之惑。而大本既殊，無所不異。因覽其中庸說，姑掇其尤甚者什一二著于篇，其他如論語、孝經、大學、孟子之說，不暇遍爲之辨。大抵忽遽急迫，其所以爲說，皆此書之類也。

天命之謂性，率性之謂道，脩道之謂教。

張云：天命之謂性，第贊性之可貴耳，未見人收之爲己物也。率性之謂道，則人體之爲己物，而入於仁義禮智中矣。然而未見其施設運用也。脩道之謂教，則仁行於父子，義行於君臣，禮行於賓主，知行於賢者，而道之等降隆殺於是而見焉。

愚謂天命之謂性，言性之所以名乃天之所賦、人之所受義理之本原，非但贊其可貴而已。性亦何待於人贊其貴耶？董子曰：「命者，天之令也；性者，生之質也。」此可謂庶幾子思之意，而異乎張氏之言矣。且既謂之性，則固已自人所受而言之，今曰未爲己物，則是天之生是人也，未以此與之而置之他所，必是人者自起而收之，而後得以爲己物也。不知未得此性之前，其爲人也，孰使之呼吸食息於天地之間以收此性？且夫性者，又豈塊然一物，寓於一處，可搏而置之軀殼之中耶？仁義禮智，性之所有，與性爲體者也。今曰體爲己物然後入於仁義禮智之中，則是四者逆設於此，而後性來於彼也。不知方性之未入也，是四者又何自而來哉？凡此皆不知大本、妄意穿鑿之言，智者觀之，亦不待盡讀其書，而是非邪正已判於此章矣。仁行於父子，義行於君臣，是乃率性之道，而遽以爲脩道之教，亦失其次序矣。

是故君子戒慎乎其所不睹止慎其獨也。

張云：不睹不聞，少致其忽，宜若無害矣。然而怠忽之心已顯於心目之間云云。不足以感人動物而招非意之辱，莫爲之禍焉。此君子所以慎其獨也。

愚謂君子所以慎其獨者，非爲恐招禍辱而已也。今曰不睹不聞之間少致其忽，初無所害，特恐招禍辱而後慎其獨焉，非知道者之言也。

喜怒哀樂之未發謂之中。

張云：未發以前，戒慎恐懼，無一毫私欲。

愚謂未發以前天理渾然，戒慎恐懼則既發矣。

君子中庸。

張云：方率性時，戒慎恐懼，此學者之事也。及其深入性之本原，直造所謂天命在我，然後爲君臣、父子、兄弟、夫婦之教，以幸於天下。至於此時，聖人之功用興矣。

愚謂率性之謂道，言道之所以得名者如此。蓋曰各循其性之本然，即所謂道爾，非以此爲學者之事，亦未有戒慎恐懼之意也。脩道之謂教，通上下而言之，聖人所以立極、賢人所以脩身，皆在於此，非如張氏之説也。又曰「深入性之本原，直造所謂天命在我」，理亦有礙。且必至此地然後爲人倫之教以幸天下，則是聖人未至此地之時，未有人倫之教；而所以至此地者，亦不由人倫而入也。凡此皆爛漫無根之言，乃釋氏之緒餘，非吾儒之本指也。

張云：率性之謂道，未離本位。脩道之謂教，不可以離不離名之也。

愚謂言性有本位，則性有方所矣。聖賢言性，似不如此。假如其説，則前章云率性所以求中，言求則是自此求彼，非離本位而何？　至於以脩道爲聖人之功用，則又曰不可以離不離名之，蓋其説有所不通而騃騃乎遁矣。

人皆曰予知。

張曰：人皆用知於詮品是非，而不知用知於戒慎恐懼。使移詮品是非之心於戒慎恐懼，知孰大焉。

愚謂有是有非，天下之正理，而是非之心，人皆有之，所以爲知之端也，無焉則非人矣。故詮品是非，乃窮理之事，亦學者之急務也。張氏絶之，吾見其任私鑿知，不得循天理之正矣。然斯言也，豈釋氏所稱「直取無上菩提，一切是非莫管」之遺意耶？　嗚呼，斯言也，其儒釋所以分之始與！

回之爲人。

張云：顔子戒慎恐懼，超然悟未發已發之幾於喜怒哀樂處，一得天命之性所謂善者，則深入其中，人欲都忘，我心皆喪。

愚謂超然悟未發已發之幾，中庸無此意也。喜怒哀樂，莫非性也，中節，則無不善矣。不知更欲如何得之，而又如何深入其中也？　若此，則是前乎此者，未得此性而常在性之外也耶？　且曰我心皆喪，尤害於理。

張云：人第見其拳拳服膺，而不知顔子與天理爲一，無一毫私欲横乎其間，不識不知，我已且無有矣。

愚謂此言蓋欲極意以諛顔子而無所準則，不自知其言之過也。

惟聖者能之。

張云：予嘗求聖人而不可得，今乃知止在喜怒哀樂未發處爾。

愚謂有道者見理平常，其言雍容閑暇而理致自遠，似不如此之駭遽而張皇也。

君子之道費而隱。

張云：由戒慎恐懼以養喜怒哀樂，使爲中爲和，以位天地、育萬物。

愚謂喜怒哀樂之未發，乃本然之中；發而中節，乃本然之和，非人之所能使也。天地位焉，萬物育焉，亦理之自然。今加「以」字而倒其文，非子思之本意矣。此乃一篇之指要，而張氏語之輒有差繆，尚安得爲知言哉！

張云：中庸無止法，故聖人有所不知不能。自謂知能，止矣。又曰：君子之道所以大莫能載、小莫能破，以其戒慎恐懼，察於微茫之功也。

愚謂大學之道在知所止，蓋無止則高者過、卑者陷，非所以爲中庸矣。聖人固未嘗自謂知能，然非此章之指也。蓋所謂不知不能、莫能載莫能破，皆極言道體之無窮爾，非謂聖人而言，亦無察於微茫之意也。

張云：戒慎恐懼，則未萌之始，已致其察，至於鳶飛魚躍，而察乃在焉。又曰：上際下蟠，察無不在，所以如鳶飛魚躍，察乃隨飛躍而見焉。

愚謂中庸引此詩以發明道體之無所不在，所謂「費而隱」也。明道、上蔡言之已詳，子思復生，不能易也。張氏之云，不亦異乎！且曰未萌之始已致其察，則是有事焉而正之也。

張云：顧惟此察始於戒慎恐懼以養中和，而喜怒哀樂未發已發之間，乃起而爲中和。

愚謂起而爲中和，如之何其起也？此豈知中和者之語哉！

君子以人治人，改而止。

張云：人即性也，以我之性覺彼之性。

愚謂詳經文初無此意，皆釋氏之説也。且性豈有彼我乎？又如之何其能以也？

張云：使其由此見性，則自然由乎中庸，而向來無物之言、不常之行，皆掃不見跡矣。

愚謂見性本釋氏語，蓋一見則已矣。儒者則曰知性。既知之矣，又必有以養而充之，以至於盡。其用力有漸，固非一日二日之功，日用之際，一有懈焉，則幾微之間，所害多矣。此克己復禮之所以爲難，而曾子所以戰戰兢兢，至死而後知其免也。張氏之言與此亦不類矣。然釋氏之徒，有既自謂見性不疑，而其習氣嗜欲無以異於衆人者，豈非恃夫掃不見跡之虛談，而不察乎無物不常之實弊以至此乎？然則張氏之言，其淵源所自蓋可知矣。

忠恕違道不遠。

張云：恕由忠而生，忠所以責己也。知己之難克，然後知天下之未見性者不可深罪也。又曰：知一己之難克，而知天下皆可恕之人。

愚謂恕由忠生，明道、謝子、侯子蓋嘗言之，然其爲説與此不相似也。若曰知一己之難克而知天下皆可恕之人，則是以己之私待人也，恕之爲義本不如此。正蒙曰：「以責人之心責己則盡道，以愛己之心愛人則盡仁，以衆人望人則易從。」此則物我一致，各務循理而無違矣。聖賢之言自有準則，所謂以人治人者，雖曰以衆人望人，然而必曰「道不遠人」，則所以爲衆人者亦有道矣。以己不能克其私，而并容他人使之成其惡，則是相率而禽獸也，其爲不忠不恕，孰大於是！所求乎子句，以事父未能也。

張云：子事父、臣事君、弟事兄、朋友先施之皆曰求者，蓋所以致其察也。察子之事父，吾未能，安敢責父之愛子乎？

愚謂此四句當爲八句，「子」、「臣」、「弟」、「友」四字是句絶處。求猶責也。所責乎子者如此，然我以之事父，則自有所未能。正蒙所謂「以責人之心責己則盡道」，蓋將由是而加勉，正身以及物，非如上章所云以己難克而并容他人也。且又曰「察子之事父，吾未能，則安敢責父之愛子乎」，則是君臣父子漠然爲路人矣，旻天之泣，小弁之怨，又何謂也？蓋其馳心高妙，而於章句未及致詳，故因以誤爲此說。以求爲察，亦非文義。

言顧行。

張云：顧者，察也。

愚按上章以求爲察，固已無謂；此又以顧爲察，尤爲牽合。大抵張氏之爲是說，得一字可推而前者，則極意推之，不問其至於何處與其可行不可行也。篇内所謂戒慎恐懼，下章所謂忠恕、所謂知仁勇、所謂發育峻極，皆此類也。

在上位，不陵下。

張云：君子自戒慎恐懼醞釀成中庸之道。

愚謂中庸之道天理自然，非如酒醴，必醞釀而成也。

君子之道，譬如行遠，必自邇。

張云：欲知戒慎恐懼之效，當於忠恕卜之；欲知忠恕之效，當於父母卜之。愚謂此言皆牽合無理。且父母至尊，豈人子所以卜忠恕之物乎？詳味此言，可見其二本矣。

鬼神之爲德。

張云：天地萬物森然，鬼神列于中，不可違也。愚按張氏他章之説甚詳，而此獨略，將有所疑而不敢盡耶，抑其所謂鬼神者，特如世俗之論而不之究耶？然詳味「列」字之意，則以鬼神别爲一物明矣，豈知鬼神者之言哉！

大德必受命。

張云：言此所以勉天下之爲德也，當始於戒慎恐懼，而以位禄名壽卜德之進否。愚謂德盛則名位禄壽從之，乃理之必然，非姑爲此言以勉天下之爲德，亦非使學者以是四者卜其德之進否也。舜之飯糗茹草，若將終身焉，其受命也，乃不期而自至耳，豈曰卜之云乎？張氏之説，乃謀利計功之尤者，學者一有此念存乎胸中，則不可以進德矣。

無憂者，其惟文王乎？

張云：戒慎恐懼，則無適而不在中和中，其無憂也必矣。中和之中，自當有賢父聖子。又曰：武王之舉，危道也。

愚謂凡此類皆牽合，而此數句尤疏闊無理。又以武王之舉爲危道，則是聖人行險以徼幸也，是豈知順天應人之爲安哉！

郊社之禮，禘嘗之義。

張云：不知先王居於何地，乃知天神自郊求，地祇自社求，人鬼自禘嘗求哉！

愚謂先王所以知此，以其理而已矣，不煩更爲奇怪之説。

地道敏樹。

張云：布種下實，未及頃刻。云云。

愚謂雖天下至易生之物，亦未有下種未及頃刻而發生者，此可見其矜奇欲速之心矣。

故君子不可不脩身止不可以不知天。

張云：戒慎恐懼，深致其察，所以知天也。

愚謂戒懼致察，既知天而事天之事也。未能知天，則何所戒懼乎？

張云：推知天之心以知人，推知人之心以事親。

愚按推知天以知人，猶之可也，推知人以事親，不亦悖乎！伊川先生曰：「不知人，則所與或非其人，所由或非其道，而辱身危親者有之。故思事親，不可以不知人。」此論不可易也。

所以行之者一也。及其知之一也。及其成功一也。

張曰：知而未能行，是未能運用此誠也。

愚謂知而未能行，乃未能得之於己，豈特未能用而已乎？然此所謂知者，亦非真知也，真知則未有不能行者。且曰運用此誠，亦非知誠者之語。蓋誠則無爲而成，初不煩運用矣。

張云：行知仁勇者，誠也。而所以知此誠者，非他物也，亦即誠也。所以行此誠者，非他物也，亦即誠也。此聖人極誠之所在而指之也。又云：誠字雖同，而行知仁勇之誠，不若知誠之誠爲甚明；知誠之誠，不若行誠之誠爲甚大也。

愚按經文「所以行之者一也」與「及其知之一也」、「及其成功一也」兩句立語命意不同，張氏似誤作一例讀之，故其爲説如此。文義猶不暇通，而遽欲語其精微，此其所以失之也。且所謂誠者，一而已矣，今乃裂而三之，又於其中相與自爲優劣，蓋不窮天理、無所準則，而逞其私智，逆探幽深，横鶩捷出，必極其所如往而後已，則安得不至於是乎！然推其本原，則生生化化、見見聞聞之緒餘也。

好學近乎知，力行近乎仁，知耻近乎勇。

張云：近之爲言，以不遠也。不遠，即在此而已。第知所以好學者誰，所以力行者誰，所以知耻者誰，則爲知仁勇矣。見於言語文字者，皆近之而已。惟人體之，識所以體者爲當幾而明、即事而解，則知仁勇豈他物哉！

愚謂上章既言達德之名，恐學者無所從入，故又言其不遠者以示之，使由是而求之則可以入德也。聖人之言，淺深遠近之序不可差次如此。張氏以爲不遠者是矣，而又曰即在此而已，何其言之相戾也！蓋其所以爲説者，牽之以入於荒唐繆悠之中，其勢不得而自已爾。夫好學、力行、知耻，在我而已，又必求其所以如此者爲誰而後爲至，則是身外復有一身、心外復有一心，紛紛乎果何時而已耶？設使果如其言，則所謂誰者，一而已矣，聖人復何用虚張三者之目，使學者徒爲是多方以求之耶？詳求聖人之意，決不如是，特釋氏之説耳。此章之指，惟吕博士之言淵慤有味，庶幾得之。張氏之徒，蓋以爲淺近而忽之矣，然豈知其言近指遠，真得聖賢之意也與！

凡爲天下國家有九經。

張云：如其知仁勇，則亦不期於脩身、尊賢、親親、敬大臣、體羣臣、子庶民、來百工、懷諸侯、柔遠人矣。又曰：九經以次而行，皆中其會矣。

愚謂如張氏之云，則九經皆剩語矣。聖人之道所以異於異端者，以其本末内外一以貫之，而無精粗之辨也，故子思於九經反復三致意焉。而張氏忽之如此，蓋每事欲高於聖賢一等，而不知憑虚失實，祇其所以爲卑也。

凡事豫則立。

張云：欲學者養誠於平日也。

愚謂先立乎誠，則無不豫矣，非謂豫養誠也。既誠矣，則何豫養之云乎？

不誠乎身矣。

張云：世之論誠者，多錯認專爲誠。夫至誠無息，專非誠也。以專爲誠，則是語言寢處、應對醻酢皆離本位矣。

愚謂專固不足以盡誠，然遂以無息爲誠，則亦誤矣。蓋惟至誠爲無息，非因其無息而命之以誠也。「離本位」之言，聖人無有，已辨於前矣。然專亦豈遽離本位哉？

張云：世之行誠者，類皆不知變通，至於誦孝經以禦賊，讀仁王以消災。

愚謂聖賢惟言存誠、思誠，未嘗言行誠。蓋思之既得、存之既著，則其誠在己，而見於行事者無一不出於誠。謂之行誠，則是已與誠爲二，而自我以行彼，誠之爲道不如是也。如此者，其失不但不知變通而已。若曰所行既出於誠，則又不可謂之行誠，而亦無不知變通之理。張氏之言，進退無所據矣。至於誦孝經以禦賊，蓋不知明理而有迂愚之蔽。以是爲行誠而不知變通，然則張氏之所謂誠，亦無以異於專矣。讀仁王經者，其溺於邪僻又甚，不得與誦孝經者同科矣。

張云：格物知至之學，内而一念，外而萬事，無不窮其終始。窮而又窮，以至於極盡之地，人欲都盡，一旦廓然，則性善昭昭無可疑矣。

愚按格物之學，二先生以來，諸君子論之備矣。張氏之云，乃釋氏看話之法，非聖賢之遺旨也。吕舍人大學解所論格物正與此同，愚亦已爲之辨矣。

張云：注之於身則身誠，注之於親則親悦，注之於友則友信，注之於君、於民，則獲上而民治。

愚謂明乎善則身自誠，乃理之自然。身誠則親自悦，由是以至於友、於君、於民皆然，乃積盛充實而自致耳。今曰注之而然，則是設之於此，射之於彼而冀其必然也〔一〇〕，其爲不誠莫大於是。

張云：誠之所在，擊觸轉移。

愚謂至誠積於中，而事物應於外，理之常也。然豈若是其驚遽暴疾哉？

張云：安得不想孔子、孟子，再拜以謝其格言乎？

愚謂觀此氣象，甚矣其粗鄙而輕浮也！

博學之，審問之，慎思之，明辨之，篤行之。

張曰：博學者，戒慎恐懼，非一事也。問、思、辨放此。

愚謂戒慎恐懼，乃篤行之事，非博學之謂也。

誠明，明誠。

張云：由上智之自得而合乎聖人之教者，性也；由遵聖人之教而造乎上智之地者，教也；上智自得而不合於聖人之教，則爲異端矣。

愚謂張氏於誠明之説蓋未嘗深考，而爲此説以合其素論。觀其自處，傲然已在誠明之域矣。然謂上智自得而有不合於聖人之教者，則未知其所得果何事也？且所謂異端者，復誰謂乎？夫豈不自知其已失身於此，而故爲是言者，是乃所謂改頭換面，陰予而陽擠之，將以自蓋其迹而幸人之不疑己，其爲不誠，莫大於是。以是心而語中庸，不亦戾乎！「大哉聖人之道」章云「荒唐夢幻之學」，其意亦猶是也。後不復重出矣。

惟天下至誠爲能盡其性止天地參矣。

張云：此誠既見，己性亦見，人性亦見，物性亦見，天地之性亦見。

愚謂經言「惟至誠故能盡性」，非曰誠見而性見也。「見」字與「盡」字意義迥別。大率釋氏以見性成佛爲極，而不知聖人盡性之大，故張氏之言每如此。

其次致曲。

張云：禮樂射御書數中，直造乎誠之地也。

愚謂直造乎誠，則非致曲也。

張云：變者，此誠忽然而有，倏然而無。

愚謂誠若如此，何以爲物之終始乎？

至誠之道可以前知。

張云：既前知之，則以誠造化，轉移變易，使禍爲福、妖爲祥、亡爲興，蓋無難也。

愚謂至誠之道，非可「以」者，以之則非誠矣。夫轉禍爲福，易災爲祥，以太戊、高宗之事觀之，則理固有是，然不如是之易也。是以古之聖賢，遇災而懼，嚴恭祗畏，以正厥事，猶不敢庶幾其萬一。故曰「瞻仰昊天，曷惠其寧」，豈曰轉移變易而無難哉！然此章之指，初亦不爲是發也。

不誠無物。

張云：吾誠一往，則耳目口鼻皆壞矣。愚謂誠無人我之別，不必言吾；無彼此之殊，不必言往。耳目鼻口，亦豈有一旦遽壞之理哉？此章之説，諸先生言之悉矣，以彼觀此，得失可見。

君子誠之爲貴。

張云：誠未足貴，誠而又誠之，斯足貴也。

愚謂聖人言天下之理無出於誠，而曰誠未足貴，何其言之悖也！且既誠矣，以爲未足貴，而又誠之乃足貴，則前之所謂誠者，無乃爲棄物與？蓋緣本不知誠，而惟恐其言之小，故其言每如此。且誠者天之道，豈亦未足貴，必待誠之者人之道乃足貴耶？雖至愚有以知其不然矣。

至誠無息。

張云：不見形象而天地自章，不動聲色而天地自變，垂拱無爲而天地自成。天地亦大矣，而使之章、使之變、使之成，皆在於我。又曰：至誠不息，則有不見而章、不動而變、無爲而成，天地又自此而造化之妙矣。

愚詳經意，蓋謂至誠之理未嘗形見而自彰著，未嘗動作而自變化，無所營爲而自成就。天地之道，一言而盡，亦不過如此而已。張氏乃以爲聖人至誠於此，能使天地章明變化於彼，不惟文義不通，而亦本無此理。其曰天地自此而造化，語尤險怪。蓋聖人之於天地，不過因其自然之理以裁成輔相之而已。若聖人反能造化天地，則是子孫反能孕育父祖，無是理也。凡此好大不根之言，皆其心術之蔽，又原於釋氏心法起滅天地之意，正蒙斥之詳矣。

尊德性而道問學止敦厚以崇禮。

張云：自戒慎恐懼而入，入而造於發育峻極之地而不敢已，則行乎三千三百之中，而道問學矣。尊德性而不敢已，則又變而爲致廣大。此下「不敢已」者三，又「變而爲」者三。知新崇禮，又致廣大、極高明之變名也。

愚按此皆言體道成德之目，無不敢已而又變之意。變名之說，亦無義理。

張云：豈有一毫之變怪，以驚眩天下之耳目哉！

愚按張氏之書，變怪驚眩蓋不少矣，猶以爲無有，不知更欲如何乃爲變怪驚眩哉？

吾從周。

張云：周法已弊，其過多矣。孔子身非輔相，不在尊位，所以不敢輕議妄論，而曲意以從周之法度也。

愚按孔子言「周監於二代，郁郁乎文哉，吾從周」，則其從周也亦有道矣，非不得已而妄從之也。若末世之弊，有如拜上之泰，則不盡從矣。其不得不從者，是亦義理之所在，斯誠然而從之。以爲曲意而從，非聖人之心也。張氏歸心乎釋氏而曲意於儒者，故其所以窺聖人者如此，非一辭之失也，其所從來遠矣。

君子未有不如此而蚤有譽於天下也。

張云：夫「如此」指何事而言哉？即予所謂戒慎不睹、恐懼不聞也。

愚按張氏戒慎、恐懼二句，横貫中庸一篇之中，其牽合附會連章累句，已不容一一辨正矣。至於此章，經文所謂「如此」，乃上文「君子之道本諸身」以下耳。張氏欲成其前說，乃近舍本章上文之義，遠指戒慎恐懼於數千字之前，未論義理之當否，而豈言語文字體勢之常哉？故特論此一章尤疏漏處，以見其餘之皆此類也。

此天地之所以爲大也。

張云：論至於此，則夫子蓋未嘗死也。觀乎天地，此亦夫子之乾坤也。

愚按孔子言「文王既没，文不在兹乎」，未嘗言文王之不死也。然言近旨遠，其味無窮，所以爲聖人之言也。不死之云，變怪駭人，而實無餘味。故程子有言：「立言當涵畜意思，不使知德者厭，無德者惑。」正爲此耳。

吕氏大學解

吕氏之先與二程夫子遊，故其家學最爲近正，然未能不惑於浮屠、老子之説，故其末流不能無出入之弊。按正獻公神道碑載：公進讀，上語及釋老虚寂之旨，公曰：「堯舜雖知此，乃以知人安民爲急。」此其所差之端也。堯舜之道，精粗本末一以貫之，其所知者，似與釋老不相似也。以爲所知在此而所急在彼，是二本也。本原如此，則其末流之弊，豈可勝道哉！今論其一二，以補其闕。蓋其他説之近正者，則君子猶有取焉。

知所先後，則近道矣。

吕氏曰：異端之學皆不知所先後，考索勤苦，雖切而終不近，故有終始爲二道〔一〕、本末爲兩端者。

愚謂此言似爲釋氏發。然吕氏終身學焉，不知以誰爲異端而爲是説以詆之耶？蓋其心未必不以爲有先後者世間之粗學，而無先後者出世間之妙道，兩者初不相爲謀，雖並行而不相悖也。方其言此，故不得不是此而非彼。及其爲彼，則又安知其不是彼而非此哉？彼其陽離陰合，自以爲左右採獲而集儒佛之大成矣，曾不悟夫言行不類、出入支離之爲心害，而莠亂苗、紫奪朱之患，又將無所不至也。此蓋原於所知在此、所急在彼之意，而其失又甚焉。近世之言道者蓋多如此，其誤後學深矣。

致知在格物，物格而後知至。

呂氏曰：致知格物，脩身之本也。知者，良知也，與堯舜同者也。理既窮，則知自至，與堯舜同者忽然自見，默而識之。

愚謂致知格物，大學之端，始學之事也。一物格，則一知至，其功有漸，積久貫通，然後胸中判然，不疑所行，而意誠心正矣。然則所致之知固有淺深，豈遽以爲與堯舜同者一旦忽然而見之也哉？此殆釋氏「一聞千悟」〔二〕、「一超直入」之虛談，非聖門明善誠身之實務也。其與前章所斥異端之學不知所先後者，又何以異哉？

呂氏曰：草木之微、器用之别，皆物之理也。求其所以爲草木器用之理，則爲格物。草木器用之理，吾心存焉，忽然識之，此爲物格。

愚按伊川先生嘗言：「凡一物上有一理，物之微者亦有理。」又曰：「大而天地之所以高厚，小而一物之所以然，學者皆當理會。」呂氏蓋推此以爲説而失之者。程子之爲是言也，特以明夫理之所在，無間於大小精粗而已。若夫學者之所以用功，則必有先後緩急之序、區别體驗之方，然後積習貫通，馴致其極，豈以爲直存心於一草木器用之間，而與堯舜同者無故忽然自識之哉？此又釋氏聞聲悟道、見色明心之説，殊非孔氏遺經、程氏發明之本意也。嚮以呂氏之博聞彊識而不爲是說所迷，則其用力於此，事半而功必倍矣。今乃以其習熟見聞者爲餘事，而不復精察其理之所自來，顧欲置心草木器用之間，以伺其忽然而一悟〔一三〕，此其所以始終本末判爲兩途，而不自知其非也。舊見呂氏晚年尺牘數語，有足以證成此義者，因系之于後，并爲之説云。

呂氏曰：聞見未徹，正當以悟爲則。所謂致知格物，正此事也。比來權去文字，專務體究，尚患雜事紛擾，無專一工夫。若如伊川之説，物各付物，便能役物，却恐失涉顢頇爾。呂自注云：「其意以爲物不可去，事不可無，正當各任之耳。」

愚謂以悟爲則，乃釋氏之法，而吾儒所無有，呂氏顧以爲致知格物之事，此其所以誤爲前説而不知其非也。若然，則又安得獨以不知所先後者爲異端之病哉？若由吾儒之説，則讀書而原其得失，應事而察其是非，乃所以爲致知格物之事，蓋無適而非此理者。今乃去文字而專體究，猶患雜事紛擾，不能專一，則是理與事爲二，必事盡屏而後理可窮也。終始二道，本末兩端，孰甚於此？則未知呂氏所體所究，果何理哉？伊川之説，正謂物各有理，事至物來，隨其理而應之，則事事物物無不各得其理之所當然者。如舜之舉十六相、去四凶也。此其所以不爲物之所役而能役物，豈曰各任之而已哉？如曰任之而已，則是漫然不察其是非可否，而一切聽其所爲也。如此，則能不爲物之所役者鮮矣。顧舍其顚頂而謂人顚頂，豈不惑哉！

先王之世，一道德，同風俗，故天下之大，人無異言，家無異學，豈復知有異端之害哉！及周之衰，正道陵遲，禮壞樂崩，夫子憂之，乃緒正六經，以明先王之教。當是時，異端雖不能無，猶未有以名家者也。及夫子没，世道益衰，狂僭之士見聖人之有作也，遂各逞其聰明，競立異説以自名於世，顧與正道並馳而爭勝，於是天下之人耳目眩瞶而莫知適從矣。然諸子百家雖各主其説，而其爲害，則有淺深。如老莊之虚浮，人固知其無著，申韓之刑名，人固知其少恩，皆不足以惑人也。惟楊墨之學，假仁義以爲名，而實爲仁義之害，惑人之尤甚者也〔一四〕。故孟子起而閑先聖之道，捨諸子而獨闢楊墨，以正人心、息邪説、距詖行、放淫辭，使天下若醉而醒、夢而覺，然後正道廓如也。噫！孟子以來，千有餘載，儒者溺於詞采，實不見道。徒辨楊墨之非，至身爲楊墨則不自覺；徒惡楊墨之害，至躬蹈楊墨則不自知。況敢冀其有孟氏之功乎！夫浮屠出於夷狄，流入中華。其始也，言語不通，人固未之惑也。晉、宋而下，士大夫好奇嗜怪，取其侏離之言而文飾之，而人始大惑矣。非浮屠之能惑人也，導之者之罪也。今有人於此，詭衣冠而談空無，衆必止而詬之。一旦有貴顯名譽之士亦從而效尤，則人皆眙愕改觀，未論其事之是非，且以其人而信之矣，幾何其不胥而爲夷狄哉！此有識之所甚憂而永歎也〔一五〕。二蘇、張、吕，豈非近世所謂貴顯名譽之士乎？而其學乃不知道德性命之根原，反引老莊浮屠不經之説而紊亂先王之典，著爲成書，以行於世。後生既未有所聞，必以其人而尊信之，漸染既深，將如錮疾，可不哀乎！新安朱元晦以孟子之心爲心，大懼吾道之不明也，弗顧流俗之譏議，嘗即其書破其疵繆〔一六〕，鍼其膏肓，使讀者曉然知異端爲非而聖言之爲正也〔一七〕。學者苟能因其説而求至當之歸，則諸家之失不逃乎心目之間，非特足以悟疑辨惑，亦由是而可以造道焉。故余三復而樂爲之書云。乾道丙戌孟冬晦日，臺溪何鎬謹跋。

古史餘論

近世之言史者，唯此書爲近理，而學者忽之。予獨愛其序言：「古之帝王，皆聖人也。其於爲善，如水之必寒、火之必熱；其於不爲不善，如騶虞之不殺、竊脂之不穀。」，非近世論者所能及。而所論史遷之失，以爲「淺近而不學、疏略而輕信」，亦中其病。顧其本末，乃有大不相應者。竊以爲於此有以識之，則其達於聖賢不遠矣。作古史餘論。

本紀

蘇子曰：「古之帝王，皆聖人也。其道以無爲宗，萬物莫能嬰之。」予竊以爲此特以老子浮屠之説論聖人〔一八〕，非能知聖人之所以聖者也。故其爲説，空虚無實，而中外首尾不相爲用。若削其「其道」以下而更之曰「其心渾然，天德完具，萬事之理無一不備，而無有一毫人欲之私焉」，則庶乎其本正而體用可全矣。印本皆作「以無爲爲宗」，而蘇子嘗云〔一九〕：「佛書言以無爲法者，謂以無而爲法耳，非謂有無爲之法也。僧徒拙於文義，乃以佛法爲無爲之法，誤矣。」其言如此〔二〇〕。而其爲黄帝紀，亦但言「以無爲宗」，而「爲」字不再出，不應此序「無」字之下獨得有兩「爲」字也。蘇子之言，雖非至論，而於佛書文義猶爲得之。今復并失其指，故略爲之辨云。至其所謂「其積之中者有餘〔二一〕，故推以治天下，有不可得而知者」，則雖非大失，而「積」與「推」者終非所以言聖人。不若易之曰「默而該之者既溥博而淵泉，故其揮而散之者自以時出而無不當」，則庶乎輕重淺深之間，亦無可得而議也。其曰「管仲、子産、叔向之流，皆不足以知者」〔二二〕，是則然矣。至謂孔子知之至而未嘗言，孟子知其一二而人不信，則是以夫子之言爲有隱，孟子之知爲未盡也。且其謂數子之所未知、孟子之所未盡與孔子之所知者，皆果爲何事耶？若但曰「以無爲宗，萬物莫能嬰之」而已，則數子之未知也不足恨，而孔、孟之所知，吾恐其非此之謂也。其必易之曰「至於孔子，蓋全體焉。而孟子之知，亦足以至乎其極」，則庶乎數子之所未知者，可得而言耳。「時以告人」，「時」字亦未當，當改作「然每」字。嗚呼！秦漢以來，史册之言近理而可觀者，莫若此書。而其所未合猶若此，又皆義理之本原而不可失者，豈其學之所從入者既已未得其正，而其所以講磨體蹈之者又有所未精，是以雖既其文而未既其實，雖聞其號而未燭厥理也歟？嗚呼，聖學不傳，其害可勝言哉！

黄帝紀云：「其師岐伯，明於方世之言，醫者宗焉。然黄帝之書，戰國之間猶存其言，與老子相出入，以無爲宗。其設於世者與時俯仰，皆其見於外者也。」予謂此言尤害於理。竊意黄帝聰明神聖得之於天，其於天下之理無所不知，天下之事無所不能，上而天地陰陽、造化發育之原，下而保神練氣、愈疾引年之術，以至其間庶物萬事之理，巨細精粗，莫不洞然於胸次，是以其言有及之者。而世之言此者因自託焉，以信其説於後世。至於戰國之時，方術之士遂筆之書以相傳授，如列子之所引與夫素問、握奇之屬，蓋必有粗得其遺言之仿佛者，如許行所道神農之言耳。周官外史所掌三皇五帝之書，恐不但若此而已也。今蘇子乃獨指其與老子相出入者爲黄帝之本真，而其前所叙載制作征誅、開物成務之大法，下至醫方灸刺之屬，皆以爲設於世、見於外而與時俯仰者，則是聖人之内外心跡判然兩途，而其文章事業之見於世者，皆不出於其中心之實然矣，而可乎哉？

舜紀所論三事，其一許由者是已。然當全載史遷本語，以該卞隨、務光之流，不當但斥一許由而已也。然太史公又言「箕山之上有許由冢」，則又明其實有是人，亦當世之高士，但無堯讓之事耳。此其曲折之意，蘇子亦有所未及也。其一瞽、象殺舜，蓋不可知其有無。

今但當知舜之負罪引慝，號泣怨慕，象憂亦憂，象喜亦喜，與夫小杖則受，大杖則走，父母欲使之，未嘗不在側，欲求殺之，則不可得而已爾，不必深辨瞽、象殺舜之有無也。其一舜、禹避朱、均，而天下歸之，則蘇子慮其避之足以致天下之逆。至益避啓而天下歸啓，則蘇子又譏其避之爲不度而無耻。於是凡孟子、史遷之所傳者，皆以爲誕妄而不之信。今固未暇質其有無，然蘇子之所以爲説者，類皆以世俗不誠之心度聖賢，則不可以不之辨也。聖賢之心，淡然無欲，豈有取天下之意哉？顧辭讓之發，則有根於所性而不能已者。苟非所據，則雖巵酒豆肉，猶知避之，況乎秉權據重而天下有歸己之勢，則亦安能無所愓然於中而不遠引以避之哉？避之而彼不吾釋，則不獲已而受之，何病於逆？避之而幸其見舍，則固得吾本心之所欲，而又何耻焉？唯不避而彊取之，乃爲逆；偃然當之而彼不吾歸，乃可耻耳。如蘇子之言，則是凡世之爲辭讓者，皆陰欲取之而陽爲遜避，是以其言反於事實至於如此而不自知其非也。舜、禹之事，世固不以爲疑，今不復論。至益之事，則亦有不能無惑於其説者。殊不知若太甲賢而伊尹告歸，成王冠而周公還政，宣王有志而共和罷，此類多矣。當行而行，當止而止，而又何耻焉？蘇子蓋賢共伯，而尚何疑於益哉？若曰受人之寄，則當遂有之而不可歸，歸之則爲不度而無耻，則是王莽、曹操、司馬懿父子之心，而楊堅夫婦所謂騎虎之勢也，乃欲以是而語聖賢之事，其亦誤矣！

夏紀與賢與子之論，孟子言之盡矣。彼以好異期聖人者固妄，而謂聖人畏天下後世喜名失實之弊，而後不敢與賢以爲異，至累數十百言以辨之者，亦淺乎其知聖人矣。序文所謂水寒火熱、騶虞竊脂者，又安在哉？且於篇首即以「苟」字爲言，則其簡慢徇情之意勝；又以不求爲異爲主，則其同流合汙之願深。大抵不知天命人心爲義理本原之正，而横斜曲直，唯其意之所欲。此則蘇氏膏肓沉痼之疾，凡其父子兄弟少日之言，若此類者不可勝舉。而少公資稟稍爲静厚，故其晚歲粗知省悟，而意聖賢之心不徒若是其卑也，是以特序此書，以救前失。然舊習已安，未易猝拔，而本原綱領，終未明了，故其平日之邪論，乘間竊發，而一時正見之暫明者不足以勝之也。若長公之志林，則終身不能有以少變於其舊，又不逮其弟遠矣。

周論之云似矣，然細考之，有不能無失者。請試言之：夫民生之初，固未始有禮義之文也。然自其相生養而有父子，則知有相愛之恩矣；自其相保聚而有君臣，則知有相敬之義矣。是則禮義之實，豈可謂之無哉？今曰「民生之初，父子無義，君臣無禮」，此其不知道體之言一也。父子言義，君臣言禮，亦非是。今以此等處多，皆不暇辨也。夫人唯其本有禮義之心也，是以凡所作爲，有所準則而知其安與不安，所謂「民之秉彝，好是懿德」者也。今曰無禮義矣，則觸情而行，從欲而動，乃其當然，無所不可，而又謂其戚然有所不寧，而後反求諸心以得所安，則未知其何所準則而知之也？此其不知道體之言二也。且人心固有禮義之實矣，然非有聖人全體此心以當君師之寄，因其有是實者而品節之，則禮義之文亦何自而能立？其品節之也，雖非彊之以其所不欲，然亦非苟徇其私意之所便也。今味蘇子之言，乃若以爲天下之人自能爲禮，而無待於聖人，又以爲人之爲禮，但求以即其所安而不論其所安之準則，則其末流之弊，必將反有至於裸袒踞肆而後已者。此又其不察事理之言也。若夫古今之變，極而必反，如晝夜之相生，寒暑之相代，乃理之當然，非人力之可爲者也。是以三代相承，有相因襲而不得變者，有相損益而不可常者。然亦唯聖人爲能察其理之所在而因革之，是以人綱人紀得以傳之百世而無弊。不然，則亦將因其既極而橫潰四出，要以趨其勢之所便，而其所變之善惡，則有不可知者矣。若周之衰，文極而弊，此當變之時也。而聖王不作，莫有能變周用夏、救僿以忠，如孔子、董生、太史之言者，是以文日益勝，禮日益繁，使常人之情有所不能堪者，於是始違則作僞以赴之。至於久而不堪之甚，則遂厭倦簡忽，而有橫潰四出之患，若秦之掃除二帝三王之迹，而專爲自恣苟簡之治。以至于今，遂有如蘇子所謂「冠婚喪祭不爲之禮，墓祭而不廟，室祭而無所」者，正坐此也。而蘇子固謂生民以來，天下未嘗一日不趨於文，即是又謂禮俗之變皆唯衆人之所自爲，而聖人之通其變者爲無所與於其間也。且曰日趨於文矣，則又安有秦之苟簡與今之無禮，如蘇子之所病，而秦之苟簡與今之無禮，又豈爲治者真有革薄從忠之意，而故爲不文，以從唐、虞、夏、商之質，如彼之所譏者耶？其言反覆，自相矛盾，此又不察時變、不審物情之甚者也。然則有聖賢出而欲爲今日之禮者，宜奈何？曰：行夏時，乘殷輅，服周冕，樂韶舞，此吾夫子之言，萬世不易之通法也。今以繼周而言，則固當救之以忠，更以適時而慮，亦恐其未能遽及夫文也。亦曰躬行以率之，講學以開之，厚其實而粗品節之，使其文雖未備而不至於鄙野，大綱略舉而不至於難行，則亦庶乎其有移風易俗之漸矣。

蘇子論戰國之勢，以爲當是之時，雖有桓、文之君假仁義、挾天子以令之，其勢將有所不行。必得至誠之君子，自脩而不争，如商、周之先王，庶幾可以服之。其爲秦計，則曰：「因秦之地，用秦之民，按兵自守，修德以來天下之民，彼將襁負其子而至，誰與共守？」此其言皆善矣，其視史遷六國年表之云，不啻美玉之視碔砆也。然其爲六國計，但以齊、魏之不受兵爲驗，則是不知文侯之時，秦方以戎翟見擯於中國，固未能窺兵於山東，君王后之時，秦方用遠交近攻之術，日以三晉、荆楚爲事，故爲二國者得以少安而無患。若孝公、商鞅之後，始皇、李斯之時，則如楚用子蘭，齊用后勝，召之會則會，劫之朝則朝，今日割五城，明日獻十邑，其事秦豈不甚謹而不争哉？而卒以危亡之不暇，蘇子之策，亦不足以支矣。然則宜奈何？曰：其亦彊於自治，厚於養民，博求聖賢之佐以自輔，使德之脩於己者，秦一已百，秦十已千，固守四方〔一三〕，交鄰以道，使其勢出可以征而入可以守，汲汲乎以一世生民塗炭陷溺爲己任，而不專以求利於吾國爲心焉，則亦庶乎其可也。若姑以自脩者藉口，而實專主於不爭以事秦，則所謂自脩者，吾恐區區之杯水，不足以救焦邑滅都之火，而所謂不爭者，乃所以稔子蘭、后勝之禍也。彼孟子所以告齊、梁之君者，其本末次第之詳爲如何，而其終也，又未嘗不以無敵於天下爲效，豈若蘇子苟簡備數之言而已哉！

始皇紀論封建之不可復，其説雖詳，而大要直謂無故國之可因而已。嘗試考之，商、周之初，大賚所富，已皆善人，而其土地廣狹，隨時合度，無尾大外彊之患。王者世世脩德以臨之，又皆長久安寧而無倉卒傾摇之變。是以諸侯之封，皆得傳世長久而不可動，非以有故國之助而然也。秦至無道，決無久存之理，正使采公卿之議，用淳于越之説，並建子弟，以自藩屏，不過爲陳、吳、劉、項魚肉之資，雖有故國之助，亦豈能以自安也哉？至若漢、晉之事，則或以地廣兵彊而逆節萌起，或以主昏政亂而骨肉相殘，又非以無故國之助而亡也。蘇子之考之也，其已不詳矣。至於又謂後世之封建者，舉無根之人寄之吏民之上，君民不親，一有變故，則將漂卷而去，亦與秦之郡縣何異？若使秦能寬刑薄賦，與民休息，而以郡縣治之，雖與三代比隆可也。夫以君民不親而有漂卷之患爲不異於郡縣，是固以封建爲賢於郡縣，但後世之封建不能如古之封建，故其利害無以異於郡縣耳。而又必曰以郡縣善而治之，猶可以比隆於三代，至於封建，則固以爲不可，豈封建則不可以善治，而必爲郡縣乃可以善治耶？若以無根爲慮，則吾又有以折之：夫天生蒸民，有物有則，君臣之義，根於情性之自然，非人之所能爲也。故謂之君，則必知撫其民；謂之民，則必知戴其君。如夫婦之相合、朋友之相求，既已聯而比之，則其位置名號，自足以相感而相持，不慮其不親也。如太公之於齊，伯禽之於魯，豈其有根，而康叔之於衛，又合其再世之深仇而君之，然皆傳世數十，衛乃後周數十年而始亡，豈必有根而後能久耶？至於項羽初起，即戰河北，其爲魯公，未必嘗得一日臨涖其民也。而其亡也，魯人且猶爲之城守不下〔二四〕，至聞其死，然後乃降。以至彭越之於梁、張敖之於趙，其爲君也亦暫耳，而欒布、貫高之徒爭爲之死。以至漢、魏之後，則已爲郡縣久矣，而牧守有難，爲之掾屬者猶以其死捍之，是豈有根而然哉？君臣之義固如此也。若秦之時，六國彊大，誠不可以爲治。既幸有以一之矣，則宜繼續其宗祀，而分裂其土壤以封子弟功臣，使之維持參錯於其間。以義言之，既得存亡繼絶之美；以勢言之，就使有如蘇子之所病，則夫故國之助、根本之固者，又可於此一舉而兩得之，亦何爲而不可哉？但秦至無道，封建固不能待其久而相安，而爲郡縣，亦不旋踵而敗亡。蓋其利害得失之算，初不繫乎此耳。蘇子乃以其淺狹之心、狃習之見，率然而立論，固未嘗察乎天理民彝本有之常性〔二五〕，而於古今之變、利害之實人所共知而易見者，亦復乖戾如此，是則不惟其窮理之學未造本原，抑其暮年精力亦有所不逮而然也。或曰：然則爲今之計，必封建而後可以爲治耶？而度其勢，亦可必行而無弊耶？曰：不必封建而後可爲治也。但論治體，則必如是，然後能公天下以爲心，而達君臣之義於天下，使其恩禮足以相及，情意足以相通，且使有國家者各自愛惜其土地人民，謹守其祖先之業以爲遺其子孫之計，而凡爲宗廟社稷之奉、什伍閭井之規、法制數度之守，亦皆得以久遠相承，而不至如今日之朝成而暮毁也。若猶病其或自恣而廢法，或彊大而難制，則雜建於郡縣之間，又使方伯連帥分而統之，察其敬上而恤下與其違禮而越法者以行慶讓之典，則曷爲而有弊耶！

校勘記

〔一〕所以正經界　「正」，原作「王」，據閩本、浙本改。

〔二〕則曰漢既滙而出　「滙」，原作「淮」，據閩本、浙本改。

〔三〕而兖州乃其中流　「中」，正訛改作「下」，疑是。

〔四〕其彭澤縣下注云　「澤」，原作「蠡」，據漢書卷二八地理志上改。

〔五〕餘干餘水　按漢書卷二八地理志上「餘干」作「餘汗」，二字通也。

〔六〕浍浍水　上「浍」字，原作「塗」，據漢書卷二八地理志上改。

〔七〕語其孝　「語」字原缺，據浙本補。

〔八〕昔孔子順謂公孫龍之辨　按孔叢子公孫龍篇記爲孔穿之言，穿字子高。「子順」當爲「子高」之誤。

〔九〕常苦其無所從入　「入」字原缺，據正訛說補。

〔一〇〕射之於彼　「彼」，原作「後」，據正訛引遺書及萬曆本改。

〔一一〕故有終始爲二道　「二」，原作「一」，據浙本、天順本改。下文「終始二道，本末兩端」，是其證也。

〔一二〕此殆釋氏一聞千悟　「悟」，原作「悞」，據浙本、閩本改。按景德傳燈録卷二八汾州大達無業國師有「得大總持，一聞千悟」之語。

〔一三〕以伺其忽然而一悟　「伺」，閩本、浙本俱作「俟」。

〔一四〕惑人之尤甚者也　「尤甚」，閩本、浙本俱作「尤深」。

〔一五〕此有識之所甚憂而永歎也　「甚憂」，閩本、浙本俱作「共憂」。

〔一六〕破其疵繆　「破其」，浙本作「指摘」。

〔一七〕使讀者曉然知其異端爲非　「異端爲非」，浙本作「異說之非」。

〔一八〕此特以老子浮屠之說論聖人　「之說」，浙本作「之意」。

〔一九〕而蘇子嘗云　「而」，浙本作「然」。
〔二〇〕其言如此　「言」，浙本作「説」。
〔二一〕至其所謂　「所謂」，浙本作「又謂」。
〔二二〕其曰管仲子産叔向之流　「管仲」，浙本作「管晏」。
〔二三〕固守四方　「方」，閩本、浙本俱作「封」。
〔二四〕魯人且猶爲之城守不下　「且猶」，浙本作「猶且」。
〔二五〕固未嘗察乎天理民彝本有之常性　「乎」，浙本作「夫」。

晦庵先生朱文公文集卷第七十三

雜著

讀余隱之尊孟辨隱之名允文，建安人。

温公疑孟上

疑曰：孟子稱所願學者孔子，然則君子之行，孰先於孔子？孔子歷聘七十餘國，皆以道不合而去，豈非非其君不事歟？孺悲欲見孔子，孔子辭以疾，豈非非其友不友乎？陽貨爲政於魯，孔子不肯仕，豈非不立於惡人之朝乎？爲定、哀之臣，豈非不羞汙君乎？爲委吏，爲乘田，豈非不卑小官乎？舉世莫知之，不怨天，不尤人，豈非遺佚而不怨乎？飲水曲肱，樂在其中，豈非阨窮而不憫乎？居鄉黨，恂恂似不能言，豈非由由然與之偕而不自失乎？是故君子邦有道則見，邦無道則隱，事其大夫之賢者，友其士之仁者，非隘也。和而不同，遯世無悶，非不恭也。苟毋失其中，雖孔子由之，何得云君子不由乎？

辨曰：孟子曰：「伯夷隘，柳下惠不恭。隘與不恭，君子不由。」原孟子之言，非是瑕疵夷、惠也，而清和之弊，必至於此。蓋以一於清，其流必至於隘；一於和，其流必至於不恭，其弊如是，君子豈由之乎！苟得其中，雖聖人亦由之矣。觀吾孔子之行，時乎清而清，時乎和而和，仕止久速，當其可而已，是乃所謂時中也。是聖人之時者也，詎可與夷、惠同日而語哉？或謂伯夷制行以清，下惠制行以和，救時之弊，不得不然，亦非知夷、惠者。苟有心於制行，則清也和也，豈得至於聖哉！夷之清、惠之和，蓋出於天性之自然，特立獨行而不變，遂臻其極致，此其所以爲聖之清、聖之和也。孟子固嘗以百世之師許之矣，慮後之學者慕其清和而失之偏，於是立言深救清和之弊，大有功於名教，疑之者誤矣。

「觀吾夫子之行，時乎清而清，時乎和而和，仕止久速，當其可而已，是乃所謂時中也。是聖人之時者也，詎可與夷、惠同日而語哉？」五十八字〔一〕，愚欲删去，而補之曰：「然此不待别求左驗，而是非乃明也。姑即温公之所援以爲説者論之，固已曉然矣，如温公之説，豈非吾夫子一人之身而兼二子之長歟！然則時乎清而非一於清矣，是以清而不隘；時乎和而非一於和矣，是以和而未嘗不恭。其曰聖之時者，如四時之運，温凉和燠，各以其序，非若伯夷之清，則一於寒凉，柳下惠之和，則一於温燠，而不能相通也。以是言之，則是温公之所援以爲説者，乃所以助孟子而非攻也。」又曰「苟有心於制行」至章末，愚欲删去，而易之曰：「使夷、惠有心於制行，則方且勉强修爲之不暇，尚何以爲聖人之清和也歟！彼其清且和也，蓋得於不思不勉之自然，是以特立獨行，終其身而不變，此孟子所以直以爲聖人，而有同於孔子也。又恐後之學者慕其清和而失之一偏，於是立言以救其末流之弊，而又曰乃所願則學孔子也。其抑揚開示至深切矣，亦何疑之有。」

疑曰：仲子以兄之禄爲不義之禄，蓋謂不以其道事君而得之也。以兄之室爲不義之室，蓋謂不以其道取於人而成之也。仲子蓋嘗諫其兄矣，而兄不用也，仲子之志，以爲吾既知其不義矣，然且食而居之，是口非之而身享之也，故避之居於於陵。於陵之室與粟，身織屨，妻辟纑而得之也，非不義也，豈當更問其築與種者誰歟！以所食之鵝，兄所受之饋也，故哇之，豈以母則不食，以妻則食之耶！君子之責人當探其情，仲子之避兄離母，豈所願耶。若仲子者，誠非中行，亦狷者有所不爲也。孟子過之，何其甚耶。

辨曰：陳仲子弗居不義之室，弗食不義之禄，夫孰得而非之？居於於陵，以彰兄之過，與妻同處而離其母，人則不爲也，而謂仲子避兄離母，豈所願耶？殊不曉其説。仲子之兄非不友，孰使之避？仲子之母非不慈，孰使之離？烏得謂之豈所願耶？仲子，齊之世家，萬鍾之禄，世之有矣，不知何爲諫其兄，以其禄與室爲不義，而弗食弗居也。謂仲子爲狷者，有所不爲，避兄離母，可謂狷乎？孟子深闢之者，以離母則不孝，避兄則不恭也。使仲子之道行，則天下之人不知義之所在，謂兄可避，母可離，其害教也大矣，孟子之言，履霜之戒也歟！

温公云：仲子嘗諫其兄而兄不用，然且食而居之，是口非之而身享之也，故避之。又曰仲子狷者，有所不爲者也。愚謂口非之而身享之，一時之小嫌；狷者之不爲，一身之小節。至於父子兄弟，乃人之大倫，天地之大義，一日去之，則禽獸夷狄矣，雖復謹小嫌，守小節，亦將安所施哉？此孟子絶仲子之本意。隱之云仲子之兄非不友，孰使之避？仲子之母非不慈，孰使之離？愚謂政使不慈不友，亦無逃去之理，觀舜之爲法於天下者，則知之矣。

疑曰：孔子，聖人也，定、哀，庸君也。然定、哀召孔子，孔子不俟駕而行，過位，色勃如也，足躩如也。過虚位且不敢不恭，況召之有不往而他適乎？孟子，學孔子者也，其道豈異乎？夫君臣之義，人之大倫也，孟子之德，孰與周公？其齒之長，孰與周公之於成王？成王幼，周公負之以朝諸侯，及長而歸政，北面稽首，畏事之，與事文、武無異也，豈得云彼有爵，我有德齒，可慢彼哉！孟子謂蚳鼃居其位，不可以不言；言而不用，不可以不去。己無官守，無言責，進退可以有餘裕。孟子居齊，齊王師之。夫師者，導人以善，而救其惡者也，豈謂之無官守、無言責乎？若謂之爲貧而仕耶，則後車數十乘，從者數百人，仰食於齊，非抱關擊柝比也。詩云：「彼君子兮，不素餐兮。」夫賢者所爲，百世之法也。余懼後之人挾其有以驕其君，無所事而貪禄位者，皆援孟子以自況，故不得不疑。

辨曰：孟子將朝王，王使人來曰：「寡人如就見者也，有寒疾，不可以風。朝將視朝，不識可使寡人得見乎？」探王之意，未嘗知以尊德樂道爲事，方且恃萬乘之尊，不肯先賢者之屈，故辭以疾，欲使孟子屈身先之也。孟子知其意，亦辭以疾者，非驕之也，身可屈，道其可屈乎？其與君命召不俟駕而行異矣。又孟子曰天下有達尊三，朝廷莫如爵，鄉黨莫如齒，輔世長民莫如德。夫尊有德，敬耆老，乃自古人君通行之道也，人君所貴者爵爾，豈可慢夫齒與德哉？若夫伊尹之於太甲，周公之於成王，此乃大臣輔導幼主，非可與達尊概而論也。又孟子謂蚳鼃爲士師，職所當諫諫之，不行，則當去。爲臣之道當如是也，爲王之師則異矣。記曰君之所不臣於其臣者二，而師處其一。尊師之禮，詔於天子無北面，非所謂有官守、有言責者也，其進退豈不綽綽然有餘裕哉！孟子以道自任，一言一行，未嘗少戾於道，意謂人君尊德樂道不如是，則不足與有爲，而謂挾其有以驕其君，無所事而貪禄位者，過矣。

温公云：孔子，聖人也，定、哀，庸君也。然定、哀召孔子，孔子不俟駕而行，過位，色勃如也，足躩如也。過虚位且不敢不恭，況召之有不往而它適乎！孟子，學孔子者也，其道豈異乎？夫君臣之義，人之大倫也。孟子之德，孰與周公？其齒之長，孰與周公之於成王？成王幼，周公負之以朝諸侯，及長而歸政，北面稽首畏事之，與事文、武無異也，豈得云彼有爵，我有齒德，可慢彼哉！愚謂孟子固將朝王矣，而王以疾要之，則孟子辭而不往，其意若曰自我而朝王，則貴貴也；貴貴，義也，而何不可之有？以王召我，則非尊賢之禮矣，如是而往，於義何所當哉！若其所以與孔子異者，則孟子自言之詳矣，恐温公亦未深考耳。孟子達尊之義，愚謂達者，通也，三者不相值，則各伸其尊而無所屈一；或相值，則通視其重之所在而致隆焉。故朝廷之上，以伊尹、周公之忠聖者老而祗奉嗣王左右，孺子不敢以其齒德加焉。至論輔世長民之任，則太甲、成王固拜手稽首於伊尹、周公之前矣，其迭爲屈伸，以致崇極之義，不異於孟子之言也，故曰通視其重之所在而致隆焉，唯可與權者知之矣。官守言責，一職之守耳，其進退去就，決於一事之得失，一言之從違者也，若爲師，則異於是矣，然亦豈不問其道之行否而食其禄耶！觀孟子卒致爲臣而歸，齊王以萬鍾留之而不可得，則可見其出處大概矣。

疑曰：孟子知燕之可伐，而必待能行仁政者乃可伐之。齊無仁政，伐燕非其任也。使齊之君臣不謀於孟子，孟子勿預知可也。沈同既以孟子之言勸王伐燕，孟子之言尚有懷而未盡者，安得不告王而止之乎？夫軍旅之事〔二〕，民之死生，國之存亡皆繫焉，苟動而不得其宜，則民殘而國危，仁者何忍坐視其終委乎？

辨曰：沈同問「燕可伐」，孟子答之曰「可伐」者，言燕之君臣擅以國而私與受，其罪可伐。沈同亦未嘗謂齊將伐之也，豈可臆度其意，預告之以齊無善政，不可伐燕歟！且言之不可不慎也久矣，彼欲伐人之國，未嘗與己謀，苟逆探其意而沮其謀，政恐不免貽禍矣。或謂其勸齊伐燕，孟子已嘗自明其説，意在激勸宣王，使之感悟而行仁政爾。孟子答問之際，抑揚高下，莫不有法，讀其書者，當求其立言垂訓之意而究其本末可也。聖賢之心，如明鑑止水，來者照之，然亦照其面我者而已矣，固不能探其背而逆照之也。沈同之問，以私而不及公，問燕而不及齊。惟以私而問燕，故燕之可伐，孟子之所宜知也。惟不以公而問齊，故齊之不可伐，孟子之所不宜對也。温公疑孟子坐視齊伐燕而不諫，隱之以爲孟子恐不免貽禍故不諫，温公之疑固未當，而隱之又大失之。觀孟子言，取之而燕民悦則取之，取之而燕民不悦則勿取，然燕之可取不可取，決於民之悦否而已。使齊能誅君弔民，拯之於水火之中，則烏乎而不可取哉！

疑曰：經云：當不義，則子不可不爭於父。傳云：愛子，教之以義方。孟子云：父子之間不責善。不責善，是不諫不教也，可乎？

辨曰：孟子曰：古者易子而教之，非謂其不教也。又曰：父子之間不責善，父爲不義則爭之，非責善之謂也。傳云愛子教之以義方，豈自教也哉，胡不以吾夫子觀之。鯉趨而過庭，孔子告之不學詩，無以言；不學禮，無以立。鯉退而學詩與禮，非孔子自以詩禮訓之也。陳亢喜曰：「問一得三，聞詩，聞禮，又聞君子之遠其子。」孟子之言，正與孔子不約而同，其亦有所受而言之乎？

子雖不可以不爭於父，觀内則、論語之言，則其諫也以微。隱之説已盡，更發此意尤佳。

疑曰：告子云性之無分於善不善，猶水之無分於東西。此告子之言失也。水之無分於東西，謂平地也，使其地東高而西下，西高而東下，豈決導所能致乎？性之無分於善不善，謂中人也，瞽瞍生舜，舜生商均，豈陶染所能變乎？孟子云人無有不善，此孟子之言失也。丹朱、商均自幼及長，所日見者堯、舜也，不能移其惡，豈人之性無不善乎？

辨曰：孟子曰：「人性之善也，猶水之下也。人無有不善，水無有不下。」蓋言人之性皆善也。繫辭曰：「一陰一陽之謂道，繼之者善也，成之者性也。」是則孔子嘗有性善之言矣。中庸曰：「天命之謂性。」樂記曰：「人生而靜，天之性也。」人之性禀於天，曷嘗有不善哉。荀子曰性惡，揚子曰善惡混，韓子曰性有三品，皆非知性者也。犧生犂胎，龍寄蛇腹，豈常也哉？性一也，人與鳥獸草木，所受之初皆均，而人爲最靈爾，由氣習之異，故有善惡之分。上古聖人固有禀天地剛健純粹之性生而神靈者，後世之人或善或惡，或聖或狂，各隨氣習而成，其所由來也遠矣。堯舜之聖性也，朱均之惡豈性也哉！夫子不云乎，「唯上智與下愚不移」，非謂不可移也，氣習漸染之久，而欲移下愚而爲上智，未見其遽能也。詎可以此便謂人之性有不善乎！

温公疑孟下

疑曰：孟子云：「白羽之白，猶白雪之白；白雪之白，猶白玉之白。」告子當應之云「色則同矣，性則殊矣」。羽性輕，雪性弱，玉性堅，而告子亦皆然之，此所以來犬牛人之難也。孟子亦可謂以辨勝人矣。

辨曰：孟子白羽之白，與白雪、白玉之同異者，蓋以難告子「生之謂性」之説也。告子徒知生之謂性，言人之爲人，有生而善、生而惡者，殊不知惟民生厚，因物有遷，所習不慎，流浪生死，而其所禀受亦從以異，故有犬牛人性之不同，而其本性未始不善也。猶之水也，其本未嘗不清，所以濁者，土汩之耳，澄其土，則水復清矣。謂水之性自有清濁，可乎？孟子非以辨勝人也，懼人不知性而賊仁害義，滅其天理，不得已而爲之辯。孝經曰：「天地之性人爲貴。」以言萬物之性均，惟人爲貴耳。性之學不明，人豈知自貴哉！此孟子所以不憚諄諄也。

此二章熹未甚曉，恐隱之之辨亦有未明處。

疑曰：禮：君不與同姓同車，與異姓同車，嫌其偪也。爲卿者，無貴戚、異姓，皆人臣也。人臣之義，諫於君而不聽，去之可也，死之可也，若之何以其貴戚之故，敢易位而處也？孟子之言過矣。君有大過無若紂，紂之卿士莫若王子比干、箕子、微子之親且貴也。微子去之，箕子爲之奴，比干諫而死。孔子曰商有三仁焉。夫以紂之過大，而三子之賢猶且不敢易位也，況過不及紂，而賢不及三子者乎？必也使後世有貴戚之臣諫其君而不聽，遂廢而代之，曰「吾用孟子之言也，非簒也，義也」，其可乎！或曰孟子之志欲以懼齊王也，是又不然。齊王若聞孟子之言而懼，則將愈忌惡其貴戚，聞諫而誅之；貴戚聞孟子之言，又將起而蹈之，則孟子之言不足以格驕君之非，而適足以爲篡亂之資也，其可乎！

辨曰：道之在天下，有正有變。堯、舜之讓，湯、武之伐，皆變也。或謂堯、舜不慈，湯、武不義，是皆聖人之不幸而處其變也。禪遜之事，堯、舜行之則盡善，之、噲行之則不善矣；征伐之事，湯、武行之則盡美，魏、晉行之則不美矣。伊尹之放太甲，霍光之易昌邑，豈得已哉，爲人臣者非不知正之爲美。或曰從正則天下危，從變則天下安，然則孰可？苟以安天下爲大，則必曰從變可，唯此最難處，非通儒莫能知也。尹、光異姓之卿，擅自廢立，後世猶不得而非之，況貴戚之卿乎！紂爲無道，貴戚如微子、箕子、比干，不忍坐視商之亡而覆宗絶祀，反覆諫之，不聽，易其君之位，孰有非之者？或去或奴，或諫而死，孔子稱之曰商有三仁焉。以仁許之者，疑於大義猶有所闕也。三仁固仁矣，其如商祚之絶何！季札辭國而生亂，孔子因其來聘，貶而書名，所以示法，春秋明大義，書法甚嚴，可以監矣。君有大過，貴戚之卿反覆諫而不聽，則易其位，此乃爲宗廟社稷計，有所不得已也。若進退廢立出於群小閹寺，而當國大臣不與，焉用彼卿哉！是故公子光使專諸弑其君僚，春秋書吳以弑。不稱其人，而稱其國者，歸罪於大臣也，其經世之慮深矣。此孟子之言亦得夫春秋之遺意歟！

隱之云三仁於大義有闕，此恐未然。蓋三仁之事不期於同，自靖以獻于先王而已。以三仁之心行孟子之言，孰曰不可，然以其不期同也，故不可以一方論之。況聖人之言仁義，未嘗備舉，言仁則義在其中矣。今徒見其目之以仁而不及義，遂以爲三子猶有偏焉，恐失之蔽也。此篇大意已正，只此數句未安。

疑曰：君子之仕，行其道也，非爲禮貌與飲食也。昔伊尹去湯就桀，豈能迎之以禮哉？孔子棲棲皇皇，周遊天下，佛肸召，欲往；公山弗擾召，欲往。彼豈爲禮貌與飲食哉，急於行道也。今孟子之言曰「雖未行其言也，迎之有禮則就之，禮貌衰則去之」，是爲禮貌而仕也。又曰「朝不食，夕不食，君曰：『吾大者不能行其道，又不能從其言也，使饑餓於我土地，吾耻之。』周之，亦可受也」，是爲飲食而仕也。必如是，是不免於鬻先王之道，以售其身也。古之君子之仕也殆不如此。

辨曰：孔子之於魯、衛，始接之以禮則仕，及不見悅於其君則去，豈可謂不爲禮貌而仕歟？爲魯司寇，不用，從而祭，燔肉不至，不稅冕而行，豈可謂不爲飲食而仕歟？進以禮，退以義，得之、不得曰有命，孰謂孔子棲棲皇皇，不爲禮貌與飲食哉！孟子曰迎之有禮則就，禮貌衰則去。又曰朝不食，夕不食，周之亦可受者，則是言也，未嘗或戾於吾孔子之所行。如曰不爲飲食，則當慕夷、齊可也，又何仕爲？聖賢固不專爲飲食，其所以爲飲食云者，爲禮貌耳。而謂古之君子能辟穀者耶？不顧廉耻而苟容者耶？誦孟子之言，而不量其輕重之可否，何説而不可疑？

孟子言所就三、所去三，其上以言之行不行爲去就，此仕之正也。其次以禮貌衰未衰爲去就，又其次至於不得已而受其賜，則豈君子之本心哉！蓋當是時舉天下莫能行吾言矣，則有能接我以禮貌，而周我之困窮者，豈不善於彼哉，是以君子以爲猶可就也。然孟子蓋通上下言之，若君子之自處，則在所擇矣。孟子於其受賜之節，又嘗究言之曰「饑餓不能出門户」，則「周之亦可受也，明未至於如是之貧，則不可受。免死而已矣」。言受之有限，不求贏餘，明不多受。以是而觀，則温公可以無疑於孟子矣，而隱之所辨，引孔子事爲證，恐未然也。

疑曰：所謂性之者，天與之也；身之者，親行之也；假之者，外有之而内實亡也。堯舜湯武之於仁義也，皆性得而身行之也，五霸則强焉而已。夫仁所以治國家而服諸侯也，皇帝王霸皆用之，顧其所以殊者，大小高下遠近多寡之間耳。假者文具而實不從之謂也，文具而實不從，其國家且不可保，況於霸乎！雖久假而不歸，猶非其有也。

辨曰：仁之爲道，有生者皆具，有性者同得，顧所行如何耳。堯舜之於仁，生而知之，率性而行也；湯武之於仁，學而知之，體仁而行也；五伯之於仁，困而知之，意謂非仁則不足以治國家、服諸侯，於是假而行之，其實非仁也。而謂皇帝王霸皆用之，顧其所以殊者，大小高卑、遠近多寡之間耳，何所見之異也？孟子之言，曰「堯舜性之，湯武身之，五伯假之。假之而不歸，烏知其非有」，正合中庸所謂「或安而行，或利而行，或勉强而行，及其成功一也」。孟子之意，以勉其君爲仁耳，惜乎五伯假之，而不能久也。

隱之以五伯爲困知勉行者，愚謂此七十子之事，非五伯所及也。假之之情與勉行固異，而彼於仁義亦習聞其號云爾，豈真知之者哉！温公云假者，文具而實不從之謂也。文具而實不從，其國家且不可保，況於霸乎！雖久假而不歸，猶非其有也。愚謂當時諸侯之於仁義，文實俱喪，惟五伯能具其文耳，亦彼善於此之謂也。又有大國資强輔，因竊仁義之號以令諸侯，則孰敢不從之也哉！使其有王者作，而以仁義之實施焉，則爝火之光，其息久矣。孟子謂久假不歸，烏知其非有，止謂當時之人不能察其假之之情，而遂以爲真有之耳，此正温公所惑，而反以病孟子，不亦誤哉！

疑曰：虞書稱舜之德曰：「父頑，母嚚，象傲，克諧以孝，烝烝乂，不格姦。」所貴乎舜者爲其能以孝和諧其親，使之進進以善自治，而不至於惡也。如是則舜爲子，瞽瞍必不殺人矣。若不能止其未然，使至於殺人，執於有司，乃棄天下，竊之以逃，狂夫且猶不爲，而謂舜爲之乎！是特委巷之言也，殆非孟子之言也。且瞽瞍既執於皋陶矣，舜烏得而竊之？雖負而逃於海濱，皋陶外雖執之以正其法，而內實縱之以予舜，是君臣相予爲僞，以欺天下也，惡得爲舜與皋陶哉？又舜既爲天子矣，天下之民戴之如父母，雖欲遵海濱而處，民豈聽之哉！是皋陶之執瞽瞍，得法而亡舜也，所亡益多矣。故曰是特委巷之言，殆非孟子之言也。

辨曰：桃應之問，乃設事耳，非謂已有是事也。桃應之意，蓋謂法者天下之大公，舜，制法者也；皋陶，守法者也。脱或舜之父殺人，則如之何？孟子答之曰「執之」者，士之職所當然也；舜不敢禁者，不以私恩廢天下之公法也。夫有所受云者，正如爲將，閫外之權則專之，君命有所不受。士之守法亦然，蓋以法者先王之制，與天下公共爲之，士者受法於先王，非可爲一人而私之。舜既不得私其父，將置之於法，則失爲人子之道；將置而不問，則廢天下之法。寧并棄天下，願得竊負而逃，處於海濱，樂以終其身焉，更忘其爲天子之貴也。當時固無是事，彼既設爲問目，使孟子不答，則其理不明。孟子之意，謂天下之富，天子之貴，不能易事父之孝，遂答之以天下可忘，而父不可暫捨，所以明父子之道也。其於名教，豈曰小補之哉！

龜山先生嘗言固無是事，此只是論舜心耳。愚謂「執之而已矣」，非洞見皋陶之心者不能言也。此一章之義，見聖賢所處，無所不用其極，所謂止於至善者也。隱之之辨，專以父子之道爲言，却似實有此事，於義未瑩。

史剡曰：堯以二女妻舜，百官牛羊事舜於畎畝之中，瞽瞍與象猶欲殺之，使舜塗廩而縱火，舜以兩笠自扞而下。又使舜穿井而實以土，舜爲匿空出他人井。剡曰：頑嚚之人不入德義則有之矣，其好利而畏害則與衆不殊也。或者舜未爲堯知，而瞽瞍欲殺之則可矣。堯已知之，四嶽舉之，妻以二女，養以百官，方且試以百揆而禪天下焉，則瞽瞍豈不欲利其子而爲天子，而尚欲殺之乎？雖欲殺之，亦不可得已，藉使得殺之，瞽瞍與象將隨踵而誅，雖甚愚人必不爲也。此特閭父里嫗之言，而孟子信之過矣，後世又承以爲實，豈不過甚矣哉！史剡又一篇疑舜與益無避之之事，辨在後常語中。

辨曰：萬章問曰：「父母使舜完廩，捐階，瞽瞍焚廩。使浚井，出，從而揜之。象曰：『謨蓋都君咸我績。牛羊父母，倉廩父母，干戈朕，琴朕，弤朕，二嫂使治朕棲。』象往入舜宮，舜在床琴。象曰：『鬱陶思君爾。』忸怩。舜曰：『惟茲臣庶，汝其于予治〔三〕。』」繼曰：「不識舜不知象之將殺己歟？」孟子答曰：「奚而不知也？象憂亦憂，象喜亦喜。」又問曰：「然則舜僞喜者歟？」答曰：「彼以愛兄之道來，故誠信而喜之，奚僞焉？」且夫舜未爲堯知瞽瞍與象殺之可也。堯既知之，象焉得而殺之？温公云：閭父里嫗之言固然矣，萬章既以爲誠有是事，如謂其必無而不答，則兄弟之道孰與明之乎？孟子答之云云者，以見聖人之心不藏怒，不宿怨，唯知有兄弟之愛而已。使天下後世明兄弟之道者，孟子之功大矣。讀孟子者，不求其明教之意，而謂其信之過，是亦不思之甚也。「則兄弟之道孰與明之乎」以下至終篇，愚欲易之曰：「然因其所問而告之，亦可以見仁人之於兄弟之心矣。蓋仁人之於兄弟，不藏怒，不宿怨，惟知有兄弟之愛而已。今不求孟子之意，而以信之太過疑之，是以筋骨形容之不善，而棄天下馬也。」

李公常語上太伯

常語曰：堯傳之舜，舜傳之禹，禹傳之湯，湯傳之文、武、周公，文、武、周公傳之孔子，孔子傳之孟軻。軻之死，不得其傳焉，如何曰孔子死，不得其傳矣？彼孟子者，名學孔子而實偕之者也，焉得傳？敢問何謂也？曰：「孔子之道，君君臣臣也；孟子之道，人皆可以爲君也。天下無王霸，言僞而辨者不殺，諸子得以行其意，孫吳之智，蘇張之詐，孟子之仁義，其原不同，其所以亂天下一也。」

辨曰：大道之傳，至吾夫子然後大成。夫子没百餘歲，楊朱、墨翟各持所見，以惑後學。朱之爲我則偏於爲義，翟之兼愛則偏於爲仁，聖人之道自是而晦。孟軻氏出，以仁義之言解其蔽，斯道復明。不幸六藝之文厄於秦火，由漢以來，佛老顯行，聖道不絕如綫，韓愈氏斷然號於世曰「軻之死，不得傳」。夫道不可須斯離，而其在於人心者固常自若，豈真不傳哉！　蓋以道之大要不在乎仁義〔四〕，自孟子没，未有唱爲仁義之説者，此道所以爲不傳也。　謂孟子名學孔子而實借之，妄矣。　又謂孫吴之智、蘇張之詐，與孟子之仁義一於亂天下，且仁義之與智詐，不啻冰炭之異，非可概而論，遂併以仁義爲亂天下。所見之謬如是，烏知帝王所傳之道哉！

孔子傳之孟軻，軻之死，不得其傳，此非深知所傳者何事，則未易言也。　夫孟子之所傳者何哉？　曰仁義而已矣。　孟子之所謂仁義者何哉？　曰仁，人心也；　義，人路也；　曰惻隱之心，仁之端也；　羞惡之心，義之端也，如斯而已矣。　然則所謂仁義者，又豈外乎此心哉！堯舜之所以爲堯舜，以其盡此心之體而已。　禹、湯、文、武、周公、孔子傳之，以至於孟子，其間相望有或數百年者，非得口傳耳授，密相付屬也，特此心之體，隱乎百姓日用之間，賢者識其大，不賢者識其小，而體其全且盡，則爲得其傳耳。　雖窮天地、亘萬世，而其心之所同然，若合符節。　由是而出，宰制萬物，酬酢萬變，莫非此心之妙用，而其時措之宜，又不必同也。　故堯舜與賢，而禹與子，湯放桀，文王事殷，武王殺受，孔子作春秋以翼衰周，孟子説諸侯以行王道〔五〕，皆未嘗同也，又何害其相傳之一道？　而孟子之所謂仁義者，亦不過使天下之人各得其本心之所同然者耳。　李氏以蘇、張、孫、吴班焉，蓋不足以窺孟子之藩籬而妄議之也。　推此觀之，則其所蔽亦不難辨矣。

常語曰：孟子曰：五霸者，三王之罪人也。吾以爲孟子者，五霸之罪人也。五霸率諸侯事天子，孟子勸諸侯爲天子，苟有人性者必知其逆順耳矣。孟子當周顯王時，其後尚且百年而秦并之。嗚呼！孟子，忍人也，其視周室如無有也。

辨曰：孟子説列國之君，使之行王政者，欲其去暴虐，行仁義，而救民於水火耳。行仁義而得天下，雖伊尹、太公、孔子説其君亦不過此。彼五霸者，假仁義而行，陽尊周室，而陰欲以兵强天下，孟子不忍斯民死於鬬戰，遂以王者仁義之道詔之。使當時之君不行仁義而得天下，孟子亦惡之矣，豈復勸諸侯爲天子哉！大抵入人之罪，必文致其事，巧爲鍛鍊，無所不至，謂孟子爲忍人入罪也多矣，其知有天誅鬼責之事乎！

李氏罪孟子勸諸侯爲天子，正爲不知時措之宜，隱之之辨已得之，但少發明時措之意。又所云行仁義而得天下，雖伊尹、太公、孔子説其君亦不過如此，語亦未盡善。若云行仁義而天下歸之，乃理勢之必然，雖欲辭之而不可得也。又辨云「大抵入人之罪」以下，疑可删去。

常語曰：孔子曰：「桓公九合諸侯，不以兵車，管仲之力也。如其仁，如其仁。」又曰：「管仲相桓公霸諸侯，一匡天下，民到于今受其賜。微管仲，吾其被髮左衽矣。」而孟子謂以齊王猶反手也，功烈如彼其卑，故曰「管仲，曾西之所不爲」。嗚呼！是猶見人之鬪者而笑曰：「胡不因而殺之，貨可得也。」雖然，他人之鬪者耳。桓公、管仲之於周，救父祖也，而孟子非之，奈何。

辨曰：孔子謂管仲如其仁，言仲之似仁而非仁也。又謂微管仲，吾其被髮左衽，言仲有攘卻夷狄之功也。至謂其小器奢僭，不知禮，言仲之不能圖大致遠也。夫奢僭不知禮之人，豈得爲仁乎！其所以九合諸侯者，假仁而行，以濟其不仁耳，宜曾西之所不爲也。昔成湯以七十里爲小國之諸侯，伊尹相之，以王於天下。齊以千里之國而相管仲，管仲得君之專，行國政之久，功烈如彼其卑，童子且羞稱之，況大賢乎。有好功利者必喜管仲，仁者不爲也。管仲急於圖霸，藉周室以爲之資耳，謂桓公、管仲之於周如救父祖，吾弗信之矣。

夫子之於管仲，大其功而小其器，邵康節亦謂五霸者功之首、罪之魁也，知此者可與論桓公、管仲之事矣。夫子言「如其仁」者，以當時王者不作，中國衰，夷狄横，諸侯之功未有如管仲者，故許其有仁者之功，亦彼善於此而已。至於語學者立心致道之際，則其規模宏遠，自有定論，豈曰若管仲而休耶！曾西之耻而不爲，蓋亦有説矣。李氏又有救鬪之説，愚以爲桓公、管仲救父祖之鬪，而私其財以爲子舍之藏者也。故周雖小振，而齊亦寖强矣，夫豈誠心惻怛而救之哉。孟子不與管仲，或以是耳。隱之以爲小其不能相桓公以王於天下，恐不然。齊桓之時，周德雖衰，天命未改，革命之事未可爲也。孟子言以齊王猶反手，自謂當年事勢，且言己志，非爲管仲發也。

常語曰：或曰：「然則湯、武不爲歟？」曰：「湯、武不得已也。契、相土之時，詎知其有桀哉！后稷、公劉、古公之時，詎知其有紂哉！夫所以世世種德，以善其身，以及其國家而已。湯、武之生，不幸而遭桀、紂，放之殺之，而蒞天下，豈湯、武之願哉！仰畏天，俯畏人，欲遂其爲臣而不可得也。由孟子之言，則是湯、武修仁行義，以取桀、紂爾。嗚呼！吾乃不知仁義之爲篡器也。又仲虺之誥『成湯放桀于南巢，惟有慚德，曰『予恐來世以台爲口實』』，孔子謂武爲美矣，『未盡善也』，彼順天應人，猶慙恧如此，而孟子固求之，其心安乎哉？

辨曰：仁義者，人心之所同好；不仁不義者，人心之所同惡，豈惟人心好惡爲然，天心亦如之。湯、武爲順天應人之舉，放桀伐紂，豈得已哉！孟子閔戰國之際人之道不立，矢口成言，無非仁義。而謂孟子以仁義爲篡器，斯言一發，天下以談仁義爲諱，則人將遺其親，後其君，爲禽獸夷狄之歸矣，言其可不慎乎。湯有慚德，仲虺之誥言之詳；孔子雖以武爲未盡善，而終憲章之。故彖易之革曰：「湯、武革命，順乎天而應乎人。」其論仁政德教，必以三代爲稱首，曷嘗謂湯、武不可爲歟！惜乎戰國之君以孟子爲迂闊，不能求爲湯、武，三代之治不可復見，此僻儒得以妄生譏議也。隱之此辨甚精，但所云「矢口而言，無非仁義」兩句，説事意不盡，不若云「教諸侯行仁義以救百姓倒懸之急」。因言其效，以爲苟能行此，則天下必將歸之。至於仁乎義達，而天下之人各得其本心之所同然者，則雖三代之治，何以加此。

常語曰：三分天下有其二，以服事殷，周之德，其可謂至德也已矣。又曰：有君民之大德，有事君之小心。書序伊尹「既醜有夏，復歸于亳」，孟子亦曰「五就湯，五就桀，伊尹也」。夫周顯王未聞有惡行，特微弱爾。非紂也，而齊梁不事之；非桀也，而孟子不就之。嗚呼！孟子之欲爲佐命，何其躁也！

辨曰：三分天下有其二，以服事商者，文王亦俟上天之休命爾。使其曆數在躬，天命之人歸之，文王雖欲盡臣節，予知其不能焉，此武王所以謂文王誕膺天命，九年而大勳未集也。伊尹樂堯舜之道而耕莘，湯三聘之，乃幡然而改意，其五就云者，是必湯得伊尹而貢之。使之事桀，聘問往來，至於五就也。且王者之迹熄而詩亡，詩亡然後春秋作，則知王者之賞罰不行乎天下，而自列於侯邦也。周之衰微久矣，仲尼生靈王之時，猶不去魯而事周。至于顯王則又微弱矣，孟子安得去齊而事周乎？今有人焉，父不能主其家，諸子各營别業，不事其父。有以孝悌之道訓之，使其子知有孝悌，雖不能事其父〔六〕，則亦不敢悖逆矣。苟不知出此，乃相其父曰：「汝爲父之尊，曷不治其子，使事己歟？」吾恐諸子悖逆之心，自是而生矣。是無異劉文公與萇弘欲合諸侯，以城成周，與夫張儀欲挾天子以令天下也。孟子肯爲是舉乎？借使當時有湯、武爲之君，孟子爲之佐命，興仁義之化，則天下復見商、周之盛治，而三王可四矣，何其幸耶！夫何孟子不遇其時，不見諸行事，徒託之空言，猶足扶衛聖道，七篇之著，與詩書相爲表裏，曷謂其躁哉？

李氏謂周顯王未聞有惡行，特微弱爾，而孟子不使齊梁事之，以是咎孟子。愚謂周以失道，寖微寖滅，孔子作春秋雖云尊周，然貶天子以達王事，二百四十二年之間，亦屢書矣。至於顯王之時，天下不知有周室，蓋人心離而天命改久矣，是時有王者作，亦不待滅周而後天下定于一也。聖人心與天同而無所適莫，豈其拳拳於已廢之衰周，而使斯人坐蒙其禍無已哉！皋陶曰：「天聰明，自我民聰明；天明畏，自我民明威。達于上下，敬哉有土。」知此則知天矣，聖人之心豈異是耶？隱之只以衰微二字斷周之不可事，正在李氏詆罵中，而所謂以孝悌訓之則子必能事其父，乃謂使諸侯事周也，孟子本無此意。

常語曰：大哉！孔子之作春秋也。援周室於千仞之壑，使天下昭然知無二王；削吳楚之葬，辟其僭號也；諱貿戎之戰，言莫敢敵也。微孔子，則春秋不作；微春秋，則京師不尊。爲人臣子，不當如是哉？嗚呼！孟子其亦聞之也哉。首止之會，殊會王世子，尊之也。其盟復舉，諸侯尊王世子而不敢與盟也。洮之盟，王人微者也，序乎諸侯之上，貴王命也。美哉齊桓，其深知君臣之禮如此，夫使孟子謀之，則桓公偃然在天子之位矣，世子王人爲亡虜之不暇，孰與諸侯相先後哉。

辨曰：春秋之時，周室衰微，天王不能自立，以至下堂而見諸侯，當是時徒擁其虛位爾。孔子歷聘七十二君，未嘗説之使尊周室。及夫公山氏之召，乃曰「如有用我者，吾其爲東周乎」，此聖人之知幾也。嗚呼！知幾其神矣乎。苟惟説諸侯，使之尊周，諸侯不得自肆，而彊者必生變，則是速其滅周也。先見之幾，豈陋儒所能知哉！或曰齊晉尊周非歟？曰：齊晉志在霸業，不得不尊周也。孟子距孔子之時又百有餘歲，則周之微弱可知矣。若管仲之功可爲，孔子爲之矣。孔子不爲，孟子安得爲之乎！孔子作春秋，寓一王之法，正天下之名分，使亂臣賊子知所懼。孟子以王者仁義之道説諸侯，使之知有君臣父子，而杜僭竊篡弑之禍，正得夫春秋之旨，但學者有所未究爾。又孟子曰：「以力假仁者霸，以德行仁者王。」孟子未嘗不欲當時之君尚德而不尚力，豈復使諸侯偃然在天子之位哉！齊桓之於管仲，學焉而後臣之，任賢之專固無愧於湯、武，惜乎桓公無王者量，管仲無王佐才，徒相與謀，託周室以號天下，而成霸者之業爾。爲君而内亂醜惡，爲臣而亡禮僭奢，何足道哉！首止之會，尊王世子，復舉諸侯而不敢與盟；洮之盟，序王人於諸侯之上，以尊王命。君臣之禮固盡矣，其志在於圖霸，不得不爾。盜亦有道，其是之謂乎！

孔子尊周，孟子不尊周，如冬裘夏葛，饑食渴飲，時措之宜異爾。此齊桓不得不尊周，亦迫於大義，不得不然。夫子筆之於經，以明君臣之義於萬世，非專爲美桓公也，孔孟易地則皆然，李氏未之思也。隱之以孟子之故，必謂孔子不尊周，又似諸公以孔子之故必謂孟子不合不尊周也，得時措之宜，則並行而不相悖矣。

常語曰：或曰：仲尼之徒無道桓、文之事者，吾子何爲？曰：衣裳之會十有一，春秋也，非仲尼修乎？木瓜，衛風也，非仲尼刪乎？「正而不譎」，魯語也，非仲尼言乎？仲尼亟言之，其徒雖不道，無歉也。嗚呼！霸者豈易與哉？使齊桓能有終，管仲能不侈，則文王、太公何惡焉！詩曰：「采葑采菲，無以下體。」蓋聖人之意也。

辨曰：周衰，王者之賞罰不行乎天下，諸侯擅相侵伐，彊凌弱，衆暴寡，是非善惡由是不明，人欲肆而天理滅矣。吾夫子憂之，乃因魯史而修春秋，以代王者之賞罰，是是而非非，善善而惡惡，誅姦諛於既死，發潛德之幽光。是故春秋成而亂臣賊子懼。觀夫二百四十二年之間，書會者無國無之，惟齊之會以尊王室爲辭，夫子屢書之。攘戎狄而封，衛人思之，作木瓜之詩，夫子取之。伐楚責包茅之貢不入，問昭王南征不復，夫子有「正而不譎」之言。夫子亟言之者，以是時無能尊王室，故進之爾。然以權詐有餘而仁義不足，功止於霸，此夫子之徒所以無道之也。擬人必於其倫，謂「使齊桓能有終，管仲能不侈，則文王、太公何恧」，過矣。

春秋序桓績，蓋所謂彼善於此。論語論桓、文之事，猶曰「師也過，商也不及」，使當時無公西華之問，則今之説者必有優劣之分矣。詩録木瓜，即春秋序績之意，亦以善衛人之情也，豈以齊桓之事爲盡可法哉！李氏詆孟子而甚畏齊桓，尊管仲至以文王、太公比之，反易顛倒如此，良由不識聖賢所傳本心之體，故不知王道之大，而易怵於功利之淺爾。

李公常語下

常語曰：孟子曰：「盡信書則不如無書。」「仁人無敵於天下，以至仁伐不仁，而何其血之流杵也。」曰：紂一人惡耶？衆人惡耶？衆皆善而紂獨惡，則去紂久矣，不待周也。夫爲天下逋逃主萃淵藪，同之者可遽數耶？紂存則逋逃者曷歸乎？其欲拒周者又可數耶〔七〕？血流漂杵，未足多也。或曰：前徒倒戈，攻于後以北，故荀卿曰殺者皆商人，非周人也。然則商人之不拒周審矣。曰：如皆北也，焉用攻？又曰：甚哉，世人之好異也〔八〕！孔子非吾師乎？衆言讙讙，千徑百道，幸存孔子，吾得以求其是。虞、夏、商、周之書出於孔子，其誰不知，孟子一言，人皆畔之，畔之不已，故今人之取孟子以斷六經矣。嗚呼！信孟子而不信經，是猶信他人而疑父母也。

辨曰：魯語曰：「俎豆之事則嘗聞之矣，軍旅之事未之學也。」孔子之意可見矣。客有問陶弘景注易與本草孰先，陶曰「注易誤，不至殺人，注本草誤，則有不得其死者」，世以爲知言。唐子西嘗曰：弘景知本草而未知經。注本草誤，其禍疾而小；注六經誤，其禍遲而大。前世儒臣引經誤國，其禍至於伏屍百萬，流血千里。武成曰「血流漂杵」，武王以此自多之辭，當時倒戈攻後，殺傷固多，非止一處，豈至血流漂杵乎！孟子深慮戰國之君以此藉口，故曰「盡信書則不如無書」，而謂血流漂杵，未足爲多，豈示訓之意哉！經注之禍，正此類也，反以孟子爲畔經，是亦惑矣。謂虞、夏、商、周之書出于孔子，人宜取信，詩非孔子之删乎？雲漢之詩曰「周餘黎民，靡有孑遺」，信斯言也，則是周無遺民也。請以此説爲證。

常語曰：或曰：然則舜避堯之子於河南之南，禹避舜之子於陽城，何如？曰：堯不聽舜讓，舜受終于文祖；舜不聽禹讓，禹受命于神宗。或二十有八載，或十有七年，曆數在躬，既決定矣。天下之心既固結矣，又何避乎？禹、舜未相避也。由孟子之言，則古之聖人作僞者也，好名者也，王莽執孺子手流涕歔欷，何足哂哉！

辨曰：舜受堯之遜，禹受舜之遜，雖經歷年久，然舜格于文祖，乃在卒堯喪之後，書曰「月正元日」者，言是月始即正云爾，則禹之即正從可知也。舜、禹服喪畢，退而避之，歸其位於子，理所宜然，孟子之言蓋非臆説，亦必有所據。舜、禹，大聖人也，豈固欲爲天子哉，天與之，人與之，有不可得而辭避者，如以此爲僞，則「舜讓于德，弗嗣」，「禹拜稽首固辭」，皆以其作僞，可乎？

此二段辨已得之，無可議者矣。

常語曰：或曰：以德行仁者王，王不待大。湯以七十里，文王以百里，何如？曰：皆孟子之過也。大雅曰：「瑟彼玉瓚，黄流在中。」九命然後錫以玉瓚秬鬯。帝乙之時，王季爲西伯，以功德受此賜。周自王季中分天下而治之矣，奚百里而已哉。商頌曰：「玄王桓撥，受小國是達，受大國是達。率履不越，遂視既發。相土烈烈，海外有截。帝命不違，至于湯齊。」契之時已受大國，相土承之，入爲王官伯，出長諸侯，威武烈烈，四海之外率服，截爾整齊。商自相土威行乎海外矣，奚七十里而已哉。嗚呼！孟子之教人，已不知量也哉。

辨曰：孟子曰：湯以七十里，文王以百里，蓋言亳、豐皆小國也。雖王季、相土常爲伯以長諸侯，而其受封之初，乃七十里、百里爾，固未嘗闢土地，并吞諸侯之國也。而謂大雅曰「瑟彼玉瓚，黄流在中」，九命然後受此賜，王季爲西伯，中分天下而治矣，奚止於百里。商頌曰「相土烈烈，海外有截」，契之時已受大國，相土承之，入爲王官伯，以長諸侯，威行乎海外矣，奚止七十里。遂以是爲孟子之過，教人以不知量，余所未喻。「瑟彼玉瓚，黄流在中」，詩説恐未然。就使如其言，則隱之之辨已得之矣。

常語曰：或曰：父母使舜完廩，捐階，瞽瞍焚廩。使浚井，出，從而揜之。象曰：「謨蓋都君咸我績。牛羊父母，倉廩父母，干戈朕，琴朕，弤朕，二嫂使治朕棲。」象往入舜宫，舜在床琴。象曰：「鬱陶思君爾。」忸怩。舜曰：「惟兹臣庶，汝其于予治。」有諸？曰：書云「瞽子，父頑，母嚚，象傲，克諧以孝，烝烝乂，不格姦」，又曰「負罪引慝，祗載見瞽瞍。夔夔齊栗，瞽瞍亦允若」，瞽、象未嘗欲殺舜也。瞽、象欲殺舜，刃之可也，何其完廩浚井之迂，其亦有所虐矣。象猶能慮，則謂二嫂者，帝女也，奪而妻之，可乎？堯有百官、牛羊、倉廩，以備事舜於畎畝之中，而不能衛其女乎？雖其見奪，又無吏士，無刑以治之乎？舜以父母之不愛，號泣於旻天，父母欲殺之，幸而得脱，而遽鼓琴，何其樂也？是皆委巷之説，而孟子之聽不聰也。此一段辨在温公史剡。

常語曰：「舜誕敷文德，舞干羽于兩階，七旬，有苗格」，則孟子之譏武成宜矣哉。曰：以天下征一國，以天子征諸侯，如孟賁搏童子。遲速在我，修文德以待其來可也。

大雅曰：「以爾鉤援，與爾臨衝，以伐崇墉。臨衝閑閑，崇墉言言。執訊連連，攸馘安安〔九〕。」文王以諸侯伐諸侯，固有訊有馘。武王以諸侯伐天子，奚不用戰哉？牧野詩云「檀車煌煌，駟騵彭彭。維師尚父，時維鷹揚。凉彼武王」是也。此一段無辨。太伯著書立言，非詆前賢，有識見未到處，宜與之辨明。如前段云「瞽、象欲殺舜，刃之可也，何其完廩浚井之迂」，此可爲訓耶？又謂「武王以諸侯伐天子，奚不用戰」，其言之不祥如是，何足辨之哉！

常語曰：或曰：孟子之言，諸侯奚不聽也？謂迂闊者乎？曰：迂闊有之矣，亦足憚也。孟子謂諸侯能以取天下矣，位卿大夫，豈不能取一國哉？爲其君不亦難乎？然滕文公嘗行孟子之道矣，故許行、陳相目之曰仁政，曰聖人。其後寂寂，不聞滕侯之得天下也，孟子之言，固無驗也。

辨曰：滕文公常行孟子之道矣，既而許子爲神農之言告文公，文公與之處，孟子蓋嘗闢之以「從許子之道，是相率而爲僞，惡能治國家」，則知文公行孟子之道不克終矣。當是時，許行稱之曰仁政，曰聖人，亦不可謂行孟子之言無驗。其後不聞滕侯之得天下，夫天下，大物也，豈可必得哉。然滕侯亦未嘗禮孟子，使爲輔相而授以國政，此不足爲孟子疵。

辨已得之。

常語曰：孔子與賓牟賈言大武，曰：「聲淫及商，何也？」對曰：「非武音也」，「有司失其傳也。若非有司失其傳，則武王之志荒矣。」武王之志猶不貪商，而孟子曰文王「望道而未之見」，謂商之祿未盡也，病其有賢臣也。文王貪商如此其甚，則事君之小心安在哉？豈孔子之妄言哉？孔子不妄，孟子之誣文王也。

辨曰：孟子曰「文王視民如傷，望道而未之見」，蓋言文王之仁，望治道而未之見爾。趙岐釋之曰：「殷祿未盡，尚有賢臣，道未得至，故望而不致誅於紂。」此岐之失也。讀孟子而識其意，正岐之失可也，而乃用岐之説攻孟子，謂孟子誣文王之貪商，豈理也哉！欲加人以罪，援引他事以實之，其不仁甚矣。

「望道而未之見」，「而」與「如」古人多通用，此句與上文「視民如傷」爲對。孟子之意，曰文王保民之至，而視之猶如傷；體道之極，而望之猶如未之見。其純亦不已如是，愚意謂然，不審隱之以爲如何。

常語曰：或曰：孟子之心以天下積亂矣，諸侯皆欲自雄，苟説之以臣事周，孰能喜也，故揭仁義之竿而湯、武爲之餌，幸其速售，以拯斯民而已矣。曰：孟子不肯枉尺直尋，謂以順爲正者，妾婦之道，其肯屑就之如此乎？夫仁義又豈速售之物也！子噲不得與人燕，子之不得受燕於子噲，固知有周室矣。天之所廢，必若桀、紂，周室其爲桀、紂乎？盛之有衰，若循環然，聖王之後，不能無昏亂，尚賴臣子扶救之爾。天下之地方百里者有幾？家家可以行仁義，人人可以爲湯、武，則六尺之孤，可託者誰乎？孟子自以爲好仁，吾知其不仁甚矣。

辨曰：湯居亳，小國也，伊尹相湯，使之伐夏救民。桀雖無道，天子也，君也。湯有道，諸侯也，臣也。伊尹胡不説湯率諸侯而朝夏乎？行李往來，至於五就，觀時察變，蓋已熟矣，不得已爲伐夏之舉。致湯於王道，固非盛德之事，後世莫有非之者，以能躬行仁義，順天應人故也。自非伊尹之聖，安能任其責哉！文王在豐，亦小國也，文王之於紂，與湯之於桀，事體均也，其所以異者，時焉而已。觀其得太公而師事之，伐崇遏莒戡黎，雖曰三分天下有其二，以服事殷，亦以曆數未歸，得以盡其臣節。至武王，則赫然有剪商之志，又況商紂罪惡貫盈，又過於桀，而此十亂之賢爲之輔相，雖欲率諸侯遵文考之道而事紂，莫可得矣。此所以興牧野之師而建王業也。孟子之於列國，説之以行仁政者，不過言治岐之事而已；説之使爲湯、武者，不過以德行仁而已；説之以行王道者，不過使民養生喪死無憾而已。未嘗説之使伐某國，誅某人，開疆拓土，大統天下而爲王也。若孟子者，真聖人之徒歟。識通變之道，達時措之宜，不肯枉尺直尋，奈何時君咸謂之迂闊，於事終莫能聽納其説，仁義之道不獲見於施設，以濟斯民，所以不免後世紛紛之議。

嗚呼！說其君使爲湯、武，以爲不仁，乃以桓公、管仲爲仁，乖謬如是，安得有道之士與之正曲直哉！

辨已得之。但李氏所云「家家可以行王道，人人可以爲湯、武，則六尺之孤，可託者誰乎」，此三句當略與之辨。愚謂王道即堯、舜、禹、湯、文、武、周公、孔、孟相傳之道，由周公而上，上而爲君；由孔子而下，下而爲臣，固家家可以得而行矣。湯、武適遭桀、紂，故不幸而有征誅之事，若生堯、舜之時，則豈將左洞庭、右彭蠡，而悍然有不服之心耶？其在九官群后之列，濟濟而和可知矣。如此則人人爲湯、武，又何不可之有！

常語曰：孟子曰：「紂之去武丁未久也，其故家遺俗，流風善政，猶有存者。又有微子、微仲、王子比干、箕子、膠鬲，皆賢人也，相與輔相之，故久而後失之也。尺地莫非其有也，一民莫非其臣也，然而文王猶方百里起，是以難也。齊人有言，曰『雖有智慧，不如乘勢；雖有鎡基，不如待時』，今時則易然也。」今之學者曰：自天子至於庶人，皆得以行王道，孟子說諸侯行王道，非取王位也。應之曰：行其道而已乎？則何必紂之失之也，何憂乎善政之存，何畏乎賢人之輔。尺地一民，皆紂之有，何害諸侯之行王道哉！齊宣王問曰：「人皆謂我毀明堂，毀諸，已乎？」孟子對曰：「夫明堂者，王者之堂也。王欲行王政，則勿毀之矣。」行王政而居明堂，非取王位而何也？君親無將，不容纖芥於其間，而學者紛紛强爲之辭。

辨曰：不談王道，樵夫猶能笑之，孰謂學而爲士，反不知道乎？謂之王道者，即仁義也。君行王道者，以仁義而安天下也。君行霸道者，以詐力而服天下也。孟子説其君以仁義，不猶愈於説其君尚詐力歟！且天下不可以詐力得也尚矣，得民心，斯得天下。假仁義而行，民心且不可得，况能王天下乎？仁義之道，萬世之所常行，天下之所共由，民生之所日用也。今乃謂自天子至於庶人皆得以行王道爲非，果何理耶！觀其應學者之言，皆增損其詞而非議孟子，君子無取焉。子貢欲去告朔之餼羊，孔子曰：「爾愛其羊，我愛其禮。」魯自文公廢朝享之禮祭，而孔子不去其羊者，欲使後世見其羊猶能識其禮，羊亡，禮亦亡矣。孟子欲勿毁明堂，其意亦猶是也。明堂在泰山之下，周天子巡狩朝諸侯之所，適在齊地，非齊之建立也。存之不爲僭，亦可以見王政之大端。如以爲諸侯不用而毁之，則後世之君不惟不知王政，將謂後世不可復行矣，此孟子所以勸齊勿毁之也。而謂孟子勸齊宣居明堂，取王位，抑何燭理不明而厚誣孟子歟！

李氏此段之意，不謂天子庶人不可並行王道，但謂孟子所論文王與紂之事爲不然爾。當辨之曰，孟子之時，有信行王道者必有天下，其勢與文王不同，非謂文王計欲取紂而不能也。人人可行王道已辨於前，但孟子時行王道者必有天下，其時措之不同，又不可執一而論。隱之之辨，似未中李氏之失也。

常語曰：學者又謂孟子權以誘諸侯，使進於仁義，仁義達則尊君親親，周室自復矣。應之曰：言仁義而不言王道，彼説之而行仁義，固知尊周矣。言仁義可以王，彼説之則假仁義以圖王，唯恐行之之晚也，尚何周室之顧哉！嗚呼！今之學者雷同甚矣，是孟子而非六經，樂王道而忘天子。吾以爲天下無孟子可也，不可無六經；無王道可也，不可無天子。故作常語，以正君臣之義，以明孔子之道，以防亂患於後世爾。人知之非我利，人不知非我害，悼學者之迷惑，聊復有言。

辨曰：泰伯曰：天下無孟子可也，不可無六經；無王道可也，不可無天子。噫！是果泰伯之説耶？使其説行，害理傷教也大矣。余請易之曰，無六經則不可，而孟子尤不可無；無天子則不可，而王道尤不可無。嘗試言之。易詩書禮樂春秋之六經，所以載帝王之道，爲致治之成法，固不可無也。孟子則闢楊、墨，距詖行，放淫辭，使邪説者不得作，然後異端以息，正道以明，堯舜禹湯文武周孔之業不墜，此孟子所以爲尤不可無也。經曰「天子作民父母，以爲天下王」，史曰「天子建中和之極」，其可無之乎？夫所謂王道者，天子之所行，六經之所載，孟子之所説者是也，孰謂其可無哉！無王道則三綱淪，九法斁，人倫廢而天理滅矣。世之學者稍有識見，不爲此言，豈好事者假設淫辭，託賢者之名〔一〇〕，以行于世乎？學者宜謹思之。

李氏難學者，謂孟子以權誘諸侯之説。孟子本無此意，是李氏設問之過，當略明辨之。天下可無孟子，不可無六經；可無王道，不可無天子，隱之之辨已得之。愚又謂有孟子而後六經之用明，有王道而後天子之位定。有六經而無孟子，則楊、墨之仁義所以流也；有天子而無王道，則桀、紂之殘賊所以禍也。故嘗譬之六經如千斛之舟，而孟子如運舟之人；天子猶長民之吏，而王道猶吏師之法。今曰六經可以無孟子，天子可以無王道，則是舟無人，吏無法，將焉用之矣！李氏自以爲悼學者之迷惑而爲是言，曾不知己之迷惑也亦甚哉！

鄭公藝圃折衷 叔友

折衷曰：孟軻非賢人。仲尼之徒，無道桓、文之事者。「聞誅一夫紂矣，未聞弑君。」「三宿出晝，於予心猶以爲速。」「沈同問：『燕可伐歟？』吾應之曰：『可。』」此孟子之罪也。

辨曰：周衰之末，戰國縱横，用兵爭彊，以相侵奪。當時處士務先權謀，以爲上賢。先王大道陵遲隳廢，異端並起，若楊朱、墨翟放蕩之言，以干時惑衆者非一，此趙岐之説也。天下豈復有王道哉！豈復知有仁義哉！幸而有唱爲仁義之説者，猶足以使亂臣賊子逡巡退縮，不敢自肆。而況孟子治儒術，承三聖，以仁義之道説於諸侯，思濟斯民，不幸而其説不行，而商周之盛治不可復見，其與假仁而行急於霸功者有間矣，可謂非賢人乎！又舉數條以爲孟子之罪，余於温公疑孟、李公常語辨之矣。「誅一夫紂」，即泰誓所謂「獨夫紂」也。「三宿出晝」，即孔子去魯之意也。如之何以爲孟子之罪乎？

仲尼之徒無道桓、文之事者，聞誅一夫紂矣，沈同問燕可伐，此三事已辨於疑孟、常語中矣。唯出晝一事，當於第九段辨之。此段辨孟軻非賢人之句，亦須引孟子所傳之説。今只以趙氏題辭爲據，恐未足以折談者之鋒也。

折衷曰：春秋書王，存周也。孔子曰：「如有用我者，吾其爲東周乎？」此仲尼之本心也。孟軻非周民乎？履周之地，食周之粟，常有無周之心，學仲尼而叛之者也。周德之不競，亦已甚矣，然其虚位，猶拱而存也。使當時有能唱威文之舉，則文、武、成、康之業庸可庶幾乎？爲軻者徒以口舌求合，自媒利禄，盍亦使務是而已乎？奈何今日説梁惠，明日説齊宣，説梁襄，説滕文，皆啗之使爲湯、文、武之爲，此軻之賊心也。譬之父病亟，雖使商臣爲子，未有不望其生者，如之何其直置諸不救之地哉？軻，忍人也，辯士也，儀、秦之雄也。其資薄，其性慧，其行輕，其説如流，其應如響，豈君子長者之言哉！

其自免於蘇、張、范、蔡、申、韓、李斯之黨者〔一一〕，挾仲尼以欺天下也，使數子者皆咈其素，矯其習，竊「仁義」兩字以藉口，是亦孟軻而已矣。要之，戰國縱横捭闔之士皆發冢之人〔一二〕，而軻能以詩禮也。是故孟軻誦仁義，猶老録公之誦法也。老録公誦法，賣法者也；軻誦仁義，賣仁義者也，安得爲仲尼之徒歟？嗟夫！孔子生而周尊，孟軻生而周絶，何世人一視孔孟之心？記曰「擬人必於其倫」，寧從漢儒曰孔墨。

辨曰：父子主乎親，君臣主乎義，不可以一概論。先儒謂宗子有君道，試摭其説。古者諸侯之子弟、異姓之卿大夫，立嫡子爲大宗，族人宗之有人焉。宗其繼，别子之所自出，則立爲大宗，百世不遷也。不幸大宗者恣爲驕侈，荒耽酒色，横逆殘暴，子弟不能堪，諫諍之不聽，益又甚焉。夫欲説其族者，將使之率子弟事之，助其爲惡歟？將使之躬行孝弟，收合其親屬歟？至於衆族歸己而易其大宗，於義苟可爲，亦不得辭，此伊尹之相湯，吕望之相武，而其用心正有類此。自平王以東，周德不競，爲天子者雖無驕侈殘暴之事，然不能振皇綱，但擁虚位而已。孔子歷聘七十二君，未嘗一言説其君率諸侯而尊周，以力假仁爲霸者事，孔子不肯爲也。而所以作春秋者，爲天下之無主也。不然，何以降黍離於國風乎？其所以降雅爲風者，亦其自取也，孔子豈有心哉！孔子曰：「如有用我者，吾其爲東周乎？」「乎」，疑詞，其不爲東周也明矣。公山弗擾召孔子，孔子欲往，遂言「如有用我，不爲東周」，則説之以西周之王道也必矣。又嘗有「其或繼周者」之語，孔子豈能必其周之祚不移乎？逮戰國時，周室衰微，抑又甚矣，孟子則學孔子者也，詎肯效管仲假仁而圖霸哉！又況當時之君，爭地爭城，侵奪篡弑，不復知有君父矣，其視仁義爲何等事耶？天下之民，死於戰鬬，死於賦斂，死於徭役，不知其幾，孟子説梁惠、齊宣、梁襄、滕文，使之爲湯、武，行仁義，其心在於救民爾，未嘗説之以富國彊兵，用征伐而取天下也。乃謂孟子叛仲尼之道，有無周之心，妄矣。又謂孟子爲賣仁義而有賊心，不猶愈於不知仁義而非之乎！墨氏兼愛，不知有父，乃欲從漢儒曰孔墨，誤後之學者，必此之言夫！

此與李氏常語所以謗孟子者大指略同，前之辨詳矣。辨云「父子主親，君臣主義，不可一概論」，甚當。但喻宗子事云「恣爲驕侈」以下數句，不類周衰事體，當微改之，乃爲盡善。鄭引孔子言「吾其爲東周乎」，「爲」字當作去聲讀，先儒有作平聲讀者，隱之之説是也。但謂欲説弗擾以王道，則非孔子之心也。降黍離，作春秋，不知果有繼周之意否，此一節更望見教也。鄭以孔、孟並稱爲不倫，而欲以墨配孔，則益非其倫也。大抵未知孟子所傳者何事，故其論詭僻顛倒如此也。

折衷曰：吉人惟知爲善而已，未嘗望其報也。爲善而望其報，是今世委巷溺浮圖者之處心也。孟子勸滕文公，曰「苟爲善，後世子孫必有王者矣」，是心何心哉！武王伐紂而利之，非太王、王季、文王之本心也。孔子謂泰伯三以天下讓，亦曰周之有天下，泰伯不襲封也。其遜國也，祇其所以爲天下也歟。夫泰伯雖知季歷之賢可以繼緒保邦，而吾不若也。如使泰伯包藏禍商之心也，夫何至德之足云。

辨曰：善者福之，淫者禍之，天之道也。吉人爲善固不望報，而天必報之以福，可以天道難信而不足信歟？孟子勸滕文公爲善，謂後世子孫必有王者，非但告之以周家之事，是亦以天道告之也。使周不積德行仁，則子孫未必蕃衍，雖欲伐紂而利之，不可得矣，況能卜世三十，卜年八百。于公治獄多陰德，猶能逆知其子孫必有興者，當戰國之際，人倫棄而天理滅，不知爲善之利，今以孟子之言爲非，則將何以勸其君耶？乃謂周之天下由泰伯之不襲封也，使人人遜國如泰伯，無季歷之賢以繼之，則覆宗絕祀矣。季札之事可不監諸！

孟子言「若夫成功，則天也，君如彼何哉？强爲善而已矣」，初無望報之心也。「苟爲善，後世子孫必有王者矣」，乃爲太王避狄而言。易大傳曰「積善之家，必有餘慶」，書曰「作善降之百祥」，亦豈望報乎！

折衷曰：孟子謂沈同曰：「子噲不得與人燕，子之不得受燕於子噲。有士於此而子悦之，不告於王而私與之吾子之禄爵，夫士也，亦無王命而私受之於子，則可乎？」大夫爵禄制於諸侯，是誠古之道也。孟軻既教齊、梁、滕之君，使自爲湯、武，則是諸侯未嘗受命於天子也。沈同不敢以爵禄私人，齊制之也。子噲不敢以燕私人，將復誰制之哉？何孟軻獨能約燕以王制，而不能約齊、梁、滕於古道也？

辨曰：孟子告沈同曰「子噲不得與人燕，子之不得受燕於子噲，有士於此而子悦之，不告於王而私與之吾子之禄爵，夫士也，亦無王命而私受之於子，則可乎」者，是約燕於王制也，其意曷嘗不存周哉！勸齊、梁、滕之爲湯、武者，正欲其行仁義而知有王制云爾，豈可謂夏、商在上，而湯、武不得行仁義歟？湯、武行仁義，無一言及之，唯罪湯、武之征伐，掩善揚惡，豈得爲公論，亦可謂處變事而不知其權者也。勸其君行仁義以爲不道者，余知之矣，彼非以仁義爲不美也，但急於近功，謂仁義爲迂闊，不切時務，不若進富國彊兵之術也。若其誠然，商鞅之徒爲之，孟子不爲也。

諸侯受國於天子，故子噲之讓爲無王。天子受命於天，故文王受命作周，不受於紂而無罪。辨謂鄭氏以仁義爲迂闊則未然，第恐若商鞅之談帝道爾。

折衷曰：今之諸侯取於民雖不義，不可謂禦人於國門之外。取非其有，賊義也；取充其類，盡義也。是輕重之等也，是孟軻原情以處罪也。至未能什一、去關市之征，復與攘鷄同科，何任情出入而前後自戾也如此。

辨曰：孟子謂今之諸侯賦斂於民不由其道，而與禦人而奪之貨何異。取非其有爲盜，取充其類爲義之盡，猶未爲盜，是輕重之等，是誠孟子能原情以處罪也。至於戴盈之問未能「什一、去關市之征」，「請輕之，以待來年」，孟子設攘鷄之喻以答之，而曰「如知其不義，斯速已矣，何待來年」者，意謂戴盈之徒知其非而不能速改，故以此譏之，豈得謂「任情出入，前後自戾」歟！鄭氏專以偏見曲説而非詆孟子，學無師承，其蔽也如此，卒爲名教之罪人也。惜哉！

辨得之矣。

折衷曰：析直薪者不費斧，訟直理者不費詞。魯論二十篇，如聖君咨俞，如嚴父教戒，莊而親，簡而當焉。孟軻以游辭曲説簧鼓天下，其答陳代、告子、萬章、公孫丑之問，皆困而遁，遁而支離。想當時酬酢之際，必沮氣赧顏，無所不至，所謂浩然者安在哉！近世歐陽永叔、王介甫、蘇子瞻者徒僻好其書，嗚呼！斯文衰矣。

辨曰：析直薪者不費斧，訟直理者不費詞，爲是説者，正俗所謂「不哭之孩，孰不能抱」，是知常而不知變者也。戰國之時，處士横議，異端並起，聞孟子談仁義，其不駭且疑者幾希。陳代、告子、萬章、公孫丑之徒，見識不及孔子門弟子遠甚，酬答之際，安得不諄復告之？理苟明矣，何患乎辭之費。乃謂歐陽永叔、王介甫、蘇子瞻僻好孟子之書爲斯文之衰，識見之優劣可知矣。

疑歐陽氏、王氏、蘇氏未得爲真知孟子者，亦隨其所見之淺深志焉而樂道之爾。餘隱之之辨已得之矣。

折衷曰：悟云迷失也，安云病人也，治云亂世也，喜之之辭也。無憂無懼，喜孰云來哉？孟子曰：「霸者之民驩虞如也，王者之民皡皡如也。」愚曰王者之民驩虞如也，帝者之民皡皡如也。齊、晉驅民於鋒鏑，湯、武拯民於塗炭，唐、虞措俗於恬愉，是故商、周之書若有矜喜色，虞書二典如平居對語，慶賀之容不形焉。

辨曰：孟子勸齊、梁、滕之君爲湯、武，乃痛詆之，謂孟子賣仁義，納君於不道，而欲易孟子之言曰「王者之民驩虞如也，帝者之民皡皡如也」。又云「齊、晉驅民於鋒鏑，湯、武拯民於塗炭」，抑何前後之言自相戾歟！己不能事父兄，而責人以孝弟之道有未至，亦其蔽也。寐而狂言，祇足以駭童稚，及長者聞之，付一笑爾。

此辨甚善，但「己不能事父兄」以下，文意隱晦，似未條暢。愚謂學者當先識聖人相傳大體同處，然後究其所至之深淺，則不出乎大方而義理精矣。帝王無二道，而民之蒙化不能無淺深，使孟子言之，固當有辨，但鄭謂「王者之民驩虞如也」，則是未識王者氣象。彼語堯、舜亦徒好高爾，非真知堯舜者也。

折衷曰：孫子十三篇，不惟武人之根本，文士亦當盡心焉。其詞約而縟，易而深，暢而可用，論語、易大傳之流，孟、荀、楊著書皆不及也。以正合，以奇勝，非善也。正變爲奇，奇變爲正，非善之善也。即奇爲正，即正爲奇，善之善也。

辨曰：昔吾夫子對衛靈公以軍旅之事未之學，答孔文子以甲兵之事未之聞。及觀夾谷之會，則以兵加萊人而齊侯懼；費人之亂，則命將士以伐之而費人北。嘗曰「我戰則克」，而冉有亦曰「聖人文武並用」，孔子豈有真未學未聞哉！特以軍旅、甲兵之事非所以爲訓也。乃謂孫子十三篇，不惟武人根本，文士所當盡心，其詞可用。論語、易大傳之流，孟、荀、楊著書皆不及。是啓人君窮兵黷武之心，庸非過歟？叛吾夫子已甚矣，何立言之不審也。

此段本不必辨，但斯人薄三王、罪孟子，而尊堯舜似矣，乃取孫武之書厠之易、論語之列，何其駁之甚歟！愚前所謂鄭氏未能真知堯、舜，而好爲太高之論以駭世，若商鞅之談帝道，於是信矣。

折衷曰：京師坐鬻者愚遠方之人，直百必索千，酬之當其直則售，意其知價也，知價不可復愚。酬之過其直則不售，意其不知價也，不知價則唯吾之愚，必極其所索而後售。

孟軻抱縱横之具，飾以仁義，行鬻于齊。齊王酬之以客卿，且曰「我欲中國而授孟子室，養弟子以萬鍾」，軻意齊王不知價者，遂愚齊王，求極所索而後售。齊王徐而思軻之言曰「王如用予」，則齊王猶反掌，開闢以來無是理，是必索高價者，悔而不酬。軻亦覺齊王之稍覺也，卷而不售，抱之以他。徐而自思曰，齊王之酬我其直矣，矯然不售，行將安鬻？遲遲吾行，三宿出晝，冀齊王呼己而還直，是又市井販婦行鬻漁鹽果菜之態。京師坐鬻猶有體，小兒方啼而怒，進以飯，推而不就，徐其怒歇而饑也，睨然望人，進之矣。軻之去齊留齊，兒態也夫！

辨曰：子貢曰：「有美玉於斯，韞匵而藏諸？求善價而沽諸？」子曰：「沽之哉，沽之哉，我待價者也。」吾夫子，大聖人也，猶待價而沽，況孟子乎？孟子抱仁義之道，較其美非止荆玉之比也，急於求售而獻非其人，未免刖足爾，孰若珍其貨而後市乎？孟子三宿去齊，乃孔子去魯之意，萬一齊王省悟，聽納其說，舉安天下之民，而其價豈止十五城之重哉！乃謂孟子索直於齊，如市販婦兒之態，不若京師坐鬻者猶有體，其言過矣。詆孟子未有若此言之醜者。雖欲自絶，而於日月何傷乎有？不必辨已然，欲與之辨，則亦有説矣。孟子之稱孔子曰「可以仕則仕，可以止則止，可以久則久，可以速則速」，而孔子之自言曰「無可無不可」，又曰「我待價者也」。今以夫子之事觀之，則斯言皆非虚語矣，孟子學孔子而得其傳焉。其去齊之果而出晝之遲，皆天理之自然，而未嘗有毫髮私心也。非知其所傳者何事，則何足以語是哉。

折衷曰：秦始皇、漢武帝、唐太宗欲無夷狄，韓愈欲無釋老，孟子欲無楊墨，甚哉，未之思也！天不唯慶雲瑞雪〔一三〕、景風時雨，而霜雹降焉。地不唯五穀桑麻，而莠稗鉤吻生焉。山林河海不唯龜龍鱗鳳，而鴟梟豺狼蛟鼉出焉。古今豈有無小人之國哉，作易者其知道乎！

辨曰：秦始皇、漢武帝、唐太宗欲無夷狄，是皆好大喜功，窮兵黷武之過。孟子欲無楊墨，韓子欲無釋老，豈愛摩頂放踵，利天下爲之？一則爲義之偏，其過至於無君；一則爲仁之偏，其過至於無父。先王大道由是榛塞，孟子辭而闢之，然後廓如也。釋氏生西竺，漢明帝始求事之；老氏生周末，西漢竇后始好尚之。自晉梁以及於唐，其教顯行，韓公力排斥之，然後大道得不泯絶。有識之士謂洪水之害，害於人身；邪說之害，害於人心。身之害爲易見，尚可避者；心之害爲難知，溺其說者形存而生亡矣。自非智識高明，孰知其害而務去之乎？韓公謂孟子距楊墨而其功不在禹下，唐之史臣謂韓公排釋老而其功與孟子齊而力倍之，詎不信夫！且夫唐、虞、三代之盛時，未嘗有所謂釋、老、楊、墨者，苟欲其無，亦不爲過。而謂地不唯五穀、桑麻，而莠稗鉤吻生焉，世豈有種五穀桑麻而不去蕢稗鉤吻者歟！若孟子者，正務去蕢稗鉤吻之害，而欲五穀桑麻之有成也。今乃立異論以攻之，是誠何心哉！予懼聖道之不明，故不得不與之辨。或曰：二三君子近世最爲知名者，後學多宗其議論，孟子之書講之熟矣，非之詆之，不徒爲是紛紛也。理有窒礙，可得而隱乎？子辨則辨矣，其如招咎，何答之？曰：余貧且賤，固知其不免也。然吾夫子之道得孟氏而益尊，使其可非可詆，則吾夫子之道何能而益尊歟？世之學者貴耳賤目，厭常好怪，往往喜其立論之異，誠以孟子爲不足學，羞稱王道，耻言仁義，叛道亂倫，淪胥爲夷狄禽獸之歸矣。予爲此憂，不得已而與之辨，務明仁義而已矣。是我咎我，遑恤乎哉，遑恤乎哉！

知堯、舜、孔、孟所傳之正，然後知異端之爲害也深，而息邪距詖之功大矣。彼曰景風時雨與戾氣旱蝗均出於天，五穀桑麻與蕢稗鉤吻均出於地，此固然矣。人生其間，混然中處，盡其燮理之功，則有景風時雨而無戾氣旱蝗，有五穀桑麻而無蕢稗鉤吻，此人所以參天地，贊化育，而天地所以待人而爲三才也。孟子之闢異端，如宣王之攘夷狄，其志亦若此而已，豈秦始皇、漢武帝之比哉！聖人作易，以立人極，其義以君子爲主，故爲君子謀而不爲小人謀，觀泰、否、剥、復名卦之意，則可見矣，而曰古今豈有無小人之國哉。嗚呼！作易者其知道乎？其不知易者甚哉！

胡子知言疑義

知言曰：天命之謂性。性，天下之大本也。堯、舜、禹、湯、文王、仲尼六君子先後相詔，必曰心而不曰性，何也？曰：心也者，知天地，宰萬物，以成性者也。六君子盡心者也，故能立天下之大本，人至于今賴焉。不然，異端並作，物從其類而瓜分，孰能一之？

熹謂「以成性者也」，此句可疑。欲作「而統性情也」，如何？○栻曰：「統」字亦恐未安，欲作「而主性情」，如何？

熹謂所改「主」字極有功，然凡言删改者，亦且是私竊講貫議論，以爲當如此耳，未可遽塗其本編也。如何？

熹按：孟子盡心之意，正謂私意脱落，衆理貫通，盡得此心無盡之體。而自是擴充，則可以即事即物，而無不盡其全體之用焉爾。但人雖能盡得此體，然存養不熟，而於事物之間一有所蔽，則或有不得盡其用者，故孟子既言盡心知性，又言存心養性，蓋欲此體常存，而即事即物各用其極，無有不盡云爾。大學之序言之，則盡心知性者，致知格物之事；存心養性者，誠意正心之事；而夭壽不貳，脩身以俟之者，脩身以下之事也。此其次序甚明，皆學者之事也。然程子「盡心知性不假存養，其唯聖人乎」者，蓋惟聖人則合下盡得此體，而用處自然無所不盡，中間更不須下存養充擴節次功夫。然程子之意，亦指夫始條理者而爲言，非便以盡心二字就功用上説也。今觀此書之言盡心，大抵皆就功用上説，又便以爲聖人之事，竊疑未安。舊説未明，今別改定如此。○祖謙曰：成性固可疑，然今所改定，乃兼性情而言，則與本文設問不相應。來諭以盡心爲集大成者之始條理，則非不可以爲聖人事。但胡子下「者也」兩字，却似斷定爾。若言六君子由盡其心而能立天下之大本如此。○熹謂論心必兼性情，然後語意完備。若疑與所設問不相應，而「者也」二字亦有未安，則熹欲別下語，云「性固天下之大本，而情亦天下之達道也，二者不能相無。而心也者，知天地，宰萬物，而主性情者也。六君子惟盡其心，故能立天下之大本，行天下之達道，人至于今賴焉」云云。不知更有病否？若所謂由盡其心者，則詞恐太狹，不見程子所謂不假存養之意。

知言曰：天理人欲，同體而異用，同行而異情。進脩君子，宜深別焉。

熹按：此章亦性無善惡之意，與「好惡性也」一章相類，似恐未安。蓋天理莫知其所始，其在人則生而有之矣。人欲者，梏於形、雜於氣、狃於習、亂於情而後有者也。然既有而人莫之辨也，於是乎有同事而異行者焉，有同行而異情者焉，君子不可以不察也。然非有以立乎其本，則二者之幾微曖萬變，夫孰能別之。今以天理、人欲混爲一區，恐未允當。

○祖謙曰：天理人欲同體而異用者，却似未失。蓋降衷秉彝，固純乎天理，及爲物所誘，人欲滋熾，天理泯滅，而實未嘗相離也。同體異用，同行異情，在人識之爾。○熹再詳此論，胡子之言，蓋欲人於天理中揀別得人欲，又於人欲中便見得天理，其意甚切，然不免有病者，蓋既謂之同體，則上面便著「人欲」兩字不得，此是義理本原極精微處，不可少差。試更子細玩索，當見本體實然只一天理，更無人欲。故聖人只説克己復禮，教人實下功夫，去却人欲，便是天理，未嘗教人求識天理於人欲汩没之中也〔一四〕。若不能實下功夫去却人欲，則雖就此識得，未嘗離之，天理亦安所用乎！

知言曰：好惡，性也。小人好惡以己，君子好惡以道。察乎此，則天理人欲可知。

熹按：此章即性無善惡之意。若果如此，則性但有好惡，而無善惡之則矣。君子好惡以道，是性外有道也。察乎此則天理人欲可知，是天理人欲同時並有，無先後賓主之别也。然則所謂「天生烝民，有物有則。民之秉彝，好是懿德」者，果何謂乎？龜山楊子曰：「天命之謂性，人欲非性也。」却是此語直截。而胡子非之，誤矣。○栻曰：「好惡，性也」，此一語無害。但著下數語，則爲病矣。今欲作「好惡，性也，天理之公也。君子者循其性者也，小人則以人欲亂之，而失其則矣」。○熹謂好惡固性之所有，然直謂之性則不可。蓋好惡，物也，好善而惡惡，物之則也。有物必有則，是所謂「形色，天性也」。今欲語性，乃舉物而遺則，恐未得爲無害也。

知言曰：心無不在，本天道變化，爲世俗酬酢，參天地，備萬物，人之爲道至大也，至善也。放而不知求，耳聞目見爲己蔽，父子夫婦爲己累，衣裘飲食爲己欲。既失其本矣，猶皆曰我有知，論事之是非，方人之短長，終不知其陷溺者，悲夫！故孟子曰：「學問之道無他，求其放心而已矣。」

熹按：人之爲道至善也，至大也，此説甚善。若性果無善惡，則何以能若是耶？○栻曰：論性而曰善不足以名之，誠爲未當，如元晦之論也。夫其精微純粹，正當以至善名之。龜山謂人欲非性也，亦是見得分明，故立言直截耳。遺書中所謂「善固性也，惡亦不可不謂之性也」，則如之何？譬之水，澄清者其本然者也，而或渾焉，則以夫泥滓之雜也。方其渾也，亦不可不謂之水也。夫專善而無惡者，性也。而其動則爲情，情之發，有正有不正焉，其正者性之常也，而其不正者物欲亂之也，於是而有惡焉，是豈性之本哉。其曰「惡亦不可不謂之性」者，蓋言其流如此，而性之本然者亦未嘗不在也。故善學者化其滓，以澄其初而已。○熹詳此論性甚善，但明道所謂「惡亦不可不謂之性」，是説氣禀之性，觀上下文可見。○熹又看此章云「本天道變化，爲世俗酬酢」，疑「世俗」字有病，猶釋子之謂父母家爲俗家也，改作「日用」字，如何？○熹又細看，雖改此字，亦爲未安，蓋此兩句大意自有病。聖人下學而上達，盡日用酬酢之理，而天道變化行乎其中耳。若有心要本天道以應人事，則胸次先横了一物，臨事之際，著意將來把持作弄，而天人之際終不合矣。大抵自謝子以來，雖説以灑掃應對爲學，然實有不屑卑近之意，故纔説灑掃應對，便須急作精義入神意思想像主張，惟恐其滯於小也。如爲朱子發説論語，乃云聖門學者敢以天自處，皆是此箇意思，恐不免有病也。又云以其大者移於小物，作日用工夫，正是打成兩截也。

知言曰：或問性。曰：「性也者，天地之所以立也。」「然則孟軻氏、荀卿氏、楊雄氏之以善惡言性也，非歟？」曰：「性也者，天地鬼神之奥也。善不足以言之，況惡乎哉！」或又曰：「何謂也？」曰：「宏聞之先君子曰：『孟子所以獨出諸儒之表者，以其知性也。』宏請曰：『何謂也？』先君子曰：『孟子道性善云者，歎美之詞，不與惡對。』」或問：「心有死生乎？」曰：「無生死。」曰：「然則人死，其心安在？」曰：「子既知其死矣，而問安在耶？」或曰：「何謂也？」曰：「夫惟不死，是以知之，又何問焉？」或者未達，胡子笑曰：「甚哉，子之蔽也！子無以形觀心，而以心觀心，則其知之矣。」

熹按：「性無善惡」、「心無死生」兩章似皆有病。性無善惡，前此論之已詳，心無死生則幾於釋氏輪迴之説矣。天地生物，人得其秀而最靈，所謂心者，乃夫虚靈知覺之性，猶耳目之有見聞耳。在天地，則通古今而無成壞，在人物，則隨形氣而有始終。知其理一而分殊，則亦何必爲是心無死生之説，以駭學者之聽乎！○栻曰：「心無死生」章亦當刪去。

知言曰：凡天命所有而衆人有之者，聖人皆有之。人以情爲有累也，聖人不去情；人以才爲有害也，聖人不病才；人以欲爲不善也，聖人不絶欲；人以術爲傷德也，聖人不棄術；人以憂爲非達也，聖人不忘憂；人以怨爲非弘也，聖人不釋怨。然則何以別於衆人乎？聖人發而中節，而衆人不中節也。中節者爲是，不中節者爲非；挾是而行則爲正，挾非而行則爲邪。正者爲善，邪者爲惡，而世儒乃以善惡言性，邈乎遼哉。

熹按：聖人發而中節，故爲善；衆人發不中節，故爲惡。世儒乃以善惡言性，邈乎遼哉。此亦性無善惡之意，然不知所中之節，聖人所自爲耶？將性有之耶？謂聖人所自爲，則必無是理；謂性所固有，則性之本善也明矣。○栻曰：所謂世儒，殆指荀、楊，荀、楊蓋未知孟子所謂善也。此一段大抵意偏而詞雜，當悉刪去。○熹詳此段不可盡刪，但自「聖人發而中節」以下刪去，而以一言斷之，云「亦曰天理人欲之不同爾」。○栻曰：所謂輕詆世儒之過，而不自知其非，恐氣未和而語傷易，析理當極精微，毫釐不可放過。至於尊讓前輩之意，亦不可不存也。○熹觀此論切中淺陋之病，謹已刪去訖。

知言曰：彪居正問：「心無窮者也，孟子何以言盡其心？」曰：「惟仁者能盡其心。」居正問爲仁，曰：「欲爲仁，必先識仁之體。」曰：「其體如何？」曰：「仁之道，弘大而親切，知者可以一言盡，不知者雖設千萬言，亦不知也。能者可以一事舉，不能者雖指千萬事，亦不能也。」曰：「萬物與我爲一，可以爲仁之體乎？」曰：「子以六尺之軀，若何而能與萬物爲一？」曰：「身不能與萬物爲一，心則能矣。」曰：「人心有百病一死，天下之物有一變萬生，子若何而能與之爲一？」居正竦然而去。他日，某問曰：「人之所以不仁者，以放其良心也。以放心求心，可乎？」曰：「齊王見牛而不忍殺，此良心之苗裔因利欲之間而見者也。一有見焉，操而存之，存而養之，養而充之，以至于大。大而不已，與天同矣。此心在人，其發見之端不同，要在識之而已〔一五〕。」

熹按：「欲爲仁，必先識仁之體」，此語大可疑。觀孔子答門人問爲仁者多矣，不過以求仁之方告之，使之從事於此而自得焉爾，初不必使先識仁體也。又「以放心求心」之問甚切，而所答者反若支離。夫心操存舍亡，間不容息，知其放而求之，則心在是矣。今於已放之心，不可操而復存者置不復問，乃俟異時見其發於他處而後從而操之，則夫未見之間，此心遂成間斷，無復有用功處。及其見而操之，則所操者亦發用之一端耳。於其本源全體，未嘗有一日涵養之功，便欲「擴而充之，與天同大」，愚竊恐其無是理也。○栻曰：必待識仁之體，而後可以爲仁，不知如何而可以識也？學者致爲仁之功，則仁之體可得而見，識其體矣，則其爲益有所施而亡窮矣。然則答爲仁之問，宜莫若敬而已矣。○祖謙曰：仁體誠不可遽語，至於答「放心求心」之問，却自是一説。蓋所謂「心操存舍亡，間不容息，知其放而求之，則心在是矣」者，平時持養之功也。所謂「良心之苗裔，因利欲而見，一有見焉，操而存之」者，隨事體察之功也。二者要不可偏廢。苟以此章欠説涵養一段，「未見之間，此心遂成間斷，無復用功處矣」，是。若曰「於已放之心置不復問，乃俟其發見於他處而後從而操之」，語却似太過。蓋見牛而不忍殺，乃此心之發見，非發見於他處也。又謂所操者亦發用之一端，胡子固曰「此良心之苗裔」，固欲人因苗裔而識本根，非徒認此發用之一端而已。○熹謂二者誠不可偏廢，然聖門之教，詳於持養而略於體察，與此章之意正相反，學者審之，則其得失可見矣。孟子指齊王愛牛之心，乃是因其所明而導之，非以爲必如此，然後可以求仁也。夫必欲因苗裔而識本根，孰若培其本根而聽其枝葉之自茂耶！

知言曰：天地，聖人之父母；聖人，天地之子也。有父母則有子矣，有子則有父母矣，此萬物之所以著見，道之所以名也。非聖人能名道也，有是道則有是名也。聖人指明其體曰性，指明其用曰心。性不能不動，動則心矣。聖人傳心，教天下以仁也。

熹按：心性體用之云，恐自上蔡謝子失之。此云「性不能不動，動則心矣」，語尤未安。凡此「心」字，皆欲作「情」字，如何？○栻曰：心性分體用，誠爲有病，此若改作「性不能不動，動則情矣」一語，亦未安。不若伊川云「自性之有形者謂之心，自性之有動者謂之情」語意精密也。此一段似亦不必存。○熹詳此段誠不必存，然「性不能不動」，此語却安，但下句却有未當爾。今欲存此以下而頗改其語，云：「性不能不動，動則情矣。心主性情，故聖人教人以仁，所以傳是心而妙性情之德。」又按伊川有數語説心字，皆分明，此一段却難曉，不知「有形」二字合如何説？

校勘記

〔一〕五十八字　按計之實爲四十九字。
〔二〕夫軍旅之事　「之」，浙本作「大」。
〔三〕汝其于予治　「于予」，原誤倒，據孟子萬章上乙正。
〔四〕蓋以道之大要不在乎仁義　「在」，四庫全書本作「外」。
〔五〕孟子説諸侯以行王道　「王道」，閩本、浙本作「其道」。
〔六〕雖不能事其父　「不」，閩本、浙本作「未」。
〔七〕其欲拒周者又可數耶　「又」，原作「人」，據浙本改。
〔八〕世人之好異也　「好」，浙本作「尚」。
〔九〕攸馘安安　「攸」，原作「收」，據詩大雅皇矣原文改。

〔一〇〕託賢者之名 「託」，原作「記」，據浙本改。

〔一一〕其自免於 「免」，原作「勉」，據閩本、浙本改。

〔一二〕皆發冢之人 「冢」，原作「蒙」，據閩本、浙本改。按莊子外物云：「儒以詩禮發冢。」

〔一三〕天不唯慶雲瑞雪 「瑞雪」，原作「瑞雲」，據正訛改。

〔一四〕於人欲汩没之中也 「汩」，原作「泊」，據閩本、浙本改。

〔一五〕要在識之而已 「在」字原缺，據浙本補。

晦庵先生朱文公文集卷第七十四

雜著

更同安縣學四齋名

學舊有四齋，許同年去其半，以省長諭具員之冗，故今唯兩齋。而四門如故，又皆錯亂，不得其所。至於命名之義，亦有未安，蓋如「彙征」之名，乃學優而仕之事，非學者所宜先也，揭而名之，是以利禄誘人，豈斆學者之意哉！今欲復四齋之舊，以「志道」、「據德」、「依仁」、「游藝」目之，東西相次，自北而南，誦習之區各仍舊貫。易「日新」長諭爲「志道」長諭，「彙征」長諭爲「游藝」長諭，其「據德」、「依仁」兩齋，請學諭、直學選本位學生不係教養人權充齋長或齋諭，許隨衆升堂聽講，本學更不差人，以塞希覬之路。諸職事以爲如何？幸與諸生議以見告，條其便不便者，熹且罷行之。

同安縣諭學者

學如不及，猶恐失之，此君子所以孜孜焉愛日不倦而競尺寸之陰也。今或聞諸生晨起入學，未及日中而各已散去，此豈愛日之意也哉。夫學者所以爲己，而士者或患貧賤，勢不得學，與無所於學而已。勢得學，又不爲無所於學，而猶不勉，是亦未嘗有志於學而已矣。然此非士之罪也，教不素明而學不素講也。今之世，父所以詔其子，兄所以勉其弟，師所以教其弟子，弟子之所以學，舍科舉之業則無爲也。使古人之學止於如此，則凡可以得志於科舉斯已爾，所以孜孜焉愛日不倦，以至乎死而後已者，果何爲而然哉？今之士唯不知此，以爲苟足以應有司之求矣，則無事乎汲汲爲也，是以至於惰遊而不知反，終身不能有志於學，而君子以爲非士之罪也。使教素明於上，而學素講於下，則士者固將有以用其力，而豈有不勉之患哉！熹是以於諸君之事，不欲舉以有司之法，而姑以文告焉。諸君苟能致思於科舉之外，而知古人之所以爲學，則將有欲罷而不能者，熹所企而望也。

諭諸生〔一〕

古之學者，八歲而入小學，學六甲五方書計之事。十五而入大學，學先聖之禮樂焉，非獨教之，固將有以養之也。蓋理義以養其心，聲音以養其耳，采色以養其目，舞蹈降登疾徐俯仰以養其血脈，以至於左右起居，盤盂几杖，有銘有戒，其所以養之之具，可謂備至爾矣。夫如是，故學者有成材，而庠序有實用，此先王之教所以爲盛也。自學絶而道喪，至今千有餘年，學校之官，有教養之名而無教之養之之實，學者挾筴而相與嬉其間，其傑然者乃知以干禄蹈利爲事。至於語聖賢之餘旨，究學問之本原，則罔乎莫知所以用其心者。其規爲動息，舉無以異於凡民而有甚者焉。嗚呼！此教者過也，而豈學者之罪哉！然君子以爲是亦有罪焉爾，何則？今所以異於古者，特聲音采色之盛，舞蹈降登疾徐俯仰之容，左右起居、盤盂几杖之戒有所不及爲，至推其本，則理義之所以養其心者固在也。諸君日相與誦而傳之，顧不察耳，然則此之不爲，而彼之久爲，又豈非學者之罪哉！僕以吏事得與諸君遊，今期年矣。諸君之業不加進，而行誼無以自著於州里之間，僕心愧焉。今既增修講問之法，蓋古者理義養心之術。諸君不欲爲君子耶？則誰能以是强諸君者。苟有志焉，是未可以舍此而他求也。幸願留意毋忽。

諭諸職事〔一〕

嘗謂學校之政不患法制之不立，而患理義之不足以悅其心。夫理義不足以悅其心，而區區於法制之末以防之，是猶決湍水注之千仞之壑，而徐翳蕭葦以捍其衝流也，亦必不勝矣。諸生蒙被教養之日久矣，而行誼不能有以信於人，豈專法制之不善哉，亦諸君子未嘗以禮義教告之也〔二〕。夫教告之而不從，則學者之罪，苟爲未嘗有以開導教率之，則彼亦何所趨而興於行哉？故今增修講問之法，諸君子其專心致思，務有以漸摩之，無牽於章句，無滯於舊聞，要使之知所以正心誠意於飲食起居之間，而由之以入於聖賢之域，不但爲舉子而已，豈不美哉！然法制之不可後者，亦既議而起之矣。惟諸君子相與堅守而力持之，使義理有以博其心，規矩有以約其外，如是而學者猶有不率，風俗猶有不厚，則非有司之罪，惟諸君留意。

補試牓諭

蓋聞君子之學以誠其身，非直爲觀聽之美而已。古之君子以是行之其身，而推之以教其子弟，莫不由此，此其風俗所以淳厚而德業所以崇高也。近世之俗不然，自父母所以教其子弟，固已使之假手程文，以欺罔有司矣。新學小生自爲兒童時，習見其父兄之誨如此，因恬不以爲愧，而安受其空虚無實之名，内以傲其父兄，外以驕其閭里，終身不知自力，以至卒就小人之歸者，未必不由此也。故今勸諭縣之父兄，有愛其子弟之心者，其爲求明師良友，使之究義理之指歸，而習爲孝弟馴謹之行，以誠其身而已。禄爵之不至，名譽之不聞，非所憂也，何必汲汲使之俯心下首，務欲因人成事，以幸一朝之得，而貽終己之羞哉！今茲試補縣學弟子員，屬熹典領，故茲勸諭，各宜知悉。

策試牓諭

孟子稱君子之所以教者五，而答問居一焉。今發策以觀二三子之所藴而折中之，是乃古之所謂答問者，非徒相與以爲諛也。自今諸生條對所問，宜湛思正論，於答問之際，審加意焉。若夫朝廷之事，則非草茅所宜言，而師生相與之誠意，亦不當數見於文字之間也，二三子慎之。

策問

問：古之學者始乎爲士，終乎爲聖人，此言知所以爲士，則知所以爲聖人矣。今之爲士者衆，而求其至於聖人者或未聞焉，豈亦未知所以爲士而然耶？將聖人者固不出於斯人之類，而古語有不足信者耶？顏子曰：「舜何？人哉！予何？人哉！」孟子所願則學孔子，二子者豈不自量其力之所至，而過爲斯言耶？不然，則士之所以爲士，而至於聖人者，其必有道矣。二三子固今之士，是以敢請問焉。

問：建首善自京師始，而達於四方郡邑，海隅障徼之遠，莫不有學，此三代之制，與今皆然也。然考其風俗之流，有薄有厚，有失有得，則其不相逮至遠。豈古今之所以學者異耶？將所以學者不必異，特業之有至有不至耶？二三子釋菜之初，願陳二者之說，分別而審言之，以觀二三子所以來之意也。

問：孟子曰：「頌其詩，讀其書，不知其人，可乎？」近世以學名家如海陵胡先生、歐陽文忠公、王文公、司馬文正公、蘇編禮父子、程御史兄弟，其立言具在，二三子固嘗讀而誦之矣，其於先賢聖人之遺旨，孰爲得其宗者耶？願與聞之。

問：孔子曰「友其士之仁者」，又曰「就有道而正焉」，又曰「以友輔仁」，蓋學者之於師友，其不可以後如此。而孟子曰「子歸而求之有餘師」，又曰「君子欲其自得之」，必如是，是豈師友之所能與哉？孟子學孔子者，而其立言如此，豈有異旨哉？幸詳言之，以觀二三子所以從事於斯者如何也。

問：世言聖人生知安行，不待學而知且能也。若孔子者，可謂大聖人矣，而曰「我學不厭」，又曰「吾十有五而志于學」，又曰「不如丘之好學」，非有待於學耶？抑所以學者異乎人之所謂學者耶？然則夫子之所以學者，果何以也？至如稱顔子以好學，則曰「不遷怒，不貳過」，語學者以好學，則曰「食無求飽，居無求安，敏於事而慎於言，就有道而正焉」。至其他縱言至於學者，難徧以疏舉，不識其與夫子之所以自謂者有辨耶？其無辨也？幸詳陳之。

問：唐開元釋奠儀：設先聖神位於堂西，東向；先師位其東北，南向，初不云有像設及從祀諸子也。今以當時人文章所記著考之，則皆爲夫子南面像，門人亦像十子，而圖其餘於壁。是則開元之制施用於當時者，亦無幾耳。二三子試實其所以然，而斷其得失以對。

問：聖人遠矣，六經或在或亡，諸子各自爲家，與夫諸儒之説經者又皆雜亂而無所統一。士之有意於聖人者，舍是三者亡以見之矣。是將因是以求之耶？則其絶亡者不可以屬，其雜亂者又易以惑人，求以自通，不亦難哉！或者又以爲道非言説所載，顧力行如何耳。二者之論，僕未能得其中，亦諸君所宜講而思也。

問：古以孝廉舉士，今廢其科，入官者一於進士與夫公卿大夫之世而已。而所以馭其行者，則於參選問其葬父母與否，於薦舉使舉者任其不犯入己贜，此孝廉之遺意，而責之則已恕矣。然猶有不能者，何也？將所以厲之者非其本與？抑法廢不脩而然也？今欲獻言於上，請以古制舉士而嚴今之法，以禦其末流。二三子以爲便，則具其施行之語，爲有司陳之。

問：大學之序，將欲明明德於天下，必先於正心誠意，而求其所以正心誠意者，則曰致知格物而已。然自秦漢以來，此學絶講，雖躬行君子時或有之，而無曰致知格物云者。不識其心果已正、意果已誠未耶？若以爲未也，則行之而篤，化之而從矣。以爲已正且誠耶？則不由致知格物以致之，而何以致其然也〔四〕？願二三子言其所以而并以致知格物之所宜用力者，爲僕一二陳之。

問：先王之世，選舉之法，書其德行道藝者起於鄉閭，容或不公。而唐虞以來，至於成周，數百年之間，書傳所記，無以選舉不實累其上者，何耶？逮至後世，變而任以一切之法，若糊名竄書而校其一日之長者，亦可謂至公矣，而屬者廷議，猶謂禁防少弛，權倖因以躐取世資者，何耶？

問：書稱堯「平章百姓，百姓昭明」。説者以爲百姓者，百官族姓云爾。夫以百官族姓無不昭明，則堯之所與共天職者富矣。及其疇咨廷臣，欲任以事，則放齊稱子朱，驩兜舉共工，四岳薦鯀，惡在其昭明也耶？夫子叙書，斷自堯典，將以遺萬世大法，而其言若此，此又何耶？夫子嘗稱「觀人至於察其所安，則人焉廋哉」〔五〕，帝堯之聖豈獨昧此耶？以帝堯之舉而三人者若此，然則三代選舉之法，書其德行道藝始於鄉閭者，其可盡信也耶？二三子其辨明之。

問：臺諫，天子耳目之官，於天下事無所不得言。十餘年來，用人出宰相私意，盡取當世頑鈍嗜利無耻之徒以充入之，合黨締交，共爲姦慝。乃者天子灼知其弊，既斥去之，乃咨人望，使任斯職，又下明詔以申警之。士懷負所學，以仕於世，至此可謂得所施矣，而崇論弘議未能有所聞於四方，何耶？今天下之事衆矣，二三子試以身代諸公而任其責，以爲所當言者，何事爲大？

問：官材取士之法，三代尚矣。漢魏以來，至於晉唐，郡國選舉，公府辟召，其法不同，然上之所取乎下者，其路博，故下之所學以待問者，亦各有所以，而不專於文藝之一長也。至國朝始專以進士入官，雖間設科目，如所謂賢良方正、博學宏詞者，然亦不過文藝而已。夫文者士之末，其在君子小人無常分，士或懷負道德而不能此，與雖能而耻不屑就者，國家安得而用之耶？今誠欲復取古制施行之，則二三子之意，以何者爲便？

問：漢世專門之學如歐陽、大小夏侯、孔氏書，齊、魯、韓、毛詩，后氏、戴氏禮，董氏春秋，梁丘、費氏易，今皆亡矣。其僅有存者，又已列於學官，其亦可以無惡於專門矣。而近世議者深斥之，將謂漢世之專門者耶？抑別有謂也？今百工曲藝莫不有師，至於學者尊其所聞，則斥以爲專門而深惡之，不識其何說也。二三子陳之。

問：泉之爲州舊矣，其粟米、布縷、力役之征，歲入于公者，蓋有定計，禄士廩軍。自昔以來，量是以爲出，不聞其不足也。有不足，則不爲州久矣。而比年以來，困竭殊甚，帑藏蕭然，無旬月之積，二千石每至，往往未及下車而惟此之問。然文符益繁，縣益急，民益貧，財賦益屈。此其故何耶？諸君熟計可行之策，無爲文詞而已。

問：夫子稱郊祀后稷以配天，宗祀文王於明堂以配上帝。夫天之與上帝，其果有異耶？抑不異也？後世鄭康成、王肅之徒各以其所聞爲説，甚者至流於讖緯，譎怪不可質究，皆聖賢所不道。其果有可取耶？抑無取也？恭惟國家承百王之流弊，稽古禮文之事，既久而後大備。二三子考先儒之論而折中之以聖制，宜有定矣，陳之毋隱。

問：經廢不講久矣，士之賢者亦或留意焉，而其所以用力者，則異而不同也。蓋或不求甚解，而篤意於近思；或恃爲考證，而昧於至理；務深眇者放宕而不根；干利禄者涉獵而無本。是四者之於經，其得失孰甚？二三子言之。

問：漢藝文志春秋家列左氏傳國語皆出魯太史左丘明。蓋自司馬子長、劉子駿已定爲丘明所著，班生從而實之耳。至唐柳宗元始斥外傳爲淫誣，不概於聖，非出於左氏。近世劉侍讀敞又以論語考之，謂丘明自夫子前人，作春秋内外傳者乃左氏，非丘明也。諸家之説既異，而柳子之爲是論，又自以爲有得於中庸。二三子論其是非焉。

問：荀子著書，號其篇曰性惡，以詆孟子之云性善者，而曰塗人可以爲禹。夫禹，大聖人也，語其可知之質，可能之具，乃在夫塗之人耳。人之性也，豈果爲惡哉！然且云爾者何也？二三子推其説以告。

問：李師錫者，以書抵韓子，稱其所爲不違孔子，不以雕琢爲工。而韓子報之曰：「愈將有深於是者，與吾子樂之。」今韓子之書具在，所謂深於是者，果何所指而言耶？

問：夫子講教洙泗之間，三千之徒、七十之賢，所學者何業？所習者何事？其言曰「二三子以我爲隱乎？吾無隱乎爾」，所隱者復何説？「飲水曲肱而枕之，樂亦在其中矣」，所樂者抑又何謂耶？

問：忠信所以進德，而夫子之所以教，與夫曾子所以省其身，亦無不曰忠信云者。而夫子又斥「言必信，行必果」者爲小人，孟子亦謂言不必信，行不必果，二端異焉。然則學者將何所蹈而可？將不必信且果者耶，則子路有欺天之失，微生有乞醯之譏。將必信且果耶，則硜硜之號，非所以飾其身也。二三子其揚榷之。

問：頃與二三子從事於論語之書，凡二十篇之説者，二三子盡觀之矣。雖未能究其義，如其文，然不可謂未嘗用意於此也。惟其遠者大者，二三子固已得諸心而施諸身矣，亦可以幸教有司者耶？不然，則二三子之相從於此，非志於道，利焉而已耳，非所望於二三子也。

問：仁之體誠深矣，自孔門弟子之所以問，夫子之所以答，與夫後之諸子之所以筆之於書者，皆未嘗同也。二三子總其所論而折中之，必有得矣，其有以幸教。

問：人幼而學之，壯而欲行之。諸君子今日之所學，他日之所以行，其可得聞歟？

問：漢大司農丞壽昌議常平之法，而御史大夫望之奏以爲非是。二者孰爲合於先王之意？而施於當今，亦孰爲宜耶？二三子欲通當世之務，不可以不熟察而別言之。

問：國朝官材取士之法，進士而已。雖間設科目如所謂賢良方正、博學宏詞者，特以疑文隱義困於所不知，如此則賢且良矣。至以博學宏詞自命而試於禮部者，則又可笑。蓋遲明裹飯揭篋而坐於省門，以俟漏啓鑰而入，視所命題，退發篋搜之，則其中古今事目，次輯鱗比而亦有成章矣。其平居講學專乎此，甚者至於不復讀書也。進士之得人已疏闊矣，而所設二科者又如此，然則士有懷負道藝以陸沉乎下者，其勢必耻乎此，而亦庸有不能者，國家安得而用之耶？二三子策以爲如何而可？

問：三代學校之制，自家塾、黨庠、遂序，以至于國，則有學焉。其選士興賢之法，父師少師之教，見於周官王制，禮家之説者尚可考也。今家塾黨庠遂序之制未立，是以州縣雖有學，而士之耕養於田里者遠不能至，獨城闕之子得以家居廪食而出入以嬉焉。至其補弟子員則去留之節，又一決於文藝，使士之靜厚原慤者，以木訥見罷。而偶能之者，雖纖浮佻巧，無不與在選中。如此，是學之爲教已不能盡得可教之才，而教之者又非有父師少師之齒德也。噫！法之未能如古，則學校之爲益亦少哉。願二三子考其所聞於古而今可行者，悉著于篇，將摭其施行之語，以觀二三子於當世之務如何也。

問：「禮云禮云，玉帛云乎哉！樂云樂云，鐘鼓云乎哉！」而夫子之於告朔，愛其一羊而不忍去；於齊聞韶〔六〕，至於三月而不知肉味，何也？抑其所以如此者，其意乃有所屬而非玉帛鐘鼓之謂耶？然則果何所屬也？幸二三子詳陳之。

問：間者天子數下寬大詔書，弛民市征口算與夫逃賦役者之布。又詔税民毋會其踦羸〔七〕，以就成數。又詔郡國毋得以羡餘來獻求幸媚。恭惟聖天子所以加惠此民者，可謂無不至矣，外是數者，亦可以議蠲復，以助廣聖治之萬分者乎？願與二三子預講明之，以待召問而發焉。

問：先王之世，士出於田里者，有黨庠、遂序之教，而公卿大夫之子弟，則又有成均之法以養之。蓋無不學之人，則無不治之官矣。後世士不皆業於學校，而學校所以教之者，亦非復古法。至於卿大夫之子弟，則又有塊然未嘗讀書識字而直爲王官者，如是而欲吏稱民安、化行俗美，於誰責而可哉！今欲使之學者必出於庠序，世其禄者必出於成均，而所以教之者必自灑掃應對進退，以至於義精仁熟，格物致知，以至於治國平天下。又當皆合乎先王之意，不但爲文詞而已。二三子考於經，以爲如之何而可也？詳以著于篇，無所隱。

問：瑞應之説，所從來久。如鳳凰、嘉禾、騶虞、麟趾，皆載於書，詠於詩，其爲瑞也章章矣。而或者謂休符不于祥，于其仁而已，至引白雉、黄犀之屬，以爲不祥莫大焉。此其説與詩、書異矣，其亦有所本耶？前世祥瑞，或以改元紀號，或以被之弦歌，又或自以德薄，抑而不當。凡此數者，又孰爲得失耶？願二三子陳之。

問：世謂莊周之學出於老氏，故其書規模本趣大略相似也。至韓子退之始謂子夏之學，其後有田子方，子方之後流而爲莊周。然則周者未嘗學老聃也。至以其書之稱子方者考之，則子方之學子夏，周之學子方者皆不可見，韓子之言何據耶？又禮經記孔子之言有得於老聃者，亦與今道德上下篇絶不相似，而莊生之言則實近之，皆不可曉，敢請問於諸君焉。

白鹿書堂策問

孔子殁，七十子喪，楊、墨之徒出。孟子明孔子之道以正之，而後其説不得肆千有餘年。諸生皆誦説孔子，而獨荀卿、楊雄、王通、韓愈號爲以道鳴者，然於孟子或非之，或自比焉，或無稱焉，或尊其功以爲不在禹下，其歸趣之不同既如此。而是數子者，後議其前，或以爲同門而異户，或無稱焉，或以爲大醇而小疵，而不得與於斯道之傳者。其於楊、墨，或微議其失，或無稱焉，或取焉以配孔子，其取予之不同又如此，是亦必有説矣。本朝儒學最盛，自歐陽氏、王氏、蘇氏皆以其學行于朝廷，而胡氏、程氏亦以其學傳之學者。然王、蘇本出於歐陽，而其末有大不同者。胡氏、孫氏亦不相容於當時，而程氏尤不合於王與蘇也。是其於孔子之道，孰得孰失，豈亦無有可論者耶？楊、墨之説則熄矣，然其説之流，豈亦無有未盡泯滅者耶？後世又有佛、老之説，其於楊、墨之説同耶？異耶？自楊雄以來，於是二家是非之論，蓋亦多不同者，又孰爲得其正耶？二三子其詳言之。

問吕伯恭三禮篇次

儀禮附記上篇

士冠禮冠義附。　士婚禮婚義附。

士相見禮　鄉飲酒禮鄉飲酒義附。

鄉射禮射義附。　燕禮燕義附。

大射禮　聘禮聘義附。

公食大夫禮　覲禮

儀禮附記下篇

喪服喪服小記、大傳、月服問、間傳附。　士喪禮

既夕禮　士虞禮喪大記、奔喪、問喪、曾子問、檀弓附。

特牲饋食禮　少牢饋食禮

有司祭義、祭統附。

禮記篇次

曲禮、內則、玉藻、少儀、投壺、深衣。六篇爲一類。

王制、月令、祭法。三篇爲一類。

文王世子、禮運、禮器、郊特牲、明堂位、大傳、與喪小記誤處多，當釐正。

樂記。七篇爲一類。

經解、哀公問、仲尼燕居、坊記、儒行。六篇爲一類。學記、中庸、表記、緇衣、大學。五篇爲一類。

以上恐有未安，幸更詳之。

記解經

凡解釋文字，不可令注脚成文。成文則注與經各爲一事，人唯看注而忘經。不然，即須各作一番理會，添却一項功夫。竊謂須只似漢儒毛孔之流，略釋訓詁名物及文義理致尤難明者，而其易明處，更不須貼句相續，乃爲得體。蓋如此，則讀者看注即知其非經外之文，却須將注再就經上體會，自然思慮歸一，功力不分，而其玩索之味，亦益深長矣。

修韓文舉正例

大書本文定本上下文無同者，即只出一字；有同字者，即并出上一字；疑似多者，即出全句。

字有差互，即注云「某本作某，某本作某」，二字及全句下即注首加本字〔八〕，後放此。「今按云云，當從某本。」本同者即前云「某某本」，後云「某等本」，後放此。字有多少，即注云「某本有，某本無」。字有顛倒，即注云「某某字某本作某某」，「今按」以下並同。

史館修史例

先以曆内年月日下刷出合立傳人姓名，排定總目。

次將就題名内刷出逐人拜罷年月，注於本目之下。

次將取到逐人碑志、行狀、奏議、文集之屬，附於本目之下。各注「起某年」、「終某年」。

次將總目内刷出收索到文字人姓名，略具鄉貫、履歷，鏤版行下諸州，曉示搜訪取索。仍委轉運司專一催督，每月上旬差人申送本院，不得附遞，恐有損失。如本月内無收到文字，亦仰依限差人申報。

置諸路申送文字格眼簿，一路一扇，一月一眼。如有申到，記當日内收附勾銷，注於總目本姓名下，依前例。

讀書之要

或問：「程子通論聖賢氣象之别者數條，子既著之精義之首，而不列於集注之端，何也？」曰：「聖賢氣象高且遠矣，非造道之深、知德之至，鄰於其域者不能識而辨之，固非始學之士所得驟而語也。鄉吾著之書首，所以尊聖賢；今不列於篇端，所以嚴科級，亦各有當焉爾。且吾於程子之論讀是二書之法，則既掇其要，而表之於前矣，學者誠能深考而用力焉。盡此二書，然後乃可與議於彼耳。」曰：「然則其用力也奈何？」曰：「循序而漸進，熟讀而精思可也。」曰：「然則請問循序漸進之説。」曰：「以二書言之，則先論而後孟，通一書，而後及一書。以一書言之，則其篇章文句、首尾次第，亦各有序而不可亂也。量力所至，約其程課而謹守之。字求其訓，句索其旨，未得乎前，則不敢求其後；未通乎此，則不敢志乎彼。如是循序而漸進焉，則意定理明，而無疏易凌躐之患矣。是不惟讀書之法，是乃操心之要，尤始學者之不可不知也。」曰：「其熟讀精思者，何耶？」曰：「論語一章不過數句，易以成誦，成誦之後，反復玩味於燕閒静一之中，以須其浹洽可也。孟子每章或千百言，反復論辯，雖若不可涯者，然其條理疏通，語意明潔，徐讀而以意隨之，出入往來以十百數，則其不可涯者，將可有以得之於指掌之間矣。大抵觀書先須熟讀，使其言皆若出於吾之口；繼以精思，使其意皆若出於吾之心，然後可以有得爾。至於文義有疑，衆説紛錯，則亦虚心静慮，勿遽取捨於其間。先使一説自爲一説，而隨其意之所之，以驗其通塞，則其尤無義理者，不待觀於他説，而先自屈矣。復以衆説互相詰難，而求其理之所安，以考其是非，則似是而非者，亦將奪於公論而無以立矣。大抵徐行却立，處静觀動，如攻堅木，先其易者而後其節目；如解亂繩，有所不通則姑置而徐理之，此讀書之法也。」

孟子綱領

或問：「綱領諸説，孰爲要？」曰：「程子之言之要，皆已見於序説矣。其以藐大人，聖夷惠，爲非孟子語，則恐其未必然也。張子之言亦多可觀，但未成性之語，自其論易大傳而失之矣，後不能悉辨也。」曰：「謝氏心性之説如何？」曰：「性，本體也，其用情也；心則統性情，該動靜而爲之主宰也，故程子曰心一也。有指體而言者，有指用而言者，蓋謂此也。今直以性爲本體，而心爲之用，則情爲無所用者，而心亦偏於動矣。且性之爲體，正以仁義禮智之未發者而言，不但爲視聽作用之本而已也。明乎此，則吾之所謂性者，彼佛氏固未嘗得窺其仿佛，而何足以亂吾之真哉！」

論語課會説

古之學者潛心乎六藝之文，退而考諸日用，有疑焉則問，問之弗得，弗措也。古之所謂傳道、授業、解惑者，如此而已，後世設師弟子員，立學校以群之，師之所講，有不待弟子之問；而弟子之聽於師，又非其心之所疑也，泛然相與，以具一時之文耳。學問之道，豈止於此哉？自秦漢以迄今，蓋千有餘年，所謂師弟子者皆不過如此，此聖人之緒言餘旨所以不白於後世，而後世之風流習尚所以不及於古人也。然則學者欲求古人之所至，其可以不務古人之所爲乎？今將以論語之書與諸君相從學，而惟今之所謂講者不足事也。是以不敢以區區薄陋所聞告諸君，諸君第因先儒之説，以逆聖人之所志，孜孜焉蚤夜以精思，退而考諸日用，必將有以自得之而以幸教熹也。其有不合，熹請得爲諸君言之。諸君其無勢利之急而盡心於此，一有得焉，守之以善其身，不爲有餘；推之以及一鄉一國而至於天下，不爲不足。熹不肖，不敢以是欺諸君也。

講禮記序説

熹聞之，學者博學乎先王六藝之文，誦焉以識其辭，講焉以通其意，而無以約之，則非學也。故曰博學而詳説之，將以反説約也。何謂約？禮是也〔九〕。禮者，履也，謂昔之誦而説者，至是可踐而履也。故夫子曰：「君子博學於文，約之以禮。」顔子之稱夫子，亦曰「博我以文，約我以禮」，禮之爲義，不其大哉！然古禮非必有經，蓋先王之世，上自朝廷，下達閭巷，其儀品有章，動作有節，所謂禮之實者，皆踐而履之矣。故曰「禮儀三百，威儀三千，待其人而後行」，則豈必簡策而後傳哉！其後禮廢，儒者惜之，乃始論著爲書，以傳於世，今禮記四十九篇，則其遺説，已學而求所以約之者，不可以莫之習也。今柯君直學，將爲諸君誦其説而講明之，諸君其聽之毋忽。易曰：「知崇禮卑。」禮以極卑爲事，故自飲食居處、灑掃欬唾之間，皆有儀節，聞之若可厭，行之若瑣碎而不綱。然唯愈卑故愈約，與所謂極崇之智，殆未可以差殊觀也。夫如是，故成性存存，而道義出矣。此造約之極功也，諸君其聽之毋忽。新安朱熹云。

白鹿洞書院揭示〔一〇〕

父子有親，君臣有義，夫婦有別，長幼有序，朋友有信。

右五教之目，堯舜使契爲司徒，敬敷五教，即此是也。學者學此而已，而其所以學之之序，亦有五焉，其別如左：

博學之，審問之，謹思之，明辨之，篤行之。

右爲學之序。學、問、思、辨，四者所以窮理也。若夫篤行之事，則自修身以至于處事接物，亦各有要，其別如左：

言忠信，行篤敬，懲忿窒慾，遷善改過。

右修身之要。

正其義不謀其利，明其道不計其功。

右處事之要。

己所不欲，勿施於人。行有不得，反求諸己。

右接物之要。

熹竊觀古昔聖賢所以教人爲學之意，莫非使之講明義理，以修其身，然後推以及人，非徒欲其務記覽、爲詞章，以釣聲名、取利禄而已也。今人之爲學者，則既反是矣。然聖賢所以教人之法，具存於經，有志之士，固當熟讀深思而問辨之。苟知其理之當然，而責其身以必然，則夫規矩禁防之具，豈待他人設之而後有所持循哉！近世於學有規〔一二〕，其待學者爲已淺矣，而其爲法又未必古人之意也。故今不復以施於此堂，而特取凡聖賢所以教人爲學之大端，條列如右而揭之楣間。諸君其相與講明遵守而責之於身焉，則夫思慮云爲之際，其所以戒謹而恐懼者，必有嚴於彼者矣。其有不然，而或出於此言之所棄，則彼所謂規者必將取之，固不得而略也。諸君其亦念之哉！

玉山講義

先生曰：熹此來，得觀學校鼎新，又有靈芝之瑞，足見賢宰承流宣化、興學誨人之美意，不勝慰喜。又承特設講座，俾爲諸君誦説，雖不敢當，然區區所聞，亦不得不爲諸君言之。蓋聞古之學者爲己，今之學者爲人，故聖賢教人爲學，非是使人綴緝言語、造作文辭，但爲科名爵禄之計，須是格物致知，誠意正心，脩身而推之，以至於齊家治國，可以平治天下，方是正當學問。諸君肄業于此，朝夕講明於此，必已深有所得。不然，亦須有疑。今日幸得相會，正好商量，彼此之間，皆當有益。

時有程珙起而請曰：「論語多是説仁，孟子却兼説仁義。意者夫子説元氣，孟子説陰陽，仁恐是體，義恐是用。」先生曰：「孔孟之言，有同有異，固所當講。然今且當理會何者爲仁，何者爲義。曉此兩字義理分明，方於自己分上有用力處，然後孔孟之言有同異處，可得而論。如其不曉，自己分上元無工夫，説得雖工，何益於事？且道如何説箇仁義二字底道理？大凡天之生物，各付一性。性非有物，只是一箇道理之在我者耳。故性之所以爲體，只是仁義禮智信五字，天下道理，不出於此。韓文公云人之所以爲性者五，其説最爲得之，却爲後世之言性者多雜佛老而言，所以將性字作知覺心意看了，非聖賢所説性字本指也。

五者之中，所謂信者是箇真實無妄底道理，如仁義禮智，皆真實而無妄者也，故信字更不須説。只仁義禮智四字，於中各有分別，不可不辨。蓋仁則是箇温和慈愛底道理，義則是箇斷制裁割底道理，禮則是箇恭敬撙節底道理，智則是箇分別是非底道理。凡此四者，具於人心，乃是性之本體，方其未發，漠然無形象之可見；及其發而爲用，則仁者爲惻隱，義者爲羞惡，禮者爲恭敬，智者爲是非。隨事發見，各有苗脈，不相殽亂，所謂情也。故孟子曰：「惻隱之心，仁之端也；羞惡之心，義之端也；恭敬之心，禮之端也；是非之心，智之端也。」謂之端者，猶有物在中而不可見，必因其端緒，發見於外，然後可得而尋也。蓋一心之中，仁義禮智各有界限，而其性情體用，又自各有分別，須是見得分明，然後就此四者之中，又自見得仁義兩字是箇大界限。如天地造化、四序流行，而其實不過於一陰一陽而已。

於此見得分明，然後就此又自見得仁字是箇生底意思，通貫周流於四者之中。仁，固仁之本體也；義，則仁之斷制也；禮，則仁之節文也；智，則仁之分別也。正如春之生氣，貫徹四時，春則生之生也，夏則生之長也，秋則生之收也，冬則生之藏也。故程子謂四德之元猶五常之仁，偏言則一事，專言則包四者，正謂此也。孔子只言仁，以其專言者言之也，故但言仁，而仁義禮智皆在其中；孟子兼言義，以其偏言者言之也，然亦不是於孔子所言之外，添入一箇義字，但於一理之中，分別出來耳。其又兼言禮智，亦是如此。蓋禮又是仁之著，智又是義之藏，而仁之一字，未嘗不流行乎四者之中也。

若論體用，亦有兩説。蓋以仁存於心而義形於外言之，則曰仁，人心也；義，人路也，而以仁義相爲體用。若以仁對惻隱，義對羞惡而言，則就其一理之中，又以未發已發相爲體用，若認得熟，看得透，則玲瓏穿穴，縱横顛倒，無處不通，而日用之間，行著習察，無不是著功夫處矣。」

珙又請曰：「三代以前，只是説中説極，至孔門答問，説著便是仁，何也？」先生曰：「説中説極，今人多錯會了他文義，今亦未暇一一詳説。但至孔門方説仁字，則是列聖相傳到此，方漸次説親切處爾。夫子所以賢於堯舜，於此亦可見其一端也。然仁之一字，須更於自己分上實下功夫始得。若只如此草草説過，無益於事也。」

先生因舉孟子「道性善，言必稱堯舜」一章，而遂言曰：「所謂性者，適固已言之矣，今復以一事譬之。天之生此人，如朝廷之命此官。人之有此性，如官之有此職。朝廷所命之職，無非使之行法治民，豈有不善？天之生此人，無不與之以仁義禮智之理，亦何嘗有不善？但欲生此物，必須有氣，然後此物有以聚而成質。而氣之爲物，有清濁昏明之不同，禀其清明之氣，而無物慾之累，則爲聖；禀其清明而未純全，則未免微有物慾之累，而能克以去之，則爲賢；禀其昏濁之氣，又爲物慾之所蔽，而不能去，則爲愚，爲不肖，是皆氣禀物慾之所爲，而性之善未嘗不同也。堯舜之生，所受之性，亦如是耳，但以其氣禀清明，自無物慾之蔽，故爲堯舜，初非有所增益於性分之外也。故學者知性善，則知堯舜之聖非是强爲；識得堯舜做處，則便識得性善底規模樣子。而凡吾日用之間，所以去人慾，復天理者，皆吾分内當然之事，其勢至順而無難。此孟子所以首爲文公言之，而又稱堯舜以實之也。

但當戰國之時，聖學不明，天下之人但知功利之可求，而不知己性之本善、聖賢之可學，聞是説者，非惟不信，往往亦不復致疑於其間。若文公則雖未能盡信，而已能有所疑矣，是其可與進善之萌芽也。故孟子於其去而復來迎而謂之曰：『世子疑吾言乎？』而又告之曰：『夫道一而已矣。』蓋古今聖愚同此一性，則天下固不容有二道，但在篤信力行，則天下之理雖有至難，猶必可至，況善乃人之所本有，而爲之不難乎？然或氣稟昏愚，而物慾深固，則其勢雖順且易，亦須勇猛著力，痛切加功，然後可以復於其初。故孟子又引商書之言曰：『若藥弗瞑眩，厥疾弗瘳。』若但悠悠，似做不做，則雖本甚易，而反爲至難矣。此章之言，雖甚簡約，然其反復曲折，開曉學者，最爲深切。諸君更宜熟讀深思，反復玩味，就日用間便著實下功夫始得。中庸所謂尊德性者，正謂此也。

然聖賢教人，始終本末，循循有序，精粗巨細，無有或遺。故才尊德性，便有箇「道問學」一段事，雖當各自加功，然亦不是判然兩事也。中庸曰：『大哉，聖人之道！洋洋乎，發育萬物，峻極于天。優優大哉！禮儀三百，威儀三千。待其人然後行。故曰苟不至德，至道不凝焉。是故君子尊德性而道問學，致廣大而盡精微，極高明而道中庸，温故而知新，敦厚以崇禮。』蓋道之爲體，其大無外，其小無内，無一物之不在焉。故君子之學，既能尊德性以全其大，便須道問學以盡其小。其曰致廣大、極高明、温故而敦厚，則皆尊德性之功也。其曰盡精微、道中庸、知新而崇禮，則皆道問學之事也。學者於此，固當以尊德性爲主，然於道問學，亦不可不盡其力，要當使之有以交相滋益，互相發明，則自然該貫通達，而於道體之全無欠闕處矣。今時學者心量窄狹，不耐持久，故其爲學，略有些少影響見聞，便自主張，以爲至足，不能遍觀博考，反復參驗。其務爲簡約者，既蕩而爲異學之空虚，其急於功利者，又溺而爲流俗之卑近，此爲今日之大弊，學者尤不可以不戒。

熹又記得昔日曾參見端明汪公，見其自少即以文章冠多士，致通顯，而未嘗少有自滿之色，日以師友前輩多識前言往行爲事。及其晚年，德成行尊，則自近世名卿鮮有能及之者，乃是此邦之人，諸君視之丈人行耳，其遺風餘烈，尚未遠也。又如縣大夫，當代名家，自其先正温國文正公以盛德大業爲百世師，所著資治通鑑等書，尤有補於學者。至忠潔公扈從北狩，固守臣節，不汙僞命，又以忠義聞於當世。諸君蓋亦讀其書而聞其風矣。自今以往，儻能深察愚言，於聖賢大學有用力處，則凡所見聞，寸長片善，皆可師法，而況於其鄉之先達，與當世賢人君子之道義風節乎？詩曰：『高山仰止，景行行止。』願諸君留意，以副賢大夫教誨作成之意，毋使今日之講徒爲空言，則區區之望也。」

滄洲精舍諭學者

老蘇自言其初學爲文時，取論語、孟子、韓子及其他聖賢之文，而兀然端坐，終日以讀之者七八年。方其始也，入其中而惶然以博，觀於其外而駭然以驚。及其久也，讀之益精，而其胸中豁然以明，若人之言固當然者，然猶未敢自出其言也。歷時既久，胸中之言日益多，不能自制，試出而書之。已而再三讀之，渾渾乎覺其來之易矣。予謂老蘇但爲欲學古人，説話聲響，極爲細事，乃肯用功如此，故其所就亦非常人所及。如韓退之、柳子厚輩亦是如此，其答李翊、韋中立之書，可見其用力處矣。然皆只是要作好文章，令人稱賞而已，究竟何預己事，却用了許多歲月，費了許多精神，甚可惜也。今人説要學道，乃是天下第一至大至難之事，却全然不曾著力，蓋未有能用旬月功夫，熟讀一卷書者〔一二〕。及至見人泛然發問，臨時湊合，不曾舉得一兩行經傳成文，不曾照得一兩處首尾相貫，其能言者，不過以己私意，敷演立説，與聖賢本意義理實處，了無干涉，何況望其更能反求諸己，真實見得，真實行得耶？如此求師，徒費脚力，不如歸家杜門，依老蘇法，以二三年爲期，正襟危坐，將大學、論語、中庸、孟子，及詩、書、禮記、程、張諸書分明易曉處，反復讀之，更就自己身心上存養玩索，著實行履，有箇入處，方好求師。證其所得而訂其謬誤，是乃所謂就有道而正焉者，而學之成也可冀矣。如其不然，未見其可，故書其説，以示來者云。

又諭學者

書不記，熟讀可記；義不精，細思可精。唯有志不立，直是無著力處。只如而今，貪利禄而不貪道義，要作貴人而不要作好人，皆是志不立之病。直須反復思量，究見病痛起處，勇猛奮躍，不復作此等人〔一三〕，一躍躍出，見得聖賢所説千言萬語，都無一字不是實語〔一四〕，方始立得此志。就此積累功夫，迤邐向上去，大有事在。諸君勉旃，不是小事。

增損吕氏鄉約

凡鄉之約四。一曰德業相勸，二曰過失相規，三曰禮俗相交，四曰患難相恤。衆推有齒德者一人爲都約正，有學行者二人副之。約中月輪一人爲直月，都副正不與。置三籍，凡願入約者書于一籍，德業可勸者書于一籍，過失可規者書于一籍。直月掌之，月終則以告于約正，而授于其次。

德業相勸

德謂見善必行，聞過必改。能治其身，能治其家；能事父兄，能教子弟；能御童僕，能肅政教；能事長上，能睦親故；能擇交遊，能守廉介；能廣施惠，能受寄託；能救患難，能導人爲善；能規人過失，能爲人謀事，能爲衆集事，能解鬬爭；能決是非，能興利除害，能居官舉職。

業謂居家則事父兄，教子弟，待妻妾。在外則事長上，接朋友，教後生，御童僕。至于讀書治田，營家濟物，畏法令，謹租賦，好禮、樂、射、御、書、數之類，皆可爲之。非此之類，皆爲無益。

右件德業，同約之人，各自進脩，互相勸勉。會集之日，相與推舉其能者書于籍，以警勵其不能者。

過失相規

過失謂犯義之過六，犯約之過四，不脩之過五。

犯義之過，一曰酗博鬬訟，酗謂縱酒喧競，博謂賭博財物，鬬謂鬬毆駡詈，訟謂告人罪惡，意在害人，誣賴爭訴，得已不已者。若事干負累，及爲人侵損而訴之者非。二曰行止踰違，踰禮違法，衆惡皆是。三曰行不恭遜，侮慢齒德者，持人短長者，恃强凌人者，知過不改、聞諫愈甚者。四曰言不忠信，或爲人謀事，陷人於惡；或與人要約，退即背之；或妄説事端，熒惑衆聽者。五曰造言誣毁，誣人過惡，以無爲有，以小爲大，面是背非。或作嘲詠匿名文書，及發揚人之私隱，無狀可求，及喜談人之舊過者。六曰營私太甚。與人交易，傷於掊克者；專務進取，不恤餘事者；無故而好干求假貸者，受人寄託而有所欺者。

犯約之過，一曰德業不相勸，二曰過失不相規，三曰禮俗不相成，四曰患難不相恤。

不脩之過，一曰交非其人，所交不限士庶，但凶惡及游惰無行、衆所不齒者而已，朝夕與之遊處，則爲交非其人。若不得已而暫往還者非。二曰游戲怠惰，游謂無故出入，及謁見人止務閑適者，戲謂戲笑無度，及意在侵侮，或馳馬擊鞠而不賭財物者。怠惰謂不脩事業，及家事不治，門庭不潔者。三曰動作無儀，謂進退太疏野，及不恭者；不當言而言，及當言而不言者；衣冠太華飾，及全不完整者，不衣冠而入街市者。四曰臨事不恪，主事廢忘，期會後時，臨事怠慢者。五曰用度不節。謂不計有無，過爲侈費者〔一五〕；不能安貧，非道營求者。

右件過失，同約之人，各自省察，互相規戒。小則密規之，大則衆戒之。不聽則會集之日，直月以告于約正，約正以義理誨諭之。謝過請改，則書于籍以俟。其爭辯不服，與終不能改者，皆聽其出約。

禮俗相交

禮俗之交，一曰尊幼輩行，二曰造請拜揖，三曰請召送迎，四曰慶弔贈遺。

尊幼輩行凡五等。曰尊者，謂長於己三十歲以上〔一六〕，在父行者。曰長者，謂長於己十歲以上，在兄行者。曰敵者，謂年上下不滿十歲者，長者爲稍長，少者爲稍少。曰少者，謂少於己十歲以下者。曰幼者。謂少於己二十歲以下者。

造請拜揖凡三條。曰凡少者、幼者於尊者、長者，歲首、冬至、四孟月朔辭見賀謝，皆爲禮見。皆具門狀，用幞頭、公服、腰帶、靴笏。無官具名紙，用幞頭、襴衫、腰帶、繫鞋。唯四孟通用帽子、皂衫、腰帶。凡當行禮而有恙故，皆先使人白之。或遇雨雪，則尊長先使人諭止來者。此外，候問起居、質疑白事，及赴請召，皆爲燕見。深衣、凉衫皆可，尊長令免即去之。尊者受謁不報，歲首、冬至具己名牓子，令子弟報之，如其服。長者歲首、冬至具牓子報之，如其服。餘令子弟以己名牓子代行。凡敵者，歲首、冬至辭見賀謝相往還。門狀名紙同上，唯止服帽子。凡尊者、長者無事而至少者、幼者之家，唯所服。深衣、凉衫、道服、背子可也。敵者燕見亦然。曰凡見尊者、長者，門外下馬，俟於外次，乃通名。凡往見人，入門必問主人食否，有他客否，有他幹否。度無所妨，乃命展刺；有妨，則少俟，或且退。後皆放此。主人使將命者先出迎客，客趨入至廡間，主人出，降階。客趨進，主人揖之，升堂禮見，四拜而後坐。燕見不拜。旅見則旅拜。少者、幼者自爲一列，幼者拜，則跪而扶之；少者拜，則跪扶而答其半。若尊者、長者齒德殊絶，則少者、幼者堅請納拜。尊者許，則立而受之；長者許，則跪而扶之。拜訖，則揖而退，主人命之坐，則致謝訖，揖而坐。退，凡相見，主人語終，不更端則告退。或主人有倦色，或方幹事而有所俟者，皆告退可也。後皆放此。則主人送于廡下。若命之上馬，則三辭，許則揖而退，出大門，乃上馬。不許則從其命。凡見敵者，門外下馬，使人通名，俟于廡下或廳側。禮見則再拜，稍少者先拜，旅見則特拜。退則主人請就階上馬。徒行則主人送于門外。凡見少者以下〔一七〕，則先遣人通名，主人具衣冠以俟。客入門下馬，則趨出，迎揖升堂。來報禮則再拜謝，客止之則止。退則就階上馬。客徒行，則迎于大門之外，送亦如之，仍隨其行數步，揖之則止，望其行遠乃入。曰凡遇尊長於道，皆徒行，則趨進，揖。尊長與之言，則對；否，則立於道側，以俟尊長已過，乃揖而行。或皆乘馬，於尊者則回避之，於長者則立馬道側，揖之。俟過乃揖而行。若己徒行而尊長乘馬，則回避之。凡徒行遇所識乘馬，皆放此。若己乘馬而尊長徒行，望見則下馬，前揖，已避亦然。過既遠，乃上馬。若尊長令上馬，則固辭。遇敵者，皆乘馬，則分道相揖而過。彼徒行而不及避，則下馬揖之，過則上馬。遇少者以下，皆乘馬，彼不及避，則揖之而過。彼徒行，不及避，則下馬揖之。於幼者則不必下可也。

請召迎送，凡四條。曰凡請尊長飲食〔一八〕，親往投書。禮薄則不必書。專召他客，則不可兼召尊長。既來赴，明日親往謝之。召敵者以書簡，明日交使相謝。召少者用客目，明日客親往謝。曰凡聚會皆鄉人，則坐以齒。非士類則不。若有親，則別叙；若有他客，有爵者則坐以爵。不相妨者，坐以齒〔一九〕。若有異爵者，雖鄉人亦不以齒。異爵謂命士大夫以上，今陞朝官是。若特請召，或迎勞出餞，皆以專召者爲上客，如婚禮則姻家爲上客，皆不以齒爵爲序。曰凡燕集，初坐，別設桌子於兩楹間，置大盃於其上。主人降席，立於卓東，西向。上客亦降席，立於桌西，東向。主人取盃親洗，上客辭。主人置盃卓子上，親執酒斟之，以器授執事者，遂執盃以獻上客。上客受之，復置桌子上。主人西向再拜，上客東向再拜，興，取酒東向跪祭，遂飲。以盃授贊者，遂拜，主人答拜。若少者以下爲客，飲畢而拜，則主人跪受如常。上客酢主人如前儀，主人乃獻衆賓如前儀，唯獻酒不拜。若衆賓中有齒爵者，則特獻如上客之儀，不酢。若婚會，姻家爲上客，則雖少亦答其拜。曰凡有遠出遠歸者，則迎送之。少者、幼者不過五里，敵者不過三里，各期會於一處，拜揖如禮。有飲食則就飲食之。少者以下，俟其既歸，又至其家省之。

慶弔贈遺凡四條。曰凡同約有吉事，則慶之。冠子、生子、預薦、登第、進官之屬，皆可賀。婚禮雖曰不賀，然禮亦曰賀娶妻者，蓋但以物助其賓客之費而已。有凶事，則弔之。喪葬水火之類。每家只家長一人與同約者俱往，其書問亦如之。若家長有故，或與所慶弔者不相接，則其次者當之。曰凡慶禮如常儀，有贈物。用幣帛、酒食、果實之屬，衆議量力定數，多不過三五千，少至一二百。如情分厚薄不同，則從其厚薄。或其家力有不足，則同約爲之借助器用，及爲營幹。凡弔禮，聞其初喪，聞喪同。未易服，則率同約者深衣而往哭弔之，凡弔尊者，則爲首者致辭而旅拜。敵以下則不拜。主人拜則答之，少者以下則扶之，不識生者則不弔，不識死者則不哭。且助其凡百經營之事。主人既成服，則相率素幞頭、素襴衫、素帶，皆以白生紗絹爲之。具酒果食物而往奠之。死者是敵以上則拜而奠，以下則奠而不拜。主人不易服，則亦不易服；主人不哭，則亦不哭。情重，則雖主人不變不哭，亦變而哭之。賻禮用錢帛，衆議其數如慶禮。及葬，又相率致賵。俟發引，則素服而送之。賵如賻禮，或以酒食犒其役夫及爲之幹事。及卒哭，及小祥及大祥，皆常服弔之。曰凡喪家，不可具酒食衣服以待弔客，弔客亦不可受。曰凡聞所知之喪，或遠不能往，則遣使致奠，就外次衣弔服，再拜，哭而送之。唯至親篤友爲然。過期年則不哭，情重則哭其墓。

右禮俗相交之事，直月主之。有期日者爲之期日，當糾集者督其違慢。凡不如約者，以告于約正而詰之，且書于籍。

患難相恤

患難之事七：一曰水火，小則遣人救之，甚則親往，多率人救且吊之。二曰盜賊，近者同力追捕，有力者爲告之官司，其家貧則爲之助出募賞。三曰疾病，小則遣人問之，甚則爲訪醫藥，貧則助其養疾之費。四曰死喪，闕人則助其幹辦，乏財則賻贈借貸。五曰孤弱，孤遺無依者，若能自贍，則爲之區處，稽其出内。或聞于官司，或擇近親與鄰里可託者主之，無令人欺罔，可教者爲擇人教之〔二〇〕，及爲求婚姻。貧者，協力濟之，無令失所。若有侵欺之者，衆人力爲之辨理。若稍長而放逸不檢，亦防察約束之，無令陷於不義。六曰誣枉，有爲人誣枉過惡，不能自伸者，勢可以聞於官府，則爲言之。有方略可以救解，則爲解之。或其家因而失所者，衆共以財濟之。七曰貧乏。有安貧守分而生計大不足者，衆以財濟之，或爲之假貸置産，以歲月償之。

右患難相恤之事。凡有當救恤者，其家告于約正，急則同約之近者爲之告約正，命直月徧告之，且爲之糾集而程督之。凡同約者，財物器用、車馬人僕，皆有無相假，若不急之用及有所妨者，則不必借。可借而不借，及踰期不還，及損壞借物者，論如犯約之過，書于籍。鄰里或有緩急，雖非同約，而先聞知者，亦當救助。或不能救助，則爲之告于同約而謀之。有能如此者，則亦書其善於籍，以告鄉人。

以上鄉約四條，本出藍田呂氏，今取其他書及附己意，稍增損之，以通于今。而又爲月旦集會讀約之禮如左方。曰凡預約者，月朔皆會，朔日有故，則前期三日别定一日，直月報會者。所居遠者，唯赴孟朔，又遠者，歲一再至可也。直月率錢具食，每人不過一二百，孟朔具果酒三行，麵飯一會。餘月則去酒果，或直設饌可也。會日夙興，約正、副正、直月本家行禮若會族，罷，皆深衣俟于鄉校。設先聖先師之象于北壁下，無鄉校則别擇一寬閒處。先以長少叙拜於東序，凡拜，尊者跪而扶之，長者跪而答其半，稍長者俟其俯伏而答之。同約者如其服而至，有故則先一日使人告于直月。同約之家，子弟雖未能入籍，亦許隨衆序拜。未能序拜，亦許侍立觀禮，但不與飲食之會。或别率錢，略設點心於他處。俟於外次。既集，以齒爲序，立於門外，東向北上。約正以下，出門西向南上。約正與齒是尊者正相向。揖迎入門，至庭中，北面，皆再拜。約正升堂上香，降，與在位者皆再拜。約正升降，皆自阼階。揖，分東西向立。如門外之位。約正三揖，客三讓，約正先升，客從之。約正以下升自阼階，餘人升自西階。皆北面立。約正以下西上，餘人東上。約正少進，西向立，副正、直月次其右少退。直月引尊者東向南上，長者西向南上，皆以約正之年推之，後放此。西向者其位在約正之右少進，餘人如故。約正再拜，凡在位者皆再拜。此拜尊者。尊者受禮如儀。唯以約正之年爲受禮之節。退北壁下，南向東上立。直月引長者東面，如初禮。退，則立於尊者之西東上。此拜長者。拜時惟尊者不拜。直月又引稍長者東向南上，約正與在位者皆再拜，稍長者答拜，退立于西序，東向北上。此拜稍長者，拜時尊者長者不拜。直月又引稍少者東面北上，拜約正。約正答之，稍少者退立于稍長者之南。直月以次引少者東北向西北上，拜約正。約正受禮如儀。拜者復位，又引幼者亦如之。既畢，揖，各就次。

同列未講禮者，拜於西序如初。頃之，約正揖就坐，約正坐堂東南向，約中年最尊者坐堂西南向，副正、直月次約正之東南向西上，餘人以齒爲序，東西相向，以北爲上。若有異爵者，則坐於尊者之西南向東上。直月抗聲讀約一過，副正推說其意。未達者，許其質問。於是約中有善者，衆推之；有過者，直月糾之。約正詢其實狀于衆，無異辭，乃命直月書之。直月遂讀記善籍一過，命執事以記過籍徧呈在坐，各默觀一過。既畢，乃食。食畢，少休，復會於堂上，或說書，或習射，講論從容。講論須有益之事，不得輒道神怪邪僻悖亂之言，及私議朝廷州縣政事得失，及揚人過惡。違者直月糾而書之。至晡乃退。

休致後客位咨目

滎陽吕公嘗言〔二二〕，京洛致仕官與人相接，皆以閑居野服爲禮，而歎外郡或不能然，其指深矣。熹衰朽無狀，雖幸已叨誤恩，許致其事，而前此或蒙賓客不鄙下訪。初亦未敢遽援此例，便以老大野逸自居，近緣久病，艱於動作，屈伸俯仰，皆不自由，遂不免遵用舊京故俗，輒以野服從事。然而上衣下裳，大帶方履，比之凉衫，自不爲簡，其所便者，但取束帶足以爲禮，解帶可以燕居，免有拘絆纏繞之患，脱著疼痛之苦而已。切望深察，恕此病人，且使窮鄉下邑，得以復見祖宗盛時京都舊俗，其美如此，亦補助風教之一端也。至於筋骸攣縮，轉動艱難，迎候不時，攀送不及，區區之意，亦非敢慢，并冀有以容之，又大幸也。熹悚恐拜聞。

熹衰病之餘，不堪拜跪，歲時享祀，已廢其禮。親舊相訪，亦望察此，非應受者，並告權免。庶幾還答之間，不至欠闕禮數，而又可以免於趨避覆跌之虞，千萬幸甚。熹又上聞。

校勘記

〔一〕諭諸生　浙本作「同安縣諭學者」。

〔二〕諭諸職事　浙本作「同安縣諭學者」。

〔三〕未嘗以禮義教告之也　「禮義」，正訛作「理義」。

〔四〕而何以致其然也　「其」字原缺，據浙本補。

〔五〕則人焉廋哉　「廋」，原作「瘦」，據浙本改。

〔六〕於齊聞韶　「聞」，原作「忘」，與下文義不合。今據論語述而「子在齊聞韶，三月不知肉味」改。

〔七〕又詔稅民毋會其踦贏　「贏」，原作「羸」，據閩本、浙本改。

〔八〕二字及全句下即注首加本字　「首加」，正訛改作「皆如」。

〔九〕禮是也　「也」，閩本、浙本作「已」。

〔一〇〕白鹿洞書院揭示　「揭示」，淳熙本、浙本作「學規」。

〔一一〕近世於學有規　「學」下，淳熙本有「者」字。

〔一二〕熟讀一卷書者　「卷」，原作「人」，據閩本、浙本改。

〔一三〕不復作此等人　「復」，閩本、浙本作「伏」。

〔一四〕都無一字不是實語　「字」，原作「事」，據閩本、浙本改。

〔一五〕過爲侈費者　「侈」，原作「多」，據浙本改。

〔一六〕謂長於己三十歲以上　「三」，浙本作「二」。

〔一七〕凡見少者以下　「見」字原缺，據浙本補。

〔一八〕曰凡請尊長飲食　「曰」字原缺，從正訛補。

〔一九〕不相妨者坐以齒　「坐」，浙本作「猶」。

〔二〇〕或擇近親至擇人教之　原作「或擇人教之」，據浙本補。

〔二一〕滎陽吕公嘗言　「滎」，原作「榮」，據閩本、天順本改。

晦庵先生朱文公文集卷第七十五

序

泉州同安縣學故書目序

同安學故有官書一匱，無籍記文書，官吏傳以相承，不復訾省。至熹始發視，則皆故敝殘脱，無復次第，獨視其終篇皆有識焉者，曰宣德郎、守秘書丞、知縣事林姓，而名亡矣。按縣治壁記及故廟學記，林君名瀆，字道源，以治平四年爲是縣，明年，熙寧初元，始新廟學，聚圖書。是歲戊申，距今紹興二十五年乙亥纔八十有八年，不幸遭官師之解弛，更水火盜竊之餘，其磨滅而僅存者止是耳。而使之與埃塵蟲鼠共敝於故箱敗篋之間，以至於泯泯無餘而後已，其亦不仁也哉！因爲之料簡其可讀者，得凡六種，一百九十一卷。又下書募民間得故所藏去者復二種，三十六卷，更爲裝褫，爲若干卷。著之籍記而善藏之，如故加嚴焉。復具刻著卷目次第，闕其所失亡者揭之，使此縣之人於林君之德尚有考也。而熹所聚書，因亦附見其後云。

禆正書序

禆正書三卷，唐陳昌晦撰，凡四十九篇，熹所校定，可繕寫。初，熹被府檄訪境内先賢碑碣事傳，悉上之府，是後得此書及墓表於其家。表文猥近不足觀，然述其世次爲詳。書雜晚唐偶儷之體，而時出奇澀，殆難以句讀也。相傳寖久，又多譌謬，無善本可相參校，特以意私定其一二，而其不可知者蓋闕焉。觀其潔身江海之上，不汙世俗之垢紛，次輯舊聞以爲此書，雖非有險奇放絶之行、瓌怪偉麗之文，然其微詞感厲，時有發明理義之致而切於名教者，亦可謂守正循理不惑之士矣。操行之難，而姓名曾不少概見於世，亦足悲夫！詩之序曰：「亂世則思君子，不改其度。」若昌晦者，可謂近之。故熹因校其書，而爲序其意如此，後有君子，得以覽焉。

家藏石刻序

予少好古金石文字，家貧，不能有其書，獨時時取歐陽子所集録，觀其序跋辨證之辭以爲樂。遇適意時，恍然若手摩挲其金石而目了其文字也。既又悵然，自恨身貧賤，居處屏遠，弗能盡致所欲得，如公之爲者，或寢食不怡竟日。來泉南，又得東武趙氏金石録觀之，大略如歐陽子書，然詮序益條理，考證益精博，予心亦益好之。於是始胠其橐，得故先君子時所藏，與熹後所增益者凡數十種，雖不多，要皆奇古可玩，悉加標飾，因其刻石大小，施横軸懸之壁間。坐對循行卧起，恒不去目前，不待披筐篋，卷舒把玩而後爲適也。蓋漢魏以前，刻石制度簡樸，或出奇詭，皆有可觀，存之足以佐嗜古之癖，良非小助。其近世刻石，本製小者，或爲横卷若書秩，亦以意所便也。蓋歐陽子書一千卷，趙氏書多倍之，而予欲以此數十種者追而與之並，則誠若不可冀，然安知積之久，則不若是其富也耶！姑首是書以俟。紹興二十六年歲次丙子八月二十三日壬辰吴郡朱熹序〔一〕。

許升字序

易象有之曰：「地中生木。升，君子以順德，積小以高大。」蓋因其固然之理，而無容私焉者，順之謂也。由是而之，則其進德也孰禦。許生名升，與予學，予察其得於内者蓋如是，故因其名之義，而敬字曰「順之」云。紹興戊寅十一月十二日新安朱熹仲晦父書〔二〕。

謝上蔡語録後序

右上蔡先生語録三篇。先生姓謝氏，名良佐，字顯道，學於程夫子昆弟之門。篤志力行，於從遊諸公間所見最爲超越。有論語説行於世，而此書傳者蓋鮮焉。熹初得友人括蒼吳任寫本一篇，題曰上蔡先生語録。後得吳中板本一篇，題曰逍遥先生語録，陳留江續之作序，云得之先生兄孫少卿伋及天隱之子希元者。二家之書，皆温陵曾恬天隱所記，最後得胡文定公家寫本二篇於公從子籍溪先生，題曰謝子雅言。凡書四篇，以相參校。胡氏上篇五十五章，記文定公問答，皆他書所無有，而提綱挈領，指示學者，用力處亦卓然，非他書所及。下篇四十七章，與板本、吳氏本略同，然時有小異，蓋損益曾氏所記，而精約過之。輒因其舊，定著爲二篇，且著曾氏本語及吳氏之異同者於其下，以備參考。獨板本所增多猶百餘章，然或失本指，雜他書，其尤者五十餘章。至詆程氏以助佛學，直以「或者」目程氏，而以「予曰」自起，其辭皆荒浪無根，非先生所宜言，亦不類答問記述之體。意近世學佛者私竊爲之，以亢其術。偶出於曾氏雜記異聞之書，而傳者弗深考，遂附之於先生，傳之久遠，疑誤後學。使先生爲得罪於程夫子，而曾氏爲得罪於先生者，則必是書之爲也。故竊不自知其固陋，輒放而絶之，雖或被之以僭妄之罪，而不敢辭也。其餘所謂失本指、雜他書甚者，亦頗刊去，而得先生遺語三十餘章，别爲一篇，然記録不精，僅存仿佛，非復前篇比矣。凡所定著書三篇，已校定，可繕寫，因論其所以然之意，附見其後，以俟知言有道君子考而擇焉。紹興二十九年三月庚午新安朱熹謹書。

贈徐端叔命序

世以人生年月日時所值支幹納音，推知其人吉凶壽夭窮達者，其術雖若淺近，然學之者亦往往不能造其精微。蓋天地所以生物之機，不越乎陰陽五行而已，其屈伸消息、錯綜變化，固已不可勝窮，而物之所賦，賢愚貴賤之不同，特昏明厚薄毫釐之差耳，而可易知其説哉！徐君嘗爲儒，則嘗知是説矣〔三〕，其用志之密微，而言之多中也固宜。世之君子，儻一過而問焉，豈惟足以信徐君之術而振業之，亦足以知夫得於有生之初者，其賦與分量固已如是，富貴榮顯，固非貪慕所得致，而貧賤禍患，固非巧力所可辭也〔四〕。直道而行，致命遂志，一變末俗，以復古人忠厚廉耻之餘風，則或徐君之助也。雖然，與人子言，依於孝；與人臣言，依於忠，夭壽固不貳矣，必修身以俟之，乃可以立命。徐君其亦謹其所以言者哉。紹興壬午十月九日新安朱熹仲晦書〔五〕。

論語纂訓序

論語纂訓，書無卷第，合一篇。凡古今論語訓義見録者十四家，而大抵宗程氏，蓋熹外兄丘子野所述，子野亦以意附見其是非取捨之說。熹讀之，其不合於聖人者寡矣，因爲之序。

論曰：士生乎聖人既没數千百歲之下，而欲明聖人之心於數千百歲之上，推其立言垂訓之旨，約其辭義於衆說殽亂之中，以爲一家之書，而又欲其是非取捨不謬於聖人，亦難矣。蓋聖人之書，其爲意微，其爲辭約，苟不明乎其宗而識乎其本，多見其以私見臆說亂之也。昔之大儒，其猶有不免乎此者，況後世之紛紛乎？此其所以難也。抑又有甚難者焉。孔子曰：「文莫吾猶人也。躬行君子，則吾未之有得。」此其所以爲甚難者也。夫其所以難者如此，所以爲甚難者又如此，則是書之作，亦將以明乎其所難者，求至乎其所甚難而已，其可已乎？故其求之能博，取之能審，推是言之，其寡過矣。孟子曰：「博學而詳說之，將以反說約也。」此之謂已。如是，則後聖人數千百歲而生，而欲明其心於數千百歲之上，無難矣。夫學之所以盡其心如此，又安有放其邪心，以窮乎外物之患哉？其行之也不遠矣，則其所以爲甚難者，又得而庶幾焉。熹是以樂道之而爲之序，所以明子野之爲是書其難如此，而亦以著其從事於聖人者不易焉。紹興三十二年十月十八日序。

送黄子衡序

熹生十五年，當紹興之癸亥，始得與子衡遊於潭溪之上。是時子衡生亦十五年，與余同師相好也。予生後子衡者五月，以故兄事之，自是幾二十年矣。其遊日以久，故其好日以篤，所居又爲東西鄰，弦歌誦説之聲相聞，其間闊不以朝夕見者，非行役在外，則或事之縈係，而不得肆爾。其餘則是聚而語六經百氏之奥，立身行事之方，與當世之得失，無不講以求其至。而及乎文章之趣，字畫伎藝之工否者，皆其餘也。子衡若以余爲可與語者，予亦賴子衡以自進。故雖間而爲一日之别，未嘗不勤勤然相嚮慕，以别爲可惜也。今子衡一旦自以爲學未足以充其資，去而之三山從師學焉。曩余與子衡遊，觀其穎利明達，沈酣乎載籍之文，而從事乎道德之實，固已知其中有以大過人者矣，然猶懼其以是而自足也。蓋至乎今日，然後知其中之果有以大過人也。蓋學之患，莫甚於自足，莫害於無師；幸得師而承之，於是又患其未知所以學也。今子衡之行，不以千里爲遠，不以穎利明達之資爲賢於人，其志豈止優於今之爲士者哉！顧知所以求師而亦素得之矣，則予之所道者，亦豈復有他求哉。亦願子衡自今息其所以能，而求其所以未學者於師而已。誠能如是言者，則睽離之歎有甚於一日之別，而予與子衡不可以介然于懷也，則予之所以與子衡者，其亦可知矣。夫子衡之所以責於我者，其亦可以無負矣夫！紹興三十二年十有二月從表弟新安朱熹序。

論語要義目録序

魯論語二十篇，古論語二十一篇，分堯曰下章「子張問」別一篇，魯共王毁孔子舊宅得之。齊論語二十二篇，有問王、知道二篇。魏何晏等集漢魏諸儒之説，就魯論篇章考之齊、古，爲之注。本朝至道、咸平間，又命翰林學士邢昺等取皇甫侃疏約而修之，以爲正義，其於章句訓詁、名器事物之際詳矣。熙寧中，神祖垂意經術，始置學官，以幸學者。而時相父子，逞其私智，盡廢先儒之説，妄意穿鑿，以利誘天下之人而塗其耳目，一時文章豪傑之士，蓋有知其非是而傲然不爲之下者。顧其所以爲説，又未能卓然不叛於道，學者趨之，是猶舍夷貉而適戎蠻也。當此之時，河南二程先生獨得孟子以來不傳之學於遺經，其所以教人者，亦必以是爲務。然其所以言之者，則異乎人之言之矣。熹年十三四時，受其説於先君，未通大義而先君棄諸孤。中間歷訪師友，以爲未足，於是徧求古今諸儒之説，合而編之。誦習既久，益以迷眩，晚親有道，竊有所聞，然後知其穿鑿支離者固無足取，至於其餘，或引據精密，或解析通明，非無一辭一句之可觀。顧其於聖人之微意，則非程氏之儔矣。隆興改元，屏居無事，與同志一二人從事於此，慨然發憤，盡删餘説及其門人朋友數家之説，補緝訂正，以爲一書，目之曰論語要義。蓋以爲學者之讀是書，其文義名物之詳，當求之注疏，有不可略者，若其要義，則於此其庶幾焉。學者第熟讀而深思之，優游涵泳，久而不捨，必將有以自得於此。本既立矣，諸家之説有不可廢者，徐取而觀之，則其支離詭譎、亂經害性之説，與夫近世出入離遁、似是而非之辨，皆不能爲吾病。嗚呼！聖人之意，其可以言傳者具於是矣，不可以言傳者，亦豈外乎是哉！深造而自得之，特在夫學者加之意而已矣。因取凡要義名氏大概，具列如左，而序其意云。

論語訓蒙口義序

予既序次論語要義〔六〕，以備覽觀，暇日又爲兒輩讀之〔七〕。大抵諸老先生之爲説，本非爲童子設也，故其訓詁略而義理詳。初學者讀之，經之文句未能自通，又當徧誦諸説〔八〕，問其指意，茫然迷眩，殆非啓蒙之要。因爲删録，以成此編。本之注疏，以通其訓詁；參之釋文，以正其音讀。然後會之於諸老先生之説，以發其精微。一句之義，繫之本句之下；

一章之指，列之本章之左。又以平生所聞於師友而得於心思者，間附見一二條焉。本末精粗，大小詳略，無或敢偏廢也。然本其所以作，取便於童子之習而已，故名之曰訓蒙口義〔九〕，蓋將藏之家塾，俾兒輩學焉，非敢爲他人發也。

嗚呼！小子來前。予幼獲承父師之訓，從事於此二十餘年〔一〇〕，材資不敏，未能有得。今乃妄意採掇先儒，有所取捨，度德量力，夫豈所宜，然施之汝曹，取其易曉，本非述作，以是庶幾其可幸無罪焉爾。夫其訓釋之詳且明也，日講焉則無不通矣；義理之精而約也，日誦焉則無不識去聲，下同。矣。通者已知而時習，識者未解而勿忘，予之始學，亦若斯而已矣。嗚呼！小子其懋敬之哉！汲汲焉而毋欲速也，循循焉而毋敢惰也。毋牽於俗學而絶之，以爲迂且淡也；毋惑於異端而躐之，以爲近且卑也。聖人之言，大中至正之極，而萬世之標準也，古之學者，其始即此以爲學，其卒非離此而爲道。窮理盡性，脩身齊家，推而及人，内外一致，蓋取諸此而無所不備，亦終吾身而已矣。捨是而他求，夫豈無可觀者，然致遠恐泥，昔者吾幾陷焉。今裁自脱，故不願汝曹之爲之也。嗚呼，小子其懋戒之哉！

送陳宗之序

建陽陳君宗之一日過熹而言曰：「萬年之曾大父起諸生，事仁宗皇帝，得執法殿中。

當是時，天子春秋高，儲兩未建，二三大臣以爲憂，而議之未能得堅決也。殿中君一旦沐浴，抗疏極言，未報而以暴卒聞。於是古靈陳公爲誌其墓，其後丞相温國文正公又以言之於朝。今以二公之言及其疏考之，知其以死諫無疑也。而朝廷每脩嘉祐定策之功，大者銘鼎彝，小者登竹帛，顧殿中君獨不與焉。萬年不肖，誠不勝其憤懣，嘗具其事以聞於朝。章幸已下，而任事者莫或哀之，今將復進而有言，且病其不能遂也，子以是爲如何哉？」熹謹對曰：「先祖有善而子孫弗能知，是不明也；知而弗能暴白以傳於後〔一〕，是不仁也，然則子之爲是汲汲，亦其宜也。雖然，予竊聞之，古之君子，思所以顯其親者，惟立身揚名之爲足恃，是以不求諸人而求諸己，不務其外而務其内。若殿中君之節誠高矣，然其所以傳世而垂後者，豈獨以一朝忼慨死職爲諒哉！予嘗得其平生之遺文，伏而讀之，其言之粹，皆可講而思也；其行之純，皆可則而象也。以吾子之才之志，而用其力於此，不以貴乎己，而聞於人者亂焉，久之而弗渝也，是亦殿中君而已矣。於以立身揚名而顯其親，豈不有餘地乎？不此之圖，顧乃捐書廢業，觸犯寒暑，僕僕焉奔走塵埃之中，而曰『吾將以暴白吾祖之德善，而求聞於後世』，爲計無乃下乎？雖然，宗之行矣。以殿中君之忠，吾子之孝，而任事者曾不以動其心，則世之所可願者，無復有以動其心矣。方今朝廷清明，耆俊在服，子之所病，殆其不然。吾知子之行也，其必有以藉手而歸，以拜殿中君之墓矣。抑吾前所道，古之君子所以顯其親云者，亦豈遽爲無所用之空言哉！或者宗之終有意焉，則亦庶乎其猶可及也。」既以是對於其行，又書以贈之。詩曰：「維其有之，是以似之。」予於宗之蓋不能無望焉爾。隆興二年夏六月壬午新安朱熹序。

困學恐聞編序

孔子曰：「生而知之者上也，學而知之者次也，困而學之又其次也，困而不學，民斯爲下矣。」夫生知者，堯、舜、孔子也；學知者，禹、稷、顔回也。困也者，行有不得之謂也。知其困而學焉，以增益其所不能，此困而學之之事也，亦以卑矣。然能從事於斯，則其成猶不在善人君子之後；不能從事於斯，則靡然流於下民而不知反。均之困耳，而二者相去之間如是之遠，學與不學之異耳，可不懋哉！可不懋哉！予嘗以「困學」名予燕居之室，而來吾室者亦未嘗不以此告之。目其雜記之編曰困學恐聞，蓋又取夫「子路有聞未之能行，惟恐有聞」之意，以爲困而學者，其用力宜如是也。讀是書者，以下民爲憂，而以未能行其所聞爲恐，則予將取以輔吾仁焉。

戊午讜議序

君臣父子之大倫，天之經，地之義，而所謂民彝也。故臣之於君，子之於父，生則敬養之，没則哀送之，所以致其忠孝之誠者，無所不用其極，而非虚加之也。以爲不如是，則無以盡乎吾心云爾。然則其有君父不幸而罹於横逆之故，則夫爲臣子者所以痛憤怨疾而求爲之必報其讎者，其志豈有窮哉！故記禮者曰：「君父之讎，不與共戴天；寢苫枕干，不與共天下也。」而爲之説者曰復讎者可盡五世，則又以明夫雖不當其臣子之身，而苟未及五世之外，則猶在乎必報之域也。雖然，此特庶民之事耳。若夫有天下者，承萬世無疆之統，則亦有萬世必報之讎，非若庶民五世，則自高祖以至玄孫，親盡服窮而遂已也。

國家靖康之禍，二帝北狩而不還，臣子之所痛憤怨疾，雖萬世而必報其讎者，蓋有在矣。太上皇帝受命中興，誓雪父兄之辱，雖其間亦或爲姦謀之所前却，而聖志益堅。至于紹興之初，賢才並用，綱紀復張，諸將之兵屢以捷告，恢復之勢蓋已什八九成矣。虜人於是始露和親之議，以沮吾計，而宰相秦檜歸自虜庭，力主其事。當此之時，人倫尚明，人心尚正，天下之人無賢愚，無貴賤，交口合辭，以爲不可，獨士大夫之頑鈍嗜利無耻者數輩起而和之。清議不容，詬詈唾斥，欲食其肉而寢處其皮，則其於檜可知矣。而檜乃獨以梓宫長樂藉口，攘却衆謀，熒惑主聽，然後所謂和議者翕然以定而不可破。自是以來二十餘年，國家忘仇敵之虜，而懷宴安之樂，檜亦因是藉外權以專寵利，竊主柄以遂姦謀。而向者冒犯清議，希意迎合之人，無不夤緣驟至通顯，或乃踵檜用事。而君臣父子之大倫，天之經，地之義，所謂民彝者不復聞於縉紳之間矣。士大夫狃於積衰之俗，徒見當時國家無事，而檜與其徒皆享成功，無後患，顧以亡讎忍辱爲事理之當然。主議者慕爲檜，遊談者慕其徒，一雄唱之，百雌和之。癸未之議，發言盈庭，其曰虜世讎不可和者，尚書張公闡、左史胡公銓而上耳。自餘蓋亦有謂不可和者，而其所以爲説，不出乎利害之間。又其餘，則雖平時號賢士大夫，慨然有六千里爲讎人役之歎者，一旦進而立乎廟堂之上，顧乃惘然，如醉如幻，而忘其疇昔之言。厥或告之，則曰「此處士之大言耳」。嗚呼！秦檜之罪，所以上通於天，萬死而不足以贖者，正以其始則唱邪謀以誤國，中則挾虜勢以要君，使人倫不明，人心不正，而末流之弊，遺君後親至於如此之極也。

夫惟三綱不立，是以衆志無所統繫，而上之人亦無所憑藉以爲安。斯乃有識之士所爲長慮却顧而凛然以寒心者，而説者猶曰姑以衆論之從違而卜事理之可否，則今日士大夫是和者之多，蓋不下前日非和者之衆也。獨安得以前日之不可，而害今日之可哉！嗚呼！是未知前日人倫之明，而今日之不明，前日人心之正，而今日之不正也。且若必以人之衆寡爲勝負，則夫所謂士大夫是和之多者，又孰若六軍萬姓之爲多耶？今六軍萬姓之言，則是二公之言而已。蓋君臣父子之大倫，天之經，地之義，而所謂民彝者，其於世也有明晦，其在人也無存亡。是以雖當頽壞廢弛之餘，邪議四起，無復忌憚，而亦不能斬伐銷鑠，使之無也。奈何不聽於此，顧反決得失於前日所謂頑鈍嗜利無耻者之餘謀？此已墜之三綱所以未能復振，已隳之萬事所以未能復理，而上之人終亦未能有所憑藉，以成安彊之勢也。今南北再㩜，中外無事，迂愚左見，所謂萬世必報之讎者，固已無所復發其口矣。竊伏田間，不勝憤歎。因讀魏元履所叙次戊午讜議，爲之慨然流涕，蓋傷其禍殃自此始也。懷不能已，姑論其始終梗概如此，以發明元履所爲叙次之意，并以致草野孤臣畢義願忠之誠。謀國者儻有取焉，則猶足以裨廟謀之萬一，而非區區所敢望也。乾道改元六月戊戌新安朱熹序。

贈李堯舉序

日者李君以五行七政，推知人生壽夭窮達，循其已然而逆斷其將然，雖數十年之遠，無一辭之差。顧於予稱説云云，則若有可疑者。豈其言之空多，所以不能無失耶？不然，是殆見吾厄窮之久，意其所不堪，而姑爲是言以悦之耳。嗟乎！士之辱於草野泥塗之中，不幸而類予者，何可勝數。生雖愛之，而不忍其窮。然必欲人人揣其所欣厭以爲避就，則可以信吾術於當世矣。志士不忘在溝壑，勇士不忘喪其元，彼爲此者，其殆必有以樂乎此，生又安知其果以吾言動其心哉！余爲生計，莫若直其辭而已矣。生一直其辭，在我者既無枉道詘身之辱，而天下無不服吾術之精，且又使吾之所愛敬慕悦而不欲其久窮者，益有以自信，而忘其窮之爲累，豈不真有助哉。生將有所適，因書以授之。生行四方且久，其更事寖多，必將深有感予言者矣。乾道元年十一月朔旦丹陽朱仲晦父書。

魏甥恪字序

商頌曰：「自古在昔，先民有作。温恭朝夕，執事有恪。」作之言爲也，恪之言敬也。夫人飽食逸居而無所作爲於世，則蠢然天地之一蠹也，故人不可以無作。然作而不敬，其所作也終無成矣。魏氏甥茂孫善讀書，能講説，然余患其無所作爲之志，恪敬之心，因其來請名字也，名之曰「恪」，而以「元作」字之。恪也其敬聽余言，毋怠毋忽。乾道二年正月二十有一日朱熹仲晦父書。

林用中字序

古田林子用中過予于屏山之下，以道學爲問甚勤。予不能有以告也，然與之言累日，知其志之高、力之久，所聞之深，而所至之不可量也。一日語予，求所以易其名與字者。予曰：「名者，子生三月而父命之，非朋友所得變。字雖可改，然前輩有言名字者，已所假借以自稱道，亦人所假借以稱道己之辭爾，奚以求勝爲哉？」林子曰：「不然。用中之名，在中庸實舜之事，非後學所宜假借以自名者，故常病其大而不自安，非敢小之而復求勝也。且亦素請於家君矣，願得一言，若可用以自警者而稱焉，則所望也。」予嘉其禮與辭之善也，則告之曰：「舜誠大聖人，不可及也。而古之人有顏子者，其言曰：『舜何？人也！予何？人也！有爲者亦若是。』夫豈不知舜之不可以幾及，而必云爾者，蓋曰學所以求爲聖人，不以是爲標的，則無所望走而之焉耳。子誠能志顏子之志而學其學，則亦何歉於名之大，而必曰易之邪？且子不觀於子思之中庸耶？中庸之書，上言舜，下言顏子。用其中者，舜也；擇乎中庸，得一善則拳拳服膺而弗失者，顏子也。夫顏子之學所以求爲舜者，亦在乎精擇而敬守之耳。蓋擇之不精，則中不可得；守不以敬，則雖欲其一日而有諸己且將不能，尚何用之可致哉！今子必將道顏而之舜，則亦自夫擇者始而敬以終之，無他事矣。故予謂子之名則無庸改，而請奉字曰『擇之』，又曰『敬仲』，二字惟所稱子，以是爲足以有警乎？無也？」林子曰：「子之教，敢不奉以周旋。」予因稍次序其語，書以贈之。乾道二年三月癸亥。

送張仲隆序

士大夫狃於宴安無事，而不爲經世有用之學者，幾年于茲矣。屬者天子慨然發憤，以恢復土疆、報雪讎耻爲己任，思得天下卓然可用之實材而器使之，夙寤晨興，當食屢歎，於是天下之士祇承德意，始復相與刮摩淬厲，務精其能，以待選擇。蓋自廟堂侍從之英，下至韋布蒭蕘之賤，奮然並起，求以治軍旅、商財利之術自獻者，一時爭出頭角。蓋人材之衆多且適於實用，未有若今日之盛，而國勢之重輕彊弱，視前日亦既有分矣。然予竊聞之，古聖賢之言治，必以仁義爲先，而不以功利爲急，夫豈固爲是迂闊無用之談，以欺世眩俗，而甘受實禍哉！蓋天下萬事本於一心，而仁者，此心之存之謂也。此心既存，乃克有制。而義者，此心之制之謂也。誠使是説著明於天下，則自天子以至於庶人，人人得其本心以制萬事，無一不合宜者，夫何難而不濟？不知出此，而曰事求可，功求成，吾以苟爲一切之計而已。是申、商、吳、李之徒所以亡人之國而自滅其身，國雖富，其民必貧；兵雖彊，其國必病；利雖近，其爲害也必遠，顧弗察而已矣。

吾黨張侯仲隆材氣絶人，志節甚偉，方舉世晏然溺於無事之時，其爲有用之學固已久矣。及其鬧然競於有事之際，則反深自閉匿，若無能者。然其試於百里，則善良懷其惠，而姦盜懾其威。退而閒處，則杜門讀書，以斟酌世故，而親仁尚友，以培本根，廓廓乎其未嘗有歎老嗟卑之念也。然則其於古聖賢仁義之説，殆亦概乎其有聞矣。今天子聞其爲人，且欲召而見之，豈徒然者哉！行矣張侯，彊飯自愛。平生之學，從容爲上一二言之，明主且恨見公之晚。惟無忘所謂仁義云者，則庶乎有以慰友朋之望矣。乾道四年春二月丙申新安朱熹序。

程氏遺書後序

右程氏遺書二十五篇，二先生門人記其所見聞答問之書也。始，諸公各自爲書，先生没，而其傳寖廣，然散出並行，無所統一。傳者頗以己意私竊竄易，歷時既久，殆無全編。熹家有先人舊藏數篇，皆著當時記録主名，語意相承，首尾通貫，蓋未更後人之手，故其書最爲精善。後益以類訪求，得凡二十五篇，因稍以所聞歲月先後，第爲此書。篇目皆因其舊，而又别爲之録，如此以見分别次序之所以然者。

然嘗竊聞之，伊川先生無恙時，門人尹焞得朱光庭所抄先生語，奉而質諸先生。先生曰：「某在，何必讀此書？若不得某之心，所記者徒彼意耳。」尹公自是不敢復讀。夫以二先生唱明道學於孔孟既没千載不傳之後，可謂盛矣。而當時從遊之士，蓋亦莫非天下之英材，其於先生之嘉言善行，又皆耳聞目見而手記之，宜其親切不差，可以行遠，而先生之戒猶且丁寧若是，豈不以學者未知心傳之要，而滯於言語之間，或者失之毫釐，則其謬將有不可勝言者乎！又況後此且數十年，區區掇拾於殘編墜簡之餘，傳誦道說，玉石不分，而謂真足以盡得其精微嚴密之旨，其亦誤矣。

雖然，先生之學，其大要則可知已。讀是書者，誠能主敬以立其本，窮理以進其知，使本立而知益明，知精而本益固，則日用之間，且將有以得乎先生之心，而於疑信之傳可坐判矣。此外諸家所抄尚衆，率皆割裂補綴，非復本篇。異時得其所自來，當復出之，以附今録。無則亦將去其重複，别爲外書，以待後之君子云爾。

程氏遺書附録後序

右附録一卷，明道先生行狀之屬，凡八篇；伊川先生祭文一篇，奏狀一篇，皆其本文，無可議者。獨伊川行事本末，當時無所論著。熹嘗竊取實録所書，文集、内、外書所載，與凡他書之可證者，次其後先，以爲年譜。既不敢以意形容，又不能保無謬誤，故於每事之下，各系其所從得者，今亦輒取以著于篇，合爲一卷，以附于二十五篇之後。嗚呼！學者察言以求其心，考跡以觀其用，而有以自得之，則斯道之傳也。其庶幾乎！乾道四年，歲在著雍困敦，夏四月壬子，新安朱熹謹記。

贈徐師表序〔一二〕

南浦徐君師表論五行精極，建安今年新進士數人，大抵皆其所嘗稱許，序引具存，可覆視也。一日，見予屏山之下，因以所知十餘人者，驗之壽夭窮達之間，中者八九。以是知諸君之譽徐君也不爲妄，而徐君之得諸人也不爲幸，其挾諸人者不爲誇矣。將行，求予言以贈。予惟人之所賦薄厚淹速，有不可易者如此，而學士大夫猶欲以智力求之。至於義理之所當爲，君子所不謂命，則又未聞其有必爲者，何哉？徐君之所從遊，多吾黨之士，坐語從容，試以是説諗之，庶乎其有益也。乾道己丑孟夏既望新安朱熹仲晦父書。

家禮序

凡禮有本有文，自其施於家者言之，則名分之守、愛敬之實，其本也；冠、昏、喪、祭儀章度數者，其文也。其本者有家日用之常體，固不可以一日而不脩，其文又皆所以紀綱人道之終始，雖其行之有時，施之有所，然非講之素明、習之素熟，則其臨事之際，亦無以合宜而應節，是不可以一日而不講且習焉也。三代之際，禮經備矣，然其存於今者，宮廬器服之制，出入起居之節，皆已不宜於世。世之君子雖或酌以古今之變，更爲一時之法，然亦或詳或略，無所折衷。至或遺其本而務其末，緩於實而急於文，自有志好禮之士，猶或不能舉其要，而困於貧窶者，尤患其終不能有以及於禮也。熹之愚蓋兩病焉，是以嘗獨觀古今之籍，因其大體之不可變者，而少加損益於其間，以爲一家之書，大抵謹名分、崇愛敬以爲之本。至其施行之際，則又略浮文、敦本實，以竊自附於孔子從先進之遺意。誠願得與同志之士熟講而勉行之，庶幾古人所以脩身齊家之道、謹終追遠之心，猶可以復見，而於國家所以敦化導民之意，亦或有小補云。

東歸亂藁序

始予與擇之陪敬夫爲南山之遊，窮幽選勝，相與詠而賦之，四五日間，得凡百四十餘首。既而自咎曰：「此亦足以爲荒矣。」則又推數引義，更相箴戒者久之。其事見於倡酬前後序篇，亦已詳矣。自與敬夫別，遂偕伯崇、擇之東來，道塗次舍、輿馬杖屨之間，專以講論問辨爲事，蓋已不暇於爲詩。而間隙之時，感事觸物，又有不能無言者，則亦未免以詩發之。蓋自櫧州歷宜春，泛清江，泊豫章，涉饒、信之境，繚繞數千百里，首尾二十八日，然後至於崇安。始盡胠其橐，掇拾亂藁，纔得二百餘篇。取而讀之，雖不能當義理、中音節，然視其間，則交規自警之詞愈爲多焉。斯亦吾人所欲朝夕見而不忘者，以故不復毀棄，姑序而存之，以見吾黨直諒多聞之益，不以遊談燕樂而廢。至其時或發於一偏，不能一出於正者，亦皆存而不削，庶乎後日觀之，有以惕然自省，而思所以改焉。是則此藁之存，亦未可以爲無益而略之也。若夫江山景物之奇，陰晴朝暮之變，幽深傑異，千狀萬態，則雖所謂二百篇，猶有所不能形容其髣髴，此固不得而記云。乾道丁亥冬十月二十有一日新安朱熹序。

周子太極通書後序

右周子之書一編，今春陵、零陵、九江皆有本，而互有同異。長沙本最後出，乃熹所編定，視他本最詳密矣，然猶有所未盡也。

蓋先生之學，其妙具於太極一圖，通書之言，皆發此圖之藴，而程先生兄弟語及性命之際，亦未嘗不因其說。觀通書之誠、動靜、理、性命等章，及程氏書之李仲通銘、程邵公誌、顔子好學論等篇，則可見矣。故潘清逸誌先生之墓，叙所著書，特以作太極圖爲稱首，然則此圖當爲書首不疑也。然先生既手以授二程，本因附書後，祁寬居之云。傳者見其如此，遂誤以圖爲書之卒章，不復釐正，使先生立象盡意之微旨暗而不明，而驟讀通書者，亦復不知有所總攝，此則諸本皆失之。而長沙通書因胡氏所傳，篇章非復本次，又削去分章之目，而别以「周子曰」者加之，於書之大義，雖若無所害，然要非先生之舊，亦有去其目而遂不可曉者。如理性命章之類。又諸本附載銘碣、詩文，事多重復，亦或不能有所發明於先生之道，以幸學者，故今特據潘誌，置圖篇端，以爲先生之精意，則可以通乎書之説矣。至於書之分章定次，亦皆復其舊貫，而取公及蒲左丞、孔司封、黄太史所記先生行事之實，删去重複，合爲一篇，以便觀者。蓋世所傳先生之書、言行具此矣。潘公所謂「易通」，疑即通書，而易説獨不可見。向見友人多蓄異書，自謂有傳本，亟取而觀焉，則淺陋可笑，皆舍法時舉子葺緒餘〔一三〕，與圖説、通書絶不相似，不問可知其僞。獨不知世復有能得其真者與否。以圖書推之，知其所發，當極精要，微言湮没，甚可惜也。

熹又嘗讀朱内翰震進易説表，謂此圖之傳，自陳摶、种放、穆脩而來。而五峯胡公仁仲作通書序，又謂先生非止爲种、穆之學者，此特其學之一師耳，非其至者也。夫以先生之學之妙，不出此圖，以爲得之於人，則決非种、穆所及。以爲非其至者，則先生之學，又何以加於此圖哉？是以嘗竊疑之。及得誌文考之，然後知其果先生之所自作，而非有所受於人者，公蓋皆未見此誌而云云耳。然胡公所論通書之指曰：「人見其書之約，而不知其道之大也；見其文之質，而不知其義之精也；見其言之淡，而不知其味之長也。人有真能立伊尹之志，脩顔子之學，則知此書之言，包括至大，而聖門之事業無窮矣。」此則不可易之至論，讀是書者所宜知也。因復掇取以系于後云。乾道己丑六月戊申，新安朱熹謹書。

語孟集義序初曰精義，後改名集義。

論孟之書，學者所以求道之至要，古今爲之説者，蓋已百有餘家。然自秦漢以來，儒者類皆不足以與聞斯道之傳。其溺於卑近者，既得其言而不得其意；其騖於高遠者，則又支離踳駁，或乃并其言而失之，學者益以病焉。宋興百年，河洛之間，有二程先生者出，然後斯道之傳有繼。其於孔子、孟氏之心，蓋異世而同符也。故其所以發明二書之説，言雖近而索之無窮，指雖遠而操之有要，使夫讀者非徒可以得其言，而又可以得其意；非徒可以得其意，而又可以并其所以進於此者而得之。其所以興起斯文，開悟後學，可謂至矣。間嘗蒐輯條流〔一四〕，以附本章之次，既又取夫學之有同於先生者〔一五〕，若横渠張公、范氏、二吕氏、謝氏、游氏、楊氏、侯氏、尹氏，凡九家之説，以附益之，名曰論孟精義，以備觀省。而同志之士有欲從事於此者，亦不隱焉。

抑嘗論之，論語之言，無所不包，而其所以示人者，莫非操存涵養之要。七篇之指，無所不究，而其所以示人者，類多體驗充擴之端。夫聖賢之分，其不同固如此，然而體用一源也，顯微無間也，是則非夫先生之學之至，其孰能知之？嗚呼！兹其所以奮乎百世絶學之後，而獨得夫千載不傳之傳也歟！若張公之於先生，論其所至，竊意其猶伯夷、伊尹之於孔子；而一時及門之士，考其言行，則又未知其孰可以爲孔氏之顔、曾也。今録其言，非敢以爲無少異於先生而悉合乎聖賢之意，亦曰大者既同，則其淺深疏密，毫釐之間，正學者所宜盡心耳。至於近歲以來，學於先生之門人者，又或出其書焉，則意其源遠末分，醇醨異味而不敢載矣。

或曰：「然則凡説之行於世而不列於此者，皆無取已乎？」曰：「不然也。漢、魏諸儒正音讀、通訓詁、考制度、辨名物，其功博矣。學者苟不先涉其流，則亦何以用力於此？而近世二三名家，與夫所謂學於先生之門人者，其考證推説，亦或時有補於文義之間。學者有得於此而後觀焉，則亦何適而無得哉！特所以求夫聖賢之意者，則在此而不在彼爾。若夫外自託於程氏，而竊其近似之言，以文異端之説者，則誠不可以入於學者之心。然以其荒幻浮夸，足以欺世也，而流俗頗已鄉之矣，其爲害豈淺淺哉！顧其語言氣象之間，則實有不難辨者，學者誠用力於此書而有得焉，則於其言雖欲讀之，亦且有所不暇矣。」然則是書之作，其率爾之誚，雖不敢辭，至於明聖傳之統，成衆説之長，折俗流之謬，則竊亦妄意其庶幾焉。乾道壬辰月正元日新安朱熹謹書。

林允中字序

始予得古田林生用中，愛其通晤脩謹，嗜學不倦，因其請字，字之曰「擇之」。一日，擇之又請曰：「用中之弟允中，亦知有志於學，而其才小不足，願推所以見命之意，字之曰『擴之』，何如？」予時未識允中，而以擇之之言，知其爲人也，則應曰諾。明年，擴之亦來，視其志與其才，信乎其如擇之之言也。自是從予遊，今四五年矣。徐深察之，則其爲人蓋晦外而明於内，樸外而敏其中，是以予有取焉。今年還自吳中，過予潭溪之上，留語三日，則聞見益廣而將有以充其才矣。間請予文以序其字，顧予言何足取？然嘗聞之動静相循，如環無端，而聖賢之學，必主乎静，蓋火之宿者用之壯，水之滀也決之長，其理然也。擴之誠自病其才之未充，而欲卒大之耶，則亦反其本、務其實而已矣。擴之唯唯，遂書以授之。乾道壬辰九月丙午新安朱熹序。

資治通鑑綱目序

先正温國司馬文正公受詔編集資治通鑑既成，又撮其精要之語，别爲目録三十卷并上之。晚病本書太詳，目録太簡，更著舉要歷八十卷以適厥中，而未成也。至紹興初，故侍讀南陽胡文定公始復因公遺藁修成舉要補遺若干卷，則其文愈約，而事愈備矣。然往者得於其家而伏讀之，猶竊自病記識之弗彊，不能有以領其要而及其詳也。故嘗過不自料，輒與同志因兩公四書別爲義例，增損隱括，以就此編。蓋表歲以首年，逐年之上行外書某甲子，遇「甲」字「子」字，則朱書以別之。雖無事，依舉要以備歲年。而因年以著統，凡正統之年歲下大書，非正統者兩行分注。大書以提要，凡大書有正例，有變例。正例如始終興廢、災祥沿革，及號令征伐、殺生除拜之大者。變例如不在此例，而善可爲法、惡可爲戒者，皆特書之也。而分注以備言，凡分注，有追原其始者，有遂言其終者，有詳陳其事者，有備載其言者，有因始終而見者，有因拜罷而見者，有因事類而見者，有因家世而見者，有温公所立之言、所取之論，有胡氏所收之説、所著之評。而兩公所遺與夫近世大儒先生折衷之語，今亦頗采以附於其間云。使夫歲年之久近，國統之離合，辭事之詳略，議論之同異，通貫曉析，如指諸掌。名曰資治通鑑綱目，凡若干卷，藏之巾笥，姑以私便檢閲，自備遺忘而已。若兩公述作之本意，則有非區區所敢及者。雖然，歲周於上而天道明矣，統正於下而人道定矣，大綱概舉而監戒昭矣，衆目畢張而幾微著矣。是則凡爲致知格物之學者，亦將慨然有感於斯，而兩公之志，或庶乎其可以默識矣。因述其指意，條例如此，列於篇端，以俟後之君子云。乾道壬辰夏四月甲子，新安朱熹謹書。

八朝名臣言行録序

予讀近代文集及記事之書，觀其所載國朝名臣言行之迹，多有補於世教。然以其散出而無統也，既莫究見始終表裏之全，而又汨於虚浮詭誕之説，予常病之。於是掇取其要，聚爲此録，以便記覽。尚恨書籍不備，多所遺闕，嗣有所得，當續書之。

中和舊説序

余蚤從延平李先生學，受中庸之書，求喜怒哀樂未發之旨，未達而先生没。余竊自悼其不敏，若窮人之無歸。聞張欽夫得衡山胡氏學，則往從而問焉。欽夫告余以所聞，余亦未之省也，退而沉思，殆忘寢食。一日，喟然歎曰：「人自嬰兒以至老死，雖語默動静之不同，然其大體莫非已發，特其未發者爲未嘗發爾。」自此不復有疑，以爲中庸之旨果不外乎此矣。後得胡氏書，有與曾吉父論未發之旨者，其論又適與余意合，用是益自信。雖程子之言有不合者，亦直以爲少作失傳而不之信也。然間以語人，則未見有能深領會者。乾道己丑之春，爲友人蔡季通言之，問辨之際，予忽自疑，斯理也，雖吾之所默識，然亦未有不可以告人者。今析之如此其紛糾而難明也，聽之如此其冥迷而難喻也，意者乾坤易簡之理，人心所同然者，殆不如是；而程子之言出其門人高弟之手，亦不應一切謬誤，以至於此。然則予之所自信者，其無乃反自誤乎？則復取程氏書，虚心平氣而徐讀之，未及數行，凍解冰釋，然後知情性之本然、聖賢之微旨，其平正明白乃如此。而前日讀之不詳，妄生穿穴，凡所辛苦而僅得之者，適足以自誤而已。至於推類究極，反求諸身，則又見其爲害之大，蓋不但名言之失而已也。於是又竊自懼，亟以書報欽夫及嘗同爲此論者。惟欽夫復書深以爲然，其餘則或信或疑，或至于今累年而未定也。夫忽近求遠，厭常喜新〔一六〕，其弊乃至於此，可不戒哉！暇日料檢故書，得當時往還書藁一編，輒序其所以，而題之曰中和舊說，蓋所以深懲前日之病，亦使有志於學者讀之，因予之可戒而知所戒也。獨恨不得奉而質諸李氏之門，然以先生之所已言者推之，知其所未言者，其或不遠矣。壬辰八月丁酉朔新安朱熹仲晦云。

記論性答藁後此篇雜出問答書中，今以附此。

此篇出於論定之初，徒以一時之見，驟正累年之失，其向背出入之際，猶有未服習者。又持孤論以當衆賢，心亦不自安，故自今讀之，尚多遺恨。如廣仲之言，既以靜爲天地之妙，又論性不可以真妄動靜言，是知言所謂歎美之善，而不與惡對者云爾。應之宜曰：「善惡也，真妄也，動靜也，一先一後，一彼一此，皆以對待而得名者也。不與惡對，則不名爲善；不與動對，則不名爲靜矣。既非妄，又非真，則亦無物之可指矣。今不知性之善而未始有惡也，真而未始有妄也，主乎靜而涵乎動也，顧曰善惡、真妄、動靜，凡有對待，皆不可以言性，而對待之外，别有無對之善與靜焉，然後可以形容天性之妙，不亦異乎？」當時酬對既不出此，而他所自言，亦多曠闕。如論性無不該，不可專以靜言，此固是也。然其説當云：「性之分雖屬乎靜，而其藴則該動靜而不偏。故樂記以靜言性則可，如廣仲遂以靜字形容天性之妙則不可。」如此則語意圓矣。如論程子真靜之説，以真爲本體，靜爲未感，此亦是也。然當云：「下文所謂未發，即靜之謂也。所謂五性，即真之謂也。然則仁、義、禮、智、信云者，乃所謂未發之藴，而性之真也歟？」如此則文義備矣。答敬父書所謂復、艮二卦，亦本程子之意，而擇之疑思慮未萌者是坤卦事〔一七〕，不應以復當之。予謂此乃易傳所謂無間可容髮處〔一八〕。夫思慮未萌者固坤也，而曰知覺不昧，則復矣。此雖未爲有失，而詞意有未具。擇之之疑雖過，然其察之亦密矣。又所謂周子主靜之説，則中正仁義之動靜，有未當其位者，當云以中對正，則正爲本；以仁配義，則義爲質，乃無病爾。此藁中間亦屢有改定處，今不能復易，因題其後，以正其失云。壬辰仲秋日書。

尹和靜言行録序〔一九〕

程夫子有言：「涵養必以敬，進學則在致知。」二言者，夫子所以教人造道入德之大端，而不可以偏廢焉者也。若和靜尹公先生者，其學於夫子而有得於敬之云乎，何其說之約而居之安也。其門人馮氏、祁氏、吕氏記其緒言，各爲一書，熹嘗得而伏讀之，所以收放心而伐邪氣者，幾微之際，所助深矣〔二〇〕。顧其記録之間〔二一〕，尚多抵牾，至於人名事跡，亦或不同。然則其於精微之意〔二二〕，豈得無可疑者。惜乎其不得親見先生而面質之也。書之篇首，以告同志，其亦熟玩而審取之哉〔二三〕。乾道癸巳孟夏初吉新安朱熹序。

送李伯諫序

國家建立學校之官，遍於郡國，蓋所以幸教天下之士，使之知所以脩身、齊家、治國、平天下之道，而待朝廷之用也。此其德意，可謂厚矣。然學不素明，法不素備，選用乎上者，以科目詞藝爲足以得人；受任乎下者，以規繩課試爲足以盡職。蓋在上者不知所以爲人師之德，而在下者不知所以爲人師之道，是以學校之官雖遍天下，而遊其間者，不過以追時好、取世資爲事，至於所謂脩身、齊家、治國、平天下之道，則寂乎其未有聞也。是豈國家所爲立學教人之本意哉！吾友李君伯諫敦潔好脩，篤志問學，其於古之大學所以脩己治人之道，講之熟矣。今也受命於朝，而將掌教於蘄之學，吾知其所以爲盡職者，其必有異於世俗之爲矣。然伯諫方且欲然自以不足乎人師之德爲憂，而辱顧於予以爲問。惟予言之淺陋，固已無足陳者，抑自其與伯諫遊而講於斯也，亦三年矣〔二四〕，凡持守之要、玩索之端〔二五〕，巨細精粗，蓋已無所不論。今使之言，其又何以加此？然有一焉。主敬致知，摧驕破吝，謹之於細微雜亂之域，而養之於虚閑静一之中，是則雖屢言之，而豈患乎其瀆哉！感伯諫下問之勤，不能默默，因叙前説而并書之，祖行之朝，奉以爲别。伯諫行乎哉！今而後聞蘄之士其有慨然興起於學，而明乎所以脩身、齊家、治國、平天下之道者，是則伯諫之德之脩之驗也夫！

程氏外書後序

右程氏外書十二篇，熹所序次，可繕寫。始，熹序次程氏遺書二十五篇，皆諸門人當時記録之全書，足以正俗本紛更之繆，而於二先生之語，則不能無所遺也。於是取諸集録，參伍相除，得此十有二篇，以爲外書。夫先生之言，非有精粗之異，而兩書皆非一手所記，其淺深工拙，又未可以一概論。其曰外書云者，特以取之之雜，或不能審其所自來，其視前書，學者尤當精擇而審取之耳。乾道癸巳六月乙亥新安朱熹謹書。

中庸集解序

中庸之書，子思子之所作也。昔者曾子學於孔子，而得其傳矣。孔子之孫子思又學於曾子，而得其所傳於孔子者焉。既而懼夫傳之久遠而或失其真也，於是推本所傳之意，質以所聞之言，更相反覆，作爲此書。孟子之徒實受其説，孟子没，而不得其傳焉。漢之諸儒雖或擎誦，然既雜乎傳記之間而莫之貴，又莫有能明其所傳之意者。至唐李翺始知尊信其書，爲之論説。然其所謂滅情以復性者，又雜乎佛老而言之，則亦異於曾子、子思、孟子之所傳矣。至于本朝，濂溪周夫子始得其所傳之要，以著于篇；河南二程夫子又得其遺旨而發揮之，然後其學布于天下。然明道不及爲書，今世所傳陳忠肅公之所序者，乃藍田吕氏所著之别本也。伊川雖嘗自言「中庸今已成書」，然亦不傳於學者。或以問於和靖尹公，則曰「先生自以不滿其意而火之矣」。二夫子於此既皆無書，故今所傳，特出於門人記平居問答之辭〔二六〕。而門人之説行於世者，唯吕氏、游氏、楊氏、侯氏爲有成書。若横渠先生，若謝氏、尹氏，則亦或記其語之及此者耳，又皆别自爲編，或頗雜出他記，蓋學者欲觀其聚而不可得，固不能有以考其異而會其同也。

熹之友會稽石君𡼖子重乃始集而次之，合爲一書，以便觀覽，名曰中庸集解。復第其録如右，而屬熹序之。熹惟聖門傳授之微旨見于此篇者，諸先生言之詳矣。熹之淺陋，蓋有行思坐誦、没世窮年而不得其所以言者，尚何敢措一辭於其間！然嘗竊謂秦漢以來，聖學不傳，儒者惟知章句訓詁之爲事，而不知復求聖人之意，以明夫性命道德之歸。至于近世，先知先覺之士始發明之，則學者既有以知夫前日之爲陋矣。然或乃徒誦其言以爲高，而又初不知深求其意。甚者遂至於脱略章句，陵籍訓詁，坐談空妙，展轉相迷，而其爲患反有甚於前日之爲陋者。嗚呼，是豈古昔聖賢相傳之本意，與夫近世先生君子之所以望於後人者哉！

熹誠不敏，私竊懼焉，故因子重之書，特以此言題其篇首，以告夫同志之讀此書者。使之毋跂於高，毋駭於奇。必沉潛乎句讀文義之間，以會其歸；必戒懼乎不睹不聞之中，以踐其實。庶乎優柔厭飫，真積力久，而於博厚高明悠久之域，忽不自知其至焉，則爲有以真得其傳，而無徒誦坐談之弊矣。抑子重之爲此書，採掇無遺，條理不紊，分章雖因衆説，然去取之間，不失其當。其謹密詳審，蓋有得乎行遠自邇、升高自卑之意。唯哀公問政以下六章，據家語本一時問答之言，今從諸家，不能復合，然不害於其脈理之貫通也。又以簡帙重大，分爲兩卷，亦無他義例云。乾道癸巳九月辛亥新安朱熹謹書。

王梅溪文集序代劉共父作〔二七〕。

知人之難，堯舜以爲病，而孔子亦有聽言觀行之戒。然以予觀之，此特爲小人設耳。若皆君子，則何難知之有哉！蓋天地之間，有自然之理，凡陽必剛，剛必明，明則易知。凡陰必柔，柔必暗，暗則難測。故聖人作易，遂以陽爲君子，陰爲小人，其所以通幽明之故，類萬物之情者，雖百世不能易也。予嘗竊推易説以觀天下之人，凡其光明正大，疏暢洞達，如青天白日，如高山大川，如雷霆之爲威而雨露之爲澤，如龍虎之爲猛而麟鳳之爲祥，磊磊落落，無纖芥可疑者，必君子也。而其依阿淟涊，回互隱伏，糾結如蛇蚓，瑣細如蟣虱，如鬼蜮狐蠱，如盗賊詛祝，閃倏狡獪，不可方物者，必小人也。君子小人之極既定於内，則其形於外者，雖言談舉止之微，無不發見，而况於事業文章之際，尤所謂粲然者。彼小人者雖曰難知，而亦豈得而逃哉！於是又嘗求之古人，以驗其説，則於漢得丞相諸葛忠武侯，於唐得工部杜先生、尚書顔文忠公、侍郎韓文公，於本朝得故參知政事范文正公。此五君子〔二八〕，其所遭不同，所立亦異，然求其心則皆所謂光明正大、疏暢洞達、磊磊落落而不可揜者也。其見於功業文章，下至字畫之微，蓋可以望之而得其爲人〔二九〕。求之今人，則如太子詹事王公龜齡，其亦庶幾乎此者矣。

公始以諸生對策庭中，一日數萬言，被遇太上皇帝，親擢以冠多士，遂取其言施行之。及佐諸侯、入册府，事今上皇帝於初潛，又皆以忠言直節有所裨補，上亦雅敬信之。登極之初，即召以爲侍御史，納用其説。公知上意以必復土疆、必雪讎恥爲己任，其所言者，莫非脩德行政，任賢討軍之實，而於分别邪正之際，尤致意焉。尋以邊兵失律，廷議不咸，上疏自劾，除吏部侍郎，不拜，去爲數郡，布上恩，恤民隱，蚤夜孜孜，如飢渴嗜欲之切於己。去之日，民思之如父母。其處閨門、居鄉黨，則又親親敬故〔三〇〕，隆信義〔三一〕，務敦樸，雖家人孺子，亦皆藹然有忠厚廉遜之風。平居無所嗜好，顧喜爲詩，渾厚質直，懇惻條暢，如其爲人。不爲浮靡之文，論事取極己意，然其規模宏闊，骨骼開張，出入變化，俊偉神速，世之盡力於文字者，往往反不能及。其他片言半簡，雖或出於脱口肆筆之餘，亦無不以仁義忠孝爲歸，而皆出於肺腑之誠。然非有所勉强慕傚而爲之也，蓋其所禀於天者，純乎陽德剛明之氣，是以其心光明正大，疏暢洞達，無有隱蔽，而見於事業文章者一皆如此。海内有志之士聞其名，誦其言，觀其行，而得其心，無不斂衽心服。至於小人雖以一時趨向之殊，或敢巧爲謗詆〔三二〕，然其極口，不過以爲迂闊近名，不切時務。至其大節之偉然者，則不能有以毫髮點汙也。然則公於五君子者，迹雖未必皆同，而心實似之，故自其布衣時，嘗和韓詩數十百篇。守番及夔〔三三〕，則又適在葛、杜、顔、范之遺墟，皆嘗新其祠宇，以致歆慕之意〔三四〕，蓋亦每自比焉。嗚呼！公之必爲君子，蓋不待孔、孟、堯、舜而知之矣。

予昔官中祕、直西省，皆得與公爲寮，辱公知顧甚厚。及來守建康，則公歿幾十年。而其子聞詩適官府下，相與道舊，感慨歔欷。一日，出公遺文三十二卷，屬余序之。予蓋三復焉，而拊卷太息也。公之行事，今某官莫侯子齊既狀之〔三五〕，而故端明殿學士汪公聖錫取以誌其墓矣。故余因不復著，獨論其心如此，列於篇端，以告天下之士，使有以識其所謂光明正大、疏暢洞達者，言言凜凜，初未嘗隨死而亡也。以是勝私起懦而相與師慕其萬一，在朝廷則以犯顔納諫爲忠〔三六〕，仕州縣則以勤事愛民爲職。内外交脩，不遺餘力，使君德日躋于上、民生日遂于下，國步安彊，隱然真有恢復之勢，則公雖云亡，而其精爽之可畏者，爲無憾於九原矣〔三七〕。嗚呼，其亦可悲也夫！聞詩亦好學有立，能守其家云〔三八〕。

校勘記

〔一〕八月二十三日壬辰　「三」，原作「二」，據浙本改。

〔二〕紹興戊寅十一月十二日　「十一月」，浙本作「十月」。

〔三〕則嘗知是説矣　「嘗」，淳熙本作「當」。

〔四〕固非巧力所可辭也　「固」，淳熙本作「又」。

〔五〕紹興壬午十月九日　「九日」，淳熙本作「十九日」。

〔六〕予既序次論語要義　「要」，淳熙本作「精」。

〔七〕暇日又爲兒輩讀之　「讀」，淳熙本作「論」。

〔八〕又當徧誦諸説　「徧誦諸説」，淳熙本作「徧求誦説」。

〔九〕故名之曰訓蒙口義　「訓蒙口義」，淳熙本作「集注詳説」。

〔一〇〕從事於此二十餘年　「二」，淳熙本作「三」。

〔一一〕知而弗能暴白以傳於後　「知」，原作「然」，據淳熙本改。

〔一二〕贈徐師表序　「贈」，淳熙本作「與術士」。

〔一三〕皆舍法時舉子葺緒餘　「葺」上，四庫本周元公集卷一附録本文（題爲太極圖通書總序）有「綴」字。

〔一四〕間嘗蒐輯條流　「條流」，正訛改作「條疏」。

〔一五〕既又取夫學之有同於先生者　此句下，淳熙本有「與其有得於先生者」八字。

〔一六〕厭常喜新　「喜」，原作「棄」，與文義不合，今從正訛改。

〔一七〕而擇之疑思慮未萌者　「擇」，原作「釋」，據上下文意改。

〔一八〕無間可容髮處　「髮」下，底本原注云：一作「息」。

〔一九〕尹和靜言行録序　淳熙本作「跋尹和靜語録」。

〔二〇〕幾微之際所助深矣　淳熙本作「幾微之至所助深至」。

〔二一〕顧其記録之間　「録」，淳熙本作「問」。

〔二二〕然則其於精微之意　「意」，淳熙本作「際」。

〔二三〕其亦熟玩而審取之哉　「玩」，淳熙本作「味」。

〔二四〕亦三年矣　「三」，淳熙本作「有」。

〔二五〕玩索之端　「玩」，淳熙本作「味」。

〔二六〕特出於門人記平居問答之辭　浙本無「特出於門人記」六字。

〔二七〕王梅溪文集序代劉共父作　淳熙本「王梅溪」作「詹事王公梅溪」，「劉共父」作「劉樞」。

〔二八〕此五君子　「子」下，淳熙本有「者」字。

〔二九〕蓋可以望之而得其爲人　「蓋」下，淳熙本有「亦」字。

〔三〇〕則又親親敬故　「故」，淳熙本作「長」。

〔三一〕隆信義　「隆」，淳熙本作「謹」。

〔三二〕或敢巧爲謗訕　「敢」，淳熙本作「欲」。

〔三三〕守番及夔　「番」，淳熙本作「饒」。

〔三四〕以致歆慕之意　「歆」，淳熙本作「欽」。

〔三五〕今某官莫侯子齊既狀之 「某官」，淳熙本作「秘閣修撰」。

〔三六〕在朝廷則以犯顏納諫爲忠 「納」，淳熙本作「極」。

〔三七〕爲無憾於九原矣 「無憾」，淳熙本作「無所憾」。

〔三八〕能守其家云 「家」，淳熙本作「家法」。又淳熙本此句下有「年月日建安劉珙序」八字。

晦庵先生朱文公文集卷第七十六

序

傅伯拱字序

盈天地之間，所以爲造化者，陰陽二氣之終始盛衰而已。陽生於北，長於東，而盛於南；陰始於南，中於西，而終於北。故陽常居左，而以生育長養爲功，其類則爲剛，爲明，爲公，爲義，而凡君子之道屬焉。陰常居右，而以夷傷慘殺爲事，其類則爲柔，爲暗，爲私，爲利，而凡小人之道屬焉。聖人作易，畫卦繫辭，於其進退消長之際，所以示人者深矣。而又於其制禮之時，所以依象取類而立教者，亦莫不審諸此。故凡吉禮則尚左，其變則尚右。自夫手之拱以拜也，以及夫祝號詔相之所由也，咸率是而分焉。蓋不惟其理象之然有不可易者，抑所以使夫天下之人平居暇日，宗廟朝廷之上，族黨庠序之中，君臣、父子、師友、賓主之間，一拜一揖，一進一退，視其所尚而有以不忘乎君子之道焉。此其所以立教之微指，夫又豈不深切而著明哉！

今建寧傅公之季子伯拱以其名來請字，予惟拱之爲禮略矣，然奉手當膺，端行正立，則其心固已肅然而主於一矣。從而論其平居吉禮之所尚，則夫所以尊陽抑陰，而使之不忘乎君子之道者，其精微之意又如此。故請得奉字曰「景陽」，而遂書其説以授之。

景陽風骨秀爽，異於常兒，而亦既從事乎日數、方名、遜讓之學矣，盍亦識夫尊君所以命己者，而不忘乎恭敬之守？異時少進，則又因夫朋友所以字謂己者，而益求所以擇善固執之方焉。必使陽明勝而德性用，陰濁去而物欲消，剛不屈而明不傷，公足以滅私，而義足以勝利，則庶乎其不迷於入德之途，而有以進夫君子之域也無疑矣。淳熙改元孟夏甲子新安朱熹仲晦父序。

送郭拱辰序

世之傳神寫照者，能稍得其形似，已得稱爲良工。今郭君拱辰叔瞻乃能并與其精神意趣而盡得之，斯亦奇矣。予頃見友人林擇之、游誠之稱其爲人而招之不至，今歲惠然來自昭武，里中士夫數人欲觀其能，或一寫而肖，或稍稍損益，卒無不似，而風神氣韻，妙得其天致。有可笑者，爲予作大小二象，宛然麋鹿之姿，林野之性，持以示人，計雖相聞而不相識者，亦有以知其爲予也。然予方將東遊雁蕩，窺龍湫，登玉霄，以望蓬萊。西歷麻源，經玉笥，據祝融之絶頂，以臨洞庭風濤之壯。北出九江，上廬阜，入虎溪，訪陶翁之遺迹，然後歸而思自休焉。彼當有隱君子者，世人所不得見，而予幸將見之，欲圖其形以歸，而郭君以歲晚思親，不能久從予遊矣。予於是有遺恨焉，因其告行，書以爲贈。淳熙元年九月庚子晦翁書。

送夏醫序

予嘗病世之爲論者，皆以爲天下之事，宜於今者不必根於古，諧於俗者不必本於經，及觀夏君之醫，而又有以知其決不然也。蓋夏君之醫，處方用藥，奇怪絶出，有若不近人情者，而其卒多驗。及問其所以然者，則皆據經考古，而未嘗無所自也。予於是竊有感焉，因書遺之，以信其術於當世，又以風吾黨之不師古而自用者云。淳熙元年秋九月庚子晦翁書。

詩集傳序

或有問於余曰：「詩何爲而作也〔一〕？」余應之曰：「人生而静，天之性也；感於物而動，性之欲也。夫既有欲矣，則不能無思；既有思矣，則不能無言；既有言矣，則言之所不能盡，而發於咨嗟詠歎之餘者，必有自然之音響節奏而不能已焉，此詩之所以作也。」

曰：「然則其所以教者何也？」曰：「詩者，人心之感物，而形於言之餘也。心之所感有邪正，故言之所形有是非。惟聖人在上，則其所感者無不正，而其言皆足以爲教。其或感之之雜，而所發不能無可擇者，則上之人必思所以自反，而因有以勸懲之，是亦所以爲教也。昔周盛時，上自郊廟朝廷，而下達於鄉黨閭巷，其言粹然，無不出於正者，聖人固已協之聲律，而用之鄉人，用之邦國，以化天下。至於列國之詩，則天子巡守亦必陳而觀之，以行黜陟之典。降自昭穆而後，寖以陵夷，至于東遷，而遂廢不講矣。孔子生於其時，既不得位，無以行帝王勸懲黜陟之政，於是特舉其籍而討論之。去其重複，正其紛亂，而其善之不足以爲法，惡之不足以爲戒者，則亦刊而去之，以從簡約，示久遠，使夫學者即是而有以考其得失，善者師之，而惡者改焉。是以其政雖不足行於一時，而其教實被於萬世，是則詩之所以爲教者然也。」

曰：「然則國風、雅、頌之體，其不同若是，何也？」曰：「吾聞之，凡詩之所謂風者，多出於里巷歌謠之作，所謂男女相與詠歌，各言其情者也。惟周南、召南，親被文王之化以成德，而人皆有以得其性情之正，故其發於言者，樂而不過於淫，哀而不及於傷。是以二篇獨爲風詩之正經。自邶而下，則其國之治亂不同，人之賢否亦異，其所感而發者，有邪正是非之不齊，而所謂先王之風者，於此焉變矣。若夫雅、頌之篇，則皆成周之世，朝廷郊廟樂歌之詞，其語和而莊，其義寬而密，其作者往往聖人之徒，固所以爲萬世法程而不可易者也。至於雅之變者，亦皆一時賢人君子閔時病俗之所爲，而聖人取之。其忠厚惻怛之心，陳善閉邪之意，猶非後世能言之士所能及之。此詩之爲經，所以人事浹於下，天道備於上，而無一理之不具也。」

曰：「然則其學之也當奈何？」曰：「本之二南，以求其端，參之列國，以盡其變。正之於雅，以大其規；和之於頌，以要其止。此學詩之大旨也。於是乎章句以綱之，訓詁以紀之，諷詠以昌之，涵濡以體之。察之情性隱微之間，審之言行樞機之始，則脩身及家，平均天下之道，其亦不待他求而得之於此矣。」問者唯唯而退。余時方輯詩傳，因悉次是語，以冠其篇云。淳熙四年丁酉冬十月戊子新安朱熹書。

再定太極通書後序

右周子太極圖并説一篇，通書四十一章，世傳舊本遺文九篇，遺事十五條，事狀一篇。熹所集次，皆已校定，可繕寫。熹按先生之書，近歲以來，其傳既益廣矣，然皆不能無謬誤，唯長沙建安板本爲庶幾焉，而猶頗有所未盡也。

蓋先生之學之奥，其可以象告者，莫備於太極之一圖。若通書之言，蓋皆所以發明其蘊，而誠、動靜、理、性命等章爲尤著。程氏之書，亦皆祖述其意，而李仲通銘、程邵公誌、顔子好學論等篇，乃或并其語而道之。故清逸潘公誌先生之墓，而叙其所著之書，特以作太極圖爲首稱，而後乃以易説、易通繫之，其知此矣。按漢上朱震子發言陳摶以太極圖傳种放，放傳穆脩，脩傳先生。衡山胡宏仁仲則以爲种、穆之傳，特先生所學之一師，而非其至者。武當祁寬居之又謂圖象乃先生指畫以語二程，而未嘗有所爲書。此蓋皆未見潘誌而言。若胡氏之説，則又未考乎先生之學之奥，始卒不外乎此圖也。先生易説久已不傳於世，向見兩本，皆非是，其一卦説乃陳忠肅公所著，其一繫詞説又皆佛、老陳腐之談，其甚陋而可笑者。若曰「易之冒天下之道也，猶狙公之罔衆狙也」，觀此則其決非先生所爲可知矣。易通疑即通書，蓋易説既依經以解義，此則通論其大旨，而不繫於經者也。特不知其去「易」而爲今名始於何時爾。然諸本皆附於通書之後，而讀者遂誤以爲書之卒章，使先生立象之微旨暗而不明，驟而語夫通書者，亦不知其綱領之在是也。長沙本既未及有所是正，而通書乃因胡氏所定，章次先後，輒頗有所移易，又刊去章目，而別以「周子曰」者加之，皆非先生之舊。若理、性命章之類，則一去其目，而遂不可曉。其所附見銘碣、詩文，視他本則詳矣。然亦或不能有以發明於先生之道，而徒爲重複。故建安本特據潘誌置圖篇端而書之，序次名章，亦復其舊。又即潘誌及蒲左丞、孔司封、黄太史所記先生行事之實，删去重複，參互考訂，合爲事狀一端。其大者如蒲碣云「屠姦剪弊，如快刀健斧」，而潘誌云「精密嚴恕，務盡道理」；蒲碣但云「母未葬」，而潘公所爲鄭夫人志乃爲「水齧其墓，而改葬」。若此之類，皆從潘誌。而蒲碣又云「慨然欲有所施，以見於世」，又云「益思以奇自名」〔二〕，又云「朝廷躐等見用，奮發感厲」，皆非知先生者之言。又載先生稱頌新政，反覆數十言，恐亦非實。若此之類，皆削去。至於道學之微，有諸君子所不及知者，則又一以程氏及其門人之言爲正。以爲先生之書之言之行，於此亦略可見矣。

然後得臨汀楊方本以校，而知其舛陋猶有未盡正者。如「柔如之」當作「柔亦如之」，師友「一章」當爲「二章」之類。又得何君營道詩序及諸嘗遊舂陵者之言，而知事狀所叙濂溪命名之說，有失其本意者。何君序見遺事篇内〔三〕。又按濂溪，廣漢張栻所跋先生手帖，據先生家譜云，濂溪隱居在營道縣榮樂鄉鍾貴里石塘橋西，濂蓋溪之舊名。先生寓之廬阜，以示不忘其本之意。而邵武鄒尃爲熹言，嘗至其處，溪之源自爲上下保，先生故居在下保，其地又別自號爲樓田，而「濂」之爲字〔四〕，則疑其出於唐刺史元結七泉之遺俗也。今按江州濂溪之西亦有石塘橋，見於陳令舉廬山記，疑亦先生所寓之名云。覆校舊編，而知筆削之際亦有當録而誤遺之者。如蒲碣自言「初見先生于合州，相語三日夜，退而歎曰：『世乃有斯人耶。』」而孔文仲亦有祭文序先生洪州時事，曰「公時甚少，玉色金聲，從容和毅，一府盡傾之」語。蒲碣又稱其「孤風遠操，寓懷於塵埃之外，常有高棲遐遁之意」，亦足以證其前所謂「以奇自見」等語之謬。又讀張忠定公語，而知所論希夷、种、穆之傳，亦有未盡其曲折者。按張忠定公嘗從希夷學，而其論公事之有陰陽頗與圖説意合，竊疑是説之傳，固有端緒，至於先生然後得之於心，而天地萬物之理，鉅細幽明，高下精粗，無所不貫於是，始爲此圖，以發其祕爾。嘗欲別加是正，以補其闕，而病未能也。茲乃被命假守南康，遂獲嗣守先生之餘教於百有餘年之後。顧德弗類，慚懼已深，瞻仰高山，深切㾊歎。因取舊袠，復加更定，而附著其説如此，鋟板學宮，以與同志之士共焉。淳熙己亥夏五月戊午朔新安朱熹謹書。

吕氏家塾讀詩記後序

詩自齊、魯、韓氏之説不得傳，而天下之學者盡宗毛氏。毛氏之學，傳者亦衆，而王述之類，今皆不存，則推衍毛説者〔五〕，又獨鄭氏之箋而已。唐初，諸儒爲作疏義，因訛踵陋，百千萬言而不能有以出乎二氏之區域。至於本朝劉侍讀、歐陽公、王丞相、蘇黄門、河南程氏、横渠張氏，始用己意，有所發明，雖其淺深得失有不能同，然自是之後，三百五篇之微詞奥義，乃可得而尋繹，蓋不待講於齊、魯、韓氏之傳，而學者已知詩之不專於毛、鄭矣。及其既久，求者益衆，説者愈多，同異紛紜，争立門户，無復推讓祖述之意，則學者無所適從，而或反以爲病。今觀吕氏家塾之書，兼總衆説，巨細不遺，挈領提綱，首尾該貫。既足以息夫同異之争，而其述作之體，則雖融會通徹，渾然若出於一家之言。而一字之訓，一事之義，亦未嘗不謹其説之所自。及其斷以己意，雖或超然出於前人意慮之表，而謙讓退託，未嘗敢有輕議前人之心也。

嗚呼！如伯恭父者，真可謂有意乎温柔敦厚之教矣。學者以是讀之，則於可羣可怨之旨其庶幾乎。雖然，此書所謂朱氏者，實熹少時淺陋之説，而伯恭父誤有取焉。其後歷時既久，自知其説有所未安，如雅、鄭邪正之云者，或不免有所更定，則伯恭父反不能不置疑於其間〔六〕，熹竊惑之。方將相與反復其説，以求真是之歸，而伯恭父已下世矣。嗚呼，伯恭父已矣！若熹之衰頽汩没，其勢又安能復有所進，以獨决此論之是非乎？伯恭父之弟子約既以是書授其兄之友丘侯宗卿，而宗卿將爲板本，以傳永久，且以書來屬熹序之。熹不得辭也，乃略爲之説，因并附其所疑者，以與四方同志之士共之，而又以識予之悲恨云爾。淳熙壬寅九月己卯新安朱熹序。

劉甥瑾字序

古之君子，學以爲己，非求人之知也。故從師親友，以求先王之道，心思口講而躬行之。既自得於己矣，而謙虛晦默，若無有焉。今之人則反是。是以譬之古之君子，如抱美玉而深藏不市，後之人則以石爲玉，而又衒之也。劉氏甥瑾自其先大父大夫公而予之名矣，將冠，以其父命來求字。予字之曰「懷甫」，告之以古人之意。瑾也勉旃，毋以石爲玉，而又衒之也。朱熹仲晦父書。

丞相李公奏議後序〔七〕

嗚呼，天之愛人，可謂甚矣！惟其感於人事之變，而迫於氣數屈信消息之不齊，是以天下不能常治常安，而或至於亂。然於其亂也，亦未嘗不爲之預出能弭是亂之人，以擬其後，蓋將以使夫生民之類，不至於糜爛泯滅，靡有孑遺；而爲之君者，猶有所恃賴憑依，以保其國。是則古今事變之所同然，而天之所以爲天者，其心固如此也。

嗚呼！若宣和、靖康之變，吾有以知其非天心之所欲，而一時人物，若故丞相隴西公者，其所謂能弭是亂之人非耶？蓋聞政、宣之際，國家之隆盛極矣，而都城一日大水猝至，舉朝相顧，莫有敢以變異爲言。公獨知其必有夷狄兵戎之禍，上疏極言，冀有以消弭於未然者，不幸謫官以去〔八〕。而間不七年，虜騎遂薄都城，公於此時，又方以眇然一介放逐之餘，出負天下山嶽萬鈞之重。首陳至策，而徽宗決内禪之計；繼發大論，而欽廟堅城守之心，任公不疑，遂却彊虜。然自重圍既解，衆人之心無復遠慮，而爭爲割地講和之説，以苟目前之安。公獨以爲不然，而數陳出師邀擊之可以必勝〔九〕，與其得氣再入之不可以不憂。則讒間蠭起，遠謫遐荒，而不數月間，都城亦失守矣。建炎再造，首登廟堂，慨然以修政事、攘夷狄爲己任。誅僭逆，定經制，寬民力，變士風，通下情，改弊法，招兵買馬，經理財賦，分布要害，繕治城壁。建遣張所撫河北，傅亮收河東，宗澤守京城，西顧關陝，南葺樊鄧。且將益據形便，以爲必守中原，必還二聖之計。然在位纔七十餘日，而又遭讒以去。其在紹興，因事獻言，亦皆畏天恤民、自彊自治之意，而深以議和退避爲非策，懇扣反復，以終其身。蓋既薨而諸子集其平生奏草〔一〇〕，得凡八十卷。其言正大明白，而纖微曲折，究極事情，絶去彫飾，而變化開闔，卓犖奇偉，前後二十餘年，事變不同，而所守一説，如出於立談指顧之間。

今少傅丞相福國陳公序其篇端〔一一〕，所以發揮引重，固已盡其美矣。公之孫晉復使熹書其後，以推明之。熹謝不敢〔一二〕，而其請愈力，不得辭也。顧嘗論之，以爲使公之言用於宣和之初，則都城必無圍迫之憂；用於靖康，則宗國必無顛覆之禍；用於建炎，則中原必不至於淪陷；用於紹興，則旋軫舊京，汛掃陵廟，以復祖宗之宇，而卒報不共戴天之讎，其已久矣。夫豈使王業偏安於江海之澨，而尚貽吾君今日之憂哉！顧乃使之數困於庸夫孺子之口，而不得卒就其志，豈天之愛人有時，而不勝夫氣數之力，抑亦人事之感或深或淺，而其相推相盪，固有以迭爲勝負之勢，而至於然歟！嗚呼，痛哉！

昔蒯通每讀樂毅書，未嘗不廢書而泣，安知異時不有掩卷太息而垂涕於斯者耶？雖然，今天子方總羣策，以圖恢復之功，使是書也得備清閒之燕，而幸有以當上心者焉，則有志之士，將不恨其不用於前日，而知天之所以生公者，真非偶然矣。因次其說以附于八十卷之末，使覽者無疑於福公之言云〔一三〕。淳熙十年十月丙午既望宣教郎、直徽猷閣、主管台州崇道觀朱熹謹書。

資治通鑑舉要曆後序

清源郡舊刻温國文正公之書，有文集及資治通鑑舉要曆，皆八十卷。曆篇之首，有紹興參知政事上蔡謝公克家所記，於其删述本指、傳授次第，以及宣取投進所以然者甚悉。然其傳布未甚廣，而朝命以其版付學省，則下吏不謹，乃航海而没焉，獨文集僅存，而歷數十年未有能補其亡者。淳熙壬寅，公之曾孫龍圖閣待制伋來領郡事，始至而視諸故府，則文集者亦已漫滅而不可讀矣。乃用家本讎正，移之别板，且將次及舉要之書，而未遑也。一日，過客有以爲言者，龍圖公矍然曰：「吾固已志之矣。」亟命出藏本刻焉。踰年告成，則又以書來語熹曰：「是書之成，不惟區區得以嗣承先志而脩此邦故事之闕，抑亦吾子之所樂聞也，其爲我記其後。」

熹竊聞之，資治通鑑之始奏篇也，神宗皇帝實親序之，則既有「博而得要，簡而周事」之褒矣。然公之意，猶懼夫本書之所以提其要者有未切也，於是乎有目録之作，以備檢尋。既又懼夫目之所以周於事者有未盡也，於是乎有是書之作，以見本末。蓋公之所以愛君忠國，稽古陳謨之意，丁寧反復，至于再三而不能已者，尤於此書見之。顧以成之之晚，既未及以聞于上，而黨論繼作，科禁日繁，則又不得以布于下。是以三十餘年之間，學士大夫進而議於朝，退而語於家，皆不克以公書從事，而背道反理之言盈天下，其效至於讒諛得志，上下相蒙，馴致禍亂，有不可忍言者。然後公凡所陳符驗章灼，而其出於煨燼之餘者，乃得進登王府，啓迪天衷，既以助成皇家再造之業，而其摹印誦習，又得以垂法戒於無窮，蓋公之志於此亦庶幾少伸焉。不幸中間又更放失，以迄于今，乃有聞孫適守兹土，然後復得大傳於世，以永休烈。熹誠樂聞其事，而又竊有感焉。因悉著其説，以附書後，後之君子，盍亦視其書之顯晦，而考其所以關於時運者爲如何，則公之所爲反復再三而不能自已之心，當有可爲太息而流涕者矣。十有一年冬十有一月乙未日南至新安朱熹敬書〔一四〕。

張南軒文集序

孟子没而義利之説不明於天下，中間董相仲舒、諸葛武侯、兩程先生屢發明之，而世之學者莫之能信。是以其所以自爲者，鮮不溺於人欲之私；而其所以謀人之國家，則亦曰功利焉而已爾。爰自國家南渡以來，乃有丞相魏國張忠獻公唱明大義，以斷國論，侍讀南陽胡文定公誦説遺經，以開聖學，其託於空言，見於行事，雖若不同，而於孟子之言，董、葛、程氏之意，則皆有所謂千載而一轍者。若近故荆州牧張侯敬夫者，則又忠獻公之嗣子，而胡公季子五峯先生之門人也。自其幼壯，不出家庭，而固已得夫忠孝之傳。既又講於五峯之門，以會其歸，則其所以默契於心者，人有所不得而知也。獨其見於論説，則義利之間，毫釐之辨，蓋有出於前哲之所欲言而未及究者。措諸事業，則凡宏綱大用，巨細顯微，莫不洞然於胸次，而無一毫功利之雜。是以論道於家，而四方學者爭鄉往之；入侍經帷，出臨藩屏，則天子亦味其言，嘉其績，且將倚以大用，而敬夫不幸死矣。敬夫既没，其弟定叟裒其故藁，得四巨編，以授予曰：「先兄不幸蚤世，而其同志之友亦少存者。今欲次其文以行於世，非子之屬而誰可？」予受書愀然，開卷亟讀，不能盡數篇，爲之廢書太息流涕而言曰：「世復有斯人也耶！無是人而有是書，猶或可以少見其志，然吾友平生之言，蓋不止此也。」因復益爲求訪，得諸四方學者所傳，凡數十篇。又發吾篋，出其往還書疏，讀之亦多有可傳者。方將爲之定著繕寫，歸之張氏，則或者已用別本摹印，而流傳廣矣。遽取觀之，蓋多嚮所講焉而未定之論，而凡近歲以來談經論事、發明道要之精語，反不與焉。予因慨念敬夫天資甚高，聞道甚蚤，其學之所就，既足以名於一世，然察其心，蓋未嘗一日以是而自足也。比年以來，方且窮經會友，日反諸心，而驗諸行事之實，蓋有所謂不知年數之不足者，是以其學日新而無窮，其見於言語文字之間，始皆極於高遠，而卒反就於平實。此其淺深疏密之際，後之君子，其必有以處之矣。顧以序次之不時，使其説之出於前而棄於後者，猶得以雜乎篇帙之間，而讀者或不能無疑信異同之惑，是則予之罪也已夫。於是乃復亟取前所蒐輯，參伍相校，斷以敬夫晚歲之意，定其書爲四十四卷。

嗚呼！使敬夫而不死，則其學之所至，言之所及，又豈予之所得而知哉！敬夫所爲諸經訓義，唯論語説晚嘗更定，今已別行。其他往往未脱藁時，學者私所傳録，敬夫蓋不善也，以故皆不著。其立朝論事，及在州郡條奏民間利病，則上意多鄉納之，亦有頗施行者，以故亦不著。獨取其經筵口義一章，附于表奏之後，使敬夫所以堯舜吾君，而不愧其父師之傳者，讀者有以識其端云。淳熙甲辰十有二月辛酉新安朱熹序。

向薌林文集後序

張子房五世相韓，韓亡，不愛萬金之産，弟死不葬，爲韓報讎。雖博浪之謀不遂，橫陽之命不延，然卒藉漢滅秦誅項，以攄其憤。然後棄人間事，導引辟穀，託意寓言，將與古之形解銷化者相期於八紘九垓之外，使千載之下聞其風者，想象歎息，不知其心胸面目爲如何人，其志可謂壯哉！陶元亮自以晉世宰輔子孫，恥復屈身後代，自劉裕篡奪勢成，遂不肯仕。雖其功名事業不少概見，而其高情逸想，播於聲詩者，後世能言之，士皆自以爲莫能及也。蓋古之君子其於天命民彝、君臣父子，大倫大法之所在，惓惓如此，是以大者既立，而後節概之高，語言之妙，乃有可得而言者。如其不然，則紀逡、唐林之節非不苦，王維、儲光羲之詩非不翛然清遠也，然一失身於新莽、禄山之朝，則其平生之所辛勤而僅得以傳世者，適足爲後人嗤笑之資耳。

愚嘗以是觀於古而驗於今，而於薌林居士向公之書竊有感也。公之世家，自丞相文簡公始以曠度絶識左右真宗，而欽聖憲肅皇后遂以任姒之德母儀天下。自是以來，慶流宗支，蟬聯赫奕，不可稱數。然逮公之仕，則已當靖康、建炎之際，而國家之變故艱危，於是極矣。觀其絶僭叛之音郵而縻其家族，宣覇府之號令而暢其威靈，以至擁羸卒、守孤城以抗彊虜百勝之鋒，遏羣盗横流之勢，身皆危於九死，而志不可奪。及紹興初，大臣始決忘讎辱國之計，則又慨然上疏，再三指言其失，無所回避。至於疾病且死，而猶勸上以深念創業之艱難，不可遽以小康而遂忘大計也。此其平生始終大節，豈不凛乎！其有子房、元亮之心哉！然二子當時皆不得位，而爲之於不可爲之後，是以大義雖明，而不及有益於人之國。若公乃幸猶得竭股肱之力，以依日月之光，宗社再安，與有勞烈，較其所就，則於二子又有光焉。是以中年乞身以自放於江湖之上，而學士大夫靡然咸服其高。一觴一詠，悠然若無意於工拙，而其清夷閑曠之姿，魁奇跌宕之氣，雖世之刻意於詩者，不能有以過也。嗚呼，是豈徒以其絶俗離世之難、發興吐詞之工而然哉！蓋必有其本矣。始公之薨，而五峯先生胡公實狀其行；後十餘年，而端明學士汪公始銘諸幽。其於公之志行本末，則既詳矣。又後二十餘年，而公之季子大夫公乃以公之文集三十卷者屬熹，使爲之序。自惟晚出，輒序公文而又列名二公之次，皆有非其分之所安者。蓋嘗以是辭焉，而弗獲也。因竊叙其心之所感者如此，以附書之左方，後有君子得以考焉。大夫名某，少以公命，受學南陽胡文定公之門，今年七十有六，謝事而老於家，亦已十八年矣〔一五〕。淳熙十二年春二月甲子新安朱熹序。

謝監廟文集序

故監西嶽廟謝君綽中者，建之政和人也。熹先君子太史公尉政和時，以公事行鄉落間，聞田舍中有誦書聲屬耳，頗異。亟下車，入其舍，則一少年書生方對案危坐，吟諷自若。先君子前揖問讀何書，生起，對曰：「儀禮也。」是時士方專治王氏學，非三經、字説、日録、老、莊之書不讀，而生之業乃如此，先君子固已奇之。引坐與語，酬應敏給，使出其文，詞氣亦不凡近。問其姓名，則曰謝姓，譽名，綽中字也。先君子大喜，即與俱歸，日授以經史百家之言，而勉其業之所未至。未幾，記誦益廣，文字益工，先君子益歎重之。遂中紹興二年進士第，調主邵武之泰寧簿。歸領祠官，年四十六以卒。先君子蓋深惜之。君性耿介，與世俗多不合，而居家極孝友。既得官，即盡以先疇奉其兄。娶妻，得田自隨，一旦亦舉而歸之。還自泰寧，自以不能隨俗俯仰，慨然願就閑秩，以便親養。然君之所以自許，與先君子所以期君者，蓋未嘗不以經綸之業爲言也，則其志豈自以爲止於此而已哉！

君没之年，先君子亦棄諸孤。後四十三年，而君之子東卿乃以君之遺文一編過熹於武夷精舍。熹讀其書，得其志，既歎君之不幸，又念先君子之門人賓客如君者蓋無幾人，今亦無復存者。而熹與東卿又皆伉拙不偶，不能有以成其先人之志，相與太息流涕久之。既而東卿請序其文，遂書其本末如此。君平生爲文甚多，東卿未能讀父書而孤，故其所得止於此。其間又多舛繆脱落，不敢輒改，懼失其真，覽者詳焉可也。淳熙乙巳四月既望新安朱熹序。

贈周道士序

清江道士周君抱琴來訪，屬余有功衰之戚，不得聽其抑按。然視其貌，接其言，知其所志有深於是者，豈歐陽子所謂「理身如理琴，正聲不可干以邪」者耶！於其行，書此贈之。君還江西，有問余者，以此示之。淳熙乙巳十月甲寅晦翁書。

金華潘公文集序

天地之化，包括無外，運行無窮，然其所以爲實，不越乎一陰一陽兩端而已。其動静屈伸，往來闔闢，升降浮沉之性，雖未嘗一日不相反，然亦不可以一日而相無也。聖人作易，以通神明之德，類萬物之情，其所以爲説者，亦若是焉耳矣。然及其推之人事，而擬諸形容，則常以陽爲君子，而引翼扶奬，惟恐其不盛；陰爲小人，而排擯抑黜，惟恐其不衰。何哉？蓋陽之德剛，陰之德柔。剛者常公，而柔者常私；剛者常明，而柔者常闇；剛者未嘗不正,而柔者未嘗不邪;剛者未嘗不大,而柔者未嘗不小。公明正大之人用於世,則天下蒙其福;私暗邪僻之人得其志,則天下受其禍。此理之必然也。且非獨於易之説爲然,蓋凡自古聖賢之言,雜出於傳記者,亦未有不好剛而惡柔者。若夫子所謂「剛毅」「近仁」,而又嘗深以「未見剛者」爲歎,及乎或人之對,則又直以有慾病棖也之不得爲剛,蓋專以是爲君子之德也。

嗚呼,若故中書舍人金華潘公者,其真孔子所謂未見者哉!熹雖不幸而不及掃洒其門,然讀其書,而猶喜於有以得其所存之仿佛也。蓋公自宣和初爲博士,則已不肯託昏富貴之家,而獨嘗論斥大臣蒙蔽之姦矣。及爲館職,又不肯遊蔡京父子間。使淮南,又不肯與中官同燕席。靖康召對,因論時宰何㮚、唐恪不可用,恐誤國事,以是謫去,曾不旋踵而言果驗。建炎初,召爲右司諫,首論亂臣逆黨當用重典,以正邦法,壯國威。且及當時用事者姦邪之狀,大爲汪、黄所忌,書奏三日而左遷以去。其言雖不大傳,然劉觀所草責詞,直以揣摩詆訾爲罪,則其事固可知已。紹興入爲都司,又忤時相以歸。復爲左史,一日直前,奏曰:「先王之所以致治者,以其合於大公至正之道。比年之所以致亂者,以其反此而已。陛下今日誠宜仰思祖宗創業之難,二帝蒙塵之久,俯念生靈塗炭之苦,土地侵削之多,夙寤晨興,不敢少置。每行一事,必先念此,然後發之,務以合於所謂大公至正之道,而勿以一毫私意曲徇人情，則天下庶有休息之期矣。」服喪還朝，又以廷叱奏事官而忤旨以去。自是之後，秦檜擅朝，則公遂廢於家，而不復起矣。

然公平生廉介自將，自少至老，出入三朝，而前後在官不過八百六十餘日。所居僅庇風雨，郭外無尺寸之田。經界法行，獨以丘墓之寄，輸帛數尺而已。其清苦貧約，蓋有人所不堪者，而處之超然，未嘗少屈於檜。其子熺暴起鼎貴，勢傾内外，亦未嘗與通問也。常誦君子三戒之言，而深以在得之規痛自儆飭。至於造次之間〔一六〕，一言一行，凡所以接朋友、教子弟，亦未嘗不以孝弟忠敬、節儉正直、防微謹獨之意爲本。其讀書磨鏡之喻，切中學者之病，當世蓋多傳之。而所論汲長孺、蓋寬饒之爲人，尤足以見其志之所存也。嗚呼！若公之清明直諒，確然亡慾，其真可謂「剛毅」而「近仁」矣。

夫以三代之時，聖人之世，而夫子已歎剛者之不可見，況於百世之下，幸有如公者焉，而不得少伸其志以没。其條奏草藁，有補於時，可爲後法者，又以公自焚削而不復存。其平生之言，頗可見者，獨有賦、詠、筆札之餘，數十百篇而已。後之君子，蓋將由此以論公之世，其可使之没没無傳而遂已乎？公之兄子，今廣州使君畤謂熹盍序其書而傳之，熹不敢當，而亦不得辭也，於是三復其書，而剟其梗概，附于書首，以告觀者。且將時出而伏讀之，以自厲焉。

公諱某，字義榮，一字子賤，自號默成居士。集凡十有五卷。廣州字德鄰，少學於公，植志行身，甚有家法。數爲郡守、部使者，愛民戢姦，不憚大吏，所至皆有風績云。淳熙丙午春三月己卯朔旦具位新安朱熹謹序。

易學啓蒙序

聖人觀象以畫卦，揲蓍以命爻，使天下後世之人皆有以決嫌疑、定猶豫，而不迷於吉凶悔吝之塗，其功可謂盛矣。然其爲卦也，自本而幹，自幹而支，其勢若有所迫而自不能已。其爲蓍也，分合進退，縱横順逆，亦無往而不相值焉。是豈聖人心思智慮之所得爲也哉？特氣數之自然，形於法象，見於圖書者，有以啓於其心而假手焉耳！近世學者類喜談易，而不察乎此，其專於文義者，既支離散漫而無所根著；其涉於象數者，又皆牽合傅會，而或以爲出於聖人心思智慮之所爲也。若是者，予竊病焉，因與同志頗輯舊聞，爲書四篇，以示初學，使毋疑於其説云。淳熙丙午暮春既望雲臺真逸手記。

律吕新書序

古樂之亡久矣，然秦漢之間去周未遠，其器與聲猶有存者。故其道雖不行於當世，而其爲法，猶未容有異論也。逮于東漢之末，以接西晉之初，則已寖多説矣。歷魏、周、齊、隋、唐、五季，論者愈多，而法愈不定。爰及我朝，功成治定，理宜有作，建隆、皇祐、元豐之間，蓋亦三致意焉。而和胡、阮、李、范、馬、劉、楊諸賢之議，終不能以相一也，而況於崇、宣之季，姦諛之會，黥涅之餘，而能有以語夫天地之和哉。丁未南狩，今六十年，神人之憤，猶有未攄，是固不遑於稽古禮文之事。然學士大夫因仍簡陋，遂無復以鍾律爲意者，則已甚矣。

吾友建陽蔡君元定季通，當此之時，乃獨心好其説而力求之。旁搜遠取，巨細不捐，積之累年，乃若冥契。著書兩卷，凡若干言。予嘗得而讀之，愛其明白而淵深，縝密而通暢，不爲牽合傅會之談，而横斜曲直，如珠之不出於盤。其言雖多出於近世之所未講，而實無一字不本於古人已試之成法。蓋若黄鍾圜徑之數，則漢斛之積分可考。寸以九分爲法，則淮南、太史、小司馬之説可推。五聲二變之數，變律半聲之例，則杜氏之通典具焉。變宫、變徵之不得爲調，則孔氏之禮疏因亦可見。至於先求聲氣之元，而因律以生尺，則尤所謂卓然者，而亦班班雜見於兩漢之志、蔡邕之説，與夫國朝會要以及程子、張子之言。顧讀者不深考其間，雖或有得於此者，而又不能無失於彼，是以晦蝕紛拏，無復定論，大抵不拘攣於習熟見聞之近，即肆其胸臆，妄爲穿穴而無所據依。季通乃能奮其獨見，超然遠覽，爬梳剔抉，參互考尋，用其平生之力，以至於一旦豁然，而融會貫通焉，斯亦可謂勤矣。及其著論，則又能推原本根，比次條理，管括機要，闡究精微，不爲浮詞濫說以汩亂於其間，亦庶幾乎得書之體者。

予謂國家行且平定中原，以開中天之運，必將審音協律，以諧神人。當此之時，受詔典領之臣，能得此書而奏之，則東京郊廟之樂，將不待公孫述之瞽師而後備。而參摹四分之書，亦無待乎後世之子雲而後知好之矣。抑季通之爲此書，詞約理明，初非難讀，而讀之者往往未及終篇，輒已欠伸思睡，固無由了其歸趣。獨以予之頑鈍不敏，乃能熟復數過，而僅得指意之仿佛。季通以是亦許予爲能知己志者，故屬予以序引，而予不得辭焉。季通更欲均調節奏，被之筦絃，別爲樂書，以究其業，而又以其餘力發揮武侯六十四陣之圖，緒正邵氏皇極經世之歷，以大備乎一家之言，其用意亦健矣。予雖老病，儻及見之，則亦豈非千古之一快也哉！淳熙丁未正月朔旦新安朱熹序。

小學題辭

元亨利貞，天道之常；仁義禮智，人性之綱。凡此厥初，無有不善，藹然四端，隨感而見。愛親敬兄，忠君弟長；是曰秉彝，有順無强。惟聖性者，浩浩其天；不加毫末，萬善足焉。衆人蚩蚩，物欲交蔽；乃頽其綱，安此暴棄。惟聖斯則，建學立師；以培其根，以達其枝。小學之方，灑掃應對；入孝出弟，動罔或悖。行有餘力，誦詩讀書；詠歌舞蹈，思罔或逾。窮理脩身，斯學之大；明命赫然，罔有内外。德崇業廣，乃復其初；昔非不足，今豈有餘。世遠人亡，經殘教弛；蒙養弗端，長益浮靡。鄉無善俗，世乏良材；利欲紛拏，異言喧豗。幸兹秉彝，極天罔墜；爰輯舊聞，庶覺來裔。嗟嗟小子，敬受此書；匪我言耄，惟聖之謨。

題小學

古者小學教人以灑掃、應對、進退之節，愛親、敬長、隆師、親友之道，皆所以爲脩身、齊家、治國、平天下之本。而必使其講而習之於幼稚之時，欲其習與知長，化與心成，而無扞格不勝之患也。今其全書雖不可見，而雜出於傳記者亦多，讀者往往直以古今異宜而莫之行，殊不知其無古今之異者，固未始不可行也。今頗蒐輯以爲此書，受之童蒙，資其講習，庶幾有補於風化之萬一云爾。

大學章句序

大學之書，古之大學所以教人之法也。蓋自天降生民，則既莫不與之以仁、義、禮、智之性矣。然其氣質之禀，或不能齊，是以不能皆有以知其性之所有而全之也。一有聰明睿智，能盡其性者出於其間，則天必命之，以爲億兆之君師，使之治而教之，以復其性，此伏羲、神農、黄帝、堯、舜所以繼天立極，而司徒之職、典樂之官所由設也。三代之隆，其法浸備，然後王宮國都，以及閭巷，莫不有學。人生八歲，則自王公以下〔一七〕，至於庶人之子弟，皆入小學，而教之以灑掃、應對、進退之節，禮、樂、射、御、書、數之文。及其十有五年，則自天子之元子、衆子，以至公卿大夫元士之適子〔一八〕，與凡民之俊秀，皆入大學，而教之以窮理正心、脩己治人之道。此又學校之教，大小之節所以分也。夫以學校之設，其廣如此，教之之術，其次第節目之詳又如此，而其所以爲教，則又皆本之人君躬行心得之餘，不待求之民生日用彝倫之外，是以當世之人無不學。其學焉者，無不有以知其性分之所固有，職分之所當爲，而各俛焉以盡其力，此古昔盛時所以治隆於上，俗美於下，而非後世之所能及也。

及周之衰，賢聖之君不作，學校之政不脩，教化陵夷，風俗頹敗。時則有若孔子之聖，而不得君師之位，以行其政教，於是獨取先王之法，誦而傳之，以詔後世。若曲禮、少儀、内則、弟子職諸篇，固小學之支流餘裔；而此篇者，則因小學之成功，以著大學之明法，外有以極其規模之大，而内有以盡其節目之詳者也。三千之徒，蓋莫不聞其説，而曾氏之傳，獨得其宗，於是作爲傳義，以發其意。及孟子没而其傳泯焉，則其書雖存，而知者鮮矣。

自是以來，俗儒記誦詞章之習，其功倍於小學而無用；異端虚無寂滅之教，其高過於大學而無實。其他權謀術數，一切以就功名之説，與夫百家衆技之流，所以惑世誣民，充塞仁義者，又紛然雜出乎其間。使其君子不幸而不得聞大道之要，其小人不幸而不得蒙至治之澤，晦盲否塞，反覆沈痼，以及五季之衰，而壞亂極矣。

天運循環，無往不復。宋德隆盛，治教休明。於是河南程氏兩夫子出，而有以接乎孟氏之傳。實始尊信此篇而表章之，既又爲之次其簡編，發其歸趣，然後古者大學教人之法、聖經賢傳之指，粲然復明於世。雖以熹之不敏，亦幸私淑而與有聞焉。顧其爲書猶頗放失，是以忘其固陋，采而輯之，間亦竊附己意，補其闕略，以俟後之君子。極知僭踰，無所逃罪，然於國家化民成俗之意，學者脩己治人之方，則未必無小補云。淳熙己酉二月甲子新安朱熹序。

中庸章句序

中庸何爲而作也？子思子憂道學之失其傳而作也。蓋自上古聖神繼天立極，而道統之傳有自來矣。其見於經，則「允執厥中」者，堯之所以授舜也。「人心惟危，道心惟微，惟精惟一，允執厥中」者，舜之所以授禹也。堯之一言，至矣盡矣，而舜復益之以三言者，則所以明夫堯之一言，必如是而後可庶幾也。

蓋嘗論之，心之虚靈知覺，一而已矣，而以爲有人心、道心之異者，則以其或生於形氣之私，或原於性命之正，而所以爲知覺者不同，是以或危殆而不安，或微妙而難見耳。然人莫不有是形，故雖上智不能無人心；亦莫不有是性，故雖下愚不能無道心。二者雜於方寸之間，而不知所以治之，則危者愈危，微者愈微，而天理之公，卒無以勝夫人欲之私矣。精則察夫二者之間而不雜也，一則守其本心之正而不離也。從事於斯，無少間斷，必使道心常爲一身之主，而人心每聽命焉，則危者安，微者著，而動静云爲自無過不及之差矣。

夫堯、舜、禹，天下之大聖也；以天下相傳，天下之大事也。以天下之大聖，行天下之大事，而其授受之際，丁寧告戒，不過如此，則天下之理，豈有以加於此哉？自是以來，聖聖相承，若成湯、文、武之爲君，皐陶、伊、傅、周、召之爲臣，既皆以此而接夫道統之傳，若吾夫子，則雖不得其位，而所以繼往聖、開來學，其功反有賢於堯舜者。然當是時，見而知之者，惟顔氏、曾氏之傳得其宗。及曾氏之再傳，而復得夫子之孫子思，則去聖遠而異端起矣。子思懼夫愈久而愈失其真也，於是推本堯舜以來相傳之意，質以平日所聞父師之言，更互演繹，作爲此書，以詔後之學者。蓋其憂之也深，故其言之也切；其慮之也遠，故其説之也詳。其曰「天命率性」，則道心之謂也；其曰「擇善固執」，則精一之謂也；其曰「君子時中」，則執中之謂也。世之相後，千有餘年，而其言之不異，如合符節。歷選前聖之書，所以提挈綱維，開示藴奥，未有若是其明且盡者也。自是而又再傳，以得孟氏，爲能推明是書，以承先聖之統。及其没，而遂失其傳焉。則吾道之所寄，不越乎言語文字之間，而異端之説，日新月盛，以至於老佛之徒出，則彌近理而大亂真矣。然而尚幸此書之不泯，故程夫子兄弟者出，得有所考，以續夫千載不傳之緒；得有所據，以斥夫二家似是之非。蓋子思之功，於是爲大，而微程夫子，則亦莫能因其説而得其心也。惜乎！其所以爲説者不傳，而凡石氏之所輯録，僅出於其門人之所記，是以大義雖明而微言未析。至其門人所自爲説，則雖頗詳盡而多所發明，然倍其師説而淫於老佛者，亦有之矣。

熹自蚤歲即嘗受讀而竊疑之，沉潛反復，蓋亦有年，一旦怳然似有以得其要領者，然後乃敢會衆説而折其中，既爲定著章句一篇，以俟後之君子。而一二同志，復取石氏書删其繁亂，名以輯略，且記所嘗論辨取舍之意，别爲或問，以附其後。然後此書之旨，支分節解，脈絡貫通，詳略相因，巨細畢舉。而凡諸説之同異得失，亦得以曲暢旁通，而各極其趣。雖於道統之傳，不敢妄議，然初學之士，或有取焉，則亦庶乎行遠升高之一助云爾。淳熙己酉春三月戊申新安朱熹序。

李存誠更名序

李君棐忱相見於政和，余問其名上字之義，則曰先儒之訓以爲輔也。余謂不然。古字多假借，「棐」蓋與「匪」通用，顔監之釋班史，有是言矣。余嘗以是考之，凡書之言「棐」者，皆當爲「匪」，其義乃通。李君曰：「然則以『匪忱』爲名，愚之所不安也，請有以易之。」余曰：「去『匪』而存『忱』，可已。」李君曰：「諾。」乃書以遺之，而字之曰「存誠」云。紹熙元年二月十八日朱熹仲晦父書。

雲龕李公文集序

士君子所以立於斯世者，不難於文，而難於實；不難於小，而難於大，此愚所以每竊有感於參知政事隴西文敏李公之文，而病世之所以知公者殊淺也。蓋自我宋之興，百有餘年，纍聖相承，專以文治，而其盛極於崇、觀、政、宣之間，一時學士大夫執簡秉筆，爭以文字相高。其所以歌詠泰平，藻飾治具者，雜然並出，如金石互奏，宫徵相宣，未有能優劣之者。而李公以傑出之材，雍容其間，發大詔令，草大牋奏，富贍雄特，精能華妙，愈出而愈無窮，直將闗衆俊之口而奪之氣，斯已奇矣。然使公之所立，獨恃此而無其實，或徒規規然務爲小廉曲謹，以投世俗之耳目，而其大者無稱焉，則亦何足以名於一世而垂無窮哉？而公扈蹕臨安，適遭己酉三月五日之變，當是之時，一旦猝然事出非意，羣公愕眙，不知所以爲策。公獨挺身赴難，神采毅然，逆折兇渠，喻以大義。退而陰贊宰府，爲所以離貳逆黨尊復明辟之計者甚悉。是以平賊之功，雖由外濟，而高宗皇帝察公之忠，首擢以爲尚書左丞，而又賜之手札，至有「萬衆動色，具臣靦顏」之語。

嗚呼！天地之間，理義之實，孰有大於君臣之際者？而公於是乃能竭其股肱之力，以有成功，是其所立，豈獨以其文而已哉！然公功成不居，退而老於江海之上，杜門終日，絶口不道前事，雖所以告其子弟者，亦常欿然退託，如有不足之意。是以世之君子鮮或知之，其所可考而必信者，獨賴聖謨神翰，炳若日星，是以天下之公論，至於久而後定耳。以是觀之，則世之獨以文字知公者，豈非淺哉！

頃年公孫故建康通守誼嘗以公之遺文屬熹爲序，熹以不文，謹謝不敢。今年通守之弟齊安史君詵又以爲請，且曰「詵之請非有他，獨願得一言，以發明公之大節，使後世之知公者，不獨以其文而已爾」。熹於是乃敢拜受其書而三復焉，因竊論其所感者如此，以附篇後。蓋公嘗受學於其世父右史樂靜先生，而樂靜之學又得之高郵孫中丞、眉山蘇承旨，其丁寧付授之意，今略見公所撰樂靜文集後語中，有本者固如是也。紹熙元年冬十有一月某日具位朱熹序。

豐清敏遺事後序

仲尼亟稱於水，曰「水哉，水哉」，其詞約而旨微矣。而孟子論其所取之意，乃直以「原泉混混，不舍晝夜，盈科而後進，放乎四海」者言之。非其深造默識，有以得乎聖人之心，孰能知其所説之如此。而有志之士，欲有爲於此世者，又豈可以不察乎此，而先立其本哉？

然自聖賢既遠，道學不明，士大夫不知用心於内，以立其本，而徒恃其意氣才力之盛，以能有爲於世者，蓋亦多矣。彼其見聞之博，詞令之美，論議之韙，節槪之高，一時之間，從其外而觀之，豈不誠有以過人者。然探其中而責其實，要其久而待其歸，求其充然有以慰滿於人心，而無一瑕之可指者，則什百之中，未見其可以一二數也。嗚呼！若禮部尚書縉雲清敏公者，其真所謂有本者歟？觀其平居暇日，所以治心養氣而脩諸身者，蓋天下之物無足以纍其志。是以爲子則孝，爲吏則廉，進而立乎本朝，則上自宗廟以及人主之身，内自禁掖近幸之私，而外及乎朝廷卿相之重，知無不言，言無不盡。蓋有當時法家拂士所爲低回遷就，而詭詞以幸濟者，公獨正色誦言，無少顧避。退未嘗以語乎家，而其計慮之明，諫説之切，所以不諧於時而卒驗於後者，乃反因深文巧詆之筆而後顯。及其出而賦政乎外，退處乎鄉，以至流放轉徙於荒寒寂寞之濱，而遂奄然以没其世，則其所以處乎巨細顯微之間者，又皆清明純潔，而無一毫之歉。是非所謂「原泉混混而放乎四海」者耶！孔子之歎，孟氏之言，於是而益見，其不我欺矣！

熹愚不肖，生長窮鄉，聞公之名而鄉往之久矣，獨恨未能盡得其行事之本末。前年公之曾孫中散大夫某持節南來，亟往請焉。大夫公乃出是書〔一九〕，而遂以其序見屬。熹不得辭也，因次是説，以附于章貢李公跋語之後。雖於公之懿德馴行、剛毅大節無能有所發明，然使讀公之書，而仰高山、行景行者，知循其本而用力焉，則亦世道人材之一助，而非獨爲豐氏之私也。大夫公清苦廉直，勤事愛民，屢爲刺史二千石，入居郎省，皆有顯聞，然多不得久於其官，蓋有公之風烈云。紹熙二年夏四月戊寅朔朝散郎、直寶文閣、權發遣漳州軍州事朱熹序。

孫稽仲文集序

蘇臺孫侯稽仲示予以其所爲文，曰谷橋愚藁者十巨編。曰：「予之用力於此深矣，子其爲我評之。」熹不能文，不知所以贊也，然嘗讀稽仲兵要之書矣，觀其述作之體，不爲文字之空言，而必要於實用，此其志豈獨求以文鳴於世而已哉！今得此編而讀之，則其律令之嚴，關鍵之密，又若未能無意於文者。然其不爲空言，而必求有以發於物色事情之實，則猶兵要也。「意翻空而易奇，文徵實而難工」，昔之用力於文者，蓋已病之。是以谷橋之篇，驟而讀之，初若艱深嚴苦，而不諧於俚耳；至其合處，則又從容閒暇，流暢發越，若律吕之相和，雌雄之相應。此其用力之淺深，世當有能識之者，不待予言而後信也。至於談經之趣，足以見其文之所以爲本；論事之章，足以見其學之所以爲用，又皆明白磊落，間見層出於其間。嗚呼，是亦富矣！異時有志之士，蓋必將有考焉，又不當專以文章利病而言也。紹熙癸丑七月既望新安朱熹書。

武夷圖序乙卯中秋

武夷君之名，著自漢世，祀以乾魚，不知果何神也。今建寧府崇安縣南二十餘里，有山名武夷，相傳即神所宅。峯巒巖壑，秀拔奇偉，清溪九曲，流出其間。兩崖絶壁，人迹所不到處，往往有枯查插石罅間，以皮舟船棺柩之屬。柩中遺骸，外列陶器，尚皆未壞。頗疑前世道阻未通，川壅未決時夷落所居，而漢祀者即其君長，蓋亦避世之士，生爲衆所臣服，没而傳以爲仙也。今山之羣峯最高且正者，猶以「大王」爲號，半頂有小丘焉，豈即君之居耶？然舊記相傳，詭妄不經，不足考信；故有版圖，迫迮湣漫，亦難辨識。今冲佑羽人高君文舉始復更定此本，於其鄉偕隱顯之間，爲能有以盡發其秘，且屬隱屏精舍仁智堂主爲題其首，以袪舊傳之惑云。

韓文考異序

南安韓文出莆田方氏，近世號爲佳本。予讀之信然，然猶恨其不盡載諸本同異，而多折衷於三本也。原三本之見信，杭、蜀以舊，閣以官，其信之也則宜。然如歐陽公之言，韓文印本，初未必誤，多爲校讎者妄改。亦謂如羅池碑改「步」爲「涉」，田氏廟改「天明」爲「王明」之類耳。觀其自言，爲兒童時得蜀本韓文於隨州李氏，計其歲月，當在天禧中年，且其書已故弊脱略，則其摹印之日，與祥符杭本蓋未知其孰先孰後，而嘉祐蜀本，又其子孫明矣。然而猶曰「三十年間，聞人有善本者，必求而改正之」，則固未嘗必以舊本爲是而悉從之也。至於秘閣官書，則亦民間所獻，掌故令史所抄，而一時館職所校耳。其所傳者，豈真作者之手藁，而是正之者，豈盡劉向、楊雄之倫哉？讀者正當擇其文理意義之善者而從之，不當但以地望形勢爲重輕也。抑韓子之爲文，雖以力去陳言爲務，而又必以文從字順、各識其職爲貴。讀者或未得此權度，則其文理意義，正自有未易言者。是以予於此書，姑考諸本之同異而兼存之，以待覽者之自擇。區區妄意，雖或竊有所疑，而不敢偏有所廢也。

書韓文考異前

此集今世本多不同，惟近歲南安軍所刊方氏校定本號爲精善。別有舉正十卷，論其所以去取之意，又他本之所無也。然其去取以祥符杭本、嘉祐蜀本，及李、謝所據館閣本爲定，而尤尊館閣本，雖有謬誤，往往曲從；他本雖善，亦棄不録。至於舉正，則又例多而辭寡，覽者或頗不能曉知。故今輒因其書更爲校定，悉考衆本之同異，而一以文勢義理及他書之可驗者決之。苟是矣，則雖民間近出小本不敢違；有所未安，則雖官本、古本、石本不敢信。又各詳著其所以然者，以爲考異十卷，庶幾去取之未善者，覽者得以參伍而筆削焉。

林貫之字序

莆田林井伯之子小字轉翁，間以謂余，請有以易之。余曰：「日月山川隱疾之外，何適而非名？唯毋曰翁者，以去自尊之嫌，斯可已。」乃請井伯姑仍上字，而字以「貫之」。且告之曰：「車之所以轉者，輪也；輪之所以轉者，牙之圜也；牙之所以轉者，輻之直而凿於轂也；轂之所以轉者，内空以貫乎軸，而外能使輻以指牙也。然自轂之外，雖能轉物，而未免自轉於物，唯軸則承軫載物，以貫夫轂而未嘗有所動焉。是以不轉於物而物之可轉者，皆唯我之所轉而莫能違也。

嗚呼！人之爲學，至於有以自立其心，而不爲物之所轉，則其日用之間，所以貫夫事物之中者，豈富貴所能淫，貧賤所能移，威武所能屈哉！井伯家傳奥學，所以教其子者，固宜熟於此矣，貫之其必以余言爲不謬云。

黄子厚詩序

余年十五六時，與子厚相遇於屏山劉氏之齋館，俱事病翁先生。子厚少余一歲，讀書爲文，略相上下，猶或有時從余切磋，以進其所不及。後三四年，余猶故也，而子厚一旦忽踴躍驟進，若不可以尋尺計。出語落筆，輒驚坐人。余固歎其超然不可追逐，而流輩中亦鮮有能及之者。自爾二十餘年，子厚之詩文日益工，琴書日益妙，而余日益昏惰，乃不能及常人。亦且自念其所曠闕，又有急於此者，因遂絶意，一以頑鄙自安，固不暇復與子厚度長絜大於文字間矣。既而子厚一再徙家崇安、浦城，會聚稍希闊，然每得其詩文筆札，必爲之把玩賞歎，移日不能去手。

蓋子厚之文學太史公，其詩學屈、宋、曹、劉，而下及於韋應物，視柳子厚猶以爲雜用今體不好也。其隸古尤得魏晉以前筆意，大抵氣韻豪爽而趣味幽潔，蕭然無一點世俗氣。中年不得志於場屋，遂發憤謝去，杜門讀書，清坐竟日，間輒曳杖行吟田野間，望山臨水以自適。其於騷詞，能以楚聲古韻爲之，節奏抑揚，高下俛仰，疾徐之間，淩厲頓挫，幽眇回鬱，聞者爲之感激慨歎，或至泣下。由是其詩日以高古，遂與世亢，至不復可以示人。或者得之，亦不省其爲何等語也。獨余猶以舊習未忘之故，頗能識其用意深處，蓋未嘗不三復而深悲之，以爲子厚豈真坐此以窮，然亦不意其遂窮以死也。衰莫疾痛，餘日幾何？而交舊零落，無復可與語此者。方將訪其遺稿，櫝而藏之，以爲後世必有能好之者。而一日三山許閎生來訪，袖出子厚手書所爲詩若干篇，别抄又若干篇，以示余。其間蓋又有余所未見者，然後益知子厚晚歲之詩，其變化開闔，怳惚微妙，又不止余昔日之所知也。爲之執卷流涕，而識其後如此。

子厚名銖，姓黄氏，世家建之甌寧，中徙穎昌且再世。母孫讀書能文，昆弟皆有異材，而子厚所立卓然，尤足以自表見。顧乃不遇，而阨窮以死，是可悲也。許生嘗學詩於子厚，得其户牖，收拾遺文，其多乃至於此。拳拳綴緝，師死而不忍倍之，是又可嘉也已。慶元己未七月壬子雲谷老人書。

楚辭後語目録序

右楚辭後語目録，以晁氏所集録續、變二書刊補定著，凡五十二篇。晁氏之爲此書，固主於辭，而亦不得不兼於義。今因其舊，則其考於辭也宜益精，而擇於義也當益嚴矣，此余之所以兢兢而不得不致其謹也。蓋屈子者，窮而呼天，疾痛而呼父母之詞也，故今所欲取而使繼之者，必其出於幽憂窮蹙、怨慕凄凉之意，乃爲得其餘韻。而宏衍鉅麗之觀，懽愉快適之語，宜不得而與焉。至論其等，則又必以無心而冥會者爲貴，其或有是，則雖遠且賤，猶將汲而進之。一有意於求似，則雖迫真如楊柳，亦不得已而取之耳。若其義，則首篇所著荀卿子之言，指意深切，詞調鏗鏘，君人者誠能使人朝夕諷誦，不離於其側，如衛武公之抑戒，則所以入耳而著心者，豈但廣厦細旃，明師勸誦之益而已哉！此固余之所爲眷眷而不能忘者。若高唐、神女、李姬、洛神之屬，其詞若不可廢，而皆棄不録，則以義裁之，而斷其爲禮法之罪人也。高唐卒章雖有「恩萬方、憂國害、開聖賢、輔不逮」之云，亦屠兒之禮佛，倡家之讀禮耳，幾何其不爲獻笑之資，而何諷一之有哉！其息夫躬、柳宗元之不棄，則晁氏已言之矣。至於揚雄則未有議其罪者，而余獨以爲是其失節，亦蔡琰之儔耳。然琰猶知愧而自訟，若雄則反訕前哲以自文，宜又不得與琰比矣。今皆取之，豈不以夫琰之母子無絶道，而於雄則欲因反騷而著蘇氏、洪氏之貶詞，以明天下之大戒也。陶翁之詞，晁氏以爲中和之發，於此不類，特以其爲古賦之流而取之，是也。抑以其自謂晉臣耻事二姓而言，則其意亦不爲不悲矣，序列於此又何疑焉？至於終篇，特著張夫子、吕與叔之言，蓋又以告夫游藝之及此者，使知學之有本而反求之，則文章有不足爲者矣。其餘微文碎義，又各附見於本篇，此不暇悉著云。

楚辭集注序

右楚辭集注八卷，今所校定其第録如上。蓋自屈原賦離騷而南國宗之，名章繼作，通號楚辭，大抵皆祖原意，而離騷深遠矣。竊嘗論之，原之爲人，其志行雖或過於中庸而不可以爲法，然皆出於忠君愛國之誠心。原之爲書，其辭旨雖或流於跌宕怪神、怨懟激發而不可以爲訓，然皆生於繾綣惻怛、不能自已之至意。雖其不知學於北方，以求周公、仲尼之道，而獨馳騁於變風、變雅之末流，以故醇儒莊士或羞稱之。然使世之放臣屏子、怨妻去婦抆淚謳吟於下，而所天者幸而聽之，則於彼此之間天性民彝之善，豈不足以交有所發，而增夫三綱五典之重？此予之所以每有味於其言，而不敢直以詞人之賦視之也。然自原著此詞，至漢未久，而説者已失其趣。如太史公蓋未能免，而劉安、班固、賈逵之書，世復不傳。

及隋唐間，爲訓解者尚五六家，又有僧道騫者能爲楚聲之讀，今亦漫不復存，無以驗其説之得失。而獨東京王逸章句與近世洪興祖補注並行於世，其於訓詁名物之間，則已詳矣。顧王書之所取舍，與其題號離合之間，多可議者，而洪皆不能有所是正。至其大義，則又皆未嘗沉潛反復，嗟歎詠歌，以尋其文詞指意之所出，而遽欲取喻立説，旁引曲證，以强附於其事之已然。是以或以迂滯而遠於性情，或以迫切而害於義理，使原之所爲抑鬱而不得伸於當年者，又晦昧而不見白於後世，予於是益有感焉。疾病呻吟之暇，聊據舊編，粗加檃括，定爲集注八卷。庶幾讀者得以見古人於千載之上，而死者可作，又足以知千載之下有知我者，而不恨於來者之不聞也。嗚呼悕矣，是豈易與俗人言哉！

贈畫者張黄二生

鄉人新作聚星亭，欲畫荀陳遺事於屏間，而窮鄉僻陋，無從得本。友人周元興、吴和中共稱張、黄二生之能，因俾爲之。果能考究車服制度，想像人物風采，觀者皆歎其工。二生因請爲記其事。予以爲二生更能遠遊以廣其見聞，精思以開其胸臆，則其所就當不止此。予老矣，尚能爲生印之。慶元庚申正月二十四日晦庵病叟書贈張彦悦、黄某。

周深父更名序

水之深者，淵回澄濸，人莫能測其源底之所極。其或未然，則必濬之而後深，此理之必然也。深父更名，以避前聖，其意則已善矣。而其所欲名者，又即其字而得夫所以深之之道焉，豈不又甚可嘉也哉。自今以往，因稱有警，而日有以深乎其内，使相與遊者但見其淵回澄濸，有異於前而莫際其極，是則深父之果能爲深，而不負乎此名也夫。慶元庚申閏月初吉晦庵病叟書。

贈筆工蔡藻

予性不善書，尤不能用兔毫弱筆。建安蔡藻以筆名家，其用羊毫者尤勁健，予是以悦之。藻若去此而游於都市，蓋將與曹忠輩爭先云。淳熙元年八月五日朱仲晦父書。

三先生論事録序〔二〇〕

校勘記

〔一〕詩何爲而作也　「爲」，原作「謂」，據浙本改。

〔二〕又云益思以奇自名　「名」，元刻本朱子成書通書注作「見」。

〔三〕何君序見遺事篇内　「序」，原作「既」，據元刻本朱子成書通書注改。

〔四〕而濂之爲字　「濂」，元刻本朱子成書通書注作「濂溪」。

〔五〕則推衍毛説者　「毛」字原缺，據淳熙本補。

〔六〕不能不置疑於其間　「置」，淳熙本作「致」。

〔七〕丞相李公奏議後序　「李」，淳熙本作「隴西」。

〔八〕是以天下不能至不幸謫官以去　按此段文字，淳熙本作：「然後不得已而降殃咎焉。然是氣之屈於此也，則必有所信於彼；其消於今也，必有所息於後。是以天將降非常之禍於此世，則必爲之預出非常之人以擬之，使夫國家猶有所依以立而生民之類不至於糜爛泯滅而無餘，是則理勢之必然，而天之所以爲天者，其心固如此也。嗚呼！若故丞相隴西公者，其天之所出以擬宣和、靖康之禍而開建炎、紹興之業者歟？公以史臣入侍於宣和之初，睹都城暴水之災，而知其必有夷狄兵革之禍，極諫不用。」

〔九〕而數陳出師邀擊　「數陳」，淳熙本作「數慨然深陳」。

〔一〇〕集其平生奏草　「草」，浙本作「章」。

〔一一〕今少傅丞相福國陳公　淳熙本「少傅」作「少保」，「福國」作「中國」。

〔一二〕熹謝不敢　「敢」，淳熙本作「敏」。

〔一三〕福公之言云　「福」，淳熙本作「申」。

〔一四〕十有一月乙未日南至　「一」原作「二」，據浙本改。

〔一五〕亦已十八年矣　「十」，浙本作「七」。

〔一六〕至於造次之間　「至」，原作「生」，據浙本改。

〔一七〕自王公以下　「王公」，淳熙本作「天之元子」。

〔一八〕則自天子至元士之適子　淳熙本作「命貴者之冑子」六字。

〔一九〕大夫公乃出是書　「乃」字原缺，據浙本補。

〔二〇〕三先生論事録序　本篇浙本刊於本卷詩集傳序後。按本文又見陳亮集增訂本（中華書局一九八七年版）卷二三。又王應麟困學紀聞卷一七云：「三先生論事録序，陳同甫作也。編於朱文公集，皆誤。」今據删而存其目。

晦庵先生朱文公文集卷第七十七

記

高士軒記

同安主簿廨皆老屋支拄，殆不可居，獨西北隅一軒爲亢爽可喜，意前人爲之，以待夫治簿書之暇日而燕休焉。然視其所以名，則若有不屑居之之意。予以爲君子當無入而不自得，名此非是，因更以爲高士軒。

而客或難予曰：「漢世高士不爲主簿者，實御史屬。漢官，御史府典制度文章，大夫位上卿，亞丞相，主其簿書者名秩亦不卑矣。彼猶以爲浼己而不顧焉，故足以爲高也。今子僕僕焉在塵埃之中，左右朱墨，蒙犯箠楚，以主縣簿於此，而以『高士』名其居，不亦戾乎？」

予曰：「固也。是其言也，豈不亦曰士安得獨自高，其不遭，則可亡不爲已乎？予於其言蓋嘗竊有感焉，然亦未嘗不病其言之未盡也。蓋謂士之不遭，可無不爲，若古之乘田委吏、抱關擊柝者焉可也；謂士不能獨自高，則若彼者乃以未睹夫高也〔一〕。夫士誠非有意於自高，然其所以超然獨立乎萬物之表者，亦豈有待於外而後高耶？知此則知主縣簿者雖甚卑，果不足以害其高；而此軒雖陋，高士者亦或有時而來也。顧予不足以當之，其有待於後之君子云爾。」客唯唯而退。因書之壁以爲記。

泉州同安縣學官書後記

紹興二十有五年春正月，熹以檄書白事大都督府廷中，已事，而言於連帥方公曰：「熹爲吏同安，得兼治其學事。學有師生誦説，而經籍弗具，學者四來，無所業於其間。願得撫府所有書以歸，使學者得肄習焉。」公幸哀其愚，不以爲不可，即日減省少府用度金錢，屬工官撫以予縣，凡九百八十五卷。熹與諸生既受賜，則相與羣議所以斂藏守視、出内涼暴之禁戒，以復于公，報皆施行如章。熹竊惟公之舉是賜也，蓋將以幸教此縣之人，而非私於熹之請。熹乃幸得以菲薄奉承，懼不能稱，且無以垂示久遠，故敢具刻公所出教，而并叙其指意如此，揭之以視縣之父兄子弟與學官弟子之有秩於典領者，使承公志，永永不怠。此熹之職守也。夏四月丁丑具位謹記。

射圃記

同安縣西北門射圃者，監鹽税曹侯沆所爲也。紹興二十五年夏，縣有警，令丞以下部吏士分城以守，而曹侯與予備西北。異時寇至常陷西北，然則曹侯與予所守者，盜衝也。侯一日與予登城四望，慷慨相語曰：「是不能守，吾屬死無處所，不可不勉。」則分背去行所部，循勉慰飭，喻意吏士，士皆感奮爲用。侯又曰：「兵家有之，曲道險阸則劍楯利，仰高臨下則弓矢便。是則射者固嬰城之具，而其爲技必習之於無事之時，然後緩急可賴而用也。今蜂蟻之屯雖未能傅吾城而陳，而吾之士固將徇我以死亡。我其可以不素教而用之哉！」於是相與相城之隅，得隙地，斥以爲射圃〔二〕。袤六十步，三分其袤而廣得一焉。屬其徒日射其間。其後盜雖已潰去，圃因不廢，間往射如初。侯謂予：「是圃之作，吾二人力也。衆人不能見將然，其以吾二人者爲無事而勤民矣，盍記其意以視後？」予曰：「諾哉。」

曹侯字德廣，武惠王諸孫。世將習兵，喜文詞，通吏事，蓋慨然有志於功名者。而予新安朱熹仲晦也。時爲主簿於此，是爲記云。

蘇丞相祠記

熹少從先生長者遊，聞其道故相蘇公之爲人，以爲博洽古今，通知典故，偉然君子長者也。熙寧中掌外制，時王丞相用事，嘗欲有所引拔，公以其人不可用，且非故事，封上之。用此罷歸，不自悔，守益堅。當世高其節，與李才元、宋次道並稱「三舍人」云。後得毗陵鄒公所撰公行狀，又知公始終大節，蓋章章如是，以是心每慕其爲人。屬來爲吏同安，同安，公邑里也，以公所爲問縣人，雖其族家子不能言，而泉人往往反喜道曾宣靖、蔡新州、吕太尉事以爲盛。予不能識其何説也，然嘗伏思之，士患不學耳，而世之學者或有所怵於外，則眩而失其守。如公學至矣，又能守之，終其身一不變，此士君子之所難，而學者所宜師也。因爲之立祠於學，歲時與學官弟子拜祠焉，而記其意如此，以視邑人云。

漳州教授廳壁記

教授之爲職，其可謂難矣，惟自任重而不苟者知之。其以爲易而無難者，則苟道也。何也？曰：教授者，以天子之命教其邦人。凡邦之士，廩食縣官，而充弟子員者，多至五六百餘，少不下百十數，皆惟教授者是師，其必有以率厲化服之，使躬問學，蹈繩榘，出入不悖所聞，然後爲稱。此非反之身而何以哉，是可不謂難矣乎？不特此爾，又當嚴先聖先師之典祀，領護廟學，而守其圖書服器之藏，其體至重，下至金穀出内之纖悉，亦皆獨任之。嗚呼，是亦難矣！

然凡仕於今者，無大小莫不有所臨制總攝，其任無劇易，必皆具文書，使可覆視，是以雖甚弛者，亦有所難而不敢肆。獨教授官雖有統，若其任之本諸身者，則非簿書期會之所能察。至其具於有司而可考者，上之人又以其儒官優容之，雖有不合不問，以是爲便。故今之仕者，反利焉而喜爲之，而孰知所以充其任者，如彼其難哉！故曰惟自任重而不苟者知之，其以爲易而無難者則苟道也。

予嘗以事至漳，其教授陳君與予有故，館予於其寓直之舍，因得盡觀陳君所施於學者。予謂若陳君則可謂知其難矣。時陳君方將刻前人名氏於壁，屬予記，予辭謝不能者再三，既不得命，乃退而書其所聞見，如此以爲記，且以厲後之君子云爾。紹興二十六年七月甲子新安朱熹記。

一經堂記

紹興二十三年秋七月，予來同安。明年，乃得柯君而與之游相樂也。時君以避地邑居，教授常百餘人，屬予治學事，因得引君以自助。君行峻，不爲苟合，由是衆始有所嚴憚，至他事亦多賴以濟焉。又明年，君將反其先人之廬，固舊葺壞以居〔三〕，而取楊子所謂「古之學者耕且養，三年通一經」者，號其寢居曰「一經之堂」，間謁予記之。予謝涉學未久，文且下，將不能有所發明於吾子之意，願更屬可者，如是非復一再。至今年冬，予將辭吏以去，而君又以爲請，既不得辭，乃爲之言。

曰：予聞古之所謂學者非他，耕且養而已矣。其所以不已乎經者，何也？曰將以格物而致其知也。學始乎知，惟格物足以致之，知之至，則意誠心正，而大學之序「推而達之」無難矣。若此者，世亦徒知其從事於章句誦說之間，而不知其所以然者，固將以爲耕且養者資也，夫豈用力於外哉！

柯君名翰，字國材，爲人孝謹誠慤，介然有以自守，於經無不學。今將隱矣，而其志不自足如此，是蓋終身焉，則其造詣之極，非予所敢量也。姑次比是説爲之記云。紹興二十六年閏月辛丑新安朱熹記。

芸齋記

友人徐元聘有田舍一區，旁治軒窗，明潔可喜。暇日與子弟講學其間，而問名於熹。

熹故爲農，知田意，嘗謂孟子言人病舍其田而芸人之田，所求於人者重，而所以自任者輕，最爲善喻。今徐君課其子弟而學於田間，姑以「芸」名齋，使學者即事而思之，則内外之分定，而力之所肆，不於人之田矣。霜露既繁，實而食之，所以不願人之膏粱之味也。徐君以熹言爲然，故書以遺之云。紹興二十六年閏月五日癸卯新安朱熹書。

畏壘庵記

紹興二十六年之秋，予吏同安適三年矣。吏部所使代予者不至，而廨署日以隳敝不可居，方以因葺之宜，爲請於縣。會予奉檄走旁郡，因得并載其老幼，身送之東歸。涉春而反，則門廡列舍已摧壓而不可入矣，於是假縣人陳氏之館居焉。自縣西北折行數百步，入委巷中，垣屋庳下，無鉅麗之觀，然其中粗完潔，有堂可以接賓友，有室可以備棲息，誦書史，而佳花異卉、蔓藥盆荷之屬，又皆列蒔於庭下，亦足以娱玩耳目而自適其意焉。予獨處其間，稍捐外事，命友生之嗜學者與居其下，抙除井竈之役，願留者亦無幾人。若常時車馬之客，與胥吏之有事於官府者，則無所爲而來矣。客或謂予所以處此，庶乎庚桑子之居畏壘也，因名予居曰「畏壘之庵」。自是閉門終日，翛然如在深谷之中，不自知身之繫官於此，既歲滿而不能去也。如是又累月，代予者卒不至，法當自免歸，而陳氏謁予記其事，曰「使後之人知夫子之嘗居于是也」。予惟庚桑子蓋莊周、列禦寇所謂有道者，予之學既不足以知之，而太史公記又謂凡周所稱畏累虛、亢桑子之屬，皆空言無事實，然則亡是公、非有先生之倫也。此皆不可考，獨周之書辭指經奇，有可觀者，予是以竊取其號而不辭，遂書以畀陳氏。陳氏世爲醫，請予記者名良傑，爲人謹篤周慎，能通其家學云。紹興二十七年夏六月十一日新安朱熹記。

存齋記

予吏同安而游於其學，嘗私以所聞語其士之與予遊者，於是得許生升之爲人而敬愛之。比予之辭吏也，請與俱歸，以共卒其講業焉。一日，生請於予曰：「升之來也〔四〕，吾親與一二昆弟相爲築環堵之室於敝廬之左，將歸，翳蓬藋而居焉。惟夫子爲知升之志，敢請所以名之者而幸教之，則升之願也。」予辭謝不獲，因念與生相從，於今六七年，視其學專用心於內，而世之所屑，一毫不以介於其間，嘗竊以爲生之學，蓋有意乎孟氏所謂「存其心」者。於是以「存」名其齋，而告之曰：「予不敏，何足以知吾子。然今也以是名子之齋，則於吾子之志，竊自以爲庶幾焉耳矣。而曰必告子以其名之之說，則是說也，吾子既自知之，予又奚以語吾子？抑嘗聞之，人之所以位天地之中，而爲萬物之靈者，心而已矣。然心之爲體，不可以聞見得，不可以思慮求，謂之有物，則不得於言；謂之無物，則日用之間，無適而非是也。君子於此，亦將何所用其力哉！必有事焉而勿正，心勿忘，勿助長，則存之之道也。如是而存，存而久，久而熟，心之爲體，必將瞭然有見乎參倚之間，而無一息之不存矣。此予所以名齋之説，吾子以爲如何？」生作而對曰：「此固升之所願學，而病未能者，請書而記諸屋壁，庶乎其有以自礪也。」予不獲讓，因書以授之，俾歸刻焉。紹興二十八年九月甲申新安朱熹記。

牧齋記

余爲是齋而居之三年矣。饑寒危迫之慮，未嘗一日弛於其心，非有道路行李之勞，疾病之憂，則無一日不取六經百氏之書，以誦之於兹也。以其志之篤，事之勤如此，宜其智益加明，業益加進，而不知智益昏而業益墮也。以是自咎，故嘗間而思之。

夫挾其饑寒危迫之慮，以從事於聖人之門，而又雜之以道路行李之勞、疾病之憂，有事物之累，無優游之樂。其於理之精微，索之有不得盡其事之是非，古今之成敗興廢之故，考之有不得其詳矣。況古人之學，所以漸涵而持養之者，固未嘗得施諸其心而錯諸其躬也，如此則凡所爲早夜孜孜以冀事業之成，而詔道德之進者，亦可謂妄矣。

然古之君子，一簞食瓢飲而處之泰然，未嘗有戚戚乎其心而汲汲乎其言者，彼其窮於當世，有甚於余矣。而有以自得於己者如此，必其所以用心者或異於予矣。孔子曰「貧而樂」，又曰「古之學者爲己」，其然也。豈以饑寒者動其志，豈以挾策讀書者而謂之學哉！予方務此以自達於聖人也，因述其所以，而書其辭於壁，以爲記。

歸樂堂記

予嘗爲吏於泉之同安，而與僊游朱侯彦實同寮相好也。其後予罷歸且五六年，病卧田間，浸與當世不相聞知，獨朱侯時時書來，訪問繾綣，道語舊故如平生驩。一日，書抵予曰：「吾方築室先廬之側，命之曰『歸樂之堂』，蓋四方之志倦矣，將託於是而自休焉。子爲我記之。」予惟幼而學，强而仕，老而歸，歸而樂，此常物之大情，而士君子之所同也。而或者怵迫勢利，睠睠軒冕印韍之間，老而不能歸，或歸矣而酣豢之餘，厭苦淡泊，顧慕疇昔，不能忘情。方且咨嗟戚促，自以爲不得其所，而豈知歸之爲樂哉！或知之矣，而顧其前日從官之所爲，有不能無愧悔于心者，則於其所樂，雖欲暫而安之，其心固不能也。然則仕而能歸，歸而能樂，斯亦豈不難哉！

朱侯名卿子，少有美材，學問慷慨，入官三十年，以彊直自遂，獨行所志，不爲勢屈，以故浮湛選調，行年五十，乃登王官。然予視其簿書期會之餘日，蓋無一日不命賓友、從子姪，登山臨水，弦歌賦詩，放浪於塵埃之外，而無幾微留落不偶之意見於言面，則其於勢利如何哉？其仕而能歸，歸而能樂，不待斯堂之作，而可信無疑矣。顧予未獲一登斯堂而覽其勝概，然其林壑之美、泉石之饒，足以供徙倚；館宇之邃、啓處之適，足以寧燕休；圖史之富，足以娱心目；而幽人逸士往來於東阡北陌者，足以析名理而商古今，又不待接於耳目而知侯之樂有在乎是也。是以承命不辭，而記其意如此。如天之福，異時獲從遊於堂上，尚能爲侯賦之。紹興三十年十二月乙卯。

建寧府學游御史祠記

故監察御史游公先生諱酢，字定夫，此邦之建陽人，而河南程氏之高第弟子也。徽廟初爲御史，未幾，去爲郡江淮間，又退而閒居以卒。隆興初元，歲在癸未，先生之殁於是四十有一年矣，今敷文閣待制延平陳公實爲此邦，謂德學之盛有如先生者，而無祠於其鄉之學，非獨鄉人子弟之過，長民者亦有罪焉。乃爲堂於府學之東偏〔五〕，立像致祠，而以書屬熹，使記其意。熹辭謝弗堪，屢返而公不聽，於是退考舊聞。

按龜山楊文靖公所爲先生墓誌之辭曰：「予元豐中受學明道先生兄弟之門，有友二人焉，曰上蔡謝顯道，公其一也。初，伊川先生以事至京師，一見公，謂其資可與適道〔六〕。是時明道知扶溝縣事，先生兄弟方以唱明道學爲己任，設庠序，聚邑人子弟教之，召公來職學事。公欣然往從之，得其微言，於是盡棄其學而學焉。其後得邑河清，予往見之，伊川謂予曰：『游君德器粹然，問學日進，政事亦絶人遠甚。』於師門見稱如此，其所造可知矣。公自幼不羣，讀書一過目輒成誦，比壯，益自力，心傳目到，不爲世儒之習。誠于中，形于外，儀容辭令，粲然有文，望之知其爲成德君子也。其事親無違，交朋友有信，莅官遇僚吏有恩意，雖人樂於自盡，而無敢慢其令者。惠政在民，戴之如父母，故去則見思，愈久而不忘。若其道學足以覺斯人，餘潤足以澤天下，遭時清明，不及用而死，此士論共惜之，非予之私言也。所著書有中庸義、易説、詩二南義、論孟雜解各一卷，文集十卷，藏於家。」蓋楊公所記如此。

熹惟知先生之深而言足以命其德，且信於後宜莫踰於楊公者，然則先生之道學德行，於此可以觀其詳矣。又念每獲侍坐於陳公，而聞其語先正忠肅公之與先生遊也，笑談論議，書疏辭章，昔所親見而聞之者，至今尚能誦之。其雍容仰俯之間，又能併得其深微之意，使聞者恍然若將復見其人焉。此其於先生之道如何哉！然則公之所以命祀先生，蓋將推其所得於己者，以幸教此邦之人，非徒致欽慕之意，以修故事而已也。熹既不獲終辭，乃悉論著楊公本語，而不敢輒贊一辭於其間，且復揆公指意所出者，如是而并書之以承公命，庶乎其可幸無罪云耳。

嗚呼！先生遠矣，學者登是堂而拜其像。於是記也，考其師友之淵源，退訪其書而讀之，於以求先生之所以學者果惡乎在，幸而有以自得之，則亦無以異乎親而炙之矣。詩曰：「人之好我，示我周行。」又曰：「高山仰止，景行行止。」熹雖不敏，願與承學之士勉焉，以無忘陳公之德也。八月甲子具位朱熹記。

通鑑室記

士之所以能立天下之事者，以其有志而已。然非才則無以濟其志，非術則無以輔其才，是以古之君子，未有不兼是三者而能有爲於世者也。然而所謂術者，又豈陰險詭仄，朝三暮四之謂哉，亦語夫所以處事之方而已矣。營丘張侯仲隆慷慨有氣節，常以古人功名事業自期許，不肯碌碌隨世俗上下。至其才器閎博，則又用無不宜，蓋臨大事變而愈益精神，指麾處畫，無一不中幾會者，是其志與其材，雖未盡見施設，而人知其有餘矣。然未嘗以是自足也，方且博觀載籍，記覽不倦，蓋將酌古揆今，益求所以盡夫處事之方者而施之，非特如世之學士大夫，兀兀陳編，掇拾華靡，以爲談聽之資，至其施諸事實，則泛然無據而已也。嘗客崇安之光化精舍，暇日新一室於門右，不置餘物，獨取資治通鑑數十帙列其中，焚香對之，日盡數卷，蓋上下若干年之間，安危治亂之機，情僞吉凶之變，大者綱提領挈，細者縷析毫分，心目瞭然，無適而非吾處事之方者。如是蓋三年矣，而其起居飲食，宴娛談笑，亦無一日而不在是也。室之前軒，俯視衆山，下臨清流。邑屋臺觀，園林陂澤之勝；月星雨露，風煙雲物之奇。又若有以開滌靈襟〔七〕，助發神觀者，尤於讀是書也爲宜。於是直以「通鑑」榜之，而屬予記。

予聞之，古今者時也，得失者事也，傳之者書也，讀之者人也。以人讀書，而能有以貫古今、定得失者，仁也。蓋人誠能即吾一念之覺者，默識而固存之，則目見耳聞，無非至理，而況是書先正温公之志，其爲典刑總會、簡牘淵林，有如神祖聖詔所褒者，是亦豈不足以盡其心乎？今侯有當世之志、當世之才，又能因是書以求盡其術，此豈苟然而已哉！然予猶欲進於行著習察之塗，使異時見於用者無毫釐之差也，則願以仁之説爲侯誦之，是以承命不辭，而記其本末，因附以所聞如此。乾道三年秋七月新安朱熹記。

南嶽遊山後記

南嶽唱酬訖于庚辰，敬夫既序其所以然者而藏之矣。癸未，發勝業，伯崇亦別其羣從昆弟而來。始聞水簾之勝，將往一觀，以雨不果。而趙醇叟、胡廣仲、伯逢、季立、甘可大來，餞雲峰寺，酒五行，劇論所疑而別。丙戌，至櫧州，熹與伯崇、擇之取道東歸，而敬夫自此西還長沙矣。自癸未至丙戌凡四日，自嶽宮至櫧州凡百有八十里，其間山川林野，風煙景物，視向來所見，無非詩者。而前日既有約矣，然亦念夫別日之迫，而前日所講，蓋有既開其端而未竟者，方且相與思繹討論，以畢其說，則其於詩固有所不暇者焉。丙戌之莫，熹諗於衆曰：「詩之作，本非有不善也，而吾人之所以深懲而痛絶之者〔八〕，懼其流而生患耳，初亦豈有咎於詩哉！然而今遠別之期近在朝夕，非言則無以寫難喻之懷。然則前日一時矯枉過甚之約，今亦可以罷矣。」皆應曰諾。既而敬夫以詩贈，吾三人亦各答賦以見意。熹則又進而言曰：「前日之約已過矣，然其戒懼警省之意則不可忘也。何則？詩本言志，則宜其宣暢湮鬱，優柔平中，而其流乃幾至於喪志。羣居有輔仁之益，則宜其義精理得，動中倫慮，而猶或不免於流。況乎離羣索居之後，事物之變無窮，幾微之間，毫忽之際，其可以營惑耳目，感移心意者，又將何以禦之哉！故前日戒懼警省之意雖曰小過，然亦所當過也。由是而擴充之，庶幾乎其寡過矣。」敬夫曰：「子之言善，其遂書之，以詔毋忘〔九〕。」於是盡録贈處諸詩于篇，而記其説如此。自今暇日時出而觀焉，其亦足以當盤盂几杖之戒也夫。丁亥新安朱熹記。

轉運司蠲免鹽錢記代。

皇帝陛下臨御之五年，朝廷清明，衆職修理，乃眷南顧，閔茲遠黎。某月詔以太常少卿臣某爲福建轉運副使，而付以鹽筴，使訪其利病以聞。臣某既承詔奔走即事，則與判官臣某爰暨屬僚博詢審訂，具以條奏。越明年春，遂有旨免本道屬州縣逋負鹽課之緡錢九十七萬，又詔歲入鈔鹽緡錢二十二萬者其罷之，而使漕司歲以緡錢七萬補經費之闕。臣某承命懽喜，北向頓首言：福建鹽法之弊久矣，臣等問諸故府，竊見祖宗盛時，本道鹽息歲入緡錢十萬，而三分之，以其一予漕司，佐州縣用度，且市貢金；其二爲鈔法，則商人歲輸京師者，爲錢六萬六千有奇而已。其後鈔法中弛，浮議交煽，因盡以委漕司而增其額，於是綱運猥并，鹽洩不時，而民始受弊。中間蓋嘗減損，然什不能去其三，又他用之取具於鹽者，亦且數倍舊制，顧以歲出有常，因不敢議。至州縣或不能供，又不得以時蠲除，新故相仍，轉相督趣，重爲民病，歷年滋多。今乃幸遇陛下仁聖儉慈，不遺遐遠，既幸聽愚臣言，而又推之以及其所未言者。蓋德音再下，而鈔額復祖宗之舊，逋負捐累歲之積，使州縣之吏無所旁緣以漁獵其民，民得休息。恩澤隆厚，不可勝量。臣等駑鈍不材，奉使無狀，乃幸得奉承聖詔，以布于下，誠歡誠喜，敢不悉力究宣，謹察所部，無或不虔，以廢明命。猶懼不稱，無以昭示永久，則取尚書所下詔旨，刻石臺門，以諗來者，而竊敬識其下方如此。又惟陛下躬德神聖，天運日新，其約己厚民之心終日乾乾，有進無已。竊計經制大定，上下與足，蓋可以日月期矣。然則臣等前日所不敢議者，且將復有望焉。敢昧萬死，并記其説，而俯伏以俟。乾道四年三月。

謝上蔡語録後記

熹頃年校定上蔡先生語録三篇，未及脱藁，而或者傳去，遂鋟木於贛上，愚意每遺恨焉。比因閑暇，復爲定著此本，然亦未敢自以爲可傳也。因念往時削去版本五十餘章，特以理推知其決非先生語，初未嘗有所左驗，亦不知其果出於何人也。後籍溪胡先生入都，於其學者吕祖謙得江民表辨道録一篇，讀之則盡向所削去五十餘章者，首尾次序，無一字之差，然後知其爲江公所著，而非謝氏之語益以明白。夫江公行誼風節固當世所推高，而陳忠肅公又嘗稱其論明道先生有足目相應之語，蓋亦略知吾道之可尊矣。而其爲言若此，豈差之毫釐，則夫千里之繆有所必至而不能已者耶！因書以自警，且示讀者使毋疑。舊傳謝先生與胡文定公手柬，今并掇其精要之語，附三篇之後云。乾道戊子四月壬寅熹謹記。

建寧府崇安縣學二公祠記

崇安，建之巖邑，故宫師趙清獻公嘗爲之宰，故侍讀胡文定公又其邑里人也。兩公之德，後學仰之舊矣，然數十年之間，爲是邑者不知其幾何人，無能表而出之，以化於邑者。乾道三年，今知縣事温陵諸葛侯始至，則將葺新學校，以教其人，而深以兩公之祠未立爲己病，於是訪求遺像，因新學而立祠焉。明年五月甲子訖功，命諸生皆入于學，躬率丞掾，與之釋菜于先聖先師，而奠于兩公之室。三獻成禮，揖諸生而進之曰：「學則孔孟尚矣，然居是邦，語其風聲氣俗之近，則鄉大夫、鄉先生之賢者，豈可以不知其人哉！惟趙公孝弟慈祥，履繩蹈矩，爲政有循良之蹟，立朝著蹇諤之風，清節至行，爲世標表，固諸公之所逮聞也。至於胡公聞道伊洛，志在春秋，著書立言，格君垂後，所以明天理，正人心，扶三綱，叙九法者，深切著明，體用該貫，而其正色危言，據經論事，剛大正直之氣，亦無所愧於古人，則諸君豈盡知之乎！吾承乏於此，過不自料，常欲與諸君相勵以聖賢之事，今幸因吾民之餘力，校室以修，方將日與諸君者從容俯仰乎其間。顧念古昔聖賢遠矣，則欲諸君自其近者而達之，是以象兩公於此堂也。諸君自今以來，蓋亦望其容貌而起肅敬之心〔一〇〕，考其言行以激貪懦之志，然後精思熟講，反之於心，以求至理之所在而折衷焉。庶幾學明行尊，德久業大，果能達於聖賢之事，是則兩公私淑後來之本意，而亦區區平日所望於諸君也。諸君豈有意乎？」諸生皆拜曰：「諸生不敏，敢不敬蚤夜以思，無辱先生之誨。」於是既退。而諸葛侯使人以是説走山間，屬熹爲之記。

熹惟今之爲政者，固已不遑於學校之事，其或及之，而不知所以教，則徒以祿利誘人，而納之卑汚淺陋之域，是乃賊之，而於教何有！今諸葛侯於兹邑，既新其學，而語之以聖賢之事，又能尊事兩公，俾學者由是而達焉，則可謂知所以教矣，此其志豈特賢於今之爲政者而已哉！既不得辭，乃具書其本末，以視同志，願相與勉焉，以無負諸葛侯之教也。是月癸未新安朱熹記。

克齋記

性情之德無所不備，而一言足以盡其妙，曰「仁」而已。所以求仁者，蓋亦多術，而一言足以舉其要，曰「克己復禮」而已。蓋仁也者，天地所以生物之心，而人物之所得以爲心者也。惟其得夫天地生物之心以爲心，是以未發之前，四德具焉，曰仁、義、禮、智，而仁無不統。已發之際，四端著焉，曰惻隱、羞惡、辭讓、是非，而惻隱之心無所不通。此仁之體用所以涵育渾全，周流貫徹，專一心之妙，而爲衆善之長也。然人有是身，則有耳、目、鼻、口、四肢之欲，而或不能無害夫仁。人既不仁，則其所以滅天理而窮人欲者，將益無所不至，此君子之學所以汲汲於求仁，而求仁之要，亦曰去其所以害仁者而已。蓋非禮而視，人欲之害仁也；非禮而聽，人欲之害仁也；非禮而言且動焉，人欲之害仁也。知人欲之所以害仁者在是，於是乎有以拔其本、塞其源克之，克之而又克之，以至於一旦豁然，欲盡而理純，則其胸中之所存者，豈不粹然天地生物之心，而藹然其若春陽之温哉！默而成之，固無一理之不具，而無一物之不該也。感而通焉，則無事之不得於理，而無物之不被其愛矣。嗚呼，此仁之爲德，所以一言而可以盡性情之妙，而其所以求之之要，則夫子之所以告顔淵者，亦可謂一言而舉也與！

然自聖賢既遠，此學不傳，及程氏兩先生出，而後學者始得復聞其説，顧有志焉者或寡矣。若吾友會稽石君子重，則聞其説而有志焉者也，故嘗以「克」名齋，而屬予記之。予惟「克」、「復」之云，雖若各爲一事，其實天理人欲，相爲消長，故克己者，乃所以復禮，而非克己之外别有復禮之功也。今子重擇於斯言而獨以「克」名其室，則其於所以求仁之要，又可謂知其要矣，是尚奚以予言爲哉！自今以往，必將因夫所知之要而盡其力，至於造次顛沛之頃而無或怠焉。則夫所謂仁者，其必盎然有所不能自已於心者矣，是又奚以予言爲哉！顧其所以見屬之勤，有不可以終無言者，因備論其本末而書以遺之，幸其朝夕見諸屋壁之間，而不忘其所有事焉者，則亦庶乎求仁之一助云爾。乾道壬辰月日新安朱熹謹記。

味道堂記

武陽何君鎬叔京一日以書來，謂熹曰：「吾先君子辰陽府君少事東平馬公先生受中庸之說，服習踐行，終身不懈。間嘗牓其燕居之堂曰『味道』，蓋亦取夫中庸所謂『莫不飲食，鮮能知味』之云也。今不肖孤，既無以嗣聞斯道，惟是朝夕糞除，虔居恪處〔一〕，不敢忘先人之志。子其爲我記之，以告于後之人，而鎬也亦得出入覽觀焉，庶乎其有以自勵也。」熹惟何公實先君子太史公同年進士，熹不及拜其牀下，獨幸得從叔京遊而兄事之，因得聞其學行之懿。顧雖不德不文，不足以稱述傳信，然慕仰之深，願得託名於其屋壁之間以爲幸，因不敢以不能對。

謹按公諱某，字太和，始爲少吏南方，會馬公以御史宣慰諸道，一見賢之，奏取爲屬。因授以所聞於程夫子之門者，且悉以平生出處大節告之詳焉。既馬公以言事謫死，公歸守其學，終身不少變。其端己接物，發言造事，蓋無食息之頃而不惟中庸是依也。鄉人愛敬，至以「中庸何公」目之。於他經亦無所不學，而尤盡心于易，作集傳若干卷。其忠純篤厚之姿，廉靜直方之操，得于天而成于學，充于內而不暴於外，世之君子莫能知也。晚以馬公移書僞楚，斥使避位之節列上史官，宰相惡其分己功，逮繫詔獄，削籍投荒，而終不自悔以歿其身，此其於道，真可謂飲食而知其味矣。惟其知之深，是以守之固而行之樂，行之樂是以益味其腴而弗能去也。然公之所謂道者，又豈若世之俗儒，習見老佛虛無寂滅之説，而遂指以爲道也哉。考諸公之中庸，亦曰五品之民彝而已。熹愚不肖，誠不足以窺大人君子所存之萬一，然竊意其名堂之意，有在於是也。是以敢備書之，以承叔京之命，後之君子得以考焉。

抑叔京之清夷恬曠，不累世紛，既聞道于家庭，又取友於四方，以益求其所未至，其銜訓嗣事而居此堂也，可無愧矣。今又欲由是益自勵焉，是其進之鋭，而至之遠，其可量哉！其可量哉！此於法當得附書，因并識於此云。乾道癸巳二月甲申新安朱熹記。

劉氏墨莊記

乾道四年秋，熹之友劉清之子澄罷官吳越，相過于潭溪之上，留語數日，相樂也。一旦，子澄拱而起立，且言曰：「清之之五世祖磨勘工部府君仕太宗朝，佐邦計者十餘年。既殁，而家無餘貲，獨有圖書數千卷。夫人陳氏指以語諸子曰：『此乃父所謂「墨莊」也。』海陵胡公先生聞而賢之，爲記其事。其後，諸子及孫比三世，果皆以文章器業爲時聞人。中更變亂，書散不守，清之之先君子獨深念焉，節食縮衣，悉力營聚，至紹興壬申歲，而所謂數千卷者始復其舊。故尚書郎徐公兢、吳公説皆爲大書『墨莊』二字，以題其藏室之扁。不幸先人棄諸孤，清之兄弟保藏增益〔一二〕，僅不失墜，以至于今。然清之竊惟府君夫人與先君子之本意，豈不曰耕道而得道，仁在夫熟之而已乎？而不知者意其所謂或出於青紫車馬之間。清之不肖，誠竊病焉，願得一言以發明先世之本意，於以垂示子孫丕揚道義之訓，甚大惠也。」熹聞其説，則竊自計曰：「子澄之意誠美矣，然劉氏自國初爲名家，所與通書記事者，盡儒先長者，矧今子澄所稱，又其開業傳家之所自，於體爲尤重。顧熹何人，乃敢以其無能之辭，度越衆賢，上紀兹事？」於是辭謝不敢當，而子澄請之不置。既去五六年，書疏往來以十數，亦未嘗不以此爲言也。熹惟朋友之義有不可得而終辭者，乃紬繹子澄本語，與熹所以不敢當之意，而叙次之如此。

嗚呼！非祖考之賢，孰能以詩、書、禮、樂之積，厚其子孫；非子孫之賢，孰能以仁義道德之實，光其祖考。自今以來，有過劉氏之門而問「墨莊」之所以名者，於此乎考之，則知其土之所出，廬之所入者，在此而不在彼矣。蓋磨勘公五子皆有賢名，中子主客郎中實，生集賢舍人兄弟，皆以文學大顯于時而名後世；第四子祕書監資，簡嚴識大體，有傳于英宗實録。子澄之先君子即其曾孫也，諱某，字某，官至某。仕既不遭，無所見於施設，今獨其承家肅後之意，於此尚可識也。生二子，長曰靖之子和，其季則子澄，皆孝友廉靜，博學有文。而子澄與熹游，尤篤志於義理之學，所謂「耕道而熟仁者」，將於是乎在。九年二月丙戌新安朱熹記。

盡心堂記

予友范伯崇，始仕爲盧陵屬邑主簿，不小其官，遇事亡所苟，遂以幹敏聞。州籍其才，奏取以代録事之病不能事者。盧陵民素嚚訟，治獄者常患不能得其情，伯崇既盡心焉，而又廉勤以揵于下，懇惻以伸於上，於是小冤必白，而姦民無所幸免，一郡稱之。官以無事，則以暇日葺其問事之堂，而取「君子盡心」之云者牓之，又大書噬嗑之卦於屏上，且闢其後爲方丈之室，以會友講學焉。一日書來，曰：「願有以記此堂而名其室，以幸教我，且使來者與有聞焉。」予惟王制之篇雖傳以爲漢博士官所出，然其所謂「刑一成而不可變，故君子盡心焉」者，語約而意周，教明而戒密，意其或者古之遺言也與〔一三〕？今伯崇既躬行之，而又以名其堂，欲其出入起居，仰而見之，常有以自警也。以爲未足，又取大易電雷之象、明斷之義，與夫剛柔、上下、淺深、難易之説，金矢黄金、艱貞貞厲之戒，揭於坐右，而以蚤夜覽觀焉。此其志豈以一得其情而遽喜者哉！然猶懼夫學之未至，而於父子之親，君臣之義，纖微之間，有所未察，則雖欲悉其聰明，致其忠愛，而不知所以權之故，又爲退食燕居之所於其後，以便講學，此則尤非今之爲吏者所能及也。昔子路曰：「有民人焉，有社稷焉，何必讀書然後爲學？」此言近是而夫子惡之。然則仕本於學，而學必讀書，固孔門之遺法也，因請命其室曰「讀書之室」，而悉記其本末如此以遺之。

伯崇家傳正學，於道有聞，而其小試之效，又已孚於上下如此，此其所以讀書者，必有以異乎人之讀之矣。伯崇平居退然若不能言，遇事泛然若無所主，予雖知之深，亦未嘗不喜其温厚之有餘，而憂其强毅之不足也。今一行作吏，其所以自樹立者乃如此，而世之聰明才智之士，計其當官之效，宜可以遠過于伯崇者，或乃反不能及，予於此又竊獨有感焉，因并書之以風曉當世，且以厲來者於無窮。伯崇名念德，建安人，與予有世舊，且有連又相好也。乾道癸巳二月丁亥新安朱熹記。

蘄州教授廳記〔一四〕

乾道八年秋，予友建安李君宗思爲蘄州學官。始至，入學釋菜，召諸生坐堂上而告之曰：「朝廷立學建官，所以教養人才而待其用，德意甚美〔一五〕。宗思不佞，得備選焉，深惟淺陋，懼不能稱。今將有以告二三子者，而相與朝夕乎古人爲己之學，庶以無負朝廷教養之意。二三子其亦有意於斯乎？」諸生起而對曰：「諸生不敏，惟先生有以教之則幸甚。」於是李君退即其居，則距學且十里所。李君顧而歎曰：「學官宜朝夕于學，與諸生相切磋者，其相距之遠，可若是耶？」翌日，相學之東偏有廢壞焉，請於州，願得爲屋以居，而日往來於學，以供厥事。於是通守北海王侯某實領州符，嘉李君之意，而悉其力以相之，役不踰時，遂以備告，然後李君得以日至於學，進諸生而教誨之。蓋使之潛思乎論語、孟氏之書，以求理義之要，又考諸編年資治之史，以議夫事變之得失焉。日力有程，不躐不惰，探策而問，勸督以時，凡以使之知所以明善修身之方，齊家及國之本，而於詞藝之習，則後焉而不之急也。既又禮其士之賢有德者李君之翰，而與之居，凡學之教治，悉使聽焉。由是蘄之爲士者，始知所以爲士之事而用其力，李君亦喜其教之行而將有成也。礱石於堂，考前爲是官者，得自某人以下若干人之名氏歲月刻之，而以書屬予，使因記其所以然者。

予惟李君之教可能也，而其所以教者，則非世儒之所及〔一六〕；王侯之垂意於學可及也，而其不以李君之説爲迂闊於事者，則非俗吏之所能〔一七〕。是皆宜書以詔于後，蓋非獨使繼李君而居此者有所考法，抑亦承流千里而師帥其民者之所宜知也。於是悉書其本末如此，俾刻寘題名之首云。九年秋七月壬子新安朱熹記。

建寧府建陽縣主簿廳記

縣之屬有主簿，秩從九品，縣一人，掌縣之簿書。凡户租之版、出内之會、符檄之委、獄訟之成，皆總而治之，勾檢其事之稽違，與其財用之亡失，以贊令治。蓋主簿之爲職如此，而予嘗竊論之，以爲縣之治雖狹，而於民實甚親，主其簿書者秩雖卑，而用人之得失，其休戚於民實甚重。顧今銓曹所領員以百數，既不容有所推擇，而爲令者又往往私其政，不以及其屬，是以官多不得其人，而人亦不得其職。舉天下之縣，偶能其官者，計百不一二，然亦不過能取夫户租之版而朱墨之耳，若其他則固不得而與焉，而亦莫或知其職之曠也。

建陽縣主簿之廨，故在縣治西墉下，自建炎中火于盗而寓於浮屠之舍，距縣且三里所，蓋主簿之不得司其局者四十有餘年矣。今右通直郎池陽王君某來知縣事〔一八〕，則計復焉而未克舉；及主簿括蒼葉君某至〔一九〕，而尤以不得蚤夜其職爲憂，乃請於縣而卒成之。自經始以至迄事，凡百餘日，爲屋若干楹〔二〇〕。其費得縣之羨錢五十萬，粟斛百，凡故地之入于民居者，則皆正於舊籍而不之奪也。明年，葉君以書具本末〔二一〕，屬予記。予佳王君之不私其政，與葉君之能憂其職也，則爲推本其所以設官之意，并叙其事而書之，以告來者，俾無曠於其職。既又因葉君之請，取孔子爲委吏時語，名其東偏之室曰「當齋」，其意蓋與此相表裏云。乾道九年秋八月辛酉朔，新安朱熹記。

南劍州尤溪縣學記

乾道九年九月，尤溪縣修廟學成，知縣事會稽石君𡼏以書來，語其友新安朱熹曰：「縣之學故在縣東南隅，其地隆然以高，面山臨流，背囂塵而挹清曠，於處士肄業爲宜。中徙縣北原上，後又毁而復初。然其復也，士子用陰陽家説，爲門斜指寅卯之間以出，而自門之内因短就狹，遂無一物不失其正者。𡼏始至而病焉，顧以斆學之初，未遑外事，歲之正月，乃始撤而新之。既使夫門堂齋序、庫庾庖湢無一不得其正，而又度作重屋于堂之東，以奉先賢，以尊古訓。唯殿爲因其舊，然亦繚以重檻，嚴其陛楯，而凡像設之不稽于古者，則使視諸太學而取正焉。靡金錢蓋四十萬，用人力三萬工。不資諸士，不取諸民，而事以時就，意者吾子亦樂聞之，儻辱記焉，以幸教其學者於無窮，是則𡼏之幸也。」熹惟石君之爲是役也，則固已可書矣，抑熹嘗得遊於石君，而知其所以學者，蓋皆古人爲己之學。又嘗以事至於其邑，而知其所以教者，又皆深造自得之餘。是則其爲可書，蓋有大於此役者。熹雖不敏，誠竊樂得推本而備論之，是以承命而不辭焉。

蓋熹聞之，天生斯人，而予之以仁、義、禮、智之性，而使之有君臣、父子、兄弟、夫婦、朋友之倫，所謂民彝者也。惟其氣質之稟不能一於純秀之會，是以欲動情勝，則或以陷溺而不自知焉。古先聖王爲是之故，立學校以教其民，而其爲教，必始於洒掃、應對、進退之間，禮、樂、射、御、書、數之際，使之敬恭朝夕，脩其孝弟忠信而無違也。然後從而教之，格物致知，以盡其道，使知所以自身及家、自家及國而達之天下者，蓋無二理。其正直輔翼，優游漸漬〔一二〕，必使天下之人皆有以不失其性，不亂其倫而後已焉。此二帝三王之盛，所以化行俗美、黎民醇厚而非後世之所能及也。自漢以來，千有餘歲，學校之政，與時盛衰，而其所以爲教者，類皆不知出此。至於所以勸勉懲督之者，又多不得其方，甚者至或使之重失其性、益亂其倫而不悟，是不亦可悲也哉！至于我宋文治應期，學校之官遍于郡縣，其制度詳密、規模宏遠，蓋已超軼漢唐，而娓娓乎唐虞三代之隆矣。而有司無仲山甫將明之材，不能祇承德意，若稽治古，使學校之所以爲教者，卓然有以遠過於近代，儒先君子或遺恨焉。今石君乃獨能學乎古之學，而推之以行於今，使其學者惟知脩身窮理，以成其性、厚其倫之爲事，而視世俗之學所以干時取寵者，有不屑焉。是則石君所以敷教作人，可書之大者，其視葺新廟學一時之功爲如何哉？然是役也，石君之意，亦將以尊嚴國家教化之宫而變其學者之耳目，使之有以養於外而齊其内，非徒以誇壯觀、飾游聲而已也。蓋其敷教作人之功於是爲備，惜乎所試者小而所及之不遐也，故特序其本末而悉書之，蓋非特明石君之志以厲其學者，且將以風天下之凡爲郡縣者，使其皆以石君之心爲心焉，則聖人之道、聖人之化，將不憂其不明於天下矣。是歲冬十月庚申朔記。

建寧府崇安縣五夫社倉記

乾道戊子，春夏之交，建人大饑。予居崇安之開耀鄉，知縣事諸葛侯廷瑞以書來，屬予及其鄉之耆艾左朝奉郎劉侯如愚，曰：「民饑矣，盍爲勸豪民發藏粟，下其直以振之？」劉侯與予奉書從事，里人方幸以不饑。俄而盜發浦城，距境不二十里，人情大震，藏粟亦且竭。劉侯與予憂之，不知所出，則以書請于縣于府。時敷文閣待制信安徐公嘉知府事，即日命有司以船粟六百斛泝溪以來，劉侯與予率鄉人行四十里，受之黄亭步下。歸，籍民口大小仰食者若干人，以率受粟。民得遂無饑亂以死，無不悦喜歡呼，聲動旁邑，於是浦城之盜無復隨和而束手就擒矣。

及秋，徐公奉祠以去，而直敷文閣東陽王公淮繼之。是冬有年，民願以粟償官貯，里中民家將輦載以歸有司〔二三〕，而王公曰：「歲有凶穰，不可前料。後或艱食，得無復有前日之勞，其留里中而上其籍於府。」劉侯與予既奉教，及明年夏，又請于府曰：「山谷細民無蓋藏之積，新陳未接，雖樂歲不免出倍稱之息貸食豪右，而官粟積於無用之地，後將紅腐不復可食。願自今以來，歲一斂散，既以紓民之急，又得易新以藏，俾願貸者出息什二，又可以抑僥倖、廣儲蓄。即不欲者，勿强。歲或不幸，小饑則弛半息，大侵則盡蠲之，於以惠活鰥寡，塞禍亂原〔二四〕，甚大惠也。請著爲例。」王公報皆施行如章。

既而王公又去，直龍圖閣儀真沈公度繼之。劉侯與予又請曰：「粟分貯民家，於守視出納不便，請放古法〔二五〕，爲社倉以儲之。不過出捐一歲之息，宜可辦。」沈公從之，且命以錢六萬助其役。於是得籍坂黄氏廢地〔二六〕，而鳩工度材焉。經始於七年五月，而成於八月。爲倉三，亭一，門墻、守舍，無一不具。司會計董工役者貢士劉復、劉得輿、里人劉瑞也〔二七〕。既成〔二八〕，而劉侯之官江西莫府，予又請曰：「復與得輿皆有力於是倉，而劉侯之子將仕郎琦嘗佐其父於此，其族子右修職郎玶亦廉平有謀，請得與并力。」府以予言悉具書禮請焉，四人者遂皆就事。方且相與講求倉之利病，具爲條約，會丞相清源公出鎮兹土〔二九〕，入境問俗，予與諸君因得具以所爲條約者迎白于公。公以爲便，則爲出教，俾歸揭之楣間，以視來者〔三〇〕。於是倉之庶事，細大有程，可久而不壞矣。

予惟成周之制，縣都皆有委積，以待凶荒。而隋唐所謂社倉者，亦近古之良法也。今皆廢矣，獨常平義倉，尚有古法之遺意，然皆藏於州縣，所恩不過市井惰游輩，至於深山長谷，力穡遠輸之民，則雖饑餓瀕死，而不能及也。又其爲法太密，使吏之避事畏法者，視民之殍而不肯發，往往全其封鐍，遞相付授，至或累數十年不一訾省。一旦甚不獲已，然後發之，則已化爲浮埃聚壤〔三〕，而不可食矣。夫以國家愛民之深，其慮豈不及此？然而未之有改者，豈不以里社不能皆有可任之人，欲一聽其所爲，則懼其計私以害公；欲謹其出入，同於官府，則鉤校靡密，上下相遁，其害又必有甚於前所云者，是以難之而有弗暇耳。今幸數公相繼，其愛民慮遠之心，皆出乎法令之外，又皆不鄙吾人以爲不足任，故吾人得以及是。數年之間，左提右挈，上說下教，遂能爲鄉閭立此無窮之計，是豈吾力之獨能哉！惟後之君子，視其所遭之不易者如此，無計私害公，以取疑於上，而上之人亦毋以小文拘之，如數公之心焉，則是倉之利，夫豈止於一時！其視而傚之者，亦將不止於一鄉而已也。因書其本末如此，刻之石，以告後之君子云。淳熙甲午夏五月丙戌新安朱熹記。

校勘記

〔一〕則若彼者乃以未睹夫高也　「以」，浙本作「亦」。

〔二〕斥以爲射圃　「斥」，原作「斤」，據浙本改。

〔三〕固舊葺壞以居　「固」，浙本作「因」。

〔四〕升之來也　「之」下原衍「之」字，據淳熙本、閩本、浙本删。
〔五〕乃爲堂　「乃」，淳熙本作「乃命」。
〔六〕謂其資可與適道　「資」，淳熙本作「賢」。
〔七〕又若有以開滌靈襟　「又」原作「反」，據淳熙本、閩本、浙本改。
〔八〕而吾人之所以深懲而痛絶之者　「吾」，原作「善」，據浙本、天順本改。
〔九〕以詔毋忘　「毋忘」，浙本作「毋怠」。
〔一〇〕蓋亦望其容貌　「蓋」，淳熙本作「盍」。
〔一一〕虔居恪處　「處」，淳熙本作「守」。
〔一二〕清之兄弟保藏增益　「保」，淳熙本作「寶」。
〔一三〕意其或者古之遺言也與　「意」字原缺，據浙本補。
〔一四〕蘄州教授廳記　「蘄州」，淳熙本作「蘄州州學」。
〔一五〕德意甚美　「甚美」，淳熙本作「深矣」。
〔一六〕則非世儒之所及　「及」，淳熙本作「能」。
〔一七〕則非俗吏之所能　「能」，淳熙本作「及」。
〔一八〕王君某來知縣事　「某」，淳熙本作「渥」。
〔一九〕葉君某至　「某」，淳熙本作「之基」。

〔二〇〕爲屋若干楹　「若干」，淳熙本作「餘百」。
〔二一〕葉君以書具本末　「具」下，淳熙本有「其」字。
〔二二〕優游漸漬　「游」，閩本、浙本作「柔」。
〔二三〕里中民家　「家」下，淳熙本有「倉廥皆滿議」五字。
〔二四〕塞禍亂原　「禍」，淳熙本作「絶」。
〔二五〕請放古法　「請」下，淳熙本有「度地里中」四字。
〔二六〕於是得籍坂黄氏廢地　「籍坂」，淳熙本作「交溪」，浙本作「籍富」。
〔二七〕貢士劉復劉得興里人劉瑞也　「得興」、「瑞」，淳熙本作「德輿」、「端」。
〔二八〕既成　「成」下，淳熙本有「當受輸，劉侯與予又請得縣官一人參掌出納，於是尉潘子韶以檄來，明年夏」三十字。
〔二九〕會丞相　「丞相」上，淳熙本有「右」字。
〔三〇〕以視來者　「來者」，淳熙本作「久遠」。
〔三一〕則已化爲浮埃聚壤　「浮」，淳熙本作「積」。

晦庵先生朱文公文集卷第七十八

記

百丈山記

登百丈山三里許，右俯絶壑，左控垂崖，疊石爲磴，十餘級乃得度，山之勝蓋自此始。循磴而東，即得小澗，石梁跨於其上，皆蒼藤古木，雖盛夏亭午無暑氣。水皆清澈，自高淙下，其聲濺濺然。度石梁，循兩崖曲折而上，得山門。小屋三間，不能容十許人，然前瞰澗水，後臨石池，風來兩峽間，終日不絶。門内跨池，又爲石梁，度而北，躡石梯數級入庵。庵纔老屋數間，卑痺迫隘，無足觀，獨其西閣爲勝。水自西谷中循石罅奔射出閣下，南與東谷水並注池中。自池而出，乃爲前所謂小澗者。閣據其上流，當水石，峻激相搏處最爲可玩。

乃壁其後無所睹，獨夜卧其上，則枕席之下終夕潺潺，久而益悲，爲可愛耳。出山門而東十許步，得石臺，下臨峭岸，深昧險絶。於林薄間東南望，見瀑布自前巖穴瀵湧而出，投空下數十尺，其沫乃如散珠噴霧，日光燭之，璀璨奪目，不可正視。臺當山西南缺，前揖蘆山，一峰獨秀出，而數百里間，峰巒高下，亦皆歷歷在眼。日薄西山，餘光横照，紫翠重疊，不可殫數。旦起下視，白雲滿川，如海波起伏，而遠近諸山出其中者，皆若飛浮來往，或湧或没，頃刻萬變。臺東徑斷，鄉人鑿石容磴以度，而作神祠於其東，水旱禱焉。畏險者或不敢度，然山之可觀者至是則亦窮矣。

余與劉充父、平父、呂叔敬、表弟徐周賓游之，既皆賦詩，以紀其勝，余又叙次其詳如此。而最其可觀者，石磴、小澗、山門、石臺、西閣瀑布也。因各别爲小詩以識其處，呈同游諸君，又以告夫欲往而未能者。年月日記。

雲谷記

雲谷在建陽縣西北七十里蘆山之顛〔一〕，處地最高，而羣峰上蟠，中阜下踞，内寬外密，自爲一區。雖當晴晝，白雲坌入，則咫尺不可辨。眩忽變化，則又廓然莫知其所如往。乾道庚寅，予始得之，因作草堂其間，牓曰「晦庵」。谷中水西南流七里所，至安將院東，茂樹交陰。澗中巨石相倚，水行其間，奔迫澎湃，聲震山谷。自外來者至此，則已神觀蕭爽，覺與人境隔異，故牓之曰「南澗」，以識遊者之所始。

循澗北上，山益深，樹益老。澗多石底，高下斗絶，曲折回互。水皆自高瀉下，長者一二丈，短亦不下數尺。或詭匿側出，層累相承，數級而下；時有支澗自兩旁山谷横注其中，亦皆噴薄濺灑可觀〔一〕。行里餘，俛入薈翳百餘步，巨石臨水，可跂而息。澗西危石側立，蘚封蔓絡，佳木異草，上偃旁綴。水出其下，淙散激射，於澗中特爲幽麗。下流曲折十數，騰蹙沸涌，西抵横石如齟齬者，乃曳而長，演迤徐去。欲爲小亭臨之，取陸士衡招隱詩語，命以「鳴玉」而未暇也〔二〕。

自此北去，歷懸水三四處，高者至五六丈，聚散廣狹，各有姿態，皆可爲亭以賞其趣。又北捨澗，循山折而東行，脚底草樹膠葛，不可知其淺深。其下水聲如雷，計應猶有佳處，而亦未暇尋也。行數百步，得石壁，高廣皆百餘尺，瀑布當中而下，遠望如垂練，視澗中諸懸水爲最長。徑當其委，跣揭而度，回視所歷羣山，皆撫其頂。獨西北望，半山立石叢木，名豹子巖者，槎牙突兀，如在天表。然石瀑窮源，北入雲谷，則又已俯而視之矣。地勢高下，大略於此可見。

谷口距狹爲關，以限内外。兩翼爲軒窗，可坐可卧，以息遊者。外植叢篁，内疏蓮沼，梁木跨之〔四〕，植杉繞徑。西循小山而上，以達于中阜。沼上田數畝，其東欲作田舍數間，名以「雲莊」。徑緣中阜之足，北入泉峽〔五〕，歷石池、山楹、藥圃、井泉、東寮，之西折旋南入竹中，得草堂三間，所謂晦庵也。山楹前直兩峯，峭聳傑立，下瞰石池，東起層嶂，其脅可耕者數十畝。寮有道流居之，自中阜以東，可食之地無不闢也。草堂前隙地數丈，右臂繞前起爲小山，植以椿、桂、蘭、蕙，悄蒨岑蔚，南峰出其背，孤圓貞秀，莫與爲擬。其左亦皆茂樹脩竹〔六〕，翠密環擁，不見間隙。俯仰其間，不自知其身之高、地之迥，直可以旁日月而臨風雨也。堂後結草爲廬，稍上山頂北望，俯見武夷諸峯，欲作亭以望，度風高不可久，乃作石臺，名以「懷仙」。小山之東徑，繞山腹，穿竹樹，南出而西，下視山前村墟井落，隱隱猶可指數，然亦不容置屋，復作臺〔七〕，名以「揮手」。南循岡脊，下得橫徑，徑南即谷口小山，其上小平，田畈即以祈年，因命之曰「雲社」。徑東屬杉徑西入西崦，西崦有地數十畝，亦有道流結茅以耕其間，曰「西寮」。其西山之脊蟠繞東下，與南峯西垂相翳。而谷口小山介居其間，如巨人垂手，拱玩珠璧〔八〕。兩原之水，合於其前，出爲南澗。東寮北有桃蹊、竹塢、漆園，度北嶺，有茶坡。東北行〔九〕，攀危石，履側徑〔一〇〕，行東峯之顛，下而復上，乃至絶頂，平處劣丈餘，四隤皆巉削下數百丈，使人眩視，悸不自保。然俯而四瞰，面各數百里，連峯有無，遠近環合，彩翠雲濤，昏旦萬狀，亦非世人耳目所嘗見也。

予嘗名湘西嶽麓之頂曰「赫曦臺」，張伯和父爲大書，甚壯偉。至是而知彼爲不足以當之，將移刻以侈其勝。絶頂北下有魏林，横帶半巖，木氣辛烈，可已痞疾〔一一〕，疑即方家所用阿魏者。林下巖中滴水成坎，大如栝椀，不竭不溢，里人謂之「顯濟」，水旱禱焉。又下爲北澗，有巨石二，對立澗旁，嶙峋嶇崪，古木彌覆，藤卉蒙絡，最爲山北奇處。里人名其左曰「仁」，右曰「義」，歲時奉祠如法。聞自是東北去，有瀑布出油幢峯下石崖隙下，水瀉空中數十丈，勢尤奇壯。東南别谷有石室三〔一二〕，皆可居，其一尤勝，比兩房中通側户，旁近水泉，可引以漱濯，然皆未暇往觀。自東嶂南出小嶺下數十步，有巨石贔屭，下瞰絶壑，古木叢生，樛枝横出，是爲中溪。别徑下入村落，其中路及始入南澗西崖小瀑之源，各有石田數畝，村民以遠且瘠，棄不耕。皆以貲獲之，歲給守者，以其餘奉增葺費，勢若可以無求於外而足者。

蓋此山自西北横出，以其脊爲崇安建陽南北之境，環數百里之山，未有高焉者也。此谷自下而上，得五之四，其曠然者可望，其奥然者可居。昔有王君子思者，棄官棲遁，學練形辟穀之法，數年而去，今東寮即其居之遺址也。然地高氣寒，又多烈風，飛雲所霑，器用衣巾皆濕如沐，非志完神王、氣盛而骨强者，不敢久居。其四面而登，皆緣崖壁、援蘿葛，崎嶇數里，非雅意林泉、不憚勞苦者，則亦不能至也。自予家西南來，猶八十餘里，以故它人絶不能來，而予亦歲不過一再至。獨友人蔡季通家山北二十餘里，得數往來其間，自始營葺，迄今有成，皆其力也。

然予常自念，自今以往，十年之外〔一三〕，嫁娶亦當粗畢，即斷家事，滅景此山，是時山之林薄當益深茂，水石當益幽勝，館宇當益完美，耕山釣水，養性讀書，彈琴鼓缶，以詠先王之風，亦足以樂而忘死矣。顧今誠有所未暇，姑記其山水之勝如此，并爲之詩，將使畫者圖之，時覽觀焉，以自慰也。

山楹所面雙峰之下，昔有方士吕翁居之，死而不腐。其地亦孤絶殊勝，本屬山北民家，今亦得之，名曰「休庵」，蓋凡耕且食於吾山者，皆翁之徒也。往往淳質清淨，能勞筋骨以自給，人或犯之，不校也。有少年棄妻子從之，問其所授受，笑不肯言，然久益堅苦，無怨悔之色。嗚呼！是其絶滅倫類雖不免得罪於先王之教，然其視世之貪利冒色、湛溺而不厭者則既賢矣。因附記之，且以自警云。淳熙乙未秋七月既望晦翁書。

名堂室記

紫陽山在徽州城南五里〔一四〕，嘗有隱君子居焉，今其上有老子祠。先君子故家婺源，少而學於郡學，因往遊而樂之。既來閩中，思之獨不置，故嘗以「紫陽書堂」者刻其印章，蓋其意未嘗一日而忘歸也。既而卒不能歸，將没，始命其孤熹來居潭溪之上，今三十年矣。貧病苟活，既不能反其故鄉，又不能大其闔閭，以奉先祀，然不敢忘先君子之志，敬以印章所刻，牓其所居之聽事，庶幾所謂「樂，樂其所自生；禮，不忘其本」者，後世猶有考焉。

先君子又每自病其卞急害道，尉尤溪時，嘗取古人佩韋之義，牓其聽事東偏之室曰「韋齋」，以燕處而讀書焉。延平羅公先生仲素實記之，而沙陽曹君令德又爲之銘。官署中更盜、火，無復遺跡，近歲熹之友石君子重知縣事，始復牓焉，且刻記銘于石，以示後來。熹惟先君子之志不可以不傳于家，而熹之躁迫滋甚，尤不可以忘先人之戒，則又取而揭之於寢，以自鞭策，且示子孫。

蓋聽事、寢堂，家之正處，今皆以先君子之命命之，嗚呼！熹其敢不夙興夜寢，陟降在兹，無或不虔，以忝先訓。晦堂者，燕居之所也，熹生十有四年而先君子棄諸孤，遺命來學於籍溪胡公先生、草堂、屏山二劉先生之門。先生飲食教誨之皆無不至，而屏山獨嘗字而祝之，曰：「木晦於根，春容曄敷；人晦於身，神明内腴。」後事延平李公先生，先生所以教熹者，蓋不異乎三先生之説，而其所謂「晦」者，則猶屏山之志也。熹惟不能踐修服行，是以顛沛，今乃以是名堂，以示不敢忘諸先生之教。且志吾晦，而自今以始，請得復從事於斯焉。

堂旁兩夾室，暇日默坐、讀書其間，名其左曰「敬齋」，右曰「義齋」。蓋熹嘗讀易而得其兩言，曰「敬以直内，義以方外」，以爲爲學之要，無以易此，而未知其所以用力之方也。及讀中庸，見其所論脩道之教，而必以戒慎恐懼爲始，然後得夫所以持敬之本。又讀大學，見其所論明德之序，而必以格物致知爲先，然後得夫所以明義之端。既而觀夫二者之功，一動一静，交相爲用，又有合乎周子太極之論，然後又知天下之理，幽明鉅細，遠近淺深，無不貫乎一者。樂而玩之，固足以終吾身而不厭，又何暇夫外慕哉？因以「敬」、「義」云者名吾二齋，且歷叙所以名夫堂室之意，以見熹之所以受命於父師，與其區區講學之所逮聞者如此，書之屋壁，出入觀省，以自詔云。

建康府學明道先生祠記

資政殿大學士建安劉公某居守建康之明年春某月〔一五〕，始立明道先生之祠于學，而以書走新安之婺源抵熹，曰：「吾少讀程氏書，則已知先生之道學德行，實繼孔孟不傳之統。顧學之雖不能至，而心鄉往之。及來此邦，屬邑有上元者，先生少日宦遊處也。考之書記，均田、塞堤，及民之政爲多；脯龍折竿，教民之意亦備。然問諸故老，以稽其實，則兵革變故之餘，風聲氣俗，蓋已無復有傳者矣。始至慨然，即欲奉祠以致吾意，使此邦之爲士者有以興於其學，爲吏者有以法於其治，爲民者有以不忘於其德。不幸歲適大侵，救饑之事方急，於今乃克成其志。以吾子之嘗誦其詩而讀其書也，故願請文以記之。」

既而府學教授孫君某、沈君某亦以書來，申致公意，且具道公始之所以焦勞而未及，與今之所以暇豫而得爲者，其語詳焉。熹發書，喟然仰而歎曰：「尊賢尚德，公之志則美矣。既富而教，公之政則得矣。屬筆於我，公之意則勤矣。雖然，先生之學自其大者而言之，則其所謂考諸前聖而不謬，百世以俟後聖而不惑者，蓋不待言而喻。自其小者而言之，則上元之政，於先生之遠者大者，又懼其未足以稱揚也。吾何言哉！」於是伏而思之。先生之學固高且遠矣，然其教人之法，循循有序〔一六〕，而嘗病世之學者捨近求遠，處下窺高，所以輕自大，而卒無得焉，則世之徒悦其大者，有所不察也。上元之政誠若狹而近矣，然其言曰：「一命之士，苟存心於愛物，於人必有所濟」，則其中之所存者，又烏得以大小而議之哉！區區不敏，竊願以是承公之命，庶幾於公之志、先生之學，兩有補焉。

又惟公之忠言大慮既已效於朝廷，今雖在外，而其所以救菑弭患者，又如此其汲汲也，則於先生之所存，必有深感而默契于中者矣。其祠之也，豈獨以致其尊賢尚德之意，使民不忘而已哉！若夫推公之志，而以先生之所以教者教其人，使之從事於爲己愛人之實，而無虚言躐等之弊，是則孫、沈二君之任也歟！二君勉旃，熹於是其有望焉耳矣〔一七〕。淳熙三年夏四月丙申新安朱熹記。

徽州婺源縣學藏書閣記

道之在天下，其實原於天命之性，而行於君臣、父子、兄弟、夫婦、朋友之間，其文則出於聖人之手，而存於易、書、詩、禮、樂、春秋、孔孟氏之籍。本末相須，人言相發，皆不可以一日而廢焉者也。蓋天理民彝，自然之物，則其大倫大法之所在，固有不依文字而立者。然古之聖人欲明是道於天下而垂之萬世，則其精微曲折之際，非託於文字，亦不能以自傳也。故自伏羲以降，列聖繼作，至于孔子，然後所以垂世立教之具，粲然大備。天下後世之人，自非生知之聖，則必由是以窮其理，然後知有所至而力行以終之，固未有飽食安坐，無所猷爲而忽然知之，兀然得之者也。故傅説之告高宗曰「學于古訓乃有獲」，而孔子之教人亦曰「好古敏以求之」，是則君子所以爲學致道之方，其亦可知也已。然自秦漢以來，士之所求乎書者，類以記誦剽掠爲功，而不及乎窮理脩身之要，其過之者則遂絶學捐書，而相與馳騖乎荒虚浮誕之域，蓋二者之蔽不同，而於古人之意則胥失之矣。嗚呼！道之所以不明不行，其不以此與？

婺源學官講堂之上有重屋焉，牓曰「藏書」，而未有以藏。莆田林侯虙知縣事〔一八〕，始出其所寶大帝神筆石經若干卷以填之〔一九〕，而又益廣市書，凡千四百餘卷，列庋其上〔二〇〕，俾肄業者得以講教而誦習焉。熹故邑人也，而客於閩，兹以事歸，而拜於其學，則林侯已去而仕於朝矣，學者猶指其書以相語感歎久之。一旦，遂相率而踵門，謂熹盍記其事，且曰：「比年以來，鄉人子弟願學者衆，而病未知所以學也。子誠未忘先人之國，獨不能因是而一言以曉之哉！」熹起對曰：「必欲記賢大夫之績，以詔後學，垂方來，則有邑之先生君子在，熹無所辱命。顧父兄子弟之言，又熹之所不忍違者，其敢不敬而諾諸！」於是竊記所聞如此，以告鄉人之願學者，使知讀書求道之不可已而盡心焉，以善其身、齊其家而及於鄉，達之天下，傳之後世，且以信林侯之德於無窮也。是爲記云。淳熙三年丙申夏六月甲戌朔旦邑人朱熹記。

衢州江山縣學記〔二一〕

建安熊君可量爲衢之江山尉，始至，以故事見于先聖先師之廟。視其屋皆壞漏弗支，而禮殿爲尤甚，因問其學校之政，則廢墜不脩又已數十年矣。於是俯仰歎息，退而以告於其長湯君悦，請得任其事而一新焉。湯君以爲然，予錢五萬，曰：「以是經其始。」熊君則徧以語于邑人之官學者〔二二〕，久之，乃得錢五十萬〔二三〕。遂以今年正月癸丑始事，首作大成之殿，踰月訖功。棟宇崇麗，貌象顯嚴，位序丹青，應圖合禮。熊君既以復于其長，合羣吏，率諸生而釋菜焉。則又振其餘財，以究厥事，列置門楝，扁以「奎文」，生師之舍，亦葺其舊。於是熊君乃復揖諸生而進之，使程其業，以相次第，官居廩食，弦誦以時。邑人有識者皆嗟歎之，以爲尉本以逐捕盜賊爲官，苟食焉而不曠其事，則亦足矣。廟學興廢，豈其課之所急哉！而熊君乃能及是，是其志與材爲如何耶！

熹時適以事過邑，聞其言，則以語熊君曰：「吾子之爲是役，則善矣。而子之所以爲教，則吾所不得而聞也。抑先聖之言有之〔一四〕：『古之學者爲己，今之學者爲人。』二者之分，實人材風俗盛衰厚薄之所繫，而爲教者不可以不審焉者也。顧予不足以議此，子之邑故有儒先曰徐公誠叟者，受業程氏之門人，學奥行高，講道于家，弟子自遠而至者常以百數，其去今未遠也。吾意大山長谷之中，隘巷窮閻之下，必有獨得其傳而深藏不市者，爲我訪而問焉，則必有以審乎此，而知所以爲教之方矣！」熊君謝曰：「是則敬聞命矣〔一五〕，然此意也不可使是邑之人無傳焉，願卒請文，以識兹役而并列之。」熹不得而辭也，因悉記其事，且書其説如此，俾刻焉。既以勵熊君，且以視其徒，又以告凡後之爲師弟子而食于此者，使知所以自擇云爾。淳熙三年秋七月丙辰新安朱熹記。

拙齋記

臨川太守趙侯景明視事之明年，政通人和，郡以無事。暇日，相便坐之北，循廡而西，入叢竹間，得前人所爲秋聲齋者，老屋數椽，人跡罕至，而其傾欹痺狹又特甚，意欣然樂之，因稍易其腐敗撓折之尤者，而日居焉。間獨仰而歎曰：「是室之陋，非予之拙，則孰宜居之哉！」乃更題其牓曰「拙齋」，而以書走武夷，謁予記曰：「吾之拙甚，懼不足以爲理，吾子因是而予之一言，庶乎其有以自警也。」

方是之時，予蓋未始得遊於趙侯也，然其直諒之操、多聞之美，則聞有日矣。及其爲政於此邦也，奉法遵職，不作聰明而吏畏民安，境内稱治，則又聞之而加鄉往焉。今也乃於其言而得其志如此，則鄉之所聞者，於侯抑餘事也。誠竊樂聞其説，且復自念若予之鄙樸頑鈍，蓋有甚於侯者，則亦仰而歎曰：「趙侯所以名其齋者，爲足以見其志矣。然而非予之拙，則亦孰宜記之哉！」

抑嘗聞之，天下之事不可勝窮，其理則一而已矣。君子之學，所以窮是理而守之也。其窮之也，欲其通於一；其守之也，欲其安以固。以其一而固也，是以近於拙。蓋無所用其巧智之私，而唯理之從，極其言，則正其誼不謀其利，明其道不計其功，是亦拙而已矣。

趙侯之學蓋將進此，然其所以託名者，則已卑矣。且猶不輕自信，而必求所以警其心焉，則其志爲如何哉！若予之拙，乃其材之不足，而何足以語此？顧輒自予爲足以記侯之齋者，視侯之爲愧亦甚矣。雖欲善其辭説，其又何以爲觀省之助乎？然侯之所以見屬，有不可虚者，姑亦書此，以致予之意焉。淳熙丙申冬十月壬申朔新安朱熹記。

復齋記

昔者聖人作易，以擬陰陽之變，於陽之消於上而息於下也，爲卦曰復。復，反也，言陽之既往而來反也。夫大德敦化而川流不窮，豈假夫既消之氣，以爲方息之資也哉？亦見其絶於彼而生於此，而因以著其往來之象爾。唯人亦然，太和保合，善端無窮。所謂復者，非曰追夫已放之心而還之、録夫已棄之善而屬之也，亦曰不肆焉以騁於外，則本心全體即此而存，固然之善自有所不能已耳。嗚呼！聖人於復之卦，所以贊其可見天地之心，而又以爲德之本者，其不以此歟？

吾友黄君仲本，以「復」名齋，而謁於予曰：「願得吾子之言，以書于壁，庶乎其有以目在之而不忘也。」予不敢辭，而請其所名之意〔二六〕。仲本則語予曰：「吾之幼而學也，家公授以程氏之書，讀之而有不得於其説者，則以告而願請益焉。公曰：『思之。』又問，則曰：『反諸爾之身以求焉可也。』自吾之得是言也，居處必恭，執事必敬，其與人也必忠，如是以求之，三年而後有得也。然其存之也未熟，是以充之不周。往者不循其本，顧欲雜乎事物之間以求之，或反牽於外而益眩於内〔二七〕。今也既掃一室於家庭之側〔二八〕，揭以是名而日居之，蓋將悉其温凊定省之餘力，以從事於舊學，庶乎真積力久，而於動静語默之間，有以貫乎一而不爲内外之分焉。然猶懼其怠而不能以自力〔二九〕，是以願吾子之相之也。」

予惟仲本所以名齋之意，蓋與予之所聞者合，然其守之固而行之力，則吾黨之士皆有愧焉，則起謝曰：「僕之言未有以進於吾子，而子之賜於僕則已厚矣。且將銘諸心，移諸同志，以警夫空言外徇之敝，而豈敢有所愛於子之求哉。抑予聞之，古人之學，博文以約禮，明善以誠身，必物格而知至，而後有以誠意而正心焉。此夫子、顔、曾、子思、孟子所相授受，而萬世學者之準程也。仲本誠察於此，有以兩進而交養焉，則夫道學之體用，聖賢之德業，不在仲本而安歸乎？願書此言，以記於壁，且將因其過庭之際而就正焉，予亦庶乎其又有以自新也。」淳熙丙申冬十月戊寅新安朱熹記。

江州重建濂溪先生書堂記

道之在天下者未嘗亡，惟其託於人者或絶或續，故其行於世者有明有晦，是皆天命之所爲，非人智力之所能及也。夫天高地下，而二氣五行紛綸錯糅，升降往來於其間，其造化發育，品物散殊，莫不各有固然之理，而最其大者，則仁、義、禮、智之性〔三〇〕，君臣、父子、昆弟、夫婦、朋友之倫是已〔三一〕。是其周流充塞，無所虧間，夫豈以古今治亂爲存亡者哉！然氣之運也，則有醇漓判合之不齊；人之禀也，則有清濁昏明之或異。是以道之所以託於人而行於世者，惟天所畀〔三二〕，乃得與焉，決非巧智果敢之私所能億度而强探也。河圖出而八卦畫，洛書呈而九疇叙，而孔子於斯文之興喪，亦未嘗不推之於天，聖人於此其不我欺也審矣。若濂溪先生者，其天之所畀，而得乎斯道之傳者與，不然，何其絶之久而續之易，晦之甚而明之亟也？蓋自周衰孟軻氏没，而此道之傳不屬，更秦及漢，歷晉、隋、唐，以至于我有宋。聖祖受命〔三三〕，五星集奎，實開文明之運，然後氣之漓者醇、判者合，清明之禀，得以全付乎人。而先生出焉，不繇師傳，默契道體，建圖屬書，根極領要，當時見而知之有程氏者，遂擴大而推明之，使夫天理之微，人倫之著，事物之衆，鬼神之幽，莫不洞然畢貫于一，而周公、孔子、孟氏之傳，焕然復明於當世。有志之士，得以探討服行而不失其正，如出於三代之前者。嗚呼盛哉！非天所畀，其孰能與於此！

先生姓周氏，諱敦頤，字茂叔。世家舂陵，而老於廬山之下，因取故里之號，以名其川曰「濂溪」，而築書堂於其上。今其遺墟在九江郡治之南十里，而其荒茀不治，則有年矣。

淳熙丙申，今太守潘侯慈明與其通守吕侯勝己始復作堂其處，揭以舊名，以奉先生之祀。而吕侯又以書來屬熹記之。熹愚不肖，不足以及此，獨幸嘗竊有聞於程氏之學者，因得伏讀先生之書，而想見其爲人。比年以來，屏居無事，常欲一泛九江，入廬阜，濯纓此水之上，以致其高山景行之思，而病不得往。誠不自意，乃今幸甚，獲因文字以託姓名於其間也。於是竊原先生之道所以得於天而傳諸人者，以傳其事如此。使後之君子有以觀考而作興焉，是則庶幾乎兩侯之志也云爾〔三四〕。四年丁酉春二月丙子記。

静江府學記〔三五〕

古者聖王設爲學校，以教其民，由家及國，大小有序，使其民無不入乎其中而受學焉。而其所以教之之具，則皆因其天賦之秉彝而爲之品節，以開導而勸勉之，使其明諸心，修諸身，行於父子、兄弟、夫婦、朋友之間，而推之以達乎君臣、上下、人民、事物之際，必無不盡其分焉者。及其學之既成，則又興其賢且能者，置之列位。是以當是之時，理義休明，風俗醇厚，而公卿、大夫、列士之選，無不得其人焉。此先王學校之官，所以爲政事之本、道德之歸，而不可以一日廢焉者也。

至於後世學校之設，雖或不異乎先王之時，然其師之所以教，弟子之所以學，則皆忘本逐末，懷利去義〔三六〕，而無復先王之意。以故學校之名雖在，而其實不舉。其效至於風俗日敝，人材日衰，雖以漢、唐之盛隆，而無以仿佛乎三代之叔季。然猶莫有察其所以然者，顧遂以學校爲虛文，而無所與於道德政理之實。於是爲士者求道於老子、釋氏之門〔三七〕，爲吏者責治乎簿書期會之最〔三八〕。蓋學校之僅存而不至於遂廢者，亦無幾耳。

乃者聖上慨然憫其如此，親屈鑾路，臨幸學宫，發詔諸生，勵之以爲君子之儒，而無慕乎人爵者，德意既甚美矣。而靜江守臣廣漢張侯栻適以斯時一新其府之學，亦既畢事，則命其屬，具圖與書，使人於武夷山間，謁熹文以記之。顧非其人，欲謝不敢〔三九〕，而惟侯之意不可以虛辱。乃按圖考書，以訂其事，則皆曰靜江之學，自唐觀察使隴西李侯昌巙始立於牙城之西北，其後又徙于東南。歷時既久，士以卑痺堙鬱爲病〔四〇〕。有宋乾道三年，知府事延平張侯維乃撤而遷于始安故郡之墟。蓋其地自郡廢而爲浮屠之室者三，始議易置，而部使者有惑異教，持不可者。既乃僅得其一，遂因故材而亟徙焉，以故規模褊陋，復易摧圮。至于今侯，然後乃得并斥左右佛舍置它所，度材鳩匠，合其地而一新焉。殿閣崇邃，堂序廣深，生師之舍，環列廡外，耽耽翼翼，不侈不陋。於其爲諸侯之學，所以布宣天子之命教者，甚實宜稱。熹於是喟然起而歎曰：「夫遠非鬼、崇本教，以侈前人之功〔四一〕，侯之爲是，則既可書已。抑熹聞之，侯之所以教於是者，莫非明義反本，以遵先王斆學之遺意，而欲使其學者皆知所以，不慕人爵，爲君子儒，如明詔之所謂者，則其可書，又豈徒以一時興作之盛爲功哉！」故特具論其指意所出者爲詳，而並書其本末如此，以告來者。

侯字敬夫，丞相魏忠獻公之嗣子。其學近推程氏，以達於孔孟，治己教人，一以居敬爲主，明理爲先。嘗以左司副郎侍講禁中，既而出臨此邦，以幸遠民，其論説政教，皆有明法。然則士之學於是者，亦可謂得師矣，其亦無疑於侯之所以教者，而相與盡其心哉！淳熙四年冬十有一月己未日南至新安朱熹記。

袁州州學三先生祠記〔四二〕

宜春太守廣漢張侯既新其郡之學，因立濂溪、河南三先生之祠于講堂之東序，而以書來，屬熹記之。蓋自鄒孟氏没而聖人之道不傳，世俗所謂儒者之學，内則局於章句文詞之習〔四三〕，外則雜於老子釋氏之言。而其所以脩己治人者，遂一出於私智人爲之鑿，淺陋乖離，莫適主統〔四四〕，使其君之德不得比於三代之隆，民之俗不得躋於三代之盛，若是者，蓋已千有餘年於今矣。濂溪周公先生奮乎百世之下，乃始深探聖賢之奧，疏觀造化之原，而獨心得之。立象著書，闡發幽秘，詞義雖約，而天人性命之微，脩己治人之要，莫不畢舉。河南兩程先生既親見之而得其傳，於是其學遂行於世。士之講於其説者〔四五〕，始得以脱於俗學之陋，異端之惑，而其所以脩己治人之意〔四六〕，亦往往有能卓然不惑於世俗利害之私，而慨然有志於堯舜其君民者。蓋三先生者，其有功於當世，於是爲不小矣。然論者既未嘗考於其學〔四七〕，又拘於今昔顯晦之不同，是以莫知其本末源流之若此，而或輕議之。其有略聞之者，則又舍近求遠，處下窺高，而不知即事窮理，以求其切於脩己治人之實也。嗚呼！張侯所以作爲此祠，而屬其筆於熹者，其意豈不有在於斯與！

抑嘗聞之，紹興之初，故侍讀南陽胡文定公嘗欲有請於朝，加程氏以爵列，使得從食於先聖先師之廟。其後熹之亡友建安魏君掞之爲太學官，又以其事白宰相，且請廢王荆公安石父子勿祠。當時皆不果行，識者恨之。至於近歲，天子乃特下詔，罷臨川伯雱者，略如掞之之言。然則公卿議臣有能條奏前二議者，悉施行之。且復推而上之，以及於濂溪，其亦無患於不從矣。

張侯名杓，丞相魏忠獻公之子，文學吏治皆有家法〔四八〕。觀於此祠，又可見其志之所存者。異時從容獻納，白發其端〔四九〕，使三先生之祠徧天下，而聖朝尊儒重道之意垂於無窮，則其美績之可書，又不止於此祠而已也。故熹既爲之論著其事，而又附此説焉以俟。淳熙五年冬十月辛卯記。

建寧府建陽縣學藏書記

古之聖人作爲六經，以教後世。易以通幽明之故，書以紀政事之實，詩以導情性之正，春秋以示法戒之嚴，禮以正行，樂以和心。其於義理之精微，古今之得失，所以該貫發揮，究竟窮極〔五〇〕，可謂盛矣。而總其書，不過數十卷，蓋其簡易精約又如此。自漢以來，儒者相與尊守而誦習之，傳相受授〔五一〕，各有家法，然後訓傳之書始出。至於有國家者，歷年行事之迹，又皆各有史官之記，於是文字之傳益廣。若乃世之賢人君子，學經以探聖人之心，考史以驗時事之變，以至見聞感觸，有接於外而動乎中，則又或頗論著其説〔五二〕，以成一家之言。而簡册所載，篋櫝所藏，始不勝其多矣。然學者不欲求道則已，誠欲求之，是豈可以舍此而不觀也哉！而近世以來，乃有所謂科舉之業者以奪其志，士子相從於學校庠塾之間，無一日不讀書，然問其所讀，則舉非向之所謂者。嗚呼！讀聖賢之言而不通於心，不有於身，猶不免爲書肆，況其所讀，又非聖賢之書哉！以此道人，乃欲望其教化行而風俗美，其亦難矣。

建陽版本書籍行四方者，無遠不至，而學於縣之學者，乃以無書可讀爲恨。今知縣事會稽姚侯耆寅始斥掌事者之餘金鬻書於市，上自六經，下及訓傳、史記、子集，凡若干卷，以充入之，而世儒所誦科舉之業者，一無得與於其間。諸生既得聖賢之書而讀之，又相與講於侯之意而知所興起也〔五三〕，來謁予文以記之。予惟姚侯之所以教其人固可書矣，而諸生之所以承侯之意者，亦當得書也。抑予猶願有告焉。諸君讀侯之書，其必有以通諸心、有諸身，而無徒爲是書肆者，則庶幾無負於侯之教，而是邦風俗之美，亦將有以異於往時矣。於是敬書其説，使刻石而立諸其廡以俟。淳熙己亥二月己酉新安朱熹記。

建寧府建陽縣學四賢堂記

故國子祭酒九江蕭公之敏，字敏中，隆興間以選來知建陽縣事。廉靜易直，不務爲赫赫名，人便安之。嘗問邑之先賢，而得三御史焉，曰陳公洙師道，曰陳公師錫伯脩，曰游公酢定夫，皆以學行風節有聞於時。心獨慨然慕之，乃爲之肖象立祠於學，牓曰「三賢」，而率邑之學士大夫，以及諸生子弟相與拜而奉奠焉。邑人熊君克實記其事，今刻在石，可考也。既公去而仕於朝，不數年，亦爲御史，實踐三君子之跡。而其忠言至計，所以開上心，救時弊，别白是非邪正，使爲善者有所怙，爲惡者有所懼，其功又不在三君子之下也。出使江東，未幾，上思其言，復召以爲國子祭酒。因事獻言，鯁切不少變。又使湖南以卒。卒時貧甚，乃至無以爲家。於是士大夫相與益高其節，而建陽之人亦皆咨嗟惻愴，以爲吾蕭令尹之賢，真可以追配三君子者無慚也。今今知縣事會稽姚侯聞之，歎曰：「吾於蕭公雖不及識其面，然聞其名而鄉往之久矣。今辱爲邑長於斯而繼其躅，又聞邑人之所以稱誦之者如此，其何以致吾之意，而慰邑人之思哉？」於是復肖公象，以合食於三君子，而更其牓曰「四賢」。既成，奠之如公祠三賢故事。諸生與執事者退皆喟然太息，相勉以節義，曰：「異時出身事主，無或爲婞阿容悦〔五四〕，以愧乎四賢者，而負今侯之教也。」謂予於蕭公有一日之故，來請文記之。予不得辭，乃具書其本末如此，因以警諸君，使毋忘今日之志；又以告來者，使相與歎慕興起於無窮也。姚侯名耆寅，其興學聚書以教學者之意，已見於予文矣，今爲此祠，其意尤非苟然者，後之君子亦可以觀政於斯焉。淳熙己亥二月己酉新安朱熹記。

隆興府學濂溪先生祠記

隆興府學教授南康黄君灝既立濂溪先生之祠於其學，而書來語熹曰：「先生之學，自程氏得其傳，以行於世，至于今而學者益尊信之〔五五〕。以故自其鄉國及其平生遊宦之所歷，皆有祠於學，以致其瞻仰之意。若此邦者，蓋亦先生之仕國也，而視於其學，獨未有所祠奉。灝也既言於府而敬立之，且奉程氏二先生以配焉，又將竊取其書，日與學者誦習之，而患未知其所以説也。吾子盍嘗爲是以幸教吾邦之人，是殆有以識其意者，願得一言以記茲事，庶乎其有以發也。」熹謝不敏，而黄君要之不置〔五六〕。熹惟先生之學之奥固非末學所敢知，抑不敢謂無其志者，矧黄君之請之勤若是，亦安得而不爲之言乎！

蓋嘗竊謂先生之言，其高極乎無極太極之妙，而其實不離乎日用之間；其幽探乎陰陽五行造化之賾，而其實不離乎仁義禮智、剛柔善惡之際。其體用之一源，顯微之無間，秦漢以下，誠未有臻斯理者，而其實則不外乎六經、論語、中庸、大學、七篇之所傳也。蓋其所謂太極云者，合天地萬物之理而一名之耳；以其無器與形，而天地萬物之理無不在是，故曰無極而太極，以其具天地萬物之理，而無器與形，故曰太極本無極也。是豈離乎生民日用之常，而自爲一物哉！其爲陰陽五行造化之賾者，固此理也。其爲仁義禮智、剛柔善惡者，亦此理也。性此理而安焉者，聖也；復此理而執焉者，賢也。自堯舜以來，至於孔孟，其所以相傳之説，豈有一言以易此哉。顧孟氏既没，而諸儒之智不足以及此，是以世之學者茫然莫知所適，高則放於虚無寂滅之外，卑則溺於雜博華靡之中，自以爲道固如是，而莫或知其非也。及先生出，始發明之，以傳於程氏，而其流遂及於天下。天下之學者於是始知聖賢之所以相傳之實，乃出於此，而有以用其力焉。此先生之教，所以繼往聖，開來學，而大有功於斯世也。

今黄君既立其祠，以及於程氏，而又欲推其説以傳學者，是必有以默契於心而亡疑矣。而猶若有待乎熹之言者，豈將以是輔其説而久其傳邪？既不得辭，乃敍其事，而並書是語以復焉。黄君幸以爲不悖於先生之言，則願刻之石，厝之祠門，以告來者，庶幾其或小補云爾。淳熙六年冬十月辛亥新安朱熹記。

江陵府曲江樓記

廣漢張侯敬夫守荆州之明年，歲豐人和，幕府無事。顧常病其學門之外即阻高墉，無以宣暢鬱湮，導迎清曠，乃直其南鑿門，通道以臨白河，而取旁近廢門舊額以榜之，且爲樓觀，以表其上。敬夫一日與客往而登焉，則大江重湖縈紆渺瀰，一日千里，而西陵諸山空濛晻靄，又皆隱見出没於雲空煙水之外。敬夫於是顧而歎曰：「此亦曲江公所謂江陵郡城南樓者邪！昔公去相而守於此，其平居暇日，登臨賦詠，蓋皆翛然有出塵之想。至其傷時感事，寤歎隱憂，則其心未嘗一日不在於朝廷，而汲汲然惟恐其道之終不行也。於戲悲夫！」乃書其扁曰「曲江之樓」，而以書來屬予記之。

時予方守南康，疾病侵陵，求去不獲，讀敬夫之書，而知兹樓之勝，思得一與敬夫相從遊於其上，瞻眺江山，覽觀形制，按楚漢以來成敗興亡之效，而考其所以然者，然後舉酒相屬，以詠張公之詩，而想見其人於千載之上，庶有以慰夙心者。顧乃千里相望，邈不可得，則又未嘗不矯首西悲，而喟然發歎也。抑嘗思之，張公遠矣，其一時之事，雖唐之治亂所以分者，顧亦何預於後之人？而讀其書者，未嘗不爲之掩卷太息也。是則是非邪正之實，乃天理之固然而人心之不可已者，是以雖曠百世而相感，使人憂悲愉佚，勃然於胸中，恍若親見其人而真聞其語者，是豈有古今彼此之間，而亦孰使之然哉！詩曰：「天生烝民，有物有則。民之秉彝，好是懿德。」登此樓者，於此亦可以反諸身而自得之矣。予於此樓既未得往寓目焉，無以寫其山川風景，朝暮四時之變，如范公之書岳陽也，獨次第敬夫本語，而附以予之所感者如此，後有君子，得以覽觀焉。淳熙己亥十有一月己巳日南至。

南康軍風師壇記

南康軍故無風師壇，而寓其祠於社。淳熙六年，歲在屠維大淵獻〔五七〕，權發遣軍事朱熹始按唐開元禮求其地於城之東北，得郡人盛宗廢圃，廣若千，袤若千，蠲其租若千，檄司户參軍姓名、星子縣尉姓名奉政和新書，築壇三成，陛四出。東爲燎壇，南爲大門，而周垣之。書祀儀於門之東壁，而圖其陳列登降之位於西壁。經始十一月某日，而成於某日云。

信州鉛山縣學記

鉛山學故在縣東南百許步，因地形爲屋，東鄉。既諸生以夫子不南面，於禮爲不稱，乃徙置縣東山下。然其費皆出民間，有司者無所與，以故度地褊狹，不能具廟學制度。至若師生具員，而弦誦輟響，則亦既二十有餘年矣。淳熙己亥之春，義興蔣侯來領縣事。始至，進謁堂下，俯仰太息而有志焉。後數月，政成事簡，民裕而財足，乃買地鑿山，度材致用，而屬役於其屬雷君霆。以歲十有二月丙申始事，越明年四月戊申而舍菜焉。門觀顯嚴，宮廬宏敞，神位清密，祭用畢脩。圖史之藏，几席之設，與凡所以棲宿、炊爨、抃除之須，無一不備。既又爲之名墾田，立餼舍，日給弟子員二十餘人，而官無乏用，民不病役。邑之父兄相與聚觀，顧歎言曰：「令之所以幸教吾子弟者，其厚如此，是豈可使後之人無傳焉。」於是雷君聞之，則以其意來請，且曰：「學雖具而諸生未知所志，願吾子之因是而有以發之也。」

予嘗謂道無古今之殊，而學有今古之異，蓋周人以鄉三物教萬民，而賓興之。其德六，曰智、仁、聖、義、中、和；其行六，曰孝、友、睦、婣、任、恤；其藝六，曰禮、樂、射、御、書、數。是於學者日用起居食飲之間，既無事而非學，於其羣居藏脩游息之地，亦無學而非事。至於所以開發其聰明，成就其德業者，又皆交相爲用而無所偏廢。此先王之世所以人材衆多，風俗美盛，而非後世之所能及也。國家建立學官，周遍海內，其所以望於天下之士者，豈不亦若先王之志？而學者無以識其指意之所在，於其日用之間，既誕謾恣睢，而不知所以學；其羣居講習之際，又不過於割裂裝綴以爲能，而莫或知其終之無所用也。是以其趨日以卑陋，而惟利禄之知，幸而一二傑然有意於自立者，則又或窮高極遠，而不務力行之實，或循常守舊，而不知其義理之所以然也。是以其説常倚於一偏，而不得以入於聖賢之域。於是時也，異端雜學之士，阿世徇俗之流，又或鼓其乖妄之説而乘之。嗚呼！吾道之不亡，特民之秉彝有不可得而絶滅者耳。予之力固不足以救之，而竊有憂焉。是以既書蔣侯之事，又因雷君之請，而附見其説，以告夫學於此者，以爲有能因是而反求之，則庶乎其知所志矣。

蔣侯名億，字仲永，材高志遠，平居抵掌論當世事，滚滚不窮，蓋嘗有意筲兵萬里，爲國家立非常之功者，其辦一邑固當有餘力。惟其不以壹切治理爲功，而汲汲乎化民成俗之先務如此，是則後之君子，亦將有考於斯焉。秋九月丙寅具位朱熹記。

校勘記

〔一〕縣西北七十里廬山之顛　「七」，淳熙本作「六」。

〔二〕亦皆噴薄濺灑可觀　「可觀」，淳熙本作「有可觀者」。

〔三〕取陸士衡招隱詩語命以鳴玉而未暇也　淳熙本作「取謝康樂揭石挹飛泉語名之而未暇也」。

〔四〕梁木跨之　「梁木」，淳熙本作「爲梁」。

〔五〕北入泉峽　「泉」，淳熙本作「梅」。

〔六〕其左亦皆茂樹脩竹　「其左亦皆」，淳熙本作「堂左右皆」。

〔七〕然亦不容置屋復作臺　此九字淳熙本作「欲作亭」。

〔八〕拱玩珠璧　「拱」，淳熙本作「掬」。

〔九〕東北行　「東」上，淳熙本有「自茶陂」三字。

〔一〇〕履側徑　「徑」下，淳熙本有「其下蓬蓬然者數十步」九字。

〔一一〕可已痞疾　「痞」，淳熙本作「痁」。

〔一二〕東南別谷有石室三　「東南別谷」，淳熙本作「自絶頂東南去」。

〔一三〕十年之外　此四字淳熙本作「數年之間」。

〔一四〕紫陽山在徽州城南五里　「城南五」三字原闕，據正訛引徐樹銘新本、弘治徽州府志補。

〔一五〕劉公某居守建康之明年春某月　淳熙本「劉公某」作「劉公珙」，「某月」作「二月」。

〔一六〕然其教人之法循循有序　「循循有序」前，淳熙本有「必自致知正心誠意至於治國平天下灑掃應對至於窮理盡性」二十五字。

〔一七〕熹於是其有望焉耳矣　「其」，淳熙本作「亦」。

〔一八〕莆田林侯慮知縣事　「知」上，淳熙本有「來」字。

〔一九〕始出其所寶大帝神筆石經若干卷　「大帝神筆石經」，浙本作「石經今上神筆」。

〔二〇〕列庋其上　「庋」，原作「度」，據淳熙本、浙本改。

〔二一〕衢州江山縣學記　「學」上，淳熙本有「新」字。

〔二二〕邑人之官學者　「官」，閩本作「宦」。

〔二三〕乃得錢五十萬　「五」，淳熙本作「六」。

〔二四〕抑先聖之言有之　「之」，淳熙本作「云」。

〔二五〕是則敬聞命矣　「是」，原作「走」，據淳熙本改。

〔二六〕而請其所名之意　「所」下，浙本有「以」字。

〔二七〕或反牽於外而益眩於内　「或」下，淳熙本、閩本、浙本有「乃」字。「於」下，以上各本有「其」字。

〔二八〕今也既埽一室　「埽」，淳熙本作「創」。

〔二九〕然猶懼其怠　「怠」上，淳熙本有「或」字。

〔三〇〕則仁義禮智之性　「之性」，淳熙本作「信之端」。

〔三一〕朋友之倫是已　「是」，淳熙本作「而」。

〔三二〕惟天所畀　「畀」，原作「界」，據淳熙本改。
〔三三〕聖祖受命　「聖」，淳熙本作「藝」。
〔三四〕兩侯之志也云爾　「志」，淳熙本作「意」。
〔三五〕靜江府學記　「府」下，淳熙本有「重建」二字。
〔三六〕懷利去義　「懷」，淳熙本作「爭」。
〔三七〕老子釋氏之門　「門」，淳熙本作「間」。
〔三八〕爲吏者　「吏」，淳熙本作「政」。
〔三九〕欲謝不敢　「敢」，淳熙本作「敏」。
〔四〇〕士以卑痺　「士」，淳熙本作「並」。
〔四一〕以侈前人之功　「侈」下，淳熙本有「大」字。
〔四二〕三先生祠記　「先生祠」，淳熙本作「賢堂」。
〔四三〕内則局於章句文詞之習　「局」，淳熙本作「畫」。
〔四四〕莫適主統　「適」，淳熙本作「識」。
〔四五〕士之講於其説者　「士」，淳熙本作「世」。
〔四六〕脩己治人之意　「意」，淳熙本作「道」。
〔四七〕然論者　「論」，淳熙本作「儒」。

〔四八〕文學吏治皆有家法　淳熙本「治」作「事」，「家」作「成」。
〔四九〕白發其端　「白」，淳熙本作「特」。
〔五〇〕究竟窮極　「竟」，淳熙本、浙本作「備」。
〔五一〕傳相受授　「傳」，淳熙本作「轉」。
〔五二〕則又或頗論著其説　「頗」，淳熙本作「自」。
〔五三〕又相與講於侯之意　「於」，淳熙本作「明」。
〔五四〕婞阿容悦　「容悦」，淳熙本作「苟容」。
〔五五〕益尊信之　「益」，淳熙本作「始」。
〔五六〕而黄君要之不置　「要」，淳熙本作「請」。
〔五七〕歲在屠維大淵獻　「屠」，原作「著」，據爾雅釋天改。

晦庵先生朱文公文集卷第七十九

記

卧龍庵記

卧龍庵在廬山之陽，五乳峰下。予自少讀龜山先生楊公詩，見其記卧龍劉君隱居辟穀，木食澗飲，蓋已度百歲，而神清眼碧，客至輒先知之，則固已知有是庵矣。去歲，蒙恩來此，又得陳舜俞令舉廬山記者讀之，其言曰：「凡廬山之所以著於天下，蓋有開先之瀑布見於徐凝、李白之詩，康王之水簾見於陸羽之茶經，至於幽深險絶，皆有水石之美也。此庵之西，蒼崖四立，怒瀑中瀉，大壑淵深，凛然可畏。有黄石數丈，隱映連屬在激浪中，視者眩轉，若欲蜿蜒飛舞，故名卧龍，此山水之特勝處也。」於是又知其泉石之勝乃如此。間以行田，始得至焉，則庵既無有，而劉君亦不可復見，獨其泉石之勝，不可得改。然其壯偉奇特之勢，則有非陳記所能彷彿者。

余既惜其出於荒堙廢壞之餘，而又幸其深阻敻絶，非車塵馬跡之所能到，儻可得擅而有也。時已上章乞解郡紱，乃捐俸錢十萬，屬西原隱者崔君嘉彦，因其舊址，縛屋數椽，以俟命下而徙居焉。既又緣名潭之義，畫漢丞相諸葛公之象，置之堂中，而故友張敬夫嘗爲賦詩以紀其事。然庵距潭猶數百步，步亂石間，三涉澗水乃至，至又無所託足，以寓瞻眺。或乃顛沛而反，因相其東崖，鑿石爲磴而攀緣以度。稍下，乃得巨石，横出澗中，仰翳喬木，俯瞰清流，前對飛瀑，最爲谷中勝處。遂復作亭於其上，既以爲吏民禱賽之地，而凡來遊者，亦得以彷徨徙倚，而縱目快心焉。於是歲適大侵，因牓之曰「起亭」，以爲龍之淵卧者可以起而天行矣。然予前日之請，迄今蓋已屢上，而竟未有得也。歲月飄忽，念之慨然，乃叙其作興本末而書之屋壁，來者讀之，尚有以識予之意也。淳熙庚子冬十有一月丙辰新安朱熹記。

西原庵記

予少好佳山水異甚，而自中年以來，即以病衰不克遑其志于四方。獨聞廬阜之奇秀甲天下，而畸人逸士往往徜徉於其間，意常欲一往遊焉而未暇也。前年蒙恩試郡，適在此山之陽，乃間以公家職事，得至其中。其巖壑幽深，水石奇怪，固平生所創見，而於巖壑水石之間，又得成紀崔君焉，乃信前所聞者之不誣也。

君名嘉彥，字子虛，少慷慨有奇志，壯歲避地巴東三峽之間，修神農老子術。東下吳越，以耕戰之策干故相趙忠簡公，趙公是之，會去相，不果行。君自是絕迹此山，按陳令舉所述圖記，得西原庵故址于卧龍瀑水之東，築室居焉。耕田種藥，僅足以自給，而四方往來之士皆取食焉。其疾病老孤，無所與歸之人至者，亦收養之。蓋年逾七十矣，而神明筋力不少衰。予往造之[一]，而君不予避也，一旦爲予道說平生，相與太息。會予結屋卧龍，以祠諸葛丞相，世蓋少識其意者[二]，君獨歎曰：「此奇事也。」相爲經紀其事，以迄有成。兩年之間，相見者不知其幾，而君未嘗一言及外事，予以是益嘉君之爲人，而重歎其既老，無所復用於世也。

淳熙辛丑閏月之晦，予既罷郡，來宿卧龍，君曰：「卧龍之役，夫子既書之矣，顧西原獨未有記，復能爲我書之乎？」予曰諾哉。於是悉次其說，俾刻焉。新安朱熹記。

徽州婺源縣學三先生祠記

淳熙八年春三月，婺源大夫周侯始作周、程三先生祠堂於其縣之學，而使人以書來謂熹曰：「子故吾邑之人也，蓋嘗有聞於先生之學，而既祠之南康矣。且濂溪故宅、豫章、宜春之祠，又吾子之所記也，其亦爲我言之。」熹惟三先生之道則高矣，美矣，然此婺源者，非其鄉也，非其寓也，非其所嘗遊宦之邦也。且國之祀典，未有秩焉而祀之，於禮何依？而於義何所當乎？則具以告，且謝不敢。後數月，周侯又與邑之處士李君繒及其學官弟子數十人皆以書來，曰：「惟濂溪夫子之學性諸天，誠諸己，而合乎前聖授受之統，又得河南二程先生以傳之，而其流遂及於天下，非有爵賞之勸，刑辟之威，而天下學士靡然鄉之。十數年來，雖非其鄉，非其寓，非其遊宦之國，又非有秩祀之文，而所在學官，爭爲祠室，以致其尊奉之意，蓋非敢以是間乎命祀也，亦曰肖其道德之容，使學者日夕瞻望而興起焉耳。且吾邑之人所以得聞三先生之言者，子之先君子與有力焉。今祠亦既成矣，子安得而不爲之言乎？抑先生之學，其始終本末之趣，願吾子之悉陳之，庶乎其有發也。」

熹發書，愀然曰：「明府之教，諸君之言，其命熹以記者，熹不敢復辭矣。乃先生之學，則熹之愚，懼不足以言之也。雖然，諸君獨不觀諸濂溪之圖與其書乎？雖其簡古淵深，未易究測，然其大指，則不過語諸學者講學致思，以窮天地萬物之理，而勝其私以復焉。其施則善始於家而達之天下，其具則復古禮、變今樂，政以養民而刑以肅之也。是乃所謂伊尹之志、顏子之學，而程氏傳之以覺斯人者，而亦豈有以外乎諸君日用之間哉！顧獨未之察耳。今幸以賢大夫之力，既得以日見先生之貌象而瞻仰之，則曷若遂讀其書、求其指，以反諸身而力行之乎？」已而遂書其事與其辭如此以爲記，以爲學者由是而用力焉，則庶幾乎三先生之心不墜於地，而於吾先子之志，賢大夫之意，亦可以無負矣。諸君其亦勉之哉！祠在講堂北壁下〔三〕，濂溪先生南鄉坐，明道先生、伊川先生東西鄉以侑焉。周侯名師清，玉山人，好學有文，而嘗仕於朝矣。其爲此邦，寬以撫民，禮以俟士，而所以教誨之者又如此，非今之爲吏者所能及也。秋八月癸丑縣人朱熹記。

瓊州學記

昔者聖王作民君師，設官分職，以長以治。而其教民之目，則曰父子有親，君臣有義，夫婦有别，長幼有序，朋友有信五者而已。蓋民有是身，則必有是五者，而不能以一日離；有是心，則必有是五者之理，而不可以一日離也。是以聖王之教，因其固有，還以道之，使不忘乎其初。然又慮其由而不知〔四〕，無以久而不壞也，則爲之擇其民之秀者，羣之以學校，而聯之以師儒，開之以詩書，而成之以禮樂。凡所以使之明是理而守之不失，傳是教而施之無窮者，蓋亦莫非因其固有而發明之，而未始有所務於外也。夫如是，是以其教易明，其學易成，而其施之之博，至於無遠之不暨，而無微之不化，此先王教化之澤所以爲盛，而非後世所能及也。

淳熙九年，瓊管帥守長樂韓侯璧既新其州之學〔五〕，而使以圖來請記，曰：「吾州在中國西南萬里炎天漲海之外，其民之能爲士者既少，幸而有之，其記誦文詞之習，又不能有以先於北方之學者，故其功名事業遂無以自白於當世，僕竊悲之。今其公堂序室則既脩矣，然尚懼其未能知所興起也，是以願有謁焉，吾子其有以振德之。」

熹竊惟國家斆學之意不爲不廣，斯人蒙化之日不爲不深，然猶有如侯之所慮者，豈前日之所以教者，未嘗導之以其身心之所固有，而徒强之以其外〔六〕，是以若彼其難與？因爲之書其所聞於古者以告之，使瓊之士知夫所以爲學者，不外於身心之所固有，而用其一日之力焉，則其德成行脩，而無所疑於天下之理，將無難者，而凡所謂功名事業云者〔七〕，其本已在是矣。若彼記誦文詞之末，則本非吾事之所急，而又何足爲重輕乎？嗚呼，瓊士勉旃！「天生烝民，有物有則。民之秉彝，好是懿德。」是豈有古今之間，遠近之殊哉！侯於是邦，政多可紀，已具刻於池亭之石，因不復書。而是役之面執功程，又非侯所以屬筆之意也，亦略不論著云。是年歲在玄黓攝提格冬十月庚申宣教郎、直祕閣朱熹記。

瓊州知樂亭記

瓊管在中州西南萬里鯨波浩漾之外，其長吏常以領護島中四郡、填撫民夷爲職，委寄甚重。然以其險且遠也，朝廷往往不暇擇人，冒而往者，意或私有所利，固不復知所謂承流宣化爲何等事。是以其地今爲王土數百年，而舊俗未盡革，論者因鄙夷之，以爲是果不足以與中國之聲教，其人蓋深耻之而未有以雪也。

淳熙八年，今帥守韓侯始以經略使察廉表行州事，而天子許之。至則爲之正田畝之籍，薄鹽米之征，教之以耕耨灌溉之法，而絀其官吏之無狀者。民業既有經矣，然後日爲陳説禮義廉耻之意以開曉之既又表其從化之民，以厲其不率教者。出入阡陌，勞來不怠，行之期年，民吏浹和，俗以一變。化外黎人聞風感慕，至有願得供田税比省民者。於是侯亦自喜其政之成，而幸其民之不我違也，乃取莊生濠上之語，作「知樂」之亭於放生池上，北望觀闕於雲天縹緲之間，以爲歲時瞻佇祝延之地。且曰其使邦人士女嘉辰勝日有所詠歌鼓舞，以自樂其得被聖化而不愧於王民也。間而以書屬予記之。予惟韓侯之於此邦，其勤至矣，不但一亭之作爲可書也，然其爲政本末之序，則於此亦有可觀者，因爲書之，以告後人。

使凡居侯之位而遊於是者，必以侯之心爲心，又觀於其政而取法焉，則庶乎民生日厚、民德日新，而王化之純無遠邇矣，世豈有終不可教之民哉！

侯名璧，字廷玉，長樂人，世以清德顯云。九年冬十月庚申新安朱熹記。

漳州龍巖縣學記

漳州龍巖縣學，皇祐初年置〔八〕，其後遷徙不常，遂以廢壞，蓋三十有餘年。而丞某君某始復營建，迫代去，不克就。温陵曾君秘來嗣其職，乃因其緒而成之，凡爲屋若干楹，殿堂門廡，師生之舍，無一不具。淳熙九年某月某日〔九〕，既率其諸生以奠菜于先聖先師，而以書來求記，且曰願有教也。予聞龍巖爲縣斗辟，介於兩越之間，俗故窮陋。其爲士者，雖或負聰明樸茂之姿，而莫有開之以聖賢之學，是以自其爲縣以來，今數百年，未聞有以道義功烈顯於時者。豈其材之不足哉？殆爲吏者未有以興起之也。今二君相繼貳令於此，乃能深以興學化民爲己任，其志既美矣。而曾君又嘗從吾友石、許諸君遊，是必能誦其所聞以先後之者，此邑之士，其庶幾乎！乃爲之書其本末，而因以告其諸生曰：

「夫所謂聖賢之學者，非有難知難能之事也。孝弟忠信、禮義廉耻以脩其身，而求師取友、頌詩讀書以窮事物之理而已。是二端者，豈二三子之所不知不能哉？特怵迫於俯仰衣食之資而不暇顧，誘奪於場屋雕篆之習而不及爲爾。夫徇區區目前近小之利，而忘其所貴於己者，固已悖矣，況其所徇，又未必果可求也。二三子循己事而觀之，則曷若慨然反是心以求之，而一用其力於吾之所謂者乎！使吾孝弟忠信、禮義廉耻之行日篤，而身無不脩也；求師取友、頌詩讀書之趣日深，而理無不得也，則自身而家，自家而國，以達於天下，將無所處而不當，固不必求道義功烈之顯於時，而根深末茂、實大聲閎，將有自然不可揜者矣。嗚呼，是説也，曾君蓋亦嘗爲二三子言之乎？二三子其益以吾言相與勉焉！而書所謂斆學半者，又曾君所宜深念也，其亦由是而勉旃哉！」十年二月甲寅新安朱熹記。

江西運司養濟院記

江南西路轉運司養濟院在隆興府城東崇和門内，轉運副使吴郡錢公某之所爲，而判官嘉禾丘公□、毗陵尤公袤之所徙也。豫章爲江西一都會，地大物衆，而四方賓旅之有事於其土者，又不絶於道路。平時通功易事，足以相生養，獨不幸一旦有疾疢〔一〇〕，則惸然無所歸。求藥與食，或無得焉，則轉死於溝壑者，歲不知幾何人，而有司者莫之知也。乾道九年，轉運副使吴興芮公燁始有聞而閔焉〔一一〕，去之日，留私錢百萬，以諉後人，稱貸貿易，收其贏以市藥物給病者。淳熙五年，判官開封趙公某復以私錢百四十萬〔一二〕，買田東關羅舍，病者又得以食〔一三〕。七年，錢公寔來，而芮公已爲吏部侍郎，是年春，趙公亦以吏部侍郎召。趙公知公雅意亦有樂乎此也，因亟以書來諗，公則移書芮公，請所留錢，益以己資百三十萬，買田長定，而又創爲此院延慶、崇和兩門之外，使病者有以居焉。自經始至落成，若干日而就。凡爲門五間、堂三間，挾以便房，中爲丈室〔一四〕。東庖西圊，左右廡各五間，廡深三尋，脩七尋有半。中設巨榻十有八，冬加障蔽，以禦風寒，暑則撤之，以渫煩鬱。診治有工，藥石有劑，其不可療者，亦予棺櫝以葬。職掌之人，皆賦以禄，俾供厥事。又專屬僚吏，以時行視而課督之。蓋三公所捐，皆四方之聘幣不以入于家者，合之爲錢三百七十萬。所買三墅，爲田千有一百十一畝，歲入租爲穀九百八十三斛有奇。其詳則書之牘，藏之有司，而院之戒令糾禁，亦書而揭之堂上。既錢公又列其事以聞，詔下施行如章。而錢公去矣，二公踵至，周視錢公之所爲者而屢歎之，然猶以院在門關之外，懼夫病者之有所不便於醫藥也，乃相門内得故歸德佛舍之廢址而遷焉。凡增屋十有八間，并得故僧田六頃〔一五〕，又市鍾陵、灌城兩墅之田七十畝，歲收穀三百餘斛，錢五萬有奇，以充入之。蓋自是以來，病而無歸者多賴以全活，不幸死者，亦瞑目而無所憾焉。於是臺之羣屬與郡吏之奔走焉者私相與謀，因文學掾黄君某述其事，來請文以記。

予時方罷浙東常平事，三復其書，而竊有愧焉。蓋崇寧之制，凡安濟坊、漏澤園之政，皆領屬常平使者，其有曠闕，非將漕主計者之憂也。今職其事者，或不能及，而五君子者，乃能汲汲乎其職之所不必爲，至出義錢以輯成之。雖其先後來去之不齊，而其閔惻之深、計慮之遠，泯然若出於一人之心而手自爲之。其制愈脩而愈密，其惠益增而益厚〔一六〕，於以推廣聖朝昭天漏泉之澤於湖山數千百里之外，其意既甚美矣，而其學道愛人之效，又足以警夫職其事而不能然者以興起之，其利豈不又甚博哉！因不復辭，而爲書其本末如此，既以著夫五君子之成績而自訟以曉當世，又以告後之人，使知五君子者相爲始終十年之間所以成此者之不易而不敢壞也。錢公又嘗奏免贛、吉麻租二千四百五十九斛，爲錢千有一百九十七萬九千有奇〔一七〕，兩州之人尤歌舞之。今以祕閣脩撰知婺州事，其救饑之政，亦爲諸郡最云。淳熙十年三月甲戌宣教郎、直徽猷閣、主管台州崇道觀朱熹記。

慈教庵記

金華清江時鎬及其弟某嘗以書來曰：「吾先人之葬，東萊先生既幸哀而銘之，以告于幽矣，惟是祠堂之奉既作而未名，將無以著先德于外者。敢請於子，何如？」予不及識時君，獨觀伯恭父之銘稱其治家嚴整，而所以教子孫者甚篤，且嘗以書爲予言之。伯恭又非輕與人者，予是以知時君之爲人，乃取晏平仲之言，名其所作曰「慈教之庵」，而君之鄉大夫潘公德鄜聞之以爲然，則爲之大書以揭焉。鎬等既刻之石，而又以請曰：「名庵而有以發乎先人之志，子則有賜於我矣。然無詞以著其實，其於久遠，懼泯没而不章也，願吾子之遂志之，將與潘公之書并刻焉，以配吾師之言，而信吾父於後世，子之賜不愈大乎？」予不得辭，則又書本末如此以遺之。

嗚呼，君之子孫既多且材，歲時相與來拜墓下，其有以惕然不忘乎父師之訓，而益勉乎其遠者大者，則斯名之稱其實，又豈待予言之而後傳於遠哉！淳熙癸卯四月。

韶州州學濂溪先生祠記

秦漢以來，道不明於天下，而士不知所以爲學。言天者遺人而無用，語人者不及天而無本〔一八〕；專下學者不知上達而滯於形器，必上達者不務下學而溺於空虚；優於治己者或不足以及人，而隨世以就功名者，又未必自其本而推之也。夫如是，是以天理不明而人欲熾，道學不傳而異端起，人挾其私智以馳騖於一世者，不至於老死則不止，而終亦莫悟其非也。

宋興，九疑之下、舂陵之墟，有濂溪先生者作，然後天理明而道學之傳復續。蓋有以闡夫太極、陰陽、五行之奥，而天下之爲中正仁義者，得以知其所自來。言聖學之有要，而下學者知勝私復禮之可以馴致於上達；明天下之有本，而言治者知誠心端身之可以舉而措之於天下，其所以上接洙泗千歲之統，下啓河洛百世之傳者，脈絡分明而規模宏遠矣。是以人欲自是有所制而不得肆，異端自是有所避而不得騁，蓋自孟氏既没，而歷選諸儒受授之次，以論其興復開創、汎掃平一之功，信未有高焉者也。

先生熙寧中嘗爲廣南東路提點刑獄公事而治於韶，洗冤澤物，其兆足以行矣〔一九〕，而以病去。乾道庚寅，知州事周侯舜元仰止遺烈，慨然永懷，始作祠堂於州學講堂之東序，而以河南二程先生配焉。後十有三年，教授廖君德明至，視故祠頽已摧剥，而香火之奉亦惰弗供，乃謀增廣而作新之。明年，即其故處爲屋三楹，像設儼然，列坐有序。月旦望，率諸生拜謁，歲春秋釋奠之明日，則以三獻之禮禮焉。而猶以爲未也，則又日取三先生之書，以授諸生，曰：「熟讀精思而力行之，則其進而登此堂也，不異乎親炙之矣。」又明年，以書來告曰：「韶故名郡，士多愿愨，少浮華，可與進于善者，蓋有張文獻、余襄公之遺風焉。然前賢既遠，而未有先生君子之教以啓迪於其後，雖有名世大賢來官其地，亦未聞有能摳衣請業而得其學之傳者。此周侯之所爲惓惓焉者，而德明所以奉承於後而不敢怠也。今既訖事，而德明亦將終更以去矣，夫子幸而予之一言，庶幾乎有以卒成周侯之志，是亦德明之願，而諸生之幸也。」

廖君嘗以其學講于熹者，因不獲辭〔二〇〕，而輒爲論著先生唱明道學之功，以視韶人，使因是而知所以用力之方，又記其作興本末如此〔二一〕，使來者有考焉。淳熙十年癸卯歲五月丁卯新安朱熹記。

鄂州社稷壇記〔二二〕

淳熙十年春，朝奉郎〔二三〕、知鄂州事新安羅侯願以書來曰：「吾州羣祀之壇始在中軍寨，去年秋，通守清江劉君清之至而往謁焉，視其地褊迫洿下，燎瘞無所，不稱藩國欽崇命祀之意。且念比年郡多水旱札瘥之變，意其咎或在是，則言於州，請得度地更置如律令。已而劉君行州事，遂以屬録事參軍周明仲行視，得城東黄鶴山下廢營地一區，東西十丈，南北倍差。按政和五禮畫爲四壇，而屬其役事於兵馬監押趙伯烜。作治未半，而願適承乏，又屬都監王椿董之，以速其成焉。某月壇成〔二四〕，東社西稷居前，東風伯、西雨師〔二五〕、雷師居後少卻。壇皆三成，有壝，壝四門。前二壇趾皆方二丈五尺，崇尺二寸；後二壇趾皆方一丈六尺五寸，崇八寸。其再成方面皆殺尺，崇四分而去一。三成方殺如之，而崇不復殺。前二壝皆方四丈二尺，門六尺，間丈五尺；後二壝皆方二丈八尺〔二六〕，門五尺，間四丈九尺，其崇皆四尺。社有主，崇二尺五寸，方尺。剡其上，培其下半〔二七〕，石也。南五丈，爲門三間；北二丈有奇，爲齋廬五間。繚以重垣，甃以堅甓，而植以三代之所宜木，亦既練時日，屬寮吏，偹祝號以告于神而妥之矣。則又與劉君謀，以吾子之嘗學於禮也，是以願請文以記之，俾後人之勿壞也。」

熹按社實山林川澤、丘陵墳衍、原隰五土之祇，而后土勾龍氏其配也。稷則專爲原隰之祇，能生五穀者，而后稷周棄氏其配也。風師，箕也；雨師，畢也，是皆著於周禮，領於大宗伯之官。唯社稷自天子之都至於國里通得祭，而風雨之神〔二八〕，則自唐以來諸郡始得祀焉。至於雷神，則又唐制所與雨師同壇共牲而祀者也〔二九〕。國朝禮文大抵多襲唐故，故今郡國祀典，自先聖先師之外，唯是五者，蓋以爲二氣之良能，天地之功用，流行於覆載之間，以育萬物而民生賴焉者，其德惟此爲尤盛。是以於其壇壝、時日之制，牲幣、器服之品，降登、饋奠之節，莫不參訂討論，著之禮象，頒下郡國，藏於禮官。有司歲舉行之，而部刺史又當以時循行，察其不如法者。蓋有國家者所以昭事明神，祈以降祥錫福于下，其勤如此。顧今之爲吏者，所知不過簿書期會之間，否則觴豆舞歌，相與放焉而不知反。其所敬畏崇飾而神事之者，非老子釋氏之祠，則妖妄淫昏之鬼而已。其於先王之制、國家之典，所以治人事神者，曷嘗有概於其心哉！

嗚呼！人心之不正，風俗之不厚，年穀之不登，民生之不遂，其不亦以此歟？今羅侯之與劉君乃能相與汲汲乎此，非其學古愛民之志，卓然有見乎流俗見聞之表，其孰能之！顧雖不文，不足以記事實，垂久遠，然二君子過以爲嘗從俎豆之事〔三〇〕，不遠千里而屬筆焉，其得辭之乎？因爲書之，使以刻于麗牲之石，後有君子〔三一〕，得以覽焉。羅侯方與劉君相率勸學劭農甚力，劉君又嘗請於前守李侯棫〔三二〕，禁境内無得奉大洪山淫祠者〔三三〕，其於教民善俗之事，力所可爲，無有不盡其心也。十一年春正月甲辰具位新安朱熹記〔三四〕。

建寧府崇安縣學田記

崇安縣故有學而無田，遭大夫之賢而有意於教事者，乃能縮取他費之贏，以供養士之費。其或有故而不能繼，則諸生無所仰食而往往散去。以是殿堂傾圮，齋館蕪廢，率常更十數年乃一聞弦誦之聲，然又不一二歲輒復罷去。淳熙七年，今知縣事趙侯始至而有志焉，既葺其宫廬之廢壞而一新之，則又圖所以爲飲食久遠之計者，而未知所出也。一日，視境内浮屠之籍，其絶不繼者凡五，曰中山，曰白雲，曰鳳林，曰聖曆，曰暨曆，而其田不耕者，以畝計凡若干，乃喟然而歎曰：「吾知所以處之矣。」於是悉取而歸之於學，蓋歲入租米二百二十斛，而士之肄業焉者，得以優游卒歲而無乏絶之慮。既而學之羣士十餘人相與走予所居之山間，請文以記其事，曰：「不則懼夫後之君子莫知其所始，而或至於廢壞也。」

予惟三代盛時，自家以達於天子諸侯之國，莫不有學，而自天子之元子以至於士庶人之子，莫不入焉。則其士之廩於學官者，宜數十倍於今日。而考之禮典，未有言其費出之所自者，豈當時爲士者，其家各已受田〔三五〕，而其入學也有時，故得以自食其食，而不仰給於縣官也歟？至漢元、成間，乃謂孔子布衣養徒三千，而增學官弟子至不復限以員數。其後遂以用度不足，無以給之，而至於罷。夫謂三千人者聚而食於孔子之家則已妄矣，然養士之需，至以天下之力奉之而不足，則亦豈可不謂難哉？蓋自周衰，田不井授，人無常産，而爲士者尤厄於貧，反不得與爲農工商者齒。上之人乃欲聚而教之，則彼又安能終歲裹飯而學於我？是以其費雖多，而或取之經常之外，勢固有所不得已也。況今浮屠氏之説亂君臣之禮，絶父子之親，淫誣鄙詐，以驅誘一世之人，而納之於禽獸之域，固先王之法之所必誅而不以聽者也。顧乃肆然蔓衍於中國，豐屋連甍，良疇接畛，以安且飽，而莫之或禁，是雖盡逐其人，奪其所據，而悉歸之學，使吾徒之學爲忠孝者，得以無營於外而益進其業，猶恐未足以勝其邪説，況其荒墜蕪絶，偶自至此，又欲封植而永久之乎？趙侯取之，可謂務一而兩得矣。故特爲之記其本末，與其指意所出者如此，以示後之君子，且以警夫學之諸生，使益用力乎予之所謂忠且孝者。職其事者，又當謹其出内於簿書之外，而無龠合之私焉，則庶其無負乎趙侯之教矣。趙侯名某〔三六〕，材甚高，聽訟理財，皆辦其課〔三七〕，又有餘力以及此，諸使者方上其治行於朝云〔三八〕。十一年春正月庚戌具位朱熹記。

衢州江山縣學景行堂記

江山縣學故有三賢堂，以祀正介先生周君穎、贈宣教郎徐君揆、逸平先生徐君存。而今知縣事金華邵侯浩又益以故諫議大夫毛公注、贈朝請郎毛公㮚，且更其扁曰「景行之堂」，而狀其事，且爲書來，告曰願有記也。熹考其狀，既知五君子之學行氣節，真足以風厲當世而興起後來，讀其書，又歎邵侯所以教其人者之備，而待其人者之遠也。蓋正介之行，信於鄉而聞於朝，其立言垂訓，褒善貶惡，又皆足以爲後世法，雖其事業不得見於當年，然其所立，已不但爲一鄉之善士而已也。諫議遭時遇主，奮不顧身，排擊巨姦，奪其政柄。當是時，天下庶幾望至治焉，不幸不究其用而廢絀以死〔三九〕，有志之士，至今恨之，然不特爲公恨也。至於叔績罵賊不屈，以明官守之義；宅卿捐軀虜營，以紓君父之急，其事尤難，其節尤偉。而逸平受業程氏之門人，得諸心，成諸行，又能推其説以教人，儀刑音旨之傳，於今尤未遠也。夫以區區百里之間，而其先賢之學行氣節，可以風厲當世而興起後來者如此，可謂盛矣。昔人之祠之也，其意豈不美哉？然得其三而遺其二，又限其目，而不使後人復有勉慕企及之思也，是則識者猶或病之。邵侯於此乃能增益而葺新之，且易其名，以致其俛焉孳孳之意，而撤其限以視，若有待於來者，是不亦教其人之備，而待其人之遠乎？嗚呼！是亦可書也已。

抑熹又嘗竊有説焉。蓋士有學有德，而後其言行有可觀；有行有言，而後其節義有可貴。此士君子立身行道次第始卒之常，而不可易者也。然人之所稟不同，而其所遭亦異，故得於身者，或無以驗其事；成於終者，或無以考其初。此論世尚友者，所以每恨全德之難，而欲擇其所從者，又不免有多岐之惑也。然則登是堂而有志夫五君子之事者，又可不知其所務之先後而循序以求之哉？邵侯讀大學之書，而有感於絜矩之一言，其平居論天下事而有所不平，未嘗不慨然發憤而抵掌太息也。然則其於五君子者，固已非苟知之，而亦庶幾得其所以求之之序矣。其爲此舉，夫豈偶然而已哉！因爲之識其本末，而并記此意，以視其學者云。淳熙十有二年秋八月乙丑新安朱熹記。

婺州金華縣社倉記

淳熙二年，東萊吕伯恭父自婺州來訪余於屏山之下，觀於社倉發斂之政，喟然歎曰：

「此周官委積之法，隋唐義廩之制也。然子之穀取之有司，而諸公之賢不易遭也，吾將歸而屬諸鄉人士友，相與糾合而經營之。使閭里有賑恤之儲，而公家無龠合之費，不又愈乎！」然伯恭父既歸，即登朝廷，輿病還家，又不三年而卒，遂不果爲。其卒之年，浙東果大饑，予因得備數推擇，奉行荒政，按行至婺，則婺之人狼狽轉死者已籍籍矣。予因竊歎，以爲向使伯恭父之志得行，必無今日之患。既而尚書下予所奏社倉事於諸道，募民有欲爲者聽之，民蓋多慕從者。而未幾，予亦罷歸，又不果有所爲也。是時伯恭父之門人潘君叔度感其事而深有意焉，且念其家自先大夫時已務賑恤，樂施予，歲捐金帛，不勝計矣，而獨不及聞於此也，於是慨然白其大人出家穀五百斛者，爲之於金華縣婺女鄉安期里之四十有一都，歛散以時，規畫詳備，一都之人賴之，而其積之厚而施之廣，蓋未已也。一日，以書來曰：「此吾父師之志，母兄之惠，而吾子之所建，雖予幸克成之，然世俗不能不以爲疑也。子其可不爲我一言以解之乎？」

予惟有生之類，莫非同體，惟君子爲無有我之私以害之，故其愛人利物之心爲無窮。特窮而在下，則禹稷之事有非其分之所得爲者。然苟其家之有餘，而推之以予鄰里鄉黨，則固吾聖人之所許，而未有害於不出其位之戒也。況叔度之爲此，特因其墳廬之所在，而近及乎十保之間，以承先志，以悦親心，以順師指。且前乎此者，又已嘗有天子之命于四方矣，而何不可之有哉？抑凡世俗之所以病乎此者，不過以王氏之青苗爲説耳。以予觀於前賢之論，而以今日之事驗之，則青苗者其立法之本意固未爲不善也，但其給之也以金而不以穀，其處之也以縣而不以鄉，其職之也以官吏而不以鄉人士君子，其行之也以聚斂亟疾之意而不以慘怛忠利之心，是以王氏能以行於一邑而不能以行於天下。子程子嘗極論之，而卒不免於悔其已甚而有激也。予既不得辭於叔度之請，是以詳著其本末，而又附以此意。婺人蓋多叔度同門之士，必有能觀於叔度所爲之善，而無疑於青苗之説者焉，則庶幾乎其有以廣夫君師之澤，而使環地千里，永無捐瘠之民矣，豈不又甚美哉！

叔度名景憲，與伯恭父同年進士，年又長，而屈首受學無難色。師殁，守其説不懈益虔，於書無不讀，蓋深有志於當世。然以資峭直，自度不能隨世俯仰，故自中年不復求仕，而獨於此爲拳拳也。十二年歲乙巳冬十月庚戌朔。

建寧府建陽縣長灘社倉記

建陽之南，里曰招賢者三，地接順昌、甌寧之境，其狹多阻，而俗尤勁悍。往歲兵亂之餘，莨莠不盡去，小遇饑饉，輒復相挻，羣起肆暴，率不數歲一發。雖尋即夷滅無噍類，然愿民良族，晷刻之間，已不勝其驚擾矣。紹興某年，歲適大侵，姦民處處羣聚，飲博嘯呼，若將以踵前事者。里中大怖，里之名士魏君元履爲言於常平使者袁侯復一，得米若干斛以貸，於是物情大安，姦計自折。及秋將斂，元履又爲請得築倉長灘廐置之旁，以便輸者，且爲後日凶荒之備，毋數以煩有司。自是歲小不登，即以告而發之，如是數年，三里之人始得飽食安居，以免於震擾夷滅之禍。而公私遠近，無不陰受其賜。蓋元履少好學，有大志，自爲布衣，而其所以及人者已如此，蒙其惠者雖知其然，而未必知其所以然也。

其後元履既没，官吏之職其事者，不能勤勞恭恪如元履之爲，於是粟腐於倉，而民饑於室；或將發之，則上下請賕，爲費已不貲矣。官吏來往，又不以時，而出内之際，陰欺顯奪，無弊不有。大抵人之所得，粃糠居半，而償以精鑿，計其候伺亡失諸費，往往有過倍者。是以貸者病焉，而良民凜凜於凶歲，猶前日也。

淳熙十一年，使者宋侯若水聞其事，且知邑人宣教郎周君明仲之賢，即以元履之事移書屬之，且下本臺所被某年某月某日制書，使得奉以從事。蓋歲以夏貸，而冬斂之，且收其息什之二焉。行之三年，而三里之間，人情復安如元履亡恙時。什二之收，歲以益廣。周君既以增葺其楝宇，又將稍振其餘，以漸及於傍近。蓋其惠之所及，且將日增月衍，而未知其所極也。

周君以予嘗有力於此者，來請文以爲記。予與元履早同師門，遊好甚篤。既追感其陳迹，又嘉周君之能繼其事而終有成也，乃不辭而爲之説如此。則又念昔元履既爲是役，而予亦爲之於崇安，其規模大略放元履，獨歲貸收息爲小異。元履常病予不當祖荆舒聚斂之餘謀，而予亦每憂元履之粟久儲速腐，惠既狹而將不久也。講論餘日，盃酒從容，時以相訾謷而訖不能以相詘，聽者從旁抵掌觀笑，而亦不能決其孰爲是非也。及是宋侯、周君乃卒用予所請事，以成元履之志，而其效果如此，於是論者遂以予言爲得。然不知元履之言雖疏，而其忠厚懇惻之意，藹然有三代王政之餘風，豈予一時苟以便事之説所能及哉！當時之爭，蓋予之所以爲戲，而後日之請，所以必曰息有年數以免者，則猶以不忘吾友之遺教也。因并書之，以視後人，使於元履當日之心有以得之，則於宋侯、周君今日之法有以守而不壞矣。

元履名掞之，嘗以布衣召見，天子悦其對，即日除太學録。尋以數論事，不得久居中，既而天子思復召用之，則元履既卒矣。上爲悵然久之，詔有司特贈直祕閣云。十三年七月辛卯新安朱熹記。

建寧府建陽縣大闡社倉記

招賢里大闡羅漢院之社倉，新侯官大夫周君某之所爲，而長灘之别貯也。始，祕閣魏君之築倉於長灘，非擇其地而處之也，因其船粟之委於是而藏焉耳。故倉之所在，極里之東北，而距西南之境遠或若干里，貸者多不便之。而是時率常數歲乃一往來，則猶未甚以爲苦也。淳熙甲辰，周君始以常平使者宋公之檄，司其發斂之政，而以歲貸收息之令從事。既爲之，更定要束，搜剔蠹弊而以時頒焉。民已悅於受賜矣，周君因益問以因革之宜，而有以道里不均之説告者，且曰：「自今以往，一歲而往來者再，則其勞佚之相絶，又非前日比矣。」周君於是白之宋公，而更爲此倉，以適遠近之中，且令西南境之受粟者即而輸焉。來歲遂以遠近分土，使各集于其所以待命。民既歲得飽食，而又無獨遠甚勞之患，於是咸德周君，而相率來請文，以記其成。

昔予讀周禮旅師、遺人之官，觀其頒歛之疏數，委積之遠邇，所以爲之制數者，甚詳且密，未嘗不歎古之聖人既竭心思，而繼之以不忍人之政，其不可及乃如此。及今而以是倉之役觀之，則彼其詳且密者，亦安知其不有待於歷時之久、得人之多，而後乃至於此耶！因爲之記其本末，以爲後之君子，或將有考於斯焉。

周君字居晦，好讀書，有志當世之務，吏事亦精敏絶人，不但此爲可書也。倉凡□間，高若干尺，廣若干尺，深若干尺。始作以某年某月某日，越某月某日成。用工若干，錢若干，佐之者里之人某也。十三年丙午歲七月甲午新安朱熹記。

邵武軍學丞相隴西李公祠記

建炎丞相隴西李公，邵武人也。少有大志，自爲小官，即切切然以天下事爲己憂。宣和初，一日大水猝至，幾冒都城，人莫能究其所自來，相與震懼，而無有敢以爲言者。公時適爲左史，以爲此夷狄兵戎之象也，不可以不戒，亟上疏言之，遂以謫去。數歲，乃得召還，則虜騎已入塞而長驅向闕矣。公復慨然圖上内禪之策，誠意感通，言未及發，而大計已決。虜圍既迫，羣小方謀挾至尊犯不測爲幸免計，公又獨扣殿陛，力陳大義，得復城守，以退虜兵。然自是以來，割地講和之議遂起，公又再謫，而大事去矣。光堯太上皇帝受命中興，疇咨人望，首召公爲宰相。公亦痛念國家非常之變，日夜圖回，所以脩政事、攘夷狄者，本末甚備。蓋方誅僭逆，以正人心，而建遣張所撫河北，傅亮收河東，宗澤守京城，遂將益據形便，大明紀律，以示必守中原〔四〇〕，必還兩宫之勢，而小人有害公者，遂三謫以去而不復還矣。

淳熙丙午，距公去相適六十年，而永嘉徐君元德命教此邦，謂公之忠義籌略，海内有志之士，莫不誦而傳之，顧其鄉人子弟，乃無有能道其萬一而興起焉者，於是闢講堂之東〔四一〕，肖公之象而立祠焉。四月吉日，合郡吏率諸生進拜跪奠，妥侑如法，已事而以書來，屬熹記之。

熹惟天下之義，莫大於君臣。其所以纏綿固結而不可解者，是皆生於人心之本然，而非有所待於外也。然而世衰俗薄，學廢不講，則雖其中心之所固有，亦且淪胥陷溺〔四二〕，而爲全軀保妻子之計，以後其君者，往往接迹於當世。有能奮然拔起於其間，如李公之爲人，知有君父而不知有其身，知天下之有安危而不知其身之有禍福，雖以讒問竄斥，屢瀕九死，而其愛君憂國之志〔四三〕，終有不可得而奪者，是亦可謂一世之偉人矣。

徐君之祠之也，非其志之所好〔四四〕，學之所講有在於是，則亦孰能及之哉！故熹喜聞其事，而樂推其説，以告郡之學者。雖病且衰而不自知，其感慨發憤，猶復誤有平日之壯心也。十二月癸巳宣教郎、直徽猷閣、主管華州雲臺觀朱熹記。

衡州石鼓書院記

衡州石鼓山據烝湘之會，江流環帶，最爲一郡佳處。故有書院，起唐元和間，州人李寬之所爲。至國初時，嘗賜敕額。其後乃復稍徙而東，以爲州學，則書院之迹，於此遂廢而不復脩矣。淳熙十二年，部使者東陽潘侯時德鄺始因舊址列屋數間，牓以故額，將以俟四方之士有志於學而不屑於課試之業者居之，未竟而去。今使者成都宋侯若水子淵又因其故而益廣之，別建重屋，以奉先聖先師之象，且摹國子監及本道諸州印書若干種若干卷，而俾郡縣擇遺脩士以充入之。蓋連帥林侯栗、諸使者蘇侯詡、管侯鑑、衡守薛侯伯宣皆奉金賫割公田以佐其役，踰年而後落其成焉。於是宋侯以書來曰：「願記其實，以詔後人，且有以幸教其學者，則所望也。」

予惟前代庠序之教不脩，士病無所於學，往往相與擇勝地，立精舍，以爲羣居講習之所，而爲政者乃或就而褒表之，若此山，若嶽麓，若白鹿洞之類是也。逮至本朝慶曆、熙寧之盛，學校之官遂徧天下，而前日處士之廬無所用，則其舊迹之蕪廢，亦其勢然也。不有好古圖舊之賢，孰能謹而存之哉？抑今郡縣之學官，置博士弟子員，皆未嘗考其德行道藝之素。其所受授，又皆世俗之書，進取之業，使人見利而不見義。士之有志於爲己者，蓋羞言之，是以常欲別求燕閒清曠之地，以共講其所聞而不可得。此二公所以慨然發憤於斯役而不敢憚其煩，蓋非獨不忍其舊迹之蕪廢而已也。故特爲之記其本末，以告來者，使知二公之志所以然者，而毋以今日學校科舉之意亂焉。又以風曉在位，使知今日學校科舉之教，其害將有不可勝言者，不可以是爲適然而莫之救也。若諸生之所以學而非若今人之所謂，則昔者吾友張子敬夫所以記夫嶽麓者，語之詳矣。顧於下學之功有所未究，是以誦其言者，不知所以從事之方，而無以蹈其實。然今亦何以他求爲哉？亦曰養其全於未發之前，察其幾於將發之際，善則擴而充之，惡則克而去之，其如此而已矣，又何俟於予言哉！十四年丁未歲夏四月朔新安朱熹記。

漳州州學東溪先生高公祠記

孟子曰：「聖人，百世之師也，伯夷、柳下惠是也。故聞伯夷之風者，頑夫廉，懦夫有立志；聞柳下惠之風者，鄙夫寬，薄夫敦〔四五〕。奮乎百世之上，百世之下聞者莫不興起也。」夫孟子之於二子，其論之詳矣，雖或以爲聖之清，或以爲聖之和，然又嘗病其隘與不恭，且以其道不同於孔子而不願學也。及其一旦慨然發爲此論，乃以百世之師歸之，而孔子反不與焉，何哉？孔子道大德中而無迹，故學之者没身鑽仰而不足；二子志潔行高而迹著，故慕之者一日感慨而有餘也。然則二子之功誠不爲小，而孟子之意其亦可知也已。

臨漳有東溪先生高公者，名登，字彦先。靖康間遊太學，與陳公少陽伏闕拜疏，以誅六賊、留种李爲請。用事者欲兵之，不爲動也。紹興初，召至政事堂，又與宰相秦檜論不合，去爲靜江府古縣令，有異政。帥守希檜意，捃其過以屬吏。會帥亦以譴死獄中，乃得釋。被檄試進士潮州，使諸生論直言不聞之可畏，策閩浙水沴之所繇，而遂投檄以歸。檜聞大怒，奪官徙容州。公學博行高，議論慷慨，口講指畫，終日滾滾，無非忠臣孝子之言、捨生取義之意，聞者凜然，魄動神竦。其在古縣，學者已爭歸之，至是，其徒又益盛。屬疾，自作埋銘，召所與遊及諸生訣別，正坐拱手，奮髯張目而逝。嗚呼，是亦可謂一世之人豪矣！雖其所學所行未盡合於孔子，然其志行之卓然，亦足以爲賢者之清，而使百世之下聞其風者，有廉頑立懦之操，則其有功於世教，豈可與夫隱忍回互以濟其私，而自託於孔子之中行者同日而語哉！

公没之後二十餘年〔四六〕，延平田君澹爲郡博士，乃始求其遺文，刻之方版。又肖公像而奉祠之，以風厲其學者。間因郡人王君遇來求文以爲記，屬予病，未及爲而田君去。今太守永嘉林侯元仲至，則又與王君更以書來督趣不置。予惟高公孤高之節既如彼，而諸賢崇立之志又如此，則予文之陋，誠不宜久以疾病爲解，强起書之，辭不逮意。林侯試爲刻之，陷置祠壁，漳之學子，與凡四方之士往來而有事於此者讀之，果能有所感慨而興起乎哉？淳熙丁未秋九月甲寅新安朱熹記。

校勘記

〔一〕予往造之　「造」，淳熙本作「見」。

〔二〕世蓋少識其意者　浙本無「蓋」、「者」二字。

〔三〕祠在講堂北壁下　「講堂北壁」，浙本作「大成殿之某序」。

〔四〕然又慮其由而不知　「又」，淳熙本作「猶」。

〔五〕長樂韓侯璧　「璧」，淳熙本作「字廷玉」。

〔六〕而徒强之以其外　「徒强」，淳熙本作「强徒」。

〔七〕而凡所謂功名事業云者　「云者」，淳熙本作「之末者」。

〔八〕皇祐初年置　「皇祐初」三字原缺，據永樂大典卷二一九八四引補。

〔九〕淳熙九年某月某日　「某日」，淳熙本作「望日」。

〔一〇〕一旦有疾疢　「疢」，淳熙本作「疚」。

〔一一〕轉運副使吳興芮公燁　「燁」，浙本作「某」。按「燁」疑「煇」之誤。宋史翼卷一三芮煇傳載其「却四方聘幣，斥其貲置南昌養濟院以恤貧者」，即其事也。燁乃其兄，行實不符。

〔一二〕判官開封趙公某　「開封」，淳熙本作「某國」。

〔一三〕病者又得以食　是句淳熙本有小注云：「初作於是，又賦粟焉。」

〔一四〕中爲丈室　「丈」，淳熙本作「大」。

〔一五〕并得故僧田六頃　「六」，浙本作「十」。

〔一六〕其制愈脩至而益厚　此二句淳熙本作「使一方之病者得不浪死，而死者得無失於葬埋」。

〔一七〕九千有奇　「千」，原作「十」，據浙本、淳熙本改。

〔一八〕言天者至而無本　淳熙本作「言天者遺人而天無用，語人者不及天而人無本」。

〔一九〕其兆足以行矣　「兆」，淳熙本作「志」。

〔二〇〕因不獲辭　「獲」，淳熙本、閩本、浙本作「復」。

〔二一〕又記其作興本末如此　「又」，原作「文」，據淳熙本、浙本改。

〔二二〕鄂州社稷壇記　淳熙本題作「鄂州社稷風雨壇記」。

〔二三〕朝奉郎　「奉」，淳熙本作「散」。

〔二四〕某月壇成　「某月」，淳熙本作「二月朔」。

〔二五〕西雨師　「西」字原無，據淳熙本、閩本、浙本補。按上述各本「雨」下均缺「師」字。

〔二六〕後二壝皆方二丈八尺　「二」，原作「三」，據閩本、浙本改。

〔二七〕培其下半　「培」，原作「倍」，據淳熙本、閩本、浙本改。

〔二八〕而風雨之神　「神」，淳熙本作「師」。

〔二九〕共牲而祀者也　「共」，淳熙本作「若」。

〔三〇〕嘗從俎豆之事　「從」下，淳熙本有「事」字。

〔三一〕後有君子　「有」，淳熙本作「之」。

〔三二〕前守李侯棫　「棫」，淳熙本作「裓」。

〔三三〕大洪山淫祠者 「祠」，淳熙本、浙本作「祀」。
〔三四〕具位新安朱熹記 「具位」，淳熙本作「宣教郎直徽猷閣主管台州崇道觀」。
〔三五〕其家各已受田 「其」，淳熙本、浙本作「之」。
〔三六〕趙侯名某 「某」，淳熙本作「彦繩」。
〔三七〕皆辦其課 「皆」，淳熙本作「能」。
〔三八〕諸使者 「諸」，淳熙本作「部」，疑是。
〔三九〕廢絀以死 「絀」，原作「絶」，據浙本改。
〔四〇〕以示必守中原 「守」，淳熙本作「爭」。
〔四一〕於是闢講堂之東 「講堂之東」，淳熙本作「學官之廡」。
〔四二〕則雖其中心之所固有亦且淪胥陷溺 「所」下，原有「以」字，據淳熙本、浙本删；「亦」字，浙本無。
〔四三〕而其愛君憂國之志 「而」，原作「以」，據淳熙本、閩本、浙本改。
〔四四〕非其志之所好 「好」，淳熙本作「存」。
〔四五〕鄙夫寬薄夫敦 孟子盡心下作「薄夫敦鄙夫寬」。
〔四六〕公没之後二十餘年 「二」，浙本作「三」。

晦庵先生朱文公文集卷第八十

記

徽州休寧縣廳新安道院記

休寧大夫信安祝侯汝玉以書來曰：「休寧之爲邑，雖有難治之名，而吾之爲之，已再歲矣。始也不能不以人言爲慮，中乃意其不然，而今則遂有以信其果不然也。蓋其封域實鄣山之左麓，而浙江出焉。山峭厲而水清激，故稟其氣、食其土以有生者，其情性習尚，不能不過剛而喜鬭。然而君子則務以其剛爲高行奇節，而尤以不義爲羞，故其俗難以力服，而易以理勝。苟吾之所爲者出於公論之所是，則雖或拂於其私，而卒不敢以爲非也。以是吾之始至，蓋不能無不悦者，而今則驩然無與爲異。吾嘗困於事之不勝其繁，而今則廓然無事之可爲也。吾將更葺廳事之東，參採賓佐屬詠之什，而榜之以『新安道院』。子能爲我記之，則後之君子益知所以爲治，而無吾始者之慮矣。」

予惟汝玉之爲此，可以見其政之成，民之服而官曹之無事矣。然道之得名，正以人所共由之路，而非無事之謂也。夫以汝玉之始至，坐于堂皇之上，則左簿書，右法律，日夜苦心勞力而不得休。其或少暇，則又不免衝寒風，冒烈日，以出入乎阡陌之中而不敢怠。凡所以勸民之善而懲其惡，興民之利而除其害者，非有道以行之，則何以致今日之無事哉！顧其名此，乃若專取乎今日之無事，而反序前日之釐事爲非道，其無乃出於老子、浮屠之謂，而汝玉未之思耶？抑嘗計之，天下之事，雖有動静勞逸之殊，而所謂道者，則無彼此精粗之間。汝玉之學，固有以知此矣。彼其所以喜於政成之無事，而不避異學之淫名，豈非朝夕之間，猶欲從容於此，以深思前日之已行而益求其所未至，而卒以究夫無彼此精粗之間者，而大發於功名事業之間乎！予故邦人，且汝玉予舊也，樂其意，爲書本末以示來者，使於此邦之俗，賢宰之志，尚有考云。淳熙戊申八月甲申朱熹記。

玉山劉氏義學記

始予守南康，鄰境德安有宰焉，爲政一本儒術，甚以惠愛得其民。歲饑，爲請蠲租，而州家不可，顧民狼顧相驚有逃去者，則亟使人追止之曰：「所不爲若等力請於州，必蠲十七者，令寧委印綬去，終不忍使若等爲異鄉鬼也。」民聞是令下，爲之感泣，復相與携持而歸。衆乃具以情白州若部刺史，竟得如約乃已。予聞而竊心善之，而問其邑里姓名，則曰玉山劉侯也。南康屬邑有越德安而縣屬者，每遣掾史循行，則必戒使謁劉侯，觀其荒政所施，以爲法。於是劉侯之惠，不止行其封内，而又波及南康之境。竟食新，民得無流亡殍死者。及予將終更，乃得納謁劉侯之館而拜賜焉，則望其貌，聽其言，而有以信其爲君子人也。

後數歲，予以事過玉山，則劉侯以待次家居，復得相見，如平生懽。一日，慨然語予曰：「吾家本單貧，而入仕又甚晚，顧無以仁其三族者。間嘗割田立屋，聘知名之士，以教族子弟，而鄉人之願學者亦許造焉。兄弟之間，有樂以其貲來助者，而吾猶懼其或不繼也，則又出新安餘俸，爲之發舉居積，以佐其費。而凡所以完葺丘壟，周恤族姻者，亦取具焉。既已言於吾州，而邦君吳侯樂聞之，爲之出教刻符，以詔吾之子孫，使毋違吾志。吾子雅知我，其爲我記之，以告其數且學於此者，使知有以勉焉。」

予聞而歎曰：「今士大夫或徒步至三公，然一日得志，則高臺深池，撞鍾舞女，所以自樂其身者，唯恐日之不足。雖廩有餘粟，府有餘錢，能毋爲州里災害則足矣，固未暇以及人也。如劉侯者，身雖寵而官未登六品，家雖温而產未能千金，顧其所以用心者乃如此，是則可謂賢遠於人，而亦可以見其前日德安之政，不爲無本，而豈徒以聲音笑貌爲之矣。」乃追本其事而記之如此。雖然，古人之所謂學者，豈讀書爲文以干禄利而求温飽之云哉！亦曰明理以脩身，使其推之可以及夫天下國家而已矣。羣居于此者，試以此意求諸六經、孔孟之言，而深思力行之，庶其有以不負劉侯之教也。

劉侯名允迪，字德華，今以朝奉郎參議沿海制置使軍事云。淳熙十有五年秋九月己未新安朱熹記。

漳州守臣題名記

漳以下州領軍事，唐垂拱二年，用左玉鈐衛翊府左郎將陳元光奏置，領漳浦、懷恩二縣，而治漳浦。開元四年，徙治李澳川，在舊治南八十里。二十九年，廢懷恩，入漳浦，而割泉州龍溪縣來屬。天寶元年，改漳浦郡。乾元二年，復爲州。大曆十二年，又割汀州龍巖來屬。正元元年，乃更徙治龍溪。唐末五季之亂，常爲泉州支郡，而僞刺史董思安者，至以私諱輒改號爲南州。

我宋乾德四年，泉州陳洪進以二州版圖歸王府，始詔復故號。太平興國三年五月一日，洪進入朝請吏，遂以衛尉寺丞劉援來知州事。而五年又割泉之長泰縣以屬焉。蓋凡漳之所以爲州，其本末之可考者如此。其守將，則陳公没而爲神，今以王封廟食，後乃或見或否，以至于劉侯而後，始有紀焉。蓋其聽壁之記，本嘉祐中鄭侯偕之所立，逮淳熙中火而復刻，則又趙侯公綱之爲也。

紹熙元年，假守朱熹至而觀焉，則其木理往往龜裂，且其所書又太煩悉，而將無地之可書也。乃爲買石延平，礱置聽事，更爲擘窠省文之法，以寫舊記。而虚其左方，以俟來者云。

德安府應城縣上蔡謝先生祠記

應城縣學上蔡謝公先生之祠，今縣令建安劉炳之所爲也。先生名良佐，字顯道，學於河南程夫子兄弟之門。初，頗以該洽自多，講貫之間，旁引傳記，至或終篇成誦。夫子笑曰：「子可謂玩物喪志矣。」先生聞之，爽然自失，面熱汗下，若無所容，乃盡棄其所學而學焉。然其爲人，英果明決，强力不倦，克己復禮，日有程課，夫子蓋嘗許其有切問近思之功。所著論語説，及門人所記遺語，皆行於世。如以生意論仁，以實理論誠，以常惺論敬，以求是論窮理，其命理皆精當，而直指窮理居敬爲入德之門，則於夫子教人之法，又最爲得其綱領。建中靖國中，詔對不合，得官書局。後復轉徙州縣，沈淪卑冗，以没其身。而處之浩然，未嘗少挫。中間嘗宰是邑，南陽胡文定公以典學使者行部，過之，不敢問以職事。顧因紹介，請以弟子禮見。入門，見吏卒植立庭中，如土木偶人，肅然起敬，遂稟學焉。其同時及門之士，亦皆稱其言論閎肆，善啓發人。今讀其書，尚可想見也。

然先生之没，游公定夫先生實識其墓，而喪亂之餘，兩家文字皆不可見。應城寇暴尤劇，莽爲丘墟，其條教設施，固無復有傳者。劉君之來，訪其遺跡，僅得題詠留刻數十字而已。爲之慨然永歎，以爲先生之遺烈，不建於此邦，後之君子，不得不任其責。於是既新其學，乃即講堂之東偏，設位而祠焉。千里致書，求文以記。熹自少時妄意爲學，即賴先生之言，以發其趣。而平生所聞先生行事，又皆高邁卓絶，使人興起。衰病零落，凛然常懼其一旦泯滅而無傳也。劉君之請，乃適有會於予心者，於是不辭而記之如此，以示其學者云。

紹熙辛亥冬十月丙子朔旦新安朱熹記。

壯節亭記

淳熙己亥歲，予假守南康。始至，訪求先賢遺迹，得故尚書屯田外郎劉公凝之之墓於城西門外草棘中。予惟劉公清名高節，著於當時而聞於後世，暫而挹其餘風者，猶足以激懦而律貪。顧今不幸，饋奠無主，而其丘墓之寄於此邦者又如此，是亦長民者之責也。乃爲作小亭於其前，立門墻，謹扃鑰，以限樵牧。歲以中春，率群吏諸生而祠焉。郡之詩人史驌請用歐陽公語，名其亭以「壯節」，適有會於予意，因屬友人黄銖大書以揭焉。自是以來，東西行而過者，莫不顧瞻起敬，而予亦自以爲兹丘之固且安，可以久而不壞矣。

紹熙二年，歲在辛亥，予去郡甫十年，而今太守章貢曾侯寔來，按圖以索其故，則門墻亭牓，皆已無復存者，爲之喟然太息。即日更作門墻，築亭其間，益爲高厚宏闊，以支永久。又礲巨石以培其封，植名木以廣其籟。求得舊牓，復置亭上，歲時奉祀一如舊章。且割公田十畝，以畀旁近能仁僧舍，使專奉守，爲增葺費。而又以予爲嘗經始於此也，以書來曰：「願得一言以記之，使後之人知吾二人者所爲拳拳之意，而不懈其尊賢尚德之心也，斯不亦有補於世教之萬分乎！」予曰諾哉。曾侯名集，字致虚，學有家法，故其爲政知所先後如此云。三年夏五月癸未新安朱熹記。

冰玉堂記

南康使君曾侯致虚既葺屯田劉公之墓，明年，乃訪得其故居遺址於郡治之東。暇日，屏騶馭，披荆棘而往觀焉。問其北，隱然以高者，則劉公所賦之東臺也；顧其南，窊然以下者，則詩序所指之蓮池也。蓋自兵亂以來，蕪廢日久，唯是僅存，而其他則皆漫滅不可復識矣。曾侯爲之躊躕四顧，喟然而歎曰：「凝之之爲父，道原之爲子，其高懷勁節，有如歐、馬、蘇、黃諸公之所道，是亦可謂一世之人豪矣。想其平日之居此林塘館宇之邃，詩書圖史之盛，既有以自適其適，而一時遊且官於此邦者，亦得以扣門避席，而考德問業焉，何其盛也！顧今百年之外，臺傾沼平，鞠爲灌莽，而使樵兒牧子皆得以嘯歌躑躅於其上，又何其可悲也！雖然，此吾事也，不可以不勉。」乃出少府羨錢，贖之民間，垣而溝之，以合於郡圃。纍石以崇其臺，引流以深其池，遂作冰玉之堂於臺之西北，而繪劉公父子之象於其上。且聞陳忠肅公之嘗館於是也，則又繪其象以侑焉。既而所謂是是堂、漫浪閣者，亦以次舉而皆復其舊。既成，使人以圖及書來，屬予記。

予惟異時承乏此邦，亦嘗有意於斯而不克就，今披圖考驗，尚能憶其彷彿，固喜曾侯之敏於事而能有成矣。抑予又有感焉。近歲以來，人心不正，行身者以同流合汙爲至行，任事者以便私適己爲長策，其聞劉氏父子之風，不唾而罵之者幾希矣。欲其能如曾侯，一以表賢善俗爲心，而不奪於世習，豈可得哉！於是既書其事，而適有以陳令舉騎牛詩畫爲寄者，因并以遺曾侯，請刻堂上，以補一時故事之缺云。紹熙三年秋九月庚午朔旦新安朱熹記。

黄州州學二程先生祠記

齊安在江淮間最爲窮僻，而國朝以來，名卿賢大夫多辱居之，如王翰林、韓忠獻公、蘇文忠公，邦人至今樂稱，而於蘇氏尤致詳焉。至於河南兩程夫子，則亦生於此邦，而未有能道之者，何哉？蓋王公之文章、韓公之勳業，皆以震耀於一時，而其議論氣節，卓犖奇偉，尤足以驚動世俗之耳目，則又皆莫若蘇公之爲盛也。若程夫子則其事業湮鬱，既不得以表於當年；文詞平淡，又不足以夸於後世。獨其道學之妙，有不可誣者，而又非知德者莫能知之，此其遺跡所以不能無顯晦之殊，亦其理勢之宜然也。

蓋天聖中洛人太中大夫程公珦初任爲黄陂尉，秩滿，不能去，而遂家焉。實以明道元年壬申生子，曰顥，字伯淳；又以明年癸酉生子曰頤，字正叔。其後十有餘年，當慶曆丙戌丁亥之間，攝貳南安，乃得獄掾春陵周公敦頤而與之游，於是二子因受學焉，而慨然始有求道之志。既乃得夫孔孟以來不傳之緒於遺經，遂以其學爲諸儒倡，則今所謂明道先生、伊川先生是也。

先生之學，以大學、論語、中庸、孟子爲標指，而達于六經，使人讀書窮理，以誠其意，正其心，脩其身，而自家而國以及於天下。其道坦而明，其説簡而通，其行端而實，是蓋將有以振百代之沉迷，而納之聖賢之域，其視一時之事業詞章、論議氣節，所繫孰爲輕重、所施孰爲短長，當有能辨之者。而世非徒不之好也，甚者乃或目以道學之邪氣，而必讎蔑之。於斯時也，苟無遭其伐木而削跡焉，斯已幸矣，尚何望於其餘哉！今太守李府君侯乃能原念本始，追誦遺烈，立二夫子之祀於學宫，於以風厲其人而作興之，非其自信之篤而不以世俗之趨舍動其心，其孰能與於此？李侯名訦，字誠之。其爲此邦，勤事愛民固多可紀，特於此舉尤足以見其趣操之不凡，而非衆人所能及。是以因其請記而具論之，以告來者，使有考焉。紹熙三年秋九月戊子後學新安朱熹記。

邵武軍光澤縣社倉記

光澤縣社倉者，縣大夫毗陵張侯訢之所爲也。光澤於邵武諸邑最小而僻，自張侯之始至，則已病夫市里之間民無蓋藏，每及春夏之交，則常糴貴而食艱也。又病夫中下之家當産子者力不能舉，而至或棄殺之也。又病夫行旅之涉吾境者一有疾病，則無所於歸，而或死於道路也。方以其事就邑之隱君子李君吕而謀焉，適會連帥趙公亦下崇安建陽社倉之法於屬縣，於是張侯乃與李君議，略放其意，作爲此倉。而節縮經營，得他用之餘，則市米千二百斛以充入之。夏則捐價而糴，以平市估；冬則增價而糶，以備來歲。又買民田若干畝，籍僧田、民田當没入者若干畝，歲收米合三百斛，并入于倉，以助民之舉子者如帥司法。既又附倉列屋四楹，以待道塗之疾病者，使皆有以棲託食飲，而無暴露迫逐之苦。蓋其創立規模，提挈綱領，皆張侯之功，而其條畫精明，綜理纖密者，則李君之力也。邑人既蒙其利而歌舞之，部使者亦聞其事而加勸獎焉。於是張侯樂其志之有成，而思有以告來者使勿壞，則以書來請記。

予讀古人之書，觀古人之政，其所以施於鰥寡孤獨、困窮無告之人者至詳悉矣。去古既遠，法令徒設而莫與行之，則爲吏者賦斂誅求之外，亦飽食而嬉耳，何暇此之問哉。若張侯者，自其先君子而學於安定先生之門，則已悼古道之不行，而抱遺經以痛哭矣。及其聞孫，遂傳素業，以施有政，宜其志慮之及此，而能委心求助以底于有成也。李君於予蓋有講學之舊，予每竊歎其負經事綜物之才以老而無所遇也，今乃特因張侯之舉，而得以粗見其毫末，是不亦有感夫！故予既書張侯之事，而又附以予之所感於李君者，來者尚有考云。紹熙四年春二月丁巳新安朱熹記。

鄂州州學稽古閣記

人之有是身也，則必有是心；有是心也，則必有是理。若仁、義、禮、智之爲體，惻隱、羞惡、恭敬、是非之爲用，是則人皆有之，而非由外鑠我也。然聖人之所以教，不使學者收視反聽，一以反求諸心爲事，而必曰「興於詩，立於禮，成於樂」，又曰博學、審問、謹思、明辯而力行之，何哉？蓋理雖在我，而或蔽於氣稟物欲之私，則不能以自見。學雖在外，然皆所以講乎此理之實，及其浹洽貫通而自得之，則又初無内外精粗之間也。世變俗衰，士不知學，挾册讀書者，既不過於誇多鬬靡，以爲利禄之計，其有意於己者，又直以爲可以取足於心，而無事於外求也。是以墮於佛老空虚之邪見，而於義理之正，法度之詳，有不察焉。其幸而或知理之在我，與夫學之不可以不講者，則又不知循序致詳，虚心一意，從容以會乎在我之本然，是以急遽淺迫，終已不能浹洽而貫通也。嗚呼！是豈學之果不可爲？書之果不可讀？而古先聖賢所以垂世立教者，果無益於後來也哉？道之不明，其可歎已！

鄂州州學教授許君中應既新其學之大門，而因建閣於其上，櫝藏紹興石經、兩朝宸翰，以爲寶鎮。又取板本九經、諸史百氏之書列置其旁，不足則使人以幣請於京師之學官，使其學者討論誦説，得以饜飫而開發焉。其役始於紹熙辛亥之冬，而訖於明年之夏。其費亡慮三百萬，而取諸廪士之羸者蓋三之一，其餘則太守煥章閣待制陳公居仁、轉運判官薛侯叔似實資之，而總卿詹侯體仁、戎帥張侯詔亦揮金以相焉。既成，因予之友蔡君元定以來請，曰願有記也。

予雅聞許君之學蓋有志於爲己，而意其所以學者，亦曰取足於心而已矣。今以是舉觀之，則見其所以誨人者甚平且實，然後知其所以自爲者，不以汨心思、滅聞見爲極致之歸也。因爲之記其本末，而并推近世所以爲學讀書之病，請具刻焉。以告登此閣而讀此書者，使姑無溺於俗學之下流，無迷於異端之捷徑，則於理之在我者，庶乎有以深求而自得之矣。道之不明，豈足患哉！四年癸丑九月甲子朔旦新安朱熹記。

信州貴溪縣上清橋記

貴溪之水，其原東出鉛山之分水，北出玉山之鎮頭者，合爲大溪，自弋陽西流，徑縣治南，少西乃折而北。大溪之南，有小港焉，出縣東南境上，西北流，至縣治西南，乃入于溪。居民行客之往來者，故以舟楫爲三渡。自縣治西南絶大溪者，曰中溪；當其西流北折之處者，曰鑿石；小港水落時，廣不過百餘尺，褰裳可涉，霖潦暴至，則其深廣往往自倍，而亦爲一渡。中溪之舟，每以是時過港，常爲横波所蕩擊，人力不得施。鑿石則水觸西崖，鬭怒騰蹙，其險爲尤甚。故二渡者，歲率一再覆溺，邑人病之，欲爲浮梁以濟久矣。而役大費廣，無敢唱者。

今縣大夫建安李君正通至，則陰計而嘿圖之。久之，乃得縣之餘財八十萬，將以屬工。而邑之大姓聞之，有以鉠爲連環巨絙千五百尺以獻者，有捐其林竹十餘里以獻者，州家又以米百斛者佐之，於是李君乃相大溪二渡之間水平不湍者，以爲唯是爲可久，遂以紹熙三年六月始事。民歡趨之，不百日而告成。兩崖甃石爲磴道，高者五百尺，卑者亦居其五之四。橋之脩九百尺，比舟七十艘，且視水之上下而時損益焉。又維十舟以梁小港，作雙艦以航巨浸，於是東西行者，春夏免漂没之虞，秋冬無病涉之歎。其功甚大，而費則省，蓋其規模籌畫，一出李君，主吏、工師拱手受成，不能有所預也。既又留錢五十萬於明覺浮屠氏，使自爲質貸，而歲輸其贏五一，以奉增葺之費。明年，李君將去，乃以書來，道邑人之意，請予文以記之。

予惟李君此橋之功，百里之人，與四方之往來者，固已頌而歌之，宜不待記而顯。且其才之果藝明達，用無不宜，又非獨此爲可書也。姑爲記其本末，以告後之君子，使知其成之不易者如此，相與謹視而時脩之，是則李君與其邑人之志也云爾。四年九月戊寅既望新安朱熹記。

邵州州學濂溪先生祠記

邵陽太守東陽潘侯燾以書來曰：「郡學故有濂溪先生周公之祠，蓋治平四年，先生以零陵通守來攝郡事，而遷其學，且屬其友孔公延之記而刻焉。其後遷易不常，乾道八年，乃還故處，而始奉先生之祀於其間。既又以故府張公九成之學爲出於先生也，則亦祠以侑焉，於今蓋有年矣。燾之始至，首稽祀典，竊獨惟念先生之學，實得孔孟不傳之緒，以授河南二程先生而道以大明。然自再傳之後，則或僅得其仿佛，或遂失其本真，而不可以若是其班矣。乃更闢堂東一室，特祀先生，以致區區尊嚴道統之意。今歲中春，釋奠于先聖先師，遂命分獻而祝以告焉。以吾子之嘗講於其學也，敢謁一詞以記之，使來者有考而無疑也。」

熹發函三復，爲之喟然而歎曰：甚矣，道之難明而易晦也。自堯舜以至于孔孟，上下二千餘年之間，蓋亦屢明而屢晦。自孟氏以至于周、程，則其晦者千五百年，而其明者不能以百歲也。程氏既没，誦説滿門，而傳之不能無失，其不流而爲老子、釋氏者幾希矣，然世亦莫之悟也。今潘侯於此，乃獨深察而致謹焉，道之明也，儻庶幾乎！雖然，先生之精，立圖以示；先生之蘊，因圖以發，而其所謂「無極而太極」云者，又一圖之綱領，所以明夫道之未始有物，而實爲萬物之根柢也，夫豈以爲太極之上，復有所謂無極者哉！近世讀者不足以識此，而或妄議之，既以爲先生病。史氏之傳先生者，乃增其語曰「自無極而爲太極」，則又無所依據而重以病夫先生。故熹嘗欲援故相蘇公請刊國史「草頭木脚」之比，以正其失，而恨其力有所不逮也，乃今於潘侯之舉而重有感焉。是以既叙其事，而并附此説，以俟後之君子。抑潘侯學識之長，既足以及此矣，則又安知其不遂有以成吾之志也耶！紹熙癸丑冬十月庚申後學朱熹記。

浦城縣永利倉記

浦城縣遷陽鎮永利倉者，故提舉常平公事黄侯某之所爲也。聞之故老，某年中黄侯以鄉人奉使本道，奏立是倉其里中，歲時斂散，以賑貧乏，且使鎮官兼董其事。行之累年，近村之民，頗賴其利。後以兵亂廢熄無餘，歲或不收，民輒告病，於今若干餘年，而吏部之調鎮官，猶襲故號也。中間知縣丞王君鉛視邑之仁風諸里社倉頗有成效，欲取其法，以復此倉之舊，而議不克合。今知縣事括蒼鮑君恭叔之來，乃復有請，而使者吴興李侯沐深然之，於是鮑君得致其役。營度故壤，築倉若干楹，不日告成，略如舊制。遂移縣庾之粟若干斛以貯焉，夏發以貸，冬斂以藏，一以淳熙某年社倉制敕從事。蓋凡貸之所及者，某里某都之人，固皆有以望於其後，而無復凶年之慮矣。其所未及，則亦欣然相告曰：「是倉息滋而藏羨，其肯卒遺我哉！」鮑君聞之，以書來告，曰「邑人之情如此，不忍以無記也」。

予觀黄侯當日之權足以制一道，而其後爲此，乃僅足以恤其鄉鄰，蓋未嘗不歎其心之仁，而病其不廣。以今推之，則未必其勢之有不能也，是安得以今日社倉之法告之哉！若李侯、鮑君之是役，則既足以使黄侯之心愈久而不泯，而又能承天子之詔，以廣其惠於無窮，是皆可書也已。獨後之人能推所餘，以偏乎其所未及，則有未可必者。故特爲之書其本末，而并以告焉，庶乎有所考而不忘也。紹熙五年夏四月己酉朝散郎、祕閣修撰、新權發遣潭州、主管荆湖南路安撫司公事朱熹記。

信州州學大成殿記

紹熙五年秋九月，熹自長沙蒙恩召還，道過上饒，其州學教授嘉興林君某來見，請問所以爲學之意甚勤。與之語，知其平日所用力者，皆古人爲己之學，而進則未已也。既乃起而言曰：「此邦學政，其弊久矣。士子習熟見聞，因仍淺陋，知有科舉，而不知有學問。且其屋不時脩，亦多頽圮，而禮殿之壞爲尤甚。至於象設、衣冠、位次，又皆不如法式。某不自料，既爲之講以所聞，幸頗有知鄉方者，又將撤其故殿而一新之。儻遂有成，願得一言以記之，且有以進其學者於將來，則幸甚。」熹謝不敏，退而問諸邦人，則皆曰林君所以教其諸生者有常業，而皆本於所謂古人爲己之意。其於學之庶務，則又巨細必親，無所漏失，故能當此儉歲，既廣其弟子之員且什五六，而猶有餘力以及此。蓋屬役之初，首出餐錢以給諸費，而漕臺州家，亦有助焉。諸生之有職秩者，又相與捐俸入以相其事，瓦木工徒之直，一毫無所取於民也。熹心善之，比歸而往觀焉，則其軒楹宏敞，堂室靚深，先聖鄉明，先師西面，左右衆賢，以次列坐，一如今歲奉常所下新制。而其冠冕服載，應圖合禮，取諸監學，靡有僭差。蓋雖近輔名藩，鮮有能及之者。熹於是焉喟然太息，益信林君之學有以充其志，而力又有以行其學也。歲晚還家，甫爾休息，而林君復以書來，曰：「殿既訖功，將以來歲正月丁亥朔旦謁。守、貳合群吏率諸生而釋菜以落之。前日之請，願卒有以賜之也。」熹惟國家稽古命祀，而禮先聖、先師於學宫，蓋將以明夫道之有統，使天下之學者，皆知有所鄉往而幾及之，非徒脩其墻屋，設其貌象，盛其器服，升降俯仰之容，以爲觀美而已也。而今之爲吏者，於是數者猶有不及，求其能如林君之所爲者，則既難矣。而況欲其仰體國家之意，以身爲率，使其學者皆知古人之所以爲學者而心庶幾焉，豈不又難矣哉！於是爲記其事，使刻諸石，以厲其徒，且使後之君子有以考焉，而毋忘林君之志也。十二月辛已朝請郎新安朱熹記。

常州宜興縣學記

紹熙五年十二月，宜興縣新脩學成。明年，知縣事、承議郎括蒼高君商老以書來請記，而其學之師生迪功郎孫庭詢、貢士邵機等數十人，又疏其事，以來告曰：「吾邑之學，久廢不治，自今明府之來，即有意焉。而縣貧不能遽給其費，乃稍葺其所甚敝，亟補其所甚缺，且籍閒田五千畝，以豐其廩，斥長橋僦金歲入七十餘萬以附益之，爲置師弟子員。課試如法，而又日往遊焉，躬爲講論，開之以道德性命之指，博之以詩書禮樂之文，使其知士之所以學，蓋有卓然科舉文字之外者。於是縣人學子知所鄉慕，至於里居士大夫之賢者，亦携子弟來聽席下，無不更相告語，更相勉勵，而自恨其聞之之晚也。退而相與出捐金貲，以佐其役。合公私之力，得錢幾七百萬，而學之内外，焕然一新。堂涂門廡，靡不嚴備，象設禮器，皆應圖法。蓋高君之於是學，非獨其經理興築之緒爲可書，而其所以教者，則非今世之爲吏者所能及，而邑之人材風俗，實有賴焉。幸夫子之悉書之，以告來者於無窮，則諸生之望也。」

予頃得高君於會稽而知其賢，今乃聞其政教之施於人者又有成效如此，故已樂爲之書矣。而况其邑之父兄子弟，能率高君之教而有所興起，皆知從事於古人爲己之學，而不汲汲乎誇多鬭靡之習，以追時好而取世資，則又予之所深歎，而尤樂取以告人者也。乃爲悉記其語，使後之君子有考焉。抑高君之於此邑，嘗新其社稷之位，而并作風、雨、雷師於其側，以嚴祀事。穿故瀆，疏積水，以防旱潦。作社倉，儲羨粟，以備凶荒。其所以事神治民者，類能行其所學，而皆出於至誠懇惻之意。是以言出，其人信從之，蓋不待至於誦説之間，然後以言教也。嗚呼賢哉！慶元元年春三月庚申朝請郎、提舉南京鴻慶宫新安朱熹記。

常州宜興縣社倉記

始予居建之崇安，嘗以民饑，請於郡守徐公嘉，得米六百斛以貸，而因以爲社倉，今幾三十年矣。其積至五千斛，而歲斂散之里中，遂無凶年。中間蒙恩召對，輒以上聞，詔施行之，而諸道莫有應者，獨閩帥趙公汝愚、使者宋公若水爲能廣其法於數縣，然亦不能遠也。紹熙五年春，常州宜興大夫高君商老實始爲之於其縣善拳、開寶諸鄉，凡爲倉者十一，合之爲米二千五百有餘斛，擇邑人之賢者承議郎趙君善石、周君林、承直郎周君世德以下二十有餘人，以典司之，而以書來屬予記。予心許之，而未及爲也。會是歲浙西水旱，常州民饑尤劇，流殍滿道。顧宜興獨得下熟，而貸之所及者尤有賴焉。然予猶慮夫貸者之不能償，而高君之惠將有所窮也。明年春，高君將受代以去，乃復與趙、周諸君皆以書來趣予文，且言去歲之冬，民負米以輸者繈屬爭先，視貸籍無龠合之不入。予於是益喜高君之惠，將得以久於其民，又喜其民之信愛其上，而不忍欺也，則爲之記其所以然者。

抑又慮其久而不能無敝於其間也，則又因而告之曰：有治人，無治法，此雖老生之常談，然其實不可易之至論也。夫先王之世，使民三年耕者，必有一年之蓄。故積之三十年，則有十年之畜，而民不病於凶饑，此可謂萬世之良法矣。其次則漢之所謂常平者，今固行之其法，亦未嘗不善也。然考之於古，則三登泰平之世，蓋不常有，而驗之於今，則常平者，獨其法令簿書筦鑰之僅存耳。是何也？蓋無人以守之，則法爲徒法而不能以自行也。而況於所謂社倉者，聚可食之物於鄉井荒閑之處，而主之不以任職之吏，馭之不以流徙之刑〔一〕，苟非常得聰明仁愛之令如高君，又得忠信明察之士如今日之數公者，相與并心一力，以謹其出納而杜其姦欺，則其法之難守，不待已日而見之矣。此又予之所身試者，故并書之以告後之君子云。慶元元年三月庚午既望具位朱熹記。

寧庵記

侍講王公病革，顧謂其子瀚等曰：「生之有死，如旦之有暮，蓋理之必然也。吾幸晚得歸息故廬，今又以正終牖下，是張子所謂『存吾順事，没吾寧』者，復何憾哉！汝曹亦無過哀，但兄弟友恭，敬奉而母，力學自立，扶植門庭，毋爲吾羞足矣。」語絶而逝。諸子泣奉其教，不敢違。未幾，而公夫人亦不起疾。諸子既奉兩柩合葬白沙石筍之原〔二〕，乃築祠堂寮舍，以奉烝嘗居守者，而取公遺語，命之曰「寧庵」。買田百餘畝，以給庵費、輸王租，而斂其遺餘，以爲歲時增葺之備。間以告予，而請記其所以名之意。予感王公之言足以見其所守之正，死而後已。又嘉伯海昆弟之能遵先志而不忍忘也，因爲書其本末如此云。慶元乙卯六月己未新安朱熹記。

建昌軍進士題名記

建昌之爲郡，據江西一道東南上游。其地山高而水清，其民氣剛而材武，其士多以經術論議文章致大名。如直講李公、中書翰林曾公兄弟，尤所謂傑然者也。其他能以詞藝致身取高科而登顯仕者，亦不絶於當世。前此乃未有以著其名氏而傳於後世者，比年以來，鄉之先達始病其闕，乃率其徒，考自國初以至今日，得若干人，且將礱石刻之，置諸郡學講堂之上，以竢來者之嗣書焉。而利君元吉、鄧君約禮以書來曰：「今日教人取士之法，誠有異於古者，然其所以取之之意，則亦固有在也。顧士之由此而幸得之者，乃或不能刮磨奮勵，以自見於斯世，則亦不必論其教法之是非，而吾之所以負其見取之意者，已不勝言矣。故今吾徒相率爲此，非敢以爲夸，乃欲以爲鑒。邦人士子，咸願得子之一言，冠其顛以發之，庶乎嗣而書者，相與讀之而知所警也。」

予三復其書，而爲之喟然曰：「二君子之言誠美矣，然不論夫教法之是非，則無以識其取士之本意。不反身以自求，而得其有貴於己者，則又未足以議其教法之是非也。夫古之人教民以德行道藝，而興其賢者能者，其法備而意深矣。今之爲法不然。其教之之詳，取之之審，反復澄汰，至于再三，而其具不越乎無用之空言而已。深求其意，雖或亦將有賴於其用，然彼知但爲無用之空言，而便足以要吾之爵禄，則又何暇復思吾之所以取彼者，其意爲如何哉！二君子蓋嘗有所受學，而得其所貴於己者矣，盍亦推明其説，以告夫鄉之後進，使之因是感發，以求古人之所以教者而盡心乎？誠盡其心而有得乎此，然後知今日教人之法雖不由此，而吾之於此，自當有不能已者；今日取士之意雖或不皆出此，而吾之所以副其意者，自當無日而不在乎此也。是則不惟無愧於今人，而亦且無愧乎古；不唯無愧於一官，而視彼文字聲名之盛者，猶將有所不屑，況乎不義而富且貴者，其又何足道哉！顧予不足以當其屬筆之意，姑記是説，以復于二君子，幸與父兄子弟評之，以爲如何也？」

慶元元年秋八月丙寅新安朱熹記。

魏國録贈告後記

臣熹伏讀故參知政事龔茂良等所記孝宗皇帝褒贈故太學録魏掞之事，三復以還，至於感涕。竊惟掞之本以白衣召見，天子悦之，擢爲學官。在職未幾，數上書論政事，以至力遏近倖之不當進者，遂不自安而告歸以卒。上則初未始厭其言也，至是越五年矣，而眷念不忘，咨嗟閔悼，錫命追榮，至於如此。嗚呼偉哉，甚盛德也，其所以感人心而厲臣節爲如何耶！

後二十年，掞之從弟誠之始議摹刻制書，立石冢上，而臣頃嘗待罪史氏，偶得茂良等所記，因書畀之，請并刻焉，以不揚先帝之光訓，俾彌億萬年，不墜于地。是則不惟聖子神孫永有觀法，而任事之臣，有志之士，亦得以稱誦道説，更相勉勵而益勸於忠讜云。慶元元年九月九日庚寅朝奉大夫、提舉南京鴻慶宫、婺源縣開國男、食邑三百户、賜紫金魚袋臣朱熹謹記。

福州州學經史閣記

福州之學，在東南爲最盛，弟子員常數百人。比年以來，教養無法，師生相視，漠然如路人。以故風俗日衰，士氣不作，長老憂之而不能有以救也。紹熙四年，今教授臨邛常君濬孫始至，既日進諸生而告之以古昔聖賢敎學之意，又爲之飭厨饌、葺齋館，以寧其居，然後謹其出入之防，嚴其課試之法，朝夕其間，訓誘不倦。於是學者競勸，始知常君之爲吾師；而常君之視諸生亦閔閔焉，唯恐其不能自勉以進於學也。故嘗慮其無書可讀，而業將病於不廣，則又爲之益置書史，合舊爲若干卷，度故御書閣之後，更爲重屋以藏之。而以書來，請記其事，且致其諸生之意，曰願有以教之也。

予惟古之學者無他，明德新民，求各止於至善而已。夫其所明之德、所止之善，豈有待於外求哉！識其在我而敬以存之，其亦可矣。其所以必曰讀書云者，則以天地陰陽、事物之理，脩身事親、齊家及國，以至於平治天下之道，與凡聖賢之言行，古今之得失，禮樂之名數，下而至於食貨之源流，兵刑之法制，是亦莫非吾之度内，有不可得而精粗者。若非考諸載籍之文，沉潛參伍，以求其故，則亦無以明夫明德體用之全，而止其至善精微之極也。然自聖學不傳，世之爲士者，不知學之有本，而唯書之讀，則其所以求於書，不越乎記誦訓詁文詞之間，以釣聲名、干禄利而已。是以天下之書，愈多而理愈昧；學者之事，愈勤而心愈放；詞章愈麗，論議愈高，而其德業事功之實，愈無以逮乎古人。然非書之罪也，讀者不知學之有本，而無以爲之地也。

今觀常君之爲教，既開之以古人斆學之意，而後爲之儲書，以博其問辨之趣，建閣以致其奉守之嚴，則亦庶乎本末之有序矣。予雖有言，又何以加於此哉！然無已，而有一焉，則亦曰姑使二三子者，知夫爲學之本，有無待於外求者，而因以致其操存持守之力，使吾方寸之間，清明純一，真有以爲讀書之地，而後宏其規，密其度，循其先後本末之序，以大玩乎閣中之藏，則夫天下之理，其必有以盡其纖悉，而一以貫之。異時所以措諸事業者，亦將有本而無窮矣。因序其事，而并書以遺之，二三子其勉之哉！

凡閣之役，始於慶元初元五月辛丑，而成於七月之戊戌。材甓傭食之費爲錢四百萬有奇，則常君既率其屬輸俸入以首事，而帥守詹侯體仁、使者趙侯像之、許侯知新咸有以資之。至於旁郡之守趙侯伯璝、十二邑之長陳君玒等，亦以其力來助。而董其役者，學之選士楊誠中、張安仁、蕭孔昭也。是歲九月丁亥朝奉大夫、提舉南京鴻慶宫新安朱熹記。

建昌軍南城縣吴氏社倉記

乾道四年，建人大饑。熹請於官，始作社倉於崇安縣之開耀鄉，使貧民歲以中夏受粟於倉，冬則加息什二以償。歲小不收，則弛其息之半；大侵，則盡弛之。期以數年，子什其母，則惠足以廣，而息可遂捐以予民矣。行之累年，人以爲便。淳熙辛丑，熹以使事入奏，因得條上其說。而孝宗皇帝幸不以爲不可，即頒其法於四方，且詔民有慕從者聽，而官府毋或與焉。德意甚厚，而吏惰不恭，不能奉承以布于下，是以至今幾二十年，而江浙近郡，田野之民猶有不與知者，其能慕而從者，僅可以一二數也。

是時南城貢士包揚方客里中，適得尚書所下報可之符以歸，而其學徒同縣吳伸與其弟倫見之，獨有感焉，經度久之，乃克有就。遂以紹熙甲寅之歲，發其私穀四千斛者以應詔旨，而大爲屋以儲之。涖事有堂，燕息有齋，前引兩廊，對列六庾，外爲重門，以嚴出內。其爲條約，蓋因崇安之舊而加詳密焉，即以其年散歛如法。鄉之隱民，有所仰食，無復死徙變亂之虞，咸以德於吳氏。而伸與倫不敢當也，則謹謝曰：「是倉之立，君師之教，祖考之澤，而鄉鄰之助也，吾何力之有哉！且今雖幸及於有成，而吾子孫之賢否不可知，異時脱有不能如今日之志，以失信於鄉人者，則願一二父兄爲我教之。教之一再而不能從，則已非復吾子孫矣，盍亦相與言之有司，請正其罪，庶其懼而有改，其亦可也。」於是衆益咨嗟歎息其賢，以爲不可及。而包君以書來道其語，且遣倫及伸之子振來請記。熹病，力不能文，然嘉其意，不忍拒也，乃爲之書其本末，既以警夫吳氏之子孫，使其數世之後，猶有以知其前人之意如此，而不忍壞。抑使世之力能爲而不肯爲者，有所羞愧，勉慕而興起焉，則亦所以廣先帝之盛德於無窮，而又以少致孤臣泣血號穹之慕也。

慶元丙辰正月己酉朱熹記。

平江府常熟縣學吴公祠記

平江府常熟縣學吴公祠者，孔門高第弟子言偃子游之祀也。按太史公記，孔門諸子多東州之士，獨公爲吴人，而此縣有巷名子游，有橋名文學，相傳至今。圖經又言，公之故宅在縣西北，而舊井存焉，則今雖不復可見，而公爲此縣之人，蓋不誣矣。然自孔子之没，以至于今千有六百餘年，郡縣之學通祀先聖，公雖以列，得從腏食，而其鄉邑乃未有能表其事而出之者。慶元三年七月，知縣事、通直郎會稽孫應時乃始即其學官講堂之東偏，作爲此堂，以奉祠事。是歲中冬長日之至，躬率邑之學士大夫及其子弟奠爵釋菜，以妥其靈。而以書來，曰願有記也。

熹惟三代之前，帝王之興，率在中土，以故德行道藝之教，其行於近者著，而人之觀感服習以入焉者深。若夫句吴之墟，則在虞、夏五服，是爲要荒之外。爰自太伯采藥荆蠻，始得其民而端委以臨之，然亦僅没其身。而虞仲之後，相傳累世，乃能有以自通於上國，其俗蓋亦朴鄙而不文矣。公生其間，乃獨能悦周公、仲尼之道，而北學於中國，身通受業，遂因文學以得聖人之一體，豈不可謂豪傑之士哉！今以論語考其話言，類皆簡易疏通、高暢宏達。其曰本之則無者，雖若見詘於子夏，然要爲知有本也，則其所謂文學，固皆有以異乎今世之文學矣〔三〕。既又考其行事，則武城之政不小其邑，而必以詩書禮樂爲先務。其視有勇足民之效，蓋有不足爲者。至使聖師爲之莞爾而笑，則其與之之意，豈淺淺哉！及其取人，則又以二事之細，而得滅明之賢，亦其意氣之感，默有以相契者。以故近世論者意其爲人，必當敏於聞道，而不滯於形器，豈所謂「南方之學，得其精華」者，乃自古而已然也耶？矧今全吳通爲畿輔，文物之盛，絶異曩時，孫君於此，又能舉千載之闕遺，稽古崇德，以勵其學者，則武城弦歌之意於是乎在，故熹喜聞其事而樂爲之書。至於孔門設科之法，與公之言所謂本、所謂道，及其所以取人者，則願諸生相與勉焉，以進其實。使此邑之人，百世之下，復有如公者出，而又有以一洒夫媮懦憚事、無廉耻而耆飲食之譏焉，是則孫君之志，而亦熹之願也。

公之追爵，自唐開元始封吳侯，我朝政和禮書已號丹陽公，而紹興御贊猶有唐封。至淳熙間，所盼位次又改稱吳公云。五年六月甲申具官封賜朱熹記。

校勘記

〔一〕馭之不以流徙之刑　「徙」，原作「徒」，據浙本改。
〔二〕合葬白沙石筍之原　「筍」，原作「荀」，據閩本、浙本改。
〔三〕固皆有以異乎今世之文學矣　「皆」，浙本作「宜」。

晦庵先生朱文公文集卷第八十一

跋

跋朱給事奏劄

伏讀給事中朱公奏劄，共惟前輩學問醇明，故所以告其君者，知所先後如此。而忠誠懇至，溢於文辭筆札之間者，又可以見其充養之厚云。隆興元年正月既望，新安朱熹謹書。後二十八年，再得披玩，因觀舊題，歎前脩之益遠，悼吾年之不留，復記其後云。

跋陳了翁與兄書

「章氏議却不成，農師極惓惓，亦不敢就。自到官，尤覺中饋不可無人，而瑞奴等零丁，益可憐。不免議同年周户曹之妹鍔。其家清貧，其人年長。貧則不驕，長則諳事，爲瑞奴等之慮，只欲如此。」書尾又云：「周氏雖貧，然舉家好善，故就之，男女可無慮。」

予嘗讀陳忠肅公之文，觀其述己之志，稱人之善，未嘗不推而決諸義利取舍之間，於是知公之所以常胸中浩然，前定不疚者，其所自得蓋有在也。孟子曰：「欲知舜與跖之分，無他，利與善之間耳。」又曰：「生亦我所欲，義亦我所欲，二者不可得兼，舍生而取義也。」陳公之學，蓋得諸此。惟其察而精之也入毫芒，是以擴而充之也塞宇宙，善觀此帖者，亦足以識其幾矣。

帖藏邯鄲賈元放家。元放文學議論有餘，又通當世之務，而砥礪廉隅，不爲苟合，其亦深有得於斯歟！隆興甲申十月九日新安朱熹謹書。

跋胡文定公詩

手握乾坤殺活機，縱横施設在臨時。滿堂兔馬非龍象，大用堂堂總不知。

踏遍江南春寺苔，野雲蹤跡去還來。如今宴坐孤峯頂，無法可傳心自灰。

祝融峯似在城天，萬古江山在目前。須信死心元不死，夜來明月又重圓。

明公從小便超羣，佳句流傳繼碧雲。聞道別來諸念息，定將何法退魔軍？

十年音信斷鴻鱗，夢想雲居頂上人。香飯可能長自飽，也應分濟百千身。

右胡文定公答僧五詩，公子侍郎所書，以授墳僧妙觀，而妙觀之所摹刻也。儒、釋之間，蓋有所謂毫釐之差者，讀之者能辨之，則庶乎知言矣。乾道乙酉十一月庚午新安朱熹書。

跋張敬夫所書城南書院詩

久聞敬夫城南景物之勝，常恨未得往遊其間。今讀此詩，便覺風篁水月，去人不遠。然敬夫道學之懿，爲世醇儒，今乃欲以筆札之工，追蹤前作，豈其戲耶？不然，則敬夫之豪放奔逸，與西臺之温厚靚深，其得失之算，必有能辨之者。朱仲晦父云。

跋胡五峯詩

幽人偏愛青山好，爲是青山青不老。山中出雲雨太虛〔一〕，一洗塵埃山更好。

右衡山胡子詩也。初，紹興庚辰，熹卧病山間，親友仕於朝者以書見招，熹戲以兩詩代書報之，曰：「先生去上芸香閣，時籍溪先生除正字，赴館供職。閣老新峨豸角冠。劉共父自祕書丞除察官。留取幽人卧空谷，一川風月要人看。」一章「甕牖前頭列畫屏，晚來相對静儀刑。浮雲一任閑舒卷，萬古青山只麽青。」二章或傳以語胡子，子謂其學者張欽夫曰：「吾未識此人，然觀此詩，知其庶幾能有進矣。特其言有體而無用，故吾爲是詩以箴警之，庶其聞之而有發也。」明年，胡子卒。又四年，熹始見欽夫，而後獲聞之，恨不及見胡子而卒請其目也。因叙其本末，而書之于策，以無忘胡子之意云。

跋張魏公爲了賢書佛號

世之學士大夫措身利害之塗，馳騖而不反，是以生死窮達之際，每有愧於山林之士。觀丞相魏公所以慨然於賢老者，則可見矣。嗚呼，服儒衣服，學聖人之道，誠能一以義理存心，而無惑於利害之際，則其所立當如何哉！乾道丁亥冬十有二月九日新安朱熹書。

跋方伯謨家藏胡文定公帖

兒曹外甥輩比過治宇，在寅爲同年，宜盡切磋之義，在宏宜提耳誨導之，在范甥宜勉進其所未聞者。而一一以重言題品褒借之，豈所望也？昔事定夫先生，未嘗以言色相假。後與民瞻、叔夏遊，苟有過在安國，則二公必面折之，不令貳其過；在二公，即安國亦正色規之，不但已也。數十年來，俗習頽靡，此風日以替矣。安老器識過人，當今之望，津途軌則，當以往哲自期，庶幾此風之復見也。邸報十五卷并五月分者并以歸納。乾菌承貺示，珍感珍感。安國再拜。

去夏所借報中，有言呂舜徒章者，或見之，望更借示。自五月以來，新報能一一借及，幸幸。呂公諸子聞自衡陽過江西，不知今何在？或知，信喻及。鄉里得近信否？所奏前章及第二義，不以示他人，恐知。安國又上。

朋友之交，責善所以盡吾誠，取善所以益吾德，非以相爲賜也。然各盡其道而無所苟焉，則麗澤之益，自有不能已者。方生士繇出示所藏胡文定公與其外大父尚書呂公手帖，讀之使人凛然起敬，若嚴師畏友之在其左右前後也。嗚呼，是數君子者，其可謂盡朋友之道而無所苟矣！其卓然有以自立於當年，而遺風餘烈可傳於世者，豈徒然哉！三復歎息，因敬書其後，以致區區尊仰之意云。乾道壬辰十二月二十四日新安朱熹書。

跋劉平甫家藏胡文定公帖

彦脩必已奉太夫人赴温陵，此郡樂國也，便於養親，同增歡慰。臨川密邇鄉邦，音問易達，彦冲退然自守，深可嘉尚。德門積善久矣，如昆仲出則奮其才力，建立事功；

居者進脩術業，養成德器，乃邦國之光。凡在鄉鄰，亦預榮焉。衰老覩此盛事，不勝欽歎！安國又啓。安國再啓：湖湘旱饑之後，民間窘迫，而供饋頻繁，江西諒亦爾。然教令既孚，吏民信服，不晚必有除擢矣。寅在桐江，幸亦粗遣。然歸養之意甚濃，謾恐知之。憲姪比蒙恩命，皆昆仲平日獎提之所及也。感佩之意，言不能喻。安國再啓。伯達孫今已長成，莫須早晚令隨貢元伯伯習知禮義？若一向不讀書，恐不便也。

與族兄書，其略如此。

屏山劉玶平甫藏胡文定公帖一卷，前兩紙胡公與平甫伯父祕閣君，蓋公之辭，而其子祠部君筆也。時祕閣守臨川，兄侍郎公守溫陵，弟屏山先生稱疾不仕。胡公之子侍郎守桐江，兄子籍溪先生以布衣特起，典教鄉郡，書辭蓋徧及之。後一紙胡公與其族兄書，實公手筆，平甫購得之。所稱范甥者，即平甫外舅太史公也。胡公正大方嚴，動有法教，讀此者視其所褒，可以知勸；視其所戒，可以知懼。平甫能葆藏之，其志亦可知矣。乾道癸巳二月乙酉〔二〕，新安朱熹觀於劉氏山館之復齋，因敬書其後云。

書屏山先生文集後

屏山先生文集二十卷，先生嗣子玶所編次，已定，可繕寫。先生啓手足時，玶年甚幼，以故平生遺文多所散逸。後十餘年，始復訪求，以補家書之缺，則皆傳寫失真、同異參錯而不可讀矣。於是反復讎訂，又十餘年，然後此二十卷者始克成書，無大譌謬。熹以門牆灑掃之舊，幸獲與討論焉。竊以爲先生文辭之偉，固足以驚一世之耳目，然其精微之學，靜退之風，形於文墨，有足以發蒙蔽而銷鄙吝之萌者，尤覽者所宜盡心也。因書其故〔三〕，以告後之君子云。乾道癸巳七月庚戌門人朱熹謹書。

跋張敬夫爲石子重作傳心閣銘

熹既爲尤溪大夫石子重記其脩學之事，又爲作此五銘焉。時子重方爲藏書之閣於講堂之東，中置周程三君子像，旁列書史之櫃，而使問名於熹。請以「傳心」榜之，而子重遂并以其銘見屬。熹愚不敏，不敢專也。且惟子重之爲是閣，蓋非學校經常之則，非得知道而健於文者，不能有所發明也。則轉以屬諸廣漢張君敬夫，而私記其説如此云。

跋古今家祭禮〔四〕

右古今家祭禮，熹所纂次，凡十有六篇。蓋人之生，無不本乎祖者，故報本反始之心，凡有血氣者之所不能無也。古之聖王，因其所不能無者制爲典禮，所以致其精神〔五〕，篤其恩愛，有義有數，本末詳焉。遭秦滅學，禮最先壞。由漢以來，諸儒繼出，稍稍綴緝，僅存一二。以古今異便，風俗不同，雖有崇儒重道之君，知經好學之士，亦不得盡由古禮，以復于三代之盛。其因時述作，隨事討論，以爲一國一家之制者，固未必皆得先王義起之意。然其存于今者，亦無幾矣。惜其散脱殘落，將遂泯没于無聞，因竊蒐輯叙次，合爲一編〔六〕，以便觀覽，庶其可傳於後。然皆無雜本可參校，往往闕誤不可曉知，雖通典、唐書，博士官舊藏版本，亦不足據，則他固可知已。諸家之書，如荀氏、徐暢、孟潙翊、周元陽、孟詵、徐潤、孫日周等儀，有録而未見者，尚多有之。有能采集附益，并得善本通校而廣傳之，庶幾見聞有所興起，相與損益折衷，共成禮俗，于以上助聖朝敦化導民之意，顧不美哉！淳熙元年五月戊戌新安朱熹謹識。

書近思録後

淳熙乙未之夏，東萊呂伯恭來自東陽，過予寒泉精舍。留止旬日，相與讀周子、程子、張子之書，歎其廣大閎博，若無津涯，而懼夫初學者不知所入也。因共掇取其關於大體而切於日用者，以爲此編，總六百一十二條，分十四卷。蓋凡學者所以求端用力、處己治人之要，與夫辨異端、觀聖賢之大略，皆粗見其梗概，以爲窮鄉晚進有志於學，而無明師良友以先後之者，誠得此而玩心焉，亦足以得其門而入矣。如此，然後求諸四君子之全書，沉潛反復，優柔厭飫，以致其博而反諸約焉，則其宗廟之美，百官之富，庶乎其有以盡得之。若憚煩勞，安簡便，以爲取足於此而可，則非今日所以纂集此書之意也。五月五日朱熹謹識。

跋通鑑紀事本末

古史之體可見者，書、春秋而已。春秋編年通紀，以見事之先後。書則每事別記，以具事之首尾。意者當時史官既以編年紀事，至於事之大者，則又採合而別記之。若二典所記，上下百有餘年，而武成、金縢諸篇，其所紀載，或更數月，或歷數年，其間豈無異事，蓋必已具於編年之史，而今不復見矣。故左氏於春秋，既依經以作傳，復爲國語二十餘篇，國別事殊，或越數十年而遂其事，蓋亦近書體以相錯綜云爾。然自漢以來，爲史者一用太史公紀傳之法，此意固不復講。至司馬温公受詔纂述資治通鑑，然後千三百六十二年之事，編年繫日，如指諸掌。雖託始於三晉之侯，而追本其原，起於智伯，上系左氏之卒章，實相受授。偉哉書乎，自漢以來，未始有也。然一事之首尾，或散出於數十百年之間，不相綴屬，讀者病之。今建安袁君機仲乃以暇日，作爲此書，以便學者。其部居門目，始終離合之間，又皆曲有微意，於以錯綜温公之書，其亦國語之流矣。或乃病其於古無初，而區別之外，無發明者，顧第弗深考耳。機仲以摹本見寄，熹始得而讀之，爲之撫卷太息，因記其後如此，以曉觀者。淳熙二年秋七月甲寅新安朱熹書于雲谷之晦庵云。

書和靜先生遺墨後

和靜尹公先生遺墨一卷，皆先生晚歲片紙手書聖賢所示治氣養心之要，粘之屋壁，以自警戒者，其家緝而藏之。今陽夏趙侯刻置臨川郡齋，摹本見寄。熹竊惟念前賢進脩不倦，死而後已，其心炯炯，猶若可識。而趙侯所以摹刻之意，又非取其字畫之工，以供好事者之傳玩而已。捧讀終篇，怳然自失，因敢識其後以自詔云。淳熙丙申三月丁巳新安朱熹敬書。

跋張公予竹溪詩〔七〕

婺源雖巖邑，而故多文士，竹溪丈人張公予其一也。好爲歌詩，精麗宏偉，至其得意，往往亦造於閑澹。其大篇短韻，又皆各得其體。晚歲屏居山田水竹之間，專用詩酒自娛，以忘其老。所與游多一時名勝，類皆退讓推伏，樂稱道之，觀呂侍郎諸公所題文編可見矣。淳熙丙申，予自建安歸故里，公予之子珍卿持以見示，因得三反咏歎，究觀製作之意，信乎其如諸公所稱不誣也。然予聞公予天資孝友絶人，其篤於兄弟之愛，至犯患難、取禍辱而不悔，有古篤行君子所難能者。諸公乃徒盛稱其詩，而曾不及此，予不能識其説也。因竊記編之後，以示鄉人，使知公予之所以自見於世者，不但其詩而已，蓋於名教，庶亦深有補云。五月既望邑子朱熹書。

跋劉元城言行録

元祐諫議大夫元城劉公安世，字器之，受學於司馬文正公，得「不妄語」之一言，拳拳服膺，終身不失。故其進而議於朝者無隱情，退而語於家者無愧詞。今其存而見於文字若此數書者，凛然其與秋霜夏日相高也。熹之外舅劉聘君少嘗見公睢陽間，爲熹言其所見聞，與是數書略同，而時有少異。惜當時不能盡記其説，且其俯仰抑揚之際，公之聲容，猶恍若相接焉，而今亦不可復得矣。嗚呼，歲月如流，前輩既不可見，而其流風餘韻，日遠日忘，又已如此，可勝歎哉！

記大學後

右大學一篇，經二百有五字，傳十章。今見於戴氏禮書，而簡編散脱，傳文頗失其次。

子程子蓋嘗正之，熹不自揆，竊因其説，復定此本。蓋傳之一章釋「明明德」，二章釋「新民」，三章釋「止於至善」，以上並從程本，而增詩云「瞻彼淇澳」以下。四章釋「本末」，五章釋「致知」，並今定。六章釋「誠意」，從程本。七章釋「正心脩身」，八章釋「脩身齊家」，九章釋「齊家治國平天下」，並從舊本。序次有倫，義理通貫，似得其真，謹第録如上。其先賢所正衍文誤字，皆存其本文而圍其上；旁注所改，又與今所疑者并見於釋音云。新安朱熹謹記。

書中庸後

右中庸一篇，三十三章。其首章子思推本先聖所傳之意以立言，蓋一篇之體要。而其下十章，則引先聖之所嘗言者，以明之也。游氏曰：「以性情言之則曰中和，以德行言之則曰中庸，其實一也。」至十二章，又子思之言。而其下八章，復以先聖之言明之也。十二章明道之體用，下章庸言庸行，夫婦所知所能也。君子之道，鬼神之德，大舜、文、武、周公之事，孔子之言，則有聖人所不知不能者矣。道之爲用，其費如此，然其體之微妙，則非知道者孰能窺之。此所以明費而隱之義也。第二十章據家語，本一時之言，今諸家分爲五六者，非是。然家語之文，語勢未終，疑亦脱「博學之」以下，今通補爲一章。二十一章以下，至于卒章，則又皆子思之言，反復推説，互相發明，以盡所傳之意者也。二十一章承上章，總言天道人道之别。二十二章言天道，二十三章言人道，二十四章又言天道，二十五章又言人道〔八〕，二十八、二十九章承上章「爲下居上」而言，亦人道。三十章復言天道，三十一、三十二章承上章「小德大德」而言，亦天道。卒章反言下學之始，以示入德之方，而遂極言其所至具性命、道教、費隱、誠明之妙，以終一篇之意，自人而入于天也。熹嘗伏讀其書，而妄以己意分其章句如此。竊惟是書，子程子以爲孔門傳授心法，且謂善讀者得之，終身用之有不能盡，是豈可以章句求哉。然又聞之，學者之於經，未有不得於辭而能通其意者。是以敢私識之，以待誦習而玩心焉。新安朱熹謹書。

書張氏所刻潛虛圖後

紹興己巳，洛人范仲彪炳文避章傑之禍，自信安來客崇安，予得從之遊。炳文親唐鑑公諸孫，嘗娶温國司馬氏，及諫議大夫無恙時，爲子壻，逮聞文正公事爲多，時爲賓客道語，亹亹不厭。且多藏文正公遺墨，嘗示予以潛虛別本，則其所闕之文尚多。問之，云温公晚著此書，未竟而薨，故所傳止此。蓋嘗以其手藁屬景迂晁公補之，而晁謝不敢也。因從炳文借得寫本藏之，其後三十餘年，所見之本皆然，欲訪完書不復可得，每以爲恨。近得泉州季思侍郎所刻，則首尾完具，遂無一字之闕。始復驚異，以爲世果自有完書，而疑炳文語或不可信。讀至剛行，遂釋然曰：「此贋本也。」人問何以知之，予曰：「本書所有句皆協韻，如易彖、文、象，玄首、贊、測，其今有而昔無者，行、變尚叶，而解獨不韻，此蓋不知『也』字處末，則上字爲韻之例爾〔九〕。此人好作僞書，而尚不識其體製，固爲可笑。然亦幸其如此，不然，則幾何而不遂至於逼真也耶？」

間又考炳文之書，命圖之後，跋語之前，別有凡例二十六字，尤爲命圖之關紐。而記占四十二字，注六字，又足以見占法之變焉。今本顧亦無之，故其所附論説，徒知以凶吉臧否平爲所遇之占，而不知其所占者之又有所待而然也。因亟以書扣季思，此本果家世之舊傳否耶？則報曰得之某人耳，於是益知炳文爲不妄。嘗欲私記本末，以訂其謬而未暇。今復得鄉人張氏印本，乃泉本之所自出，於是始出舊書，授學者使以相參。凡非温公之舊者，悉朱識以別之。凡行之全者七，補者二十有六，變百八十有八，解二百一十有二。又補命圖九，凡例、記占之闕大小七十有四字，而記其所聞於炳文者如此，使覽者有以考焉。

是時又得温公易説於炳文，盡隨卦六二之半，而其後亦闕焉。炳文自言，其家使人就謄温公手摹，適至「而興」亡之，故所存止此。後數年，予乃復得其全書，云好事者於北方互市得版本焉。始亦喜其書之獲全，今則不能無疑，然無以考其果爲真與僞也。時又嘗問炳文：「或謂涑水記聞非温公書者，信乎？」炳文曰：「是何言也？温公日録月別爲卷，面記行事，皆述見聞〔一〇〕，手筆細書，今可覆視，豈他人之所得爲哉！特其間善惡雜書，無所隱避，使所書之家或諱之而不欲傳耳。」

炳文又云：「金虜入洛時，從温公家避地至某州，遇羣盜，執以見其渠帥。帥問何人，應曰司馬太師家也。羣盜相顧失色，且訊虚實。因出畫像及敕誥之屬示之，則皆以手加額，既而俯仰歎息，謂炳文曰：『向使朝廷能用汝家太師之言，不使吾屬披猖至此矣。凡吾所欲殺掠者，蔡京、王黼輩親舊黨與耳，汝無憂懼爲也。』亟傳令軍中，無得驚司馬太師家。又揭牓以曉其後曹，以故骨肉皆幸無他，而圖書亦多得全。」凡此人亦聞之者，因并書之。淳熙丙申十一月丁卯朱熹謹書。

書麻衣心易後

麻衣心易，頃歲嘗略見之，固已疑其詞意凡近，不類一二百年前文字。今得黄君所傳，細讀之，益信所疑之不謬也。如所謂「雷自天下而發，山自天上而墜」之類，皆無理之妄談。所謂「一陽生於子月，而應在卯月」之類，乃術家之小數。所謂「由破體煉之，乃成全體」，則爐火之末技。所謂「人間萬事，悉是假合」，又佛者之幻語耳。其他此比非一，不容悉舉。要必近年術數末流，道聽塗説，掇拾老佛醫卜諸説之陋者，以成其書。而其所以託名於此人者，則以近世言象數者必宗邵氏，而邵氏之學出於希夷，於是又求希夷之所敬，得所謂麻衣者而託之。以爲若是，則凡出於邵氏之流者，莫敢議己，而不自知其説之陋，不足以自附於陳、邵之間也。

夫麻衣，方外之士，其學固不純於聖賢之意，然其爲希夷所敬如此，則其爲説，亦必有奇絶過人者，豈其若是之庸瑣哉！且五代、國初時人，文字言語質厚沈實，與今不同。此書所謂「落處」、「活法」、「心地」等語，皆出近年，且復不成文理，計其僞作，不過四五十年間事耳。然予前所見本有張敬夫題字，猶摘其所謂「當於羲皇心地上馳騁，莫於周孔脚跡下盤旋」者，而與之辨，是亦徒費於辭矣。此直無理，不足深議，但當摘其謬妄之實而掊擊之耳。淳熙丁酉冬十一月五日書。

再跋麻衣易説後

予既爲此説，後二年，假守南康。始至，有前湘陰主簿戴師愈者來謁，老且躄，使其壻自掖而前。坐語未久，即及麻衣易説。其言暗澀，殊無倫次。問其師傳所自，則曰得之隱者。問隱者誰氏，則曰彼不欲世人知其姓名，不敢言也。既復問之邦人，則皆曰書獨出戴氏，莫有知其所自來者。予省前語，雖益疑之，然亦不記前已見其姓名也。後至其家，因復扣之，則曰學易而不知此，則不明卦畫之妙，而其用差矣。予問所差謂何，則曰坎、兑皆水，而卦畫不同，若貴藥者不察而誤用之，則失其性矣。予了其妄，因不復問，而見其几間有所著雜書一編，取而讀之，則其詞語氣象，宛然麻衣易也。其間雜論細事，亦多有不得其説，而公爲附託以欺人者。予以是始疑前時所料三五十年以來人者，即是此老。既歸，亟取觀之，則最後跋語固其所爲，而一書四人之文，體製規模，乃出一手，然後始益深信所疑之不妄。然是時戴病已昏，不久即死，遂不復可窮詰。獨得其易圖數卷閲之，又皆鄙陋瑣碎，穿穴無稽，如小兒嬉戲之爲者。欲以其事馳報敬夫，則敬夫亦已下世。因以書語呂伯恭曰："吾病廢有年，乃復爲吏，然不爲他郡而獨來此，豈天固疾此書之妄，而欲使我親究其實耶！"時當塗守李壽翁侍郎雅好此書，伯恭因以予言告之，李亟以書來，曰："即如君言，斯人而能爲此書，亦吾所願見也，幸爲津致，使其一來。"予適以所見聞報之，而李已得謝西歸，遂不復出，不知竟以予言爲如何也。

淳熙丁未初夏四日，病中間閲舊書，念壽翁、敬夫、伯恭皆不可復見，因并記此曲折，以附其後，使覽者知予之論所以不同於二君子者，非苟然也。

跋李少膺脞説〔一〕

人有士君子之行，乃先王教化德澤薰陶所就，非一比長之官所能致也。關市譏而不征，乃文王治岐時事。周禮乃成周大備之法，隨時制宜，自有不能同者。前輩蓋嘗論之，不當以此而難彼也。以言動行爲之重，乃藍田吕氏説；然以經文推之，有所不通，不若只從舊注之爲安。求全之毁對不虞之譽而言，則亦當從舊注。三代正朔，胡氏春秋傳已有此論，然鄭康成、杜元凱説亦不可廢。蓋三代雖不改時與月，而春秋紀春無冰爲異，則固以周正紀事也。石林葉氏又考左傳所記祭足取麥、穀鄧來朝三事，以爲經傳所記，有例差兩月者。是經用周正，而傳取國史，有自用夏正者〔一二〕，失于更改也。詩中月數多用夏正者，書金縢「秋大熟」，亦是夏時，此爲不改時月之驗甚明。但孟子所謂七八月乃五六月，所謂十一月十二月乃九月十月，爲不可曉，此亦宜當闕之耳。天産地産之説，熹所未曉，而李君所論亦未通。地上有水，恐不若從程傳之説。大抵今人讀書不廣，索理未精，乃不能致疑而先務立説，此所以徒勞苦而少進益也。因讀李君𦛗説，書此。

跋黄仲本朋友説〔一三〕

人之大倫，其別有五，自昔聖賢皆以爲天之所叙，而非人之所能爲也。然以今考之，則惟父子、兄弟爲天屬，而以人合者居其三焉，是則若有可疑者。然夫婦者，天屬之所由以續者也；君臣者，天屬之所賴以全者也；朋友者，天屬之所賴以正者也。是則所以紀綱人道，建立人極，不可一日而偏廢。雖或以人而合，其實皆天理之自然，有不得不合者，此其所以爲天之所叙，而非人之所能爲者也。

然是三者之於人〔一四〕，或能具其形矣，而不能保其生；或能保其生矣，而不能存其理。必欲君臣、父子、兄弟、夫婦之間交盡其道而無悖焉，非有朋友以責其善，輔其仁，其孰能使之然哉！故朋友之於人倫，其勢若輕，而所繫爲甚重；其分若疏，而所關爲至親；其名若小，而所職爲甚大，此古之聖人脩道立教，所以必重乎此，而不敢忽也。然自世教不明，君臣、父子、兄弟、夫婦之間，既皆莫有盡其道者，而朋友之倫廢闕爲尤甚。世之君子，雖或深病其然，未必深知其所以然也。予嘗思之：父子也，兄弟也，天屬之親也，非其乖離之極，固不能輕以相棄。而夫婦、君臣之際，又有雜出于情物事勢，而不能自已者，以故雖或不盡其道，猶得以相牽聯比合，而不至於盡壞。至於朋友，則其親不足以相維，其情不足以相固，其勢不足以相攝，而爲之者，初未嘗知其理之所從，職之所任，其重有如此也。且其於君臣、父子、兄弟、夫婦之間，猶或未嘗求盡其道，則固無所藉於責善輔仁之益。此其所以恩疏而義薄，輕合而易離，亦無怪其相視漠然如行路之人也。

夫人倫有五，而其理則一，朋友者又其所藉以維持是理，而不使至於悖焉者也。由夫四者之不求盡道，而朋友以無用廢。然則朋友之道盡廢，而責善輔仁之職不舉，彼夫四者又安得獨力而久存哉〔一五〕！嗚呼！其亦可爲寒心也已。非夫彊學力行之君子，則孰能深察而亟反之哉？

始予讀王深甫告友之篇，感其言若有補於世教者，徐而考之，則病其推之不及於天理之自然。顧以夫婦、君臣一出於情勢之偶合，至於朋友，則亦不求其端，直以爲聖人彊而附于四者之間也。誠如是也，則其殘壞廢絶，是乃理分之當然，無足深歎，而其至是亦晚矣。近得黄君仲本朋友説讀之，其言天理人倫之意，乃若有會於予心者。然於朋友之道廢，所以獨至於此，則亦恐未究其所以然也。因書其後如此，庶乎其有發云。

跋范文正公家書

三郎官人：昨得書，知在官平善。此中亦如常，只是純佑未全安。汝守官處小心，不得欺事，與同官和睦多禮。有事只與同官議，莫與公人商量，莫縱鄉親來部下興販。自家且一向清心做官，莫營私利。汝看老叔自來如何？還曾營私否？自家好家門，各爲好事，以光祖宗。頻寄書來，言彼動静。將息將息，不具。叔押報，十五日。新婦孩兒各安好。十叔房下如何？弟兄還漸識好惡否？

右范文正公與其兄子之書也。其言近而易知，凡今之仕者，得其説而謹守之，亦足以檢身而及物矣。然所謂自未嘗營私者，必若公之「先天下之憂而憂，後天下之樂而樂」，事上遇人，一以自信，不擇利害爲趨舍，然後足以充其名。而其所論親僚友以絶壅蔽之萌、明禁防以杜姦私之漸者，引而伸之，亦非獨效一官者所當知也。

友人陳君明仲爲侯官宰，得公此帖，刻置坐隅，以自觀省，而以其墨本見寄。熹蓋三複焉，而深贊其言之近、指之遠，敢書其説於左方，庶幾覽者有以發焉。淳熙戊戌季夏閏月新安朱熹謹書。

書徽州婺源縣中庸集解板本後

此書始刻於南劍之尤溪，熹實爲之序其篇目。今建陽、長沙、廣東西皆有刻本，而婺源宰三山張侯又將刻之縣學，以惠學者。熹故縣人，嘗病鄉里晚學見聞單淺，不過溺心於科舉程試之習，其秀異者，又頗馳騖乎文字纂組之工，而不克專其業於聖門也。是以儒風雖盛，而美俗未純，父子兄弟之間，其不能無愧於古者多矣。今得賢大夫流傳此書，以幸教之，固熹之所欲聞，而樂贊其成者也。是書所記，雖本於天道性命之微，而其實不外乎達道達德之粲然者。學者誠能相與深究而力行之，則先聖之所以傳，與今侯之所以教者，且將有以自得之，而舊俗之未純者，亦可以一變而至道矣。

書徽州婺源縣周子通書板本後

熹舊記先生行實，采用黄太史詩序中語，若以「濂」之爲字，爲出於先生所自製，以名廬阜之溪者。其後累年，乃得何君所記，然後知濂溪云者，實先生故里之本號，而非一時媿合之强名也。欲加是正，則其傳已久，懼反以異詞致惑，故特附何君語於遺事中，以著其實。後又得張敬夫所刻先生墨帖，後記先生家譜載濂溪隱居在營道縣榮樂鄉石塘橋西，而舂陵胡良輔爲敬夫言，「濂」實溪之舊名，父老相傳，先生晚居廬阜，因名其溪，以示不忘其本之意。近邵武鄒旉官舂陵歸，爲熹言嘗親訪先生之舊廬，所見聞與何、張之記皆合，但云其地在州西南十五里許，蓋溪之源委自爲上下保，而先生居下保，其地又别自號爲樓田。至字之爲「濂」，則疑其出於唐刺史元結七泉之遺俗也。旉嘗有文，辨説甚詳，其論制字之所從，則熹蓋嘗爲九江林使君黄中言之，與旉説合。方將并附其説於書後，以證黄序之失，而婺源宰三山張侯適將鋟板焉，因書以遺之，庶幾有補於諸本之闕。若此書所以發明聖學之傳，而學者不可以不讀之意，則熹前論之已詳矣，因不復重出云。淳熙己亥正月朔旦縣人朱熹謹書。

跋歐陽國瑞母氏錫誥

淳熙己亥春二月，熹以卧病鉛山崇壽精舍，邑士歐陽國瑞來見，且出其母太孺人錫號訓辭及諸名勝跋語，俾熹亦題其後。熹觀國瑞器識開爽，陳義甚高，其必有進乎古人爲己之學，而使國人願稱焉，曰：「幸哉，有子如此矣，夫豈獨以其得乎处者爲親榮哉！」因竊不辭，而敬書其後如此，國瑞勉旃，無忽其言之陋也。

跋趙宰母夫人錫誥

熹伏讀壽昌夫人始封訓辭，因得徧觀諸賢跋，知趙侯之所以厚於其親者，非今世常人之所及矣。問於士友之間，皆言趙侯與其昆弟平居奉養所以悦其親者，無所不用其至，又知其非出於一時勉慕而爲之也。嗚呼！其亦可謂孝矣。夫事親孝，故忠可移於君。吾知趙侯異時進而立於朝廷，其必有以異乎今世士大夫之所爲者無疑也。因亦輒書其後云。淳熙己亥四月辛丑新安朱熹書。

跋趙侯彦遠行實名善應，字彦遠，子直之父也〔一六〕。

孟子喜稱柳下惠之爲人，以爲百世之下，聞其風者，「鄙夫寬，薄夫敦」，而世或疑之。今得崇道趙侯行實之書而讀之，足以信孟氏之不我欺矣。著作君所以觀法其親而顯揚之者，深密詳盡，至於如此，豈亦侯之身教，有以發之也歟？抑以是爲質而致知以精之，則天性人心，固有不可泯之義理。以是爲始，而力行以終之，則由家及國，又有不可窮之事業。是則熹愚不肖，於著作君蓋猶不能無惓惓之望也，敢竊識編末，而歸其書趙氏云。淳熙己亥中夏丁卯新安朱熹。

書伊川先生易傳板本後〔一七〕

易之爲書，更歷三聖，而制作不同。若庖羲氏之象，文王之辭，皆依卜筮以爲教，而其法則異。至於孔子之贊，則又一以義理爲教，而不專於卜筮也。是豈其故相反哉？俗之淳漓既異，故其所以爲教爲法者不得不異，而道則未嘗不同也。然自秦、漢以來，考象辭者，泥於術數，而不得其弘通簡易之法；談義理者，淪於空寂，而不適乎仁義中正之歸。求其因時立教，以承三聖，不同於法而同於道者，則惟伊川先生程氏之書而已。後之君子，誠能日取其一卦若一爻者，孰復而深玩之，如己有疑，將決於筮而得之者，虛心端意，推之於事，而反之於身，以求其所以處此之實，則於吉凶消長之理，進退存亡之道，將無所求而不得。邇之事父，遠之事君，亦無處而不當矣。華山皇甫斌嘗讀其書而深好之，蓋嘗大書深刻，摹以予人，惟恐傳者之不廣而讀者之不多也。顧猶來請其所以讀之之説，熹不得讓，輒書此以遺之。淳熙六年秋八月丙戌朔新安朱熹謹書。

跋蘇文定公直節堂記

右南康軍治直節堂記，欒城蘇文定公爲郡守徐君師回望聖作，又手書而刻石焉。自元豐乙丑距今淳熙己亥，凡九十有五年，而新安朱熹來領郡事。問堂所在，則既無有，而杉亦不存；求其記文，則又非復故刻，而委之他所矣。於是歷訪郡之老人，竟無有能言其處者。蓋自元豐以至今，其間世故亦多變矣，然建炎羣盜於今纔五十年，舊迹蕪滅，未應至此。意者斯堂之毀，其在紹聖黨論之時乎？撫事興懷，慨然永歎。顧郡方貧而民已病，正使堂之故基尚在，勢亦不能有以復於其舊。獨聽事之西有堂無額，而庭中有老柏焉，焚斮之餘，生意殆盡，而屹立不僵，如志士仁人更歷變故，而剛毅獨立，凜然不衰者。因取「直節」之號，寓之此堂，而輂記石陷壁間。且欲盡去庭之凡木，而雜植杉柏，以仿佛前賢之遺意，則既非時，而熹亦以病告歸矣。嗚呼！後之君子，其尚有以成予之志也夫？是歲八月丁亥識。

書濂溪先生愛蓮説後

右愛蓮説一篇，濂溪先生之所作也。先生嘗以「愛蓮」名其居之堂，而爲是説以刻焉，熹得竊聞而伏讀之有年矣。屬來守南康，郡實先生故治。然寇亂之餘，訪其遺跡，雖壁記文書，一無在者，熹竊懼焉。既與博士弟子立祠於學，又刻先生象、太極圖於石，通書遺文於版。會先生曾孫直卿來自九江，以此説之墨本爲贈。乃復寓其名於後圃臨池之館，而刻其説置壁間，庶幾先生之心之德，來者有以考焉。淳熙己亥秋八月甲午朱熹謹記。

跋叙古千文

右叙古千文，故禮部侍郎胡公明仲所作。其叙事立言，昭示法戒，實有春秋經世之志。至於發明大統，開示正塗，則又於卒章深致意焉。新學小童，朝夕諷之而問其義，亦足以養正於蒙矣。清江劉孟容出其先朝奉君所書八分小卷，莊謹齊一，所以傳家之意甚備，豈亦有取於斯乎？因摹刻置南康郡齋，傳諸小學，庶幾其有補云。淳熙己亥八月戊戌新安朱熹書。

書濂溪先生拙賦後

右濂溪先生所爲賦篇，聞之其曾孫直卿，云近歲耕者得之溪上之田間，已斷裂，然尚可讀也。熹惟此邦雖陋，然往歲先生嘗辱臨之，乃闢江東道院之東室，牓以「拙齋」而刻置焉。既以自警，且以告後之君子，俾無蹈先生之所耻者，以病其民云。淳熙己亥秋八月辛丑朱熹謹記。

跋曾吕二公寄許吏部詩

奉懷子禮吏部賢友　本中再拜

寒松厭庭院，老馬倦維縶。翛然出塵去，粗糲朝夕急〔一八〕。我友隔江湖，尚作一日葺。平生學道心，擇善有固執。豈不在行路，自遠霜露濕。百川灌河來，砥柱乃中立。何時一尊酒，更與交舊集？

長句奉寄子禮提宫吏部　幾

草堂竹塢閉門中，吏部持身有古風。老去一麾還作病，歸來四壁又成空。今朝札翰知亡急，舊日詩書卻未窮。拭目看君進明德，乃兄事業聽天公。

先君子之執友吏部許公，熹不及見也。然而竊聞其學，蓋以脩己治人爲一致，要之事實，而不爲空言者。今頌二公之詩，可見當日衆賢注心高仰之意矣。至於前輩交游之際，所以觀考德業，相期於無窮者，與夫中興一時人物之盛，覽者亦當慨然有感於斯焉。淳熙己亥十一月辛巳新安朱熹謹書。

跋王樞密贈祁居之詩

王公素剛毅，有大節。方廷爭和議時，視秦檜無如也。而能屈體下賢，出於誠意如此，是可尚已。祁公以布衣諸生抗彊相，折悍吏，卒全窮交，非其所養之厚，所守之堅，何以及此！三復此卷，爲之太息，而書其後云。淳熙己亥臘月壬辰新安朱熹謹書。

書康節誡子孫文

康節先生邵公手書誡子孫語，及天道、物理二詩，得之鄴林向氏，刻置白鹿洞之書堂，以示學者。淳熙庚子開基節日新安朱熹謹書。

跋陳居士傳

熹少讀龜山先生文集，固已想見居士之爲人。今得鄧生絢所携墨本觀之，又見了翁、道鄉、游察院、李丞相、張侍郎諸前輩稱述之盛如此，不勝慨歎。夫居士之爲人，蓋子夏所謂「雖曰未學，吾必謂之學」者。先生猶歎其莫有開導而輔成之者，吾儕小人姿本薄惡，其可不汲汲於學問，以矯厲而切磋之邪〔一九〕！因敬書其後，既以自警，且以視諸同志云。淳熙庚子季春壬申新安朱熹書於南康郡舍之拙齋。

跋徐誠叟贈楊伯起詩

熹年十八九時，得拜徐公先生於清湖之上，便蒙告以克己歸仁、知言養氣之説。時蓋未達其言，久而後知其爲不易之論也。來南康，得楊君伯起於衆人中，意其淵源之有自也。一日，出此卷示熹，三復恍然，思復見先生而不可得，掩卷太息久之。淳熙庚子四月辛亥新安朱熹書。

跋伊川與方道輔帖

右伊川先生與莆田方君元寀道輔帖，後一帖乃嘉祐二年語，時先生之年纔二十有五爾。

真蹟今藏道輔曾孫次陵家〔二〇〕。後百二十四年，後學朱熹得曹建模本，刻石于白鹿洞書院。

題洛神賦圖

此卷筆意淳古，略似漢石刻，中所見草樹人物，亦可考見當時器用車服制度，不但爲好事者無益之玩而已。朱熹識。

跋歐陽文忠公帖

歐陽公作字如其爲文，外若優游，中實剛勁，惟觀其深者得之。淳熙庚子中夏丁巳，新安朱熹觀于南康郡圃之愛蓮堂，因識其後。

跋冰解圖

熹觀此圖，讀洪、陸二公跋語，爲之隕涕。淳熙庚子五月戊午。

跋太室中峰詩畫

觀此卷二室諸峯，誦陶翁送羊長史詩，爲之慨然，掩卷太息。至於畫筆精深，山勢雄偉，不暇論也。淳熙庚子中夏七月朱熹仲晦父書。

書語孟要義序後

熹頃年編次此書，鋟版建陽，學者傳之久矣。後細考之，程、張諸先生説尚或時有所遺脱。既加補塞，又得毗陵周氏説四篇有半於建陽陳焞明仲，復以附于本章。豫章郡文學南康黄某商伯見而悦之，既以刻于其學，又慮夫讀者疑於詳略之不同也，屬熹書于前序之左，且更定其故號「精義」者曰「要義」云。淳熙庚子冬十有一月己丑朔旦江東道院拙齋記。

跋免解張克明啓

行藏勳業，銷倚樓看鏡之懷；窈窕崎嶇，增尋壑經丘之趣。此老子心事也。此公方欲求試南宫，而輒以自與，何哉？然予亦濡滯於此，而未得遂其所懷也。三復其言，爲之太息。庚子至前一夕六老軒書。

跋獨孤及答楊賁處士書

獨孤及爲舒州刺史，作口賦法，處士楊賁以書譏之曰：「富者出萬，今易以千；貧者出百，今乃數倍。富倍優，貧倍苦。」及答之曰：「據保簿數，百姓并浮寄户三萬三千，而應差科者唯三千五百，其餘二萬九千五百户蠶而衣，耕而食，不持一錢以助王賦。每歲三十萬貫之税，悉鍾於三千五百人之家，高户歲出千貫，其次九百、八百貫，其次七百、六百貫，九等最下，兼本丁租庸，猶輸四五十貫，以此人日困蹙。故今爲口賦法，以三萬三千人之力，分三千五百家之税，乃損有餘、補不足之道。富人貧人，悉令均減，倍優倍苦，何從而生？」

右見獨孤常州文集。及大曆中卒於常州，此又在其前，可見當時田制隳壞之實。然不能精加考覈，以復武德、貞觀之舊，而遽爲一切之法以亂經制。何耶？所謂三十萬貫者，蓋并租庸與雜徭言之，而所謂口賦法者，則已有兩税之漸矣。

跋洪芻所作靖節祠記〔二〕

讀洪芻所撰靖節祠記，其於君臣大義不可謂懵然無所知者。而靖康之禍，芻乃縱慾忘君，所謂悖逆穢惡有不可言者。送學榜示講堂一日，使諸生知學之道非知之艱，而行之艱也。

跋白鹿洞所藏漢書

熹既爲劉子和作傳，其子仁季致書，以其先人所藏漢書四十四通爲謝。時白鹿洞書院新成，因送使藏之，以備學者看讀。子和五世祖磨勘府君式，南唐時讀書此洞，後仕本朝，有名太祖時。其孫敞、攽皆爲聞人。今子和弟子澂之家尚藏其手抄孟子、管子書，云是洞中日課也。年月日朱熹仲晦父記。

跋張巨山帖

近世之爲詞章字畫者，爭出新奇，以投世俗之耳目。求其蕭散澹然絶塵如張公者，殆絶無而僅有也。劉兄親承指畫，妙得其趣。然公晚以事業著，故其細者，人無得而稱焉。敬夫雅以道學自任，而游戲翰墨，乃能爲之題識如此，豈亦有賞於斯乎？

跋陳簡齋帖〔一二〕

簡齋陳公手寫所爲詩一卷，以遺寶文劉公。劉公嗣子觀文公愛之，屬廣漢張敬夫爲題其籤。予嘗借得之，欲摹而刻之江東道院，竟以不能得善工而罷。間獨展玩，不得去手〔二三〕，蓋歎其詞翰之絶倫，又歎劉公父子與敬夫之不可復見也。俯仰太息，因書其末，以歸之劉氏云。

跋蘇聘君庠帖

予來南康，聞蘇聘君嘗居郡西門外〔二四〕，暇日訪其遺迹，無復存者。永懷高風，不勝慨歎。南上人出示此軸，三復之餘，益深遐想。淳熙辛丑正月二十八日新安朱熹仲晦父題。

跋南上人詩

南上人以此卷求余舊詩，夜坐，爲寫此及遠遊、秋夜等篇。顧念山林，俯仰疇昔，爲之慨然。南詩清麗有餘，格力閒暇，絶無蔬筍氣。如云「沾衣欲濕杏花雨，吹面不寒楊柳風」，余深愛之，不知世人以爲如何也。淳熙辛丑清明後一日晦翁書。

跋金谿陸主簿白鹿洞書堂講義後

淳熙辛丑春二月，陸兄子靜來自金陵，其徒朱克家、陸麟之、周清叟、熊鑑、路謙亨、胥訓實從。十日丁亥，熹率寮友諸生與俱至于白鹿書堂，請得一言，以警學者，子靜既不鄙而惠許之，至其所以發明敷暢，則又懇到明白，而皆有以切中學者隱微深錮之病，蓋聽者莫不竦然動心焉。熹猶懼其久而或忘之也，復請子静筆之于簡而受藏之。凡我同志，於此反身而深察之，則庶乎其可以不迷於入德之方矣。新安朱熹識。

跋顔魯公栗里詩

右唐魯郡顔文忠公栗里詩，見陳令舉廬山記，而不得其全篇。雖然，讀之者亦足以識二公之心而著於君臣之義矣。栗里在今南康軍治西北五十里〔二五〕，谷中有巨石，相傳是陶公醉眠處。予嘗往遊而悲之，爲作歸去來館於其側，歲時勸相，間一至焉。俯仰林泉，舉酒屬客，蓋未嘗不賦是詩也。地之主人零陵從事陳君正臣聞之，若有慨然於中者，請大書刻石上。予既去郡，請益堅，乃書遺之。淳熙辛丑秋七月壬午新安朱熹仲晦父。

跋張魏公與劉氏帖

張忠獻公平生心事無一念不在君親，而其學又以虚静誠一、求之於天爲本，故其與人言，亦未嘗不依於此。今觀其所與寶學劉公屏山先生、共父樞密書帖詩文，亦可見矣。劉公從公川陜，并心國事，故公於其兄弟父子之間，眷眷如此，亦豈苟然者哉！先生之子玶有味其言，欲廣傳之，以悟當世，因屬熹書其後。淳熙辛丑八月甲子新安朱熹敬書。

跋鄭景元簡〔二六〕

六經記載聖賢之行事備矣，而於死生之際無述焉，蓋以是爲常事也。獨論語、檀弓記曾子寢疾時事爲詳，而其言不過保身謹禮，與語學者以持守之方而已。於是足以見聖賢之學，其所貴重乃在於此，非若浮屠氏之不察於理，而徒以坐亡立脱爲奇也。然自學者言之，則死生亦大矣，非其平日見善明，信道篤，深潛厚養，力行而無間，夫亦孰能至此而不亂哉？今觀鄭君景元所報其兄龍圖公事，亦足以驗其所學之正，而守之固矣。所謂「朝聞道，夕死可矣」者，於公見之。因竊書其後以自警，又將傳之同志，相與勉焉。淳熙辛丑秋八月乙巳朔丹陽朱熹書。

跋鄭景望書呂正獻公四事〔二七〕

右申國呂正獻公四事，見其家傳，而故建寧太守鄭侯書之齋壁以自警者也。侯書此時已屬疾，間不兩月而終。啓手足時，清明安定，執禮不懈，如常日。是足以驗其平生學力，果能踐斯言者，非一時偶書屋壁而已也。夫呂公之行高矣，其可師者不止此，鄭侯亦無不學，顧豈舍其大而規規於其細如此哉？誠以理無巨細精粗之間，大者既立，則雖毫髮之間，亦不欲其少有遺恨，以病夫道體之全也。侯之莫府趙君彦能將摹刻置府學，以視學者，而屬熹書其本末，熹不得辭也。

侯名伯熊，字景望，永嘉人。其爲此邦，號令條教，必本於孝弟忠信，學者傳之。淳熙辛丑秋八月乙巳朔旦州民宣教郎、新提舉江南西路常平茶鹽公事朱熹謹書。

書劉子澄所編曾子後〔二八〕

右曾子書七篇，其内篇一，外篇、雜篇各三，吾友清江劉清之子澄所集録也。昔孔子殁，門人唯曾氏爲得其傳。其後孔子之孫子思、樂正子春、公明儀之徒皆從之學，而子思又得其傳，以授孟軻。故其言行雜見於論語、孟氏書及他傳記者爲多，然皆散出，不成一家之言。而世傳曾子書者，乃獨取大戴禮之十篇以充之，其言語氣象，視論、孟、檀弓等篇所載相去遠甚。子澄蓋病其然，因輯此書，以傳學者，而於其精粗純駁之際，尤致意焉。於戲！若子澄者，其可謂嗜學也已。

然熹嘗考之，竊以謂曾子之爲人，敦厚質實，而其學專以躬行爲主，故其真積力久，而得以聞乎一以貫之之妙。然其所以自守而終身者，則固未嘗離乎孝敬信讓之規，而其制行立身，又專以輕富貴、守貧賤、不求人知爲大〔二九〕。是以從之游者，所聞雖或甚淺，亦不失爲謹厚脩潔之人，所記雖或甚疏，亦必有以切於日用躬行之實。蓋雖或附而益之，要亦必爲如是之言，然後得以自託於其間也。然則是七篇者，等而别之，雖有内、外、雜篇之殊，而其大致，皆爲有益於學者，非他書所及也。讀者誠能志其大而必謹其小，歷其淺而徐望其深，則庶乎其無躐等之病，而有日新之功矣。淳熙八年九月丁丑新安朱熹謹記。

跋陳徽猷墓誌銘後

秦丞相用陳公爲淮西帥，蓋將付以邊事。公以其意叵測，力辭不就。頃年，公再罷番陽。熹見公考亭私第，公爲熹言此甚詳，今不能盡記其曲折也。淳熙辛丑中冬乙亥，因觀汪公所撰誌銘，書此以補其闕。時汪公薨已七年，而敬夫明仲亦已下世，令人悲慨之深。新安朱熹書，公孫坦藏。

周子通書後記

通書者，濂溪夫子之所作也。夫子姓周氏，名敦頤，字茂叔。自少即以學行有聞於世，而莫或知其師傳之所自。獨以河南兩程夫子嘗受學焉，而得孔孟不傳之正統，則其淵源因可概見。然所以指夫仲尼、顔子之樂，而發其吟風弄月之趣者，亦不可得而悉聞矣。所著之書又多放失，獨此一篇本號易通，與太極圖説並出程氏，以傳於世。而其爲説實相表裏，大抵推一理、二氣、五行之分合，以紀綱道體之精微，決道義文辭禄利之取舍，以振起俗學之卑陋。至論所以入德之方、經世之具，又皆親切簡要，不爲空言。顧其宏綱大用，既非秦漢以來諸儒所及，而其條理之密，意味之深，又非今世學者所能驟而窺也。是以程氏既没，而傳者鮮焉，其知之者不過以爲用意高遠而已。熹自蚤歲即幸得其遺編而伏讀之，初蓋茫然不知其所謂，而甚或不能以句。壯歲獲遊延平先生之門，然後始得聞其説之一二。比年以來，潛玩既久，乃若粗有得焉。雖其宏綱大用所不敢知，然於其章句文字之間，則有以實見其條理之愈密，意味之愈深，而不我欺也。顧自始讀以至于今，歲月幾何，倏焉三紀〔三〇〕。慨前哲之益遠，懼妙旨之無傳，竊不自量，輒爲注釋。雖知凡近，不足以發夫子之精藴，然創通大義，以俟後之君子，則萬一其庶幾焉。淳熙丁未九月甲辰後學朱熹謹記。

校勘記

〔一〕山中出雲雨太虚　「雨」，原作「兩」，據閩本、浙本改。

〔二〕乾道癸巳二月乙酉　「二」，原作「三」，據陳垣二十史朔閏表，二月無乙酉，當爲「三月」之誤，今改。

〔三〕因書其故　「故」，閩本、浙本作「後」。

〔四〕跋古今家祭禮　淳熙本題作「跋古今祭儀」。

〔五〕所以致其精神　「神」，淳熙本、閩本、浙本作「誠」。

〔六〕合爲一編　「編」，原作「篇」，據淳熙本、閩本、浙本改。

〔七〕跋張公予竹溪詩　「予」，永樂大典卷九〇九「詩」字引朱晦庵先生大全集作「子」。下同。

〔八〕二十五章又言人道　按此句下，正訛補「二十六章言天道，二十七章復言人道」十五字。

〔九〕則上字爲韻之例爾　「上」，原作「止」，據正訛改。

〔一〇〕皆述見聞　「皆」，正訛改作「背」。

〔一一〕跋李少膺脞説　淳熙本題作「書脞説後」。

〔一二〕有自用夏正者　「有」，原作「直」，據淳熙本、浙本改。

〔一三〕跋黄仲本朋友説　淳熙本題作「書朋友説後」。

〔一四〕然是三者之於人　「三」，正訛據文意改作「五」。

〔一五〕安得獨力而久存哉　「力」，正訛改作「立」。

〔一六〕跋趙侯至子直之父也　「跋趙侯彦遠行實」，淳熙本作「跋趙侯行實後」；「彦遠子」三字原缺，據淳熙本補。按宋史翼卷三三引嘉興府志趙善應傳：「趙善應，字彦遠。」

〔一七〕書伊川先生易傳版本後　淳熙本作「書易大傳版本後」。

〔一八〕粗糲朝夕急　「糲」字原缺，據四庫全書本補。

〔一九〕以矯厲　「矯」，淳熙本作「激」。

〔二〇〕次陵家　「次」，閩本、浙本作「友」。

〔二一〕跋洪芻所作靖節祠記　淳熙本作「題洪芻靖節祠記後」。

〔二二〕跋陳簡齋帖　淳熙本作「跋劉共父所藏陳簡齋帖」。

〔二三〕不得去手　「得」，淳熙本作「能」。

〔二四〕聞蘇聘君　「聞」，原作「間」，據閩本、浙本改。

〔二五〕西北五十里　「五」，浙本作「三」。

〔二六〕跋鄭景元簡　淳熙本作「題鄭景元簡後」。

〔二七〕跋鄭景望書吕正獻公四事　「景望」，淳熙本作「守」；「正獻」，淳熙本無之。

〔二八〕書劉子澄所編曾子後　淳熙本作「題曾子後」。

〔二九〕不求人知爲大　「知」下，淳熙本有「己」字。

〔三〇〕倏焉三紀　「三」，浙本作「二」，正訛亦改作「二」。

晦庵先生朱文公文集卷第八十二

跋

跋東坡與林子中帖

淳熙辛丑中冬乙酉，觀此於衢州浮石舟中。時浙東饑甚，予以使事被旨入奏，三復其言，尤深感歎。當摹刻諸石，以視當世之君子。新安朱熹書。

再跋

淳熙辛丑，浙東水旱民饑，予以使事被召入奏，道過三衢，得觀此帖於玉山汪氏，以爲仁人之言，不可以不廣也。明年，乃刻石常平司之西齋。新安朱熹書。

第三書節略云：別後淫雨不止，所過災傷殊甚。京口米斗百二十文，人心已是皇皇。又四月天氣全似正月，今歲流殍疾病必煩措置。淮南蠶麥已無望，必拽動本路米價，欲到廣陵，更與正仲議之，更一削，願老兄與微之、中玉商議，早聞朝廷，厚設儲備。熙寧中，本路截撥及別路般來錢米，并因大荒放税及虧却課利蓋累百鉅萬，然於救饑初無絲毫之益者，救之遲故也，願兄早留意。又乞與漕司商量，今歲上供斛米，皆未宜起發。兄自二月間奏乞，且遲留數月起發，徐觀歲熟，至六月起未遲，免煩他路般運賑濟。如此開述，朝廷必不訝。荷知眷之深，輒爾僭言，想加恕察。不一。某皇恐。

跋李後主詩後

「平叔任散誕，夷甫坐論空。豈悟昭陽殿，遂作單于宮！」此陶隱居託魏晉以諷蕭梁之詩也。當時不悟，竟蹈覆轍，其爲商監，益以明矣。而違命李侯，乃復以無生混茫者亡其國，何哉？道學不明，人心不正，詖淫邪遁之説肆行，而莫之禁也。嗚呼痛哉！

熹觀汪伯時所藏李後主手寫詩，歎息書此。潘叔昌訪熹釣臺，因書贈之。淳熙辛丑十一月十八日。

跋吕伯恭日記

觀吕伯恭病中日記，其繙閲論著，固不以一日懈。至於氣候之暄凉，草木之榮悴，亦必謹焉。則其察物内省，蓋有非血氣所能移者矣。此來不得復見伯恭父，固爲深恨。然於此得窺其學力之所至，以自警省，則吾伯恭之不亡者，其誨我亦諄諄矣。三復流涕，敬書其後。淳熙壬寅新安朱熹書。

題伯恭所抹荆公日録

伯恭病中讀書，漏刻不去手。既定詩説，記古今大事，而其餘力又及此。然皆未及終篇而卒，讀者恨之。此書經楊、陳二公掊擊，不遺餘力，而其肺腑之際，猶有未盡白者。今觀伯恭於書首四卷乃不加一詞，而其幾微毛髮之間，皆不得有所遁。學者於此，不唯可以究觀前事，而極夫治亂之源，抑亦可以反求諸心，而審其得失之端矣。淳熙壬寅正月十七日，來哭伯恭之墓，而叔度出此編視予，感歎之餘，爲書其左。朱熹仲晦父。

跋畫卷後

淳熙壬寅上巳朱熹仲晦父觀，疑此卷勝名畫詩也。

跋尤延之論字法後

尤延之論古人筆法來處，如周太史奭世係，真使人無閒言。朱熹仲晦父識。

題歐公金石録序真蹟

集録金石，於古初無，蓋自歐陽文忠公始。今順伯嗜古無厭，又有甚於公之所爲，而復得公此序真蹟藏之，其不偶然矣。淳熙壬寅，禊飲會稽西園，暮歸書此。朱熹仲晦父。

題西臺書

西臺書在當時爲有法，要不可與唐中葉以前筆跡同日而語也。細觀此帖，亦未見如延之所云也。新安朱熹仲晦父。

題荆公帖

先君子自少好學荆公書，家藏遺墨數紙，其僞作者率能辨之。先友鄧公志宏嘗論之，以其學道於河雒，學文於元祐，而學書於荆舒，爲不可曉者。今觀此帖，筆勢翩翩，大抵與家藏者不異，恨不使先君見之，因感咽而書于後。朱熹書。

題荆公帖

熹家有先君子手書荆公此數詩，今觀此卷，乃知其爲臨寫本也。恐後數十年，未必有能辨之者，略識于此。新安朱熹云。

題力命帖

力命表舊惟見近世刻本，今乃得見貞觀所刻，深以自幸。然字小目昏，殆不能窺其妙處，又愧其見之晚也。他日見右方諸公，當請問焉，又未知其所見與予果如何耳。朱熹仲晦父。

題樂毅論

新安朱熹觀王順伯所藏樂毅論、黄庭經、東方贊，皆昔所未見，撫歎久之。

題蘭亭叙

淳熙壬寅上巳，飲禊會稽郡治之西園。歸玩順伯所藏蘭亭叙兩軸，知所謂「世殊事異，亦將有感於斯文」者猶信。及覽諸人跋語，又知不獨會禮爲聚訟也。附書其左，以發後來者之一笑。或者猶以戕奏功名語右軍，是「殆見杜德機」耳。晦翁。

題鍾繇帖

此表歲月予未嘗深考，然固疑征南將軍爲曹仁也。今觀順伯所論，適與意合。是時字畫猶有漢隸體，知此墓田帖及官本「白騎」等字，爲非鍾筆亡疑也。朱熹記。

題法書

予舊嘗好法書，然引筆行墨，輒不能有毫髮象似，因遂懶廢。今觀此帖，益令人不復有餘念。今人不及古人，豈獨此一事。推是以往，庶乎其能自彊矣。朱熹書。

題曹操帖〔一〕

余少時曾學此表。時劉共父方學顔書鹿脯帖，余以字畫古今誚之，共父謂予：「我所學者，唐之忠臣；公所學者，漢之篡賊耳。」時予默然亡以應。今觀此謂「天道禍淫，不終厥命」者，益有感於共父之言云。晦翁。

書璽

臣熹恭惟我太祖皇帝受天明命，以有九有之師，時蓋未得此璽也。紹聖、元符之後，事變有不可勝言者矣。臣熹敬書。

題右軍帖

隨事行藏，固謝萬之藥石，然右軍未必能踐斯言也。豈其自知已審，遂超然遠逝而不顧邪？三復此紙，欲罷不能，後之君子，當有識此意者。朱熹仲晦父。

跋諸人贈路君詩後

路君斷橋擊賊，手斬凶渠，其功甚偉而賞不讎，識者恨之。然君材氣過人，臨事不苟，決非終不遇者。觀此詩卷固多奇語，而余於簽書沈公之言爲有感也，路君勉旃而已。淳熙壬寅九月丙申朱熹題。沈公蓋叔晦之尊人，時爲越州簽判。路君名巖卿，嘗爲蘄水尉〔一〕。

跋喻湍石所書相鶴經

舊藏碧虚子相鶴經石本，意頗愛之。今觀湍石喻公所書，法度謹嚴，而意象蕭散，知彼爲法縛矣。淳熙壬寅臘月庚申朱熹。

跋朱希真所書樂毅報燕王書

余嘗恨右軍不寫此書而寫夏侯之論，今觀玉山汪季路所藏伊水老人手筆，老人得無亦有余之恨乎？季路將刻之石，以貽永久，余知有志之士當復有廢書而泣者矣。淳熙壬寅十二月庚申新安朱熹書。

跋朱喻二公法帖

書學莫盛於唐，然人各以其所長自見，而漢魏之楷法遂廢。入本朝來，名勝相傳，亦不過以唐人爲法，至於黄、米而欹傾側媚，狂怪怒張之勢極矣。近歲朱鴻臚、喻工部者出，乃能超然遠覽，追迹元常於千載之上，斯已奇矣。故嘗集其墨刻，以爲此卷，而尤以樂毅書、相鶴經爲絶倫，不知鑒賞之士以爲如何也。

跋應仁仲所刊鄭司業詩

鄭司業金華被召八詩，慈祥温厚之氣，藹然發於筆墨畦徑之外。其門人應君仁仲刻石摹本見寄，三復詠歎，如見其人，爲之隕涕。淳熙乙巳正月庚戌朱熹仲晦父書。

跋蔣邕州墓誌銘

始予讀張敬夫遺文，見所記蔣邕州事，常恨不得蔣君爲人之詳。一日，有新攸縣蔣令者過門枉顧，出張安國所述其先墓文，則邕州公也。予驚喜，疾讀數過，不能去手。又觀劉文潛跋語，則又知君之遺愛在人，久而不衰也。嗚呼！世固未嘗無材也，惟其生於窮荒下邑，既無以自振，而又知自貴重，不肯希世取寵，遂以陸沉下僚，不及究其所有者爲不少矣。如君之材，晚雖小試，然其志業，豈遽盡於其所已試者而已耶？是可哀已。文潛所論聲病綴緝遺賢之弊，尤與人意合。章卿稱攸縣嘗論嶺西鹽法，因得扣焉，又喜邕州家法之未泯也。嗟歎不已，輒記其後云。淳熙乙巳二月庚辰新安朱熹。

跋鄭威愍遺事

鄭威愍公擁羸卒，守孤城，以抗暴起方張之虜。鄰援既絶，遂以身殉。予讀褒贈詔書及其家刻墓銘，未嘗不三復流涕也。夫忠義之性，出於人心之秉彝，策名委質以事人者，其講之宜熟矣。而吾觀於前日中原之禍，一時士大夫出身徇國，死其官守如鄭公者何少也，豈非義利之分不素明，取舍之極不素定，一旦倉卒，則貪生畏死而惟利之從哉？嗚呼！如鄭公者，可謂得其本心而無愧於臣人之義矣。是固有國家者所宜殷勤褒録，以爲臣子之勸，使其有所鄉慕感激，而興起其忠義之良心，非獨以私於鄭氏之子孫而已也。因竊敬識其後，以告觀者云。淳熙乙巳三月甲申朔新安朱熹書。

跋米元章帖

米老書如天馬脱銜，追風逐電，雖不可範以馳驅之節，要自不妨痛快。朱君所藏此卷，尤爲奔軼，而所寫劉無言詩亦多奇語，信可寶也。淳熙乙巳三月晦日朱熹仲晦父觀于建陽西山景福僧舍。

書歐陽文忠公集古録跋尾後

歐陽文忠公集古所録，蓋千卷也。頃嘗見其曾孫當世家尚二百本，但跋尾及一二名公題字，其石刻，謂離亂之後逸之爾。今觀此四紙，自趙德父來，則在崇寧間已散落也。不然，豈其藁耶？以校文集所載，多訛舛脱略，是當爲正，而楊君集碑，文集則無。惟「中宗」作「仲宗」，「建武之元」作「孝武」，恐却乃筆誤也。然德父平生自編金石録亦二千卷，又倍於文忠公，今復安在？公所謂「君子之垂不朽，不託於事物而傳」者，真知言哉！三復歎息。淳熙九年重五日潁川韓元吉書。

集古跋尾，以真蹟校印本有不同者，韓公論之詳矣。然平泉草木記跋後，印本尚有六七十字，深誚文饒處富貴，招權利，而好奇貪得，以取禍敗，語尤緊切，足爲世戒。且其文勢至此乃有歸宿。又「鬼谷之術所不能爲者」之下，印本亦無「也」字。凡此疑皆當以印本爲正云。十一年四月既望朱熹記〔三〕。

華山碑「仲宗」字，洪丞相隸釋辨之，乃石刻本之假借用字，非歐公筆誤也。

跋周元翁帖

法楊者，讀書至老不輟，持論甚正。常云農家有百錢斗粟之贏，必謹藏之，與僧乃已，民安得不貧？故其住山不營土木，不遣其徒出勾，曰「吾不忍助民蠹也」。權貴人有所求，一毫不予，而凶年作糜粥，以活人餓者。豈易得哉！豈易得哉！願公併書之，可乎？此乃陸倉與先生書。

明州大梅老法楊者，故龍圖閣學士鄭公向之曾孫也，藏周元翁帖與其先世手書一軸，嘗屬山陰陸務觀求予跋尾，未及遣而下世。務觀乃以書致之，且言楊既死，此軸無所付，寫畢願爲送濂溪書堂藏之。元翁詞翰之美，前輩已多稱之，無所俟於予言者。獨味其言，知老先生之學之傳，乃專在於程氏，此可歎也。楊公雖不及識，然如務觀所稱，則其故家遺俗猶可想見，豈亦自悔其失身於此，而不能有以自還也耶？此又重可歎也。務觀別紙筆札精妙，意寄高遠，楊公所賴以不朽，蓋有在於是者。因刻以附卷中，而識其後云。淳熙乙巳孟夏既望雲臺隱吏朱熹仲晦父書。

跋胡澹庵所作李承之論語説序

「通經之士，固當終身踐言，乃爲不負所學。」斯言之要，所以警乎學者可謂至深切矣。然士之必於通經，正爲講明聖賢之訓，以爲終身踐履之資耳，非直以分章析句爲通經，然後乃求踐言以實之也。李君承之來自廬陵，出示澹庵先生胡公所爲作論語解序，歛衽三復，如奉音旨。敢竊推其餘意，以附卷尾。李君幸以愚言思之，則庶乎知先生所以推揚期待之意矣。淳熙乙巳六月乙丑新安朱熹敬書。

跋胡澹庵和李承之詩

蜀人李君承之見過山間，示詩一編，詞源奔放，而句律謹嚴，讀之令人亹亹不厭。間出澹庵先生胡公和章一卷，皆其手筆，又知君詩之勝，已爲名流知重如此也。因復自念頃歲嘗得一見先生於臨安，其後遂叨薦寵，而不知所以得之，或者以爲先生嘗見其詩而喜之也。顧今衰落，惠許不酬，而李君辯博縱横，究知西南利病，蓋不但深於詩者，亦復流落艱難，疲於道路，豈先生所許以爲可與言詩者例如此耶？慨念先生不可復見，因太息爲書其後云。

淳熙乙巳六月乙丑新安朱熹書。

跋宋君忠嘉集

莊周有言：「子之愛親，命也，不可解於心；臣之事君，義也，無適而非君也，無所逃於天地之間。」古今以爲名言。然以予論之，父子之仁，君臣之義，莫非天賦之本然，民彝之固有，彼乃獨以父子爲自然，而謂君臣之相屬，特出於事勢之不得已，夫豈然哉！今讀東海宋君之事，觀其出身以報國家之讎，履鋒鏑，蹈危難，濱九死而不悔。及其一旦棄妻子去，以逃左袵之禍，則窮困極矣，而變易姓名，猶不能忘於國家興復之念，夫豈有所不得已而强爲之哉！於此觀之，則君臣之義，如吾所論無可疑者，而莊生爲我無君，禽獸食人之邪説，亦可以不辨而自明矣。抑觀諸人所記宋君本末，猶可以想見其魁奇磊落之氣。至於挂劍之章，語尤悲壯，則每讀之未嘗不流涕太息也。先是，天子録君之遺忠，官其子南强，而南强今爲南劍之沙縣，治甚有聲，其亦思有以不墜其先人忠義之教乎哉！淳熙乙巳七月庚戌新安朱熹書。

跋范文正公送竇君詩

片帆飛去若輕鴻，一霎春潮過淛東。王謝江山久蕭索，子真今爲起清風。

右范文正公詩也。鄞尉廳無壁記，竇君不知何許人及居官歲月，然爲范公所與如此，必非常流矣，而卒泯滅，不少概見於世，何哉？新安滕璘德粹嗣守其官，以是詩爲不可無傳也，礱石治舍，請書而刻之。淳熙乙巳八月壬戌同郡朱熹書而記其後云。

跋溪上翁集

須江嚴伯奮來訪，出其先君子溪上翁遺文三巨編，後有當世諸賢題識甚詳。熹於翁爲同年生，前此未獲相識，今讀其文，汪洋放肆，究極事情，而無艱難辛苦之態。至於四六、五七言，則尤兄延之題品發明又已曲盡其妙。其夢中一詩，置之張司業、楊少尹集中，殆無以辨，信亦近世之佳作也〔四〕。伯奮求序，適予太病眩瞀，不能致思，爲題其後如此而歸之。淳熙十二年九月二十三日新安朱熹書。

跋潘顯甫字序

余年十六七時，屏山劉先生字余以元晦而祝之，其詞曰：「木晦於根，春容曄敷；人晦於身，神明内腴。」余受其言，而行之不力，涉世犯患，顛沛而歸，然後知其言之有味也。讀潁川公所爲潘氏子顯甫字説，竊獨重有感焉，爲之太息而識其後，顯甫視之而能以予爲戒，則於父師之訓其庶幾矣。是歲冬十月壬子新安朱熹書。

跋謝艮齋所作靜齋銘

艮齋受學長陽冲晦先生之門，得其宗旨，訓誘後學，孜孜不倦。其論求仁功夫如此，所以期於子山者遠矣。子山盍亦有以用其一日之力，使斯銘者不爲虚語乎哉？卷中又有同年趙彦德題字，覽之如見其人，益深存没之感。淳熙乙巳十月甲寅。

題顧侯射記後

顧侯以殊科自奮，射藝精絶，予久聞之，未得一寓目，而侯以秩滿去矣。一日來山間，出此記讀之，想見一時星飛的破，起坐諠譁之樂，尤恨不得爲坐上客也。雔虜雖衰，故疆未復，俟其勉旃，有以副聖主教訓作成之意云。淳熙丙午七月七日雲臺外史朱熹書。

跋李壽翁遺墨

韓退之著書立言，觝排佛老不遺餘力。然讀其謝潮州表、答孟簡書及張籍侑奠之詞，則其所以處於禍福死生之際，有愧於異學之流者多矣，其不能有以深服其心也宜哉！侍郎李公玩心於易，以没其身，平居未嘗深斥異教，而間獨深爲上言天地變化，萬物終始，君臣父子夫婦之道，性命之理，幽明之故，死生之説，盡備於易，不當求之無父無君之言，以傷俗化。其言雖約，而功實倍於韓子。至其平生大節，則不惟進退險夷一無可憾，而超然於生死之際又如此，此足以明吾道之有人，而信其言之不妄矣。易所謂「默而成之，不言而信」者，其公之謂歟！熹不及從公遊，而蒙公見與甚厚，其子正夫視以絶筆，因得捧讀，而竊識其説於後云。淳熙丙午九月甲辰朔。

跋任伯起家藏二蘇遺蹟

元豐間，西南夷與疆吏不相得，怒且生事，時眉山任公伋字師中守瀘州，曰「我曲彼直，不可與校」，務一以恩信撫柔之。已聽命矣，而部使者或壞其約以邀功，公爭之不得，其後師出，果屢敗。天子震怒，將吏皆伏誅，使者懼并及，則反誣公以幸免。事下有司，雜治未竟，而公没。其子三訴於朝，卒不得伸。然任氏自此世有聞人，而龍閣公遂以剛直不撓進爲於世。今其家藏兩蘇公文記詩篇甚衆，蓋詩猶真蹟，而於瀘事尤反復致意焉。龍閣之曾孫希夷將刻石以視子孫，而屬予序之。予惟任公當日之意，知其事理之當然，而不得不然耳，非以今名之可慕，後福之可邀而爲之也。而以今觀之，其效乃如此，豈易所謂「不耕穫，不菑畬，而利有攸往」者耶？因記其事如此，後之君子有以考焉。淳熙丁未七月己酉新安朱熹書。

跋滕南夫溪堂集

婺源爲縣窮僻，斗入重山復嶺間。而百十年來，異材間出，如翰林汪公及我先君子太史公，皆以學問文章顯重於世。至户掾滕公雖稍後出，然其才志傑然，遠過流輩，譬如汗血之駒，墮地千里，方將服騕褭、鳴和鸞，範其馳驅，以追二公之逸駕，則不幸而短命死矣。平生遺文在者不能什一，故侍郎吕公仁父嘗爲之序云，然多一時應用之作，未足以見其志之所存也。嗚呼，以滕公之才之傑，使得永年，益求師友於四方，以充其志，則其所就，豈止此而已哉！淳熙丁未，其兄孫璘訪予崇安，出其集與此傳示予，因太息而書其後。傳言公嘗爲書萬言，論和、戰、守利害，其言甚偉，今亦不見集中，甚可惜也。李文此傳，筆力奔放而法度謹嚴，讀者可以想見當時朋友切磋之盛云。九月丙辰里人朱熹書。

跋馮君家藏唐誥

黄巢之亂，唐僖宗出居成都，以王鐸、鄭畋爲宰相，協力討賊。鐸以都統檄召諸道之兵入西畿，屯盩厔，而賊勢遂衰，卒逐巢，復長安。今觀馮君告身以中和二年十一月下，則正此時事也。其曰「右都」者，即西畿；其曰「吏部行在之印」者，即成都行省。其曰「太尉兼中書令而使」者，以舊史考之，即王鐸，而新史鐸傳乃作「檢校司徒」，誤矣。其曰「司空兼門下侍郎、同平章事」者，則爲鄭公不疑，而其官稱二史、通鑑亦不異也。但通鑑載諸道師屯所處甚悉，而不及福建，豈以道遠後至，而不得列序耶？抑且以將卑師少而略之也？夫以閩之窮僻阻遠，而當此之時，乃能命將遣兵，奔赴國難，馮君又能爲之領率人徒，崎嶇萬里，以投命於君親，其功雖不大顯，然其於忠則有餘矣。其十一世孫允中出以示予，且言君之後散居劍、邵之間，爲三大族，子孫甚衆，衣冠不絶。予以爲此豈忠勞之報耶！允中將刻石以示三族之人，俾之無忘其初，因爲記其本末云。淳熙丁未十一月甲子新安朱熹書。

跋程董二生學則〔五〕

道不遠人，理不外事，故古之教者，自其能食能言而所以訓導整齊之者，莫不有法，而況於家塾、黨庠、遂序之間乎？彼其學者，所以入孝出弟，行謹言信，羣居終日，德進業脩，而暴慢放肆之氣不設於身體者，繇此故也。番易程端蒙與其友生董銖共爲此書，將以教其鄉人子弟而作新之，蓋有古人小學之遺意。余以爲凡爲庠塾之師者，能以是而率其徒，則所謂成人有德，小子有造者，將復見於今日矣。於以助成后王降德之意，豈不美哉！淳熙丁未十一月甲子新安朱熹書。

書伊川先生帖後

故端殿上饒汪公鎮蜀時，嘗得此帖，又見邵溥所論而疑之，因録見寄，而使審其真僞。熹時爲公言，楊遵道記先生嘗語「學者讀易，如素未讀，不曉文義，必先熟讀三家，然後却有用心處」，其説正與此合。然味其言，固有抑揚，非以易之説爲盡於三家所言也。此帖實出先生，溥言不足爲病。且尋繹通貫之云，又真讀書之法。近世學者閲理不精，正坐讀書太草草耳。況春秋大義數十，炳若日星，固已見於傳序，而此所謂不容遺忘者，又非先生決不能道也。夫三綱五常，大倫大法，有識以上即能言之，而臨小利害，輒已失其所守，正以學不足以全其本心之正，是以無所根著而忘之耳。既有以自信其不容遺忘，又不覺因事而形於筆札之間，非先生之德盛仁熟，左右逢原，能及是耶？謝君名見張思叔所記師説，而崇、觀間久官太學，未知果能尊所聞否。其家尚藏此帖，今制幕趙崇憲摹刻以示蜀人，遠寄墨本，因記前説，輒爲附識其後，使覽者有以知夫學之有統，道之有歸，而不但爲文字之空言，以譁世取寵而已也〔六〕。淳熙戊申春二月乙卯。

題太極西銘解後

始予作太極、西銘二解，未嘗敢出以示人也。近見儒者多議兩書之失，或乃未嘗通其文義，而妄肆詆訶，予竊悼焉。因出此解，以示學徒，使廣其傳，庶幾讀者由辭以得意，而知其未可以輕議也。淳熙戊申二月己巳晦翁題。

跋東坡與趙德麟字説帖

神宗皇帝稽古立法，以教宗子，此萬世之大慮也。蘇公發明其意，以字德麟，所以望之，豈淺淺哉。今趙君善希能得此帖而珍藏之，則亦有意於此矣。尚其勉旃，無爲徒玩其華藻而已。淳熙戊申夏五月既望新安朱熹敬書。

書楊龜山帖後

楊、陳二公論易有不同者，而楊公之詞平緩如此。夫二公之間，豈有所嫌疑畏避而然哉？亦其德盛仁熟，而自無鄙倍耳。楊公於先天之學有所未講，則闕而不論，其不自欺又如此，尤後學之所宜取法也。淳熙戊申六月十六日新安朱熹書。

跋楊遵道遺文

先君子嘗識楊公遵道之墓，記其論説梗概，皆極精詣。且言其平生爲文數百篇，存者什一二耳。熹每伏讀家集，至此未嘗不掩卷太息，恨其遺文之散逸，而其幸存者亦不得而見之也。近乃得此編於將樂鄧綯，而綯得之公孫璿者。急披疾讀，驚喜幸甚。然其文不過五六篇，而墓識所書論莊、周語不復見，則視作識時，所失亡又已多矣。遂讀至上伊川先生論易第二書，則喟然曰：「是所謂發微詣極，冰解的破者耶！」至於陳、李異同之辨，則恨未有以見其取舍之決，惜乎不得其全書而考之也。獨懺經疏「祔母而始遷遠祖，享先而雜用異教」，雖云代作，恐亦非公所宜爲者。豈其歲月久遠，次輯之際，容或有亂真者歟？敬書其後如此，以告觀者，使不唯於楊公之學有以考焉，又於吾先君子之作，有以信其非世俗諛墓之文也。讖言後若干年，始克葬公某處。璿爲鄧言，公先已葬將樂縣垂惠鄉珠林山，作讖時蓋將改葬，故其言如此。然竟不果，且欲屬熹更定其字，熹謝不敢，因并記之，以見其實云。淳熙戊申八月壬辰新安朱熹謹書。

跋陳了翁責沈〔七〕

陳忠肅公剛方正直之操，得之天姿，而其燭理之益精、陳義之益切，則學問之功，有不可誣者。觀於此帖，其克己尊賢、虚心服善之意，尚可識也。墨蹟今藏所贈兄孫宗正之子筠家，而建業、桂林、延平皆有石本，顧字畫不能無小失真，獨沙縣乃爲版刻，尤不足以傳遠。今縣丞黄東始復就摹墨蹟，礱石刻之縣學祠堂，以爲此邑之人百世之下，猶當復有聞風而興起者，其志遠矣。至於心畫之妙，刊勒尤精，其凛然不可犯之色，尚足以爲激貪立懦之助。而桂林本有張敬夫題字，以爲於公之意有發明者，因并刻之。淳熙戊申十一月辛丑新安朱熹敬爲書其左方。

記參政龔公陛辭奏藁後

大參龔公平生不喜言用兵，晚年去國，論事者乃言其陛辭之日，請大舉恢復之師，以迎合上意。聞者莫不怪之。予曩從公遊甚久，蓋嘗與公反復論此，雖兩有所持，然竟不能以相屈也。至是，竊獨意公不宜有此。公薨後數年，過其故里，從公二子得其副本讀之，乃極論不可輕舉之意，蓋猶其平生之素論也。痛公見誣之甚，爲之太息流涕久之。然尚恨匆匆，不暇借其手藁以觀，而亦未敢以示人也。近者乃聞聖上知公無罪，特詔有司還其職秩，聖度如天，固非賤臣淺識所能窺測。然向使其真有纖芥如言者之所謂，則亦豈復有是也哉！此可以驗公家書之不誣，因稍出之而記其本末如此。淳熙己酉正月既望新安朱熹記。

跋通鑑韻語

沙隨先生程公以書見抵，盛稱臨川黄君齊賢爲學之不苟也。既而齊賢亦橐其所著書六十卷以示余。余病衰目盲，不能偏讀，齊賢又親爲指畫，乃得窺其大略，然猶恨未能有以究其藴也。嗚呼，是亦勤矣！因語齊賢韻語雖工，而諸圖用力之深，尤不可及。雖無通鑑，亦可孤行，今乃託於韻語而謂節本真出温公之手，何耶？齊賢又出艮齋先生諸公跋語，俾嗣書之。余惟諸公皆當代儒先，其言自足取信，區區鄙語，何足爲助？顧嘗竊爲齊賢深言古人爲己之意，而齊賢未能無聽瑩也。其以是復于諸老先生而益廣求之，則庶乎有得於身，而是書之中，一字一義，亦無不光焰矣。淳熙己酉三月癸卯清明嵩高隱吏朱熹書。

跋程宰登瀛閣記

建陽大夫程侯示予以馬公子才所記其家登瀛閣之文，以今觀之，其言亦略驗矣。程侯爲政寬易愛人，意者前人爲善之報，未止於此也。然予聞之，古之君子，施而不望其報，祀而不祈其福，蓋以爲善爲當然。而天人之間，應若影響者，自不容已也。程侯屬予書其後，因輒附見此意云。淳熙己酉十月四日新安朱熹書。

題方氏家藏紹興諸賢帖後

莆陽方德順早以文行知名，一時諸公長者，皆折輩行與交。紹興初，嘗召對，極論講和不便。雖不合以去，而名問益高。張忠獻、折大參、曾侍郎、張給事、吕舍人皆深知之，仕竟不遭以卒。其子士龍藏諸公所與往還書帖甚富，嘗出以見示。熹謂此不唯足以見德順之爲人，而中興人物之盛，謀猷之偉，於此亦可概見，因爲撫卷三歎而敬書其後。

跋先吏部留題延福院詩

先君吏部三詩，以宣和辛丑留題政和延福院壁，至今紹熙庚戌，適七十年矣。孤熹來自崇安，裴回其下，流涕仰觀，慮其益久而或圮也。里人謝君東卿、陳君克請爲模刻，以傳永久。熹因竊記其後云。二月二十日敬書。

跋施良翰軍政策

施君良翰示予以軍政策一編，其言當世利病之實，本末備見，皆可施行。屬予方有行役之勞，未遑盡讀，然當會意處，未嘗不三復而屢歎也。至所謂「恩不歸於有功，而歸於倖門，則才否雖當，已自不厭公論」者，又獨深有感焉。因竊識其語於艮齋、智甫書卷之後。紹熙改元三月二十一日新安朱熹書。

再跋參政龔公陛辭奏藁

始予得龔公陛辭奏草而記其本末，以解聽者之惑，然猶以未及見其真筆爲恨者。非予有所疑於公之言，蓋慮世之不能無疑於予言也。今年復過莆中，公之二子及其孫堪復以此軸見示，塗乙點定，手筆粲然，而其指意審重詳密，又與江西奏劄實相表裏。於此足以見公平生之言未嘗少變，而彼譖人者，真可以畀豺虎而猶懼其不之食也。歐陽子曰：「後世苟不公，至今無聖賢。」蓋天下之事，必至於久而後是非之實可見，此君子之立言制行，所以不屑流俗一時之毁譽，而唯欲其無所愧悔於吾心也。既感其事，因復書前説之後，以著吾言之不妄，庶幾秉南董之筆者猶有考云。紹熙庚戌四月十三日書於僊遊長嶺廨置。

跋閭丘生陰符經説

括蒼閭丘君之官臨賀，迂道千里，過予於漳水之上，示予以所釋陰符之篇。觀其意寄高遠，而文義精密，出入乎異端之説，而能折衷以義理之正。至論當世之爲道術者，則其所是非取舍，又皆不失其當，蓋今之學子能若是者少矣。然予憂其知之過高，氣之太鋭，而無以道乎中庸之實，或將反以喪失其所以爲心者而不自知也。於其告别，書以遺之。紹熙庚戌五月二十九日新安朱熹書。

跋黄山谷詩

杜子美詩小序有言「虎塘突夔人藩籬」者，夔人，正謂夔州人耳。而山谷詩乃有「虎夔藩」之語，今此頌又用「躨觸」字。按「躨跜」見靈光殿賦，自爲蚪龍動貌，元無觸義，不知山谷何所據也。此卷詞筆精麗，而指意所屬，未免如李太白所以見譏於王荆公者，覽者亦可以發深省矣。

書伊川先生與方道輔帖後

伊川先生德性嚴重，不輕與人接。今觀其於方公父子兄弟之間眷眷如此，則方公之賢可知已。熹舊嘗得前數帖，刻之廬山白鹿洞。公之曾孫長泰主簿壬又并其所藏數帖模刻於家，間以視熹，求書其後。雖先生之所以書者，有非熹之所敢知，然觀於應舉耕田之語，可以決内外取舍之輕重；察於買櫝還珠之諭，可以知讀書求道之要，在此而不在彼也。既以自厲，又書卷尾，以屬方君，使與其族之父兄子弟相與勉焉〔八〕。紹熙改元孟秋七日新安朱熹。

書臨漳所刊四經後

書

世傳孔安國尚書序，言伏生口傳書二十八篇：堯典、臯陶謨、禹貢、甘誓、湯誓、盤庚、高宗肜日、西伯戡黎、微子、牧誓、洪範、金縢、大誥、康誥、酒誥、梓材、召誥、洛誥、多士、無逸、君奭、多方、立政、顧命、吕刑、文侯之命、費誓、秦誓，孔氏壁中書增多二十五篇：大禹謨、五子之歌、胤征、仲虺之誥、湯誥、伊訓、太甲上、太甲中、太甲下、咸有一德、説命上、説命中、説命下、泰誓上、泰誓中、泰誓下、武成、旅獒、微子之命、蔡仲之命、周官、君陳、畢命、君牙、冏命。分伏生書中四篇爲九篇，又增多五篇：舜典、益稷、盤庚中、盤庚下、康王之誥，并序一篇，合之凡五十九篇。及安國作傳，遂引序以冠其篇首，而定爲五十八篇，今世所行公私版本是也。然漢儒以伏生之書爲今文，而謂安國之書爲古文，以今考之，則今文多艱澀，而古文反平易。或者以爲今文自伏生女子口授晁錯時失之，則先秦古書所引之文皆已如此。或者以爲記録之實語難工，而潤色之雅詞易好，則暗誦者不應偏得所難，而考文者反專得其所易，是皆有不可知者。至諸序之文，或頗與經不合，如康誥、酒誥、梓材之類，而安國之序又絶不類西京文字，亦皆可疑。獨諸序之本不先經，則賴安國之序而可見。故今别定此本，一以諸篇本文爲經，而復合序篇於後，使覽者得見聖經之舊，而不亂乎諸儒之説。又論其所以不可知者如此，使讀者姑務沉潛反復乎其所易，而不必穿鑿傅會於其所難者云。紹熙庚戌十月壬辰新安朱熹識。

詩

鄭康成説南陔等篇遭秦而亡，其義則與衆篇之義合編，故存。至毛公爲詁訓傳，乃分衆篇之義，各置於其篇端。愚按鄭氏謂三篇之義本與衆篇之義合編者，是也，然遂以爲詩與義皆出於先秦，詩亡而義獨存，至毛公乃分衆義，各置篇端，則失之矣。後漢衛宏傳明言「宏作毛詩序」，則序豈得爲與經竝出，而分於毛公之手哉！然序之本不冠於篇端，則因鄭氏此説而可見。熹嘗病今之讀詩者，知有序而不知有詩也，故因其説而更定此本，以復于其初。猶懼覽者之惑也，又備論於其後云。紹熙庚戌冬十月壬辰新安朱熹識。

易

右古文周易經傳十二篇，亡友東萊吕祖謙伯恭父之所定，而音訓一篇則其門人金華王莘叟之所筆受也。熹嘗以謂易經本爲卜筮而作，皆因吉凶以示訓戒，故其言雖約，而所包甚廣。夫子作傳，亦略舉其一端，以見凡例而已。然自諸儒分經合傳之後，學者便文取義，往往未及玩心全經，而遽執傳之一端，以爲定説。於是一卦一爻，僅爲一事，而易之爲用，反有所局，而無以通乎天下之故。若是者，熹蓋病之。是以三復伯恭父之書而有發焉，非特爲其章句之近古而已也。音訓則妄意其猶或有所遺脱，莘叟蓋言書甫畢而伯恭父没，是則固宜，然亦不敢輒補也，爲之别見于篇後云。淳熙九年夏六月庚子朔旦新安朱熹謹書。

春秋

熹之先君子好左氏書，每夕讀之，必盡一卷乃就寢，故熹自幼未受學時已耳熟焉。及長，稍從諸先生長者問春秋義例，時亦窺其一二大者，而終不能有以自信於其心。以故未嘗敢輒措一詞於其間，而獨於其君臣父子、大倫大法之際爲有感也。近刻易、詩、書於郡帑，易用吕氏本古經傳十二篇，而絀詩、書之序，置之經後，以曉當世，使得復見古書之舊，而不錮於後世諸儒之説。顧三禮體大，未能緒正。獨念春秋大訓，聖筆所刊，不敢廢塞。而河南邵氏皇極經世學又以易、詩、書、春秋爲皇帝王霸之書，尤不可以不備，乃復出左氏經文，别爲一書，以踵三經之後。其公、穀二經，所以異者，類多人名地名，而非大義之所繫，故不能悉具。異時有能放呂氏之法而爲三經之音訓者，尚有以成吾之志也哉！紹熙庚戌冬十月壬辰新安朱熹謹書。

書楚辭叶韻後

始予得黄叔垕父所定楚辭叶韻而愛之，以寄漳守傅景仁。景仁爲刻板置公帑，未幾，予來代景仁，景仁爲予言，大招「昭」「遽」同韻，此謂「遽」當爲「遭」，似矣。然嘗讀王岐公集，銘詩中用「遽」字正入「昭」韻，則大招之「遽」自不當改。然又疑其或反是承襲此篇之誤，因考漢書叙傳，則有「符」與「昭」韻者，高惠功臣侯表。「區」與「驕」韻者，西南夷兩粵傳。乃知大招本文誠不爲誤，而岐公用韻，其考之亦詳也。予按諸書信如景仁之言，蓋字之從「豦」聲者，「噱」「臄」「醵」，平讀音皆爲「彊」，然則大招之「遽」當自「彊」而爲「喬」，乃得其讀。於是即其板本復刊正之，使覽者無疑焉。景仁説尚有欲商訂者，會其去亟，不果。他日當并扣之，附刻書後也。紹熙庚戌十月壬午新安朱熹書。

再跋楚辭叶韻

楚辭叶韻九章所謂「將寓未詳」者，當時黄君蓋用古杭本及晁氏本讀之，故於此不得其說而闕焉。近見閤皂道士甘夢叔說「寓」乃「當」字之誤，因亟考之，則黄長睿、洪慶善本果皆作「當」。黄注云：「宋本作寓。」洪注云：「當，值也。」以文義音韻言之，二家之本爲是。杭本未校，舛誤最多，宜不足怪，獨晁氏自謂深於騷者，顧亦因襲其謬，而不能有所是正。若此類者，尚多有之。然則其所用力，不過更易序引，增廣篇帙，以飾其外，而於是書之實，初未嘗有所發明也。近世之言删述者例如此，不但晁氏而已。予於此編實嘗助其吟諷，今乃自愧其眩於名實，而考之不詳也，因復書其後，以曉觀者云。

題屈原天問後

此書多不可曉處，不可强通。亦有顯然謬誤，而讀者不覺，又從而妄爲之說者。如「啓棘賓商，九辨、九歌」，王逸則訓「棘」爲「陳」，訓「賓」爲「列」，謂「商」爲五音之商，固已穿鑿。而洪興祖又以爲急相符契，以賓客之禮而作是樂，尤爲迂遠。今詳此乃字以篆文相似而誤，「棘」當作「夢」，「商」當作「天」，言啓夢上賓于天，而得此二樂以歸耳，如列子、史記所載周穆王、秦穆公、趙簡子等事爾。若山海經云夏后上三嬪于天，得九辨、九歌以下，則是當時此書别本。「賓」字亦誤作「嬪」，故或者因以爲說。雖實怪妄，不足爲據，然「商」字猶作「天」字，則可驗矣。柳子厚「貿嬪」之云，乃爲山海經所誤，而或者又誤解之，三寫之□，可勝歎哉！

嘗疑山海經與此書相出入處，皆是並緣此書而作。今説者反謂此書爲出於彼，而引彼爲説，誤矣。若淮南子，則明是此書之訓傳亡疑。然亦未必有所傳聞，只是傅會説合耳。

跋劉子澄與朱魯叔帖

觀亡友劉君子澄手墨，爲之隕涕。其言當看切己文字，分別義利之間，所以期吾魯叔者爲不淺矣。魯叔尚勉旃哉！丹陽朱熹仲晦父書于臨漳郡齋，紹熙庚戌中冬十一日。

跋黄山谷帖

此朱希真書也。韓子蒼之誤可耳，何斯舉親見前輩，亦誤，何耶？然希真書自不凡，老筆尤放逸，此雖其少作，蓋亦可藏也。晦翁書。

跋蔡端明帖

蔡公節概論議、政事文學皆有以過人者，不獨其書之可傳也。南來多見真蹟，每深敬歎。朱熹題。

跋曾文昭公與朱給事帖

舊讀徽録，見曾公兄弟往還書〔九〕，每深慨歎。今觀文昭此帖，乃知朱公從臾之力，益以喟然。然觀後來事變，蓋有所謂「天實爲之」者。諸公區區其間，乃欲以一葦障江河，卒以至於流離竄斥而不悔，可悲也哉！紹熙庚戌中冬十一日丹陽朱熹書。

書曾帖程弟跋後

建中紀號，調亭兩黨，實曾丞相之策。其後元祐諸人頗攻其短，故國論遂中變，非子宣本謀也。但薰蕕同器，決無久遠芬馥之理。觀程弟所論，有未究者，故復書此云。

跋東坡牛賦

蘇公此紙似是臨本。紹熙庚戌晦翁審定。

跋王端明奏藁

王公四疏，首末一意，丁寧懇惻，無不以忠邪之判爲言。其所以輔成元祐之治，而壽國家元氣之脈者，人到于今賴之，厥功茂矣。僊遊朱魯叔游宦衡陽，得此遺墨於其家而寶藏之。出以示熹，爲之三復太息而不能已，時紹熙改元十一月十一日也。

書臨漳所刊四子後

聖人作經，以詔後世，將使讀者誦其文，思其義，有以知事理之當然，見道義之全體而身力行之，以入聖賢之域也。其言雖約，而天下之故，幽明巨細，靡不該焉。欲求道以入德者，舍此爲無所用其心矣。然去聖既遠，講誦失傳，自其象數名物、訓詁凡例之間，老師宿儒尚有不能知者，況於新學小生，驟而讀之，是亦安能遽有以得其大指要歸也哉！故河南程夫子之教人，必先使之用力乎大學、論語、中庸、孟子之書，然後及乎六經，蓋其難易、遠近、大小之序固如此而不可亂也。故今刻四古經，而遂及乎此四書者，以先後之，且考舊聞，爲之音訓，以便觀者。又悉著凡程子之言及於此者，附於其後，以見讀之之法，學者得以覽焉。抑嘗妄謂中庸雖七篇之所自出，然讀者不先於孟子而遽及之，則亦非所以爲入道之漸也。因竊并記於此云。紹熙改元臘月庚寅新安朱熹書于臨漳郡齋。

跋蔡端明獻壽儀

蔡忠惠公書蹟徧天下，而此帖獨未布。今歲南來，始得見於其來孫誼之家，乃知昔之君子所以事其親者，如此其愛且敬也。孤露餘生，無所爲孝，捧玩摧咽，不能仰視。遂請其真，摹而刻之，以視世之爲人子者，庶以廣蔡公永錫爾類之志，非獨以其字畫之精而已〔一〇〕。然又偶得善工，且屬諸生黄榦臨視唯謹，知書者亦以爲不失其用筆之微意云。紹熙庚戌臘月既望丹陽朱熹書于漳浦郡齋。

跋李忠州家諸帖

郡人李君禨伯仲視予以其家藏羣公碑志書帖，知忠州使君之節概才略絶人如此，而年未及老，乃能一旦飄然謝事而歸，其識遠而慮深矣。劉忠定公題其碑陰，至以儕於歐、范二公之列，豈徒取夫一節之高而已哉！其子晉江大夫又以文字追逐一時名勝之間，盛見稱許，雖不幸未究其實以死，然視世之苟賤貪鄙而泯没於無聞者，則有間矣。讀之三歎，欲刻之石，以視邦人，而迫去不果，乃書其後而歸之。恕齊之說，唯鄒忠公爲詳實，然其卒章，亦不能無可疑者。習俗之溺人如此，吁可畏哉！黄太史所論讀書貴精者，切中學者之病，惜其手帖之不存也。新安朱熹書。

跋高彦先家諸帖

熹猶及見紹興中年姦凶擅朝，忠賢奔播時事，而知漳浦高公之爲烈也。老矣南來，乃獲拜其祠象於學宫，竊其逸藁於家集，而識其嗣子之爲人，又益得其本末之詳，甚可歎也。季士又以此軸見視，如李、曾、二胡諸公，皆先人所從游，當日相隨去國者。三復其言，益以慨歎，乃敬書其後而歸之。紹熙辛亥四月二十七日新安朱熹書。

跋葉氏慕堂詩

雲巖處士葉君仲微以清德馴行聞於鄉，余不及見矣。晚與其子德符爲寮於漳，一日，出示諸君所賦慕堂詩，然後益知仲微爲父之慈，而又知德符爲子之孝也。同官多賢者，莫不高仰其事而樂爲之詩。余獨以私故，重有感焉，而悲不能言也，乃書其後，以寄余意。時德符亦老且倦游矣，而於公家事無所苟，其貌雖瘠，而詩甚腴。余心竊敬愛之，而不能薦，察德符無不足之色，余以是益愧其人云。紹熙二年重五日丹陽朱熹仲晦父書于晉江洛陽下生院。

跋滕户曹守台州事實

始予以事至台州，州人士君子爲予道滕公城守時事甚悉，予心竊獨壯之，而不及訪其文字。數年之間，時往日來，于中不忘也。今從公孫仲宜、仲宣得此編而讀之，乃知公平生大節，類皆卓犖奇偉如此，非獨守台一事爲可稱也。但守台事有陳師恭之記，守南都事有程千秋之記，故其謀畫之奇，節制之密，皆焯焯在人耳目。至其守蔡、陳、鄂，功亦不細，而莫有能言其事者。千秋又記其説大元帥部西北之兵，以迎二聖；檄東南之衆，以討邦昌，皆切事機，適形便。而建炎初元所論五事，與賀公所狀因論事而送吏部，爭建都而遭讒毁，則意必亦有卓絶切至之論，而世莫得而語其詳焉。然行狀又言，公有奏議十餘卷、與政府書三十篇，則是數説者必已具於其間矣。夫已不用於當時，若又不傳於後世，則是遂將泯没於無聞，豈不可惜也哉！今太史氏方將網羅天下放失舊聞，以著中興君臣一時之盛，是必既有任其責者。二君其求諸家書，以附此録，而往獻焉，則九原有知，其亦足以少慰也夫！紹熙二年秋九月壬子鴻慶外史朱熹書。

跋呂舍人帖

呂公之言，所以發明講道修身之法詳矣。學者審其先後緩急之序而用力焉，其入聖賢之域也孰禦？紹熙辛亥九月癸酉新安朱熹敬書。

跋景呂堂詩

滕德章寄此册來，求景呂堂詩。余謂後學宗慕前輩，而表其遺跡，固爲美事，然默而識之，求其所以至於彼者而勉焉可也，何以詩爲哉？至於傳之遠久，使人不忘，則德粹之記、諸公之詩已足以垂後矣，亦無待於余言也。乃書其後而歸之。紹熙辛亥十月戊寅朱熹仲晦父題。

校勘記

〔一〕題曹操帖　按據清張照天瓶齋書畫題跋卷上跋自臨賀捷表及清丁晏頤志齋文集卷四朱子題曹操帖辨所考，此當爲鍾繇帖。

〔二〕嘗爲蘄水尉　「水」，原作「東」，據浙本改。按宋史卷八八地理志四蘄州條，所屬縣五，無蘄東。

〔三〕十一年四月既望朱熹記　「一」，閩本、浙本作「二」。

〔四〕信亦近世之佳作也　「世」，原作「肆」，據閩本、浙本改。

〔五〕程董二生學則　「二」下，原有「先」字，據閩本、浙本删。

〔六〕以譁世取寵而已也　「譁」，底本原注：一本作「希」。

〔七〕跋陳了翁責沈　「沈」，原作「説」，據閩本、浙本改。

〔八〕父兄子弟相與勉焉　「子」，原作「兄」，據閩本、浙本改。

〔九〕見曾公兄弟往還書　底本原注：「往還書」，一本作「往還事」。

〔一〇〕非獨以其字畫之精而已　「畫」，原作「書」，據浙本改。

晦庵先生朱文公文集卷第八十三

跋

跋朱奉使奏狀

右叔祖奉使直閣公還自虜中，乞表朱昭等死節事狀也。叔祖字少章，少從景迂晁公先生學。建炎初，以諸生應募，奉使虜廷，守節不屈，被留雲中積十六年。紹興癸亥和約定，乃得歸。召對便殿，公言虜情詭詐，和不可恃，宜有以待之。又言虜勢雖强，而無道義以固，其國衰亂有萌，幾不可失。願益脩德振兵，以俟其變。秦丞相已不樂，及上此奏，檜益怒，遂寢其事不報，而公亦旋卒，昭等忠義之節，遂不復有言者。熹每讀其書，未嘗不爲之歔欷流涕也。今觀歷陽龔君所纂中興忠義録至纖悉矣，然亦無昭等名，乃録此狀以寄和州史君敷文張公，請刻而附於其後，庶幾此數人者得託以不朽。又記頃見會稽有衛士唐某祠，問其故，曰虜陷會稽，車駕倉猝東幸，而某以病不及從。帥守李鄴亟以城降。一日，虜酋與鄴並轡行城中，某憤怒甚，則懷磚石從道旁狙擊之，不中，因被執。將殺之，罵不絶口而終。越人義而祠之，事聞，詔賜廟額曰□□，故給事中吴公芾嘗刻石以記其事。今此録亦不見，恐可并求其記而附刻之也。紹熙辛亥十月辛巳新安朱熹書。

跋趙直閣忠節録

直閣趙公忠義之節爲詔所褒，著在信史，不可泯没。而考其平生所立，始終巨細，未嘗一念不在國家，又足以見見危致命之誠，非出於一時事勢之偶然也。其孫彦橚力學有志，又將有以大其門者，間以書來，視予此録。病中讀之，蹶然起坐，爲之三歎，不能自已，因書其後，以見區區慕仰之私云。紹熙三年春二月壬辰新安朱熹書。

跋趙朝奉行實

詩曰：「秉心塞淵，騋牝三千。」此見人之所以成其富强之業者，非必權譎計數之爲務，而在於誠實深厚之中也。今觀此編，則趙侯之行，詩人之言，豈不兩相發哉！侯之子孫既能脩文學以致爵位，又能得當代名勝之文字，以顯其親而垂無窮，是亦可謂賢矣。予是以識之。紹熙壬子春二月壬寅朱熹書。

跋王荆公進鄴侯遺事奏藁

臣前日伏奉聖旨，令進鄴侯遺事，今繕寫已具。竊以宇文黑獺之中材，遇傾側擾攘之時，而輔之以區區之蘇綽，乃能制法如此。陛下天縱上智卓然之材，有百年無事之中國，欲追堯舜三代，其勢不難。豈宜每事尚或依違，牽制流俗，不能一有所立，以爲天下長計，而令任策之臣，更以蘇綽爲愧也。蓋創業垂統，其施有漸。伏惟成算已在聖心，臣雖甚愚，誠願自竭，庶憑末光，不以投老餘年爲竊位之臣而已。所有鄴侯遺事，謹隨此上進，取進止。

集本「宇文黑獺之中材」下云：「遇傾側窮困之時，而輔以區區之蘇綽，然其爲法，尚有可取。伏惟陛下天縱上智卓然之材，全有百年無事萬里之中國，欲創業垂統，追堯舜三代，在明道制衆，運之而已。如李泌所稱，豈足道哉！顧求多聞，以考古今得失之數，則此書亦或可備省覽。」

熙寧奏對日録云：熙寧二年閏十一月十九日，上曰：「侯叔獻有言義勇上番文字，必是見制置司商量來。」余曰：「此事似可爲，恐須待年歲間議之。」暘叔曰：「今募兵未消，又養上番義勇，則調度尤不易。」余因爲上言募兵之害，終不可經久，僉以爲如此。余曰：「今養兵雖多，及用則患少，以民與兵爲兩故也。又五代禍亂之虞，終未能去，以此等皆本無賴姦猾之人故也。」上因問府兵之制，曰：「何處言府兵最備？」余曰：「李鄴侯傳言之詳備。」上曰：「府兵與租庸調法相須否？」余曰：「今上番供役，則以衣糧給之，則無貧富皆可以入衛出戍，雖未有租庸調法，亦可爲也。但義勇不須刺手背，刺手背何補於制御之實？今既以良民爲之，當以禮義獎養，刺手背但使其不樂，而實無補也。又擇其鄉閭豪傑爲之將校，量加獎拔，則人自悦服。今募兵爲宿衛，乃有積官至刺史防團者，移此與彼，固無不可。況不至如此費官禄，已足使人樂爲之。陛下審擇近臣，使皆有政事之材，則他時可令分將此等軍。今募兵出於無賴之人，尚可爲軍廂主，則近臣以上，豈不可及此輩？此乃先王成法，社稷之大計也。」上良以爲然。

先君子少喜學荆公書，每訪其蹟，晚得此藁，以校集本，小有不同，意此爲未定也。熹常恨不曉寫進李鄴侯傳於宇文泰、蘇綽事何所預，而獨愛其紙尾三行語氣凌厲，筆勢低昂，尚有以見其跨越古今、斡旋宇宙之意，疑此非小故也。後讀熙寧奏對日録，乃得其説如此。甚矣神宗之有志，而公之得君也！然其後募兵之費竟不能損，而保甲之擾遍天下，則所謂定計數於前，必事功於後者，果何如哉！因抄日録、家傳本語以附于後，覽者有考焉。紹熙壬子春二月十九日新安朱熹。

跋方季申所校韓文

余自少喜讀韓文，常病世無善本，每欲精校一通，以廣流布而未暇也。今觀方季申此本，讎正精密，辨訂詳博，其用力勤矣。但舉正之篇所立四例，頗有自相矛盾者，又不盡著諸本同異，爲未盡善。蓋此等書，前人爲之，已有成例，若大書本文於上，而用顔監漢書法，悉注衆本之同異於其下，因考其是非，以見定從今本之意，則讀者有以曉然知衆本之得失，而益信吾書之取舍不誣矣。萬一考訂或有未盡，取舍不無小差，亦得尚存他本別字，不遂泯没，以待後之君子，尤久遠之慮也。又季申所謂謝本，則紹興甲戌、乙亥之間，予官温陵，謝公弟如晦之子景英爲舶司屬官，嘗於其几間見之。蓋用天台印本剪裂粘綴，依陳後山本別爲次序，而卷首款以「建炎奉使」之印。因讀其送陳秀才序一篇，「則何不信之有」句内，輒用丹筆圍去「不」字，初甚駭之，再加尋繹，乃知必去此字，然後一篇首尾，始復貫通。蓋傳襲之誤久矣，讀者雖亦微覺其硋，而未暇深究也。常竊識之，以驗他本，皆不其然。此本雖精，亦復不見，豈季申讀時便文縱口，尚不免小有遺脱，將所見者非其真本，先傳校者已失此字也耶？紹熙壬子孟夏，病中偶記其後。

跋趙中丞行實

元祐中丞趙公之元孫舉示予此書一篇。趙公之孝謹醇篤，雖古人猶難之。三復其書，令人起敬，不勝霜露風木之悲也。嘗竊妄謂趙氏家法甚似漢萬石君，而其講學制事，移孝爲忠之美，則石氏不及遠矣。因輒私記其語於其後，尚恨所謂奏議二十九篇未得盡見，而行實之記無始終履歷、歲月次第，故於其他有不得而論也。紹熙壬子秋九月八日新安朱熹題。

跋徐來叔歸師堂詩

同安徐君來叔取孟子語曹交之言，名其堂曰「歸師」。某官戴君尹成既記之矣，來叔復以示予曰：「願得一言以發明之。」予謂孟子之言，正爲不知反求諸身，而專務求師於外者設耳。夫道雖若大路，然非上智生知之質，亦豈能不藉師友而獨得之哉？要當有以發其端倪，然後有餘師者可得而求耳。來叔其以予言思之，庶乎其不虚爲此名也。紹熙壬子十月會慶節日，新安朱熹書。

跋尹和靜帖

河南尹君來自臨川，出示其大父和靜先生遺像，及手書歐陽文忠公所作三志，仰瞻伏讀，不勝敬歎。既模其像，以藏于家，尹君又俾記於誌文之後。熹惟尹氏世德之盛，既得歐陽公之文以發揮之，而和靜手書唯謹，是亦足以傳世矣。孤愚晚學，何敢僭易輒贊一辭？顧其請不已，乃別書幅紙，以附卷尾云。紹熙壬子十月二十五日新安朱熹記。

跋唐人暮雨牧牛圖

予老於農圃，日親犁耙，故雖不識畫，而知此畫之爲真牛也。彼其前者却顧而徐行，後者驤首而騰赴，目光炯然，真若相語以雨，而相速以歸者，覽者未必知也。良工獨苦，渠不信然！延平余無競出示此卷，卷中有劉忠定、鄒忠公題字，覽之并足使人起敬，而龍山老人又先君所選士，而余所嘗趨走焉者也。俯仰存没，爲之慨然，因識其後而歸之。紹熙壬子中冬壬辰新安朱熹。

跋楊深父家藏東坡帖

楊深父頃嘗示予以東坡公與其先世往來手書二紙，予已識其後矣。今又得盡覽其餘，益知二公相與之歡，始終不替，而又足以見人心公論所在之不可以刑禍屈也。因復識之，以申前説，使世之簡賢附勢者知所愧云。紹熙壬子中冬壬辰新安朱熹書。

跋蔡神與絶筆

友生蔡君季通一日奉書一卷以示熹而泣拜，且言曰：「此先人絶筆之書也。先人自幼警悟，七歲即能爲詩。既長，博學强記，高簡廓落，不能與世俗相俯仰，因去遊四方，聞見益廣。遂於易象天文地理三式之説，無所不通，而皆能訂其得失。中年乃歸，買田築室於武夷之陽。其間屢遭盜賊水火之變，而浩然不以屑意，杜門掃軌，專以讀書教子爲事。元定生十年，即教使讀西銘。稍長，則又示以程氏語録、邵氏經世、張氏正蒙等書，而語之曰：『此孔孟之正脈也，爾其勉旃。』晚歲屬疾，手書此紙，以付元定。其他丁寧之語，亦無不出於忠厚誠實，而尤以没溺於利慾爲殺身之戒。元定涕泣拜受，于今四十年，既不能拳拳服膺，以無失墜，而又不能有以表著而顯揚之，誠竊懼其泯没而無傳焉。惟吾子幸哀而予之一言，則不朽之惠，豈惟子孫賴之。」語訖，又泣以拜。

熹亦拜受其書而伏讀之，爲之喟然太息曰：「死生之際，人之所不容僞，而誠之積者，未有不顯于後者也。蔡公平生所以教其子者，不干利禄，而開之以聖賢之學，則其志識之高遠，固已非世人所及矣。及其委衾屬纊之餘，而其所託，猶不異於平日。且其字畫壯偉，意氣閒暇，又能無怛於始終之變如此，是豈可以勉强而僞爲哉！夫如是，是以生雖不遇，而季通乃能承厥志於今日，學行之餘，尤邃律曆，討論定著，遂成一家之言，使千古之誤，曠然一新。而遡其源流，皆有明法，是亦足以顯其親於無窮，尚奚以予言爲哉！」顧其請之勤，有不可虚者，是以備論而竊識於其後。

蔡氏之先仕唐末，爲建陽令，始家於麻沙。世十傳而至公，諱發，字神與。娶同縣詹氏而生季通，以紹興壬申歲六月卒，卒時年六十有四云。紹熙壬子歲冬十有二月戊申大寒日新安朱熹謹書。

跋劉叔通詩卷壬子冬

叔通之詩，不爲雕刻纂組之工，而其平易從容，不費力處，乃有餘味。頃予所見佳句多矣，而或不見於此卷，豈予所謂大好者，乃叔通所謂大不得意者耶？寒夜擁鑪，風雪大摯，吟諷之餘，戲書其後。雲谷晦庵老人。

跋吕伯恭書説

予往年送伯恭父於鵝湖，知其有此書而未及見也。因問其間得無亦有闕文疑義者乎，而伯恭父曰無有，予心固竊怪之。後數年，再會於衢州，伯恭父始謂予曰：「書之文，誠有不可解者，甚悔前日之不能闕所疑也。」予乃歎伯恭父之學已精，而其進猶未已。然其後竟未及有所刊訂，而遽不起疾，則其微詞奥義，無所更索，而此書不可廢矣。今伯恭父之内弟曾侯致虚鋟木南康，而屬予記其後。予惟伯恭父所以告予者，雖其徒或未必知，因具論其本末如此，使讀者知求伯恭父晚所欲闕者而闕之，則庶幾乎得其所以書矣。紹熙壬子歲除日新安朱熹書。

跋魏侍郎集

建炎、紹興之間，强虜憑陵，兩宫隔絶，天子不勝晨夕温凊之念，思得忠智敏辯之士往來兵間，以通和好。而見大夫偷惰畏縮，無肯行者，獨故侍郎建安魏公與熹之族祖祕閣公以諸生自薦，慷慨請行。擁蓋張旜，略相先後，卒冒白刃，致命虜廷。侍郎公尋以不受僞官，握節以死，而族祖亦以必死自誓，偶得全璧而歸。雖其所值有生死之不同，然其捐軀徇國之本志，素定於胸中者，則未始不同也。魏公之孫瑛見示此編，俾書其後。熹惟二公忠義大節固已載在史册，傳之萬世，特兩家絶域風霜之舊，不可使後之人無聞焉，謹齋祓而竊識之。紹熙癸丑七月初吉具位朱熹謹書。

書横渠康節帖後

右横渠先生帖，康節先生詩，楊文靖、陳忠肅二公跋語，故皆藏楊氏，而屏山劉氏得之。熹因借本摹刻，以傳學者。其曰餘杭東齋者，楊氏記也。紹熙癸丑八月丙午朱熹。

書先吏部手澤後〔一〕

内弟祝康國出示先君子與外大父書，熹之不肖於是始生，故書中及之。今六十有四年矣，捧玩手澤，涕血交零，敬書其後而歸之。紹熙癸丑十二月七日孤朝散郎、祕閣修撰、主管南京鴻慶宮熹謹書。

跋余巖起集

熹少時猶頗及見前輩而聞其餘論，覩其立心處己，則以剛介質直爲賢；當官立事，則以强毅果斷爲得。至其爲文，則又務爲明白磊落，指切事情，而無含胡䜌卷、睢盱側媚之態，使讀之者不過一再，即曉然知其爲論某事，出某策，而彼此無疑也。近年以來，風俗一變，上自朝廷搢紳，下及閭巷韋布，相與傳習，一種議論，制行立言，專以醞藉襲藏、圓熟軟美爲尚。使與之居者，窮年而莫測其中之所懷；聽其言者，終日而不知其意之所鄉。回視四五十年之前，風聲氣俗，蓋不啻寒暑晝夜之相反，是孰使之然哉？觀於龍山余公之文者，亦可以慨然而有感矣。

余公諱良弼，字巖起，自爲諸生，即以文鳴於場屋，以鄉舉類試外臺。熹之先君子與故直秘閣吳公公路得其文而異之，以爲真有可用之實，取而置之前列。旋入幕府，即以畫策平賊有功，出入中外，遂分帥閫，皆有聲烈。平生爲文甚多，亡逸之餘，所存止此，然皆摭實應用之作〔二〕，不爲空言。没後二十八年，其季子大用尉建陽，出以相視。熹以先世之契，又嘗獲以少吏事公於温陵，辱獎進而收教焉。衰莫零落，乃復得斯文而讀之，其所感於今昔之變，又當如何也哉！孔子曰：「吾猶及史之闕文也。有馬者，借人乘之，今亡已夫！」

熹於余公之文亦云，因太息而書其後。

大用廉介不苟，遇事敢前，蓋有公之風烈云。紹熙癸丑十二月庚申朝散郎、祕閣修撰、主管南京鴻慶宫朱熹書。

書僞詔後

熹聞之長老，建炎南渡之初，車駕已幸錢塘，而留張忠獻公於平江，以爲後鎮。時故兵部侍郎湯公實爲守將，一日，聞有赦令當至，心獨疑之，亟走以白張公。公曰：「姑遣吏屬知書解事者馳往發視，有故，則緩驛騎之行，而先取以歸，則事可議矣。」湯公然之，則遣州學教授某官往視而歸，乃明受僞詔也。則又以告曰：「是則其可宣乎？」張公曰：「不然。事已至此，胡可匿？且卒徒觖於望賜，吾屬先受禍矣，又何忠之能輸哉？」湯公曰：「然則宜奈何？」張公曰：「今便發庫錢，以示行賞之意，乃屏僞赦，而陰取故府所藏登極赦書置輿中，迎登譙門，讀而張之，即捐其階，禁無敢輒登者，而散給金帛如常時郊賚故事，則可矣。」湯公行之，於是人情略定，乃決大計。熹常恨世徒知張公復辟之功爲大，而於湯公相與謀議、曲折所助之深，則少有能言之者。今讀其家傳，又得其焚僞詔事，而以前所聞者參之，亦足以見公之處此素定，不可誣矣。兹事尤偉，而行狀、墓誌及其他記録皆略不書，何哉？柳宗元言司馬遷記荆軻徵夏無且，記留侯徵畫工，今太史氏方將纂輯高宗中興盛烈，以垂萬世，得無亦有取於斯乎！紹熙甲寅正月癸亥朔旦朝散郎、祕閣修撰、主管南京鴻慶宮朱熹謹書。

題趙清獻事實後

國家自熙、豐、元祐以來，人才政事，分爲兩塗，是此者非彼，鄉左者背右，既不可得而同矣。而於其同之中，又有異焉，則若元祐之朔黨、洛黨、川黨，而熙豐之曾文肅、趙清獻、張丞相，又與章、蔡自不同也。熹少時從趙公之孫惠州使君游，得觀趙公手記所與蔡京異論本末，蓋嘗三復而歎公之不幸。今復從惠州之子某得此書而讀之，則又深惟其故，而重歎國家之大不幸也。夫以趙公之自言，下不欲結怨於百姓，則必不肯肆行煩苛爭奪之横政；中不欲得罪於士大夫，則必不肯唱爲禁錮忠賢之邪説；外不欲失信於夷狄，則必不肯妄起開拓燕薊之狂謀。而考其平生，質厚清約有過人者，則又知其必不肯爲蔡京之淫侈導諛，以蠱上心而納之於有過之地也。是則雖曰同出於熙豐，而其邪正得失之間，豈可同年而語哉！且春秋明王法而不廢五伯之功，元城劉忠定公傷政、宣之亂，而曰莫若且宗神考，然則後之君子之於此書，豈不猶有取焉！嗚呼，其亦可悲也哉！其亦可悲也哉！紹熙甲寅元日癸亥鴻慶外史朱熹書。

跋吕舍人與薛元亮帖

薛公安貧守賤之節，吕公好賢尚德之心，覽此卷者，可以得師矣。紹熙甲寅孟夏既望新安朱熹書。

跋薛畏翁詩

諸生或問：「敬當何訓？」余告之曰：「是不得而訓也，惟畏庶幾近之。」今觀薛公之自名，與所以訓其孫者，知鄙之言不繆也。紹熙甲寅孟夏既望新安朱熹仲晦父觀于臨川城南之客舍，因書其後云。

跋曾裘父劉子澄帖

紹熙甲寅初夏，予以赴官長沙，道過臨川，汪君見過，出此卷見示，乃曾裘父、劉子澄筆迹也。既仰青溪先生之高行，又感二君所立，皆凛凛乎其有前輩之遺風，而今皆不可見矣，爲之掩卷太息。汪君得名家之傳，有良友之助，所學必有以過人者。恨以王事馳驅，不及細扣之也。朱熹仲晦父書。

跋吕舍人青溪類藁

紹興紫微吕公名德之重，一言一動，皆有法戒，固非後學可得而贊也。其論汪、謝諸賢高志清節，皆足以傳信後世，孰敢改評？獨饒節者，一旦毁削膚髮，殄絶天倫，而諸公環視，無一人能止而救之者，或乃從臾嗟歎〔三〕，以是爲不可及，亦獨何哉？因觀此卷，竊有感焉，輒太息而志其後。紹熙甲寅夏四月既望朱熹仲晦父書。

跋曾裘父贈屈待舉詩

昔李起居成季見其姪大參漢老之文，曰：「汝於文，吾不能有所與，但勿求人知耳。」余嘗愛其言，每爲士友誦之。今來江西，見其士友多妙於語言，而往往不能無求人知之意，豈於李公之誨未之講耶，將既曰爲文，則勢必不能無待於外也？屈君以詩見知於艇齋矣，而猶不能不借重於衆口，辱以謂予，因爲書此云。新安朱熹仲晦父。

跋曾仲恭文

前輩文字規模宏闊，論議雄偉，不爲脂韋嫵媚之態，其風氣習俗蓋如此。故宣和之後，建、紹繼起，危亂雖極，而士氣不衰，觀曾公之文，亦可以見其仿佛矣。近歲以來，能言之士例以容冶調笑爲工，無復丈夫之氣，識者蓋深憂之，而不能有以正也。因讀此編，輒私記於其後云。

跋鄭宣撫帖

賢士大夫不容於邪枉，以放於竄逐流離之禍，雖其平生至親篤友，亦或背而去之，甚者安視其狼狽困辱而莫之恤也。當此之時，乃有常日未嘗一通聲問之人，獨能奮然不顧一時權臣之威虐，崎嶇反側，以致其擁護扶持之力而不少懈，彼豈故爲詭激之行，以驚世取名哉？特以秉彝好德之良心、憤世疾邪之壯志，獨有得於天分之多，而又能不爲私情邪念之所回奪，是以於此自有不能已耳。嘗記頃年侍坐於端殿尚書汪公，見其於當世之士有能此者，每極稱歎，以爲難能。初蓋未能不以爲疑，逮此晚歲，更事既多，然後知其言之有味，而識其有補於世教之深也。偶觀南豐魯衡父所藏宣撫鄭公與其先君教授公手帖，竊獨重有感焉，因書其後而歸之，以爲世之君子宜有讀之而泚其顙者云。

跋曾南豐帖

熹未冠而讀南豐先生之文，愛其詞嚴而理正，居常誦習，以爲人之爲言，必當如此，乃爲非苟作者。而於王子發舍人所謂自比劉向，不知視韓愈如何者，竊有感焉。今乃得於先生之族孫濰，見其親筆，不勝歎息。文昭公字頊嘗於長樂僧舍見之，至於湘潭文肅之書，則亦今始得觀也。紹熙甲寅夏四月二十二日新安朱熹書于宜春昌山渡之客舍。

題吕舍人帖

人之大倫有五，而朋友居其一，然世人鮮克知之，獨吕公於此爲拳拳焉。觀於此帖，可以見矣。至於其間多以詩文爲教，則公晚歲蓋深悔之，覽者又不可以不知也。紹熙甲寅四月二十四日新安朱熹書。

書壽皇批答魏丞相奉使劄子

臣熹以隆興初元召對垂拱，妄論講和非策，適契上指。其後乃聞諸公率定盟約〔四〕，竊意一時君臣之計，必有甚不得已者。今得仰窺壽皇聖帝詔報丞相壽春公出疆請事，於是信其不誣。而壽春公志節之偉，謀慮之精，於此亦可見矣。公子熊夢視臣此軸，適當奉諱之後，奉玩摧裂，涕血交頤。敢拜手稽首，而書其下方。

跋辨志録

伯恭父作此書，余所見凡數本，此又章貢李和卿所次序者〔五〕。其前後次第，雖或不同，然其所以使人警懼懲毖，而謹於細微，以就全德之意，則未嘗不同也。安成彭君又受而傳布之，唯恐不廣，此意亦可嘉已。紹熙甲寅七月中伏日新安朱熹書于長沙郡齋。

跋趙清獻公家問及文富帖跋語後

趙清獻公晚知濂溪先生甚深，而先生所以告公者亦甚悉，見於章貢送行之篇者可考也。而公於佛學蓋没身焉，何邪？因覽此卷，爲之歎息云。紹熙甲寅七月二十七日新安朱熹謹記。

「元師在魏，一方信嚮」，蓋所謂「魏府老華嚴」，乃一僧耳。讀「師」爲「帥」，而遂以爲魏公，誤矣。此題李石跋語後。

富公帖中語乃遠方懸料未定之詞，碑文所記，其必有考矣。東坡豈右介父而誣公者耶？此題何萬跋語後。

跋三家禮範

嗚呼，禮廢久矣！士大夫幼而未嘗習於身，是以長而無以行於家。長而無以行於家，是以進而無以議於朝廷，施於郡縣；退而無以教於閭里，傳之子孫，而莫或知其職之不脩也。長沙郡博士邵君囦得吾亡友敬夫所次三家禮範之書，而刻之學宮，蓋欲吾黨之士相與深考而力行之，以厚彝倫而新陋俗，其意美矣。然程、張之言，猶頗未具，獨司馬氏爲成書，而讀者見其節文度數之詳，有若未易究者，往往未見習行〔六〕，而已有望風退怯之意。又或見其堂室之廣，給使之多，儀物之盛，而竊自病其力之不足，是以其書雖布，而傳者徒爲篋笥之藏，未有能舉而行之者也。殊不知禮書之文雖多，而身親試之，或不過於頃刻；其物雖博，而亦有所謂不若禮不足而敬有餘者。今乃以安於驕佚，而逆憚其難，以小不備之故，而反就於大不備，豈不誤哉？故熹嘗欲因司馬氏之書，參考諸家之説，裁訂增損，舉綱張目，以附其後，使覽之者得提其要，以及其詳，而不憚其難行之者。雖貧且賤，亦得以具其大節，略其繁文，而不失其本意也。顧以病衰，不能及已，今感邵君之意，輒復書以識焉。

嗚呼，後之君子，其尚有以成吾之志也夫！紹熙甲寅八月己丑朔新安朱熹書。

書邵康節誡子孫真蹟後

右鄉林向氏所藏康節先生誡子孫之文也。熹嘗從故友劉子澄得其摹本，刻石廬山白鹿精舍。今乃獲覩其真，格言心畫，模範一世。伯虎得而葆之，所以佑啓厥後者爲亡窮矣。借觀累月，玩不釋手，已復竊識其後而歸之。紹熙甲寅八月□□日新安朱熹書于豐城傳舍。

跋謝艮齋與黄生詩

黄生事人有始終之義，不以生死二其心，蓋有士大夫所難者。其節固可嘉，而詹公之取人至能使之如此，謝公與一時諸名勝又從而表章之，皆盛德事也。紹熙甲寅秋社戊申，晦翁覽而歎之，爲題其後云。

跋禼侯行實

濠倅禼侯之事，尚書謝公傳之已詳，而其孫鈞又欲予記其後。予以爲天下之事，有其實足矣，以爲徒實而不文，或不得以傳於後也，故文以述之。至文以述之，而又出於一代醇儒碩德之手，則其傳亦既遠而足恃矣。而又使他人飾虚詞以贊之，雖累千百言，亦何所加於其實哉！既謝不爲，而鈞之請不置，且以謝公之命命之。予不獲避也，乃記其語於臨江道旁之客舍云。紹熙甲寅八月十七日新安朱熹書。

跋曾裘父艇齋師友尺牘

此編皆諸前輩所與艇齋曾公往來書疏也，其子灘録以成書，乃亦置予言於其間，非其倫矣。紹熙甲寅，經由臨川，得而觀之，深以愧歎。嗚呼，艇齋既不幸即世，而卷中人亦往往逝去，獨陸務觀與予在耳，此又重可悲也！八月二十七日熹記。

書程子禘説後

王者禘其祖之所自出，以其祖配之，而立四廟，庶子生亦如之。

禘其祖之所自出，始受姓者也。其祖配之，以始祖配也。文、武必以稷配，後世必以文王配。所出之祖無廟，於太祖之廟禘之而已。萬物本乎天，人本乎祖，故以所出之祖配天也。周之后稷生於姜嫄，姜嫄已上更推不去也。文、武之功起於后稷，故配聚天之神而言之，則謂之上帝。此武王祀文王，推父以配上帝，須以父也。曰「昔者周公郊祀后稷以配天，宗祀文王於明堂，以配上帝」，不曰武王者，以周之禮樂出於周公制作，故以其作禮樂者言之，猶言「魯之郊禘非禮，周公其衰」，是周公之法壞也。若是成王祭上帝，則須配以武王，配天之祖則不易，雖百世惟以后稷。配上帝則必以父，若宣王祭上帝，則亦以厲王。雖聖如堯舜，不可以爲父；雖惡如幽厲，不害其爲所生也。故祭法言有虞氏宗堯，非也，如此則須舜是堯之子。苟非其子，雖授舜以天下之重〔七〕，不可謂之父也。如此則是堯養舜，以爲養男也，禪讓之事蔑然矣。以始祖配天，須在冬至，一陽始生，萬物之始。祭用圓丘，器用陶匏藁秸，服用大裘。而祭宗祀九月，萬物之成。父者，我之所自生；帝者，生物之祖，故推以爲配，而祭於明堂也。本朝以太祖配於圓丘，以禰配於明堂，自介甫此議方正。先此祭五帝，又祭昊天上帝，并配者六位，自介甫議，惟祭昊天上帝以禰配之。太祖而上，有僖、順、翼、宣，先嘗以僖祧之矣。介甫議以爲不當祧，順以下祧可也。何者？本朝推僖祖爲始，已上不可得而推也。或難以僖祖無功業，亦當祧。以是言之，則英雄以得天下自己力爲之，並不得與祖德。或謂靈芝無根，醴泉無源，物豈有無本而生者？今日天下基本，蓋出於此人，安得爲無功業？故朝廷復立僖祖廟爲得禮，介甫所見，終是高於世俗之儒。熹未見此論時，諸生亦有發難，以爲僖祖無功德者。熹答之曰：「誰教他會生得好孫子？」人皆以爲戲談，而或笑之。今得楊子直所録伊川先生説，所謂「今天下基本，皆出於此人，安得爲無功業」，乃與熹言默契，至哉言乎！天下百年不決之是非，於此乎定矣。紹熙甲寅閏十月七日臨安寓舍謹書。

跋魯直書踐祚篇

紹熙甲寅閏十月十日，餞范文叔於張功父南湖之上。功父出此爲贈，云舊得其真蹟藏之，近以主上踐祚，已訓釋并上御府矣。因省數日前入侍講筵，上語嘗及此也。熹謹記。

跋趙清獻公遺帖

趙清獻公清忠之節、孝友之行，冠映古今，非贊歎之所可及。今年自長沙趨朝，屢得見其遺墨，皆家問也。此卷藏其族孫遵家，尤見慈祥雍睦之意。獨恨三亭蕪没，不得追尋晚步遺跡，不勝高山仰止之歎。遵温謹好學，能業其家，其必有以復之。紹熙甲寅中冬八日新安朱熹題於祥符方丈云。

跋司馬忠潔公帖

熹舊見張敬夫議司馬忠潔公謚狀，每恨不得其事之本末。今過玉山，而公之孫爲縣尹，始獲此帖而觀之。敬夫之議，可謂信而有徵矣。紹熙甲寅中冬十有二日新安朱熹識。

跋司馬文正公通鑑綱要真蹟

右司馬文正公手書楚漢間事一卷，疑是通鑑目録草藁。然又加以總目，則今本所無。且別有「綱要」之名，不知又是何書也。嗚呼，公之願忠君父、陳古納誨之心，可謂切矣！竊觀遺跡，三復敬歎，敢識其後云。

跋王樞密答司馬忠潔公帖〔八〕

司馬忠潔公仗節虜廷，誓死不屈，此其報王樞密手書，而王公繳進之章也。熹竊聞之，族祖秘閣公在建炎初實介王公首使不測之虜，其後虜人先遣王公歸，後往來議講和事，而族祖獨留雲中十餘年。高宗皇帝嘉其守節，嘗因間使賜以器物甚厚。此帖所謝，豈亦上賜而使不以君命將之歟？不然，王公不應持以進也。族祖後與洪、張二公五人者皆得生還，而王、馬二公相繼死北方，皆全其節，吁，亦盛矣！然觀此帖，又足以見一時國步艱難，主憂臣辱之意。荒涼慘澹，如在目中，使人太息流涕不能已已，因詳記其本末云。

跋司馬文正公薦賢帖

熹伏讀此書，竊惟文正公薦賢之公，心畫之正，皆其盛德之支流餘裔，固不待贊説，而人知其可師矣。若乃一時諸賢，所以受知於公而獲名薦書者，則恐覽者未能深觀而内省，發憤而思齊也。如龐元英之居喪以禮，蓋一事而屢書焉，則公之意可見。而此書之存，其於世教豈小補哉！惜其元豐以後，不及登載，而彼爲黨籍者，亦足以補此書之闕，而集其大成矣。熹於是又有感焉，因竊記於其後，以爲後之君子，必有同此歎者。紹熙甲寅中冬庚子朱熹謹記。

再跋王荆公進鄴侯遺事奏藁

熹家所藏荆公進鄴侯家傳奏草臨川石刻摹本，丞相益公論之詳矣。然所議上番義勇，當時竟不聞有所施行，而保甲、保馬之法，人多不以爲便，蓋鄴侯所謂得時用勢，舍勢用力，利害相遠固如此也。抑公此紙詞氣激烈，筆勢低昂，高視一時，下陋千古，而版本文集所載，乃更爲卑順容悦之意，是必自疑其亢厲已甚而抑損之，其慮深矣。然論其實，似不若此紙之云，發於邂逅感觸之初，尤足以見其胸懷本趣之爲快也。夫以荆公之得神祖，可謂千載之一時矣，顧乃低徊若此，而猶未免有鬱鬱未盡之懷，君臣之際，功名之會，嗚呼難哉！紹熙甲寅臘月辛巳，夜讀有感，因書以識其後。

書釋奠申明指揮後

歐陽公言：「古禮今皆廢失，州縣幸有社稷、釋奠、風、雨、雷師之祭，民猶得以識先王之禮。而吏多不習，至其臨事，舉多不中，而色不莊，使民無所瞻仰，見者怠焉。」熹始讀之，每疑其言之過，及仕州縣，身親見之，而後知公之不妄也。

淳熙己亥，初守南康，嘗一言之朝廷，爲取政和新儀鏤版頒下，而其本書自多牴牾，復以告焉，則莫之省矣。紹熙庚戌，復自臨漳列上釋奠數事，且移書禮官督趣，乃得頗爲討究，則淳熙所鏤之版已不復存。百計索之，然後得諸老吏之家。又以議論不一，越再歲，乃能定議條奏，得請施行。而主其事者適徙他官，因格不下。及又再歲，而熹守長沙，則前博士詹體仁還爲少卿，始復取往年所被敕命，下之本郡。然吏文重複繁冗，幾不可讀，且曰屬有大典禮，未遑徧下諸州也。既而熹亦召還奏事，行有日矣，又適病目，不能省文書。顧念兹事，得請之難，而今所下書乃如此，又度其必不能繼下諸州，若不亟疏理而明布宣之，是爲已得請於上，而復重見格於下也。且自我請之，自我尼之不可，於是力疾躬爲鈎校，删剔猥釀，定爲數條，以附州案，俾移學官，符屬縣，且關帥司并下巡内諸州。僅畢而行，則聞儋卿補外，而奉常果不復下其書他州矣。熹到闕，亦不能兩月而歸。明年，長沙郡文學邵囦乃以書來曰：「以公之拳拳於此也，謹已鋟木而廣其傳矣。」熹嘉其志，因爲叙其本末，以視後之君子，使知夫禮之易廢、事之難成類如此，不止釋奠一端而已也。慶元元年歲在乙卯正月五日朝請郎朱熹謹書。

跋李侍郎武夷詩

觀妙東楹李公侍郎遺墨，語意清婉，字畫端勁，每至其下，輒諷玩不能去。然歲久剥裂，又適當施供張處，後十數年當不復可讀矣。别爲摹刻授道士，使陷置壁間，庶幾來者得以想見前輩風度。李公諱彌遜，時以力詆和議，出守臨漳云。慶元乙卯正月甲寅朱熹書。

跋東坡剛説

蘇文忠公爲孫君介夫作剛説，其所以發明孫君之爲人者至矣。然剛之所以近仁，爲其不詘於欲，而能有以全其本心之德，不待見於活人然後可知也。寧都主簿鄭載德得遺跡於君家，將摹刻而置之學宫，間以視予，因爲識其左方，以告觀者，使勉夫剛而益求所以爲仁之方云。慶元乙卯二月癸未新安朱熹書。

跋李勉仲詩卷

建陽李君從禮，一字勉仲，予兒時嘗與同學舍。然是時從禮既冠，已有俊聲矣。後十餘年，乃與予俱試禮部，從禮不偶而歸，遂放意詩酒間，得疾不起。始，從禮未死時，予居屏山，歲不過一再至建陽，與從禮遊不能款。但見其襟懷坦然，意象軒豁，論説縱横，雜以詼笑，傲倪一世，若都無意於事者。及間見得其詩句，乃極清新穩密，時出巧思，偉麗可喜，然亦不多見也。晚歲來居考亭，往茶坂，得江文卿而與之遊。文卿，從禮子婿也，能誦從禮佳句尤多，皆前所未聞者。且言嘗次其遺稿，得若干篇，後爲親友傳玩而失之，獨留此卷，乃與其先君子唱酬往來者，屬予書其事。因爲略識梗概如此。卷中字孝伯者，即文卿先君子，老而嗜學，喜爲詩，寓詞託諷，多憂國閔時語。愛從禮之才，與爲忘年友云。慶元乙卯三月晦日新安朱熹書。

跋郭長陽醫書

紹熙甲寅夏，予赴長沙，道過新喻，謁見故焕章學士謝公昌國於其家。公爲留飲，語及長陽冲晦郭公先生言行甚悉，因出醫書、曆書數帙，曰：「此先生所著也。」予於二家之學皆所未習，不能有以測其説之淺深，則請以歸，將以暇日熟讀而精求之。而公私倥偬，水陸奔馳，終歲不得休，復未暇也。明年夏，大病幾死，適會故人子王漢伯紀自金華來訪，而親友方士繇伯謨亦自籍溪來，同視予疾，數日間，乃若粗有生意。間及謝公所授長陽醫書，二君亟請觀焉。乃出以視之，則皆驚喜曰：「此奇書也。蓋其説雖若一出古經而無所益損，然古經之深遠，浩博難尋，而此書之分別部居，易見也。安得廣其流布，使世之學爲方者家藏而人誦之，以知古昔聖賢醫道之源委，而不病其難耶！」予念蔡忠惠公之守長樂，疾巫覡主病、蠱毒殺人之姦，既禁絶之，而又擇民之聰明者教以醫藥，使治疾病，此仁人之心也。今閩帥詹卿元善實補蔡公之處，而政以慈惠爲先，試以語之，儻有意耶，亟以扣之。而元善報曰敬諾，乃屬二君讎正刊補，而書其本末如此以寄之。

抑予嘗謂古人之於脈，其察之固非一道，然今世通行，唯寸關尺之法爲最要。且其説具於難經之首篇，則亦非下俚俗説也。故郭公此書備載其語，而并取丁德用密排三指之法以釋之。夫難經則至矣，至於德用之法，則予竊意診者之指有肥瘠，病者之臂有長短，以是相求，或未得爲定論也。蓋嘗細考經之所以分寸尺者，皆自關而前卻，以距乎魚際尺澤，是則所謂關者必有一定之處，亦若魚際尺澤之可以外見而先識也。然今諸書皆無的然之論，唯千金以爲寸口之處，其骨自高，而關尺皆由是而却取焉，則其言之先後、位之進退，若與經文不合。獨俗間所傳脈訣五七言韻語者，詞最鄙淺，非叔和本書明甚，乃能直指高骨爲關，而分其前後，以爲寸尺陰陽之位，似得難經本指。然世之高醫以其贋也，遂委棄而羞言之。予非精於道者，不能有以正也。姑附見其說於此，以俟明者而折中焉。慶元元年乙卯歲五月丙午鴻慶外史新安朱熹書。

題嗣子詩卷

大兒自幼開爽，不類常兒，予常恐其墮於浮靡之習，不敢教以詩文。既没後，許進之乃出其所與唱和詩卷示予，予初不知其能道此語也，爲之揮涕不能已，不忍復觀也。爲書其後而歸之，以識予哀云。慶元乙卯六月既望晦翁書。

跋邵康節檢束二大字

康節先生自言大筆快意，而其書蹟謹嚴如此，豈所謂從心所欲而自不踰矩者耶？慶元乙卯七月既望，後學朱熹觀趙履常所藏「檢束」大字敬書。

跋蒼玉詩卷

余頃歲數往來江西，飽聞閤皂之勝，每以不能一往遊焉爲恨。今觀蒼玉詩卷，則亦不待身到脚歷，而小院迴廊，風篁雪竹，已了了在眼中矣。軒中主人讀書彈琴，終日遊居寢卧其間，而不知歲月之逝，其樂詎可量耶！況今桂山先生已往，遺墨益可貴重，陳君其葆藏之。慶元乙卯七月二十八日鴻慶外史朱熹書。

跋武侯像贊

乾道丁亥歲，予遊長沙，見張敬夫書室有武侯畫像甚古，云是劉丈子駒家藏唐閻立本筆，因謂敬夫盍爲之贊。敬夫欣然口占立就，語簡意到，聞者歎服，以爲非深知武侯心事者不能道也。王兄齊賢因摹本而屬敬夫手題其上。後二十九年，齊賢諸子出以視予，俯仰疇昔，如昨日事，而三君子皆不可見矣。爲之太息，記其下方。慶元乙卯秋八月丁丑新安朱熹仲晦父。

跋魏元履墓表

元履之葬，熹實銘之，而刻石納壙中矣。其曰「事有繫安危治亂之機」者，則曾覿召還之命也。時覿勢方盛，熹竊過憂，恐貽異時丘隴之禍，故不欲察察言之。而敬夫復表其墓，亦放此意，故常私念，使吾亡友盡言之忠不白於後世，其咎乃繇於我，每竊愧焉！其後淳熙改元之三年，孝宗皇帝因納鄭鑑之言，而思元履前所進説，顧語執政龔公茂良等，歎其直諒，將復召而用之，則聞其死矣。嗟悼久之，即下詔曰：「朝廷不可無直諒之士，掞之雖死，其以宣教郎、直秘閣告其第。」蓋是時上雖以舊恩遇覿厚，然實未嘗及以政事。元履、自明皆深詆覿者，上皆不怒而亟寵褒之，無所間於存没，遠近傳聞，感歎興起。顧以敬夫尋亦下世，遂不及損益舊文，以傳兹事，而亦至今未及刻也。元履從弟誠之比得敬夫手書定本，以視其兄之友延平使君黄仲本，仲本慨然即爲買石而刻焉，且屬熹復記贈官事，以明孝宗納諫思賢，抑制近習之微意，深可爲後聖法。熹亦幸因得追補志銘之闕，庶有以慰元履於地下，而自贖其顧望回隱之咎云。慶元元年九月庚寅新安朱熹識。

跋道士陳景元詩

碧虚子，道士陳景元也，頗讀書，能詩文，一時名勝多與之遊。予嘗見其所注莊子及所書相鶴經，書頗醇古可觀，計於其輩流中，亦當小異。然元祐間，王仲至嘗薦使校中秘道書，范醇夫在瑣闈，極論其不可，且引王韶、章厚開邊時以僧自隨〔九〕，因有「經略察訪大師」之誚，今日豈可復使館閣有編校大師耶！今觀此卷，見其詩句字畫皆清婉可喜，而荆公筆語尤高勝。偶憶范公語，聊書卷尾，以發觀者之一笑云。慶元乙卯九月癸巳朱熹仲晦父書。

跋李參仲行狀

鍾山先生李公參仲之子季札奉其先君子行狀一通，不遠數百里，謁予於建溪之上，拜起垂泣，而以銘墓爲請。予之先世家婺源，與公爲同縣人，而客於建也久矣。紹興庚午歲，予年二十餘，始得一歸故鄉，拜其墳墓宗族姻黨，於是乃獲識公，而聽其餘論，心固已知其賢，然是時年少新學，未能有以扣也。中年復歸而再見公，然後從游益親，而公已營鍾山所住，爲將老焉之計矣。兩林之間，渠清沼深，竹樹蒙密，時命予與程弟允夫徜徉其間，講論道義，談説古今，觴詠流行，屢移晷刻。間乃出其平生所爲文詞，使予誦之，則皆高古奇崛，而深厚嚴密，如其爲人。予以是心益敬公，而自恨其不能久留，以日相與追逐於東阡北陌之間也。既别而歸，書疏不絶。其後數年，聞公物故，予以憂患疾病之不寧，不能一往哭公。而公之諸子不以爲罪，更以不朽爲託，至受其狀而讀之，則又允夫之文也。三復之餘，公之聲容，怳若相接。永念故國，人物眇然，如公之賢，寧可復得！顧雖不敏，其何敢有愛於言乎？乃以病衰，心力凋耗，把筆欲下，而神已不俱來矣，遂無以塞季子之意，而姑記其篇末如此，以見允夫之狀果無愧辭，予雖有作，亦不能有以加也。滕珙所記，足補狀闕。大抵數十年來，鄉人子弟，多自好而善於文詞，亦其師友淵源之有自也。慶元元年十一月癸巳冬至吴郡朱熹書于考亭所居清邃閣。

跋吕仁甫諸公帖

靖康之亂，中原塗炭，衣冠人物萃於東南。吕公廣問仁父來主婺源簿，而奉其兄和問節夫以俱。又有維揚羅公靖仲共、竦叔共亦來客焉，於是李氏父子得從之游，而滕户曹愷南夫亦受其學。觀於此卷，可見一時問學源流之盛矣。然惟仁父晚歲宦達〔十〕，其他諸公多没不顯，滕尤以雋才蚤逝，鄉人至今嗟惜之。而李丈參仲獨以老壽終，爲後進所高仰，雖亦不得施其所有於當世，而諸公者乃反賴之以傳，其所著滕君傳簿廳記可考也。未有建人魏元履與參仲之弟元質書，魏時名挺之，後改掞之，以特起爲官，數直諫，不得久居中，既没，而天子思之，詔褒恤焉。元質亦有美才，好學，不幸亦不壽，又可見李氏之多賢也。慶元乙卯仲冬甲辰朱熹題。

書李參仲家藏二程先生語録後

程氏書初出時，人以其難得而珍貴之，然未必皆能講究而踐行之也。近年以來，傳者浸廣，而後人知其如絲麻穀粟之不可一日無。然真能好之而不舍者，則亦鮮矣。因觀吕、滕、李三君子傳授舊編，及李丈跋語，竊有感焉，謹識于後。慶元乙卯中冬甲辰朱熹記。

題嚴居厚與馬莊甫唱和詩軸

嚴居厚攝事閩清，不滿兩月，而與其令尹馬莊甫更唱迭酬，遂至盈軸。爭新鬬巧，時出古談，篇篇皆有思致，讀之不覺宦情羈思，恍然在目，諷詠不已，爲書其後。慶元乙卯臘月望日遯翁。

跋吴中丞家傳

故御史中丞吴公，剛直之操，著於大觀、政和之間，事具國史，略與此傳相表裏。其有不合，則傳聞之異詞爾。至其論薦游御史、毛諫議、胡文定公，皆一世名士，足以見公之知人。其薦胡公，而徽宗亟以手札審其名氏，又足以見聖主急賢之美意，則皆不見於史，而獨此書爲可考焉，是不可以無傳也。光禄公與胡公游，有朋友之誼，見於胡公所與吕兵書手簡。而熹先君子亦雅相敬重，嘗贈以詩，有「問訊袖中醫國手，不應長與一筇閑」之句。今讀曾尚書所爲銘識又如此，嗚呼，其亦可謂賢父子矣！其族孫芾出此書以見示，因書其後，以示公之族黨，尚思有以繼其遺烈云。慶元丙辰正月二十四日。

家傳又記被旨鞫陳正彙事，即陳忠肅公所謂「獄詞平允，閲實於片言之中」者，史亦不書，蓋闕文也。張閣守杭，乞兼領花石事，亦不見他書，當表而出之，以著其惡云。

跋趙忠簡公帖

趙公初謫潮州時，哭其季子而行。既行，又喪長子。熹家有吕紫微與先君手書，言之猶云「不知此老力量能堪之否」。此帖云「今年在貶所，而渭亡適半歲」，則是猶在潮，未過海也。衢守章傑實紹聖故相諸孫，雅怨趙公，故藉此以發其私忿。秦檜知其不專爲己，而借力以逞憾也，故不直之。不惟翁尉事解，傑亦遂廢不用，蓋不爲疑其已甚也。翁又胡侍郎妻兄，胡亦草制罪狀章厚者，其家持此事訴冤，乃得移蘭溪。予與翁亦親舊，知之尤詳，因記於此，以補跋語之未盡云。慶元丙辰二月十三日晦翁題。

再跋趙忠簡公帖

趙公爲相時，高宗因覽元符諫官任伯雨章疏論章厚、蔡卞嘗乞追廢宣仁聖烈皇后事，赫然震怒，召直學士院胡寅草詔手書，以付三省，削奪厚、卞官爵，禁錮親戚子孫。其詞有「誰無母慈，何忍至此」之語，天下快之。趙公猶以行遣太重，奏爲申理，乞免錮其親戚。高廟手詔褒其仁恕，頗爲未滅，今宸翰猶藏。趙氏或爲刻石以傳於世矣，然章氏子孫不知也，但見趙公力主元祐，因謂此事皆出其意而深怨之。世亦鮮知其曲折者，因復并記於此云。

跋張魏公詩

羣兇用事人心去，大義重新天意回。解使中原無左衽，斯文千古未塵埃。

舉大義以清中原，此張公平生心事也。觀於此詩，可見其寢食之不忘。然竟不得遂其志，可勝歎哉！

書張魏公與謝參政帖

浚再拜。曩以急於禄養，未及盡心于學。兹緣罷退，初欲託庇三衢，庶有承教之便。比又恭領處分，俾居福唐，失此依賴，殊用慊然。差人種種，悉荷留意，尤所感激。浚再拜。

熹伏讀丞相張忠獻公所與參政上蔡謝公手書。是時張公已建大功，登右府矣，而其執禮之恭如此，且又欲然自以爲未始學者，而有受教之願焉，甚盛德也。謝公外孫甄述祖出以見示，三復之餘，歎仰不足，謹録一通，藏之巾篋，而敬書其後以歸之。慶元丙辰二月甲寅具位朱熹謹記。

又跋

此張魏公所與謝參政書也。凡三幅，前幅稱「判府參政丈丈鈞座」〔一〕，後又一書，内一幅云「某以未被受告命，不果具細階拜書，伏幸照察」，其恭如此。

跋向伯元遺戒

自佛教入中國，上自朝廷，下達閭巷，治喪禮者一用其法。老子之徒厭苦岑寂，輒亦傚其所爲，鄙陋不經，可怪可笑，而習俗靡然，恬不覺誤〔一二〕。在唐唯姚文獻公，在本朝則司馬文正公關洛程張諸君子，以及近世張忠獻公始斥不用，然亦未能盡障其横流也。近故朝議大夫向公伯元，少受學於胡文定公，晚年退處于家，尊聞行知，不以老而少懈。及啓手足，親書幅紙，戒其子孫勿爲世俗所謂道場者，筆札端好，詞意謹嚴，與平日不少異。諸孤士伯等奉承遺指，不敢失墜，既又謀刻諸石，以詒久遠。間以視熹，熹竊以爲此書之行，可爲世法。觀者誠能因而推之，盡袪末俗之陋，以求先王之禮而審行之，則斯言也，不但爲向氏一門之訓而已。因識其後以發之。慶元二年二月辛未新安朱熹謹書。

書廖德明仁壽廬條約後

匹夫單行而遇疾病，無有妻孥之養、親舊之託，與夫室廬枕席之具、醫藥食飲之須，則其輿曳驅馳，暴露飢渴，而轉于溝壑也必矣。先王之政，道路廬舍，委積之法，至詳至密，而不聞其及此，豈有司者因失其傳邪？國朝受命，覆冒區宇，涵育黎元百有餘年。至於崇寧、大觀之間，功成治定，惠澤洋溢，隆盛極矣。而上聖之心，猶軫一夫之不獲，始詔州縣，立安濟坊、居養院，以收恤疾病癃老之人，德至渥矣。中以多虞，不無廢缺。近歲以來，頗復修舉，而莆之爲郡縣者猶未暇也。今其大夫廖君德明獨有感焉，乃即縣南爲舍一區，牓曰「仁壽之廬」，使凡道路往來疾病之民，咸得以託宿而就哺。又請於郡，得廢寺之産，歲入粟若干斛者，以供藥餌、給奉守。猶恨其力之不足，而恐其惠之不廣也，乃叙其本末而爲之條約，間以示余，請記其事，以告後人，冀有以卒成其志，而不壞於久遠也。余惟廖君於此實舉先朝已墜之典，以活中路無告之人，固學道愛人之君子所樂聞而願爲者，又何待於余言哉？姑爲書其條約之後，俾并刻焉，庶幾來者尚有考也。慶元丙辰三月丁未新安朱熹記。

校勘記

〔一〕書先吏部手澤後　按本篇又見朱文公文集續集卷八韋齋與祝公書跋。

〔二〕然皆摭實應用之作　「摭」，原作「無」，據閩本、浙本改。

〔三〕或乃從臾嗟歎　「臾」，原作「更」，據閩本、浙本改。

〔四〕率定盟約　「率」，閩本、浙本作「卒」。

〔五〕所次序者　「次序」，閩本、浙本作「序次」。

〔六〕往往未見習行　「習」，閩本、浙本作「及」。

〔七〕雖授舜以天下之重　「授」，浙本作「禪」。

〔八〕跋王樞密答司馬忠潔公帖　按文中有「此其報王樞密手書而王公繳進之章也」之句，疑所跋爲司馬朴答王樞密帖。記疑疑其倒，是也。

〔九〕且引王韶章厚　「厚」，閩本、浙本作「惇」。按章惇字子厚，此避光宗諱而易耳。

〔一〇〕晚歲宦達　「宦」，原作「官」，據閩本改。

〔一一〕丈丈鈞座　「丈丈」，原作「文丈」，據閩本、浙本改。

〔一二〕恬不覺誤　「誤」，閩本、浙本作「悟」。

晦庵先生朱文公文集卷第八十四

跋

跋趙鈐轄墓誌

先王封建子弟，蕃屏王室，所以厚人倫而寧天下，非獨私其爲力於己而已。下及漢、晉，莫不由之，雖其治亂得失有不齊者，然要爲宗社久長之計也。唐自明皇疑忌諸王，不令出閤，後遂相踵以爲家法，是以享有天下餘三百年，而其子孫絶無聞於今者。然則神祖之出宗支以仕州縣，其所以法前聖而鑒後王者，聖謨遠矣。以故靖康之禍，近屬雖頗北遷，而疏遠在外者，往往能建勳績。其抗羣盜、拒仇虜而死其官守者，亦不乏人，若江東鈐轄趙公是已。其孫崇遵出此軸以見示，因得反復諸公所記，并感前事，爲太息而書其後。獨恨東萊呂舍人所撰碑銘今不復存，當爲求之其家以附益之。又記頃年守潭，考其祀典，有紹興初年死難之士四人，其一兵官趙侯聿之，亦宗室子。城陷巷戰，罵賊而死，寇退事聞，詔贈右監門衛將軍。然皆未有廟貌，而寓祭他所，因竊仰歎而深悲之。即教綱紀并晉故刺史譙閔王等立象奉祠，而爲請於朝。不旬日間，即蒙報可，賜其號曰「忠節之廟」。德意所加，神人歆動，非獨諸君之靈爲有歸也。今聞鈐轄諸孫且將自列，求所以易其名者，以熹所爲請額之事推之。竊計厚骨肉之恩、崇節義之勸，聖朝於此正有所不宜吝也。譙王亦晉宗室，事具本傳云。慶元丙辰七月庚子具位朱熹謹書。

跋劉雜端奏議及司馬文正公帖

士大夫出身事主，上則欲致其君爲堯舜之君，下則欲使其民爲堯舜之民。至於諫不行，言不聽，而潔身以去，豈其心之所樂哉！是以雖聖賢之處此，不免遲遲其行，而不忍爲苟去，甚或眷戀徘徊，三宿而後出境。其於君臣大倫、恩義之際篤矣，固不以苟得一時之虚譽爲喜而輕去之也。今觀熙寧雜端劉公之奏議，知其致君澤民之願勤懇切至，不啻其身之疾痛。觀司馬文正公之遺帖，見其忠君愛國而相勉以正之意，又不勝其拳拳也。嗚呼盛哉！然而道勝名立之言，或者猶竊病之。以熹而慮，彼蓋有激而云爾，不然，夫豈不知既有其實，則名自隨之，在我固有不得辭者。而當時風俗之厚，習尚誠慤，亦不以是爲嫌也。又況忠賢去國，一時之心固不能無慨然者。同志之士，憂之過甚，恐其以是而不能鬱鬱以久也，則姑爲是説，以寬譬之。是乃忠君愛國之尤者，而猶深有望於他時也，豈以近名爲累，而故爲回隱以避之哉！劉公之事，紹興大參晉陵張公記之已詳，一時衆賢又從而推明之，亦皆足以見其鄉慕之意矣。公之□世孫君房又出以示熹，使得託姓名焉。自惟晚出，何敢復贊一詞於其間，特因或者所疑而妄論之，以附于後云。慶元丙辰八月戊申朔朱熹〔一〕。

跋張忠確公家問

熹嘗銘張忠文公之廟，因得讀其遺書，而歎慕其風烈。今又得觀公子忠確公汾州家問，尤深敬仰。竊惟國家承平百年，德隆澤茂，世臣喬木，不爲無人。而一旦危難之際，忠義之節，乃獨萃於張氏之一門，其亦盛矣。公之大節，如青天白日，固不待贊述而後明。而熹獨於其筆札之精謹，見其神氣之安閒；於其家人父子之間，見其誓死之外，唯以收恤遺孤爲寄，而無一毫内顧下流之私也。嗚呼！非其胸中有以大過人者，何以及此！先覺有言，慷慨殺身者易，從容就義者難。若公之死，其真所謂從容就義者邪！公孫行儉因友人余克忠以此軸見視，三復以還，爲之感涕，因敬識其後云。慶元丙辰十月己巳。

跋東陽郭德輔行狀

東陽郭君德輔將葬，其子淇不遠數百里，過予於建溪之上，狀其行事一通，以請銘。而今四明帥守林公和叔、前大府丞吕君子約又皆以書來，言君之爲人如狀不誣，可銘無愧也。予雖不及識德輔，然以二君子之言而讀其狀，見其好學樂善之誠，忠厚廉退之實，心固樂爲之書。顧念比以多病，心目俱衰，凡銘之請，所諾而未及償者，前後以十數，所辭而不敢諾者又不止此，今復安敢越次開端，以來怨詈？因謝不能，而淇請益堅。予悲其意，乃爲書其行狀之後如此而歸之。抑林、吕二君子皆非輕許人者，其言固足以信後世矣，又何俟於予銘哉！慶元二年九月丁丑朔旦新安朱熹書。

跋許侍郎詩卷

侍郎許公經事綜物之才見於已試，其爲文章蓋直吐出胸中之藴，未嘗屑屑焉爲如是之言也。其孫建陽丞公視熹以公手書詩卷，觀其長篇大句，固自雄健豪逸，磊落驚人，而新宅書懷近體諸作，又皆律切精穩，不留縫罅，亦足以驗其才力之有餘，無所施而不可矣。熹與公俱江東人，所居徽、饒之間，相望不百里。獨恨生長閩嶠，不及識公。顧今於此乃獲窺其筆蹟，而因以得其爲人，豈非幸耶！慶元丙辰十月丙午朔旦，婺源朱熹書。

書河圖洛書後

世傳一至九數者爲河圖，一至十數者爲洛書，考之於古，正是反而置之，予於啓蒙辨之詳矣。讀大戴禮書，又得一証。其明堂篇有「二九四七五三六一八」之語，而鄭氏注云：「法龜文也。」然則漢人固以此九數者爲洛書矣。閤皂甘君叔懷欲刻二圖山中，覽者未必深考，又當大啓爭端，聊書以諗之。慶元丁巳上元節日遯翁書。

書萬君行事後

自鄉舉里選之法廢，取士者先文藝，後材實，於是野多遺賢，朝多曠位，而治具民俗每不能無愧於前世。讀正父所論著其舅氏萬君之行事，而以視於當世之人材，其亦足以觀矣。正父好古多學，深有志於治道，而其筆力從横，詞氣雅健又如此，亦所謂似其家姓者耶！

跋吕范二公帖

後山談叢記蘇端明當國恤時，與人書疏，疑於當慰與否而罷，乃載前輩往還慰狀以正之。今觀吕正獻公帖，乃知當時此禮固已通行，亦臣子之心不能已者，不審蘇公何所疑也。仁宗皇帝慈儉之德冠冕百王，而因山之奉煩費若此，豈其心哉？宜乎老蘇先生有「華元樂舉」之譏，而忠獻韓公不敢辭其責也。然此帖所云置司裁損，仍是韓公當國時事，亦足以驗其悔悟之實矣。此其所以爲韓公者耶！吕公幅紙之間，愛君及民，拳拳不舍，其於劉公心期所會，必有不約而同者，覽之令人感歎不能已。范忠宣公平淡忠恕，雅不欲以智名勇功自見，故熙豐間授鉞臨邊，數被譙讓，觀第二帖可概見矣。然迹其平生，排濮議、爭新法，干忤君相，無少顧避，最後論救元祐諸賢，卒與同貶。蓋終身無所屈，則又豈非所謂仁者之勇哉！其於劉氏姻好綢繆，蓋亦聲氣之同，非苟然者。子夷得其家學之傳，不卑小官，直道自信，東萊吕舍人亟稱之，覽者其亦考焉。慶元丁巳中元節前二日朱熹敬書。

跋度正家藏伊川先生帖後

頤謹詣行館，拜謝長官秘書。十月日河南程頤狀。

正爲遂寧户椽，友人王君世亶數數爲正言，城西傅君光家藏先正韓、范諸公手蹟甚富，乃祖大夫公嘉祐初實見濂溪周先生于合陽，求教，先生手書家人、艮、遇等説贈之。其後，程太中公知漢州，大夫公時爲邑西川，又得交伊川兄弟，間手筆相問，往往皆在。正每見王君，必悉意咨懇，屬以訪求周、程諸先生手蹟。慶元二年正月四日，王君忽自山中來謁，講禮已，袖出伊川先生手狀一幅。徐加考訂，殆先生入蜀時筆也，大夫公集以爲日記册，此版起六月，終七月十六日，内載王氏父子、吕氏兄弟遷擢，蓋熙寧間日報，作細字，背面皆滿。先生字處闕之，獨得不諼。又問濂溪書，曰亡矣。正且悲且喜，謂王君曰：「正不敏，讀諸先生遺書，學其學，求其道，今十年餘矣。每見當時一事一物，如南國之棠、曲阜之履，旁皇不忍去之也。今此紙幸脱於敗爛之中，然諸先生所以開示後世者，世方以爲奇貨，安知叔孫武叔輩見之，不遂投之水火耶？爲我謝傅君，正奉藏之，俾勿壞。」其年秋，傅君來言曰：「先生之書謹如命。」大夫公諱耆，字伯壽，名在元符黨籍。光字用之，世亶字叔載。後學樂活度正謹書。

傅君周旋周、程師弟子間，知所主友，而伊川先生手刺謁謝，爲禮亦恭，則其人之賢，不問可知。度君求訪之勤，意欲甚美。濂溪先生往還遺蹟，計其族姻閭里之間，猶有存者，度君其廣詢之，當可得也。嘗讀明道先生顔樂亭詩，其卒章曰：「井不忍廢，圃不忍荒。」嗚呼，正學其何可忘！然則熹之所望於度君者，又不專在於此也，度君其益勉之哉！慶元丁巳七月二十二日朱熹書。

跋張敬夫與馮公帖

此張敬夫與縉雲馮當可書也。味其詞意，知其一時家庭之間，定省從容，未嘗食息不在中原之復，令人感慨不已。馮公獨不及識，然嘗見故端殿汪公甚推重之。近得其文集讀之，論議偉然，而所論人主正心親賢，爲所謂建極者，明禹、箕之傳，破諸儒之陋，乃適與鄙意合，尤恨不得一見其面目而聽其話言也。慶元丁巳七月二十五日新安朱熹書于建安坤峽之野店。

跋孔君家藏唐誥

闕里裔孫孔仲良以鄉貢明經仕唐正元、大和間，至莆田令，卒官，因家焉。子孫散居民伍，無復顯人。紹興中，熹之友括蒼吴任授室其門，間以其家所藏告身、家牒、世譜相視，皆唐世舊物。牒又其應舉時所通，具列三世官諱，獨曾祖文整名見譜中，乃襲文宣王齊卿之別子，而齊卿實先聖第三十有七世孫也。考之元豐版本、襲封家譜皆合。推而下之，得莆田令君，則爲第四十有一世矣。牒頗殘缺，無州里，而以洪州之印款其縫。視其告，則以爲泗州連水縣臨淮鄉進賢里人，豈其寓於洪耶？告身凡七通，其二爲令君之父丞公所歷南頓、溧水二縣尉，其五爲令君明經、冬集、全椒尉、青陽丞，及莆田考課，皆尚全好，獨莆田令爲謄本，而其家自令君至此，又已傳九世矣。熹得其書，審訂不謬，乃以告於莆守傅侯自得，令丘君鐸，請得更其版籍，爲至聖文宣王第四十九世孫孔宜户。二公欣然許諾，即施行之，時紹興二十五年乙亥歲也。後二十有六年，宜之子幼夏乃以鄉舉試禮部。又數年，知縣事廖德明爲摹刻其告於縣齋，然其跋語以令君爲三十八世則爲小差，幼夏以其墨本來，因記舊事，輒爲書之。且使摹其家譜、世譜，及南頓、溧水二告，並刻于家，而附以令君以來世次之屬，使後有考云。慶元丁巳中秋日朝奉大夫朱熹書。

跋孔毅夫談苑

孔毅夫談苑，清江張元德藏其手藁，然多是抄取江鄰幾嘉祐雜志中語。此本方是一傳，以失校，已多脱誤。又世傳孔書有珩璜新論者，多是類集古今事實之近似者。而一本附記近世見聞數十事，自趙獻公以下，無不遭其詆毁。嘗細考之，筆勢不甚相似，或好事者附益之，惑亂後生，甚可惡也。因閲此帙，筆其後以曉之。慶元丁巳八月晦翁。

跋十七帖

官本法帖號爲佳玩，然其真僞已混殽矣。如劉次莊有能書名，其所刻本亦有中分一字，半居前行之底，半處後行之顛者，極爲可笑。唯此十七帖相傳真的，當時雖已入官帖卷中，而元本故在人間，得不殽亂。此本馬莊甫所摹刻也，玩其筆意，從容衍裕，而氣象超然，不與法縛，不求法脱，真所謂一一從自己胸襟流出者。竊意書家者流雖知其美，而未必知其所以美也。書詞問訊蜀道山川、人物、屋宇、圖畫，至纖至悉，蓋深有意於遊覽，而竟不遂，豈所謂不朽之盛事，信難偶耶？因念頃年廬阜終更，諸公議遣使蜀，而孝廟記憐，不欲使之遠去，議乃中寢。然東留訖無補報，而徒失西遊之便，每以爲恨。今觀此帖，重以慨然，又念倦遊之日遠，無復有意於人世也。熹記。

跋杜工部同谷七歌

杜陵此歌豪宕奇崛，詩流少及之者。顧其卒章，歎老嗟卑，則志亦陋矣。人可以不聞道哉！

跋李伯時馬

觀龍眠飛騎圖，及讀延之、廷秀、大防三君子佳句，因思法雲秀公語：「尤物移人，甚可畏也。」慶元三年孟冬八日朱熹仲晦父。

跋東坡書李杜諸公詩

東坡此卷，考其印章，乃紹興御府所藏，不知何故，流落人間。捧玩再三，不勝敬歎。但其所寫李白行路難，闕其中間八句道子胥、屈原、陸機、李斯事者，此老不應有所遺忘，意其删去，必當有説。老翁井詩在老蘇送蜀僧去塵之前〔二〕，必非他人之作，然不見於嘉祐集，亦不省其何説也。彼欲井中老翁改顔易服，不使人知，而後篇遽有嫌瘦廢彈之歎，何耶？然其言「怨而不怒獨百世，以俟後賢而不惑」，則其用意亦遠矣哉。慶元丁巳十月丁丑，新安朱熹觀玉山汪季路所藏，而識其後如此云。

跋杜祁公與歐陽文忠公帖

杜公以草書名家，而其楷法清勁，亦自可愛。諦玩心畫，如見其人。慶元丁巳十月丁丑新安朱熹觀。

跋東方朔畫贊

平生所見東方生畫贊，未有如此本之精神者。筆意大概與賀捷表、曹娥碑相似，不知何人所刻，石在何處，是可寶也。朱熹仲晦父。

跋蔡端明寫老杜前出塞詩

蔡公大字蓋多見之，其行筆結體往往不同，豈以年歲有蚤晚、功力有淺深故耶？巖壑老人多見法書，筆法高妙，獨稱此爲勁健奇作，當非虚語。慶元三年十月戊寅朱熹。

巖壑再題，勢若飛動，可見字隨年長也。

跋吴道子畫

頃年見張敬夫家藏吴畫昊天觀壁草卷，與此絶相類，但人物差大耳。此卷用紙而不設色，又有補畫頭面手足處，應亦是草本也。張氏所藏本出長安安氏，後有張芸叟題記，云其兄弟析産，分而爲二，此特其半耳。頃經臨安之火，今不知其在亡。而此卷斷裂之餘，所謂天龍八部者，亦不免爲焦頭爛額之客，豈三災厄會，仙聖所不能逃耶！是可笑也。吳筆之妙，冠絶古今，蓋所謂不思不勉，而從容中道者，兹其所以爲畫聖與。季路所藏法書名畫甚富，計無出其右者，既以得觀爲幸，因記歲月於其後。時慶元丁巳十月十日己卯也，朱熹仲晦父。

襄陽張舍人筆法出其家存誠子，先君子甚愛之，而世莫之貴也。因覽遺墨，不勝悲歎。熹謹書。

跋歐陽文忠公與劉侍讀帖

歐陽公與劉侍讀尺牘一卷，汪季路持以見示，因得竊觀前輩之笑談風味，於此猶可想見其仿佛。然當是時，朝廷清明，風俗醇厚，國家致治之美，莫此爲盛。而公猶有薄惡之歎，蓋其所不可及者。獨有嫉善之言，不勝公論，此爲治亂之分耳。三復之餘，掩卷太息，而記其後，季路其謹藏之。慶元三年十月己卯書。

跋舊石本樂毅論

沈存中筆談云，皇祐中嘗於高紳之子錢塘主簿安世家見此石。後十餘年，安世在蘇州，石已破爲數片，以鐵束之。後安世死，石不知所在，或云蘇州一富家得之，亦不復見。存中所記，與歐陽公不同如此。延之所謂錫山徐氏者，豈又得之蘇州富家耶？延之又謂，損泐模糊，則石雖幸存，亦無復如此本之清勁矣。續閣帖中所刻全文，又不知所自來。頃年曾於折子明家見其所藏舊本，筆意絶類徐季海，要皆非此本之比也。慶元丁巳十月己卯朱熹。

跋東坡祭范蜀公文

汪季路所藏蘇文忠公祭范忠文公文藁，慶元丁巳十月己卯朱熹觀于考亭溪居。

跋富文忠公與洛尹帖

富文忠公與洛尹帖，以史考之，尹者李中師也。熙寧元年，公自河陽被召入京，以病請汝而歸。過洛，少留連，遭三喪。赴汝後，又一遭喪。劄子云：「喪骨肉大小四口。」是時李以天章閣待制知河南府，營奉應天、會聖兩神御殿，故此一帖自言附庸悲惱，而贊李二役畢工者爲第一。公既至汝，神廟遣中貴人馮宗道挾大醫陳易簡來治足疾，故此一帖言中璫大醫者爲第二。移囚不知何事，「馮來」，恐亦即宗道也，故此帖爲第三。明年，被召入相，故此一帖云「詔使到郡，即交州事，辦行而東」者，爲第四。三年，李自權三司使進龍直，再尹洛，故此帖致賀，始稱龍圖給事者，爲第五。四年，公在亳州，坐不散青苗罷，歸洛，未至，改判汝州，故此一帖言「近赴小邑，勝於窮坐里閭，且感君相厚恩，而恨不得時奉談笑」者，爲第六。公至汝不久，即請歸洛，故此一帖言「擇日就第」者，爲第七。既而告老，遂以司空使相致仕，故此一帖答其封示單報者，爲第八。凡十三帖，其歲月先後可考者如此，其餘似亦皆是在洛時往還者。蓋李之事公，不爲不謹，而公之遇李，亦不爲不厚矣。而其後李因奉行免役之令，乃籍公户，使出泉同於編甿，以媚用事者。小人觀時徇勢，反覆異態，何世無之？覽此卷者，可爲發一大笑也。慶元丁巳十月庚辰朱熹。

跋韓魏公與歐陽文忠公帖

張敬夫嘗言平生所見王荆公書，皆如大忙中寫，不知公安得有如許忙事。此雖戲言，然實切中其病。今觀此卷，因省平日得見韓公書蹟，雖與親戚卑幼，亦皆端嚴謹重，略與此同，未嘗一筆作行草勢。蓋其胸中安静詳密，雍容和豫，故無頃刻忙時，亦無纖芥忙意。與荆公之躁擾急迫，正相反也。書札細事，而於人之德性，其相關有如此者，熹於是竊有警焉，因識其語於左方。慶元丁巳十月庚辰朱熹。

跋朱希真所書道德經

巖壑老人小楷道德經二篇，精妙醇古。近世楷法，如陳碧虚之相鶴，黄長睿之黄庭，皆所不及，唯湍石喻公之典引諸書，爲可方駕耳。季路得之，遠以相視，恨目已昏盲，不得盡見其妙處。把玩不足，因記其後而歸之。季路能攻石傳刻，以與好事者共之，即大幸。蓋此書難得善本，讀此數章，似少譌謬，又爲可傳也。慶元丁巳十月庚辰雲臺子私記。

如「儼若客」，語意最精。今本多誤作「容」，殊失本指，此本爲不誤也。

跋趙清獻公家書

趙清獻公之爲人，公忠孝慈，表裏洞徹，固所謂無間然者。然其晚歲學浮屠法，自謂有得，故於兄弟族姻之間，無不以是勉之，前後見其家問手帖多矣，如此卷稱其弟心已明瑩，見性復元；教其姪以不失正念，要使純一不雜，又教以公私謹畏，踐履不失，便是初心佛事。且引古人「三業清淨，即佛出世」之語〔三〕，以爲此亦直截爲人處，則與今之學佛者大言滔天，而身心顛倒、不堪著眼者，蓋有間矣。嗚呼！聖學不傳，其失而求諸野者，若此尚爲有可觀也。予是以表而出之。慶元丁巳十月十一日庚辰朱熹記。

跋湯叔雅墨梅

墨梅詩自陳簡齋以來，類以白黑相形，逮其末流，幾若禪家五位正偏圖頌矣。故湯君始出新意，爲倒暈素質以反之，而伯謨因有「冰雪生面」之句也。然「白黑未分時」一句，畢竟未曾道著。詩社高人，試各爲下一轉語看。湯君自云得其舅氏楊補之遺法，其小異處，則又有所受也。觀其醞藉敷腴，誠有青於藍者，特未知其豪爽超拔之韻，視牢之爲何如爾。病眼眵昏，不能覈論，故願與諸君評之。戊午三月病起戲書。

跋王信臣行實

慶元紀號之初，余友吕子約謫居廬陵，間遺詞其動息。子約報書，具言罪大責輕，念咎之餘，復何所道，獨所寓居得王氏別館，有臺榭花木之勝，而江山雲物，晨夕萬變，足以遊目騁懷，尤過望不落寞耳。因極道王君之爲人，以爲好賢樂善，所交盡其鄉之名公卿、才大夫，又能同其憂樂，不隨世俗爲俯仰。既又以書來，稱王君之子峴爲方有意於學，謂余當有以告語之者。峴亦以書來，贄甚勤，余讀之，信子約之言不誣也。無幾時，子約内徙高安以卒，而峴亦以王君之沒來赴，且述其事狀一通，而以銘墓爲請。余病疾，久廢筆研，既弔，且謝不能。而峴請益堅，乃記其後而歸之，以見余意，又以見峴之狀君詞，有不盡而無所溢也。四年戊午中冬丙申朔旦雲谷老人朱熹仲晦父書。

跋程沙隨帖

離騷九章云：「乘鄂渚而反顧兮，欸秋冬之緒風。」說文：「欸，訾也，亞改切，又烏開切〔四〕。」史記：范增撞破玉斗，曰「唉」。說文：「唉，應也〔五〕，烏開切。」二字音義並同，如「歎」與「嘆」、「欬」與「咳」實一字耳。其聲則皆楚語也，故元次山有欸乃曲，而柳詩亦用此二字，皆湘楚間作。柳文舊本作「靄襖」音，上字正協「亞改」之聲，集韻亦於「皆」韻收「唉」字，「海」韻收「欸」、「唉」二字爲一，其說蓋與說文不異。但「乃」字之讀如「襖」者，未有考耳。近世乃有倒讀之者，又或寫「欸」爲「款」，則其誤益甚矣。欸乃歌

唐肅宗中興之業，上比漢東京固有愧，而下方晉元帝則有餘矣。故許右丞之言如此，蓋亦有激而云者。然元次山之詞，歌功而不頌德，則豈可謂無意也哉！至山谷之詩，推見至隱以明君臣父子之訓，是乃萬世不可易之大防，與一時謀利計功之言，益不可同年而語矣。近歲復有諂子妄爲刻畫，以謗傷之，其說之陋，又許公所不道，直可付一笑云。浯溪詩〔六〕。○顏公剛毅忠烈，得之天資，與其學之不純，而諂道佞佛自不相掩。有志於道者，師

其所當師，而戒其所可戒可也。淺聞卑論，易以溺人，不足爲法，覽者詳之。麻姑山詩

余少嘗學書，而病於腕弱，不能立筆，遂絶去不復爲。今觀沙隨程丈此卷饒娥一紙，蓋有意於黄絹之碑者，亦可愛也。饒娥故居小廟在樂平縣東二十餘里，余嘗特往沃茗酹之。嬴闕已不復存矣，因語州縣宜增葺之，且爲請敕額，列祀典，而莫有應者，甚可歎也。辨饒娥

余嘗爲沙隨言，孝經獨篇首六七章爲本經，其後乃傳文，然皆齊魯間陋儒纂取左氏諸書之語爲之，至有全然不成文理處。傳者又頗失其次第，殊非大學、中庸二傳之儔也。程丈報書云：「吾嘗聞之玉山汪公，亦若吾子之言是也。」今覽其手書遺論，因記其語於後云。孝經論

慶元戊午十一月二十六日，劉用之爲劉伯醇携此卷來求跋，爲書以歸之。

書釣臺壁間何人所題後此詞實亦先生所作。

不見嚴夫子，寂寞富春山。空留千丈危石，高出暮雲端。想象羊裘披了，一笑兩忘身世，來插釣魚竿。肯似林間翮，飛倦始知還？中興主，功業就，鬢毛斑。驅馳一世人物，相與濟時艱。獨委狂奴心事，未羡癡兒鼎足，放去任疏頑。爽氣動星斗，終古照林巒。

頃年屢過七里灘，見壁間有胡明仲丈題字刻石，拈出嚴公懷仁輔義之語，以厲往來士大夫，未嘗不爲之摩挲太息也，然亦不能盡記其語。後數十年再過，因覓其石，則已不復存，意或者惡聞而毀滅之也。獨一老僧，年八十餘，能誦其詞甚習，爲予道之，俾書之册。比予未久而還，則亦爲好事者裂去矣。因覽兩峯趙傻醉筆釣臺樂府，偶記向所嘗見一詞，正與同調，并感胡公舊語，聊爲書此。慶元己未人日雲谷老人云。

釣臺故有范公記文，詞義甚偉，後人不容復措手矣。中間有江子我一記，獨書作新歲月，最爲得體，而粗述其以「羊裘」題軒、「客星」命閣之意，名義亦爲高雅。今屢經火，不知此石尚存否也。近年乃有作記，力辨嚴公非詭激素隱者，昔邵康節作「安樂窩中好打乖」詩，明道程先生和之，曰：「時止時行皆有命，先生不是打乖人。」而康節又復之，乃有「安知不是打乖人」之句，此言有味也。使嚴公而可作，當爲此發一大笑云。

跋吕氏歲時雜記

右吕公歲時雜記，熹得而伏讀之。既於周退傅、陸放翁之所歎竊亦深有感焉，又意公之爲此，亦前賢集録方書之遺意也。然則後之君子，又將有感於余言也夫！慶元己未二月辛巳新安朱熹書。

跋張安國帖

安國天資敏妙，文章政事皆過人遠甚。其作字多得古人用筆意，使其老壽，更加學力，當益奇偉。建陽張大夫珍藏此紙，間以視予，展玩恍然如接談笑。書其後而歸之。慶元己未三月八日。

跋山谷宜州帖

山谷宜州書最爲老筆，自不當以工拙論。但追想一時忠賢流落，爲可歎耳。雲谷老人因覽竊識。慶元己未三月八日。

跋米元章下蜀江山圖

米老下蜀江山嘗見數本，大略相似，當是此老胸中丘壑最殊勝處，時一吐出，以寄真賞耳。蘇丈粹中鑒賞既精，筆語尤勝。頃歲嘗獲從游，今觀遺墨，爲之永歎。慶元己未三月八日新安朱熹仲晦父。

跋蔡端明帖

蔡公書備衆體，此卷評書一紙，獨有歐、虞筆意，甚可愛也。慶元己未三月八日雲谷老人觀縣大夫張侯所藏，爲識其後。

跋歐陽文忠公帖

歐陽文忠公與蔡忠惠公手帖，前輩交情篤厚，語意真實，於此可見。慶元己未三月八日新安朱熹仲晦父書。

跋東坡帖

東坡筆力雄健，不能居人後，故其臨帖物色牝牡，不復可以形似校量。而其英風逸韻，高視古人，未知其孰爲後先也。成都講堂畫像一帖，蓋屢見之故，是右軍得意之筆，豈公亦適有會於心歟？慶元己未三月八日，朱熹仲晦父觀永福張氏所藏墨蹟，歎賞不足，因記其左方。

跋曾南豐帖

余年二十許時，便喜讀南豐先生之文，而竊慕效之，竟以才力淺短，不能遂其所願。今五十年乃得見其遺墨，簡嚴靜重，蓋亦如其爲文也。慶元己未三月八日。

跋彭監丞集

余頃使浙東時，諸郡民以保伍之役不便，相與自言者衆，獨台之臨海爲無有。問其故，則曰：「前此縣令彭君視其聚落之貧富，而稍正定其疆理，使貧里得免頻役之苦，以故皆樂趨事，無所爲訴。」余念聚落貧富之不均，最爲役法大害。閒者雖設歇役年歲倍半之差，而猶有所不通。今彭君所行，雖律令所無有，然亦非有禁也，真可謂得法外意矣。閒頗推其法於他郡縣，人果皆以爲便。後以按事至台，留甚久，聞臨海士民稱彭君之政不容口，曰：「吾邑數年之前，唯顏侍郎度爲有去思，而近歲乃得彭君，其惠愛惻怛酷相似，而綜理詳密殆過之。」既又得其所爲户口財賦之書，讀之，益知彭君之志，不但爲百里規模而已也。然余自是罷歸，不復出者累年，亦聞彭君登朝出守，持使者節，而竟不及試以卒，每深以爲恨也。慶元己未，君之中表林生補持此集及葉卿所撰墓銘過余，三復感歎，因書疇昔所聞以附焉，以爲有志於民者，尚有取也。三月丁丑既望新安朱熹書。

跋劉司理行實

長樂劉砥及其弟礪相與來學，纍年于兹，更歷變故，志尚愈堅。察其居家孝友，交朋友信實，臨事謹畏，不敢畔繩墨，知其教習之有素也。一日，出友人趙君昌父所狀其先府君行事一通，因以銘墓爲請。余讀其文，考其事，有以信余所知之不繆矣。然余久以疾病，憂畏不能文，比年以來，所辭且十數家。以故雖知劉君之賢，而不能有以少答二生之意。獨識其後而歸之，後有君子，尚有以識此心也。雖然，二生勉旃，尊聞行知，而有以卒就其德業，則所以顯揚其親者，於是爲大，銘之有無，初不足爲重輕也。慶元己未四月乙酉新安朱熹書。

跋家藏劉病翁遺帖

病翁先生壯歲棄官，端居味道，一室蕭然，無異禪衲。視世之聲色權利，人所競逐者，漠然若亡見也。熹蚤以童子獲侍左右，先生始亦但以舉子見期。而熹竊窺觀，見其自爲與所以教人者，若不相似，暇日僭有請焉。先生欣然嘉其有志，始爲開示爲學門户，朝夕誨誘，亹亹不倦。其後先生屬疾，熹適行役在外，亟歸省問，先生喜甚，顧而語曰：「病中無可與語，幸吾子之來歸也。」自是日奉湯藥，先生所以教詔益詳，期許益重，至爲具道平生問學次第，傾倒亡餘。一日，從容因出詩一篇見授。先生性不喜書，常時詩文率多口占，使諸生執筆，獨此與贈劉致明丈長句皆手書之，其意可見也。贈劉詩有「小几清香慰臨别，極知了了萬緣輕」之句，子侄或惡其語之不祥者。先生笑曰：「此何足諱，然亦爲汝更之。」因别定爲「愁絶」字。既又發故篋，得碎紙數十，皆平日省躬自厲之言，稍以先後次爲一篇，命熹與同舍生黄銖筆之。復取閲視，手自更定數十字。間不一日，遂啓手足。諸子侄乃共發其先所緘封遺書數幅，皆熹未歸時所留，處畫庶事，遍及遺孤。復有片紙屬熹爲作張公書，末有「勉力大業」之語，熹始得泣受而寶藏之，以至于今，不敢失墜。然而躬行不力，老大無成，不能有以仰副當日付授之意。抱此愧恨，每念將無以見先生於地下，今病已力，何所復云。姑取遺墨聯爲一編，而序其本末，以示子孫，且以示諸同志，使於前脩景行之懿，知所跂慕，而又視熹之慵惰亡聞，以爲前車之戒也。熹字元晦，亦先生所命。其祝詞具在，以非臨終手筆，别附他卷。先生没以紹興十七年丁卯，後五十三年，慶元己未五月丙申，門人朱熹謹書。

跋病翁先生詩

月高夜鳴箏，聲從綺窗來。隨風更迢遞，縈雲暫徘徊。餘音若可玩，繁弦互相催。不見理箏人，遥知心所懷。寧悲舊寵棄，豈念新期乖？含情鬱不發，寄曲宣餘哀。一彈飛霜零，再撫流光頹。每恨聽者稀，銀甲生浮埃。幽幽孤鳳吟，衆鳥聲難諧。盛年嗟不偶，況乃容華衰。道同符片諾，志異勞事媒。棲棲牆東客，亦抱凌雲才。

此病翁先生少時所作聞箏詩也。規模意態，全是學文選樂府諸篇，不雜近世俗體，故其氣韻高古，而音節華暢，一時輩流少能及之。逮其晚歲，筆力老健，出入衆作，自成一家，則已稍變此體矣。然余嘗以爲天下萬事，皆有一定之法，學之者須循序而漸進。如學詩則且當以此等爲法，庶幾不失古人本分體制。向後若能成就變化，固未易量，然變亦大是難事。果然變而不失其正，則縱横妙用，何所不可？不幸一失其正，却似反不若守古本舊法，以終其身之爲穩也。李、杜、韓、柳，初亦皆學選詩者，然杜、韓變多，而柳、李變少；變不可學，而不變可學，故自其變者而學之，不若自其不變者而學之，乃魯男子學柳下惠之意也。嗚呼，學者其毋惑於不煩繩削之説，而輕爲放肆以自欺也哉！己未五月二十二日。

書先吏部韋齋記銘並劉范二公帖後

右劍浦羅先生仲素爲先君子作韋齋記，而沙陽曹丈令德又爲之銘，家藏遺蹟，數十年矣。恭惟先君子名齋之意，不唯自警，乃其所以垂裕後人者，蓋亦至深至厚而無以加。而熹踐脩不謹，陷身危辱，今病且死，大懼無以奉慈顔於地下，故敢收輯遺文，藏之家廟，以示子孫，使永永奉承，不至失墜，庶幾得以少伸省愆念咎之萬一。其横渠西銘實外舅草堂劉先生所授，首尾有先生手筆二十字。造字祝辭，病翁劉先生所作，及秘閣范公手帖，今皆以附于後。三公皆先君子執友，其所以教熹者，今皆不能有以副也。慶元己未五月丙申孤熹敬書。

書先吏部與淨悟書後

某啓：比獲從容，良慰。北巖重勤遠出，伏暑中時得雨，法體多福安。下處未欲遽以干人，須決成入城，即自有書信去。城中數日，人事紛紜，歸來静坐纍日，意緒始復舊。雲監寺不别書。空石斗一枚，付去人謝諫去。若借得兩人，即分付兩籠，令共舁來。不然，即且取古田丙字紙五軸付謝諫來。及珙首座並煩致意，未相見，加愛。

閏月三日，某啓上尊勝長老淨悟。見世美兄弟致意，城中滚滚不款，未及爲書。先君子少日喜與物外高人往還，而於淨悟師爲尤厚。後嘗爲記尊勝佛殿，今刻石具在，可考也。淨悟，建陽後山人，晚自尊勝退居南山雲際院。一室翛然，禪定之餘，禮佛以百萬計。年過八十，目光炯然，非常僧也。常爲余道富文忠、趙清獻學佛事，其言收斂確實，無近世衲僧大言欺世之病。以是知先君子之厚之，非苟然也。古田林生蒙正持此卷來，捧玩手澤，不勝悲感，因爲略記其本末云。慶元己未六月既望雲谷朱熹謹書。

跋德本所藏南軒主一箴

「敬」之一字，學者若能實用其力，則雖程子兩言之訓，猶爲剩語。如其不然，則言愈多，心愈雜，而所以病乎敬者益深矣。誦敬夫之箴者，要當以識此意云。慶元己未初伏，雲谷老人書。

題吳和中感秋賦後

和中感秋作賦，既發深省，乃欲逃之麴糵之間。叔通以碩果不食者厲之，可謂得朋友之職矣。顧予姦僞排擯之餘，何足知此？二君子其相與切磋之時，有以見警焉，則區區之望也。慶元己未八月既望雲谷老人書。

跋張以道家藏東坡枯木怪石

蘇公此紙出於一時滑稽詼笑之餘，初不經意，而其傲風霆、閲古今之氣，猶足以想見其人也。以道東西南北，未嘗寧居，而能挾此以俱，寶玩無斁，此其意已不凡矣。且不以視王公貴人，而獨以誇於畸人逐客，則又有不可曉者。雲谷老人因覽爲識，時慶元己未仲秋既望。

愚叟之墓已有宿草矣，撫玩遺墨，相視感慨，泫然久之。若歸羌廬，以視西坡，當同此歎也〔七〕。

跋劉子勉行狀

余自爲童子時，得見大夫公於病翁先生之側，聞其自誦所爲程試之文，意氣偉然，音節華暢，已知敬愛其人。後因葬親於公之鄉，始得從公遊好款密，見公居家居鄉言行之詳，及聞其所以施於官政者，表裏殫盡，莫非忠厚信實、慈惠恭儉之意，於是始益心服其爲人。及公之没，其諸子示以此書，蓋將使志其墓。會余方有幽憂之疾，不遑序次，然三復其文，而參以平生所聞見，蓋無一詞之非實也。顧念歲月逾邁，後生之及見前輩者日加少，而俗愈偷也，爲之太息而識其後云。新安朱熹書。

跋吉水周君家藏訴牒

吉水鄉貢周君訴牒七通，其家寶藏閲八世，餘二百年矣。覽者不暇尋其端原，一旦，丞相益國公表而出之，爲之稽考歲年，推校事實，上及正朔名諱，至纖至悉，於是周君之事，得以備見其本末，其後之人，可以益嚴奉守，而無所事於他求矣。而其孫洽乃偏以屬其鄉黨知名之士，悉使贊述而揄揚之。是則已病於贅，而意猶未已，又復不遠千里，夤緣紹介，以諉於余，此其爲贅，豈不又甚矣！余欲謝而却之，又念無以答其纍舍重趼之勤，乃書此以諗焉。生其持歸，杜門讀書，求其所未學者，以繼乃祖之業，毋庸復爾奔走請謁，而求無所用之跋語，以老歲月爲也。噫！若余之言，固亦無所用者，然使生因是而有發焉，則猶足爲有用也夫！慶元己未三月甲子新安朱熹。

跋山谷草書千文

李端叔崇寧三年八月一日題云：「紹聖中，詔元祐史官甚急，皆拘之畿縣，以報所問，例悚息失據。獨魯直隨問爲報，弗隱弗懼，一時栗然，知其非儒生文士而已也。」紹聖史禍，諸公置對之辭，今皆不見於文集，獨嘗於蘇魏公家得陸左丞畫一，數條皆詆元祐語也。其間記黄太史欲書王荆公勿令上知之帖，而已力沮止之。黄公爭辨甚苦，至曰：「審如公意，則此爲佞史矣。」是時陸爲官長，以是其事竟不得書，而黄公猶不免於後咎。然而後此又數十年，乃復賴彼之言，而事之本末因得盡傳於世，是亦有天意矣。惜乎秉史筆者不能表而出之，以信來世，而顧獨稱其詞筆以爲盛美。因觀此卷李端叔跋語，爲之感慨太息，輒記其後。若其書法，則世之有鑒賞者自能言之，故不復及云。慶元己未十一月既望雲谷老人朱熹記。

跋陳光澤家藏東坡竹石

東坡老人英秀後凋之操、堅確不移之姿，竹君石友，庶幾似之。百世之下觀此畫者，尚可想見也。

跋陳大夫詩

常人之情，小有一善，則自視哆然若有餘，而其責報也，欲然常若有所不足。所以善日消，而惡日長，卒以陷溺於利欲之横流而不自知也。大夫陳公廉靖自守，不肯屈意權門，寧俛首於下寮，終身而不悔。比其晚歲，僅以年勞得官其世，而所以省身知足之意，見於短章者乃如此，其志念之所存，與庸者遠矣。嗚呼，子孫之賢，其亦深念而敬守之也哉！慶元己未十一月既望新安朱熹識。

跋進賢傅君行實

從政進賢傅君既没，將葬，其子脩抱其行實一通，不遠千里，辱以顧予。流涕言曰：「先人蚤歲有志功名之會，中間不幸遭罹國難，蓋嘗解儒服以事戎行，實從宣撫岳公轉戰許、洛之間，屢以捷告。上功未報，而南北通和，岳公遂罹讒口，失兵柄，得奇禍。先人爲之感慨憤激，棄其官勳，以歸故里。復治家人生産作業，教子讀書，酌酒賦詩，以自排遣，倏然不知其身之老也。晚值慶恩，三蒙錫命之寵，遂易文階，老壽康寧，閭里嗟歎。今者不幸至於大故，不肖之孤，銜哀忍死，以奉窀穸之事。既有期矣，顧恨未得當世之大人君子發其潛德之幽光，傳之久遠，以覆露其後嗣，是以匍匐而來，再拜以請于執事。惟公幸哀而與之銘，則死者有知，亦無恨於泉下矣。」予視其冠屨應禮，而戚容與之稱，言詞懇愨，情旨酸辛，爲惻然動心焉，知其平日習於賢父兄之教訓也。以是雖不及識傅君，而於此得其爲人。顧念罪戾之餘，言語不足以取重當世，而疾病摧頽，意緒荒忽，亦無復心力可以治筆研、作文詞矣，特以其遠來泣請之哀，不可以不答也，因爲書此于行狀之後，使並以視來者云。慶元己未十一月辛丑新安朱熹書。

跋大父承事府君行狀

右先大父贈承事郎府君行狀，先君太史、吏部、贈通議大夫君所撰也。當時既以請銘於政和主簿盧君點，未及礱石，而群盜蜂起，文書散逸，於今僅存半藁，不可復刻矣。熹竊惟念吾家自歙入閩，而府君始葬於此，不可使後之子孫不知其時世歲月，與其所以積德垂慶，開祐後人之深意，敬立石表，刻狀下方，立于墓左。先世墳廬在婺源者，及祖妣孺人以下別葬所在，亦具刻于碑陰，使來者有考焉。盧君字師予，老儒博學，清謹有馴行。定宅者弋陽金生，字確然，亦廉節士，頗通方外之學，姓字皆見先集云。慶元五年十有二月甲子孝孫具位熹謹記。

跋楊子直所賦王才臣絶句

王摩詰輞川漆園詩云：「古人非傲吏，自闕經世務。偶寄一微官，婆娑數株樹。」余深愛之，而以語人，輒無解余意者。今讀子直此詩，而於南谷之篇竊有感焉，因識其後。復以寄才臣，果以爲何如也？慶元庚申正月二十八日晦翁書。

楊詩曰：「南山高且明，其下有深谷。文豹識顯藏，終朝霧如沐。」

跋黄壺隱所藏師説

盱江黄枏達材以其先君子壺隱居士手抄此册見示，乃熹昔年所受師説。手書居前，記録在後，伏讀愀然，如復得侍坐左右，而聞其緒言也。顧恨慵惰，不能拳拳服膺，以報萬一。而荒淺昧陋，趣録之際，又不能無失其深微之意。三復以還，不勝悚愧。然觀壺隱好學自强，樂善不倦，乃至於此，熹雖不及識面，而於此亦足以窺其所存矣。因竊記其後而歸之，達材昆弟其亦寶藏敬守，精究而勉學焉，以無忘前人之訓。慶元庚申二月八日新安朱熹謹書。

跋袁州萍鄉縣社倉記

萍鄉胡君安之來學於余，一日，致其鄉人士君子之意，欲余爲之記其社倉之役。及扣其詳，則出是書一卷，曰：「此邑士鍾君詠之所爲也。是倉之成，鍾君及彭君公脩實有力焉，故所登載，詳悉如此。」余固嘉其敏於事，而又能述以文也。因念紹熙甲寅之歲，赴鎮長沙，道出兹邑。邑之士子導余以觀於其學而請記之，及行堂序間，則既有亡友劉君清之之刻在焉。余拱而讀，顧而歎曰：「美哉乎子澄之言也！諸君日誦而時省之，則亦無以余言爲矣。」即謝去不敢爲，而諸生至今猶有望於余也。矧曰是倉之成，既出鍾君之手，而此文又出其筆，則亦何以異於學之有記，而復何待於余言哉！又況天下之事，是非得失固有定在，而其盛衰興廢，亦有繫於時勢而不可常者。顧余之衰謝淪落，徒足以爲是倉之纍，而不足以增其重，諸君亦何所賴，而求之若是其勤耶？爲諸君計，莫若具刻鍾君之記，以示後人，使讀之者有以知其成之之不易如此，而不忍壞焉，斯亦足矣。胡君告歸，因跋其尾以授之，且以寄謝庠序諸君，使毋忘子澄之教也。慶元庚申二月辛巳春分晦庵病叟朱熹書。

跋周司令所藏東坡帖

蘇公翰墨爲世寶藏，故流俗多僞作者。余家有其與德叟先輩書兩紙，詞意超然，筆勢飛動，觀者尚或疑之，余亦不能辨也。今觀作肅所藏，源流有自，而二公賞識又如此，其亦可以無疑矣。五月朔日朱熹云。

跋章國華所集注杜詩

章國華過予山間，出所集注杜詩示予。其用力勤矣，然其所引東坡事實者，非蘇公作，聞之長老，乃閩中鄭昂尚明僞爲之。所引事皆無根據，反用杜詩見句增減爲文，而傳其前人名字，託爲其語，至有時世先後顛倒失次者。舊嘗考之，知其決非蘇公書也。況杜詩佳處有在用事造語之外者，唯其虚心諷詠，乃能見之。國華更以予言求之，雖以讀三百篇可也。朱熹仲晦書。

題林汝器論語集説後

友人范百崇嘗爲予言，語、孟，聖賢之言，本自平易，又有諸先生相爲發明，義理昭著如日星。然學者體味於心，念念不已，自然血脈通貫，無所底滯，然後可言有益於吾身。不然，涉獵强記，無沉浸醲郁之功，則其所資，亦淺淺焉耳。予愛其言，因書於林汝器所編論語説後。汝器以此説驗之，則其所編之是非得失，當自見矣。

題李太白詩後

世道日交喪，澆風變淳原。不求桂樹枝，反棲惡木根。所以桃李樹，吐華竟不言。大運有興没，羣動若飛奔。歸來廣成子，去入無窮門。

林光之攜陳光澤所藏廣成子畫像來看，偶記太白此詩，因寫以示之。今人捨命作詩，開口便説李杜，以此觀之，何曾夢見他脚板耶！

書周易參同契考異後

右周易參同契，魏伯陽所作。魏君，後漢人，篇題蓋放緯書之目，詞韻皆古奥，雅難通。讀者淺聞，妄輒更改，故此他書尤多舛誤。今合諸本，更相讎正，其間尚多疑晦，未能盡祛。姑據所知，寫成定本，其諸同異，因悉存之，以備參訂云。空同道士鄒訢。

題不養出母議後

禮不著嫁母之服，而律令有之。或者疑其不同，以予考之，禮於嫁母雖不言親，而獨言繼，又著出母之服焉，皆舉輕以明重，而見親母之嫁者，尤不可以無服，與律令之意，初不殊也。又於爲父後者，但言出母之無服，而不及嫁母，是亦舉輕以別重，而見嫁母之猶應有服也。余觀余正父之所辨貢士之妾母，雖非父卒子幼而更嫁，然無七出之罪，而其去也有故，則其實乃嫁母，而非出也。樂平令尹所論之失，正坐以嫁母爲出母，謂有服爲無服，而正父之辨之也，亦唯此二者之爲急耳。今乃獨有「是嫁母也」之一言，而不論其所以不爲出而猶有服者，顧反題其篇端曰「不養出母」，又但論其與古之出母者不同，而不可從於不喪之文，則亦自相矛盾，而反以證成令尹之誤説矣。予懼夫覽者之不能無疑，故書此以質焉。正父雖不能深明其不爲出母，然亦不敢正以出母目之，但篇末一處有「不養出母」字，而自改「出」字爲「生」字，亦可見其大指之所在矣。但少著力，分明説破耳。抑正父之欲使夫人養是母也，將使如何而養之耶？予聞之母嫁而子從者，繼父爲之築廟於家門之外，使其子祀之，而妻不敢與焉。説者以爲，恩雖至親，族已絶矣，夫不可二故也。此則是嫁母者生不可以入于廟，死不可以祔于廟，而亦不可以養於家矣。爲之子者，率其婦子就母之家，或舍其側而養之，則於禮也其節矣乎！或曰：「此爲母之有家者言之，則可矣。不幸而無以爲家，則如之何？」築室于外可也。

書張伯和詩詞後

右紫微舍人張伯和父所書其父子詩詞，以見屬者。讀之使人奮然有擒滅讎虜、掃清中原之意。淳熙庚子刻置南康軍之武觀，以示文武吏士。

跋徐騎省所篆項王亭賦後

騎省自言晚乃得謁匾法〔八〕。今觀此卷，縱横放逸，無毫髮姿媚意態，其爲老筆亡疑。淳熙辛丑仲冬乙酉，新安朱熹觀汪伯時所藏於西安浮石舟中。

跋蘭亭叙

觀王順伯、袁起巖論蘭亭序，如尤延之著語，猶未免有疑論，余乃安敢復措説於其間。但味務觀之言，亦復慨然有楚囚之歎耳。朱熹。

跋汪季路所藏其外祖湍石喻公所書文中子言行卷後

玉泉喻公手書王文中子言行〔九〕，以授其外孫，其可謂不言之教矣。後學朱熹敬觀。

淳熙壬寅十二月庚申。

跋泰山秦篆譜

乾道丁亥，予訪張敬夫於長沙。一日，相與謁劉子駒文〔一〇〕，閲其先世所藏法書古刻，及近世諸公往來書帖，竟日不能徧。因出泰山秦篆譜，曰：「此雖墨本，然舊藏僅存此紙。頃歲有欲取以入石者，顧手澤所在，不忍壞，遂已。」獨學易、養性二篇，乃重刻本，因取以見遺，予受藏之。後纍年乃得篆譜新本於汪季路，不知其何從得本以刻也。因合二書，通爲一卷，追省前事，如宿昔也。劉丈多聞彊記，清貧苦節，少仕州縣，遇熙豐故家子孫，輒引避，饘粥不繼，或憊卧終日，而處之泰然。相見時已老，尚能談説往事，滚滚不休，氣貌醇古自然，有前輩風度，今不復有斯人矣。去歲守潭，俯仰昔游，幾閲一世，劉丈與敬夫逝去皆已久，而劉氏子侄無欲無咎，獨能閉門忍窮，謹守家法，又足令人感慨太息云。明年慶元改號，歲在乙卯，五月丁未，病中讀養性語，因記其後。

跋蔡藻筆

蔡藻造筆，能書者識之，此故沅州吕使君語也。因試其所製棗心樣，喜其老而益精，並深山陽鄰笛之感。慶元丙辰冬至前五日晦翁書。

題袁機仲所校參同契後

予頃年經行順昌，憩篔簹鋪，見有題「煌煌靈芝，一年三秀。予獨何爲？有志不就」之語於壁間者，三復其詞而悲之。不知題者何人，適與予意會也。慶元丁巳八月七日，再過其處，舊題固不復見，而屈指歲月，忽忽餘四十年，此志真不就矣。道間偶讀此書，并感前事，戲題絶句：「鼎鼎百年能幾時，靈芝三秀欲何爲？金丹歲晚無消息，重歎篔簹壁上詩。」晦翁。

跋周益公楊誠齋送甘叔懷詩文卷後

退傅精勤小物，無有入於無間。老監縱横妙用，諸相即是非相。且道二公用處，是同是別？叔懷於此卷中直下薦得，不妨奇特。如或未然，待汝一口吸盡西江水，即向汝道。慶元己未四月甲申朱熹。

跋陳剛中帖

陳剛中詩，諸公跋語已具見其顛末。周君季宏持以示余，使題於後。顧熹復何能有所發明？但計紹興庚申距今己未，六甲五子，適一周矣。胡、陳雖死，尚有生氣，而彼紛紛者，果安在哉？嗟歎不足，姑竊識其左方。十月甲子雲谷老人朱熹書。

記遊南康廬山〔一〕

晦翁與程正思、丁復之、黄直卿俱來覽觀江山之勝，樂之忘歸。時淳熙己亥重午日，翁子在、甥魏恪侍行。

書濂溪光風霽月亭〔二〕

淳熙八年，歲在辛丑，夏四月六日，後學朱熹、張揚卿、王沅、周頤、林用中、陳祖永、許子春、王翰、余隅、陳士直、張彦先、黄榦，敬再拜于濂溪先生書堂下。惟先生承天畀，係道統，所以建端垂緒，啓佑于我後之人者，厥初罔不在斯堂，用咸歎慕低回弗忍去。熹乃復出所誦説先生太極圖，贊其義以曉衆，咸曰休哉。退，先生之曾孫正卿、彦卿，玄孫濤設饌光風霽月亭，祁真卿、吳兼善、僧志南與熹敬書以誌。

遊密庵記〔一三〕

淳熙辛丑秋七月癸未，朱仲晦父、劉彦集、敬父、平父、黄德遠、方伯休、陳彦忠來遊密庵，仲晦父之子塾，在，彦集之子瑾，平父子姪學雅、學文、學古、學博、學裘侍。向夕，冒大雨，涉重澗，登晝寒亭，觀瀑布壯甚。明日，仲晦父復與彦集、平父步自野鶴亭，下尋澗底，得水石佳處三四，規築亭以臨之。而陳力就深父繼至，見之欣然許相其役，遂復登晝寒。會雨小霽，日光璀璨，尤覺雄麗。歸飲清湍，以「崇山峻嶺，茂林脩竹，清流激湍，映帶左右」分韻賦詩。明日，復循澗疏理泉石，飲罷而還。道人宗慧、宗歸有約不至。

校勘記

〔一〕朱熹　浙本作「新安朱熹謹書」。

〔二〕老翁井詩　「井」，原作「并」，據浙本改。

〔三〕三業清淨　「三」，原作「二」，據閩本、浙本改。

〔四〕又烏開切 「烏」，原作「焉」，據説文八篇下改。
〔五〕唉應也 「應」，原作「膺」，據説文八篇下改。
〔六〕浯溪詩 「浯」，原作「語」，據正訛改。
〔七〕當同此歎也 按是句下底本原注云：「愚叟謂呂子約，晚謫高安，寓大愚寺，自號大愚老叟。西坡謂黄商伯。」
〔八〕晚乃得諞匾法 「諞」，原作「請」，據閩本改。
〔九〕玉泉喻公 「玉」，原作「王」，據浙本改。
〔一〇〕謁劉子駒文 「文」，疑「丈」字之形誤。
〔一一〕記遊南康廬山 按本篇又見朱文公文集别集卷七，題爲「題叠石庵」，文中「甥魏恪」作「甥魏愉」。浙本本篇見於卷七八。
〔一二〕書濂溪光風霽月亭 按浙本本篇見於卷七九。
〔一三〕遊密庵記 按浙本本篇見於卷七九。

晦庵先生朱文公文集卷第八十五

銘　箴　贊　表　疏　啓　婚書　上梁文

講座銘

紹興二十三年，新安朱熹仲晦來爲吏於同安，而兼領其學事。越明年五月，新作講座，以臨諸生。顧其所以作之意，不可以不銘。銘曰：

師道絶塞，以圮其居。今其言言，亦莫我敢都。前聖後師，文不在兹。如或見之，有儼其思。立之堂壇，惟以有嚴。厥臨孔昭，式訛爾瞻。

四齋銘

志道

曰趨而挹者，孰履而持？曰飢而寒者，誰食而衣？故道也者，不可須臾離，子不志於道，獨罔罔其何之！

據德

語道術，則無往而不通；談性命，則疑獨而難窮。惟其厚於外而薄於内，故無地以崇之。

依仁

舉之莫能勝，行之莫能至，雖欲依之，安得而依之？「爲仁由己，而由人乎哉！」雖欲違之，安得而違之！

游藝

禮云樂云，御射數書。俯仰自得，心安體舒。是之謂游，以游以居。嗚呼游乎，非有得於内，孰能如此其從容而有餘乎！

鼓銘

擊之鏜兮，朝既暘兮，巧趨蹌兮。

至樂齋銘

葉學古讀書蕭寺，取歐陽子詩語名其室曰「至樂」，紫陽朱熹仲晦父實爲之銘：

呻吟北窗，氣鬱不舒〔一〕。我讀我書，如病得甦。客問此書，中作何味？君乃嗜之，如此其至。趣爲子語，無味乃然。是有味者，乃痼乃羶。天下之樂，我不敢知。至歐陽子，乃陳斯詩。我思古人，實感我心。惟曰愔愔，式鈎且深。

南劍州尤溪縣學明倫堂銘

天叙有典，匪學弗明。我作此堂，大猷是經。匪忠曷勸？匪孝曷程？咨爾學子，永觀厥成。

又四齋銘

崇德

尊我德性，希聖學兮。玩心神明，蜕汙濁兮。

廣業

樂節禮樂，道中庸兮。克勤小物，奏膚公兮。

居仁

勝己之私，復天理兮。宅此廣居，純不已兮。

由義

羞惡爾汝，勉擴充兮。遵彼大路，行無窮兮。

學古齋銘

浦城周侯嗣恭葺其先大父徽猷公所作學古齋，以教齊宗族子弟，新安朱熹爲題其榜。周侯又來請銘，則推其意，乃作銘曰：

相古先民，學以爲己。今也不然，爲人而已。爲己之學，先誠其身。君臣之義，父子之仁。聚辨居行，無怠無忽。至足之餘，澤及萬物。爲人之學，燁然春華。誦數是力，纂組是誇。結駟懷金，煌煌煒煒。世俗之榮，君子之鄙。維是二者，其端則微。眇綿弗察，胡越其歸。卓哉周侯，克承先志。日新此齋，以迪來裔。此齋何有？有圖有書。厥裔斯何？衣冠進趨。夜思晝行，咨詢謀度。絶今不爲，惟古是學。先難後獲，匪亟匪徐。我其銘之，以警厥初。

尊德性齋銘

内弟程允夫以「道問學」名齋，予謂當以「尊德性」易之，允夫請銘，因爲作此。

維皇上帝，降此下民。何以予之？曰義與仁。雖義與仁〔一〕，維帝之則。欽斯承斯，猶懼弗克。孰昏且狂，苟賤汙卑，淫視傾聽，惰其四肢。褻天之明，慢人之紀。甘此下流，衆惡之委。我其監此，祇栗厥心。有幽其室，有赫其臨。執玉奉盈，須臾顛沛。任重道遠，其敢或怠！

敬恕齋銘

莆陽陳師中讀書之室，新安朱熹題以「敬恕」，且爲之銘：

出門如賓，承事如祭，以是存之，敢有失墜？「己所不欲，勿施于人」，以是行之，與物皆春。胡世之人，恣己窮物，惟我所便，謂彼奚恤？孰能反是，歛焉厥躬？于墻于羹，仲尼子弓。内順于家，外同于邦。無小無大，罔時怨恫。爲仁之功，曰此其極。敬哉恕哉，永永無斁。

求放心齋銘

番陽程正思作求放心齋，汪子卿、祝汝玉既爲之銘，新安朱熹掇其遺意，復爲作此：

天地變化，其心孔仁。成之在我，則主于身。其主伊何？神明不測。發揮萬變，立此人極。晷刻放之，千里其奔。非誠曷有？非敬曷存？孰放孰求？孰亡孰有？詘伸在臂，反覆惟手。防微謹獨，兹守之常。切問近思，曰惟以相之。

書字銘

明道先生曰：「某書字時甚敬，非是要字好，只此是學。」握管濡毫，伸紙行墨。一在其中，點點畫畫。放意則荒，取妍則惑。必有事焉，神明厥德。

劉屏山復齋蒙齋二琴銘

屏山先生之琴二，其嗣子玶葆藏之，門人朱熹敬爲作銘：

匪金匪石，含玉真兮〔三〕。雷伏于腹〔四〕，閟其神兮。砰然一作〔五〕，萬物皆春兮。我觀器寶，懷若人兮。主靜觀復，脩厥身兮。與時偕詘，而不及其伸兮。復齋

抑之幽然者，若直其遇險而止〔六〕；寫之泠然者，若導其出山之泉。蓋先生之言，不可得而聞矣。若其亨貞之意，則託兹器而猶傳。蒙齋

黄子厚琴銘

黄子琴號「純古」，晦翁銘之：

無名之樸，子所琴兮。扣之而鳴，獲我心兮。杳而弗默，麗弗淫兮。維我知子，山高而水深兮。

紫陽琴銘

養君中和之正性，禁爾忿欲之邪心。乾坤無言物有則，我獨與子鈎其深。

尺銘

有矗其經，有棘斯緯。字體變化，忽與神會。倨句如矩，其繩則直。我端我躬，允相兹尺。

又

魯曾氏，作斯器。正文字，畀來系。

窗銘

言思毖，動思躓，過思棄。端爾躬，正爾容，一爾衷。

寫照銘

乾道九年，歲在癸巳，予年四十有四，而容髮凋悴，遽已如此。然亦將脩身以畢此生而已，無他念也。福唐□□元爲予寫照，因銘其上，以自戒云。

端爾躬，肅爾容。檢於外，一其中。力於始，遂其終。操有要，保無窮。

題魏府藏趙公飲器

趙公飲器魏府藏，我思兩公愛甘棠。惟魏子孫寶無斁，敬奉其盈如弗克。平陵朱熹拜手書。

魏國公府犀爵銘丞相趙公所餽公者。

天水公，屹堂堂。舉兕爵，孰敢當。惟魏公，一心膂。受藏之，永終古。後之人，奉其盈。如不克，視熹銘。

懷玉硯銘

我輯墜簡，大法以存。孰摯其寶，使與斯文？點染之餘，往壽逋客。墨爾毫端，毋俾玄白。慶元丁巳三月庚子。

懷玉南谿近出此石，徐斯遠以予方討禮篇，持以爲贈。會分半藁以屬吕子約於高安，因掇寄之。慶元强圉大荒落日南至晦翁記。

藏書閣書厨字號銘

於穆元聖，繼天測靈。出此謨訓，惠我光明。永言寶之，匪金厥贏。含英咀實，百世其承。

敬齋箴

讀張敬夫主一箴，掇其遺意，作敬齋箴，書齋壁以自警云。

正其衣冠，尊其瞻視。潛心以居，對越上帝。足容必重，手容必恭。擇地而蹈，折旋蟻封。出門如賓，承事如祭。戰戰兢兢，罔敢或易。守口如瓶，防意如城。洞洞屬屬，罔敢或輕〔七〕。不東以西，不南以北。當事而存，靡他其適。弗貳以二，弗參以三。惟精惟一，萬變是監。從事於斯，是曰持敬。動靜無違，表裏交正。須臾有間，私欲萬端。不火而熱，不冰而寒。毫釐有差，天壤易處。三綱既淪，九法亦斁。於乎小子，念哉敬哉！墨卿司戒，敢告靈臺。

調息箴

鼻端有白，我其觀之。隨時隨處，容與猗移。靜極而噓，如春沼魚。動極而翕，如百蟲蟄。氤氳開闢，其妙無窮。孰其尸之？不宰之功。雲卧天行，非予敢議。守一處和〔八〕，千二百歲。

易五贊

原象

太乙肇判，陰降陽升。陽一以施，陰兩而承。惟皇昊羲，仰觀俯察。奇耦既陳，兩儀斯設。既幹乃支，一各生兩。陰陽交錯，以立四象。奇加以奇，曰陽之陽。奇而加耦，陽陰以章。耦而加奇，陰内陽外。耦復加耦，陰與陰會。兩一既分，一復生兩。三才在目，八卦指掌。奇奇而奇，初一曰乾。奇奇而耦，兑次二焉。奇耦而奇，次三曰離。奇耦而耦，四震以隨。耦奇而奇，巽居次五。耦奇而耦，坎六斯睹。耦耦而奇，艮居次七。耦耦而耦，八坤以畢。初畫爲儀，中畫爲象。上畫卦成，人文斯朗。因而重之，一貞八悔。六十四卦，由内達外。交易爲體，往此來彼。變易爲用，時静而動。降帝而王，傳夏歷商。有占無文，民用弗彰。文王繫彖，周公繫爻。視此八卦，二純六交。乃乾斯父，乃坤斯母。震坎艮男，巽離兑女。離南坎北，震東兑西。乾坤艮巽，位以四維。建官立師，命曰周易。孔聖傳之，是爲十翼。遭秦弗燼，及宋而明。邵傳羲畫，程演周經。象陳數列，言盡理得。彌億萬年，永著常式。

述旨

昔在上古，世質民淳。是非莫別，利害不分。風氣既開，乃生聖人。聰明睿智，出類超羣。仰觀俯察，始畫奇耦。教之卜筮，以斷可否。作爲君師，開鑿户牖。民用不迷，以有常守。降及中古，世變風移。淳澆質喪，民僞日滋。穆穆文王，身蒙大難。安土樂天，惟世之患。乃本卦義，繫此彖辭。爰及周公，六爻是資。因事設教，丁寧詳密。必中必正，乃亨乃吉。語子惟孝，語臣則忠。鉤深闡微，如日之中。曁乎末流，淫于術數。僂句成敗，黄裳亦誤。大哉孔子，晚好是書。韋編既絶，八索以袪。乃作彖象，十翼之篇。專用義理，發揮經言。居省象辭，動察變占。存亡進退，陟降飛潛。曰毫曰釐，匪差匪謬。加我數年，庶無大咎。恭惟三古，四聖一心。垂象炳明，千載是臨。惟是學者，不本其初。文辭象數，或肆或拘。嗟予小子，既微且陋。鑽仰没身，奚測奚究？匪警滋荒，匪識滋漏。維用存疑，敢曰垂後。

明筮

倚數之元，參天兩地。衍而極之，五十乃備。是曰大衍，虚一無爲。其爲用者，四十九蓍。信手平分，置右於幾。取右一蓍，掛左小指。乃以右手，揲左之策。四四之餘，歸之于扐。初扐左手，無名指間。右策左揲，將指是安。再扐之奇，通掛之算。不五則九，是謂一變。置此掛扐，再用存策。分掛揲歸，復準前式。三亦如之，奇皆四八。三變既備，數斯可察。數之可察〔九〕，其辨伊何？四五爲少，八九爲多。三少爲九，是曰老陽。三多爲六，老陰是當。一少兩多，少陽之七。孰八少陰，少兩多一。既得初爻，復合前蓍。四十有九，如前之爲。三變一爻，通十八變。六爻發揮，卦體可見〔一〇〕。老極而變，少守其常。六爻皆守〔一一〕，彖辭是當。變視其爻〔一二〕，兩兼首尾〔一三〕。變及三爻，占兩卦體。或四或五，視彼所存。四二五一，二分一專。皆變而他，新成舊毁。消息盈虚，捨此視彼。乾占用九，坤占用六。泰愕匪人，姤喜來復。

稽類

八卦之象，説卦詳焉。考之於經，其用弗專。象以情言，象以象告。惟是之求，斯得其要。乾健天行，坤順地從。震動爲雷，巽入木風。坎險水泉，亦雲亦雨。離麗文明，電日而火。艮止爲山，兑説爲澤。以是舉之，其要斯得。凡卦六虚，奇耦殊位。奇陽耦陰，各以其類。得位爲正，二五爲中。二臣五君，初始上終。貞悔體分，爻以位應。陰陽相求，乃得其正。凡陽斯淑，君子居之。凡陰斯慝，小人是爲。常可類求，變非例測。非常曷變？謹此爲則。

警學

讀易之法，先正其心。肅容端席，有翼其臨。于卦于爻，如筮斯得。假彼象辭，爲我儀則。字從其訓，句逆其情。事因其理，意適其平。曰否曰臧，如目斯見。曰止曰行，如足斯踐。毋寬以略，毋密以窮。毋固而可，毋必而通。平易從容，自表而裏。及其貫之，萬事一理。理定既實，事來尚虛。用應始有，體該本無。稽實待虛，存體應用。執古御今，由靜制動。潔靜精微，是之謂易。體之在我，動有常吉。在昔程氏，繼周紹孔。奧旨宏綱，星陳極拱。惟斯未啓，以俟後人。小子狂簡，敢述而申之。

復卦贊

萬物職職，其生不窮。孰其尸之？造化爲工。陰闔陽開，一静一動。於穆無疆，全體妙用。奚獨於斯，潛陽壯陰。而曰昭哉，此天地心。蓋翕無餘，斯闢之始。生意蓊然，具此全美。其在于人，曰性之仁。斂藏方寸，包括無垠。有茁其萌，有惻其隱。于以充之，四海其準。曰惟兹今，眇綿之間。是用齋戒，掩身閉關。仰止羲圖，稽經協傳。敢贊一辭，以紹無倦〔一四〕。

六先生畫象贊

濂溪先生

道喪千載，聖遠言湮。不有先覺，孰開我人？書不盡言，圖不盡意。風月無邊，庭草交翠。

明道先生

揚休山立〔一五〕，玉色金聲。元氣之會，渾然天成。瑞日祥雲〔一六〕，和風甘雨。龍德正中，厥施斯普。

伊川先生

規員矩方，繩直準平。允矣君子，展也大成。布帛之文，菽粟之味。知德者希，孰識其貴！

康節先生

天挺人豪，英邁蓋世。駕風鞭霆，歷覽無際。手探月窟，足躡天根。閑中今古，醉裏乾坤〔一七〕。

橫渠先生

早悦孫吳，晚逃佛老。勇撤臯比，一變至道。精思力踐，妙契疾書。訂頑之訓，示我廣居。

涑水先生

篤學力行，清脩苦節。有德有言，有功有烈。深衣大帶，張拱徐趨。遺象凛然，可肅薄夫。

張敬夫畫象贊

亡友荆州牧張侯敬夫畫象，新安朱熹爲之贊曰：

擴仁義之端，至於可以彌六合；謹善利之判，至於可以析秋豪。拳拳乎其致主之切，汲汲乎其幹父之勞。仡仡乎其任道之勇〔一八〕，卓卓乎其立心之高。知之者，識其春風沂水之樂；不知者，以爲湖海一世之豪。彼其揚休山立之姿，既與其不可傳者死矣，觀於此者，尚有以卜其見伊吕而失蕭曹也耶？

吕伯恭畫象贊

括蒼潘君叔度畫其先師東萊吕氏伯恭父之象于可庵退老堂之上，曰：「使西河之民毋疑我於夫子也。」屬其友朱熹贊之。爲作詞曰：

以一身而備四氣之和，以一心而涵千古之秘。推其有，足以尊主而庇民；出其餘，足以範俗而垂世〔一九〕。然而狀貌不踰於中人，衣冠不詭於流俗，迎之而不見其來，隨之而莫睹其躅。矧是丹青，孰形心曲？惟嘗見之者於此而復見之焉〔二〇〕，則不但遺編之可續而已也〔二一〕。

陳明仲畫象贊

故候官大夫陳君明仲之像，友人朱熹仲晦父贊之曰：

介然而不使人忌者，其自持之謹；温然而不使人狎者，其泛愛之和。其仕也，自詭以循良之最；其學也，自期以德行之科。嗚呼！孰謂其賫此志而中道以没，使吾老於其里而不得爲東阡北陌之經過也耶！

程正思畫象贊

程君正思畫象，朱仲晦父作贊。

嗚呼正思！退然如不勝衣，而自勝有以舉烏獲之任；言若不出諸口，而衛道有以摧髡衍之鋒。俛焉日有孳孳者，吾方未見其止。乃一朝而至此，則天曷爲而不假之壽以成其終？嗚呼！此猶未足以見其七分之貌，來者亦姑以是而想象其遺風。紹熙壬子重陽前一月書〔一二〕。

書畫象自警

從容乎禮法之場，沉潛乎仁義之府，是予蓋將有意焉而力莫能與也。佩先師之格言，奉前烈之餘矩，惟闇然而日脩，或庶幾乎斯語。

聚星亭畫屏贊并序

按世說：陳太丘詣荀朗陵，貧儉無僕役，乃使元方將車、季方持杖從後。長文尚小，載著車中。後漢書曰：陳寔字仲弓，潁川許人。嘗爲聞喜令，遷太丘長。脩德清静，百姓以安。後以黨人連及逮捕，人多逃避求免，寔曰：我不就獄，衆無所恃。乃請囚焉。遇赦得出。宦者張讓權傾天下，父死歸葬，潁川名士無往弔者，而寔獨弔焉。後復誅黨人，讓以寔故，多所全宥。寔在鄉閭，平心率物，或有爭訟，輒求判正，曉譬曲直，退無怨者。黨禁解，纍徵不起。年八十四卒，謚曰文範先生。又曰：荀淑字季和，潁川潁陰人也。少有高行，博學而不好章句。州里稱其知人，李固、李膺皆師宗之。舉賢良方正，對策，譏刺貴倖，梁冀忌之，出補朗陵侯相。莅事明理，稱爲神君。棄官而歸，閑居養志。又曰：陳紀字元方，寔長子也。至德絶俗，與寔高名並著。而弟諶，字季方，又配之。每宰府辟召，羔鴈成羣，世號三君，百城皆圖畫。紀子羣，字長文，爲魏司空。既至，荀使叔慈應門，慈明行酒，餘六龍下食。文若亦小，坐著膝前。荀淑有八子：儉、緄、靖、燾、汪、爽、肅、敷，居西豪里。縣令苑康曰：昔高陽氏有才子八人。遂署其里爲高陽里，時人號曰八龍。靖字叔慈，有至行，不仕，早卒，號曰玄行先生。爽字慈明，年十二，通春秋論語。潁川爲之語曰：「荀氏八龍，慈明無雙。」舉至孝，拜郎中。對策，陳便宜數千言，即棄官去。後坐黨錮，隱遁十餘年。董卓用事，徵拜司空。爽以卓忍暴，終危社稷，多舉才略之士，與王允等密謀討之，未及而以病終，後允乃竟誅卓。緄子彧，字文若。少時，父以畏禍，爲娶宦者唐衡女。後從曹操，操以爲謀主，比之子房。及操將受九錫，彧諫止之，遂爲所害。「彧」亦作「郁」。于時太史奏真人東行。續晉陽秋曰：陳仲弓從諸子姪造荀父子，于時德星聚，太史奏五百里賢人聚。考亭陳氏故有離榭，名以「聚星」，蓋取續陽秋語。中更廢壞，近始作新，適邇敝廬，因得相其役事。既又爲之本原事迹，畫著屏上，并爲之贊，以視來者云。

猗歟陳子，神嶽鍾英。文淵範懿，道廣心平。危孫汙隆，卷舒自我。是曰庶幾，無可不可。獻身安衆，弔竪全邦。炯然方寸，秋月寒江。願言懷人，曰我同志。故朗陵君，荀季和氏。連峯對起，麗澤涽滋。僾而不見，有黯其思。薄言造之，顧無僕役。獨呼二兒，駕予以出。青芻黄犢，布幰柴車。策紀前衛，杖諶後趨。所造伊何？高陽之里。維時荀君，聞至而喜。顧謂汝靖，往應于門。七龍矯矯，布席開尊。靖肅而前，翁拜其辱。何悟斯晨，得見清穆！命爽行觴，旅饋次陳。獻酬交錯，禮度情親。載笑載言，罔非德義。益邁乃猷，以輔斯世。髡髦兩稚，亦置膝前。原深本固，莫出匪賢。維此慈明，特謝儔匹。晚際國屯，敢憚濡迹。贅旒之命，恃以少延。邦朋之最，孰與爲先？郁乃附曹，羣亦忘漢。嗣守之難，古今共歎。崇臺回極，于以占天。猶曰兹野，德星萃焉。我寓有亭，舊蒙斯號。今刺前聞，象儀以告。高山景行，好德所同。課忠責孝，獨概余衷。百爾窺臨，鏡考毋怠。死國承家，永奉明戒。

南康軍到任謝表

臣熹言：伏奉敕命，差臣權發遣南康軍。尋具辭免，奉聖旨：「不允辭免，令疾速前去之任，候任滿前來奏事。」臣已於淳熙六年三月三十日到任，交割職事訖者。迂愚無用，久陪香火之班；臨照不遺，驟假兵民之寄。懇辭弗獲，宣布云初，感極涕零，愧深汗洽。中謝。伏念臣受材凡近，賦性顓蒙，徒能讀古人之書，夫豈識當世之務？頃蒙登進，獲奉清閒。繼遠迹於丘樊，遂閱歲華之久；顧馳心於魏闕，敢忘葵藿之誠？中兩奉於除書，亦屢祇於召節。銜衰抱病，既莫效於驅馳；假寵疏榮，反繆膺於眷獎。方誓堅於素守，庶少答於殊知，豈意因仍，復階任使。論資校考，既已極於超踰〔一三〕，揣分量能，懼愈難於稱塞。矧自乖於夙志，又仰負於前恩，雖嘗控瀝而莫回，終坐懦庸之無守。遂扶衰朽，暫別故山。已見吏民，具宣德意。豈曰昨非而今是，實繇義重而身輕。此蓋伏遇皇帝陛下性得堯仁，道高舜哲，念安民之不易，故慮尤軫於遠方，謂知人爲甚難，故用或收於棄物。致兹孱瑣，亦備使令。臣敢不仰奉詔條，俯詢民瘼。儻粗間於疾疢，詎辭撫字之勞。冀少假於旬時，卒上退藏之請。尚全末路，克對寵光。

浙東提舉到任謝表

宣教郎、直祕閣、提舉兩浙東路常平茶鹽公事臣朱熹上表。臣言：準告授臣前件差遣，填見闕。臣已於今月六日就本路蕭山縣交割職事訖者。擢於偏壘，付以外臺，便道造朝，單車詣部。延見父老，問其疾苦之因；宣布詔書，諭以丁寧之意。榮踰望表，懼溢情涯。中謝。伏念臣生長田間〔二四〕，棲遲林壑〔二五〕，居然朴拙，見謂迂疏。潛心竊慕於師承，行己敢干於義命？會逢聖旦，參預時流，驟自草萊〔二六〕，起分符竹。乾坤大德，施且不貲，螻蟻私情，報於何所？屬歉歲民無艱食，謂愚臣職有微勞，寵之册府之華，畀以近畿之節。雖駑馬之十駕，後者鞭之，然鼯鼠之五窮，技止此耳。毋乃累公朝之選，重以爲多士之羞！茲蓋恭遇皇帝陛下闢舜四門，馭周八柄，欲尺寸之長並用，致孱微之品亦收。比奉對揚，親叨臨遣。大明委照，不棄負薪之言；零露疏恩，更下賜緡之令。顧憂所在，稱塞爲難。臣惟當恪意講求，因時施舍。不能則止，戒小己之便文；當官而行，慕古人之報國。庶殫毫末，上答丘山。臣無任。

謝依所乞仍舊直寶文閣及賜詔書奬諭表

臣熹言：臣昨具狀辭免新除祕閣修撰恩命，近準尚書省劄子，奉聖旨依所乞，仍舊直寶文閣，仍賜臣詔書一道，特加奬諭者。白記上聞，幸曲全於愚守；璽封下逮，庸特示於異恩。祗服以還，戰兢無已。中謝。伏念臣學雖違俗，意敢近名？徒以迂疏，蚤絶榮途之望；乃遭神聖，晚深國士之知。中少效於驅馳，竟靡聞於報稱。及奉金華之召，寧忘丹扆之忠。顧惟塵腐之淺聞，莫副緝熙之隆指。逮復退閑之秩，仍升論譔之華。寵雖荷於殊常，義終慙於非據。故上聖方臨於宸極，而微臣屢觸於天威。自度孤危，豈勝糜滅？敢意出綸之渥，有嘉陳義之明。幸引分之少安，愧叨榮之愈甚。兹蓋伏遇皇帝陛下重明必照，大度并容。謂臣粗業詩書，諒亦有聞於古義；憐臣稍知廉恥，欲其無負於初心。特屈憲章，過形褒勸。臣敢不服膺至教，邁迹前修？「不忮不求」，何止終身之誦；是彝是訓，庶幾有極之歸。臣無任。

漳州到任謝表

朝散郎、直寶文閣、權發遣漳州軍州事朱熹上表。臣熹言：準敕差前件差遣，已於四月二十四日到任訖。抱病支離，莫副光華之遣；封章懇切，更叨選用之良。引避弗回，兢惶失次。即强扶於枯朽，已親見於耄倪。仰戴恩威，俯深感懼。中謝。伏念臣蚤由場屋，獲厠縉紳，惟自信其迂愚，故絶希於榮進。中荷壽皇之深眷，屢嘗收用，而終許退藏；晚逢嗣聖之誤知，亦既閔勞，而復加任使。凡此兩朝之殊遇，豈伊一介之能堪？矧漳浦之名邦，實甌閩之絶徼〔二七〕。青衫捧檄，昔嘗粗習其土風；白首分符，今庶少安於甿俗。静揣不才之分，極知爲幸之多。此蓋伏遇皇帝陛下近法舜功，遠循堯道，九德咸事，尚憂片善之或遺；四方無虞，猶軫一夫之不獲。肆曲收於棄物，俾加惠於遠黎。臣敢不深體皇仁，廣詢民瘼。筋骸可勉，豈忘盡瘁之勤；疾疢或加，未免告歸之瀆。尚繄覆燾，卒遂生成。臣無任。

除祕閣修撰謝表

朝散郎、新授祕閣修撰、主管南京鴻慶宮臣朱熹上表言：準告授前件職事，臣再具辭免，奉聖旨：「論撰之職，以寵名儒。依已降指揮，不許辭免。」臣已於八月二十三日望闕謝恩祗受訖者。愚誠屢黷，初必冀於矜從；成命莫回，反重勤於褒借。叨踰已甚，俯僂何容。中謝。伏念臣賦質甚迂，遭時獨異。頃罷外臺之使，薦陞內閣之華。至於論撰之除，尤荷聖神之眷。顧無名而有愧，遂瀝悃以祈哀。本謂壽皇知遇之深，當卒全其素守；敢意睿主清明之始，即洞鑒其丹衷。逮茲因事以求閑，重以牧民之無狀。乃逭黜幽之典，復加申命之恩。危悃再殫，俞音終閟。更諭崇儒之意，俾知假寵之由。仰隆指之若斯，豈固辭之敢必！措躬無所，引分弗遑。此蓋伏遇皇帝陛下盛德日新，至仁天覆。欲風勵於四方之士，誤用獎於一介之臣〔二八〕。臣敢不祗服訓詞，恪思職業。對揚休命，惟慚薄技之無堪；敷暢遺經，尚冀方來之有補。以茲塵瀆，少答生成。瞻望闕庭，臣無任。

潭州到任謝表

朝散郎、祕閣修撰、權發遣潭州軍州事、主管湖南安撫司公事臣朱熹上表言：臣昨準告命，差臣前件差遣，已於五月初五日交割職事訖者。衰病卧家，不堪驅使，誤恩分閫，重玷選掄。雖屢控於懇辭，顧曲勤於褒諭。寵榮實異，感懼難勝。亟扶曳以就塗，已支持而視事。中謝。伏念臣迂疏末學，災患餘生。得陪香火之班，豈復冠紳之念？海瀕牧養，尚愧彊顔；嶺表蕃宣，幸蒙反汗。豈期巨屏，洊拜明綸。昔獨避禮樂之華，今專辱詩書之試。況學兼嶽麓，修明遠自於前賢；而壤帶洞庭，鎮拊近煩於元老。俾承二任，孰稱萬分？豈惟冒辭遠就近之嫌，抑恐爲知人安民之纍。雖欲量能而易地，自知無力以回天，勉見吏民，具宣威德。玆蓋伏遇皇帝陛下文明出治，仁孝保邦，謂臣有討古之勤，以臣懷澤物之志。假之師帥之職，責以治教之功。臣敢不仰佩訓詞，俯殫學力。雖馳驅靡及，唯知趨事之誠；或黽勉不前，願遂歸田之請。預陳悃愊，終望矜憐。

謝除待制侍講修撰實録表

臣熹言：伏奉告命，授臣焕章閣待制侍講；又準敕差，兼實録院同修撰者。分閫南州，愧蔑一毫之補；論經内閣，恍驚二命之頒。畀史職以仍兼，戴上恩而愈重。藏逃莫避，跼蹐靡容。中謝。竊以王求多聞，是惟建事。帝入西學，于以上賢。當始初清明之朝，資朝夕論思之助。作於心而關政事，必救其原；修其身以及國家，要知所本。非精誠之有格，何論説之足云！視孟軻之敬王，始不負聖人之學；爲張禹之持禄，殆將貽天下之憂。況薦紳之所難，又載筆之爲重。顧頭白汗青之可誚，豈槁項黄馘之能爲？念昔先臣，嘗掌兹事。正熙寧、元豐之殽舛，嚴於朱墨之分；辨元祐、紹聖之譏誣，炳若丹青之著。苟無家業，曷踐世官？懵而居之，吁亦危矣。伏念臣見聞甚狹，才識非長。開七袠之殘年，荷三朝之異眷。頃叨崇政之選，嘗獲遂於終辭；兹玷邇英之聯，靦莫從於素守。此蓋伏遇皇帝陛下言稽往訓，動法成謨，以緝熙光明之美而佛時仔肩，以剛健篤實之資而日新其德。念遺大投艱之託，推好善忘勢之勤。借是孤蹤，聿來多士。講魯論一簞之義，敢竊企於師傳；誦楚史八索之文，庶無忘於規益。臣無任感天荷聖、激切屏營之至！

辭免待制仍舊充祕閣修撰提舉南京鴻慶宮謝表

臣熹言：伏蒙聖恩，以臣累奏辭免焕章閣待制，特降睿旨，依臣所乞，仍舊充祕閣修撰、提舉南京鴻慶宮者。假寵過優，居速冒榮之愧；封章屢卻，退深留令之虞。敢謂天慈，伏念臣早以迂儒，濫塵官簿；晚逢興運，誤簡淵衷。首頒召節之光華，促侍經帷之清燕。趨箱侍對，復過借於龍光；挾策陳詞，竟何裨於帝學。旋奉閔勞之詔，適諧退處之私。雖竊便安，甫深依戀。第顧山林之遠迹，難通禁闥之近班。亟冒威顔，薦輸卑悃。幸所陳之大義，已孚於未拜之前；故引避之微誠，得遂於終辭之後。然匪聖神之洞照，敢期耇陋之曲全？而況内閣簡編，未替兩朝之深眷；舊邦香火，有嚴四聖之真游。足安垂盡之期，允謂非常之遇。此蓋伏遇皇帝陛下仁涵萬有，德奉三無，謂臣於勸講之功雖無所就，察臣所懇辭之意悉出於誠。特畀俞音，使償本願。臣敢不益堅素守，仰稱鴻施。景雖迫於桑榆，力難報國；身未填於溝壑，詎敢忘君！臣無任。

落職罷宫祠謝表

臣熹言：臣前任祕閣修撰、提舉南京鴻慶宫，今年五月十三日已該滿罷。至二十七日，伏準尚書省慶元二年十二月劄子節文，臣寮論臣罪惡，乞賜睿斷，褫職罷祠。奉聖旨依，臣已於當日謝恩祗受訖者。罪多擢髮，分甘兩觀之誅；量極包荒，姑示片言之貶。逮復尋於白簡，始知麗於丹書。鐫延閣論譔之名，輟真祠香火之奉。兹爲輕典，允賴洪私。

捧戴奚勝，感藏曷喻！中謝。伏念臣草茅賤品，江海孤生。叠值明時，已誤三朝之眷獎；晚逢興運，復叨上聖之深知。召自藩維，擢參帷幄。略無可紀，足稱所蒙。曁遠去於朝行，即永歸於農畝。然猶賦之佚禄，使庇身於卜祝之間；置在清流，容厠迹於圖書之府。所宜恭恪，或逭悔尤。乃弗謹於彝章，致自投於寬綱。果煩臺劾，盡發陰私，上瀆宸嚴，交駭聞聽。凡厥大譴大訶之目，已皆不忠不孝之科。至於衆惡之交歸，亦乃羣情之共棄。而臣憒眊，初罔聞知；及此省循，甫深疑懼。豈謂乾坤之造，獨回日月之光。略首從之常規，既俾但書於薄罰；稽眚終之明訓，儻許卒遂其餘生。是宜衰涕之易零，已覺大恩之難報。此蓋伏遇皇帝陛下堯仁廣覆，舜哲周知，謂表正於萬邦，已極忠邪之判；則曲全於一物，未傷黜陟之公。遂使冥頑，獲逃竄殛。臣敢不涵濡聖澤，刻厲愚衷。雖補過以修身，無及桑榆之暮景；然在家而憂國，未忘葵藿之初心。瞻望闕庭，臣無任。

落祕閣修撰依前官謝表

臣熹言：臣昨於慶元三年正月二十七日準尚書省劄子節文，臣寮奏臣罪惡，乞與褫職罷祠。奉聖旨依，劄臣照會。臣即於當日望闕謝恩，解罷職名，仍奉表稱謝去訖。今於□月□□日，復準都進奏院遞到□月□□日告命一道，付臣落祕閣修撰，依前官者。彈文上徹，已幸免於嚴誅；詔墨下頒，復寵加於明訓。閱時既久，祇命惟新。感極涕零，懼深首隕。中謝。伏念臣草茅賤士，章句腐儒。惟知僞學之傳，豈適明時之用？頃叨任使，已屢奏於罔功；旋即便安，復永能於寡過。致煩重劾，盡擿宿愆。謂其習魔外之妖言，履市廛之汙行。有母而嘗小人之食，可驗恩衰；爲臣而高不事之心，足明禮闕。以至私故人之財而納其尼女，規學官之地而改爲僧坊。諒皆考覈以非誣，政使竄投而奚憾。不虞恩貸，乃誤保全。第令少避於清班，尚許仍居於散秩。愍璽書之來下，恍歲律之還周。視要囚詎止於旬時，蓋存遷就；逮數惡難從於末減，猶聽省循。口誦以還，心銘敢墜？此蓋伏遇皇帝陛下仁兼覆載，明極照臨，作福作威，總大權而在己；曰賢曰佞，付公論於得人。謂罰刑固足以懲姦，而播告豈容於匿指。式敷顯號，徧警具寮。臣敢不深省昨非，細尋今是。年齡晼晚，雖悲後效之無期；肝膽輪囷，尚喜孤忠之有在。誓堅死守，覬答生成。

致仕謝表

臣熹言：四月二十三日，準尚書省遞到敕牒一道，伏奉聖旨，宜守本官致仕。臣已於當日望闕謝恩訖者。投閑置散，方疑宿負之未償；引户校年，忽慶湛恩之純被。適符忱請，遂沐殊私。揖杖知榮，戀軒增慨。中謝。伏念臣聖朝賤士，幽谷鄙生。自審凡材，每抱遺經而永歎；人嗤僻學，雖逢盛旦以何施？乃誤選掄，過叨任使。然計出藩而入侍，善無毫髮之稱；獨聞倡僞以黨姦，罪有丘山之積。果煩清議，卒抵大何。幸夙簡於皇明，得下從於輕典。跡已安於甿里，祿猶寄於朝班。出入三年，未能寡過；周旋再赦，亦既蒙恩。汔臻告老之期，亟決歸田之計。尚意拘縻於謫籍，豈容遂休佚之懷；暨聞播告於臺評，方喜有允俞之望。本原所自，會幸何多！此蓋伏遇皇帝陛下神聖自天，文明周物。當彼忠佞交拏之際，既皆判別而不疑；逮其精華欲竭之時，壹與休息而無間。智仁兼盡，威德並流。豈但一夫，獨爲私幸？臣敢不仰陶至化，俯遂餘年！廣厦細旃，雖已絶雲天之望；東阡北陌，尚難忘畎畝之忠。生復何爲，死而後已！

一云：仰潛至教，益厲初心。懍歲月之無多，雖已不堪於把玩；悵淵冰之未免，獨何敢怠於戰兢。誓畢餘生，仰酬大化。

天申聖節賀表〔二九〕

黄屋非心，茂對重明之運；玉巵爲壽，聿臨戴育之辰。慶洽中天，驩騰廣域。中賀〔三〇〕。恭惟尊號，至仁被世，盛德在躬。立聖政九百五條，行堯之道；履帝位三十六載，薦舜于天。得聖人時，心至愉而形至佚；爲天子父，貴無敵而富無倫。既申命之用休，宜降年之有永。

臣欽逢盛旦，假守偏城。即雲氣而望蓬萊，阻陪拜手；觀泰元之授神筴，徒切傾心。

會慶節賀表

盛德當陽，光啓重熙之運；羣心就日，樂推歸美之誠。有開繞電之祥，敢罄祈天之禱。中賀。恭惟陛下慶流有衍，德合無疆。膺曆數以在躬，垂衣裳而致治。接黄帝推筴迎日之統，以莫不增；過周家定鼎卜年之期，自今其始。臣承流支郡，幸際昌辰。鼈抃千官，班阻趨於文石；嵩呼萬歲，祝敢後於華封！

天申節功德疏

式逢舜旦，慶龍樓虹渚之祥；仰祝堯年，假玉籍金輪之教。大啓天人之會，少伸臣子之心。尊號伏願注南斗之長生，等西方之無量。上千萬歲壽，阻趨文石之班；同億兆人心，願效華封之祝。

會慶節功德疏

聰明作元后，式開長發之祥；黎獻惟帝臣，願上無疆之頌。欽崇殊利，庸假勝緣。恭願陛下日月照臨，乾坤廣大。仰瞻魏闕，莫陪虎拜之班；願比華封，請祝虹流之祉。

祈雨疏

丁壯在田，厲農功之既作；陰雲布野，閔時雨之尚愆。由拙政之不修，顧疲民而何罪？肆陳丹悃，仰籲蒼穹。伏願鼓以雷霆，亟霈爲霖之施；澤及牛馬，併銷連死之憂。瞻仰歸誠，吁嗟請命。

卧龍潭送水文

往分靈液，來即祠壇。誠未格於幽潛，澤尚愆於田畝。惟時淹久，懼弗吉蠲。敢奉冰壺，言歸貝闕。別禱餘潤，用弭炎氛。尚神聽之淵冲，鑒惟衷而響答〔三一〕。

與江東張憲啓

頃奉誤恩，特令試郡。屢陳危悃，未許投閑。懼留命以干誅，已諏辰而就道。伏念熹器非適用，才不逮人，粤自壯年，荐罹災患，暨兹晚景，益就衰頽。逝將屏迹於荒寒，敢復萌心於仕進？屬九重之過聽，耻一士之遐遺。曲賜甄收，載加湔拂；遂從祠館，畀以郡章。

倦鳥依林，久絶高飛之意；潛魚在沼，但知深入之安。而況恩既厚則其責爲甚深，力不能則雖勞而無補。遂竊祈於罷免，卒無幸於矜從。輿病以來，彊顔特甚。近瞻斧繡，益愧冠紳。恭惟德厚望隆，材宏用博。適布宣於使指，已明謹於邦刑。激濁揚清，吏咸思於稱職；持平履正，人自以爲不冤。矧是衰遲，獲依庇冒；載尋曩昔，幸際光儀。斂板趨庭，兹不特少伸下吏之敬；奉命承教，殆有以深慰積年之思。春令向深，嘉生咸遂。冀茂經於福履，以前對於龍光。頌願唯深，敷宣莫既。

與葉提刑啓

術略精明，材猷敏贍。頃屢將於使指，兹復謹於邦刑。深窮法令之原，吏無以肆；茂著平反之績，人用不冤。顧此妄庸，將依庇冒。修容以進，即伸巡屬之恭；奉教於前，預切簡書之畏。春和在序，淑氣方升。惟加厚於保綏，用對揚於休渥。傾瞻之悃，頌述奚殫。

與姚提點啓

學貫古今，材周鉅細。兹暫勞於節傳，起盡護於東南。子母相權，已懋無窮之計；君民兩足，更宏可大之規。顧此妄庸，將依庇冒。修容以進，同上。

回寄居趙將仕啓

熟聞英譽，有日于兹；忽奉珍函，爲禮特厚。啓緘疾讀，荷意難忘。伏惟玉葉傳芳，璇源孕秀。謙恭克守，綽有老成之風；問學自將，盡脱豪華之習。宗盟推重，公聽益孚。會看發軔之初，即快亨塗之騁。熹屬叨誤寵，驟畀左符。方斯引分以投閑，未敢修書而見意。豈圖先辱，良用厚顔。眷然息偃之安，庶幾得請；邈矣披承之願，徒切馳情。

回楊通判啓

稔聞高誼，雖識面之未諧；遽辱珍函，仰撝謙之特厚。拜嘉寵甚，荷意難忘。恭惟識量淵深，器資宏博。盤根錯節，知剸割之無難；茂實英聲，藹蜚騰而甚久。頃任監州之寄，已聞奏課之優。豈容堅卧於鄉閭，會見横翔於禁闥。熹屬叨誤寵，驟畀左符。方斯引分以投閑，未敢修書而見意。豈圖先辱，良用厚顔。眷然田里之安，庶幾得請；邈矣門牆之隔，徒切馳情。

回曹職官啓

分符假守，深懷躐次之慚；抗疏投閑，久露由衷之請。誤英僚之雅眷，辱華問以爲榮。伏惟材識通時，器資宏博。裁煩劓劇，曾無盤錯之難；約己奉公，克有廉勤之譽。會聞交薦，即見横翔。熹久與世疏，難堪吏役。儻資忠益，或免悔尤。悵疾病之有加，不任牽勉；念合并之無日，祗益傾馳。

回教授啓

學術深淳，行能端直。辟雍受業，久聞多士之推先；泮水横經，復見諸生之承式。英聲日茂，異數鼎來。熹久與世疏，同上。

回都昌知縣啓

分符假守，深懷躐次之慚；抗疏投閑，久露由衷之請。誤英僚之雅眷，辱華問以爲榮。伏惟某官器宇宏深，才猷敏邵。銅章墨綬，煩暫試於鳴弦；錯節盤根，顧何勞於遊刃！會聞課最，别奉詔除。熹久與世疏，難堪吏役。儻階聯事，庶獲蒙成。悵病疾之有加，不任牽勉；念并合之無日，祗益傾馳。

與正言啓

懇辭使節，敢擇地以求安？申畀郡符，忽自天而疏寵。凜難回於上命，耿莫遂於初心。以數年疾病之餘〔三二〕，任千里撫摩之寄。雖加强勉，尤切凌兢。伏念熹林壑閑蹤，布韋故習。少而慕古，師出處於前修；介不通今，耻浮沉於流俗。曩荷聖神之眷，屢加選用之榮。當官而行，蓋圖報上；知難則止，匪欲爲高。既疾疢之交攻，且形神之俱耗。久便田廬之偃伏，詎堪原隰之驅馳。辭尊居卑，豈爲貧而猶仕；投閑置散，或揣分之誠宜。敢期宸渥之過優，復使侯藩之假守。意昔時之游宦，固嘗習熟於鄰封；謂晚歲之衰殘，尚可從容於道院。然比年之非舊，由積弊之相仍。財賦既促，而費用寖浮；田産不均，而姦欺滋出。要必更張而乃善，恐非卧治之能勝。深虞五技之窮，仰負九重之託。伏惟正言大明國論，力振朝綱。心正意誠，蓋得本原之學；諫行言聽，汔臻膏澤之流。每於獻納之雍容，尤務推揚於疏逖。肆如枯朽，誤玷承宣。二千石之第循良，已預慚於共理；八十日而賦歸去，初何俟於終更。悃愊之私，剡摩罔既。

謝政府啓漳州解罷得祠。

伏念熹迫憂患以求閑，方陳危懇；即便安而誤寵，并沐殊私。弗遂懇辭，迄成忝冒。伏念熹學惟信己，材不逮人。生際休明，豈自甘於淪棄；病侵遲暮，久莫奉於驅馳。比叨民社之臨，猶冀桑榆之效。屬私門之變故，致公務之弛隳。黽俛旬時，已積簡書之畏；顧瞻疇昔，未忘香火之脩。仰洪造之不違，服明恩而已厚。敢意便蕃之錫，更陞論譔之華。顧壽皇特達之深知，昔幸容其遜避；而聖上丁寧之申命，今復軫於眷懷。惟拜賜之無名，屢騰章而自列。重煩睿旨，曲借寵光。仰戴皇慈，欲終辭而不敢；自憐末路，知仰報之難圖。祇命以還，措躬無所。兹蓋伏遇丞相國公妙熙天綍，獨運化鈞，樞使相公力扶皇極，獨運鴻樞。參政同知相公夙推衆望，久賛化鈞。欲儲材於朽鈍之餘，肯垂意於事功之外，遂令衰晚，有此叨踰。熹敢不思稱榮名，勉終素業？考諸前聖，儻不謬於正傳；覺彼後知，或少裨於大化。過此以往，未知所裁。

答辛幼安啓

光奉宸綸，起持憲節。昔愚民犯法，既申震礱之威；今聖上選賢，更作全安之計。先聲攸暨，慶譽交興。伏惟某官卓犖奇材，疏通遠識，經綸事業，有股肱王室之心；游戲文章，亦膾炙士林之口。軺車每出，必著能名；制閫一臨，便收顯績。兹久真庭之逸，爰深正宁之思。當季康患盜之時，豈張敞處閒之日？果致眷渥，特畀重權。歌皇華之詩，既諭示君臣之好；稱直指之使，想潛消郡國之姦。第恐賜環，不容暖席。熹苟安祠禄，獲託部封。屬聞斧繡之來，嘗致鼎裀之問。尚煩縟禮，過委駢緘。雖雙南金，恐未酬於鄭重；況一本蓮，亦奚助於高明？但晤對之有期，爲感欣而無已。

還鄉謝人惠書啓

遠勤車蓋，已欣獲奉於清標；寵被函書，復喜與聞於雅趣。第慚衰陋，莫稱揄揚。雖請誦其所聞，蓋嘗自竭；尚敬脩其可願，式副深期。過是以還，未知所報。

謝人投生日詩啓

年及無聞，已負蓬弧之志；日臨初度，復增莪蔚之悲。誤辱謙光，俯加賁飾。顧兹衰朽，雖黼黻以何施；仰歎瑰奇，用襲藏而爲好。

回謝解啓

待問澤宫，登名天府，方幸究宣於明詔，敢期誤枉於華牋。披味以還，感藏難喻。解元先輩學高庠序，行著州閭。疇昔旦評，已推高於前列；厥今歲舉，反見屈於後來。顧輿議之弗平，宜壯圖之未快。然察四端之固有，第聞辭遜之心；旋觀三揖之彌文，蓋敦廉退之節。矧是專經之舊，豈忘立教之端？諒考聖言，益恢賢業。救洙泗齗齗之弊，尚及此時；致唐虞濟濟之和，更期異日。

回黄氏定書

摳衣問政，夙仰吏師之賢；受幣結婚，兹喜德門之舊。遠承嘉命，良慰鄙懷。令兄察院位第四令姪直卿宣教，厲志爲儒，久知爲己。熹第二女子，服勤女事，殊不逮人，雖貪同氣之求，實重量材之愧。惟異日執笄以見，儻免非儀；則他年覆瓿之傳，庶無墜失。此爲忻幸，曷可喻云。

回范氏定書

兩翁抗議，已偕許國之忠；再世聯姻，遂忝通家之好。及兹幸會，夫豈偶然？伏承某人詩禮有聞，方謹好逑之擇；而熹女德容未習，亦期吉士之歸。誤煩匪斧之求，遽委儷皮之聘。欽承嘉命，實重永懷。雖唐虞世禄之榮，莫容攀附；然鴻耀素風之懿，或可庶幾。欣荷之私，敷陳罔既。

回周氏定書

里閭追逐，久欽臭味之同；媒妁往來，遂講婚姻之好。靖言衰落，敢意扳聯？兹承令弟府判以第二令姪先輩詩禮早聞，不輕授室；謂熹長男房下長孫女組紃粗習，亦欲有家。飭禮幣以見臨，枉函書而甚寵。老懷易感，適增舐犢之悲；之子于歸，儻遂乘龍之喜。其爲慰幸，豈易名言。

同安縣學經史閣上梁文

兒郎偉：大同古地，駱粤名邦〔三三〕。間出巨人，鼎在公卿之位；亦多賢士〔三四〕，鬱爲閭里之師。雖山川之炳靈，乃教化之純被。比罹屯難，益復澆漓。學校荒凉，久風猷之不競；圖書散脱，闃絃誦以無聲。詔令壅而弗宣，父兄以爲大戚。顧惟竊食，敢不究心？是以申諭諸生，俾沈潛於訓義；力裒衆記，務廣博其見聞。幸大府之哀憐，總羣書而推予。惟上賢篤意於教誘，使邑子蒙幸於作成。爰即學宫，創爲傑閣，庶緘縢之慎固，絶蟲鼠之覬覦。既晝諾於縣庭，旋受金於省户。西曹籍力，羣彦併心。而吏惰不供，幾若道旁之室；顧人疲久役，將起澤門之謳。迨程事之既嚴，始掄材而甫就。僝功見效，獻室有期。不惟士得讀未見之書，人知自勵；且使書得爲無窮之利，計以永存。聊出詞章，用升梁欐。想均童耄，共此歡呼。

兒郎偉，抛梁東，曉日曈曨出海紅。照見黌堂通複閣，層甍如畫插晴空。

兒郎偉，抛梁西，春草秋雲極望低。文圃山高君莫羨，聖門巇嶮與天齊。

兒郎偉，抛梁南，滄溟無際水天涵。蕩潏魚龍君莫畏，淵源學海更潭潭。

兒郎偉，抛梁北，錯落衆星高拱極。昭回運轉君莫疑，燦爛光明在方册。

兒郎偉，抛梁上，聖朝碩輔蘇丞相。魯無君子定虚言，猶是諸生丈人行。

兒郎偉，抛梁下，人老遺書追董賈。諸生勉繼舊王貢〔三五〕，時泰不憂身在野。

伏願上梁之後，士無廢業，家有傳書。究述作之原，遂見古人之大體；際功名之會，起爲當世之儒宗。惟不悖其所聞，乃式符於深望。

校勘記

〔一〕氣鬱不舒　「舒」，閩本、浙本作「降」。

〔二〕雖義與仁　「雖」，四庫全書本、正訛俱作「維」。

〔三〕含玉真兮　「玉真」，淳熙本作「至貞」。

〔四〕雷伏于腹　「伏于」，淳熙本作「蟄於」。

〔五〕砰然一作　「砰」，淳熙本作「硜」。

〔六〕若直其遇險而止　「直」，淳熙本作「覿」。

〔七〕罔敢或輕　淳熙本作「毋或敢輕」。

〔八〕守一處和　按浙本此句下注云：「一作『希廣成子。』」

〔九〕數之可察　按本篇自起首至「數之可察」句，淳熙本文字出入甚大，兹録以備考：「揲蓍之法，四十九莖。合而爲一，以意取平。分置兩手，左取一蓍。掛小指間，四數所持。最末之餘，或四或奇。歸於掛間，右亦如之。兩手所餘，通掛之算。不五則九，是謂一變。掛餘之外，復合爲一。中分不掛，四數如式。餘扐左手，無名指間。不四則八，再變成焉。三亦如之，扐左中指。三變既備，數斯可紀。」

〔一〇〕卦體可見　「體」，淳熙本作「斯」。

〔一一〕六爻皆守　「皆」，淳熙本作「既」。

〔一二〕變視其爻　「視」，淳熙本作「觀」。

〔一三〕兩兼首尾　「兼」，淳熙本作「至」。

〔一四〕以紹無倦　「紹」，淳熙本、閩本作「詔」。

〔一五〕揚休山立　淳熙本作「山立揚休」。

〔一六〕瑞日祥雲　「瑞」，淳熙本作「麗」。

〔一七〕醉裏乾坤　「醉」，淳熙本作「靜」。

〔一八〕其任道之勇　「任道之勇」，淳熙本作「信道之篤」。

〔一九〕足以範俗而垂世　「範俗而」，淳熙本作「立教以」。

〔二〇〕惟嘗見之者於此而復見之焉　「復」，浙本作「得」。按此句淳熙本作「惟觀之者有以得其天焉」。

〔二一〕則不但遺編之可續而已也　「不但」，淳熙本作「庶或」，「而已也」三字無之。

〔二二〕紹熙壬子重陽前一月書　底本原注：「月」字，疑「日」字之誤。

〔二三〕既已極於超踰　「既」，淳熙本作「愧」。

〔二四〕伏念臣生長田間　「間」，淳熙本作「閭」。

〔二五〕棲遲林壑　「林」，淳熙本作「岩」。

〔二六〕驟自草萊　「萊」，淳熙本作「茅」。

〔二七〕實甌閩之絶徼　「徼」，原作「嶠」，據閩本、浙本改。

〔二八〕誤用獎於一介之臣　「獎」，浙本、天順本作「恩」。

〔二九〕天申聖節賀表　「聖」字原缺，據淳熙本補。

〔三〇〕中賀　「賀」，原作「謝」，據淳熙本、浙本改。

〔三一〕鑒惟衷而響答　「惟」，四庫全書本作「微」。

〔三二〕以數年疾病之餘　「疾病」二字原缺，據康熙本補。按徐樹銘新本「疾病」作「衰朽」。

〔三三〕駱粵名邦　「粵」，原作「奥」，據浙本改。

〔三四〕亦多賢士　「賢」字原缺，據康熙本補。

〔三五〕諸生勉繼舊王貢　「王貢」二字原缺，據康熙本補。

晦庵先生朱文公文集卷第八十六

祝文

行鄉飲酒禮告先聖文

一昨朝廷舉行鄉飲酒之禮，而縣之有司奉行不謹，容節謬亂，儀矩闕疏，甚不足以稱明天子舉遺興禮之意。今者賓興有日，熹謹與諸生考協禮文，推闡聖制，周旋揖遜，一如舊章。即事之初，敢以舍菜之禮，謹修虔告。

經史閣上梁告先聖文

書樓之役，工告僝功。虔舉脩梁，卜日惟謹。敢以釋菜之禮，告于先聖先師至聖文宣王。惟先聖先師啓迪衆志，畀以有成。謹告。

告護學祠文

書樓之役，工告僝功。虔舉脩梁，卜日惟謹。是用告于爾神，惟爾有神，尚祐衆心，以相茲事。

奉安蘇丞相祠告先聖文

故相蘇公頌，同安人也，其道學淵深，履行純固，天下學士大夫之所宗仰。而邑子後生聞見單淺，弗克究知，父兄閔焉。用告有司，請即學宫歲時奉祠，以建遺烈，使學者有所興起。今既畢事，將妥厥靈，敢以舍菜之禮，告于先聖先師之神。謹告。

屏弟子員告先聖文

熹不肖，昨以布衣諸生推擇爲此縣吏，而得參聽其學事。而行能寡薄，治教不孚。所領弟子員有某某者，乃爲淫慝之行，以溷有司。熹竊自惟身不行道，無以率礪其人，使至於此。又不能蚤正刑辟，以彈治之，則是德刑兩弛，而士之不率者終無禁也。是故告于先聖先師，請正學則，耻以明刑。夫扑作教刑，而二物以收其威，固先聖先師學校之政，所以遺後世法也。唯先聖先師臨之在上，熹敢不拜手稽首。

奉安蘇丞相祠文

泉人衣冠之盛，自國初以至于今，其間顯人或至公卿者多矣。然而終始大節可考而知，則未有若公之盛者也。惟公著節於熙寧，登庸於元祐，而幅巾謝事，偃仰婆娑於紹聖、元符之間。然則公之所自任於進退出處之間者，可謂無所苟矣。是蓋將比古之所謂大臣者，豈獨泉人數公而已哉！今以邑人之意，祠公於學，即事之始，敢布其衷。尚饗！

奉安蘇丞相畫像文

惟公始終一節，出入五朝，高風聳乎士林，盛烈銘于勳府。矧兹故邑，實仰餘光，悵親炙之無從，冀瞻依之有地。是用肖德儀於廟院，建遺烈於學宫。營表方將，儀圖聿至，式瞻精宇，爰寓神棲。既協吉於靈辰，敢式陳於菲薦。尚饗！

準赦謁諸廟文

天子郊見上帝，釐事告成，還御路門，班祭澤於海内。以爾神有功於民，載在祀典，申詔有司，以禮報祭。臣某不佞，奉承明詔，敢不奉制幣，潔犧牲，駿奔走以告祠下。惟爾有神，尚克膺天子丕顯休命。尚饗！

請雨謁北山神文

乃者邑民以歲事有謁于君侯，君侯過恩，賜之吉卜，而許以來，是故將有以填撫綏寧之也。民其敢不歡欣舞歌，以樂神賜；吏其敢不潔齊芬苾，以拜神休。惟風雨、水旱、癘疫之不時，以君侯之不顯威神。是震是祓，俾無災害，則豈惟斯人專美其賜，吏亦與免於曠弛之憂。惟君侯之留意焉。

春祈謁廟文

間者歲比不登，民填溝壑，今幸改歲，人得以修其甽畝農桑之務。惟是雨暘以時，俾無水旱螟螣之災，則非人力之所能及。惟君侯加惠之，則幸矣。某祇承祀典，敢不齋肅明薦，以獻以祈。

秋賽謁廟文

今兹薦罹水旱之數，宜不得下熟，然頗有所收，足以慰夫三農之心，而供有司之賦者，實神有以佑之也。不然，民飢而死，吏之憂豈有所極哉！仲冬之月，祗循故事，以告謝神，不敢愛其潔牲醴酒。惟不足以答神之賜，而豈敢有所祈。

辭先聖文

熹祗服厥事，于兹五年，業荒行隳，過咎日積。雖逭厥罰，曷慊于心。辭吏告歸，愧仰崇仞。謹告。

南康謁先聖文〔一〕

熹蚤以諸生，推擇爲吏，中遭疾病，即退丘園。乃得其耕耨之餘日〔二〕，伏讀先聖先師之遺書，夜思晝行，不敢以昧陋自棄者，二十餘年於此矣。誤蒙聖恩〔三〕，假守兹郡，懇辭不獲，輿曳而來。疇昔所聞，庶幾小試，而蒲柳之質，衰不待年。憒眊支離，已深不夢之歎，大懼弗稱，以辱君師。祗事之初，敢以誠告，惟先聖先師之靈實誘其衷，使幸不獲罪於其民，而蚤遂歸田，以終故業，則熹不勝幸甚。謹告。

白鹿洞成告先聖文

維淳熙七年歲次庚子三月癸丑朔十八日庚午，具位敢昭告于先聖至聖文宣王：熹昨按國朝故事及郡圖經，得白鹿洞之遺址於城東北十五里，蓋唐李渤之隱居，江南李氏因以爲國學。及我太宗皇帝又嘗賜之書史，以幸教其學者。而淪壞日久，莽爲丘墟。因竊惟念幸以諸生得奉詔條，顓以布宣教化爲職，顧弗此圖，懼速譴戾，乃議復立，今幸訖功。將率同志講學其間，意庶幾乎先聖先師之傳，用以答揚太宗皇帝之光訓。鼓篋之始，敢率賓佐，合師生恭脩釋菜之禮，以見于先聖，以先師兗國公、先師鄒國公配。尚饗。

白鹿洞成告先師文

熹仰稽國典，建此學宮。鼓篋之初，恭脩釋菜之禮。惟公發揚聖藴，垂教無窮，敢率故常，式陳明薦，從祀配神。尚饗。

鄒國公。云：惟公命世脩業，克紹聖傳。

奉安濂溪先生祠文〔四〕

惟先生道學淵懿〔五〕，得傳於天，上繼孔、顔，下啓程氏，使當世學者得見聖賢千載之上〔六〕，如聞其聲，如睹其容，授受服行，措諸事業，傳諸永久而不失其正，其功烈之盛，蓋自孟氏以來，未始有也。熹欽誦遺編，獲啓蒙吝，兹焉試郡，又得嗣守條教於百有二十餘年之後〔七〕，是用式嚴貌象，作廟學宫，并以明道先生程公、伊川先生程公配神從享。惟先生之靈實臨鑒之〔八〕。謹告。

謁故侍中太尉長沙陶威公祠文

惟公忠順勤勞〔九〕，機神明鑒，没而不朽，食此江瀆。其亦有以相之，使民安於下，官給於上。而熹也早得收其疾病之軀，以幸免於娑婆之歎，則公之賜大矣。款謁之初，敢以誠告。

謁李尚書劉屯田祠文〔一〇〕

熹猥承人乏，假守兹邦，祗事之初，以禮見于先聖先師。而視其學，則有公之遺祠在焉。仰惟壯節高風，夙所欽慕，敢不再拜伏謁，以致其高山景行之思。惟公之靈，尚克臨鑒。謹告。

告熊孝子墓文

維淳熙六年歲次己亥五月戊午朔，具位熹謹遣某致祭于唐故孝子宜春縣丞熊府君之墓。熹叨被誤恩，假守兹土，視事之始，考諸圖經，以求此邦前賢潛德隱行之實，於建昌得陳太中大夫、從事中郎二司馬君以及府君之事。蓋皆以孝德聞，而府君精誠之感，獨致涌水成川之應，私心竊敬仰焉。然按圖以求其故迹，則二司馬君之墓不可知，而府君之墓宅學基猶有遺處。謹命有司，依準敕令〔一一〕，禁禦樵牧。其唐朝旌表舊門，亦已復請于朝，俟報脩立。而先遣僚吏，敬以酒肴之奠，昭告此誠。尚其英靈，來鑒來享。

祭屯田劉居士墓文

熹舊讀歐陽子廬山高之詩，而仰公之名，恨生遐僻，不得一來仰其山之高，而拜公之墓也。兹誤上恩，畀以郡紱。至止之日，望于四郊，則山屹立千仞者故在，而公之華屋山丘，零落殆盡，幾無迹之可尋矣。乃訪邦之耆老俊彦，得公之墓於城西荒苑廢圃之間，其不爲耕耨之所及者蓋已無幾，因復作爲門垣，而亭以表焉。又得嘉名於寓士之賢者，書而揭之，以見公志。庶幾嗣而官於是者，有以謹其樵牧之禁；東西行而過於是者，有以興起其剛毅廉退之心。蓋不惟有以少慰夙昔鄉往之私，亦可以仰稱聖天子所以使之承流宣化之意也。工告訖役，一奠致誠。公而有靈，庶其鑒饗。謹告。

奉安五賢祠文

熹誤膺朝命，來守是邦。至止之初，得拜劉、李二公之像於學。欽聳高風，考觀正論，既有以慰夙心者。既又咨訪得陶公栗里故居於郡境，且知秘丞劉公蓋嘗禄於筦庫，而忠肅陳公又嘗辱爲遷民也。永惟數公大節清名，危言直道，遺烈所在，千載如生。爰始爰謀，合享斯室，季月之吉，神位告成。敢合僚吏、率諸生以禮告于祠下。蘋藻在列，誠意感通。羣公有靈，尚克歆顧。

謁廟文〔一二〕

熹抱病田間，不堪爲吏久矣。聖天子哀憐，不忍終棄，强畀符竹，使爲此邦。輿曳而來，亦既視事，以衰眊罷軟之資，當民貧財匱之際。大懼曠闕，無以克當明恩。惟神受職明廷，以食兹土，其與命吏，憂責惟均。其亦有以相之，使民安於下，官給於上，而熹也蚤得收其疾病之軀，以歸老故丘，則神之賜大矣。款謁之初，敢以誠告，它不敢以有所祈。謹告。

謁社稷文

熹叨被恩除，假守兹土。載惟社稷，民命所依。祗率故常，按行封壝，用嚴國典，式對神休。謹告。

廣佑廟祈雨文

大王有功德於此土之人，苟有雨暘之憂，無不禱于大王。其禱之也，則無不昭答，如影響之隨至。斯民之心歸之如父母，信之如蓍蔡者，有年於此矣。間者上天降災，陽愆陰伏，嘉生百物，不蒙滋潤。熹等乃大速亂，于厥禱祠之事，罔克專于大王，懈墮弗虔，咎由熹等。而使千里之民田疇涸枯，禾稼槁悴，今其甚者，有若燔灼矣。雖並走羣望，懇祈備至，而雲氣將交，旋即解駁，焦然不能有膚寸之合。秋陽益驕，燥烈殊甚，物之蒙害，日以益深。若自今以往，三日不雨，則千里之民所恃以爲生者，蕩析無餘，而無以爲食，其老弱將轉乎溝壑而死，少壯者將散而爲盜賊，以爭其旦夕之命，其禍亂之至，豈有所極哉。失今不救，三日之後，大王雖顧而哀之，不可拯已。故熹等私竊計議，以爲莫若奔走歸誠，請命于大王之祠下。大王若哀其迫切，赦其前愆，有以惠綏之〔一三〕，則三日之内，熹等齊宿以俟休命。三日而不應，則是大王終棄絶之，熹等退而恐懼，以待誅殛，不敢復進而禱矣。恭惟大王闔闢造化，一雨之恩，蓋其餘事，誠有意哀此千里之民，則願無愛而亟爲之，熹等之願也。拜伏于庭，不勝哀扣懇切之至。謹告。

廣佑廟謝雨文

天久不雨，苗之秀而將實者，秋陽暴之，日以憔悴，田將無以爲收，人將無以爲食。大命近止，罔或不憂。我父子兄弟是用夙夜不遑啓居，更相告語，奔走羅拜于祠之庭而請命焉。君王顧哀，昭答如響，禱之明日，甘澤沛然，晝雨宵零，越五六日而未艾。崗陵漸潤，草木蕃滋，孰是嘉生，而不豐好？德宏施普，恩大澤深，夫豈可以言報！顧無以自致其拳拳，率脩故常，祇薦蘋藻。惟君王降佑歆享，則斯人之願也。

豐利侯祈雨文

熹多病不才，濫尸郡寄，修政不德，以干陰陽之和。自秋以來，天久不雨，早稻雖已收成，而晚田不免告病。吁嗟之禱，徧于群望，而嘉澤未應，風日益高，氣日益寒，雲既合而復離，禾既秀而不能有以實也。朝兢夕惕，不遑啓居，惟侯聰明，久食兹土，雨暘之柄，惟厥攸司。日者雖已致祠，懼或不能蠲潔以達誠意。欲躬走謁，又恨符印之守，不克以前。謹遣某官奔告祠下，而熹祗率僚吏，拜送于門，西望叩頭，再拜以請。惟侯哀矜，賜之一雨，以卒終歲之惠，則豈惟吏之不良，獲免於戾，而邦人父子，實蒙其休。所以報事侯者，其敢有懈也！

祈雨文

間以旱災，奉詔致禱，閲月踰時，雨不可得。稻之早熟者什失八九，而吏之所以爲禮樂與辭者，亦既竭矣。欲取水湫淵，詣祠祀而專力乎人事之備，則又念夫稻有晚出而未就者，不能無冀幸於萬一。於是感歎憤激，不能自已，躬詣靈液，而冀于有神。請復與神爲三日之期，以聽休命。惟神受職帝庭，降食兹土，以福其人爲事。今人之急如此，神若弗聞，亦何神哉！若三日不雨，雨而不周，且浹于四封，惟天聰明，吾恐神之不得安其室。神尚聽之，毋忽。

秋報祝文

春禱秋報，各有令典〔一四〕，歲雖不登，而有司不敢廢，亦不敢以怠。比者徧禱于神，神非不加貺于民也，直後時而蒙休者淺爾。爰陳嘉薦，敬脩常事。神其顧歆，益惠我民。

祈晴文

東土之民，荐罹水旱。其幸免於溝壑者，指二麥以救朝夕之急，而又相與戮力事農，以冀有秋。其得失之算，死生係之，非常歲比也。又今天雨不休〔一五〕，湖水泛濫，小麥之未收者，亦既折腐，不得以食。而新苗未立，水没其顛，又將無復西成之望。吏民憂懼，術無所施，惟神威靈，作鎮兹土，其必以顧而哀之，汛掃浮陰，錫以晴霽，則神之惠也，民之幸也。熹等濫將使指，實分顧憂，敢不齊祓再拜以請，惟神鑒之！謹告。禹廟云：「王威神在天，降食兹土。」

謝晴文

乃者以水潦之災，有禱于神。蒙神之休，開廓氛翳，使麥收稻植，人得逭其溝壑之憂，既有日矣。熹等敢不躬拜祠下，跪薦牲酒，以答靈貺。惟神歆顧，終此大恩，賚以豐年，驅其厲鬼，俾我民復得以遂其有生之樂，則神之賜於兹土爲無窮，其食於兹土爲無愧。

祈雨文

吏既不德，無以媚于上下，以召和氣而福斯人。其所以布主恩、救民命者，罔不惟神之依。故熹往者嘗輒有請於神，而亦既受其賜矣。然方是時，霖潦之災，獨環越百里之間爲然，若今之旱，則自浙河以東，爲州者七，無不告病。捐瘠之民，凛然日有狼顧之憂，乃不齊祓，奔走以告于神，其將安所歸命？敢叩祠庭，頓顙屏息，以俟嘉應。惟神幸哀憐之。謹告。

漳州謁先聖文

維紹熙元年歲次庚戌四月甲申朔二十七日庚戌，具位朱熹謹以清酌之奠，敢昭告于先聖至聖文宣王：熹總髮聞道，白首無成，兹荷誤恩，復叨郡寄。莅事之始，載見祠廷，永念平生，怛焉内疚。尚蘄啓佑，俾度其心，毋悖所聞，以速大戾。謹告。

刊四經成告先聖文

敢昭告于先聖至聖文宣王、先師兖國公、先師鄒國公：熹恭惟六經大訓，炳若日星，垂世作程，靡有終極。不幸前遭秦火煨燼之厄，後罹漢儒穿鑿之繆，不惟微詞奥旨莫得其傳，至於篇帙之次，亦復殽亂。遥遥千載，莫覺莫悟，惟易一經，或嘗正定。而熹不敏，又嘗考之書詩，而得其小序之失，參稽本末，皆有明驗。私竊以爲，不當引之以冠本經聖言之上。是以不量鄙淺，輒加緒正，刊刻布流，以曉當世。工以具告〔一六〕，熹適病卧〔一七〕，不能拜起，謹遣從事敬奉其書，以告于先聖先師之廷。神靈如在，尚鑒此心，式相其行，萬世幸甚。謹告。

謁高東溪祠文

惟先生剛方之操，鯁切之言，一視險夷，至死不變〔一八〕，所謂一世之偉人〔一九〕，非獨一鄉之善士也。熹敬仰高風，爲日既久，又幸嘗得執筆編列祠事，而今日之來，獲拜堂下，則於隱忍回互之譏，若有愧焉。炷香酌酒，斂衽陳詞，伏惟先生之靈有以鑒之。謹告。

又謁高東溪祠文

謹以釋奠之明日，致祭于東溪先生高公。惟公志節堅高，議論英發，不容何病，至死弗渝〔二〇〕。顧我顓蒙，舊勞嚮往，肇兹明薦，庶激懦貪。謹告。

謁李龍學祠文

紹興之初，公在邇列。力闢和議，見忌權臣。出守此邦，治行亦著。竟以讒口，去郡卧家。人懷其忠，建此遺烈。熹愚不肖，獲奉餘規。永惟先人，實同聲氣。載瞻劍履，感慨增深。敢薦馨香，尚祈昭鑒。謹告。

謁三賢祠文

謹以釋奠之明日，致祭于唐相國常公、四門助教歐陽公、高州刺史周公。閩自唐世，始有華風。惟爾三賢，實爲首倡。稱思未泯，延及于兹。報事之虔，吏不敢廢。謹告。

謁端明侍郎蔡忠惠公祠文

惟公忠言惠政，著自中朝。筮仕之初，嘗屈兹郡。歲時雖久，稱思未忘。厥有遺祠，英靈如在。熹雖不敏，實仰高風。莅事之初，敬脩禮謁。謹告。

謁崔統領祠文

惟侯忠存報國，勇不謀身。厥有遺祠，英靈如在。我來伊始，稽率故常。敢薦肴觴，用伸悼歎。謹告。

謁諸廟文

國家受天明命，奄有萬方。分職任功，幽顯無間。熹奉制敕，來撫漳民。永惟明靈，實同憂寄。莅事之始，祗款恤祠。敢竭愚衷，與神爲誓。修身奉法，節用愛人。熹雖至愚，不敢不勉。敺除疫癘，時節雨暘，非人所能，是乃神職。吏有不吏，神得而誅；神或不神，則又奚咎？肴羞在列，馨香發聞。惟神聰明，鑒此心曲。

謁社稷文

社稷之神，實司民命。故先王之法，以民爲貴，社稷次之，而牧民者其重不得班焉。肆我國家，稽古立制，使凡爲守令者，始至則親謁于其祠所，其所以愛民敬神之意厚矣。熹恭承聖詔，來守此邦，式舉舊章，尚祈昭鑒。謹告。

準即位赦祭神文

新天子端命帝庭，光臨大寶，敷錫海内，咸與惟新。虔命有司，式稽舊典。嶽祇川后，若古帝王。義士忠臣，悉嚴祀事。庶臣分土，職在布宣。奉醪羞，致祠下，惟神鑒格，歆此德馨，永佑我民，以對休命。

謁修道州三先生祠文

維紹熙五年歲次甲寅八月□日，謹遣學生迪功郎、道州寧遠縣尉馮允中致祭于濂溪先生周公、明道先生程公、伊川先生程公。於皇道體，沕穆無窮。羲農既遠，孔孟爲宗。秦漢以還，名崇實否。文字所傳，糟粕而已。大賢起之，千載一逢。兩程之緒，自我周翁。清瀟之原，有嚴貌象。欲覿無因，徒有悵望。吏以毁告，閔然于衷。出金少府，往佐其功。爰俾諸生，敬陳一酹。先生臨之，有赫無昧。尚饗。

修三閭忠潔侯廟奉安祝文

惟神爲國上謀，遭讒放逐。行吟憔悴，厥有離騷。懷沙自沉，勇赴兹水。遺祠錫號，帝有愍書。吏惰不供，神用弗宇。乃今修奉，亦既訖功。敢饌靈神，敢陳椒醑。惟神降鑒，永奠厥居。

滄洲精舍告先聖文

維紹熙五年歲次甲寅十有二月丁巳朔十有三日己巳，後學朱熹敢昭告于先聖至聖文宣王。恭惟道統，遠自羲、軒。集厥大成，允屬元聖。述古垂訓，萬世作程。三千其徒，化若時雨。維顔曾氏，傳得其宗。逮思及輿，益以光大。自時厥後，口耳失真。千有餘年，乃曰有繼。周程授受，萬理一原。曰邵曰張，爰及司馬。學雖殊轍，道則同歸。俾我後人，如夜復旦。熹以凡陋，少蒙義方。中靡常師，晚逢有道。載鑽載仰，雖未有聞。賴天之靈，幸無失墜。逮兹退老，同好鼎來。落此一丘，群居伊始。探原推本，敢昧厥初。奠以告虔，尚其昭格。陟降庭止，惠我光明。傳之方來，永永無斁。今以吉日，謹率諸生，恭修釋菜之禮，以先師兖國公顔氏、郕侯曾氏、沂水侯孔氏、鄒國公孟氏配，濂溪周先生、明道程先生、伊川程先生、康節邵先生、横渠張先生、温國司馬文正公、延平李先生從祀。尚饗。

歸新安祭墓文

一去鄉井，二十七年。喬木興懷，實勞夢想。兹焉展掃，悲悼增深。所願宗盟，共加嚴護。神靈安止，餘慶下流。凡在雲仍，畢霑兹蔭。酒肴之奠，惟告其衷。精爽如存，尚祈鑒享。

又祭告遠祖墓文

維年月日，遠孫熹謹率姪某、姪孫某等，以酒果告于遠祖二十一公制置府君、祖妣杜氏夫人之墓。惟昔顯祖，作鎮兹邦。開我後人，載祀久遠。封塋所寄，奉守弗虔。它人有之，莫克伸理。兹用震怛，籲于有司。鄉評亦公，遂復其舊。伐石崇土，俾後弗迷。即事之初，敢謝其譴。謹告。

焚黄文

日者天子始見上帝於泰壇，頒慶宇内，凡有列於朝者，皆得追榮其先，以廣孝治。故我皇考班通九列，而皇妣號比郡封，聖澤所加，幽顯咸賴。熹愚不肖，久深不洎之悲，祗奉制書，徒切哀隕。謹以清酌時羞，涓日以告。伏惟恩靈，對此休命。謹告。

又焚黄文

日者天子始郊，頒慶宇内〔二一〕。熹以職秩，得從大夫之後，故我亡室錫號有加。恭奉制書，俯仰悼歎。惟爾有靈，尚克嘉之。謹告。

又焚黄文

新天子端命帝廷，欽承天序，敷錫有位，咸得追榮其先。有司承詔，遂以皇考贈中大夫之命來告于第。慈顔永隔，餘五十年，祗對寵光，感涕何極。謹因祭歲，恭奉制書，拜手以告。而熹不肖，繼忝從班。大饗之恩，復膺錫命。肆我皇妣，爰及故嬪，亦得扳聯，並受祭澤。絲綸異數，行即薦陳。尚期恩靈，歆荷亡斁。謹告。

又焚黄文

恭惟先君，天賦異質，孝友之行，足繼前修，雅健之文，追古作者。爵壽弗稱，隕於半塗，施及後人，叨被寵禄。追榮七命，始列從班，而先夫人，亦膺顯號。厚德之報，不其在兹[二二]？並命帝廷，璽封霞檢。贊辭褒異，視昔有加，唯是音容，日荒日遠。生我勞瘁，追養靡從，祗奉命書，舍爵以告。涕泗摧咽，不知所云。尚饗。

又焚黄文

君以辛亥郊恩，始受大夫妻之號。及今饗賚，予忝近列。而君之號，又躐進焉。念昔相從，惟艱惟悴。君能勤力，相我實多。豈意莫年，寵榮狎至。君之季子，亦被賞延。而君不少須，是可悲已。奉奠致詔，君其聽之。尚饗！

又焚黄文

熹賴遺訓，竊位于朝。獲被慶恩，追榮禰廟，亦有年矣。比以鉤黨廢錮，憂畏過深，以故及今，始克祗奉，命書以告于寢廟。惟我皇考，洞視今古，靡有遺情，陟降如存。尚克歆此，丕顯休命。顧熹衰頹，年迫告休，使我皇考，未躋極品，而先夫人亦未克正小君之號。流根之報，無復後期，永念及兹，痛恨何極。仰惟慈蔭，俯鑒愚衷，尚啓後人，不日昌大。熹瞻望恩靈，不勝感慕摧咽之至。謹告。

贈官告皇考文

往歲天子，用事泰壇。上帝降歆，福祚昭答。慶賜之澤，覃及萬方。中外幽明，罔不咸賴。謂熹名秩，有列内朝。降以命書，賁其禰廟。顧念孤藐，禄不逮親。祇奉明恩，益深哀慕。兹用齋祓，致誥寢庭。欽惟神靈，服此休顯。熹雖不肖，敢不敬恭。惟孝惟忠，無或荒墜。嗣有褒賜，尚克嘉之。覆其後人，延于永世。

第三男授官告家廟文

熹前任焕章閣待制，該遇明堂大禮赦恩，奏補第三男在，已蒙聖恩授承務郎。祇承先訓，蒙被賞延。餘慶所覃，益深永慕。

遷居告家廟文

熹罪戾不天，幼失所怙，祇奉遺訓，往依諸劉。卜葬卜居，亦既累歲，時移事改，存没未安。乃眷此鄉，實亦皇考所嘗愛賞而欲卜居之地。今既定宅，敢伸虔告，以安祖考之靈。伏惟降鑒，永奠厥居。垂之子孫，世萬無極。

致仕告家廟文

維慶元五年歲次己未六月辛酉朔，孝孫具位熹敢因時享，昭告于祖考之靈。熹至愚不肖，蒙被先世遺德，獲祇祀事五十餘年，歲時戰兢，罔敢怠忽。至于今兹，行年七十，衰病侵凌，筋骸弛廢。已蒙聖恩，許令致事。所有家政，當傳子孫。而嗣子既亡，藐孤孫鑑，次當承緒，又以年幼〔一三〕，未堪跪奠。今已定議，屬之奉祀，而使二子埜、在相與佐之。俟其成童，加冠于首，乃躬厥事。異時朝廷察熹遺忠，或有恩意，亦令首及。伏惟祖考擁佑顧歆，永永亡斁，熹不勝大願。其諸家務，亦當計度區處，分屬埜等及諸孫息，使有分職，以守門户。尋别具告而施行之。熹之衰病，勢難支久，如以恩靈，尚延喘息之間，猶當黽勉提總大綱，不使荒頽以辱先訓。伏惟祖考，實鑒臨之。謹告。

告考妣文

孝子具位熹敢昭告于皇考太史吏部、贈通議大夫府君、皇妣孺人、贈碩人祝氏。熹不孝〔二四〕，孤露垂六十年，不能以時考次先君行實，以表于墓。迹其所由，雖實有待，然而怠緩不虔，罪已無所逃矣。逮今晚暮，衰病侵加，改卜之謀，始有定論。乃克紬繹遺文，傳之時事，撰成行狀一通，粗以發明先君立朝議論本末，而皇妣德範梗概，亦以附書。將以請銘于故相退傅益國周公，庶幾有以闡揚潛懿，昭示後來，使子子孫孫勸忠勉孝，以無忘考妣啓佑丁寧、垂裕永久之意。繕寫既成，先事以告。惟是荒塞之餘，不無闕漏。熹不勝悲切，皇懼之至。伏惟恩靈如在，鑒此哀誠，則熹不勝千萬幸甚。謹告。

時祭祝文

粤此季秋，成物之始。藐兹弱質，維望以降。胡江反。永念劬勞，莫伸報效。昊天罔極，悲慕何窮。謹以云云。

歲祭祝文

氣序流易，歲律將更。追遠感時，不勝永慕。謹以潔牲剛鬣，粢盛醴齊，祗薦歲事，以某人祔食。尚享。

祭土地文

敢昭告于土地之神，仲秋之月，萬寶將成。蒙神之休，幸兹遺免。式陳菲薦，用以揭虔。尚其顧歆，永垂庇祐。

又祭土地文

熹窮年奔走，兹復奠居。老幼無虞，以及改歲。繄神之賴，報事敢愆？尚其顧歆，永垂覆祐。謹告。

又祭土地文

維此仲春，歲功云始。若時昭事，敢有弗欽！蘋藻雖微，庶將誠意。惟神監享，永奠厥居。

夏云：仲夏應期，時物暢茂。

秋云：維此仲秋，歲功將就，若時報事。

冬云：維此仲冬，歲功告畢，若時報事。

歲云：歲律將更，幸茲安吉，若時報事〔二五〕。

又祭土地文〔二六〕

春日載陽，茲維仲月。式陳明薦，用格神休。尚其顧歆，俾我無斁〔二七〕。

墓祭文

歲序流易，雨露既濡。瞻省封塋〔二八〕，不勝哀慕〔二九〕。謹用清酌時羞，祗薦歲事〔三〇〕。

尚饗。

又墓祭文

歲序流易，雨露既濡。念爾音容，永隔泉壤。一觴之酹，病不能親。諒爾有知，尚識予意。

后土祝文

兹以暮春，修祀先壠〔三一〕。惟神保祐，樵牧不驚。敢薦馨香，式昭報事。尚祈鑒享，永賴無窮。謹告。

又后土祝文

兹以春餘，有事先壠〔三二〕。載惟保祐，實賴神休。式薦醪羞，尚祈據饗。延于永久，無有後艱。謹告。

又謁李龍學祠文〔三三〕

謹以釋奠之明日，致祭于龍學侍郎李公。惟此廟學，實公所遷。人到于今，追頌勞烈。矧惟忠慮，抑有前聞。薦此芳馨，豈專報享。謹告。

校勘記

〔一〕南康謁先聖文　淳熙本作「謁夫子文」。

〔二〕乃得其耕耨　「得」下，淳熙本有「以」字。

〔三〕誤蒙聖恩　「誤」，淳熙本作「比」。

〔四〕奉安濂溪先生祠文　淳熙本作「濂溪先生祝文」。

〔五〕惟先生道學淵懿　按此句上淳熙本有「敢昭告於故知軍事濂溪先生周公」十四字。

〔六〕得見聖賢千載之上　「千」上，淳熙本有「於」字。

〔七〕百有二十餘年之後　「二十」二字，淳熙本無之。

〔八〕實臨鑒之　「臨」字，淳熙本無之。

〔九〕惟公忠順勤勞　按是句上淳熙本有「某猥承人乏，假守此邦，祇事之初，以禮見於先聖先師。而視其學，則有公之遺祠在焉」三十三字。

〔一〇〕謁李尚書劉屯田祠文　按淳熙本題作「謁元祐禮部尚書李公文」。

〔一一〕依準敕令　「敕」，原作「赦」，據正訛改。

〔一二〕謁廟文　按此篇淳熙本題作「謁諸廟文」。

〔一三〕有以惠綏之　「綏」，原作「緩」，據閩本、浙本改。

〔一四〕各有令典　底本原注：「各有」之「各」，一本作「國」。

〔一五〕又今天雨不休　「又」，閩本、浙本作「乃」。

〔一六〕工以具告　「工」，原作「上」，據閩本、浙本改。

〔一七〕熹適病卧　「適」字原缺，據浙本補。

〔一八〕至死不變　「至」，閩本、浙本作「之」。

〔一九〕所謂一世之偉人　「所」上，浙本有「蓋」字。

〔二〇〕至死弗渝　「至」，閩本、浙本作「之」。

〔二一〕頌慶宇内　「頌」，原作「頌」，據閩本、浙本改。

〔二二〕不其在兹　「其在」，原作「在其」，據浙本乙正。

〔二三〕又以年幼　「又以」，原作「於又」，據閩本、浙本改。

〔二四〕熹不孝　「孝」，原作「考」，據閩本、浙本改。

〔二五〕若時報事　此句下底本原注云：改末句爲「介以春祺」。

〔二六〕又祭土地文　按浙本此篇前，另有題名又祭土地文一篇，附録如次：「氣序流易，歲律將更。蒙神之休，幸兹寧止。載惟報享，敢有弗虔？尚祈顧歆，永錫純嘏。」

〔二七〕俾我無斁　此句下底本原注云：「氣序徂遷，時維仲夏。氣序徂遷，仲秋戒秋。冬序告中，一陽來復。」

〔二八〕瞻省封塋　「瞻省」下，底本原注云：唐石改爲「載念」。

〔二九〕不勝哀慕　此句下底本原注云：唐石改爲「不勝載念」。浙本此句原注云：唐石改爲「不任悽愴」。

〔三〇〕祇薦歲事　此句下底本原注云：唐石改爲「薦其常事」。

〔三一〕修祀先壠　此句下底本原注云：餘處改作「按行丘壠」。

〔三二〕有事先壠　此句下底本原注云：唐石等處改爲「丘壠」。

〔三三〕又謁李龍學祠文　按此篇浙本置於本卷謁李龍學祠文後。

晦庵先生朱文公文集卷第八十七

祭文

祭籍溪胡先生文

嗚呼哀哉！惟公之生，氣温質良。弱冠而學，有志四方。發軔蓬蒿，至于臨漳。學承于家，行著于鄉。乃獻王府，乃游膠庠。中退而休，客彼洛陽。有隱其居，維蜀之莊。公乃束脩，踵門升堂。一語妙契，發乎天光。浩然東歸，衡泌洋洋。我簞我瓢，我糟我糠。或漁于溪，或圃于崗。水鯉鮮腴，藥穎豐長。以是爲養，胡考寧康。以是爲樂，消摇相羊。我心悠悠，歲月于荒。華髮斑衣，名聞帝旁。弓旌鼎來，聘幣是將。義不去親，欲隱彌彰。乃降命書，乃賜冠裳。乃命典教，于梓于桑。學徒莘莘，儼立成行。謦欬未聞，眉睫不揚。式訛厥心，炳其文章。作人之功，于今靡忘。中秘之官，典册是藏。公晚而居，群儒所望。陳謨帝前，震聲廟廊。人曰先生，允仁且剛。旋反舊廬，既壽且臧。云胡不淑，奄忽而亡？嗚呼哀哉！

惟我先君，志行文潔。有不吾儕，一顧不屑。而於我公，所愛無斁。豈面而朋，所趣同轍。纘息之言，屬以其孤。公亦見哀，不鄙其愚。卜兆使藏，卜鄰使居。擇術使由，求田使餔。我壯而頑，學無所至。悔尤已多，視公則愧。公不謂然，欲終誨之。其言諄諄，夫豈予欺？南風之薰，草堂晝寂。方侍公言，遽問公疾。公啓手足，我不及知。遣使饋藥，公猶見之。謂我當來，命延以入。我趨適至，則已無及。祖跣而入，哭于寢門。淵冰之戒，竟莫得聞。嗚呼哀哉！

惟昔治命，三公是託。屏山傾頽，草堂冥漠。幸公獨存，爛若晨星[一]。今亦往矣，誰復儀刑？嗚呼哀哉！人生百年，誰則不死？公有令名，亦既壽祉。全而生之，全而歸之。公實奚憾？後人之思。嗚呼哀哉！尚饗。

祭延平李先生文

道喪千載，兩程勃興。有的其緒，龜山是承。龜山之南，道則與俱。有覺其徒，望門以趨。惟時豫章，傳得其宗。一簞一瓢，凛然高風。猗歟先生，早自得師。身世兩忘，唯道是資。精義造約，窮深極微。凍解冰釋，發於天機。乾端坤倪，鬼祕神彰。風霆之變，日月之光。爰暨山川，草木昆蟲。人倫之正，王道之中。一以貫之，其外無餘。縷析毫差〔二〕，其分則殊。體用混員，隱顯昭融。萬變並酬，浮雲太空。仁孝友弟，灑落誠明。清通和樂，展也大成。婆娑丘林，世莫我知。優哉游哉，卒歲以嬉。迨其季年，德盛道尊。有來摳衣，發其蔽昏〔三〕。侯伯聞風，擁篲以迎。大本大經，是度是程。税駕之初〔四〕，講議有端。疾病乘之，醫窮技殫。嗚呼先生，而止於斯。命之不融，誰實尸之？合散屈伸，消息滿虚。廓然大公，與化爲徒。古今一息，曷計短長？物我一身，孰爲窮通？嗟惟聖學，不絶如綫。先生得之，既厚以全。進未獲施〔五〕，退未及傳。殉身以殁，孰云非天！

熹也小生，丱角趨拜。恭惟先君，實共源派。誾誾侃侃，斂衽推先。冰壺秋月，謂公則然。施及後人，敢渝斯志？從游十年，誘掖諄至。春山朝榮，秋堂夜空。即事即理，無幽不窮。相期日深，見勵彌切。蹇步方休，鞭繩已掣。安車暑行，過我衡門。返旆相遭，凉秋已分。熹於此時，適有命召。問所宜言，反覆教詔。最後有言：「吾子勉之。凡兹衆理，子所自知。奉以周旋，幸不失墜。」歸裝朝嚴，訃音夕至。失聲長號，淚落懸泉。何意斯言，而訣終天！病不舉扶，殁不飯含。奔赴後人，死有餘憾。儀刑永隔，卒業無期。墜緒茫茫，孰知我悲？伏哭柩前，奉奠以贄。不亡者存，鑒此誠意。

又祭延平李先生文

山頹梁壞，歲月不留。即遠有期，親賓畢會。柳車既飭，薤露懷悲。生榮死哀，孰不摧慕。熹等久依教育，義重恩深。學未傳心，言徒在耳。載瞻繐紼，彌切痛傷。築室三年，莫酬夙志。舉觴一慟，永訣終天。嗚呼哀哉！

祭魏元履國録文〔六〕

人生而材，乃克自貴。材者亦多，鮮或有志。猗歟元履，才英氣豪。凌空趠遠，志節堅高。爰自弱齡，聲華秀發。事賢友仁，其聞四達。迨其中歲，考古驗今。訂以經術〔七〕，益宏益深。聞人之賢〔八〕，若獲於己。推之揚之，情曷能已。視人之阨，若己擠之。是振是拔〔九〕，力無有遺。婆娑丘林，歲月遲莫。聘幣鼎來，片言感悟。謂當用世，遂究厥施。誰謂落落，乃遄其歸。歸來考槃，于澗于陸。慺慺之忠，永矢弗告。謂當暫愒，尋復詔追。誰謂一疾，而訖於斯。嗚呼哀哉！

念昔交情，兄膠我漆。更攻互磨，兄玉我石。世途艱險，孟門太行。兄行我憂，兄歸我藏。與兄同心，誰則如我。奚必梁丘？君可亦可。兄實高明，卒監此心。顧託警勵，琅琅其音。訶佛詆巫，考禮正俗。奉承靡他，葬又得卜。長坂之阿，兄所樂游。孰云兹今，有墳其丘！謂我宜銘，亦兄所寄。行高文卑，祇以爲累。日月有時，潰綿束芻。長慟寢門，愧恨何如。恭惟神靈，尚記疇昔。感此哀誠，來飲來食。蔓翣在門，往寧厥宫。没而不朽，君子之終。嗚呼哀哉！尚饗。

祭何叔京知縣文〔一〇〕

程氏唱道〔一一〕，英材景從。逮罹部黨，門館一空。惟時東平，志道誠篤。請操笈簪，甘委秩禄。勁節孤忠，遭難而發。身没言存，孰嗣其烈。侃侃辰州，受業于門。舉幡報德，亦取斥奔。抱負弗流〔一二〕，退講于家。兄克承之，以振厥華。惟兄天資，高明峻潔。幹父承師，允蹈遐轍。稽經訂史，取友以端〔一三〕。博聞約守，惟義之安。孝友静廉，不絿不競。一試其能，亦克有政。令于湘土，兹適問塗。云胡不淑，而隕其軀？兄未病時，過我精舍。講道論心，窮日繼夜。既歸而病，亟以書來。千萬永訣〔一四〕，嗚呼痛哉！惟兄之明，原始反終。罔怛于化，以病其公。上念母慈，下慊德學〔一五〕。遠忠極慮，語簡情慤。兄子謂予，盍銘諸幽？外期永世，知德是求。若兄之賢，實我所畏。惟其不能，辭則靡愧。嗚呼痛哉！昔我來斯，兄出迎門。羅列豆觴〔一六〕，語笑溫溫。今我來斯，奠此空尊。長號大慟，兄卧不聞。嗚呼痛哉！

祭劉參議文

惟公文足以取高科，才足以躋顯仕。踐揚中外，三十餘年。吴蜀之鄉，自尉而令。康新之郡，由貳而專。白首斑衣，内既懽於榮養；朱轓皂蓋，外益謹於承宣。旋登王畿，出參幕府，人謂低徊而不偶，公獨透迤而泰然。方將告休天朝，言歸故里，棲神乎香火之社，玩意乎詩史之編。何一疾之弗瘳〔一七〕，遽百年之難料，悵輀車之既駕，倏丹旐以孤翩。行路酸辛，知名悼恨，而況邦人與邑子，孰不賫咨而涕漣。嗚呼哀哉！

熹以孤童，早依仁里。無所肖似，獨荷知憐。登高寫懷，每繽紛而近後；探囊搜祕，或拏攫以爭先。以至發廩勸分，築倉移粟，既同憂而共喜，如合病以齊痊。惟此好之難忘，感餘生而自悼。舉空觴而一慟，聊永訣乎終天！

祭汪尚書文

維淳熙三年歲次丙申三月朔二十七日壬申，從表姪宣教郎、主管台州崇道觀朱熹，謹以香茶清酌，致祭于近故端明殿學士、尚書汪公之靈曰：嗚呼！惟公學貫九流而不自以爲足，材高一世而不自以爲名，道尊德備而不自以爲得，位高聲重而不自以爲榮。蓋玩心乎文武之未墜，抗志乎先民之所程。巍乎其若嵩岱之雄峙，浩乎其若滄海之涵渟。自秀發於妙齡，冠倫類而獨立。中委棄於諸侯，實天脱其羈馽。迨壯歲之來歸，曰良時之儻吾及。曾墨突之未黔，復吾行之汲汲。汩東閩而西蜀，亘萬里而周流。騰茂實而愈偉，膺聖神之訪求。既銓綜於天官，又潤色乎皇猷。謂朝夕之疇咨，即進陪於廟謀。何儇媚之狡夫，獻功利之浮説。公抗疏而指陳，請昭姦而塈絶。事乃謬而不然，吾何爲乎兹列？寧隱屏而就閒，弭長騖之遐轍。粤退司於閒館，遂遄反乎丘林。託僧廬以靜處，或獨往而孤尋。眷塵編而寄懷，若與世乎無心。衆徒歎公何其樂之獨，而孰知公爲有憂之深。伊有識之望公，釋東山而再起。以卒究其所施，俾斯民之咸喜。胡彼蒼之不可信，曾不一老之憖遺？忽堂堂而逝去，興殄瘁之悲詩。熹也孤生，叨塵末契。辱教誨之殊常，殆相期於國士。雖不見者十年，亦音書之相繼。不鄙謂其庸虚，每咨詢而弗置。兹逖聞於訃告，悵失聲而永號。巾素車以即路，越閩嶺之崇高。行踽踽而涼涼，孰有如予心之鬱陶？跽陳詞而侑奠，痛人師之難遭。

祭柯國材文

維淳熙四年二月辛未朔旦，新安朱熹謹以香茶酒果，奠于近故柯君國材老丈之靈。俗弊道衰，士鮮知學。束書不觀，遊談燕樂。有不其然，剽掠爲工。乘時射利，莫反其躬。孰能知君〔一八〕，苦心刻意。探討之勤，白首不置。弗榮于禄，弗媚于時。自信之篤，死生莫移。余少之時，試吏君里。實始識君，敬慕興起。致君序室，以表後生。弦誦洋洋，德義振聲。闊焉□□，反復講評。匪同而和，肺腑以傾〔一九〕。自兹一别，遂隔死生。何遽至此，□□□□。惟君之德，剛毅近仁。望之可畏，即之可親。居今行古，勇莫能奪。行行之名，不肖所怛。哀哉已矣，無復斯人！緘辭千里，寄此酸辛。嗚呼哀哉！伏惟尚饗。

祭姚式文

嗚呼！簪纓之鏘然，唯子之纍然。聲利之囂然，唯子之澹然。貌甚癯兮病已纏，不復興兮歸其全。我之來兮閔子賢，一臂交兮失九泉。念官曹兮若蟬聯，涕子零兮具此筵。

祭吴晦叔文

維君學造深微，行履繩約。交朋友盡切偲之義，處兄弟竭怡怡之歡。脱屣勢榮，玩心道要，方日新而未已，遽川逝而不留。熹久辱遊從，多蒙規益，睽離雖久，書疏鼎來。忽聞不淑之音，實隕無從之涕。屬纏期慘，遠寓奠觴。莫獲長言，以詠潛德，臨風一慟，永訣終天。

祭劉共父樞密文〔二〇〕

維淳熙五年歲次戊戌九月辛酉朔二十日庚辰，從表弟宣教郎、主管建寧府武夷山冲佑觀朱熹敢以清酌庶羞之奠，告于近故建康留守、觀文殿學士彭城劉公之靈。

嗚呼哀哉！天胡付公以瓌奇俊偉之材，而不并假以耆耋期之壽〔二一〕？胡位公以樞機藩屏之重，而不遂畀以彌綸輔贊之權？使公名若極富貴而無欲，實則抱憂歎以終天！此中外志義之士，所以聞公之薨，皆失聲而相吊，或雖未識公面，而亦不自知其涕泗之流漣者也。嗚呼哀哉！

惟公生有異質，早擢巍科。退而自保，弗競弗譁。屈首受書，典學于家。内充其美，外振厥華。暨登王朝，遂掌綸綍。獻納綢繆，訏謨密勿。忤權觸要，無所回屈。帝眷弗渝，試以郡紱。受鉞于南，勦頑踣凶。婉孌赤子，撫摩哀恫。禮賢勸學，導和致豐。報政三年，鄒魯其風。帝曰來歸，本我兵柄。曾不幾時，咨以大政。公奮其庸，帝虛以聽。張磔宏綱，塞絕僭令。道直身危，突不暇黔。出臨兩鎮，威燀恩漸。適嬉于堂，遽哭于苫。恩詔起之，有疎其瞻。公卧弗承，帝悉其孝。曰究汝哀，來覲來教。公言益切，公守不撓。再撫于潭，亦顯其效。乃遷建業，民病以饑。公不寢食，起坐嗟咨。方略既張，惠術四施。曾是流殍，化爲充肥。帝嘉乃勳，加勞進律。倚毗方深，遽告以疾。忠無隱情，諫有遺筆。帝驚罷朝，悼此良弼。嗚呼哀哉！

我以孤童，來託公家。公不鄙我，勸導有加。公姿鸞鵠，我性麞麃。豈無異同，卒莫疵瑕。自公進爲，論議慷慨。實始斯公〔二二〕，高明光大。公之知我，亦晚而最。迨其永歸，手札告戒。褒德撫孤，古昔所難。并以諉我，我其敢安？把書長號，涕隕闌干。還坐以思，慨其永歎。念昔帝師，爲國死義。亞傅承之，夷險一致。屏山雖隱，亦豈忘世？公襲其傳，克廣無替。衆咸謂公，當訖外庸。入贊皇極，下釐庶工。登賢屏姦，復境攘戎。內繼祖考，畢其餘忠。天胡難諶，而止於此？羣邪交慶，衆正心死。矧予之衰，竊究終始。願言思公，曷其有已？嗚呼哀哉！

昔誦離騷，舉公觴兮。今拜以哭，酹公堂兮。私情公義〔一三〕，兩怛傷兮。神靈不昧，尚克鑒予之衷腸兮。嗚呼哀哉！尚饗。

又祭劉共父樞密文

嗚呼哀哉！惟公之薨，迨茲半載。殄瘁之歎，雖久彌新。日月有期，佳城將啓。惟時親故，罔不悼傷。矧予孤生，蚤託恩契。道義期許，晚而益敦。臨絶之音，寄屬良厚。其爲感惻，豈獨常情。迫此詔除，懇辭未獲。義當引道，以俟報聞。凡公誨言，略已遵奉。倘未即死，尚圖厥終。輀車之行，不遑祖送。敢持薄奠，以訣終天。倥傯悲涼，言無次叙。惟公精爽，克鑒此心。

又祭劉共父樞密文〔一四〕

年月日，具位朱熹謹遣男埜、門人林允中略具酒肴之奠，敬奉熹所撰次先正少傅公神道碑銘草藁，告于近故留守、觀文樞密彭城劉公靈几之前曰〔一五〕：

在昔歲秋，公病欲絶。自力爲書，來告永訣。上言國家，讎耻未雪。冢骨易枯，此恨難滅。次念遺阡，豐碑未揭。謂我銘之，以永前烈。下及諸孤，羈貫在列。謂我教之，它靡顧謁。字畫方嚴，詞氣凜冽。是豈死人，而有斯説！三復悲號，心膂貫徹。聞公是日，三簡并折。拜疏千言，忠憤是洩。我雖不武，實仰奇節。生既人英，死當鬼傑。又惟公家，忠孝閥閱。紀德銘功，盍付時哲。公命不亂，曷取凡劣。諒以孤生，幼罹禍孽。蒙被前恩，欲報罔竭。故略其愚，以累斯碣。方將涉筆，叙次鋪列。屬其來西，曠日引月。迄今乃成，事偉詞拙。遠薦陳之，如聽予決。想像兩公，感涕摧咽。顧念滯留，塵土羈紲。莫相嗣人，講貫劘切。以此負公，一飯再噎。頃爲迎師，寄此筆舌。比聞授受，稍契磁鐵。尚其不厭，習久而悦。盡掃童心，罔蹈非轍。彼齊彼孺，悉藉提挈。卒大公門，緩此憂惙。山瓢往酹，野蔌并設。老淚如傾，遠寄清血。嗚呼哀哉！尚饗。

祭張敬夫殿撰文〔二六〕

嗚呼敬夫！遽棄予而死也耶！我昔求道，未獲其友。蔽莫予開，吝莫予剖。蓋自從公，而觀於大業之規模，察彼群言之紛糾，於是相與切磋以究之，而又相厲以死守也。丙戌之冬，風雪南山。解袂櫧州，今十五年〔二七〕。公試畿輔，公翔禁省。公牧于南，我遯巖嶺。顯晦殊迹，心莫與同。書疏懇惻，鬼神可通。公尹江陵，我官廬嶽。驛騎相望，音問逾數。去臘之窮，有來自西。告我公疾，手書在攜。我觀于時，神理或僭。是疾雖微，已足深念。

亟遣問訊〔二八〕，閱月而歸。叩函發書，歎吒歔欷。時友曾子，實同我憂。揮涕請行，誼不忍留。曾行未幾，公訃果至。張侯適來，相向反袂。嗚呼敬夫！竟棄予而死也耶！

惟公家傳忠孝，學造精微。外爲軍民之所屬望，内爲學者之所依歸。治民以寬，事君以敬。正大光明，表裏輝映。自我觀之，非惟十駕之弗及，蓋未必終日言而可盡也。矧聞公喪，痛徹心膂。緘詞寄哀，不遑他語。顧聞公之臨絶，手遺疏以納忠。召賓佐而與訣，委符節而告終。蓋所謂得正而斃者，又凜乎其有史魚之風，此猶足以爲吾道而增氣，抑又可以上悟於宸聰。又聞公於此時，屬其弟以語予，用斯文以爲寄，意懇懇而無餘。顧何德以堪之，然敢不竭其庸虚，并矢詞以爲報。尚精爽其鑒兹〔二九〕。嗚呼哀哉！

又祭張敬夫殿撰文〔三〇〕

維淳熙七年歲次庚子六月癸未朔六日丁亥，具位朱熹竊聞故友敬夫張兄右文修撰大葬有期，謹遣清酌時羞，奠于柩前，南望拜哭，起而言曰〔三一〕：

嗚呼！自孔孟之云遠，聖學絶而莫繼。得周翁與程子，道乃抗而不墜。然微言之輟響，今未及乎百歲。士各私其所聞，已不勝其乖異。嗟惟我之與兄，吻志同而心契。或面講而未窮，又書傳而不置。蓋有我之所是，而兄以爲非；亦有兄之所然，而我之所議。又有始所共鄉，而終悟其偏；亦有蚤所同擠，而晚得其味。蓋繳紛往反者幾十餘年，末乃同歸而一致。由是上而天道之微，遠而聖言之祕，近則進脩之方，大則行藏之義，以兄之明固已洞照而無遺，若我之愚，亦幸竊窺其一二。然兄喬木之故家，而我衡茅之賤士；兄高明而宏博，我狷狹而迂滯。故我嘗謂兄宜以是而行之當時，兄亦謂我盍以是而傳之來裔。蓋雖隱顯之或殊，實則交須而共濟。不惟相知之甚審，抑亦自靖而無愧。嗚呼！孰謂乃使兄終在外，以違其心，予亦見縻於斯，而所願將不遂也。政使得間以就其書，是亦任左肱而失右臂也。傷哉！

吾道之窮，予復何心於此世也。惟脩身補過，以畢餘年，庶有以見兄於下地也。聞兄之葬，而不得臨，獨南望長號，以寄此酹也。惟兄憐而鑒之，尚陰有以輔予之志也。嗚呼哀哉！

祭鄭自明文

故友台州使君大著鄭兄自明之靈曰：比年以來，士氣衰弱。覩時俯仰，徇勢前卻。其心有一身而無天下，其口有唯唯而無諤諤。偉哉，自明之爲人！信所謂喧啾百鳥之群，忽見秋天之一鶚者也。蓋自其布衣，而已有憂天下之心；其揖讓人主之前，則直欲排佞倖之朋而折其角。其言明白切至，磊磊落落，憤激峻厲，嶢嶢嶽嶽。明主所爲虚心而嘉歎，羣公所爲變容而駭愕。善類所爲喜幸而心開，邪黨所爲戚嗟而氣索。偉哉，自明之爲人！凛乎其有古爭臣之風，求之近世，則措之鄒、陳之間而無怍者也。夫何天命之不延，奇禍一朝而遽作，使前日之悲者喜，而喜者悲，紛慶弔之交錯。嗚呼哀哉！

君昔過我寒泉之濱，一語定交，情義日親。逮上饒之草次，語宵分而更僕。謂當擇善以潛心，毋以一長而自足。粤今兹之秋孟，又札書以申之。眷予心之惓款，實千載以爲期。書適往而訃來，嗷然號其焉及！哦殄瘁之悲詩，坌百憂之來集。惟平生之忠赤，諒雖死而不忘。跽陳情於一酹，詞與淚而俱揚。嗚呼哀哉！尚饗。

祭陸子壽教授文

學匪私説，惟道是求。苟誠心而擇善，雖異序以同流。如我與兄，少不並遊。蓋一生而再見，遂傾倒以綢繆。念昔鵝湖之下，實云識面之初。兄命駕而鼎來，載季氏而與俱。出新篇以示我，意懇懇而無餘。厭世學之支離，新易簡之規模。顧予聞之淺陋，中獨疑而未安。始聽瑩於胸次，卒紛繳於談端。徐度兄之不可遽以辨屈，又知兄必將返而深觀。遂逡巡而旋返，悵猶豫而盤旋。别來幾時，兄以書來，審前説之未定，曰子言之可懷。逮予辭官而未獲，停驂道左之僧齋。兄乃枉車而來教，相與極論而無猜。自是以還，道合志同。何風流而雲散，乃一西而一東。蓋曠歲以索居，僅尺書之兩通。期杖屨之肯顧，或慰滿乎予衷。屬者乃聞兄病在床，亟函書而問訊，并裹藥而携將。曾往使之未返，何來音之不祥。驚失聲而隕涕，沾予袂以淋浪。嗚呼哀哉！

今兹之歲，非龍非蛇，何獨賢人之不淑，屢興吾黨之深嗟！惟兄德之尤粹，儼中正而無邪。至其降心以從善，又豈有一毫驕吝之私耶！嗚呼哀哉！兄則已矣，此心實存。炯然參倚，可覺惰昏。孰泄予衷？一慟寢門。緘辭千里，侑此一尊。

祭黄尚書文

大道既隱，淳風日弊。氣鍾于人，鮮克全粹。習而益遠，輕肆苟偷。言如可重，考行則羞。猗歟我公，受材特異。不假修爲，默與道契。端莊静一，終日欽欽。不動而敬，神保是臨。賓于王庭，昌言大對。庯弗順隨，久斥于外。晚歸獻納，正笏垂紳。時而後發，一言萬鈞。閶闔省曹，侃侃禁闥。權倖顧之，心摧氣奪。孝慈擗愽，未返北征。引經抗疏，罷宴請行。帝嘉其忠，衆服其勇。咸惜公行〔三二〕，係國輕重。公嘗老矣，兹復告歸。祖帳東門，觀者歔欷。公在故鄉，恂恂翼翼。士夫高仰，遠邇承式。帝曰懷哉，舊學之賢。乃詢乃訪，加璧以先。公拜曰都，此帝之德。盡言不隱，是乃臣職。公年雖高，不杖不扶。謂當復起，駟馬安車。一病踰年，竟以喪告。疏有遺忠，當宁震悼。嗚呼哀哉！

熹以晚學，獲游公門。望公容貌，鄙寬薄敦。惟其躁輕，弗克持久。公不鄙焉，撫接加厚。去歲之春，入拜公堂。公時已病，志氣則彊。正冠肅容，不異平日。端拱立談，教告諄悉。豈謂此別，遂隔死生。聞訃欲往，竹符是縈。寫哀陳辭，漬綿走酹。想像德容，恍若瞻對。顧惟偷惰，不克其躬。永言疇昔，以此負公。

又祭黃尚書文

己亥之春，拜公床下。嘗辱面命，先德是銘。自惟晚生，弗克堪此。懇辭未獲，而公永歸。官守拘牽，莫遑弔哭。寓觴一奠，無所復辭。於是彊顏，勉爲叙次。卑鄙進越，既懼且慚。今奉以來，昧冒陳薦。永惟疇昔，慨想音容。德盛禮恭，不以病懈。任重道遠，何愧昔人。今兹之亡，寧復可見？殄瘁之痛，豈以其私！惟其榛蕪，卒無以稱。公靈不昧，尚鑒厥衷。

祭詹淑人文〔三三〕

熹來會公葬，問舍修容。乃聞夫人，遽亦薨逝。其爲駭愕，良不自勝。恭惟夫人，克有令德。作配君子，賓敬齊莊。化被閨門，怡愉肅穆。胡不眉壽，以永德聲？兩殯在堂，行道悽惻。一觴奉奠，少見鄙誠。敬想淑靈，諒垂歆鑒。

祭吕伯恭著作文〔三四〕

嗚呼哀哉〔三五〕！天降割于斯文，何其酷耶！往歲已奪吾敬夫，今者伯恭胡爲又至於不淑耶！道學將誰使之振？君德將誰使之復？後生將誰使之誨？斯民將誰使之福耶！經説將誰使之繼？事記將誰使之續耶！若我之愚，則病將孰爲之箴？而過將誰爲之督耶！然則伯恭之亡，曷爲而不使我失聲而驚呼，號天而慟哭耶！嗚呼！伯恭有蓍龜之智，而處之若愚；有河漢之辯，而守之若訥。胸有雲夢之富，而不以自多；詞有黼黻之華，而不易其出。此固今之所難〔三六〕，而未足以議兄之仿佛也。若乃孝友絶人，而勉勵如弗及；恬淡寡欲，而持守不少懈。盡言以納忠而羞爲訐，秉義以飭躬而耻爲介。是則古之君子，尚或難之，而吾伯恭，猶歉然而未肯以自大也。蓋其德宇寬洪，識量閎廓。既海納而川停〔三七〕，豈澄清而撓濁？矧涵濡於先訓，紹文獻於厥家。又隆師而親友，極探討之幽遐。所以禀之既厚而養之深，取之既博而成之粹。宜所立之甚高，亦無求而不備。故其講道於家，則時雨之化；進位于朝，則鴻羽之儀。造辟陳謨，則宣公獨御之對；承詔奏篇，則右尹祈招之詩。上方虚心而聽納，衆亦注目其旉施。何遭時之不遂，遽縈疾而言歸。慨一卧以三年，尚左圖而右書。間逍遥以曳杖，恍沂上之風雩。衆咸喜其有瘳，冀卒攄其素藴。不惟傳道以著書，抑亦後來之程凖。何此望之難必，奄一夕而長終。增有邦之殄瘁，極吾黨之哀恫。嗚呼哀哉！

我實無似，兄辱與遊。講摩深切，情義綢繆。粤前日之枉書，尚粲然其手筆。始言沉痼之難除，猶幸死期之未即。中語簡編之次第，卒誇草樹之深幽。謂昔騰牋而有約，盍今命駕以來遊？欣此旨之可懷，懔訃車而偕至。考日月之幾何，不旦暮之三四。嗚呼，伯恭而遽死耶！吾道之衰，乃至此耶？既爲位以泄哀，復緘辭以寓奠。冀嗣歲之有間，尚前言之可踐。嗚呼哀哉！尚饗。

祭劉氏妹文

年月日，兄具位以酒饌祭于亡妹五十六娘之靈。昔妹之亡，兄縻郡紱。病弗及療，斂弗克臨。歸來撫棺，一慟永訣。今茲窀穸，已復有期。輒具酒肴，來哭爾殯。兄及老幼，共此一哀。惟爾有靈，尚其歆享。嗚呼痛哉！

祭陳休齋文

維淳熙十一年歲次甲辰三月庚寅朔二十有七日丙辰，具位朱熹謹以香茶酒果奠于近故休齋先生冲佑參議陳公之靈。熹少日遊宦，獲從公遊於泉漳之間。蒙公愛予，誘掖良厚，其後別去，幾三十年。而去歲之冬，復得見公，相與開懷，握手如平生歡。公雖老矣，而意氣不衰，爲我置酒，談經論義。篇什間作，亹亹不休，相與追遊連華、九日、凉峯、鳳凰、雲臺之間〔三八〕。晝則聯車，夜則對榻。視公起居食飲，叫呼談噱，皆有非後生所能及者，謂公壽考宜未艾也。然我之還，公復載酒，餞我洛陽，則摻袂分携，潸然出涕，而有此會難又之悲矣。醉中別去，慘然不樂，久而不能平也。然亦不謂未及兩月，而公訃遽來。嗚呼痛哉！

公於諸經，皆有論述，許以寄我，相與考評。而今而後，不復得遂此願矣。緘詞千里，寄此一奠。尚惟精爽，聽我此言。嗚呼哀哉！尚饗。

祭許順之文

維淳熙十二年四月庚辰，宣教郎、直徽猷閣、主管華州雲臺觀朱熹謹以香茶及賻幣一匹，奠于故友許君順之之靈。我官同安，諸生相從遊者多矣。其恬淡靖退，無物欲之累，未有如順之者也。逮予秩滿，相與俱歸，不以千里爲遠。其後别去二十餘年，中間相見，不過一再。前歲雲臺一别，匆匆未及究其所欲言，不意君之遽至此也。聞訃慘怛，寓此一哀。君其有靈，尚克鑒此。尚饗。

祭劉平父文

憶我少日，來託君家。君時未齓，蘭茁其芽。誦書琅然，意氣英發。見者驚嗟，謂即聞達。逮其冠歲，甫就一官。兩除莫府，再值省員。世路威夷，耻復自衒。婆娑林丘，始適于願。疏泉成沼，種樹著行。館宇連延，澗壑青蒼。穠春素秋，風朝月夕。把酒哦詩，情高意適。流光荏苒，素髮星鮮。人爲君屈，君獨超然。恨山不高，惜水不廣。勝日籃輿，翩然獨往。行樂餘功，燕及里閭。枵腹夏飽，甕兒夜呱。校考書𠢕，豈慚肉食。胡不百年，享此休逸。一病遽革，百藥莫瘳。神理香冥，孰訊厥由。親友駿奔，行道灑涕。矧我於君，情實昆弟。蓋自卜居，餘四十年。豈無他人，合散風煙。惟我與君，俱不諧偶。跧伏窮山，別希會久。中念恩契，申以昏姻。逮茲晚歲，情義益親。方從君遊，遽問君疾。代君發棠，君語諄悉。何意一朝，隻影蹣跚。扶疾哭君，幾不自還。一奠寢門，醪單饌薄。唯此哀誠，庶通冥漠。嗚呼哀哉！

祭陳福公文

惟公德在生民，功書信史。大節昭然，善終善始。中興輔相，比立豪英。曰文曰武，各以其名。孰如我公，道全德備。莫得而名，緊名之至〔三九〕。亦弗自知。惟誠惟一，衆善畢隨。士於見聞，以多爲富。公無不窺，不以博著。士於詞章，以麗爲精。公無不能，弗以文稱。匪清匪濁，不夷不惠。和不至流，廉不至劌。論無苟異，亦無必同。温温其毅，坦坦其恭。執法於中，不專爲直。大姦既除，國論斯一。承流於外，不一於寬。苛嬈不作，閭里自安。中坐廟堂，宏綱是總。主德既修，民聽不聳。從容一言，拔佞移寵。帝納其忠，人服其勇。晚而告休，稅冕遺紳。安車駟馬，歸卧里門。進不出位，退不忘君。垣屋雖卑，德義日尊。羣行兼融，尚不勝記。公亦何心，有此全美？惟其不有，道則彌光。兩宮之眷，四海之望。謂當百年，再登承弼。卒惠我民，永綏王國。云胡不淑，奄忽長終！臨絶之言，不忘教忠。嗚呼哀哉！

我從公遊，出入三紀。晚途間闊，遂託知己。千里訃至〔四〇〕，一觴薦誠。想公如在，酒淚同傾。嗚呼哀哉！

祭詹侍郎文

維紹熙元年歲次庚戌七月癸丑朔十有一日癸亥，具位朱熹謹致奠于近故經略閣學侍郎詹公之靈。嗚呼！世之學者衆矣，其所以爲學者，類不過出入乎口耳之間，求其篤志力行，以期入乎聖賢之域者則鮮矣。惟公粹美之資，得於天禀，孜孜問學，樂善不倦。其尊聞行知之效，見於日用之間者，在家在邦，隨事可紀。蓋一本於中和，而行之以慈恕，信乎所謂志於仁而無惡者矣。晚登從班，出鎮南服，急於救弊，以綏其民，故不暇計百全之利，而其害有出於意慮之外者。上雖不獲已於積毀之言，然暫謫而亟還之，則既有以知公之無罪矣。衆亦咸謂商度財利，鈎校米鹽，本非所以煩儒學老成之士，莫不冀公之復起，而有以卒究其所學之藴也。不謂歸未及門，而遽以病告；税駕未幾，而遂至於不起。此則有志於學者所以歎息流涕，而遺恨於無窮也。熹辱知惟舊，蒙念亦深，聞訃踰年，一奠莫致。其爲愧負，蓋不勝言，緘詞寓哀，尚祈鑒享。嗚呼哀哉！

祭潘叔度文

嗚呼叔度！生非不偶，而終身不涉乎仕進之塗；家非不足，而比老不渝其寒苦之節。蓋其出門從師，則不計生之先後，而唯善是主；閉户積學，則不顧世之毁譽，而唯道是求。蓋其立志之高有如此者，是以其躬行之效，内則孝友著於家庭，外則仁義信於朋友。以至於州閭鄉黨，莫不高其峻潔，畏其嚴正，而不敢以非義加焉。雖世之賢士大夫知之者比肩，顧未有能引而致之要路之津，使試其學以及於人，而遂奄然以没于地也。嗚呼哀哉！熹愚不肖，辱知最深。申以婚姻，情義愈篤。因風聞訃，悲不自勝。酹此一觴，千古永訣。嗚呼哀哉！尚饗。

祭劉子澄文

維年庚戌歲□月□□朔二十六日□□，具位朱熹謹致祭于亡友子澄劉兄袁州使君之靈。嗚呼子澄！以樂易之姿，躬純篤之行。立志高雅，信道深堅。處家庭則孝弟達聞，交朋友則信義昭著。居閒則其講道著書，有以樂衆人之所不樂；從官則其養民善俗，獨能憂衆人之所不憂。至於收恤宗黨而接引後來，蓋孜孜焉無不用其至。若其樂人之善而矜人之惡，又汲汲焉唯恐不盡其誠。故賢者與之遊，則常幸其有思齊聞過之益；不賢者與之處，則常病其有明汚招過之羞。然世之賢者少而不賢者多，是以子澄之得譽寡而蒙毀衆。道不得行於一州，而遂齎志以没地也，是豈不可爲之深悲而痛恨也耶！予以無能，蚤結交好，切磋之益，歲晚益親。然而解袂江磯，忽焉十載；屢卜再會，卒焉無期。病不得伸執手之悲，没不得展撫棺之慟。聞訃累月，乃能使人。而病衰不文，言又不足以盡其區區之意。引首西望，涕泗交流。尚幸楊兄，昔同遊好，屬其一酹，足寄此心。嗚呼子澄！其尚能有以知予之悲也耶？尚饗。

祭潘左司文

維紹熙元年歲次庚戌七月癸丑朔二十有八日庚辰，具位朱熹謹致奠于近故太平顯謨左司使君契丈潘公之靈。嘗謂論世之學士大夫優於學行者，政事之才或未必達；精於政事者，學行之趣或未必醇。就使能兼二者之長，則於去就出處之大節，又或未必能無所愧也。惟公文學之華、行義之實，既有以成於身而信於友，及其典州郡，殿藩服，則其聰明仁愛、精審持重，所以惠柔良而讋姦暴者，又卓然非今之從政者所能及。爰及晚歲，稱疾卧家，懇避詔除，引義慷慨，是其見幾之明、守道之固，應變從容，不可回撓，又足以關讒慝之口而奪之氣。嗚呼！是亦可謂志力之備、德業之全，而無歉於爲人矣。謂當復起，及此聖朝，卒究所施，以慰士論，何其奄忽，遽即夜臺，凡在聞知，莫不傷悼。況熹不敏，辱知最深。書疏相尋，問遺勸勉，勤懇之至，久而不忘。聞訃失聲，涕霣心折。顧以衰病，復窘王程。逮此踰年，始克布奠。鄉風引首，悲恨來并。惟公不亡，鑒此誠意。嗚呼哀哉！

祭劉子禮文

從表具位朱熹，謹以清酌時羞奠于近故劉君子禮六十七兄之靈。曰：自我少日，託昏高門，得從兄遊，於今五十年矣。每竊見兄志氣堅彊，色莊言厲，論議英發〔四一〕，滚滚不窮。而臨事應變，從容裁處，不動聲氣，目無全牛，未嘗不歎其英邁閎達，老大多材，真有聘君先生之遺風。意其必當出應時須，以世前烈。豈謂中歲事多不諧，一日，慨然謝去場屋，少肆餘力，誅草淮鄉，數年之間，亦有成緒。而兄好義周急，不問戚疏，肥馬輕裘，視猶涕唾。遂散其積，翩然南歸。憩止玉山，愛其山川之秀、風俗之美、遊從之盛，則遂求田問舍，而定居焉。曾未幾時，遽以病卧。易簀之旦，神宇泰然。徧告親朋，千萬永訣。不鄙謂我，幅紙丁寧。筆勢低昂，亡異平日。赴車來止，我病亦衰。把書長號，不能自已。嗚呼痛哉！以兄之才，終以不遇，而止於此，豈非天乎！昏憊支離，未能亟往。拊棺大慟，以罄一哀。又聞佳城，亦既得卜。祖奠之日，近不踰旬。走使緘詞，遠寄一酹。忽焉精爽，如在目前。嗚呼哀哉！伏惟尚饗。

祭張敬夫城南祠文

年月日，具位朱熹敬以一觴酹于亡友敬夫侍講左司張公尊兄城南之祠。昔從公遊，登高望遠。指顧茲土，水竹之間。謂予肯來，相與卒歲。予以懷土，顧謝不能。其後聞公，開鑿亭沼。帶經倚杖，日遊其間。寫景哦詩，辱以寄我。寂寥短韻，幾篇在吟。於今幾何，歲月奔逝。我復來此，白髮蒼顔。追懷舊遊，顧步涕落。未奠宿草，姑即遺祠。玉色金聲，恍如對接。草木魚鳥，莫知我哀。

祭張魏公墓文

惟公功存社稷，澤在生民。上比列星，多歷年所。英靈陟降，千古如存。曰有遺丘，乃寄茲土。熹夙深宗慕，亦誤知憐。茲幸分符，獲參守奉〔四二〕。瞻言螭首，饋奠莫親。寓此一觴，諒蒙昭鑒。

祭南軒墓文

惟公閎達之資，聞道最早。發揮事業，達于家邦。中歲閒居，益求其志。鶴鳴子和，朋簪四來。我時自閩，亦云戾止。更互切磨，群疑乃亡。厥今幾何，俯仰一世。公逝既久，我老益衰。何意重來，獨撫陳迹。麈筵髣髴，拱木荒凉。録牒散亡，音徽莫紹。世道之感，平生之懷。交切于中，有涕横落。欲推公志，據舊圖新。衆允未孚，唯以自愧。一觴往酹，并寄此情。公乎不忘，起聽我語！

祭叔祖奉使直閣文

維紹熙五年歲次甲寅十月戊子朔二十日丁未，從孫具位熹敢昭告于故五十六叔祖父奉使直閣府君、故五十六叔祖母恭人王氏之墓。惟昔鼻祖，德潛弗升。施及後人，克濟其美。公仗漢節，立哭虜庭。白首來歸，無所汙涅。而熹先子，亦翔天朝。適以此時，遭讒去國。死生契濶，遂以終天。今四十年，熹復來此。無所肖似，寵秩横加。能薄幸多，仰愧前烈。恭惟明詔，全節是褒。照弟煢然，亦霑禄仕。瞻望封闕，來拜公祠。惟公不亡，歆此誠意。尚饗。

祭叔父崇仁府君文

故三叔父崇仁府君、故三叔母安人丁氏之墓：昔拜叔父，于雩之川。粤既南歸，遂不復見。及拜叔母，于帝之鄉。告違未幾，即以訃告。今復來此，雙冢蕘然。微弟之賢，孰襄此事？既被先澤，行矣官榮。尚與後人，無怠嗣慶。一觴所酹，林長草豐。尊靈不亡，歆此誠意。尚饗。

祭趙丞相文

嗚呼！惟公天賦中和，家傳忠孝。愛君憂國，懇懇不忘。進秉樞機，適逢變故。稟承慈訓，援立聖明。計定一時，功垂萬世。夫何不幸，乃困煩言。適此退閑，忽聞遠役。衝風冒雪，千里于征。行未及休，病遽不起。赴車所暨，痛憤惟均。白叟黄童，興言出涕。矧予衰鄙，素辱知憐。推挽彌縫，期於國定。何悟反覆，接踵言歸。我罪未論，公行先邁。臨風一慟，雞絮是將。精爽如存，尚識兹意。嗚呼哀哉！尚饗。

祭程允夫文

維慶元二年十一月乙巳晦，外兄具位謹以香茶酒果，奠于内弟吉州録事程允夫之靈。此月之初，得吾弟九月六日書於便中，首言濫得美名，恐爲師門之辱。次言老不解事，愧貽老兄之憂。予蓋深有味乎其言，如接笑談之適也。既又視其字畫謹好，詞氣安閑，且言受代有日，骨肉俱安，則又深以爲喜，蓋初不聞其有所疾痛也。及二十有九日，曾君無疑使以書來，乃言吾弟比以此月八日不幸死矣。嗚呼哀哉〔四三〕！以吾允夫之才之志，而止於此，且以何疾而遽然耶！余生多艱，今復老病。中外兄弟，蓋亡幾人。有如允夫，尤號同志。而學與時背，仕皆不逢。猶冀莫年，卒其舊業。更相勉厲，以畢餘生。何意允夫，而遽止此。緘詞往酹，悲不能文。君其有知，尚識此意。嗚呼哀哉！

祭黄子厚文

維慶元五年四月二十八日己丑，雲谷老人朱熹謹遣男某奉酒茗之奠，告于亡友穀城隱君子厚黄廿八兄之靈曰：嗚呼哀哉！與君相逢，俱十五六。夜諷同聲，朝嬉競逐。尋各壯長，居又卜鄰。講藝論文，笑語日親。兄才甚高，俯睨一世。顧獨謂余，許以並轡。迨其中間，合散不常。倏然兩翁，顏衰鬢蒼。我行既艱，歸以病廢。兄老一丘，亦困羣吠。念昔兄言，凡兹並遊。唯我與君，庶其後凋。亦既有徵，謂可長保。此外悠悠，置勿復道。孰謂兹今，兄去而先。遺是一老，顧影孑然。欲往哭兄，炙雞絮酒。足曳弗前，目斷門柳。兄雖已矣，其存則長。流傳滿世，偉畫名章。兄學有徒，頗勤收拾。庶幾成編，追配騷什。唯其清苦，絶去羶葷。誰其知之，後世子雲。我論有疑，亦竢兄決。今則已夫，琴破弦絶。嗚呼哀哉！尚饗。

祭蔡季通文

維慶元四年歲次戊午十月二十有九日癸巳，新安朱熹竊聞亡友西山先生蔡君季通羈旅之櫬，遠自舂陵，言歸故里。謹以家饌隻雞斗酒，酹于柩前。嗚呼哀哉！尚饗。

又祭蔡季通文

慶元四年十有二月六日，新安朱熹竊聞亡友西山先生蔡兄季通輀車祖載，將就窀穸，已飭素車，往助執紼，而連日大病，遂不能前。謹遣男埜奉香燭茶酒，往奠柩前。於其行也，哭而送之曰：嗚呼！季通而至此耶！精詣之識，卓絶之才，不可屈之志，不可窮之辯，不復可得而見矣。天之生是人也，果何爲耶！西山之顛，君擇而居。西山之足，又卜而藏。而我於君之生，既未得造其廬，以遂半山之約；至於今日，又不能扶曳病軀〔四四〕，以視君之反此真宅，而永訣以終天也。並遊之好，同志之樂，已矣已矣，哀哉哀哉！

祭方伯謨文

嗚呼痛哉！久此卧病，聞君之訃。不能往哭，東望涕零。又以悲悼之深，未暇爲文，以侑此奠。惟君之行，未能甚遠。英靈炳然，當識此意。嗚呼痛哉！

校勘記

〔一〕爛若晨星　「晨星」，原作「星辰」，據閩本、浙本改。

〔二〕縷析毫差　「差」，淳熙本作「分」。

〔三〕發其蔽昏　「蔽昏」，原作「昏蔽」，據淳熙本、閩本、浙本乙正。

〔四〕税駕之初　「之」，原作「云」，據淳熙本改。

〔五〕進未獲施　「未」，淳熙本作「不」。

〔六〕祭魏元履國録文　淳熙本題作「祭艮齋文魏元履」。
〔七〕訂正經術　「術」，淳熙本作「傳」。
〔八〕聞人之賢　「賢」，淳熙本作「善」。
〔九〕是振是拔　「拔」，淳熙本作「救」。
〔一〇〕祭何叔京知縣文　淳熙本題作「祭何叔京文」。
〔一一〕程氏唱道　此句前，淳熙本有「維淳熙三年歲次丙申正月戊申朔越十日丁巳從表侄具位朱某敢用酒果奠于亡友新善化令叔京何兄之靈曰」四十五字。
〔一二〕抱負弗流　「流」，浙本作「施」。
〔一三〕取友以端　「以」，淳熙本作「必」。
〔一四〕千萬永訣　「千萬」，淳熙本作「于焉」。
〔一五〕下慊德學　「慊」，原作「歉」，據淳熙本改。
〔一六〕羅列豆觴　「豆」，淳熙本作「盃」。
〔一七〕何一疾之弗瘳　「疾」，淳熙本、閩本、浙本作「病」；「弗」，浙本作「不」。
〔一八〕孰能知君　「知」，浙本作「如」。
〔一九〕肺腑以傾　「腑」，浙本作「肝」。
〔二〇〕祭劉共父樞密文　淳熙本題作「祭劉樞密文」。

〔二一〕耆耋耄期之壽　「耄期」，原作「期耄」，據淳熙本乙正。

〔二二〕實始斯公　「斯」，淳熙本、閩本、浙本作「期」。

〔二三〕私情公義　「義」，淳熙本作「議」。

〔二四〕又祭劉共父樞密文　淳熙本題作「再祭劉樞密」。

〔二五〕年月日至靈几之前曰　淳熙本無之。

〔二六〕祭張敬夫殿撰文　淳熙本題作「再祭文」。

〔二七〕丙戌之冬至今十五年　正訛改「丙戌」作「丁亥」、「十五」作「十四」。

〔二八〕亟遣問訊　「遣」，原作「遺」，據淳熙本、閩本、浙本改。

〔二九〕尚精爽其鑒兹　「兹」，淳熙本作「諸」。

〔三〇〕又祭張敬夫殿撰文　淳熙本題作「祭張南軒先生文」。

〔三一〕維淳熙七年至而言曰　淳熙本無之。

〔三二〕咸惜公行　「惜」，淳熙本作「謂」。

〔三三〕祭詹淑人文　淳熙本於篇名下注云「黄尚書妻」。

〔三四〕祭吕伯恭著作文　淳熙本題作「祭吕東萊先生文」。

〔三五〕嗚呼哀哉　淳熙本於是句前有「維淳熙八年歲次辛丑九月甲戌朔九日壬午友人具位朱某謹以香茶雞酒奠于亡友伯恭吕兄直閣大著郎中之靈曰」四十七字。

〔三六〕此固今之所難　「今」下，淳熙本有「人」字。
〔三七〕既海納而川停　「川停」，淳熙本、浙本作「淵澄」。
〔三八〕相與追遊連華九日　「連」，閩本、浙本作「蓮」。
〔三九〕繫名之至　句下底本注云：下脱一句。
〔四〇〕千里訃至　「訃至」，閩本、浙本作「赴義」。
〔四一〕論議英發　「英」，浙本、天順本作「興」。
〔四二〕獲參守奉　「守奉」，閩本、浙本作「奉守」。
〔四三〕嗚呼哀哉　「哀」，閩本、浙本作「痛」。
〔四四〕扶曳病軀　「軀」，原作「驅」，據浙本改。

晦庵先生朱文公文集卷第八十八

碑

靜江府虞帝廟碑〔一〕

靜江府故有虞帝祠，在城東北五里，而近虞山之下，皇澤之灣，蓋莫詳其始所自立，而有唐世刻詞在焉。有宋淳熙二年春二月，今直祕閣張侯栻始行府事，奉奠進謁。仰視棟宇，傾墊弗支，圖象錯陳，篚以淫厲，則竦然曰：「帝德在人，其神在天，威靈所加，無有遠邇。降祠茲土，粵有故常。而因陋踵訛，以至于此，弗圖弗革，某實懼焉。」已事，則命撤而新之。時又方按國典，毀諸旁祀不如法者。因悉致其美材文石，以奉茲役，作治逾時，訖事以告。門觀嚴顯，龐雜遠屏。外朝内寢，惟帝及二妃之神，恭己面南，儼然臨之。秋七月癸未，侯率其僚，奉承牢醴，俯伏灌薦，以妥皇靈。肸蠁既通，拜手言曰：「天降生民，厥有常性。仁義禮智，父子君臣。爰及昆弟，夫婦朋友。是曰天叙，民所秉彝。失之毫分，穹壤易位。惟帝躬聖，誠明自然。慈孝于家，仁敬于邦。友弟刑妻，取人與善。從容鉅細，各極其極。如規之圓，如矩之方。使凡天下後世之爲人倫者，莫不取則。高明博厚，化育並流。孰是遐陬，敢私其施？惟蒼梧野，謂帝所藏。寅緣此邦，獲恭明祀。兹率群吏，釁於新宫。穆穆威神，不仁者遠。敢不再拜稽首，惟帝之神，實臨照之。」於是三獻成禮，神人浹和，吏民駿奔，咏歎興起。合辭懇請，願著石章。伻來謁辭，以詔無極。熹竊惟帝之所以配天立極，法施無窮者，既非文字形容所及，而傳記所稱南巡不反，遂葬蒼梧者，又非經言，無所考信，則皆罔敢知。惟是天理人倫之際，帝之所以幸教後世者，蓋嘗與侯講而志之。於侯之意，庶幾識其所以然者，乃敬篆而顯詩之，俾歸刻焉。其詩曰：

虞山之土，灕水之滸。誰修虞祀？九歌招舞。有翼張侯，牧此南州。懷帝之仁，答其祐休。載瞻祠宇，頹剥支柱。明靈弗蠲，淫傲駢伍。乃教綱紀，乃夷乃攻。乃堂乃基，峻宇崇墉。帝降不遲，四門穆穆。侯樂其成，來饋來祝。惟帝之德，規圓矩方。即物而則，大倫以光。爰自側微，動植潛被。恭己當天，雲行雨施。惠于來世，億萬斯年。穹天博地，峙嶽流川。矧是卉裳〔一〕，舊惟聲教。愀然見之，興起則效。子隆于孝，臣力其忠。侯拜稽首，惟帝之功。

少傅劉公神道碑

淳熙五年秋七月某日，觀文殿學士彭城劉侯珙薨於建康之府舍。疾革時，手爲書，授其弟玶，使以屬其友朱熹，若曰：「珙不孝，先公少傅之墓木大拱，而碑未克立，蓋猶有待也。今家國之讎未報，而珙銜恨死矣，以是累子，何如？」熹發書慟哭，曰：「嗚呼！共父遽至此耶？且吾蚤失吾父，少傅公實收教之。共父之責，乃吾責也。」即訪其家，得公弟屏山先生所次行狀，又得今江陵張侯栻所爲銘，以次其事曰：

公姓劉氏，諱子羽，字彦脩。其先自長安徙建州，今爲崇安縣五夫里人。曾大父贈朝議大夫太素，大父贈太子太保民先，皆以儒學教授鄉里。而皇考資政殿學士、贈太師忠顯公遂以忠孝大節殺身成仁，事載國史。公其嗣子也，少以父任補將仕郎。積勞，轉宣教郎，權浙東安撫司書寫機宜文字。入主太僕、太府簿，遷光禄丞。辟河北、河東宣撫司書寫機宜文字。以功轉朝請大夫，授直祕閣。建炎三年，擢充祕閣修撰、知池州，改集英殿修撰、知秦州。未行，除御營使司參贊軍事，辟川陝宣撫處置使司參議軍事。四年，除徽猷閣待制。紹興二年，領利州路經略使，兼知興元府。除寶文閣直學士，封彭城縣開國男，食邑三百户。三年，責授單州團練副使，白州安置。四年，還故官，提舉江州太平觀，復爲集英殿修撰、知鄂州，權都督府參議軍事，宣諭川陜。踰年還報，復待制、知泉州。八年，落職奉祠，尋責散官，漳州安置。十年，以赦得還。十一年，復故官，起爲沿江安撫使、知鎮江府。十二年，復待制，進爵子，益封二百户。是歲罷，復爲太平祠官。五年而薨，年五十矣。

公天姿英毅，自少卓犖不羣。年二十四五時，佐忠顯公守越，以羸卒數百，破睦寇方臘數十萬衆，卒全其城。復佐忠顯公守真定，會女真入寇，以大兵圍其城。公設方略，登陴拒守數月，虜不能下而去。忠顯公既以節死，公扶喪歸葬〔三〕，號天泣血，以必報讎耻自誓。朝廷亦素知其材，使參御營使軍事。時叛將范瓊擁彊兵，據上流，召之不來，來又不肯釋兵，中外洶洶，知樞密院事張忠獻公與公密謀誅之。一日，爲遣張俊以千人度江捕他盗者，使皆甲而來，因召瓊、俊及劉光世詣都堂計事，爲設飲食。食已，諸公相顧未發，公坐廡下，恐瓊覺事變，遽取黄紙，執之趨前，舉以麾瓊曰：「下有敕，將軍可詣大理置對。」瓊愕不知所爲，公顧左右，擁置輿中，衛以俊兵送獄。使光世出撫其衆，數瓊在圍城中附賊虜，迫脅二聖出狩狀，且曰：「所誅止瓊耳，汝等固天子自將之兵也。」衆皆投刃曰：「諾。」因悉麾隸他軍，頃刻而定，瓊竟伏誅。張公由此益奇公，及使川陜，遂辟以行。至秦州，立幕府，節度五路諸將，規以五年而後出師。

明年，虜窺江淮急，張公念禁衛寡弱，計所以分撓其兵勢者，遂合五路之兵以進。公以非本計爭之，張公曰：「吾寧不知此？顧今東南之事方急，不得不爲是耳。」遂北，至富平，與虜遇，戰不利，虜乘勝而前。宣撫司退保興州，人情大震。官屬有建策徙治夔州者，公叱之曰：「孺子可斬也！四川全盛，虜欲入寇久矣，直以川口有鐵山棧道之險，未敢遽窺耳。今不堅守，縱使深入，而吾乃僻處夔峽，遂與關中聲援不復相聞，進退失計，悔將何及！今幸虜方肆掠，未逼近郡，宣司但當留駐興州，外繫關中之望，內安全蜀之心，急遣官屬出關，呼召諸將，收集散亡，分布險隘，堅壁固壘，觀釁而動，庶幾猶或可以補前愆、贖後咎〔四〕，奈何乃爲此言乎？」張公然公言，而諸參佐無敢行者。公即自請奉命北出，復以單騎至秦州，分遣腹心，召諸亡將。諸亡將聞命大喜，悉以其衆來會。公命驍將吳玠柵和尚原、守大散關，而分兵悉守諸險塞。虜諜知我有備，引去。明年，虜復聚兵來攻，再爲玠所敗，俘獲萬計，蜀土以安。宣撫司移軍閬州，公請獨留關外，調護諸將，以通內外聲援，軍民之心，翕然向之。又明年，漢中大饑，諸帥閉境自守，因有建言〔五〕，皆願得公與連兵。張公承制，可其請。公至鎮，開關通商輸粟，輯睦鄰援，飭兵練卒，柵險待敵。會虜復入寇，將道金商以鄉四川，公以書諭金州經略使王彥，使伏彊弩於險以俟之。彥習用短兵，屢平小盜，不以公言爲意。虜猝至，不知所爲，逆戰，果敗，走保石泉。時吳玠爲秦鳳經略使，公聞彥失守，亟移兵守饒風嶺，且以語玠。玠大驚，即越境而東，一日夜馳三百里，中道少止，請公會西縣計事。公報曰：「虜旦夕至饒風下，不亟守此，是無蜀也。公不前，吾當往。今又西走，不知者謂吾懼而逸爾，諸將得無解體乎！」玠得書，即復馳至饒風列營拒守，虜人悉力仰攻，死傷如積。更募死士由間道犯祖溪關以入，繞出玠後，玠遽走還漢中，且來邀公，欲與俱去。公不可，留玠共柵定軍山以守〔六〕。玠不可，公不得已，退守三泉，從兵不及三百人。與士卒同粗糲，至取草牙木甲噉之。遺玠書，與訣，玠持之泣下，欲馳赴公，未果，其愛將楊政者大呼軍門曰：「公今不行，是負劉公，政輩亦且舍公去矣。」玠乃來會三泉。時虜游騎甚迫，玠夜不寐，起視，公方甘寢自若，旁無警何者。遽起公，請曰：「此何等時，而簡易若是？」公慨然曰：「吾死，命也，亦何言！」玠慚歎泣下，竟不果留。公以潭毒山形斗拔，其上寬平有泉水，乃築壘守之。儲粟十餘萬石，盡徙將士家屬柵中，積石數十百萬，下臨走蜀道。數日，虜果至，營數十里間。一夕，候騎報虜大軍且至，諸將皆失色，入問計。公曰：「始與公等云何？今寇至，欲避邪！」下令蓐食，遲明上馬。先至戰地，前當山角，據胡牀坐。諸將追及，泣請曰：「某輩乃當致死於此，非公所宜處也。」公不爲動，虜知不可攻，亦引退。

自虜入梁洋，蜀中復大震。宣撫司官屬爭咎公，更爲浮言相恐動，力請張公徙治潼川。

令下，軍士憤怒，或取其牓毁之。公亦以書力爲張公言：「此已爲死守，虜必不敢越我而南。藉令不能守，我死行未晚也。今一旦輕動若此，兵將忿怒，恐將有齮齕公墳墓者，奈何？」張公發書大悟，立止不行。虜遣十餘人，持書與旗，來招公及玠。公斬之，餘一人使還，曰：「爲我語羣盜，欲來即來，吾有死耳，何可招也！」因復與玠謀，出鋭師腹背擊之。未及期，而虜已遁矣。蓋方虜未至，公已悉徙梁洋官私之積置他所，虜既深入，無所得，而糧日匱，前後苦攻，死傷十五六，又聞公之將襲己也，懼，故遁。公亟遣兵追擊之，墮谿谷死者不可計。其餘衆不能自拔者，猶數十柵，皆降之。是時，虜大酋撒离喝兀术輩主兵用事，計必取蜀，以窺東南。其選募戰攻，蓋已不遺餘力，而我之謀臣戰將，亦無敢爲必守計者，獨公與張公協心戮力，毅然以身當兵衝，將士視公，感激爭奮，卒全蜀境，以蔽上流。寇退，又方相與定計，改紀軍政，以圖再舉。而張公已困於讒，公亦相次得罪，徙白州矣。始，吴玠爲裨將，未知名，公獨奇之，言於張公。張公與語，大悦，使盡護諸將。至是，上疏請還所假節傳棨戟贖公罪，士大夫以是多玠之義，而服公之知人。既張公入相，大議合兵爲北討計，召公赴闕，使諭指西師，且察邊備虚實。公還，奏虜未可圖，宜益治兵，廣營田以俟幾會。時又方議易置淮西大將，且以其兵屬公。公復以爲不可，遂以親老丐郡以歸。

泉僧可度以賂結中貴人，屬戚里陳氏誣奏，奪陳洪進守家寺，符州奉行。公曰：「此細事爾。然小人罔上如此，是乃履霜之漸，不可長也。」即疏其事，以聞，僚屬相顧莫敢連署。公乃獨奏極言之，可度等皆抵罪。既又大興學校，以教其人，堂序規模，略放大學，至今爲閩中諸郡之冠。已而，淮西軍果亂，議者反謂公實使然，不責，無以係叛將南歸之望。於是有臨漳之行，聞者嗤之，而公不自辯也。

在鎮江，會金虜復渝盟，公建議清野，盡徙淮東之人於京口，撫以威信，兵民雜居，無敢相侵擾者。嘗得盜，劾之，乃楚州守某者所爲，前後攻劫不可計，悉具獄，棄之市，某者亦坐遠竄。於是境内帖然，道不拾遺。既而虜騎久不至，樞密使張俊視師江上，以問公。公曰：「此虜異時入寇，飄忽如風雨，今更遲回，是必有他意。」已而，果復以和爲請。使至，植大旗舟上，書曰「江南撫諭」。公見之怒，夜以他旗易之。翌日，接伴使者見旗有異，大懼，索之急。公曰：「吾爲守臣，朝論無所與。然欲揭此於吾州之境，則吾有死而已。」索猶不已，乃遣人境外授之。會張俊歸奏事，上聞公治狀，及料敵語，於是復有待制之命。公以和戎本非久遠計，宜及閒暇時修城壘，除器械，備舟楫，以俟時變。宰相秦檜不悦，諷言者論之。罷歸，遂不復起，薨。後十有六年，和議果敗，虜騎直抵采石、瓜洲，江津幾不守。於是人始服公前慮之深，而恨其不及用也。

熹之先人晚從公游，疾病，寓書以家事爲寄，公惻然憐之，收教熹如子姪。故熹自幼得拜公左右，然已不及見公履戎開府時事，獨見其居家接人，孝友樂易，開心見誠，豁然無纖芥滯吝意。好賢樂善，輕財喜施，於姻親舊故貧病困阨之際，尤孜孜焉。因嘗從公門下士及一二故將問公平生大節，又知其忘身徇國之忠，決機料敵之明，得將士心，人人樂爲盡死，事皆偉然，雖古名將不能過。至其爲政，則又愛民禮士，敦尚教化，決姦擿伏，不畏彊禦，乃有古良吏風。及公既没，然後得其議奏諸書，讀之知其痛憤無日不在於讎虜，而其識慮之深又如此，未嘗不慨然撫卷廢書而歎也。

公元妃福國夫人熊氏，葬拱辰山忠顯公墓次，而屏山先生實表之。繼室慶國夫人卓氏，公没，持家二十餘年，細大有法，内外斬斬。彭城侯雖能出，然其撫之厚而教之嚴，所以成就其德業爲多。遇族黨親疏，曲有恩意。薨荆南府舍，葬甌寧縣演平之原。公子三人：彭城侯爲長；次瑺，承務郎，出後公弟祕閣公，早卒；次玶，從事郎，亦以公命爲屏山先生後。孫男二人：學雅，承務郎；學裘，尚幼。女二人，長適將仕郎吕欽，次未行。

熹惟公家三世一心，以忠孝相傳，事業皆可記，而公所處尤艱且勤，績效最著，人至於今賴之。於是既悉論載其實，又泣而爲之銘，以卒承彭城侯之遺命。其銘曰：

天警皇德，曰陂其平。復畀人傑，俾扶厥傾。薄言試之，于越于鎮。卒事于西，亦危乃定。始卻于秦，逼仄飄摇。一士之得，厥猷以昭。再蹶于梁，莫相予死。亦障其衝，校績愈偉。岷嶓既奠，江漢滔滔。爾職于佚，我司其勞。曾是弗圖，讒口嗷嗷。載北載南，條貶其褒。曰和匪同，識微慮遠。豈不諄諄，卒莫予展。我林我泉，我寄不淺。莫年壯心，有逝無反。惟忠惟孝，自我先公。勉哉嗣賢，克咸厥功。豈不咸之，又毁于成。詩勸來者，永其休聲。

龍圖閣直學士吳公神道碑

淳熙十年夏六月□□日，龍圖閣直學士、通奉大夫、臨海郡開國公、食邑二千四百户致仕吳公薨于台州仙居縣湖山私第之正寢。訃聞，天子閔焉，詔有司以光禄大夫告其第如故事。冬十月癸酉，嗣子津等葬公石井中奥之原。既畢事，將考令式，勒文螭首，顯誦公德，傳之無窮。乃相與謀，使仲子洪以公門生臨川太守陳侯庸之狀來，即建安山中，請其文於熹。

熹竊聞之，當紹興之季年，天子憤戎虜之憑陵，痛神人之羞辱，慨然有意，收用耆俊，以遂中興之烈。其所引拔以爲諫諍論議之官者，多得直諒敢言之士，而吳公者，又其偉然有聞於時者也。迨其晚歲，竟以剛鯁，不得盡行其志，退而老於湖山之下，極登臨游泛之樂者十餘年，天下莫不高之。而其所立之詳，世猶有未悉聞者。幸今有碑，以詔後世，是筆所屬，可非其人？欲謝不能，則又顧念往以使事過公里門，公聞其來，野服以便輿出見，邀於湖上，延坐與飲，論説平生，俯仰感慨，遂以身後之傳爲託。於時謂公特戲語耳，不敢承，亦不敢辭。今雖極自知其不稱，然昔既不及辭於公，今又安得辭於公之子耶？乃考臨川之狀，以次其事如左。

公諱芾〔七〕，字明可，世爲仙居人。上世隱德不仕，至公大父贈武略郎，諱允昭，始教子孫爲學。而公與從兄詠、謙遂連取科第，及公至大官，而贈其父諱師錫至光禄大夫，母鄭氏臨海郡夫人。公幼莊重，嶷然如成人。讀書刻苦，至忘寢食。登紹興二年進士第，始爲温州樂清尉。瀕海細民，以負販魚鹽爲生業，屬吏定法，有私以鹽越境者，尉皆劾免。旁縣跡捕紛然，公獨若不聞，曰：「此貧民之失業者，吾其忍以一身之病而愈蹙之耶？」大治學宫，聚其秀民子弟教之，其後人材輩出，有以直言冠多士、爲名臣者。更調平江府録事參軍，除詳定一司敕令所删定官，遷祕書省正字。

始，公與秦丞相檜有舊，至是，秦已顓政事，士夫趨附者衆。公處其間，獨退然如未嘗相識者，公坐旅進寒温而已。秦固已疑之，會四川宣撫使鄭公剛中薦公自代，其狀謂公雖適效一官，而高遠之度常若超邁。秦見之，愈不樂。一日，語公曰：「高自標置，是豈長者之爲乎？」諷言者論罷之。差通判處州事，歷佐婺州、紹興府。檜死，乃得知處州，未行，丁外艱。服除，知常州，又改處州。始至，諸邑以例獻錢實公帑。公曰：「縣經賦猶不足，而欲以此自媚，得無病吾民乎？」盡斥還之。民舊苦丁絹重，公命損之，而以新丁補其額，人以爲便。

踰歲，以憂去。未終喪，而諫官何溥薦公材中御史，薦有召命。免喪入對，即除監察御史。時金亮將渝盟，公勸上專務修德以服之，「彼以其力，我以吾德，則雖彊弱之勢不侔，而勝負之形已見。顧今誠能毋以敵之進退爲憂喜，毋以事之緩急爲作輟，每下詔令，必務痛自悔咎；延見羣臣，必使力陳闕失。隱之心而悉有合於天地，發之政而盡無愧於祖宗，則人心悦服，天亦助順矣。」上韙其言，顧而歎曰：「何溥知人哉！」

未幾，除殿中侍御史。會兩淮戰不利，人情惴恐，廷臣爭陳退避之計，公獨奮然請對，曰：「今日之事有進無退，進爲上策，退爲無策。若誤聽此屬之言，臣恐士氣衰竭，人心沮喪，大事去矣。有如六飛未遽行，且以建王爲元帥，先往撫師，其亦可也。」上然之。未及發，而亮已被屠。中原遺民日望王師之至〔八〕，公數奏請乘此機會決策親征，速圖進取。既上至建康，公又言：「金陵自古英雄以爲帝王之宅，矧今北土之人謳吟未改，既聞大駕臨江，此必延頸舉踵，以望振拔。宜遂駐蹕，以繫其心。」上已開納，會有密啓還東者。事下，侍從、臺諫集議以聞，公曰：「今欲控帶襄漢，引輸湖廣，則臨安不如建康之便；經理淮甸，應接梁宋，則臨安不如建康之近。議者徒以一時扈從之人内顧思歸，故爲是説，以悦其意，豈爲國計者哉！過聽其言，臣恐回鑾之後，西師之聲援不接，北土之謳吟絶望，非細事也。」然時上下欲歸者衆，公言雖苦，竟不能奪，天下至今惜之。

高麗舶主詣明州，自言其國願得遣使入賀，詔將許之。公言：「高麗與金人接壤，爲之役屬，無故有此，安知其不爲間？」乃詔卻之。是時天子臨御既久，專以文德厚下，故其末流下吏奉承不無因循之弊。公於是抗疏，力陳更化之説，欲以救時病，彊國勢。又言：「欲求死節之士於倉卒之時，不若進剛直之士於閒暇之日。去歲兩淮望風奔潰，曾無一城能拒守者，此秦檜壅塞言路，摧折士氣之餘毒也。能反其道，則士氣日振，而見危致命者亦有人矣。」至於廟堂不守詔條，以啓僥倖；扈從官吏無功受賞；大將失軍，長吏失守，未正刑典；戍役方還，復行揀點，以動衆心：凡事有不合於理，不便於時者，無不悉意盡言，補助爲多。薦周操、陳良翰、陳良祐爲御史，後皆以諫諍顯。

在職才半歲，用事者惡之，以公有會計名，亟白使權户部侍郎，實以解其言職。會有詔問足食足兵之策，公言：「今大農歲入，視景德盛時，什加其四，而内藏激賞不與焉，則賦不可以有加。中外兵籍，略比太宗定天下時，而糧賜什九於他費，則兵不可以更募。獨有節浮侈，精簡閲，使官不蠹財，而人皆可用，則庶乎其可耳。」俄以集英殿修撰知婺州。時今上初即位，公陛辭，首陳裴垍對唐憲宗「爲治先正其心」之説，以爲臨御之初，出治大原，無越於此，上嘉納焉。未入境，先詢邑宰能否，去其尤罷懦不任職者。人問其故，公曰：「令於民最親，苟非其人，太守雖有愛民之心，亦何自而達乎？」郡帑空乏，軍餉不時，負上供課亦以大萬計〔九〕。公曰：「是所謂無政事者也！」即禁掊克，減征賦，窒滲漏，官吏之侵漁假貸者，悉置之法。不一兩月，而公私已告足矣。常患差役不均，多致爭訟，欲勸民爲義役。有言金華長仙鄉民十有一家，自以甲乙第其産，以次就役者，幾二十年矣。公聞之喜，帥郡佐及縣長吏輿致所謂十一人者，與合宴于平政堂，而更其鄉曰「循理」，里曰「信義」，以褒異之。又以鄉之前輩梅公執禮、宗公澤、潘公良貴、鄭公剛中皆以名節才行聞當世，乃自爲文，以醊其墓。

居無何，詔以公治郡有異等之效，改知紹興府，充兩浙東路安撫使。始至，宗室子有横於市者，公致之獄，宗正司遣吏索之，相持訩訩。公即自劾以聞。詔公無罪，而以宗室子屬宗正司施教刑焉，一郡竦服。會稽民貧賦重，而折色爲尤甚，公以永祐菆宮在焉爲奏，得視永安縣故事，免支移折變，邑人便之。高麗竟遣使來，公聞其至明州，亟草奏申前議，得卒謝遣。城南鏡湖自東漢時潴以溉田，爲利甚廣，中廢不治。南豐曾舍人佐郡時，嘗爲之圖而序之，論其利病甚悉。公前嗣其官，讀其文而有志焉，及來鎮守，逢歲大饑，上親札命公賑救，乃得奏請發常平米，募饑民以就其役。既成，取凡奏請施行之語，刻石湖上，所以禁防者無不備。然公去不一年，守臣不能安集流徙，反歸咎復湖。姦民大姓，利於爲田，亦結權貴，騰謗議，而湖復廢矣，論者惜之。前虜騎度浙江，郡守以城降，而衛士唐□抱石狙擊其酋帥，不中，死，駡不絶口，越人祠之。歲久廢壞，公爲改築宮而記其實，以勸忠義。

除權刑部侍郎。召對，言：「臣自越來，竊感勾踐卧薪嘗膽之意，願陛下毋恃虜之必和，而益求所以自治，如勾踐之爲者，以俟時至而後圖之，蔑不濟矣。」又言江浙大水，乃陽不勝陰之咎，因舉康澄六事爲獻。遷給事中。謝日，面賜金帶象簡。宗室居廣祈恩過制，公引前詔卻之。不踰月，改吏部侍郎。會臨安守坐不能詰盗免，詔以公爲敷文閣直學士、知府事，充兩浙西路安撫使。命下之日，都人相賀，而吏屬屏氣。入謝廷中，内侍省爲人求薦，及以他郡事爲屬者。公曰：「吾薦章不可以求而得，若某事則詣府自言，吾得以法決之耳。」自是人莫敢干以私。大閹高思聰家僮毆傷酒保，公命捕論如法，以徇于市。宗戚貴人私營佛屋，錯雜民廛，藏匿姦盗，吏不敢捕。公奏請盡撤之，由是權豪仄目，而執政亦不悦，託以使虜，復除吏部侍郎，且議以龍大淵爲副。公曰：「是可與言行事者耶？」語聞，得罷不行，而下遷禮部侍郎。公力求去，乃以舊職提舉江州太平興國宮。

始，公與今退傅陳福公俱以剛直見忌於時宰，至是，陳公以書賀公，有「鴻鵠高翔」之語。未幾，亦引去，而中書舍人閻安中乘間爲上言「二臣之去，非國之福」云。居再歲，起知太平州。當塗民淳事簡，舊爲樂土，而連年調發，凋瘵特甚。公一意拊摩，常賦外，一毫不以取民。城樓圮壞，歲調諸縣葺之。民病無窮而形制衰削，公命撤而新之。又維舟以梁姑溪，令可度。朝命賦甓諸郡，以城兩淮，公以羨財募陶旊，又先事以集，而民皆莫之知也。歷陽築者久役潰歸，聲言欲趨郡境，吏民振恐。公呼至城下，厚犒遣之，而密捕倡亂者，繫獄以聞，有詔褒諭。

二年，進徽猷閣直學士，知隆興府，充江南西路安撫使。江西地廣多盜，而大姓武斷鄉曲，爲良民害。公繩以法，不少貸，曰：「稂莠去，然後嘉穀蕃，吾非得已也。」會歲大札，巫覡乘間惑人，禁斷醫藥，夭橫者衆。公命縣賞禁絶，集群醫分井治療，貧者食之，全活不可計。城舊有豫章溝，比久湮塞，民病塗潦。公曰：「溝洫不通，氣鬱不泄，疫厲所由生也。」亟命疏濬，民得爽塏以居。公凡六爲郡，政各因其俗爲寬猛，實惠之可以及人者爲多。事有關於教化者，未嘗不以爲先。嘗言：「爲邦之惠，欲其有以徧於里閭，唯受兩税之輸，爲不可以不謹。」故所至必擇廉吏以司之，省其沿納諸費，而揭其所不可已者於場門，輸粟者使得自概量，吏無所容其巧，人甚便之。自當塗及是，凡六上章丐閑，不允。三和陶公歸來之章以見意，至是，遂以納禄爲請，乃復得太平祠官以歸，實乾道之六年也。

公自少即以氣節自負，爲人夷曠無城府。早歲游太學，人已自目爲「豪吳」矣。建炎初，宗澤留守東都，天下倚以爲重。一日，士女傾都南下，皆行哭失聲，言宗公死矣。公時未仕，客臨安，聞之嗚咽流涕，終夕不寐。爲詩哭之，語甚悲壯，即日傳播，郵亭傳舍，處處題寫，讀者至爲感泣，識者因是益以奇之。自爲小官，一時卿相名人見者，無不推重。歸自册府，徊翔十有八年，僚友有先進用居廟堂者，公未嘗以一言求薦引。居常慷慨，謂直道可必行，而勳業可立就。中間立朝，多骫骳不偶，又不肯少貶以求合，始浩然有歸志矣。故嘗卜居其鄉石井之西，負山臨湖，雜蒔華竹，築亭館其間，延袤數里，牓曰「湖山」，清曠窈窕，甲於東中。至是來歸，遂決終焉之計，乃作休休之堂，而賦詩焉，自謂有七宜休者。連上章告老，不得謝。及年七十有一，請愈力，乃得以龍圖閣直學士致仕。於是又作景疏、希白之堂，而自號曰湖山居士，日與賓客浮舟倚杖，徜徉其間，酌酒賦詩，竟日夕不倦。如是者十有四年，蓋已翛然若無意於世者，而獨其愛君憂國之心，未嘗一日忘也。中以太上皇帝慶壽推恩，故侍臣加以耋老，自中大夫特遷通奉大夫。薨時年適八十矣。

娶縉雲郭氏，贛州興國縣丞澠之女，累封碩人。孝謹和懿，治家有法度，先公兩月卒。子男五人：津，承議郎、通判紹興府事；洪，宣教郎、浙東提舉常平司幹辦公事；沃，承事郎、簽書鎮江軍節度判官廳公事；泊，承奉郎、永康縣丞；深，將仕郎。女三人，嫁承議郎王鏞、將作監主簿陳揚善者，皆先卒，幼未行也。孫男女二十人，機，從事郎；樸，承務郎；餘皆幼。曾孫男一人。

始，公葬先大夫於石井，而度其旁百許步預爲壽藏。至是，津等奉公以窆，而碩人附焉。公性至孝，遭喪必廬墓側，終制不交人事，無墨衰絰。先人貲産，悉推與二兄，育其孤女，厚齎以遣之。官其兄弟之子孫二人。方爲義莊、義學、義冢，以俟宗族之貧者，而未克就。尤拳拳於鄉邑，遇歉歲，捐己資，合公私之力以賑之，無所愛。好善如己出，嫉惡如私仇。延接後進，多所成就。平居嚴毅，若不可犯，然謙虚好問，而樂聞其過，不間微賤。教子弟尤力，嘗語之曰：「若等從宦，視官物當如己物，視公事當如私事。必不得已，與其得罪於百姓，寧得罪於上官。吾平生無他長，惟不敢以一毫自欺耳。」蓋其大節之見於朝廷，達於四方者，已卓然不可掩，而其私行纖悉又如此。自少至老，手未嘗釋卷，屬文不事彫刻，而豪健峻整，指意明白。爲詩平淡，慕樂天，而渾厚莊栗，又自類其爲人。有表奏五卷，詩文三十卷，和陶詩三卷，當塗小集、湖山遺老傳一卷，藏於家。嗚呼，是可銘已！銘曰：

士孰不材？病氣與節。方春爭華，未凍先折。有偉豪吳，一世之傑。睨彼權相，弗媢而謁。始雖偃蹇，竟偶明哲。彼虢我仁，大論横發。乃贊征謀，乃軔還轍。言雖弗用，時仰壯烈。中去朝行，偃息名都。賦平役義，惠達信孚。越城之南，日活萬夫。思樂鏡水，有鼉有魚。天邑嚴嚴，貴彊屏氣。張旜以行，孰俾吾貳。公顧曰嘻，是足與治。于廟于藩，姑適吾意。姑溪油油，惠澤春流。鍾陵有莠，則廩其秋。我湖空明，我竹修修。我倦而歸，其樂休休。大耋之年，從容委蜕。循始訖終，俯仰奚愧！中奥之原，有窅其隧。我銘不刊，以篤來裔。

觀文殿學士劉公神道碑〔一〇〕

淳熙五年夏，觀文殿學士、太中大夫、知建康府事、江南東路安撫使、行宫留守彭城劉公寢疾府舍，即拜疏言：「臣病，力不任府事，願上符鑰，歸死故山，惟陛下哀之。」時天子方倚公以重别都，旦莫且召用之，未即聽許。而公疾已革矣，再疏請老，於是上乃深以爲憂，亟遣中貴人挾侍醫馳驛診視。未至，秋七月甲子，公召門下生〔一一〕，口授千餘言，使具爲奏，極言時弊根本，且薦群臣之可用者。畢，封上之，有頃而薨。上覽奏，驚歎，即日出公前請老章，使以通議大夫致仕。及訃聞，益嗟悼，詔贈光禄大夫，罷朝一日，且命有司護致其喪，仍給葬事。

明年二月〔一二〕，公之嗣子學雅等遂奉公柩葬於建寧府甌寧縣豐樂里新歷之原，而請於朝，冀有以易其名者。事下奉常，以公廉公方正，威德克就，宜謚「忠肅」。過考功無異詞，詔報曰可。於是公之終始哀榮，無所不備。獨墓隧之碑，久未克立，學雅等懼，數相與涕泣來請文。熹蚤託公諸父間，遂與公相長大，知公爲詳。而公晚歲相予亦益篤，顧雖不文，義有所不得辭也。

公家唐末自長安南徙，遂爲建人，世居崇安縣五夫里。有諱民先者，敦樸有行，從安定先生受春秋學。晚以累舉得官，歸家教授，學者至數百人，累贈太子太保，於公爲曾祖。太保生忠顯公，諱韐，靖康之難，秉義不屈而死，累贈太師。忠顯公生徽猷閣待制，諱子羽，建炎、紹興之間，佐川陝軍有功，累贈少傅。公其長子也，諱珙，字共父。少以恩補承務郎，長從季父屏山先生學。舉進士乙科〔一三〕，調監紹興府都税務，潭州南嶽廟主管西外敦宗院。遭少傅及祖母韓國夫人呂氏憂，除喪，爲諸王宫大小學教授，權秘書省校勘書籍官、禮部郎官、中書舍人。時秦氏用權久，士大夫已竊竊言符讖事。檜欲因以追謚其父，召會禮官，議問其法，以公不時至，怒而逐之。踰年，檜死，乃得主管台州崇道觀。召爲大宗正丞，改祕書丞，遷尚書吏部員外郎，除監察御史。避薦者，還故官。銓曹法密吏姦，官不能制，公置令式庭中，使選集者得指其違，以詰吏人，甚便之。兼權祕書少監，遷起居舍人，兼權中書舍人。

金亮渝盟，天子震怒，悉師北伐，一時詔檄多出公手，詞氣激烈，聞者或至泣下。御史杜莘老劾大閹張去爲，忤旨左降，公封還詔書，莘老得不去。從上幸建康，兼權直學士院。時張忠獻公留守行宫，衆謂車駕東還，必以征討軍事爲寄。俄而詔下，乃以楊存中爲江淮宣撫使，中外大失望。公奏論其不可，上曰：「此特爲張浚地耳。」命再下，宰相召公諭旨，且曰：「再論則累張公矣。」公曰：「某爲國家計，豈暇爲張公謀哉！」再論愈力，事乃寢。真除中書舍人、直學士院。會詔立建王爲皇太子，宣入視草。

今上即位，借禮部尚書使金國。是時南北甫罷兵，始爲鈞敵之禮，使者往輒困辱而歸，人皆爲公危之。公受命慷慨，戒家人悉裘葛兼副以行，曰：「藉令不死，歸未可期也。」上聞副使以賄除吏，而公獨無所私，手札褒諭甚寵。然竟以議禮不決，不果行也。詔以星變旱蝗，大詢闕政。公言：「比年以來，綱維解縱，有賞無罰。外則諸將刻剥軍士，以事交結；内則朝廷不恤諸路，路不恤郡，郡不恤縣，縣不恤民。甚或重爲貪虐，以快己私，軍民之怨，日積于下，其禍將有不可勝言者。願陛下擴恭儉日新之德，屏馳騁無益之戲，登崇俊良，斥遠邪佞，然後信賞必罰，戢近懲遠，以脩軍政之闕。節浮冗，寬賦斂，精擇郡守，誅鋤贓吏，以厚吾民之生，則災異庶乎其可消矣〔一四〕。」間又嘗爲上言：「應敵無一定之謀，而彊國有不易之策。夫曰和曰戰曰守，皆所謂應敵之計，不可預圖者。惟脩政事以彊國勢，使三者之權在我，而用無不利，乃爲不易之策耳。」

故將田師中死，其家請得賜第京師。又有李珂者，以關通貴幸得官，而自奏求爲督府掾。詔從中下，公皆奏以爲不可。不聽，再奏極論，竟皆罷之。然由此遂多忤近習意，而宰相又有陰忌公者。出公爲集英殿修撰、知泉州，未行，改知衢州。始至，委事僚屬，一無所問。人或以公未更治民，意頗輕之。既而欺者得，枉者伸，羣下斂手不能有所爲，始大畏服。凡吏員外置者，悉罷之。受租米，使民得自操概。其發鈔消籍，皆有程式，田里大安。

乾道元年，湖南旱飢，郴州宜章民李金以縣抑買乳香急，乘衆怒猝起爲亂，衆踰萬人。分道南出，犯廣東、西九郡之境。還，入道州桂陽軍界，殺掠萬計，連破郴桂兩城，數道大震。朝廷憂之，以公爲敷文閣待制、知潭州、荆湖南路安撫使。公受命兼行，以五月入境，則賊衆已數萬人矣。亟以實奏，請下荆襄，發卒奔命。且移書制置使沈介曰：「道遠賊熾，比詔下，且不及事，請以便宜出師。即朝廷以擅興爲罪，吾自當之，不敢以累公也。」制置使即爲遣兵，而詔報亦如公請，然皆未有至者，而賊勢愈張。湘陰橋口羣盜又數百人乘亂竊發，密邇府下，人心益摇。公簡役兵擊之，募民有得盜斬首者，皆厚其賞；盜所隱臟，無多少，官一不問。不數日，悉捕斬，無脱者。於是賞信刑威，士氣大振，人知破賊之有期矣。

六月，制置使所遣將田寶、楊欽乃以其兵數千人至，公所以迎勞慰撫之者甚厚。諸軍感奮，願盡死力。公與欽語，知其能，檄諸軍皆受節度，使率其衆，鼓行而前。下令募賊徒相捕斬詣吏者，除罪受賞。於是欽等連戰破賊，諸將後至者亦遣四出，以分賊勢，通糧道，大軍遂入宜章。八月，鏖龍岡下，賊兵數萬，自辰至申，官軍稍却。欽被髮大呼，策馬横衝之。賊分爲兩，其前列精兵殲焉，餘皆遁走。追至莽山，賊黨曹彦、黄拱遂執李金與其腹心黄谷以降。欽因窮追深入，盡誅其酋豪，而支黨脅從竄匿山谷者尚衆。公諭欽等却兵而聽其自詣，則皆相率聽命。歲盡，師還，金等數十人皆伏誅，餘皆稱詔釋之，復故田宅者以千數。奏官曹彦、黄拱，而列上諸將功狀，又不以一毫有所私。上嘉歎再三，進職敷文閣直學士，且賜璽書曰：「近世書生但務清談，經綸實才，蓋未之見，朕以是每有東晉之憂。今卿既誅羣盜，而功狀詳實，諸將優劣，破賊先後，歷歷可觀，宜益勉旃，以副朕意。」

賊地既定，境内正清，於是公乃宣布上恩，力行寬政，且爲請於朝曰：「今以陛下神靈，雖幸破賊，然不亟擇守宰，寬賦斂以安居民，即一李金死，一李金生，臣恐湖南自是無寧歲也。」又奏留鄂兵以戍郴、桂，而益廣蒐募，以補州兵之缺。厚撫犒，嚴紀律，而時勒習之。於是湖南隱然爲重鎮，姦盗屏迹，商旅復野宿焉。

三年召還，見上，首論獨斷雖英主之能事，然必合衆智而質之以至公，然後有以合乎天理人心之正，而事無不成。若棄僉謀，徇私見，而有獨御區寓之心焉，則適所以蔽其四達之明，而左右私昵之臣，將有乘之以干天下之公議者矣。次論稅絹退剥、羨餘和糴之弊，又以州郡禁軍紀律不明，驕惰自恣，請亟選武臣之奮行伍、習戎事者，使爲將副，責以訓練，而貴游子弟、閤門國信、五房出職之輩不得與焉。上皆然之，以爲翰林學士、知制誥兼侍讀。間復從容言於上曰：「世儒多病漢高帝不悦學，輕儒生，臣竊獨以爲高帝之明，其所不悦，特腐儒之俗學耳。誠使當時有以二帝三王之學告之，臣知其必將竦然敬信，而功烈所就不止此矣。」因爲上言聖王之學，所以明理正心，而爲萬事之綱者甚悉，上亟稱善。是歲小不登，公請亟詔監司郡守先事條畫荒政所宜，不者亦使任其無他。又奏州兵營伍教戰之法甚備，事皆施行。十一月，遂拜中大夫、同知樞密院事。公辭不獲，乃進言曰：「汪應辰、陳良翰、張栻學行材能皆臣所不逮，而栻窮探聖微，曉暢軍務。曩幸破賊，栻謀爲多。願陛下亟召用之。」上可其奏，以次登用焉。公入西府，日召諸軍將佐，從容訪問，盡得其材用所宜，以待選用。一日，上顧輔臣，圖議恢復。公曰：「復讎雪耻，誠今日之大計，然所以求之，必有其道。臣願陛下以周宣王爲法，側身修行，任賢使能，以圖内修之實，則外攘之效，將有不能自已者。計不出此，而欲淺謀輕舉，以幸其成，臣未見其可也。」上悦。明年七月，詔兼參知政事。

公方與一二同列夙夜悉心竭力，益圖所以叙進人材，寬養民力，討理軍政，卒成上意之所欲爲者。蓋除福建鈔鹽歲額二萬萬，罷江西和糴及廣西折米鹽錢，又蠲諸路累年逋負金銀穀帛巨億計。而公尤以輔成上德，振肅朝綱，抑僥倖，獎廉退爲己任，以是近倖側目，而流俗亦多不悦。蓋上嘗以久旱，齋居請雨，一夕而應。諸公皆賀，公復進言曰：「陛下誠心感格，其應如響，此足以見天人相與之際，真有不容髮者矣。然則隱微之間，纖介之失，其應豈不亦猶是乎？臣願陛下察此而益謹其獨焉，則天下幸甚！」上爲竦然，改容稱善。龍大淵、曾覿既逐去，未幾而大淵死，上憐覿，欲還之。公言：「二人之去，天下方仰威斷而慶盛德之日新，奈何遽復爲此？且此曹奴隸耳，憐之則厚賜之可也，若引以自近，而賓友接之，至使得以與聞幾事，進退人材，則臣懼非所以隆德業而振綱紀也。」上感其言，爲止不召。

殿前指揮使王琪嘗密薦士，得召用。公請其所自，上以琪告。公退坐堂上，呼院吏作頭引，召琪至而詰之。琪恐懼不能置對，請後不敢，乃叱遣去。無何，楊守來，言琪嘗檄郡，稱受密旨，增築新城若干尺。公與諸公請之，則上未嘗有是命也。公未出殿門，遣吏馳取其牘，琪不得隱，遂以罪罷。諸公因奏：「自今聖旨不經三省密院者，所下之官，皆請俟奏審乃得行。」上欣然從之。公即從密院移中外諸官府，而内侍省與焉。明日，忽復有旨，前奏審事勿行。因諭諸公，即如此，則禁中或時須一飲食，亦必待奏審然後可得耶？公即以藝祖熏籠事對。退，又與諸公合奏，言曰：「朝廷者，陛下之朝廷；命令者，陛下之命令。臣等典司出納，不敢廢職而已。今方舉行舊典，以正紀綱，而已出復收，中外惶惑，臣等竊爲陛下惜之。」時諸公雖更進合辭，而公尤激切，殿中皆驚。以故獨罷爲端明殿學士，使奉外祠。上意尋寤，亟詔改知隆興府、江南西路安撫使。公入辭，猶以開廣言路，講明聖學，敦本節用，虚己任賢，斥遠邪佞，選將撫軍數事爲獻。上甍然曰：「卿雖去國，不忘忠言，而材又非他人所及，行召卿矣。」

至鎮，首蠲税務新額，及罷苗倉大斛。屬邑奉新有複出租税，攤配諸鄉，歲久民窮，相率逃去，反失正税不勝計，亦奏除之。又除二税合零、租米暗耗、免役足錢之弊。人或爲公憂不足，而公量入爲出，未嘗有所乏也。明年，除資政殿學士、知荆南府、荆湖北路安撫使。始至，條上荆襄兵少財匱之狀，詔即諉公經畫。公因行視襄鄂兵屯，並邊形勢，盡得其實以聞。凡回圖役使、詭名虚籍之弊，與夫部伍教習之法有不善者，皆奏罷之。先是，荆南兵戍襄陽者，累年不得歸。公奏爲半歲番休之法，春夏三軍，秋冬四軍，更迭往來，軍士感悦。荆襄故有民兵，皆農家子，敦樸豪勇，土著自愛。且居近邊，知虜情，輕戰鬭。比稍墮廢，公更爲簡閲，寬其取丁之數，貧者弛其賦役，隨鄉團結而歲閲習焉。其資糧械器，亦爲處畫，各有條理，撫循犒賞，歲費錢一萬萬，而不以一介有取於民也。

明年，遭繼母慶國夫人卓氏憂。又明年，起復同知樞密院事、荆襄宣撫使。遣中使奉璽書，即喪次宣押奏事。公引經援禮，涕泣懇辭，凡五六上，不得請。時宰相方以恢復大言中上意，而政事不脩，舉動煩擾，識者憂之。公乃手疏别奏，具言：「天下之事，有其實而不露其形者，無所爲而不成；無其實而先示其形者，無所爲而不敗。今吾所以自治而爲恢復之實者爲如何？而乃外招降附，内徙營屯，規算未立，手足先露。其勢適足以速禍而致寇，臣不知爲此議者，將何以待之也！且荆襄，四支也；朝廷，腹心元氣也。今不憂元氣之憊，而慮四支之不彊，非臣之所敢知也。」上納其言，爲寢前詔。

八年，免喪，乃復除知潭州，安撫湖南。過闕，見上，言曰：「人君能循天下之理，然後有以得天下之心，而立天下之事。然非至誠虚己，兼聽並觀，使在我者空洞清明，而無一毫物欲之蔽，亦未有能循天下之理者也。」因以極論時事，言甚切至。上加勞再三，進職大學士以行。公再臨舊鎮，不懈益虔，蓋所以自律者愈嚴，而所以撫民者愈寬，以是人愈畏服而敬愛之。歲旱民饑，公亟遣吏行田蠲租如法，而檄轉運、常平司移粟諸郡。且慮姦民乘時竊發，則又遣將益兵戍守，遂以無事。一旦湖北茶盜數千人入境，公盛軍聲以威之，而開其自新之路，盜多散去，其存者蓋無幾人。公乃遣兵，然猶深以迎戰邀擊爲戒。盜意益緩，於是一戰敗之，而盡擒以歸，獨誅其首惡數人，餘悉以隸軍籍。明年，盜之餘黨賴文政等復入境，後帥欲盡誅之，盜因悉力死戰。既勦湖南軍，遂入江西，犯廣東，官軍數敗，將尉死者數十人，爲費以大萬計。於是人乃服公爲有謀也。

淳熙二年，除知建康府，安撫江南東路，留守行宫。會水且旱，公奏閣夏税錢六千萬緡，蠲秋苗米十有六萬六千餘斛，沿納他物稱是。仍請下漕司遣吏覆視諸州所蠲租，其頗未盡者，悉以予民。禁上流税米遏糴，即他路有敢違者，請亦得以名聞，抵其罪。詔皆從之，以是得商人米三百萬斛，散之民間。又貸諸司錢合三萬萬，遣官糴米上江，得十四萬九千斛。籍農民當賑貸、客户當賑濟者，户以口數給米有差。村落又皆運米置場，平價賑糶，而貸者卒亦不取償焉。以府佐趙善珏、王以寧及寓士李宗思、劉煒領其事，分遣群屬，循行境中，無遠不到。公又蚤夜咨訪，幽隱畢聞。縣給印曆，手書告諭，誠意既孚，而賞信罰必。是以人爭效用，如辦己事。起是年九月，盡明年四月，闔境數十萬人，無一人捐瘠流徙者。上嘉其績，賜書褒諭焉。公治財寬於民而急於吏，所以禁其漁取，察其蠹弊者甚悉。自累鎮所施行，每益加詳，至是人被其澤尤深。凡屬縣所負課，度不能償者，悉以丐之，而獨重禁其非法病民者。被旨甓城，面以丈計者數十萬，用緡錢數萬，米千餘斛，而役蓋不及民也。上積公勞效，手札勞奬，賚以鞍馬器物甚厚。明年，進觀文殿學士，蓋將復登用之，而公病不起矣。臨没時，所上疏極言近習用事之禍，至引恭、顯、伾、文以爲戒。所薦則故相魏國陳公〔一五〕、桂帥張栻敬夫也。别以手書訣敬夫，而熹亦與焉。其言皆以未能爲國家報雪讎恥爲深恨，蓋其忠孝誠篤，雖蹈死生之變，而未始須臾忘也。

公爲人機鑒精明，議論英發，遇事立斷，其威不可犯，而居家極孝慈。母福國夫人熊氏早薨，公哀慕無以自致，則以任子恩官其内弟。事繼母禮敬飭備，遭喪時年逾五十，盡哀致毁，得疾幾殆。友愛諸弟，晚歲彌篤。歲時祭祀，酌古今禮而敬以行之。内外功緦之戚，必素服以終月數，在官爲罷燕樂，同寮有喪亦如之。將薨，遺命治喪毋得用浮屠法，後諸賢公往往效之。其在州郡，治平聽察，令行禁止，而於愛民厚俗之意尤孜孜焉。事或小失，雖下吏言之，無不立改。大脩潭州嶽麓書院，養士數十人，而屬張子敬夫往遊其間，告以古人爲己之學。謂明道程公先生嘗官建康屬邑，爲之立祠學宫，而刻陳忠肅公責沈之文於壁，以示學者。民有骨肉之訟，躬以恩義反復辨告，甚或深自引咎，聞者皆失所爭而去。其在朝廷，危言正色，直前無所避。忠義奮發，未嘗以死生動其心。而愛君憂國，審密持重，不肯爲僥倖嘗試之舉。蓋其飭躬應事，規模科指，晚歲皆益精密。故上則人主知之愈深，下則學士大夫望之愈重，以至兒童走卒，莫不知公之忠烈。而在荆州時，北虜亦每使諜者詗公家世，蓋知其忠義之有傳也。及薨，所臨之邦，軍民往往罷市巷哭，相與祠之，而建康爲尤盛。且自數歲以來，國家每有四方之故，而有識之士相與私憂，語未嘗不及公也。

公薨時年五十有七，封彭城郡開國侯、食邑一千六百户、食實封二百户。其配曰新定郡夫人吕氏，故兵部尚書祉之女；新興郡夫人韓氏，淑人韓氏，皆魏國忠獻公四世孫也。二男子：學雅，承務郎；學裘，承奉郎。二女：長適迪功郎、南劍州劍浦縣尉吕欽，次適某官趙崇憲。文集八卷，奏議十卷，内外制二十卷，藏於家。公自少即以文學知名，及登朝廷，論思潤色，當世尤稱其得體。然未嘗爲無用之文，其駁議又多削藁，故所傳止此云。學雅以公從弟從事郎玶所狀公行事視熹，熹受而讀之，皆昔所見聞者也。因叙其大者，著之石而系以銘。銘曰：

昔在陽九，失我泰平。東游三紀，汴洛羶腥。帝始靈承，俯仰顧歎。曰汝在廷，孰抗斯難？爰有俊哲，三世一心。忠精義烈，思遠憂深。沫血奮辭，曰此讎耻。乃盟乃歡，顙得無泚。不有豪聖，孰慮孰圖？孰秉武節，以行天誅？抑臣有聞，在周中圮。既脩乃攘，厥仆斯起。惟聖時監，利伸否蟠。毋棘其欲，毋溺其安。帝曰俞哉，予欽汝誨。既啓于中，盍布于外？澤流威燀，汝則來歸。卒輔吾志，以究汝爲。四鎮十年，帝適西顧。彼皇顥蒼，胡奪之遽？我最其迹，有孝有忠。有政有事，有言有功。嗟爾嗣人，尚承厥慶。公思不忘，天子聖神。

校勘記

〔一〕靜江府虞帝廟碑　底本題下注云：「廟故有鼻亭神及唐武塁象，皆斥去之。」各本並同。

〔二〕矧是卉裳　「卉裳」，淳熙本作「南方」。

〔三〕公扶喪歸葬　「扶」，原作「挾」，按劉學裘劉氏傳忠録卷二録右朝議大夫充徽猷閣待制致仕彭城縣開國子食邑五百户贈少傅劉公神道碑銘（下簡稱劉氏傳忠録）作「扶喪」，據改。

〔四〕贖後咎　「贖」，原作「續」，據劉氏傳忠録改。

〔五〕因有建言　「建」，原作「違」，據劉氏傳忠録改。

〔六〕留玠共柵定軍山　「共」，原作「先」，據閩本、浙本及劉氏傳忠録改。

〔七〕公諱芾　「芾」字原缺，據宋史卷三八七補。

〔八〕日望王師之至　「日」，原作「自」，據閩本、浙本改。

〔九〕負上供課亦以大萬計　「大」字原缺，據浙本補。

〔一〇〕觀文殿學士劉公神道碑　按是篇文字與文集卷九七劉珙行狀所記略同，可互參。

〔一一〕公召門下生　「生」，原作「主」，據閩本、浙本改。

〔一二〕明年二月　「二」字原缺，據卷九七劉珙行狀補。

〔一三〕舉進士乙科　「乙」，原作「一」，據閩本、浙本改。卷九七劉珙行狀及宋史卷三八六本傳正作

「乙」。

〔一四〕則災異庶乎其可消矣　「災」，原作「大」，據卷九七劉珙行狀改。

〔一五〕故相魏國陳公　「魏」，原作「姚」，據閩本、浙本改。按「故相陳公」即劉珙行狀所言陳俊卿，俊卿以魏國公致仕，見宋史卷三八三本傳。

晦庵先生朱文公文集卷第八十九

碑

右文殿修撰張公神道碑

淳熙七年春二月甲申，秘閣修撰、荆湖北路安撫廣漢張公卒于江陵之府舍。其弟衡州使君杓護其柩以歸葬于潭州衡陽縣楓林鄉龍塘之原，按令式立碑墓道，而以書來謂熹曰：「知吾兄者多矣，然最其深者莫如子，今不可以不銘。」熹嘗竊病聖門之學不傳，而道術遂爲天下裂。士之醇慤者拘於記誦，其敏秀者衒於詞章，既皆不足以發明天理而見諸人事，於是言理者歸於老佛，而論事者騖於管商，則於理事之正反皆有以病焉，而去道益遠矣。中間河洛之間先生君子得其不傳之緒而推明之，然今不能百年，而學者又失其指。近歲乃幸得吾友敬夫焉，而天下之士，乃有以知理之未始不該於事，而事之未始不根於理也。然又不得盡其所爲，而中道以没，不有考焉以垂於世，吾恐後之君子〔一〕，將有憾於吾徒也。熹之愚固不足以及此，然於共學輩流偶獨後死，矧定叟之所以見屬者又如此，其何以辭！顧以疾病之不閒，後五六年，乃得考其事而叙之曰：

公諱某，字敬夫，故丞相魏國忠獻公之嗣子也。生有異質，穎悟夙成，忠獻公愛之。自其幼學而所以教者，莫非忠孝仁義之實。既長，又命往從南嶽胡公仁仲先生問河南程氏學。先生一見，知其大器，即以所聞孔門論仁親切之指告之。公退而思，若有得也，以書質焉，而先生報之曰：「聖門有人，吾道幸矣。」公以是益自奮厲，直以古之聖賢自期，作希顔録一篇，蚤夜觀省，以自警策。所造既深遠矣，而猶未敢自以爲足，則又取友四方，益務求其學之所未至。蓋玩索講評，踐行體驗，反覆不置者十有餘年，然後昔之所造，深者益深，遠者益遠，而反以得乎簡易平實之地。其於天下之理，蓋皆瞭然心目之間，而實有以見其不能已者，是以決之勇，行之力，而守之固，其所以篤於君親，一於道義而没世不忘者，初非有所勉慕而强爲也。

少以蔭補右承務郎，辟宣撫司都督府書寫機宜文字、除直祕閣。是時天子新即位，慨然以奮伐仇虜、克復神州爲己任。忠獻公亦起謫籍，受重寄，開府治戎，參佐皆極一時之選。而公以藐然少年，周旋其間，内贊密謀，外參庶務。其所綜畫，幕府諸人皆自以爲不及也。間以軍事入奏，始得見上，即進言曰：「陛下上念宗社之讎耻，下閔中原之塗炭，惕然於中，而思有以振之，臣謂此心之發，即天理之所存也。誠願益加省察，而稽古親賢以自輔焉，無使其或少息也，則不惟今日之功可以必成，而千古因循之弊，亦庶乎其可革矣。」上異其言，蓋於是始定君臣之契。

已而忠獻公辭位去，用事者遂罷兵與虜和。虜乘其隙，反縱兵入淮甸，中外大震。然廟堂猶主和議，至勑諸將毋得以兵向虜。時忠獻公已即世，公不勝君親之念，甫畢藏事，即拜疏言：「吾與虜人乃不共戴天之讎，向來朝廷雖亦嘗興縞素之師，然玉帛之使未嘗不行乎其間，是以講和之念，未忘於胸中，而至誠惻怛之心，無以感格乎天人之際，此所以事屢敗而功不成也。今雖重爲羣邪所誤，以蹙國而召寇，然亦安知非天欲以是開聖心哉？謂宜深察此理，使吾胸中了然無纖芥之惑，然後明詔中外，公行賞罰，以快軍民之憤，則人心悦，士氣充，而虜不難却矣。繼今以往，益堅此志，誓不言和，專務自强，雖折不撓，使此心純一，貫徹上下，則遲以歲月，亦何功之不成哉！」疏入，不報。

後六年，始以補郡。臨遣，得復見上。時宰相雖以恢復之説自任，然所以求者，類非其道，且妄意公素論當與己合，數遣人致慇懃，公不答。見上，首言：「先王之治，所以建事立功，無不如志，以其胸中之誠，足以感格天人之心，而與之無間也。今規畫雖勞，而事功不立，陛下誠深察之，日用之間，念慮云爲之際，亦有私意之發，以害吾之誠者乎？有則克而去之，使吾中扃洞然無所間雜，則見義必精，守義必固，而天人之應，將不待求而得矣。夫欲復中原之地，當先有以得其百姓之心；欲得中原之心，當先有以得吾百姓之心。而求所以得吾民之心者，豈有它哉，不盡其力，不傷其財而已矣。今日之事，固當以明大義、正人心爲本，然其所施有先後，則其緩急不可以不詳；所務有名實，則其取舍不可以不審，此又明主所宜深察也。」

明年，召還。宰相又方謂虜勢衰弱可圖，建遣泛使往責陵寢之故，士大夫有憂其無備而召兵者，皆斥去之。於是公見上，上曰：「卿知虜中事乎？」公對曰：「不知也。」上曰：「虜中饑饉連年，盜賊四起。」公又對曰：「虜中之事臣雖不知，然境中之事則知之詳矣。」上曰：「何事？」公遂言曰：「臣竊見比年諸道亦多水旱，民貧日甚。而國家兵弱財匱，官吏誕謾，不足倚仗。正使彼實可圖，臣懼我之未足以圖彼也。」上爲默然久之。公因出所奏書，讀之曰：「臣竊謂陵寢隔絶，誠臣子不忍言之至痛。然今未能奉詞以討之，又不能正名以絶之，乃欲卑詞厚禮以求於彼，其於大義已爲未盡，而異論者猶以爲憂，則其昧陋畏怯，又益甚矣。然臣竊揆其心，意其或者亦有以見我未有必勝之形，而不能不憂也歟？蓋必勝之形，當在於蚤正素定之時，而不在兩陳決機之日。」上爲竦聽，改容稱善，至于再三。公復讀曰：「今日但當下哀痛之詔，明復讎之義，顯絶虜人，不與通使。然後脩德立政，用賢養民，選將帥，練甲兵，通内修外攘、進戰退守以爲一事，且必治其實而不爲虚文，則必勝之形，隱然可見。雖有淺陋畏怯之人，亦且奮躍而爭先矣。」上爲歎息褒諭，以爲前未始聞此論也。其後又因賜對，反復前説，上益嘉歎，面諭：「當以卿爲講官，冀時得晤語也。」

時還朝未期歲，而召對至六七，公感上非常之遇，知無不言，大抵皆脩身務學、畏天恤民、抑權倖、屏讒諛之意。至論復讎之義，則反復推明所以爲名實之辨者益詳。於是宰相益憚公，而近倖尤不悦，遂合中外之力以排之，而公去國矣。蓋公自是退居三年，更歷兩鎮，雖不復得聞國論，而蚤夜孜孜，反身修德，愛民計軍，以俟國家扶義正名之舉，尤極懇至。於是天子益知公可用，嘗賜手書，褒其忠實，蓋將復大用之，而公已病矣。病亟且死，猶手疏勸上以親君子、遠小人，信任防一己之偏，好惡公天下之理，以清四海，克固丕圖，若眷眷不能忘者。寫畢，緘付府僚，使驛上之，有頃而絶。

嗚呼！靖康之變，國家之禍亂極矣。小大之臣，奮不顧身以任其責者，蓋無幾人。而其承家之孝，許國之忠，判決之明，計慮之審，又未有如公者。雖降命不長，不克卒就其業，然其志義偉然，死而後已，則質諸鬼神而不可誣也。

始，公出幕府，即罷外艱。屏居舊廬，不交人事。會盜起郴、桂間，聲摇數路。湖南帥守劉公珙雅善公，時從訪問籌策，卒用以破賊。還朝，爲上極言公學行志業非常人比，上亦記公議論本末。除知撫州，未上，改嚴州。到任，問民疾苦，首以丁鹽錢絹太重爲請，得蠲是歲半輸。召爲尚書吏部員外郎、兼權左右司侍立官。時廟堂方用史正志爲發運使，名爲均輸，而實但盡奪州郡財賦，以惑上聽，遠近騷然，人不自安。賢士大夫爭言其不可，而少得其要領者。公亦爲上言之，上曰：「正志以爲今但取之諸郡，非取之於民也，何傷？」公對曰：「今日州郡財賦大抵劫劫無餘，若取之不已，而經用有闕，則不過巧爲名色，而取之於民耳。」上聞之，矍然顧謂公曰：「論此事者多矣，未有能及此者。如卿之言，是朕假手於發運使以病吾民也。」旋閲其實，果如公言，即詔罷之。

兼侍講，除左司員外郎。經筵開，以詩入侍，因葛覃之篇以進説曰：「治常生於敬畏，亂常起於驕淫。使爲國者每念稼穡之勞，而其后妃不忘織紝之事，則心之不存者寡矣。周之先后勤儉如此，而其後世猶有以休蠶織而爲厲階者，興亡之效，於此見矣。」既又推廣其言，上陳祖宗自家刑國之懿，下斥當時興利擾民之害，詳焉。上亦歎曰：「此王安石所謂『人言不足恤者』所以誤國事也。」

俄而詔以知閤門事張説簽書樞密院事，公夜草手疏，極言其不可，且詣宰相質責之，語甚切。宰相慚憤不堪，而上獨不以爲忤，親札疏尾付宰相，使諭指。公復奏曰：「文武之勢誠不可以太偏，然今欲左文右武以均二柄，而所用乃得如此之人，非惟不足以服文吏之心，正恐反激武臣之怒也。」於是上意感悟，命得中寢。然宰相實陰附説，明年，乃出公知袁州，而申説前命，於是中外讙譁，而説後竟謫死云。

淳熙改元，公家居累年矣，上復念公，詔除舊職，知靜江府，經略安撫廣南西路。廣西去朝廷絶遠，諸州土曠民貧，常賦入不支出，故往時立法，諸州以漕司錢運鹽鬻之，而以其息什四爲州用。以是州得粗給，而民無加賦。其後或乃奪取其息之半，則州不能盡運〔一〕，而漕司又以歲額責其虚息，則高價抑賣之弊生，而公私兩病矣。公始至，未及有爲，專務以訪求一道之利病爲事。既得其所以然者，則爲奏以鹽息什三予諸郡。又因兼攝漕臺，出其所積緡錢四十萬而中分之，一以爲諸倉買鹽之本，一以爲諸州運鹽之費。奏請立法，自今漕司復有多取諸州，輒行抑賣，悉以違制議罪；其敢以資燕飲、供餽餉者，仍坐贓論。詔皆從之。

所統州二十有五，遼敻荒殘，故多盗賊。徼外蠻夷俗尚讎殺，喜侵掠，間亦入塞爲暴。而州兵皆脆弱慵惰，又乏糧賜，死亡輒不復補，鄉落保伍亦名存而實廢。邕管斗入群蠻中，最爲重地，而戍兵不能千人，獨恃左、右江洞丁十餘萬爲藩蔽，而部選提舉巡檢官初不擇人。公知其弊，則又爲之簡閲州兵，汰冗補闕，籍諸州黥卒伉健者以爲效用，合親兵摧鋒等軍，日習而月按之。悉禁它役，視諸州猶有不足，於糧賜若凡戈甲之費者，更斥漕司鹽本羨錢以佐之，申嚴保伍之令而信其賞罰。知流人沙世堅才勇，喻以討賊自效，所捕斬前後以十百數。又奏乞選辟邕州提舉巡檢官，以撫洞丁。傳令溪洞酋豪，喻以弭怨睦鄰，愛惜人命，爲子孫長久安寧之計，毋得輒相虜掠，讎殺生事。而它所以立恩信、謹關防、示形制者，亦無不備。於是境内正清，方外柔服，幕府無南鄉之慮矣。

朝廷買馬横山，歲久弊積，邊氓告病，而馬不時至，至者多道死。公究其利病，得凡六十餘條。如邕守上邊，則瀕江有買船之擾；綱馬在道，則緣道有執牽之勞；其或道死，則抑賣其肉，重爲鄰伍之患。是皆無益於馬而有害於人，首奏革之。其他如給納等量支券之姦，以至官校參司名次之弊，皆有以究其根穴而事爲之防。由是諸蠻感悦，爭以其善馬來，歲額率常先期以辦，而馬無滯留，人知愛惜，遂無復死道路者。

上聞公治行，且未嘗叙年勞，乃詔特轉承事郎、進直寶文閣再任。五年，除祕閣修撰、荆湖北路轉運副使，改知江陵府，安撫本路。湖北尤多盗，州縣不以爲意，更共縱釋，以病良民。公入境，首劾大吏之縱賊者罷之，捕姦民之舍賊者斬之，群盗破膽，相率遁去。公又益爲條教，喻以利害，俾知革心，開其黨與，得相捕告以除罪。其餘禁令方略，大率如廣西時。於是一路肅清，善良始有安居之樂。郡去北邊不遠，雖頗有分屯大軍，而主兵官率常與帥守不相中。帥守所將獨神勁親兵及義勇民兵若干人，比年亦廢簡閲，不足恃。公既以禮遇諸將，得其歡心，而所以恤其士伍之私者，亦無不至，於是將士感悦，相戒無輒犯公令。每按親兵，必使與大軍雜試，以相激厲。均犒賞，修義勇法，使從縣道階級。喻以農隙閲習武事，以俟不時按驗而加賞罰焉。其後團教，則又面加慰諭，勉以忠義而教以敦睦。首領有捕盗者，爲奏補官。由是戎政日修，而士心亦益感奮。會有獻言於朝，請盡籍客户爲義勇者，公慮惑民聽，且致流亡，亟取丁籍閲之，命一户而三丁者乃籍其一，以爲義勇副軍。別置總首，人給一弩，俾家習之，三歲一遣官就按，它悉無有所與。且爲奏言所以不可盡取之故，闔境賴焉。

辰、沅諸州，自政和間奪民田募游惰，號刀弩手，蓋欲以控制諸蠻，而實不可用。中廢復修，議者多不以爲便，詔與諸司平處列上。公爲奏去其病民罔上者數條，詔皆施行，人亦便之。並淮姦民出塞爲盗，法皆處死。異時官吏多蔽匿弗治，至是捕得數人，仍有胡奴在黨中。公曰：「朝廷未能正名討賊，則疆埸之事，不宜使數負吾曲。」命斬之以徇於境，而縛其亡奴歸之。北人歎其理直，且曰南朝於是爲有人矣。

信陽守劉大辯者，婺州人也，怙勢希賞，誘致流民，而奪見户熟田以與之，一郡汹汹。

公爲遣吏平章，乃定。及是聞北人逐盜有近淮者，則又虚驚，夜棄城郭，盡室南走數十里，軍民復大擾。公方劾奏之，而朝廷用大辯請，以見户荒田授流民。事下本道，施行如章。公復奏曰：「陛下幸哀邊民，前詔占田已墾者，不復通檢；其未墾者，二年不墾，乃收爲營田，德至渥也。今未及期，而大辯不務奉承宣布，反設詐諼，虧國大信，以濟凶虐。且所招流民不滿百數，而虚奏且十倍。請并下前奏，論罪如法。」章累上，大辯猶得易它郡以去。

蓋方是時，上所以知公者愈深，而惡公者忌之亦愈力。公自以不得其職，數求去不得，尋以病請，乃得之。然比詔下，以公爲右文殿修撰提舉武夷山冲佑觀，則已不及拜矣。卒時年四十有八。柩出，江陵老稚挽車號慟，數十里不絶。訃聞，上亦深爲嗟悼。四方賢士大夫往往出涕相弔，而静江之人哭之尤哀。蓋公爲人坦蕩明白，表裏洞然，詣理既精，信道又篤，其樂於聞過而勇於徙義，則又奮厲明決，無豪髪滯吝意。以至疾病垂死，而口不絶吟於天理人欲之間，則平日可知也。故其德日新，業日廣，而所以見於論説行事之間者，上下信之至於如此，雖小人以其好惡之私，或能壅害於一時，然至於公論之久長，蓋亦莫得而揜之也。

公之教人，必使之先有以察乎義利之間，而後明理居敬，以造其極。其剖析開明，傾倒切至，必竭兩端而後已。所爲郡必葺其學，於静江又特盛。暇日召諸生，告語不倦。民以事至廷中者，亦必隨事教戒，而於孝弟忠信、睦婣任恤之意，尤孜孜焉。猶慮其未徧也，則又刻文以開曉之，至於喪葬嫁娶之法，風土習俗之弊，亦列其事以爲戒命。閭井各推耆宿，使爲鄉老，授之夏楚，使以所下條教訓厲其子弟，不變，然後言之有司而加法刑焉。在廣西，刑獄使者陸濟之子棄家爲浮屠，聞父死不奔喪，爲移諸路，俾執拘以付其家。官吏有犯名教者，皆斥遣之，甚或奏劾抵罪。尤惡世俗鬼神老佛之説，所至必屏絶之。蓋所毁淫祠前後以百數，而獨於社稷山川、古先聖賢之奉爲兢兢，雖法令所無，亦以義起。其水旱禱祠，無不應也。

平生所著書，唯論語説最後出，而洙泗言仁、諸葛忠武侯傳爲成書。其它如書、詩、孟子、太極圖説、經世編年之屬，則猶欲稍更定焉而未及也。然其提綱挈領，所以開悟後學，使不迷於所鄉，其功則已多矣。蓋其常言有曰：「學莫先於義利之辨，而義也者，本心之所當爲而不能自已，非有所爲而爲之者也。一有所爲而後爲之，則皆人欲之私，而非天理之所存矣。」嗚呼，至哉言也！其亦可謂擴前聖之所未發，而同於性善養氣之功者歟！

公之州里世系已見於忠獻公之碑，此不著。其配曰宇文氏，朝散大夫師中之女，事舅姑以孝聞，佐君子無違德，封安人，前卒。子焯，承奉郎〔三〕，亦蚤世。二女，長適五峯先生之子胡大時，次未行而卒。孫某某，尚幼。後數年，胡氏女與某亦皆夭。嗚呼，敬夫已矣！

吾尚忍銘吾友也哉！銘曰：

闞尹之忠，文子之清。匪欲之徇，而仁弗稱。孰的孰張，以詔後學？公乘厥機，如寐斯覺。自時厥後，動罔弗欽。孝承考志，忠格天心。唯孝唯忠，惟一其義。惟命有嚴，豈曰爲利。群邪肆誕，公避而歸。兩鎮餘功，以德爲威。帝曰懷哉，汝忠而實。姑訖外庸，來輔來拂。上天甚神，曷監而遺？彼頑弗夭，此哲而萎。往昔茫茫，來今不盡。求仁得仁，公則奚恨。

直祕閣贈朝議大夫范公神道碑

紹興之初，天子痛念宗社阽危之辱久而未報，寤寐俊傑，以圖事功。既得趙忠簡公、張忠獻公而相之，又俾兩公博求天下之英材，以備官使。於是忠賢畢集，讜言日進，國以大競，仇虜讋焉。其後兩公相繼去位，秦檜遂以講和誤國，脅主擅權，一時諸賢，率以異議擯逐。二十年間，堙阨淪謝，其幸及檜死，復見收用者，什不二三，然亦往往遲暮奄忽，而不及究其所爲矣。嗚呼，此豈獨士之不幸也哉！若故直祕閣范公，則其一人已。

公諱如圭，字伯達，建州建陽縣人。曾大父履謙，大父補之，皆隱德不仕。父舜舉始登進士第，官從事郎以卒。其學行志業，延平楊文靖公實銘之。以公故，贈左朝議大夫。母胡氏、葉氏，皆封恭人。公生數歲，遭母喪，哀毀如成人。未冠而孤，奉繼母尤謹，撫弟妹曲盡恩意，有人所難能者。從舅氏胡文定公受春秋學，鄉舉類試皆第一。對策廷中，極論人主正心立志之方，力詆和議宴安之失，言甚壯切。張公時爲考官，讀而異之，第以爲選首，而同列有病其言者，抑置乙科。授左從事郎、武安節度推官。

始至，帥將斬人，公白其誤，帥爲已署，不易也。公正色曰：「節下奈何重易一字，而輕數人之命？」帥矍然從之。自是府中事無大小，悉以咨焉。居數月，以憂去。時虜騎已陷長沙，湘中大亂。公崎嶇避地，艱苦百罹，而志業益脩。開口論議，皆切當世之務，諸公多訪以事，而文定亦亟稱之。辟江東安撫司書寫機宜文字，近臣交薦，召試除祕書省正字，改宣義郎，遷校書郎，兼史館校勘。

會秦檜力建和議，虜使鼎來，而朝廷草創，無所於館，將虛祕書省以處之。公亟見趙公曰：「祕府謨訓所藏，平時以館好使猶不可，況今日之讎虜而可使腥羶之乎？」趙公竦聽，即爲改館。既而使至悖傲，所議多不可從者，中外憤鬱。公與同省十餘人合議，拜疏爭之。既具草，而駭懼引卻者衆，公乃獨手書抵檜，責以曲學倍師、忘讎辱國之罪。且曰：「公不喪心，不病狂，奈何一旦爲此？若不改圖，必且遺臭萬世矣。」檜以是怒，而公所議奏草，卒與史官六人者上之。未幾，虜歸河南以嘗我，檜方自以爲功，公曰：「是亦安能久有。顧今日之義，則有不可不爲者。」乃因輪對言曰：「兩京之版圖既入，則九廟八陵瞻望咫尺。今朝脩之使未遣，何以仰慰神靈，下萃民志？」上泫然曰：「非卿不聞此言。」立命遣使。於是檜以公不先白己也，益怒。公亦以先墓久寄荆門，中更變亂，乃謁告，奉柩歸葬故鄉。飯蔬帶絰，往返數千里。既窆，即以病告。差主管台州崇道觀。前後三請，杜門讀書，不與人事者十餘年。尋起通判邵州，又通判荆南府事。荆南户口舊數十萬，寇亂荒餘，無復人迹。朝廷爲蠲口賦以安集之，百未還一二也。而議者希檜意，遽謂流庸浸復，可使稍輸什二，而歲增之。吏不能供，顧無敢言者。至是，積逋二十餘萬緡，他負亦數十萬。户部日下書，責償甚急，曰不且有譴。時檜晚節悖亂，喜怒不可測，爲户部者又其姻黨，凶焰赫然。帥孫汝翼懼，欲賦於民以塞責。公持不可，曰：「吾寧被譴，此不忍爲也。」無何，孫去，公言於後帥王公師心，悉奏蠲之。

時檜已死，公所與同時去國者多召用，公亦被命入對。上猶記公前議，勞問久之。公因進言「爲治以知人爲先，知人以清心寡慾爲本」，語甚切至。又論東南不舉子之俗，傷絶人理，請舉漢胎養令，以全活之，抑亦勾踐生聚報吳之意也。上善其言。時陳文恭公知政事，亦欲留公朝著，而同列有以檜黨暴起秉事者，忌公前輩，不肯媚事己，乃以直秘閣、提舉江西常平茶鹽公事出之。公辭行，復奏言：「今日屯田之法，歲之所穫，官盡征之，而田卒賜衣廪食如故，使力穡者絶贏餘之望，惰農者無飢餓之憂。貪小利，失大計，謀近效，妨遠圖，是以歷年久、用力多而無成功。謂宜舉籍荆淮曠土，畫爲丘井，放古助法，酌今之宜，别爲科條，以令政役則農利脩武備飭，而復古亦有漸矣。」章下，任事者或笑以爲迂闊，寢不奏。

公平時所至詢究利病，搜訪人材，汲汲如嗜慾。至江西，論奏數事，皆一方久遠之利。薦臨川宰陳鼎有古循吏之風，聞者亦以爲當。改利州路提點刑獄公事，以病，復請爲祠官以歸。時宗藩並建，而儲位未定，道路竊竊有異言。公雖在遠外，獨深憂之，嘗裂至和、嘉祐間名臣章奏凡三十六篇，合爲一書，至是囊封以獻。且言曰：「願陛下深考群言，仰師成憲，斷以公道，無貳無疑，則天下幸甚。」人或以越職，爲公危之，公不顧也。上感其言，以語輔臣而歎之曰：「如圭可謂愛君矣。」遂留陳公決定大計，即日下詔，以普安郡王爲皇子，進封建王。因復起公知泉州，公辭不得請而行。

既至，舉大體，盡下情，擇丞史任之，郡以大治。蠲屬縣負課久不能償者什三四，度其力而寬與之期。縣感公誠意，輸將惟謹，財用以紓。泉地瀕海通商，民物繁夥，風俗錯雜，而經用常不足。人始以公不更治民理財爲憂，至是，乃大服。南外宗官寄治郡中，挾勢爲暴，前守不敢詰，至奪賈胡浮海巨艦，其人訴於州、於舶司者，三年不得直；占役禁兵以百數，復盜煮海之利，亂産鹽法，爲民病苦。公皆以法義正之，則大沮恨，密爲浸潤以去公，遂以中旨罷公，領祠如故。邦人涕慕，欲相與號訴於朝，公禁之不得行。

遂邵武，僦舍以居，門巷蕭然，士大夫益高仰之。遠近學者多從質問經子疑義，公亦孜孜引接，朝夕不倦。屬疾，移書政府舊交告訣，語不及私，惟以中原未復，民力未蘇，遺賢未用爲寄。戒諸子强學，且毋得用浮屠法治吾喪。以紹興庚辰六月十八卒，享年五十有九。後兩年，今天子遂由青宫受内禪即皇帝位，父堯子舜，海内大安，而公已不及見，世亦莫知公之嘗有言也。近歲士大夫頗有見紹興日曆及陳公手記者，然後乃知公之忠精爲不可及。

公爲人篤厚易直，不飾邊幅。忠孝誠實，得之於天。其學根於經術，不爲無用之文。其有集十卷，皆書疏議論之語，藏于家。所議屯田，嘗别草具其施行之目數千言，未及上。其後張公總師江淮，奏下公家取其書，而張公尋罷，亦不果行，識者恨之。公累官左朝散郎，贈朝議大夫。娶葉氏，封安人，後贈恭人，公繼母之弟右文殿修撰宗諤女也，静淑儉素，配公無遺德。後五年卒，與公合葬建陽之渭曲村，公始嘗欲卜居處也。子男三人：念祖，通直郎、知撫州宜黄縣致仕；念德，今爲朝奉郎、江南東路安撫司主管機宜文字；念兹，早卒。女二人，通直郎、利州路提點刑獄折知常、從事郎劉玶，其婿也。

始，公之葬，不及銘。既葬，諸孤始屬其故賓客魏君掞之狀公行，將請文於上饒汪公，而刻石以表其隧。又未及，而汪公薨，則公之同時輩流已無復在者矣。乃奉其書泣以屬熹。熹愚晚出，何以及此，然惟先人爲史官時，實常與公連名奏事。及罷而歸，又與公同日艤舟國門外，其相與期於固窮守死之意，晚而愈篤。先人既没，公所以憐熹者亦益厚，至於親爲講畫，反復辨告，蓋惟恐其迷昧没溺，喪失所守，以辱其先人也。此意豈可忘哉！乃受其書考之，而論著其大者如此，且系以銘。銘曰：

嗚呼惟公，廣博易良。不耀其章，不劌其方。斤斤其容，坦坦其行。懇懇其言，循循其政。剛毅勁切，以時發之。賁育雖强，孰能奪之？晚彈厥猷，遂啓明聖。萬世之傳，一語而定。凡今有慶，孰匪公功？我銘斯闕，以詔無窮。

朝議大夫致仕贈光禄大夫黄公神道碑

宣和之末，國家承平百有餘年，中外無事，乃有二三弄臣竊國大柄，建取燕雲，以召非常之變。有識之士已私憂之，而衆莫之覺也。捷書日聞，官吏相慶，獨信德府司録事邵武黄公有憂色。人問其故，公蹙然曰：「太平日久，軍旅遽興，廩無兼歲之儲，不取於民，將何以濟？顧今歲荐饑，民死無數，況河北天下根本，又可重困之邪！」聞者莫不笑之。俄而河北盜賊果蜂起，信德城守屢危。金虜乘之，遂不能支，官吏相與匍匐拜降，唯恐居後，而公獨奮然誓死不屈。虜既入城，放兵四出，有挺刃脅公以降者。公顧左右，踣之而逸，變姓名，匿里巷中，虜退乃出。則先降者皆已抵罪，而宣撫使獨奇公節，俾行府事。公亦撫摩瘡痍，期復按堵。未幾，以内禪，轉朝議大夫，則以資高，不當復屈佐郡而省罷以歸矣。

靖康元年，還次京師，遭圍城之變。而明年，欽宗出幸虜營，虜遂以兵威脅城中擁張邦昌而立之。一時公卿繇千百數，相顧俯首，唯唯聽命。公獨感憤，義不辱身，即日移檄致其事而去。蓋當是時，不約而去此者亦四十人，然不數日而公竟以病卒矣，二年二月丙子也。

嗚呼！祖宗百年禮義廉耻之化，其所以涵養斯人者，可謂至深遠矣。夫以熙寧以來，羣小相師，滅理窮欲，以逮于兹，適已六十年矣。士大夫酣豢之餘，心志潰爛，不可收拾。宜其禍變危迫，而皆不知以爲憂；敗衂迎降，而皆不知以爲耻；棄君叛父、奉賊稱臣，而皆不知以爲辱也。而猶復有如公等者出於其間，是雖人之秉彝不容泯滅，然而祖宗所以涵養斯人至深且遠者，亦豈不於此而少見遺餘哉！

公卒時年始六十有三，夫人林氏携挈諸孤，奉公之柩，崎嶇兵火亂離之中，川陸五年，乃能達於故里。紹興乙丑之歲，然後始克葬焉。而公之子永存寖以材能有聞於世，上聞其名，召以爲尚書郎、軍器監，出爲淮南轉運副使，俾脩農戰之業，以爲北向之漸。前後贈公至光禄大夫，而夫人自公時已封宜人，又以子貴，屢逢慶恩，得賜冠帔，累封至始興郡太夫人。淳熙乙未八月五日，年九十七而薨。又以郊恩，贈蘄春郡夫人。而副使歸自淮南，則使人以同郡徐君復之狀來謂新安朱熹曰：「吾先君之德如是，而葬久未銘。且先夫人率履持家，克享上壽，世鮮及之，亦當得附先君遺事，以垂後世。子其圖之。」熹受書考之，具得光禄大夫、蘄春夫人行事本末，歎息久之，因論其大者如此，并記其州里世次閥閲。

公諱中美，字文昭，其先自潮入閩〔四〕，居建之浦城，徙邵武〔五〕，遂爲郡人焉。曾大父夢臣、大父扃，皆有隱行。至公父蒙始舉進士，後贈中奉大夫。中奉娶施氏，生公七年而卒，後贈令人。中奉没時，公年甫冠，勵志爲學，而貧不能得書，常假於人以讀，率一再過而歸之，則已成誦而不忘矣。中元祐九年進士第，調真定府左司理參軍，知邢州平鄉縣，皆善其職。以守正不阿忤上官，罷退久之，貧甚，不以爲意。親友强起之，乃更調鎮西軍節度推官。隣極邊，守武將，視法令僚屬蔑如也〔六〕。公不爲撓，事有不可，必庭辯之，守愧屈焉。改宣德郎，知濬州衛縣令。縣民有被誣殺人者，公察其冤，縱之。同列有害公者，謂公故出死罪，守疑之，公不恤也。會河決〔七〕，敗數郡，詔諸令長各護丁夫疏鑿隄障，縣獨不擾而集。以功轉奉議郎，除河北都轉運司屬官，北京留守辟以爲真定府録事。是時河北連歲不登，民多相聚爲盜，而郡守歡燕敖逸如平時，公獨憂之，每當集，輒辭不與。守問其故，公對以實，守默然不説。於是乃移信德，而遂去以卒焉。其爲人坦易，不事邊幅，而與人交必以誠。當官不爲赫赫之名，而於事細微無不謹。旁郡有疑獄，部刺史多奏以屬公，往往得其情。樂施予，不問識否。人雖負之不悔，有求輒復周之。在鎮時，府丞陳紹夫死，公以俸錢遣其喪。女兄寡居，迎養三十年，始終如一日。故人有通貴者招致之，謝不往。都轉運使吕公頤浩及他使者多知其材，欲薦之，未果而竟没，論者惜之。

公初娶宛句劉氏，贈和義郡夫人。蘄春，其繼室也，延平人，贈少師積之女。夫人渾厚靜專，歸黄公甚貧，處之自若。晚雖豐泰，亦未嘗改其度也。事公之女兄如姑。公之没而歸其喪，教其子務以忠言直節立其志，使卒爲聞人，以大其家。歲幾滿百，而神明不耗，起居不衰，又似有道者。家人百口，撫之一以慈愛，而教告勉飭隨之，未嘗見其有嚴厲之色，而中外整整，莫敢越軌度，鄉黨傳以爲法。公葬邵武縣仁澤鄉寶隆山之源，夫人葬永城鄉黄溪保銅青山下，相距蓋十里。子男五人：曰端愿、端平，皆有俊才，丱角已與薦送，而皆早卒；次端方，亦卒；次永存，今爲朝請大夫、主管武夷山冲佑觀；次永年〔八〕，右儒林郎、知靜江府理定縣，亦先卒。女五人，其婿宣德郎朱康年、保義郎朱郁〔九〕、脩職郎趙舜臣、通直郎杜鐸、進士李先之也。孫男十人，龜朋，儒林郎；格、鉞、南卿、範、櫄、勛、夏、欽、鈞，皆未仕，而格、鉞、欽亡矣。孫女六人，其婿周敦書〔一〇〕、李庬、李徽、將仕郎吴時萬、上官珪、上官揚。曾孫十七人：大正、大時、大椿、大全、大猷、大學、大昌、大淵、大□、大聲、大韶、大受、大嚴、大任、大用，餘未名。女十四人，其婿任斗南、林杞、李价，餘尚幼。玄孫男六人：公震〔一一〕、公升、公顯、公回、公煥、公章。嗚呼！是亦盛矣。黄氏之昌阜於世也，其可量哉！銘曰：

暨暨黄公，逢時之危。跡隨衆兆，思屬眇微。之死弗汙，以全其歸。温温夫人，克相其夫。又詔其子〔一二〕，以成厥家。壽考尊榮，百歲而徂。寶隆之阿，黄溪之里。東西相望，兩闕對起。子孫盈前，曾玄滿後。尚有寵靈，不遠來又。

旌忠愍節廟碑

紹熙三年十月己酉，信州守臣王自中言：「臣幸得蒙恩剖符，假守支郡。視事之日，考按圖牒，竊見故簽書樞密院事張忠文公叔夜、故知同州事鄭威愍公驤衣冠之藏，皆在郡境。蓋聞在昔靖康之難，虜騎長驅，都城危迫，四面勤王之兵逡巡前却，莫有至者。而忠文獨以南道之師千里赴難，軍鋒鋭甚，每戰必克，乃以廟算猶豫，卒不能有成功。而崎嶇顛沛之餘，竭力致死，猶以必存宗社爲己任。事復不就，則遂閉口絶食，而以身殉焉。其後虜人分兵西闖關陜，所向降下，無不如意，則又有如威愍者，獨以孤城憊卒，嬰其乘勝猋鋭之鋒，蔽遮三秦，以備巡幸。虜兵大至，鄰援四絶，知不能守，而勇氣彌厲，誓必與郡俱爲存亡。城陷之日，遂隕其生而不悔。是其見危致命，殺身成仁，皆足以無愧於人臣之義。是以聖朝痛悼，褒恤屢加，立廟賜名，著在祀典。蓋非獨以慰忠魂於地下，實以昭示萬世臣子忠義之大訓。而吏惰失職，修奉弗虔，忠文雖得即墓爲祠，以嚴貌象，然而僻在永豐靈鷲深山之中，既無以侈上恩、厲衆志；至於威愍葬祭在馮翊者，道既阻絶，而其故鄉玉山東郭有墳無廟，則行路之人所爲愴惻。而臣不佞，尤竊懼焉，謹已相地兩縣之境，通涂之側，出留州錢，屬吏鳩工，度爲雙廟，擬則巡、遠，庶幾有以揭虔妥靈，表勸忠義，仰稱建炎、紹興明詔之遺旨。謂宜假以光靈，定其名號，策書申命，以詔無極。臣不勝大願，敢昧死請。」事下禮部、太常合議條奏，咸謂二臣之廟，前已賜額，宜因其故，合而名之。制詔禮官議，是其以「旌忠愍節之廟」爲額。於是尚書符郡主者施行如章，而王侯已召還矣。

始，侯既屬役於玉山令芮立言、永豐令潘友文，又以書來請銘於熹。於是兩令課功，作治如法，復使人來申致侯命。熹既樂道二公之事，又重侯請，乃序而詩之，俾俟廟成，礱而刻焉。王侯字道夫，永嘉人，自少魁壘有奇節，嘗爲壽皇聖帝極陳當世之務，壽皇悦其言，欲大用之而未及也。是其爲政，知所先務，固宜如此。其詩曰：

皇皇后帝，降衷下民。君臣之義，父子之仁。臣之事君，策名委質。報生以死，身豈遑恤！若魚熊掌，取舍之間。是孰使之？其性則然。林林之生，孰無此性？利害劫之，或失其正。文武張公，投命重圍。擁孤弗遂，視死如歸。侃侃鄭公，遥遥孤壘。城亡與亡，其節亦偉。方時大變，衆潰如川。二公相望，砥柱屹然。慷慨臨危，一心如水。實全其天，萬世不死。招魂作主，帝有閔書。吏惰不稱，神用弗居。孰見孰聞，孰嗟孰歎？孰烝孰嘗，孰克用勸？守侯請命，奠此新宫。煌煌巨扁，合舊增崇。麗牲有碑，螭蟠龜負。我其銘之，過者必下。紹熙四年五月戊寅具位新安朱熹撰。

熹既銘此碑，明年，祗召造朝，道出祠下，將往拜焉，則貌象未設，而它役亦未訖功。問其故，則曰王侯既去，而歲惡民飢，兩令尋亦終更，而今玉山宰温國司馬君迈始將終之也。君文正公諸孫，其大父忠潔公亦以扈從北狩，守節不汙，没其身，宜其有感於二公之事，不待州家之命而卒有以成王侯之志也。十月壬子，以訖事來告，熹以爲是亦宜得附書，因紀其事，使寫刻于碑之左方。

中奉大夫直焕章閣王公神道碑銘

孝宗皇帝嗣服之初，慨念陵廟之讎耻未報，中原之版圖未復，寤寐俊傑，以圖事功，而羣臣鶩下，曾莫有以當上意者。蓋十餘年，乃得金部郎官王公於奏對間，意聳然異其言。

既退，又出手札以訪焉，俾悉其詞以對。公自以孤遠，一朝得見人主論天下事，便蒙開納，而詔墨下詢，其勤又如此，誠爲不世之遇，遂極言無所隱。上益嘉歎，詔兼崇政講官，夜直必召，反覆咨訪，屢移晷刻。大臣忌之，啓以爲淮東帥，上不許，曰王某諫官御史材也。由是忌者愈側目，則使人通慇懃，更以美官啖公。公不爲屈，彼計無所施，而猜懼益深。會公與本曹尚書爭職事，乃潛相表裏，爲巧語以中公，使出補郡。蓋公自是轉徙於外幾二十年，而孝宗念公終始不替，數對近臣及公，猶有臺諫語。比復召還，則已迫移御，不及對矣。以是公訖不得復與朝廷議以没。有識爲公歎恨，而公處之怡然，無幾微見言面，其所以言於上者，亦未嘗以一字語人，雖親子弟莫得聞焉。蓋公之爲人，於此可見其梗概，而君臣之際，從古所難，可勝歎哉！可勝歎哉！

公世爲婺州人，八世祖始自義烏之鳳林徙居金華郡城下。曾祖□、祖□、父□皆不仕，而父以公貴，贈中散大夫；母賈氏亦贈令人。公諱師愈，字與正，一字齊賢，生七年，逢兵亂，從父嬰城，誓死不暫去其側。少長讀書郊外精舍，鄉先生潘舍人義榮出游，見而異之，指庵前竹命賦詩。公遜謝一再，操筆立成，其卒章有「願堅松柏操，同保歲寒心」之句。潘公大嗟賞之，命刻其語竹上〔一三〕。後復以書論爲文養氣之法於潘公，時年甫十三，而義正詞達，意象和雅，蔚然有成人之度。潘公益奇之，召致門下，教視均子姪。與見龜山先生楊公，受易、論語之説。公又自從東萊吕舍人居仁問知中朝諸老言行之懿，二公皆器許之。於是益自刻厲，大肆其力於六經子史百氏之書，手抄口誦，晝夜不息。俄遭父喪，貧不得窆。族姻欲使從俗爲火葬，公號泣不食者累日，見者感動，合力助之，乃克襄事。終喪，家益窮空，斆學以養母，而自奉甚薄，人所難堪。其教飭子弟極懇款，與其父兄言，亦未嘗不依於孝弟忠信。而閭巷田野之間，情僞休戚，皆習知之，其所以動心忍性，拂亂增益，而進於日新者，又非他人所及知也。

年二十有七，乃登進士第。調建州崇安尉，未行，遭母喪。哀毁骨立，得疾幾殆。服除，調臨江軍軍學教授。江西之俗，右文詞而左學行，及公之來，諸生見其色温氣和，言動有法，固已深敬服之，及開講席，則又告以學爲君子之説，聞者亦動心焉。其不率者，教詔懇惻，亦多自悔改。行僧杲有時名，竄嶺外得歸，所過士大夫爭先禮敬。至臨江，郡守延致，俾升高坐説佛法，而率其屬往聽焉。召公與俱，公謝曰：「彼之説某所不能知，然以儒官委講而北面於彼，某縱自輕，奈辱吾道何！」守不能强，識者韙之。再調和州教授，軍興官省，更授提點坑冶司幹辦公事。未赴，改潭州南嶽廟。蓋居閒又七八年，生事益落，而德學益進，朋舊間有去登要路者，視之漠如也。

尋改京官，知潭州長沙縣事。其爲政一以仁恕安静爲本，而綱目嚴整，守之有常，人亦莫得而犯也。民以事至廷中，降意循撫，辨告諄悉。事有難處，爲之反復計慮深遠，不以一旦決遣快健爲己能，而要以民不受弊於數十年之後爲己安。人始而或笑其迂，久而後服其存心之厚，愛人之周也。里正之役，困於科擾，故多隱避。吏又操先後予奪之柄，以導其爭，而又久不爲決，使必破産而後已。公至，罷諸無名之歛，人已欣然就役，至有當代，則又第其丁産之高下、停年之近遠，先期下之，俾自推擇定當役者以告。於是民無以役訟至常平使者之臺者。臺吏病之，反白使者下書，詰公爲骫法徇情者，公不爲變。楚俗尚巫鬼，窮山中有叢祠，號「影株神」，愚民千百輩操兵會祭，且欲爲亂。郡議發兵討之，公曰：「此非所以靖亂也。」退密召語一二土豪，貼以射士，出其不意，往悉禽其魁桀以送州，而散其黨與。因撤其廟，禁勿復祠。民間疾病婚嫁，舊皆決於巫史，俗以甚弊，而官利其多鬻乳香，不之禁也。公復下令，毋以香市於巫，其爲奇邪以惑衆者，必罰無赦，俗爲少變。時汶上劉子駒、廣漢張敬夫皆居郡中，公以暇日與之遊，從容講貫，所造益深遠。一旦莫府所下文書有不便於民者，公以利害爭之不得，退，將引去。敬夫疑之曰：「行而無資，奈何？」公曰：「吾之來也，固已慮此而先辦歸裝矣，豈待今日而後計耶？」敬夫面歎加敬，而事亦竟得寢。

帥守張安國舍人知公深，既剡薦之，及移荆州，又奏取以爲屬，而公已有召命矣。入對，首論人主不可自用其聰明，以失委任之體；又論災異之來，當恐懼修省，以盡應天之實。言極剴切，上皆嘉納。公復進言：「辛巳之變，天實授我以中原，而我無以待之，坐失機會，今當亟爲修德惠民，搜羅俊傑，屯據要害之計，庶幾異日幾會復來，有以待之。」因及邊事甚悉，上意良悅，問：「卿何以知此？」公對曰：「臣在長沙，戍將往來，臣必詢之，故得其實。」上益喜，曰：「卿爲縣，乃能留意於此耶！」除知嚴州。

先是，張敬夫守此邦，民安樂之。既召還，而諸公難其代，故特以授公。公至，一蹕其故迹，無所更改，民又益喜。敬夫嘗奏請蠲丁鹽紬絹之税，得免一年。至是，公又奏曰：「州土窮瘠，唯産蠶桑，乃不取其紬絹，而使折錢，已非任土之意。而所折又太重，是以民尤苦之。今未能盡罷，而僅免其一年，不若但令歲輸本色，猶足以少紓民力也。」會歲旱，爲請於朝，得移婺州米五千斛以糶，且俾糴於秋成以償。公又奏曰：「郡無良田，多水旱，有如異日復致饑饉，而後奏請俟報，則恐有不及事之悔。況郡素少米，使糴以償，亦非計也。願詔有司異時嚴州饑，則移婺州之粟如今歲，而即以其直歸之，則於事爲兩得矣。」詔皆從之。公爲政大略如長沙時，然於權豪，則用法無所貸。大姓倚勢合黨，貪賴民田，公數其罪杖之，而奪田歸其主。凡姦民大駔，詐冒侵誣，皆下吏案驗，悉置之法。賞信罰必，威令肅然，姦凶帖息不敢犯，而善良獲安其業。邦人畏而愛之，至今猶曰「安得復如王奉議時也」。然嚴距行都密邇，士大夫往來無虚日，公莊正自持，接遇以禮，不以形勢有所低昂，以故多不悦者。因謂公政過嚴，相與騰口，以撼公。會上饒驕兵讙譟，臺臣因露章，請移公守信以彈壓之，蓋名以材選，而實非善意也。

然公威望素孚，驕兵聞風畏讋，不敢復爲故態。公至，更爲申明紀律，而壹以寬惠撫之，遂以無事。歲復大旱，它郡流民就食者衆，公先事定計。時方仲秋，即議發廩以糶，或咎其太蚤，恐後無以繼。公曰：「此非若所知也。救之早，則民心安而流移少，且各愛其屋廬生業，而無與爲亂。矧吾已致米二十萬斛矣，不患其無以繼也。」即命揭牓賑糶，始自今日，以盡來年八月而後已。時民間米價已騰踴，公命官糶之直財少損之，使不至大相絶，視私價自平，則又益下之。故無冒濫之姦，而私價亦不得起。於是人心帖然，而富室自知無所牟大利，莫復有閉糴者，願有以佐縣官者聽之，而亦弗之强也。公又益以金錢致船粟，來者舳艫相銜，日糶千斛而猶不乏。常平司下書，俾移五萬斛於番陽，官吏皆言勿予，父老亦遮道泣訴。公曉之曰：「彼與若曹皆國家赤子，吾食既有餘矣，亦何忍視彼之殍死而不之救乎〔一四〕？」亟具舟輸之，番陽賴以濟。明年，流民欲歸其郡者，復予行資以遣之。蜀人黄鈞仲秉，知名士也，聞其事，貽書贊美，以爲富公青社之功不是過。以是政譽日聞。

有旨召對，除金部郎官，尋兼崇政殿説書，乾道七年也。公時年已五十餘矣，數召對言事，上所賜書若曰：「比聞奏對，頗及治道之具，而未詳也。尚有可裨政體而宜於今者，亟復條奏。」其眷待之渥，一時在廷之士，莫得望焉。執政曾懷以財利進，而前在版曹，貸內府緡錢數百萬，未有以償。一日，上以問户部尚書楊倓，倓不知所對。退，取諸郡積逋緡錢七百萬付金部，使督之。公曰：「此錢徒有名耳，督之未必有得，而文移一下，所擾者不知幾何人。且中外一體，若邦計未裕，不若歸誠君父，以幸寬免，豈宜舉此虛籍以罔上而病民耶！」持其事不下。倓大不樂，乃密言於上曰：「王某以學術自負，不肯屑意金穀事。」而曾懷亦畏公在上左右斥其短，又譖公漏洩省中語。上始怒，詔罷公，而臺諫有爲公辨明者。上復問懷所洩何語，懷不能對。上悟，遂改知饒州。待次兩年，以例入奏，所論縣令宜以三年爲任，事亦施行。當軸或欲留公以自助，公遜辭謝去。上命更以公爲京西路轉運判官，公以楊倓方帥湖北，兩路事多相關，不欲行。乃卒赴番陽。

番陽久廢不理，公私凋弊。公到郡，爲振綱維，決滯訟，政始有經；塞弊源，革浮蠹，財用有紀。郡歲輸米十二萬斛於建康，僦載之資，取之民者有常數，後多爲總所移它處，而道里或過倍，則其費無所取。郡常輟它錢以續之，以故郡日益貧，而綱運亦有愆期折閱之患。至是，公力請於朝，凡綱運皆無得改撥，有不獲已，即先期告下，俾得預辦其費以行。朝廷從之，綱運遂得無耗失，而郡歲省緡錢六七萬云。郡故多盜，妖賊酋帥韓政黨衆日盛，且爲亂，公設方略禽捕獲之。及將受代，淮甸劇賊劉五從惡少五十餘人轉掠入境，殺人縱火，與官軍遇，輒以九人分三隊以迎敵，其鋒不可當。或被圍，則合其衆爲圓陳，外向潰出，所殺傷官軍民兵甚衆。公不以當去自弛，調兵定計，命毋得與賊戰，但嚴守津要，而日驅逐之，晝夜毋得休息。一旦，乘其憊，盡獲之。於是羣盜震懾，其後累年，猶相告戒，以番陽爲不可犯也。就除本路轉運判官。

時諸郡多賢守，而政事之才不能無短長。有訟不決而訴於臺者，公爲更互委屬，而陰喻以意，要使訟者得伸，而聽者無所貶，一路稱治。會歲大旱，奏請出樁積米百萬斛，分予諸郡，使爲賑糶，以安民心。人以爲便，而用事者靳之，僅得其什一。又奏閣畸零夏税，免甲札牛皮馬穀諸賦〔一五〕，詔皆從之，饑民賴焉。改除荆湖北路轉運判官，而湖北之旱甚於江東，公究心賑恤，奏請規畫，曲盡其至，遂得寒疾。得請主管武夷山冲佑觀，除兩浙東路提點刑獄公事。未行，改福建路轉運判官。

始至，承空乏之後，入不支出。公念一路之寄獨仰漕司，而經費猶不給，奈緩急何？即爲校索源流，整飭程度，節冗費，檢吏姦，要使歲用之餘常有倍積而後已。行之有常，不徐不疾，未幾，帑藏日充〔一六〕，而民不告病，後之繼者皆莫能及也。閩上四州官鬻鹽以給歲費，始皆爲民病，後屢改法，三郡得少蘇，而汀之爲郡，獨以兵寇之餘，田税隱陷，故公私百計皆倚鹽以辦。而鹽所自來，則官運遠而私販近，故官價高而私直平。又以距諸使治所皆絶遠，故抑配劫假之公行，而民無所訴，困極無聊，數起爲亂，輒見夷滅。議者欲變官鬻爲鈔引以救之，公獨言：「鬻鹽固不能無弊，然異時鈔或不售，則科買之害，必有甚於鬻鹽者。今但盡蠲汀州宿負漕司緡錢若干，而下其鹽直斤十有五錢，其當送漕司以轉餉者若干，分隸諸司者若干，皆丐之以足留州之用，則一歲之間，公私所損，合爲緡錢五萬有奇矣。若更精擇守令，一意奉行，自爲悠久之利，而法亦不必改也。」然鈔議既寢，而公説亦竟不行，汀民之病，迄今不得瘳，議者蓋兩惜之。

孝宗猶念公不忘，屢欲召用，而輔臣以宗屬爲嫌，竟不果。垂滿，乃詔公以直秘閣居故官。餘年，上更用宰相，乃除公兩浙西路提點刑獄公事。促召入對，會孝宗已厭萬機，乃見今壽康皇帝，即奏宜體付託之重，勿忘未報之讎，并及中外輕重大勢。上亦褒歎再三。始至，即發平江通守姦贓累鉅萬，畿甸肅然。

然公於是時已決退休之志，未數月，即上章丐閑。詔進職一等，提舉武夷山冲佑觀。公從容還家，燕閒自適，讀書玩理，教誘後進，德望隱然爲東州之重。明年，紹熙改元，七月七日，以疾終于居第之正寢，時年六十有九矣。階至中奉大夫，職直焕章閣，爵金華縣男、邑户三百。

蓋公爲人沉靜篤實，簡淡和粹，得之天資。平居莊默，不妄言笑，雖在暗室，如對大賓。其於接物温恭誠信，充積有餘，而出之謹嚴，如有劑量，使人可親而不可狎。嘗念親在時貧無以養，食飲服用，終身不忍有所加。歲時祀享，輒哀慕如弗勝。書史外，泊然無所嗜，几案間無一長物。居官取予，問法如何，推達賢才，不爲勢屈。其見於施設者，大要以聖賢之言爲必可行，師友之論爲必可信。雖其中所以自守者，凛然有不可奪之操，至於稱人之善，則又色愉神暢，如己有之。雖剸繁治劇，剔蠹鉏姦，隨事制變，各有條理，然仁厚之意，惻怛之誠，藹然行於其中，則又有非一時長於吏治者所能及。晚年更練益精，涵養益厚，渾然不見圭角。病革，猶爲諸子誦説前賢事業，勉勵訓飭，語訖而逝。其間於死生之際又如此。公於文不苟作，議奏又多削藁，今次其存者若干卷藏于家。

娶同郡俞氏，封令人。其父持國倜儻有遠志，蚤以文試有司，不合，遂放意山水間，自號溪西老人。令人歸公時，公甚貧，佐公養親盡其力，斥奩中裝以遺諸妹無少吝。後公居閑，累年相與攻苦食淡，處之甚安。使公得以厲志德業，而無内顧之憂者，令人之力爲多也。及公宦達，而令人儉素勤力，不改平日之舊。治家甚整，教子甚嚴，遇族姻甚厚，奉祀享賓甚敬而潔。至是哭公過哀，後三月，亦不起疾。子男四人：長瀚，從事郎、新武當軍節度推官；次漢，迪功郎、新臨安府仁和縣尉；次洽，未仕；次潭，迪功郎、新紹興府會稽縣主簿。女五人：長適進士陳思，次適太學上舍生時涇，次適進士俞衮，次適進士葉紹彭，次適將仕郎潘晉孫。孫男六人：桐、集、操，餘未名。

明年十月，諸孤奉公及令人之柩葬于金華縣白沙鄉石筍原之臺山。後三年，乃以太府寺丞吕君祖儉之狀來請銘。熹與公雖同年進士，視公爲前輩，自公在長沙時，始獲從遊，固已敬愛其爲人。及公入閩，而聞其議論，觀其行事，又益熟，義不得辭。且讀吕君之狀，事皆詳實不誣，乃删其要，而系以銘。銘曰：

天賦之奇，又粹以温。篤行敏學，有本有文。誠意所通，士服民信。入告于廷，帝有清問。孰媒而合？孰隙以離？歛其餘功，梟凶哺饑。曰首來歸，謂諧曩契。時與事違，卒不大試。白沙之里，石筍之原。一丘之閟，萬世之安。石筍之原，白沙之里。孰詔無窮？視此哀誄。

義靈廟碑

慶元元年春二月，敕以台州士民所請，故直祕閣滕侯之祠爲義靈廟。州人老穉聞是命下，驚喜讙呼，奔走迎拜，導致祠下，酌奠以告。大書扁牓，金朱煒煌，揭于門楣，庸侈上賜。而其耆艾學士大夫葉君聖耦等四十餘人亦會祠廷，相與言曰：「往歲盜起幫原，連陷六州，戕毒所加，民無噍類。而吾台人獨得全其室家，仰父俯子，傳世不絕，以至于今者，滕侯力也。没而弗祀，固無以慰吾民之心；祀而弗命，又無以彰吾侯之德。今則廟事既脩，而亦幸蒙上恩，列祀典矣。顧無金石以著本初，其何以昭報事於長久？且當日棄城冒賞之人，其子孫猶有存者，蓋嘗肆爲妄説，强祔其祖，以遂侵誣之計。吾州之人亦斥其僞，以控于朝而報絀之矣。然或久而不傳，則未敢必其無後患也。」乃以書來，請篆其事。熹以衰朽，欲謝不能，而復自念往使浙東，留台最久，固已熟聞兹事，而有感於中矣。矧以諸君之請之力，其何可辭？則應曰諾，而病未能也。

乃今太守周府君侯又因鄞縣主簿趙生師邦踵門以請，則爲考按台人前進士陳君思恭所爲日記，及故禮部侍郎陳公公輔諸人之銘〔一七〕、序、贊、頌，皆言聞亂之初，闔郡震恐，太守趙資道、郡丞李景淵咸愕眙不知所爲，謀欲遁去。它吏相顧，亦無敢出一語者。侯方司户曹事，乃獨慨然請任其責，有異議者，輒面叱之。即日移書訣其父母昆弟，而閉其妻子於官舍，悉召州人，諭以利害，人人感泣，踴躍聽命。乃亟下令，發夫守險，增陴濬隍，除器募兵，積糧致用，分屯列栅，爲死守計。日夜循撫，甘苦同之，城中之人始有固志，而守丞以下則皆已遁去久矣。既而山民吕師囊起兵應賊，號十餘萬，導以攻城，前後數四。侯皆應機設械，立摧破之。手弓臨城，殪厥渠帥，賊遂退走，卒全其郛，凡所存活，以大萬計。參伍其說，一無異詞，是則侯之爲烈，章章明矣。獨稽史籍，則見當時實以守城破賊爲丞之功，進領郡符，就加職秩，乃與所聞不類，而於妄説反有助焉。於是更即諸書，以求其故，然後乃見當時守丞雖遁，而侯於所下文書，猶必存其位號。寇退圍解，亟迎以歸，俾上功狀，而已不預焉。丞蓋熙豐故家，諸子又皆貴仕，故得獨冒顯賞，塵策書，而侯反下從捕盜七人之比，僅改京秩初階，移官旁郡以去。是則閹尹擅兵，賊臣柄國之所爲，而後來侵誣妄論所由起也。一時之謬，流惑萬世，向非台之文獻有足證者，民吏稱思久而不怠，則亦何所質正而決其是非哉！嗚呼！是又可歎也已。

滕侯名膺，字子勤，後保南都，守陳、蔡，以抗狂虜乘勝炎鋭之鋒，勳績尤盛。勸進大元帥於濟州，所陳又皆當時天下大計，切中機會。其於建炎、紹興之史，法當立傳，而熹於是書，蓋嘗受詔參筆削矣。是以因書此碑，而并覈其真僞如此，不唯少塞台人之意，亦使後之執筆者有以考焉。

廟數遷徙，今在城西北隅永慶寺東，實侯所再築而力戰破賊處。台人迎侯繼室趙夫人及諸孫仲宜等，使居其旁。通判州事吕君祖儉謀爲買田，以資奉守，未就而去，談者惜之。然以台人之德侯如此，吾知其繼而成之者無難也。是歲八月癸丑朔具官朱熹撰。

校勘記

〔一〕吾恐後之君子　「恐」，閩本、浙本作「懼」。

〔二〕則州不能盡運　「州」，原作「非」，據閩本、浙本改。

〔三〕承奉郎　「奉」，正訛改作「事」。

〔四〕公諱中美至其先自潮入閩　浙本作「公之先自潮入閩」。

〔五〕徙邵武　浙本作「徙邵武，始别于建」。

〔六〕隣極邊守武將視法令僚屬蔑如也　「隣」上，天順本、萬曆本有「毗」字；「守」下，浙本、天順本、萬曆本有「城」字。

〔七〕會河決　「會」，浙本作「後」。

〔八〕次永年　「年」，浙本作「平」。

〔九〕保義郎朱郁　「郁」，浙本作「侑」。

〔一〇〕其婿周敦書　「書」，浙本作「善」。

〔一一〕玄孫男六人公震　「震」，浙本作「振」。

〔一二〕又詔其子　「又」，原作「人」，據浙本改。

〔一三〕命刻其語竹上　「命」，原作「會」，據浙本改。

〔一四〕亦何忍視彼之殍死　「彼」，原作「被」，據浙本改。

〔一五〕免甲札牛馬穀諸賦　「札」，原字形微殘，略似「礼」字，據浙本正定。

〔一六〕帑藏日充　「帑」，原作「孥」，據浙本改。

〔一七〕及故禮部侍郎　「禮」字原缺，按宋史卷三七九陳公輔本傳，公輔累官至尚書禮部侍郎，據補。

晦庵先生朱文公文集卷第九十

墓表

屏山先生劉公墓表

屏山先生劉公既没二十有一年，一日，其嗣子玶涕泣爲其故學者朱熹言曰：「玶不幸蚤孤，先人葬既不及銘，而墓道亦至今未克表。大懼不孝，獲戾幽明，亟欲建石琢辭，以覺于後。而惟先人不及用於世，其事業無得而稱，唯道德之懿，不可以不白，而知者又益鮮，未有所屬筆。獨吾子嘗學於先人，盍以所見聞者爲我書之？」熹竊伏原念所以得遊先生之門者，具有顛末，其於今日之誼，固不敢辭，而又有不敢不辭者。蓋先人疾病時，嘗顧語熹曰：「籍溪胡原仲、白水劉致中、屏山劉彦冲，此三人者，吾友也。其學皆有淵源，吾所敬畏。吾即死，汝往父事之，而惟其言之聽，則吾死不恨矣。」熹飲泣受言，不敢忘。既孤，則奉以告于三君子而稟學焉。時先生之兄侍郎公尤以收恤孤窮爲己任，以故熹獨得朝夕于先生之側，而先生亦不鄙其愚穉，所以教示期許，皆非常人之事。今乃幸得屬辭比事，以相茲役，顧恨弗獲，其何敢辭？惟是駑劣，老矣無聞，蓋未有以副先生疇昔之意，而慰吾父泉壤之思，其何能有以究闡幽微，信示久遠？此又熹之所以不敢不辭者〔一〕，則起拜辭謝不敢當。而玶重以大誼要責，於是不得終辭，而輒論次其事如左方。

謹按建之劉氏至忠顯公始大，公以節死于靖康之難，而歸葬其鄉崇安縣拱辰山之南。今其墓西二十有五步少南有丘焉，則先生之所藏也。先生忠顯公之季子，諱子翬，而彥沖其字也。世系本末具刻于忠顯之賜碑，此不復著。

先生少負奇才，未冠，遊太學，聲譽出等夷。以父任補承務郎，辟真定幕府。旋屬禍亂，忠顯公薨京師。先生痛憤家國非常之變，執喪過禮，哭墓三年。服除，通判興化軍事。秩滿，以最聞，詔還莅故官。先生始以哀毁致羸疾，至是，自以不復堪吏責，遂丐閒局，主管武夷山冲佑觀以歸。世家屏山下潭溪之上，有園林水石之勝，於是俯仰其間，盡棄人間事，自號病翁。獨居一室，危坐或竟日夜，嗒然無一言。意有所得，則筆之於書，或詠歌焉以自適。間數日，輒一走拱辰墓下，瞻望裴回，涕泗嗚咽，或累日而後返。事繼母呂夫人盡誠敬，兄弟之間怡怡如也。侍郎公之子珙，幼開爽嗜學，先生愛且奇之，教以文行經業不少懈，而必使務其遠者大者。與胡、劉二先生爲道義交，相見講學外，無一雜言。他所與遊，亦皆海内知名士，靡不歎服深遠，自以爲不及，而先生之心，未嘗少自足。雖閭常人有片言之善，無不從容咨叩，必竭兩端而後已。至族黨後生來問學者，則亦隨其器質，告語成就，終日無倦色。如是者，蓋十有七年。四爲崇道祠官，累階右承議郎，享年四十有七，以紹興十七年十有二月丙申卒。

始得疾，甚微，即入詣家廟[二]，泣别母夫人前。偏以書告訣素所與往來者，召珙付以家事，指示葬處。中外孤遺，人人爲計久遠昏宦舍業之[三]，既已，則日與學者論説脩身求道之要，作訓戒數百言，彈琴賦詩，澹然如平日。熹時以童子侍疾，一日，請問先生平昔入道次弟。先生欣然告之曰：「吾少未聞道，官莆田時，以疾病始接佛老子之徒，聞其所謂清淨寂滅者而心悦之，以爲道在是矣。比歸，讀吾書而有契焉，然後知吾道之大，其體用之全乃如此，抑吾於易得入德之門焉。所謂『不遠復』者，則吾之三字符也。佩服周旋，罔敢失墜。於是嘗作復齋銘、聖傳論，以見吾志。然吾忘吾言久矣，今乃相爲言之，汝尚勉哉。」熹頓首受教。居兩日，而先生没。所著書、詩，合爲文集二十卷。娶陸氏，封孺人，先先生十七年卒。無子，葬忠顯公墓東三十有五步，有先生所紀其家世德善刻焉。蓋先生不再聘，則以侍郎公之幼子玶爲後，今爲右脩職郎，實立此表。熹方爲次其文，而西府建安公亦以書來曰：「叔父之墓弗識，珙則與有責焉。」熹讀之，瞿然曰：「是乃吾之罪也。」乃亟起書石，而系以銘。銘曰：

神心惚恍，經緯萬方。孰握其機，而挈其綱？嗟惟先生，立德之本。既覺而存，復則不遠。亦曰于仕，我止我行。亦生而死，我安且寧。拱辰西南，有銘斯碣。嘉我後人〔四〕，仰止遺烈。

朝奉劉公墓表

淳熙五年正月丙辰，朝奉郎、主管台州崇道觀劉公卒于豫章之私第。四月癸酉，嗣子孟容等奉其柩葬于臨江軍清江縣思賢鄉安陽里全塘之原。明年，孟容衰絰來見予廬山下，奉公族弟鄂州通守清之子澄之狀，泣而以告曰：「孟容之先人不幸不及從先生遊，而孟容顧得問學承教於左右。惟是先人之墓當有碣，而未有文以刻焉，敢介叔父以其狀爲請，惟先生幸哀怜之。」予與子澄故友善，今孟容來，又謹潔自好，學問有方，固知其故家遺業之傳爲有自來。讀其狀，又知公德性履行之詳如此。問之嘗識公者，皆如狀言不誣，則亦自恨其不幸而不及識公也。既乃爲序其事而銘之。

公諱黿年，字且老，其先從李氏朝京師，始自袁州臨江徙其籍開封府祥符縣魏陵鄉吳兒村，遂爲閩家。公之曾祖公非先生諱放，以文學致大名，元祐中爲中書舍人卒。祖方，雄州防禦推官，贈右通奉大夫。父襄，右朝請大夫，贈朝議大夫。公以從祖奏爲將仕郎，又以大夫公奏爲從事郎，調峽州司户參軍。遭喪不赴，改臨安府錢塘縣主簿。歷道州軍事判官，改宣教郎、知常德府武陵縣事，通判沅州事，主管台州崇道觀。累階朝奉郎，賜服五品而卒。其爲人靜重純篤，十三歲遭母吳夫人喪，哀慕如成人。從大夫公居番陽餘二十年，日以讀書作文爲事，無故未嘗出齋扉，鄰里或不識其面。大夫公性嚴，與人多忤。公左右承順唯謹，退而接其鄉黨族姻，又皆曲盡其情。以故其不能無憾於大夫公者，亦往往銷釋無復芥蔕，皆曰公之能子也。少時鋭意決科，稍不遇，即舍去，居常晦默，不自矜伐，謹嚴拘畏，無一毫自放繩墨之外。所居一日必葺，服器一物必整，盛夏衣冠襪履不暫釋。居閑亦必雞鳴而起，處闇室如對大賓，待童僕小人亦盡誠慤。所居之室，必書「謹獨」、「正心」字揭之座右。

錢塘今爲赤縣，公爲主簿時，秦檜方用事，鄉黨姻舊，或以文字見知登顯仕者，謂公曰：「盍亦求之？」公不應，退治簿書益謹。至他職事，亦多與貴要人接，公益自閉匿，以故得竟秦氏敗無所汙，人以爲難。在道州，太守季公南壽深知公，既以政事文詞薦諸朝，比去，懷其餘章以授後守，曰：「判官賢而不求人知，恐君或失之也，故留此以竢，惟君留意。」後守許諾，及其去，又如之，公以是改官。

在武陵，遇民以寬，吏有罪則立治之不少貸，然亦不求其過也。縣境田多荒，冒耕者衆，其健者與吏爲一，侵漁訴訟，展轉不止。公爲推窮本始，必見端緒而予奪之，訟爲少息。楚俗右鬼，其淫祀有曰潘仙翁者，歲時集會，摐金鼓，執戈矛，迎而祭之。公命尉杜師顔撤屋毁像，收其兵刃，罪其倡之者，衆然後定。縣十年不升降户等，賦役不均，咸以爲病。公始爲改造帳籍，民無異詞。部使者相與以其治行聞于朝，有旨記姓名中書，然公秩滿，則詣尚書銓注官以歸，卒不一見丞相也。沅並邊，蠻人侵掠無寧歲，公佐郡時，羣獠大動，守懼求去。公攝其事，按邊防舊法，訪問財處，立爲條約，以授邊吏。明諭威禁而以無事鎮之，蠻果帖服。公佐州，常言長貳失和，多由下有勝心，以駕其上，故雖善意，亦或不得伸，惟盡吾所以事長官之禮，而行吾所以佐長官之義，則庶其見信矣。

晚見孟容從子澄學，聽其誦説而悦之，謂子澄曰：「君言之善，吾亦且將從事於此，顧恨晚矣。」一日，召諸子，告之曰：「觀星曆書，吾殆止此。汝曹勉旃，毋爲門户羞也。」因誠以誠實詳審、謹禮擇交、嚴分守察，細微數事，藹然皆長者之言。居二年而病，既病，猶扶掖以奉家祭。病革，孟容泣而誦其平日正心之訓，則微視而頷之。蓋其爲人始終之概如此。

嗚呼，是亦可謂善信人矣！而其官不遂，壽不長又如此，其可悲夫！公娶昌黎韓氏，生兩男子，孟容爲長，免喪舉進士，中其科，授迪功郎、新袁州分宜縣主簿；孟將以公遺澤補將仕郎。一女孟蓁，未行。予觀孟容固賢，而聞孟將亦好學，然則公世之興蓋未艾也，其又足以少慰也夫！其銘曰：

吁嗟劉公篤世休，道雖晚聞德蚤脩。長途方騁歲不留，志業有嗣無餘憂。清江之曲全塘幽，方趺圭首千千秋，過者視此式其丘。

按會要，臨江軍以筠州清江縣置，新喻自袁州，新淦自吉州來隸。而歐陽公作主客、集賢墓碑，皆云「吉州臨江人」，今狀又云「袁州臨江人」，恐有差誤，請更詳之。

環溪翁程君墓表〔五〕

環溪翁，先君子韋齋先生之内弟程君也。諱鼎〔六〕，字復亨，徽之婺源人。少孤，從先君子學於閩中，因得講聞一時儒先長者之餘論，而心悦之，抄綴誦習，晨夕不少懈。先君子愛其勤敏，於其歸，書六言以贈之，皆事親、脩身、爲學之要。君拜受其言以歸，益自樹立，務記覽，爲詞章，思所以大其門户者〔七〕。然君爲人坦夷跌宕，不事脩飾，好讀左氏書，爲文輒效其體，不能屈意用舉子尺度，以故久不利於場屋。家故貧，至君益困。中歲，奉親徙居窮山中，自號環溪翁。山田百畝〔八〕，環堵蕭然，無以卒歲，而君處之泊如也。晚益不得志，因自放於杯酒間，酒酣，諷左氏書，雜以國風、雅、頌之篇。坐者聳然傾聽，其俯仰疾徐之間，頓挫抑揚，如有節族。至於放臣孤子、怨夫寡婦之辭，又未嘗不三復感慨而出涕流漣也。庸夫孺子從旁竊觀，時或笑而侮之，君瞀然不以爲意，蓋其中所抱負有不得騁者，故託此以自遣。至它行事，則其不合於理者固鮮矣。乾道元年，年五十九，以疾卒。後十年，君夫人胡氏亦没，遂合葬于懷金鄉福林泠水之原〔九〕。

蓋新安、番陽、信安諸程，皆出梁鎮西將軍忠壯公靈洗，其家婺源者，又自歙之黄墩徙而來，譜牒具在。聞之先君子，忠壯公葬黄墩，其墓以石爲封，今尚在也。君家自其大父某始與鄉薦〔一〇〕，父某亦以郡學上舍當貢京師〔一一〕，皆不幸蚤卒。至君學益勤，而其師友淵源所漸者益遠，顧亦不逢，以没其世。而有子曰洵，好學而敏於文，君奇愛之，曰：「是足以成吾志矣。」既又屢薦不第，今乃以特恩授信州文學，識者恨之。然洵故嘗從熹論爲學大要，意其所以成君之志者，在此而不在彼也。熹祖母，君之姑，因謂君叔父。幼從先君子在臨安時，時見君來，先君子或留與飲，君必盡醉，而論説衮衮，不能自休。既長，歸鄉里，又得拜君，而君辱教誨之。則君益以老矣，然得酒輒歌呼談噱，意氣猶不衰也。今又三十餘年，洵乃以書奉君學徒李君繒之狀，請表君墓。惟念始終〔一二〕，顧二父於今皆不可見，而熹與洵孤露之餘，亦俱老大，乃流涕而書之。蓋以重歎君家之不遇，又惟潦倒〔一三〕，無以副君疇昔之意而自悲也。嗚呼，洵尚勉之哉！淳熙八年八月乙卯，表姪具位朱熹述〔一四〕。

曹立之墓表

淳熙乙未歲，予送呂伯恭至信之鵝湖，而江西陸子壽及弟子靜與劉子澄諸人皆來，相與講其所聞，甚樂。子壽昆弟於學者少所稱許，間獨爲予道餘干曹立之之爲人，且曰：「立之多得君所爲書，甚欲一見君與張敬夫也。」後五年，予守南康，立之果來。目其貌，耳其言，知其嘗從事於爲己之學，而信子壽昆弟之不予欺也。欲留與居，而立之有宿諾，不果。及予受代以去，而所請白鹿洞書院賜額，有旨施行如章，郡守吳郡錢侯子言以予之惓惓於是也，亟以書來，問孰可爲師者。予因以立之告，子言聞之，欣然具書禮，授使者走餘干，踵立之之門以請，而立之病不能行矣。十年二月辛亥，竟不起，年方三十有七。子靜以書來相弔，具道立之將死，其言炯然在道，不少異於平日，相與深歎惜之。嗚呼，吾道之衰久矣！比年以來，敬夫、子壽、伯恭皆以盛年相繼淪謝，而後進之可冀以嗣事於方來者，亦多夭没，今又失吾立之，然則子靜與予之相弔也，豈徒以遊好之私情也哉！

立之名建，其先自金陵來，徙家至立之八世矣。立之父諱天明，始爲儒。立之幼穎悟，日誦數千言。少長，知自刻厲，學古今文皆可觀。一日，得河南程氏書讀之，始知聖賢之學爲有在也，則慨然盡棄其所爲者，而大覃思於諸經。歷訪當世儒先有能明其道者，將就學焉。聞張敬夫講道湖湘，欲往見之，不能致。有告以沙隨程氏學古行高者，即往從之，得其指歸。既又聞陸氏兄弟獨以心之所得者爲學，其説有非文字言語之所及者，則又往受其學，久而若有得焉。子壽蓋深許之，而立之未敢以自足也，則又寓書以講於張氏。敬夫發書亦喜曰：「是真可與共學矣。」然敬夫尋没，立之竟不得見。後至南康，乃盡得其遺文，以考其爲學始終之致，於是喟然歎曰：「吾平生於學無所聞而不究其歸者，而今而後乃有定論而不疑矣。」自是窮理益精，反躬益切，而於朋友講習之際，亦必以其所得者告之。蓋其書有曰：「學必貴於知道，而道非一聞可悟，一超可入也。循下學之則，加窮理之工，由淺而深，由近而遠，則庶乎其可矣。今必先期於一悟，而遂至於棄百事以超之，則吾恐未悟之間，狼狽已甚，又況忽下趨高，未有幸而得之者耶！」此其晚歲用力之標的程度也。

今歲元日，知病之不可爲矣，猶書其牖曰：「未死之前，不可自棄。」遷善改過，自是愈篤。死之日，起正衣冠，危坐如平日，語其弟廷曰：「吾雖甚病，而學益進，此心瑩潔，無復纖翳。如是而死，庶其可以言命矣。」語訖，就枕未安而没。嗚呼！立之雖不幸蚤死，不卒其志，然所以自樹立者至此，亦豈他人所及哉！

立之事親孝，菽水之養，驩如也。愛其弟甚至，與相切磋，如嚴師友。姊嫁而卒，撫其孤以有成。與人交，敬而忠。苟心所未安，雖師説不曲從，必反復以歸於是而後已，其於予規正尤切也。視人有急難，周之必盡其力，雖貧病不計。榜其齋曰「無妄」，杜門終日，里巷有不識其面者。日用間自省，小有過差，即書之册。其討論經學有得，亦悉記之，及爲他文甚衆。病中，欲舉而焚之，廷弗忍。既没，而視諸篋，則已亡其半矣，乃裒自論定以來所作，得十餘卷，其他猶多可傳者，顧以立之遺意，弗敢出也。

立之嘗娶婦，不悦於姑，教之不從而去，故卒無子。至是，廷以母命，立宗人之子愿爲後。而葬立之萬春鄉栗田原先塋之右，且以立之遺文數篇，及其友成忠郎趙君伯域之狀，不遠數百里來請銘。予於立之相得雖晚，而知之深，望之厚，哀其死而屢出涕焉，其可以無從乎！然立之已葬，不及識于壙中，乃書其事，使以表于墓上。又系之曰：胡子有言，學欲博不欲雜，欲約不欲陋。信哉！如立之者，博而不雜，約而不陋，使天假之年，以盡其力，則斯道之傳，其庶幾乎！嗚呼，今短命而死矣，豈不可哀也哉！是歲五月乙酉新安朱熹述。

西山先生李公墓表

西山先生李公者，龜山先生楊文靖公之門人也。龜山既受學於河南程氏，歸以其説教授東南，一時學者翕然趨之。而龜山每告之曰：「唐虞以前，載籍未具，而當是之時，聖賢若彼其多也。晚周以來，下歷秦漢，以迄于今，文字之多，至不可以數計。然曠千百年，欲求一人如顔、曾者而不可得，則是道之所以傳，固不在於文字，而古之聖賢所以爲聖賢者，其用心必有在矣。」及李公請見於餘杭，則其告之亦曰：「學者當知古人之學何所用心，學之將以何用。若曰『孔門之學，仁而已』，則何爲而謂之仁？若曰『仁，人心也』，則何者而謂之人心耶？」李公受言，退求其説以進，愈投而愈不合，於是獨取論語、孟子之書而伏讀之，蚤夜不懈，十有八年，然後涣然若有得也，龜山蓋深許之。而公之語學者亦曰：「學者於經讀之又讀，而於其無味之處益致思焉，至於羣疑並興，寢食不置，然後始當驟進耳。」龜山既没，後進多從之遊。後舉遺逸召對，卒官福建路安撫司主管機宜文字，而葬其鄉邵武軍光澤縣東黄嶺之原。學者共追號爲西山先生云。

公諱郁，字光祖，元祐黨人朝散郎深之子。母安仁縣君陳氏，贈諫議大夫陳忠肅公之女兄也。公幼不好弄，坐立必莊。少長，學於舅氏，陳公器之。踰冠，乃見龜山而請業焉。

龜山一見奇之，即妻以女。既而以朝散公遺命，出爲叔父將仕郎庭之後。中間游大學，被鄉薦，皆不第。

紹興初，天子慨然有志中興大業，思得山林遺逸魁傑非常之材而用之。會遣御史朱異行郡國，詔俾搜訪以聞。異聞公名，使還以對，召對便殿，所陳皆當世大務，上爲改容傾聽，請退而留者再。詔以爲右迪功郎，尋除詳定一司敕令所删定官。未久，以憂去。用進書恩，特改承務郎。及免喪，會秦丞相檜已用事，公自度不能俯仰禄仕，遂築室邑之西山，往來讀書其間。家益窮空，人有不堪其憂者，公獨曠然不以爲意。然當世賢士大夫益高仰之，遷官者多引以自代。久之，起家佐閩帥幕府。人謂非公所宜處，而公不辭。既至，人謂公且不屑爲，而公治文書惟謹，日訪民情戚休利病，以告其長而罷行之。一日，帥用小人言，欲毁民居數十爲列肆，酤酒以牟利。公白其非便，帥不樂，頗見色詞，公即移病告老。帥悟，慚謝，公爲强起。二十年七月壬辰，竟以疾卒，年六十有五矣。

公天資粹美，而涵養有方，其事上恭而有禮，其御下嚴而有恩。平居未嘗有惰容，誨人終日無倦色。自奉甚約，而事親極其厚，於所後尤兢兢致孝，服喪毁瘠如禮，治喪必誠信，至竭其貲不吝。兄階官杭州，罵賊死，公事寡嫂如母，教孤姪，遣遺女，皆如己子。其於世務人情、官政文法，下至行陣農圃之事，靡不究知，然竟不及用於世以没，識者恨之。所著書有易傳、參同契、論孟遺秉，及平生遺文合數十卷，藏于家。夫人楊氏龜山先生第三女，有賢行，通經史大意，平居誨飭子孫，整齊内外，皆中禮法，後公十六年卒。子撰，承務郎〔一五〕，陳公誌於將仕之墓，所謂延孫者也。晚以德壽慶恩，補官而卒。女適同郡上官墨卿。孫男閑、闡、閱、闠，女適某人。閑於是以迪功郎爲全州州學教授，始將伐石以銘其墓〔一六〕，而來請文以識焉。

嗚呼，聖賢遠矣！然其所以立言垂訓，開示後學，其亦可謂至哉。顧自秦漢以來，道學不傳，儒者不知反己潛心，而一以記覽誦説爲事，是以有道君子深以爲憂，然亦未嘗遂以束書不讀，坐談空妙爲可以徼幸於有聞也。若龜山之所以教，與西山之所以學，其亦足以觀矣。予是以著之而并記其行事，後之君子尚有考也。淳熙十有二年秋八月己卯具位朱熹述。

太孺人邵氏墓表

金華時鎬既奉其母夫人邵氏之柩祔于循理鄉九里原先府君之墓，使其子源以永嘉葉適所爲行述及别記事實各一通來告曰：「先人之喪，先師東萊夫子幸與之銘，而吾子書之矣。今又以不孝罹大禍，間雖幸畢藏事，惟是幽堂之刻，所以垂永久者，未有所屬，敢介前惠，重拜以請。」予時病卧田間，起受其書讀之曰：

「夫人婺州金華縣人。曾祖瓊，祖悦，父之才。嫁其縣清江時君汝翼。時君世昌樂，而魁尨沉厚。方臘之亂，寇燔略空，君一一自建置，盡絶其前人。夫人能左右以敏，無荒事焉。家既成，時君遂用法度嚴内外、文學訓子孫，立信務與，稱重鄉閭〔一七〕。夫人又能奉承以恪，無逸志。時氏族良家巨，子孫競於文，科舉上其名，人皆尊愛時君以及夫人。時君没，夫人亦將老矣，具呼家人與爲條約，親寫刻之屏，使合居有禮、綴食無專，以不忘時君之法。清江東南畦户數百，臨水而茇舍，時潦出其上，民往往棲木自救，有浮去者。夫人始命舟糗飯拯之，歲以爲常。豫蓄棺，告疫死者以斂，人懷其惠。晚遭太上皇帝、皇后慶壽恩，得封太孺人，加賜冠帔。淳熙十年七月庚寅卒，年七十有一。三子，鎬、錡、錝。二女，適劉晏、陳褒。孫[illegible]、源、淇、演、溱、瀍、潚、潭、澡、[illegible]。孫女，其二適陳之望、汪叔貽，餘尚幼。曾孫榘、㮚、杲；女莊、菖。」

蓋葉君所叙云爾。其於夫人始終之際詳矣，而别記手書條約之詞。一曰子孫謹守家法，毋得違悖；二曰晨興鳴板，長幼詣影堂早參，次會中堂叙揖；三曰男女出入，財貨出納，僕妾增減，必稟家長；四曰凡爲子婦，毋得蓄私財；五曰女僕無故不許出中門，蒼頭毋得輒升堂室、入庖厨。則予於是有以知夫人之所以教者得齊家之要。至其又謂夫人天性儉質，不徇華靡，服御有常，未嘗追逐時好，有所變易。歲時奉祭甚謹，嘗以冬享割肉，手寒刀墜，諸婦請代而弗許也。母何晚得末疾，歸省輒惓惓不忍去，比卒，年幾六十矣，猶蔬食以終喪。女兄孀居貧病，護視周悉，遇其子弟，恩意有加。時君篤於教子，一時髦俊多客其門，夫人日飭饌具，必躬臨之，雖勤劇無倦意。則予於是又有以見夫人之所以教者，蓋以其身，而不專在於言語之間也。

嗚呼，是可尚已！既以病不果銘，姑記其實如此以授源，使歸刻石表墓上。淳熙十有二年冬十月戊辰新安朱熹撰。

董君景房墓表

番陽董君景房者，諱爲良，世家德興之海口。大父濬始仕，至宗正少卿。父元一，秀州司法參軍。君少有大志，嘗學於江山徐公誠叟先生之門，受其説而歸，益務求友講而脩焉。不數年，遂以文行聞於州鄉。再試禮部，不第，退處于家，讀書講學，不復以聲利榮達爲事。鄉人相與益高仰之，而君之學，蓋日進月益而未可量也。淳熙十一年九月〔一八〕，一旦得疾，卒，年甫五十有四。士友聞者，莫不哀之。

蓋君爲人儻蕩無城府，家故饒給，兄弟始求分異，君力止之，不可，則盡聽其所擇，而獨取其所遺及故書數篋藏焉。既而兄弟或破其産，君極力資奉，不計有亡；死者葬之，而撫其孤焉。族姻鄉黨之貧無歸者衣食之，罷不能者教誨之，不幸而有急難者救護之，皆極勤懇。鬬訟之不決者，爲曉譬以義理，往往心服，失其所爭而去。歲飢，姦民肆掠，物情大恐，君爲官畫策，以便宜發廩振貸，而密以兵掩其渠帥，置于法，人賴以安。雅有當世之志，於官政民俗弛張之際，尤孜孜焉。嘗記其見聞思慮所及者，作活國書一編，其言質慤詳盡，不爲華靡，而所規畫，常以厚下固本爲先。識者韙之，恨其不得見於用也。

君娶周氏，子男二人，從起、從治。女六人，其三已適人，進士齊節、程矩、齊牧其婿也。君卒之明月，葬其里之黄柏原。沙隨先生程公可久雅知君，實銘其壙。而從起又以君友人太學生程端蒙之狀來請文，以表墓上。予故家君旁縣，頃歲還里中，君以所論經子諸説來見，别後又數以書來，有所問辨。時君猶有四方之志，予因以所聞古人爲己之説告之，而君不以其言爲非也。然則其可無詞？乃取程生狀，摭其可紀之大者，書以授從起，俾歸刻之。

嗚呼，君則已矣，而予言不没，則百世之下，於此尚有考也。淳熙丙午三月庚辰宣教郎、直徽猷閣、主管華州雲臺觀新安朱熹述。

令人羅氏墓表

故左司郎中張公之配曰令人羅氏，南劍州沙縣人。世爲縣望姓，家法嚴整。令人生二十有二年而歸張公，事姑羅恭人以孝謹聞，恭人愛之如己女。張公故貧，初仕，將遣其女弟而無資，令人悉出橐中裝以奉之，無吝色。事公二兄，旦暮率諸幼稚以次問起居，無一日闕禮。子姪就學歸沐，輒具湯餅，會諸娣姒男女，語次從容，問所學業，勞勉諸姪，以勵其子，油油如也。

羅恭人嘗苦末疾。令人靜夜必露香致禱，願損己壽，以延姑年。如是者數月，恭人疾頓平。而後三年，令人一旦暴卒，恭人哭之慟，至老念之不能忘，與人言，必稱其孝，至於泣下。且歎曰：「不意吾兒失此内助之賢也。」令人性儉約謙下，好禮法，有識度。嫁時篋中有黲色絺衣，忌日輒被以奉祭，稱慰如儀。常所服禮衣、横帔如民間法，或告以張公且通朝籍，盍改用命服？令人曰：「此非拜恩，何敢服也？」卒以禮終。生以政和戊戌，卒以紹興癸酉，葬劍浦縣吳張氏大墓之左若干步。

後三十八年，嗣子士佺來訪予於臨漳，請銘左司公之墓。一日，復奉令人之事，涕泣以請，曰：「吾母之賢孝如此，而不幸蚤終。士佺兄弟生不及養，已負終天之痛矣，今又不能述其德善，以垂久遠，其何以見於地下！惟吾子哀之。」予不忍辭也，既受其書而讀之，因竊惟念孝愛和謹，婦道之常，世猶有難之者，而令人至委身以代姑死，守禮以終其身，是其賢於人也遠矣，其可以無傳也哉！因爲叙此，以表其墓。

令人生二男，士佺，今爲朝奉郎、通判融州事；其弟士僩，嘗爲修職郎、監藩葑酒庫以卒。四女，進士宗大同、謝舒、宣義郎陳善慶、文林郎黄東其婿也。紹熙二年二月日朱熹述。

程君正思墓表

士患不知學，知學矣，而知所擇之爲難；能擇矣，而勇足以行之，内不顧於己私，外不牽於俗習，此又難也。嗚呼，若番陽程君端蒙正思者，其所謂知所擇而能行之者歟！乃不及一試，而又無年以死，使人不得見其德業之所成就，是可哀已。

正思天資端慤，自幼已知自好，稍長，即能博求師友，以自開益，遂以詞藝名薦書。既乃見予於婺源，聞諸老先生所以教人之大指，退即慨然發憤，以求道修身爲己任。討論探索，功力兼人，雖其精微或未究極，而其固守力行之功，則已過人遠矣。始時，名下之字同於周、程，至是亟請其父而更焉。其居家事親，能開義理於幾微之際，多所感悟而不失其歡心。喪母，葬祭推本古經，以正流俗之謬，鄉人多以爲法。其在太學，儕輩類趨時好，不復知有聖賢之學。正思擇其可告語者，因事推誠，誨誘不倦，從而化者亦頗衆。然其爲人剛介，不苟合，聞人講學議政有所未安，輒造門辨質，或移書譬曉，必極其是非可否之分而後已。會大臣有樂豪縱而賤名檢者，見脩士即以邪氣目之，而又言於上曰：「是屬且能亡人之國。」於是學官承其風旨，因課試發策〔一九〕，直以王、程、蘇氏之學爲問，蓋將以其向背爲取舍。對者靡然，無敢正言其失，正思獨奮筆抗論，無所依違，而所以分別邪正之間，輕重淺深，又皆中理。雖竟以是無所合而歸，然其抑邪與正之助亦多矣。既歸，即以病不起，紹熙二年十一月一日也，享年四十有九，聞者莫不哀之。

方疾革時，手書來曰：「端蒙死不恨，恨不克終養而卒業於門耳。然已無可言，願先生自愛，蚤就羣書，以竢來哲。世不我知，天豈亦不我知也哉！」予雅意正思任道勇而用志專，必能卒究精微之藴，以廣斯道之傳者。遽讀其書，不覺失聲流涕，既而視其筆跡，謹好如常日，又知其間於死生之際如此，爲之痛惜，久而不能平也。

明年，正思之父將葬正思於其鄉之某處，使其二弟端臨、端本狀其事以來，請所以表其墓者。予按其言，正思曾祖宏，祖汝能，皆有鄉行。父昜，今以修職郎致仕，母俞氏。妻王氏，生一男，師聖；一女，適同縣董濬，而它則與予所聞者皆不異。又觀其言，正思自少謹信異常兒，大父將没，知其可託，以一老婢諉焉。正思時年十四五，涕泣受命，護視勤懇，十有六年，始終無少懈。至是屬疾，雖病，尊親臨之，必冠巾乃敢見。將卒，悉屏婦女户外，戒治喪無用浮屠法，所以告二弟、朋友，皆人倫大法，所繫不雜它語。是皆宜書，因並前所論者書之，使碣墓上，後之君子，庶有考焉。紹熙三年秋九月乙亥新安朱熹述〔二〇〕。

程君公才墓表

紹熙二年冬，番陽程君正思病且革，以書抵予告訣，且書其先大父府君之行事，而求識其墓。予既哀正思之力學任道而不幸蚤死，又知其大父之賢如此，而無所聞於後世，矧其將死，深悲之屬不在它人，是固不可以無言也。

按正思言，府君諱汝能，字公才，天資純篤，不由學問，而孝弟忠信自有以絶人者。父性嚴，府君事之順焉，於其行事有未安者，必以正諫；諫而不入，則退而謹伺之；意解，復諫，卒聽從乃已。母得末疾，三年衣不解帶，居不入室，時其起居飲食之節而躬致養焉，雖矢溲之役，不以累它人也。事兄謹甚，兄好飲佚遊，府君懼顯兄過，以貽親憂，委曲其間，彌縫甚至，卒以無間言。親没，析其産，兄欲善田宅，恣所取，無難色。平生口無惡言妄語，足迹不涉官府之門。居鄉接物，恂恂謹敕，不怒而人敬畏之。周人之急必盡其力，雖或負之，不計也。鄉人有死而亡子者，治其喪甚飭，或欲没入其貲産，爲告官立後，至今不絕。處家慈愛而能嚴，子弟不敢爲纖芥非理事。今没三十年，鄉人行旅言之，猶有思慕出涕者。嗚呼！兹非夫子所謂十室之邑，忠信如己者乎？是乃三代之遺民，而非今世之士所能及也。使其得聞聖賢之教而講學以明之，其所至可量哉！

正思病亟，作書其詳如此，而字畫謹細如常時，且謂它行之懿，猶有不及書者。今問其家，得其世系，則番陽之程，皆祖梁忠壯公靈洗，唐乾符間有名維者，以金紫光禄大夫、海州鹽鐵使將兵討巢賊不利，始居饒州樂平之銀城，後徙新建，而地析爲德興縣，故今爲德興人。自鹽鐵十二世而生府君之父，諱宏，亦有鄉行，娶齊氏，生府君。府君娶□氏，生二子，曰晟，曰易。晟先卒，易今以修職郎致其事，而又有正思爲之子，意者程氏其將興乎。今正思雖不幸，而二弟亦知爲學，是固未可知也。乃書此碑，刻石墓左以竢。墓在□□鄉□里某處。晟之子曰端友，曰伯雲，易之子曰端誠，曰端蒙，曰端臨，曰端本。正思即端蒙也，予亦已別識其墓云。三年壬子秋九月丙子新安朱熹書。

安人王氏墓表

國子博士成都范君文叔以書致其母夫人之事於熹曰：「仲黼不天，蚤失先人之教，先夫人撫育成就，甚艱且勤。以及于兹，而葬不及銘，無以發其潛懿。吾心惄然不敢寧也，敢拜以請。」熹讀其書，既蹙然不敢當，又讀其狀，益惟文字之蕪淺，而無以信夫人之德於後世。顧文叔之賢，未及識面，而心已敬之，且其所以屬我者，又如此其重也，乃不敢辭，而按其狀，則簽書東川節度判官廳事盧君蹈之所述也。其言曰：

夫人成都華陽人，姓王氏。祖曰贈金紫光禄大夫，諱延，妣文安郡夫人勾龍氏。父曰左朝議大夫，諱輔，妣宜人何氏。夫人自幼以專静才明稱於其家，年甫笄，歸同郡范君諱灌。蓋范氏自蜀郡忠文公、中書榮國公徙居許、洛，至是始還故鄉。文獻未遠，子弟皆有典刑，非清門淑質，不易作對。夫人一踐其庭，禮容肅穆，纖悉中度。雖在房闥，禮敬自將，燕私之言，無一不可道於外者。范君始爲仙井監録事參軍，後以宣教郎知雅州盧山縣事。夫人居家儉約，不以出内細故累其君子。范君閲具獄，晨夜寒暑不少懈，夫人猶從旁從臾之曰：「毋憚淹晷之勞，而使彼負没世之冤也。」故范君爲吏以清白著，其治獄以平允稱，夫人蓋有助焉。

范君既從官，不復問生理，身後家事益落落，夫人慨然自力，以濟其艱。使二子得以盡力於學，繼踐世科，人以爲榮，而夫人不色喜，顧語之曰：「吾悲汝父之不及見也。雖然，汝家世以清德直道爲門閥，汝曹問學，宜知所本。仕不患不達，患無以稱耳。藜糗，吾能甘之，毋遽以三釜爲也。」二子以是益自厲於學，而仲黼杜門幾十年，不汲汲於進取，蜀人高其行。東游吳、楚，張敬夫、吕伯恭一見皆歎賞，具以其學告之。今在朝列，尊守所聞，不徇世習，而忠君愛國，悃款無已，識者皆倚重焉，此又夫人之教有以成之也。

初，范君仲兄洪雅君蚤卒無子，范君將以少子仲芸後之，未及而終。後六年，仲芸奏名南省，夫人大合族黨，申范君之命，以告于祖禰，而卒使奉其祀焉，聞者皆以爲難。洪雅之妻前已更嫁，至是乃卒，人以其服爲疑，夫人曰：「禮不爲嫁母服，而律有心喪三年之文，且是嘗爲洪雅配，得不爲芸母乎？」即日命仲芸服喪如律，聞者益以爲難。歲時典祀，身親蠲潔，待賓客，接宗姻，曲盡禮節，而御下一以慈恕。至其平居教詔子孫，援前言，質往行，又皆有本有末，蓋可書而誦也。卒於淳熙八年六月甲辰，葬於十三年八月丙申。墓在雙流縣宜城鄉曹池山，實從盧山君之兆。始，以夫封孺人，後以子贈安人，仲黼今以通直郎爲國子博士，兼皇姪許國公府教授。仲芸嘗以從政郎爲彭山令，而先卒。女五人，一適王晞孟，一適程師夔，一未行，餘皆夭。

嗚呼！夫人之所以相其夫而成其子者，盧君狀之詳矣，然猶事之常也。至其出少子以後仲父，既又使之服其所後嫁母之喪，則處變事而不失其權，有當世士大夫之所甚難而深愧焉者。嗚呼賢哉！兹其所以爲吾文叔之母也歟！嗚呼賢哉！紹熙三年玄默困敦秋九月戊子具位朱熹述。

聘士劉公先生墓表

先生姓劉氏，建州崇安縣五夫里之白水人。其曾大父諱滋，起身農畝，以進士高第仕至尚書職方郎中，累贈開府儀同三司、吏部尚書；大父諱照，朝請郎，再世皆有清德，中歲即休官退處，以大耄終。父諱元振，始不仕，然亦以馴行稱。先生諱勉之，字致中，自幼強學，日誦數千言，耳目所接，一過不復忘。其爲文肆筆而成，滂沛閎闊，凌厲頓挫，儕輩少能及之。踰冠，以鄉舉詣太學。時蔡京用事，方禁士毋得挾元祐書，制師生收司連坐法，犯者罪至流徙。名爲一道德者，而實以鉗天下之口。先生心獨知其非是，陰訪伊洛程氏之傳，得其書藏去。深夜，同舍生皆熟寐，乃始探篋解帙，下帷然膏，潛抄而默誦之。聞涪陵譙公天授嘗從程夫子遊，兼邃易學，適以事至京師，即往扣焉，盡得其學之本末。既而遂厭科舉之業，一日，棄録牒，揖諸生而歸。道南都，見元城劉忠定公；過毗陵，見龜山楊文靖公，皆請業焉。而劉公尤奇其材，留語數十日，告以平生行己立朝大節，以至方外之學，它人所不及聞者，無不傾盡。先生拜受其言，精思力行，朝夕不怠。久而若有得焉，則疇昔所聞，一言之善，融會貫通，皆爲己用，而其踐履日以莊篤。與籍溪胡公原仲、屏山劉公彦冲兩先生友善，日以講論切磋爲事。其於當世之務若不屑焉，而論説區處，鉅細顯微，皆有條理。亂後故山室廬荒頓，乃即建陽近郊蕭屯別墅，結草爲堂，讀書其中，力耕稼以自給，澹若無求於世，而一時賢士大夫莫不注心高仰之。中書舍人呂公居仁知之尤深，嘗以小詩問訊，有「老大多材，十年堅坐」之句，世傳以爲實録。

是時國家南渡幾十年，謀復中原，以攄宿憤，而未有一定之計。方且寤寐俊傑，與圖事功，呂公乃與同列曾公天游、李公似之、張公子猷三數人者，共列其行誼志業，以聞於朝。特詔詣闕，將行，屏山先生爲作招劍之文以祝之。其卒之亂曰：「寶劍徠，奉君王。撫四夷，定八荒。時乎時，毋深藏。」其所望於先生者蓋如此。既至，會秦丞相檜已顓國枋，爲其事非己出，不能平。時又方決屈己和戎之策，惡聞天下正論，意山林之士不顧利害，敢盡言觸忌諱，尤不欲使見天子談當世事，第令策試後省給札，俾上其對。先生知道不易行，即日謝病歸。杜門高卧十餘年，造養益熟，名聞益尊。故相趙忠簡公出鎮南州，道出里門，紆轡入謁，坐語移日，彌加歎重。然其去未幾，即遭讒竄海外以没。同時知先生者，亦皆廢錮不復用。於是先生竟不及一試於用而卒于家，享年五十有九。有志之士，莫不哀之，紹興十九年二月十日也。

先生學本爲己，而才周世用，臨事財處，不動聲氣。平居嚴敬自持，若不可犯，而接物之際，恂恂和悦，色笑可親。其臨財廉，一介不妄取。少時婦家富而無子，謀盡以貲産歸女氏，既謝不納，又擇其宗屬之賢者舉而畀之，使奉其先祀。其與人交，誠信懇惻。同里胡公明仲侍郎蚤出爲季父後，不自知其本親，鄉人多竊議之，而莫以告。先生獨爲移書，具陳本末所以然者。胡公感其言，爲數歸省，恩禮略備，議以少息。

熹之先君子蚤與先生遊相好，將没，深以後事爲寄，且戒熹往學焉。及棄諸孤，先生慨然爲經理其家事，而教誨熹如子姪，既又以其息女歸之。親舊羈貧，收恤扶助，亦皆曲盡恩意。學子造門，隨其材品，爲説聖賢教學門户，以及前言往行之懿，終日娓娓無倦色，自壯至老，如一日也。

娶連氏，無子，以從兄之子思温爲後。二女子，其長歸于我，次適朝奉郎范念德。思温亦無子，又以從弟之子澧後之。建州於今爲建寧府，先生墓在草堂涉溪西北七里所羣玉鄉三桂里之學士原。其葬時不及銘，逮今且五十年，後生之及見先生者日加少，熹懼其益久而遂將無所考也，乃追記其世家學行之最，而伐石以表焉。慶元戊午正月己亥朔旦門人朝奉大夫致仕朱熹述。

校勘記

〔一〕不敢不辭者　「敢」，浙本作「能」。
〔二〕即入詣家廟　「詣」，浙本作「謁」。
〔三〕人人爲計久遠昏宧舍業之　「宧」，原作「官」，據浙本改。
〔四〕嘉我後人　「我」，浙本作「與」。
〔五〕環溪翁程君墓表　「環」，原作「韓」，據新安文獻志（四庫全書本）卷八七改。按宋史翼卷三六程鼎傳録朱晦庵集正作「環溪翁」。下正文同。
〔六〕諱鼎　「鼎」字原缺，據新安文獻志補。
〔七〕思所以大其門户者　「户」字原缺，據新安文獻志補。
〔八〕山田百畝　「百」，新安文獻志作「數十」。
〔九〕福林冷水之原　新安文獻志「林」作「臨」，「冷水」作「里兑泉」。
〔一〇〕大父某始與鄉薦　「某」，新安文獻志作「翔」。
〔一一〕父某亦以郡學上舍　「某」，新安文獻志作「著」。
〔一二〕惟念始終　「惟」，新安文獻志作「慨」。
〔一三〕又惟潦倒　「惟」，新安文獻志作「予」。

〔一四〕表姪具位朱熹述　「具位」，新安文獻志作「宣教郎提舉江南西路常平茶鹽公事」。
〔一五〕承務郎　「承」，原作「成」，據浙本改。
〔一六〕始將伐石以銘其墓　「銘」，浙本作「表」。
〔一七〕稱重鄉閭　「鄉」，原作「郡」，據浙本改。
〔一八〕淳熙十一年　「年」，原作「月」，據浙本改。
〔一九〕因課試發策　「發」，原作「廢」，據閩本、浙本改。
〔二〇〕紹熙三年　「紹」，原作「淳」，據閩本、浙本改。

晦庵先生朱文公文集卷第九十一

墓誌銘

劉十九府君墓誌銘

熹年十四五時，以先君遺命，學於故聘士劉君先生。時幼且愚，未足以識其大者、遠者，特觀於容貌詞氣之間，知其偉然，非今世之士也。既又獲見於先生之兄十九丈府君者，詞色俯仰，蓋與先生不異，而温厚謹良則又過之。因亦甚敬愛其爲人。及少長，而先生以女妻之，又得數往拜於府君之側。時府君老矣，然其持己接人，動有法度，危坐終日，無怠惰偃側之容。與人言，必依於孝弟忠信。至於治生處事之方、耕稼蠶績之務，亦皆纚纚有條理。間而及於先世遺事與夫鄉里故家舊俗之傳，則必顧而歎曰：「吾之不復見此也久矣夫！」熹於是退而每爲朋友道之，以爲前輩氣質淳厚、悃愊無華，而其謹於禮法，粲然有文又如此。蓋不惟其天資之美，抑亦昇平教化之餘澤，衣冠文物之遺風。其視今人誦書業文，沾沾自喜而輕儇浮惰，反無以異於市井之人者，相去遠矣。如是三十餘年而府君卒，既葬，其子某狀其行以授熹，使爲之書以表於墓道。

熹按府君諱某，字致端，建寧府崇安人。其曾大父職方郎中、贈開府儀同三司，諱某，始以文學起家，歷典數州，皆有惠愛。大父朝請郎，諱某，爲縣有所不得行其志，年未七十，即致其事以歸。父某，明經勵行，不仕以卒，而鄉人敬之。娶同郡余氏，讀書史，有智識，實生府君兄弟，國子祭酒翁公所爲志其墓者也。

府君於兄弟爲最長，自少則任家事，以故不及於學，而其孝愛恭敬、誠信敦篤，自有以過人者。家世清貧，至先府君時，食口益衆，府君經營纖密而不失大體。蓋凡春秋晨夕之奉，婚喪燕勞之須，以至族姻黨友賀吉而弔凶，其厚薄往來之數，無不稱情而合禮者。先府君於是得以放情事外而遂其高，諸弟亦皆得以遊學四方，親師取友，各成就其器業。而聘君先生卓然傑立，遂爲一世之聞人，名立於不朽，實府君有以相之也。

府君自少無外慕，晚歲足跡不出里門者數十年，其精神氣力老而不衰，登山臨水常翛然獨往，其所以自樂者，人不得而言也。年八十有五，以乾道癸巳正月□□□病卒於家，而葬於宅之西南數百步曰彭原者。

府君娶信安祝氏，有賢行，前卒。子男某也。女適進士江之瑞。孫男潤，女三人。凡狀之所載如此，與熹前所竊論者實相發明。謹叙而并書之，且爲之銘。銘曰：

士學口耳，弗誠以身。既佻以儇，汙我冠紳。孰如丈人，庸信庸謹。詞無支葉，動有繩準。彭原之木，有翳其陰。我銘斯刻，以詔來今。

國録魏公墓誌銘〔一〕

元履姓魏氏，舊名挺之，後更名掞之，則字子實。然其以元履聞也久，故稱者莫能易也。家建寧府建陽縣之招賢里，以儒學顯。其胄出遷徙之所繇，則故侍郎胡公寅已識於元履先君子之墓矣。

元履幼有大志，少長遊郡庠，事籍溪先生胡公憲，先生奇之。已而徧從鄉之儒先長者遊，間適四方，又盡交其先達名士，於是聞見日廣而聲稱日益大。嘗客衢守章傑家，會故相趙忠簡公薨海上，歸葬常山。傑雅怨趙公，又希秦檜意，逮繫其家人，劾治甚急。人畏其兇虐，無敢議者，元履獨慨然以書譙讓傑，長揖徑歸，傑亦不能害也。兩以鄉舉試禮部，皆不第。閩帥汪公應辰、建守陳公正同知其賢，相與論薦于朝，時相尼之，又不得召。後數歲，詔舉遺逸。部刺史芮公燁遂帥其寮與帥守六人者，共以元履行誼爲言，於是詔特徵之。元履辭謝不獲，則以布衣入見，極陳當世之務。大要勸上以修德業、正人心、養士氣爲恢復之本。上奬歎開納，勞問移時。明日，遂有詔賜同進士出身，授左迪功郎，守太學録。乾道四年十有二月也。異時學官不與諸生接，亦漫不省學事，徒養望自高而已。元履既就職，則日進諸生而教誨之。且視其居，有壞者，或幾壓焉，則請於朝，得緡錢四十萬以葺之。釋奠孔子祠，職當分獻先賢之從祀者，則先事白宰相：「王安石父子以邪説惑主聽，溺人心，馴致禍亂，不應祀典。而河南程氏兄弟唱明絶學，以幸來今，其功爲大，請言於上，廢安石父子勿祀，而追爵程氏兄弟，使從食。」不聽。它日又言：「太學之教，宜以德行經術爲先。其次尤當使之通習世務，以備官使。今壹以空言浮説取人，非是。」又不聽。至它政事，有係安危治亂之機，而宰相不能正、臺諫侍從不敢言者，亦無不抗疏盡言。以諫至三四〔二〕，上不納，則移病杜門〔三〕，以書質責宰相，語尤切。宰相雅知元履，招徠之，至是始不能平。而元履前已數求去矣，遂以迎親予告使歸。行數日，罷爲台州州學教授。

元履自少則有志於當世，晚而遇主，謂可以行其學，然其仕不能半歲而不合以歸。間獨喟然歎曰：「上恩深厚如此，而吾學不至，無以感悟報塞，吾罪大矣。」先是，嘗榜其書之室曰艮齋，至是日處其間，方將條理舊學，以益求其所未至，從遊之士稍有自遠來者，而不幸病不起矣。病革時，顧念君親，處理家事，無一言之繆。其母視之，不巾不見也。戒其子毋以僧巫俗禮浼我，且以書召其友新安朱熹，至則盡以終事爲寄而訣。卒之日，實九年閏月壬戌，其年五十有八矣。娶同郡劉氏，徵士勉之之兄女，先十九年卒。繼室虞氏。子男二人：孝伯，國學進士；孝朋，尚幼。所爲文章若論議訓説合數十卷，藏於家。

元履於學無不講，而尤長於前代治亂廢興存亡之説，以至本朝故事之實，皆領略通貫，識其大者。平居論説，聽者悚然。居家謹喪祭，重禮法，恤親舊，雖貧不懈。從父有落南者，千里迎養，死葬如禮。而字其孤尤有恩。歲饑，爲粥以食餓者，而力請移粟於官，邑里賴焉。又嘗請督鄉人之不葬其親者，富予期，貧予費，而掩其無主後者以千數。爲文以戒生子而不舉者，所全活者亦甚衆。與人交尤盡情，嘉其善而救其失，如恐不及。後進以禮來者，苟有一長，必汲汲推挽成就之。其處心制行類如此。故嘗有病其爲人太過者，元履笑曰：「不猶愈於横目自營者耶？」至或訾其近名，則蹙然曰：「使夫人而皆避此嫌，則爲善之路絶矣。」此其學道愛人之本意也。嗚呼！使其老壽通達，舉而施之，則其所以及人者爲如何哉！

孝伯將以七月己未奉其柩，葬所居之南不十里所謂長坂者，元履平生時所樂處也。予往蒞其卜，孝伯泣拜，奉嚴君士敦之狀以銘文爲請。予惟元履垂絶之言若有及此者，顧雖不能，不忍負也，則應曰諾。退視其狀不誣，因掇其大者序而銘之。銘曰：

謂天嗇之，則曷其材且志也？曰其德之，則又不年以位也，竟使抱其餘以没於地也！我銘以哀之，又以掩其隧也。

陳師德墓誌銘

自周衰，官失而民無常産，士不知學。或者務爲剽掠纂組之工以希名射利，蓋本出於俯仰寒餓之迫，有不獲已者。而其後或更以爲能焉，俗弊風訛，迭相夸尚，於是公卿子弟之才者，往往亦慕而爲之，無所於迫而徒取衒鬻之羞。顧反薄君恩、輕世禄，捐本學以從事於場屋無用之文，舉世競馳，恬不覺悟。而聖賢修己治人之方，國家禮義廉耻之教益泯泯矣。嗚呼，斯其爲弊也久矣！不有卓然高志遠識之士，其孰能有以反之哉！如吾師德者，蓋庶幾焉。而又不及就其志而疾病以死，其亦可哀也已。

師德，莆田人，姓陳氏，名定。丞相信安公之第三子也。母曰福國夫人聶氏。師德生秀異，自孩幼已有成人之度。年十二三，則已知古人爲己之學，而不屑爲舉子之文矣。一日，以公命，因予友括蒼吳君耕老以書來道其志而請業焉。予三復其辭而嘉之，然亦意其必已淫思力索於空幻恍惚之場也，則報之曰：「聖賢之學雖不可以淺意量，然學之者必自其近而易者始。」師德於是始欲因予言而反求之，既疲於宿昔思慮之苦而感疾殆矣。其後屢欲求見，且將徧求世之有道君子而師友之，竟以病不果行。且死，猶語其友方耒耕道，使言於予，以不及相見爲深恨。明年，其仲兄守師中見予於建陽，遂以耕道所狀行實一通屬予銘其竁。予不忍辭也。狀言，師德性至孝，事信安公及母夫人，曲盡愛敬，劑和烹飪必躬必親，左右周旋，不違義理而未嘗失顏色，於兄弟尤友愛。以公奏授右承奉郎。娶同郡林氏，朝請郎一鳴之女。年二十有五，以淳熙甲午七月己亥卒。於其疾之革也，公、夫人往視之，謂曰：「死生有命，汝所知也。」師德拱手對曰：「戰戰兢兢，如臨深淵，如履薄冰。」又顧其兄，屬以問學修身之意，越夕而逝。公、夫人哭之哀，以其伯兄之子福孫後之，而葬之石泉祖塋之側。

嗚呼！有如師德之志，而其行事可得而書者，止於如此，是不亦可哀也哉！然其所立，視世俗之學昧利辱身，得已而不已者，則既絶矣，夫豈不足以頗慰公、夫人之念與其兄弟朋友之思哉！予是以銘曰：

士孰不學？其方則殊。毫忽之差，有蹠其徒。卓哉若人，惟義之學。刻意劬躬，蹈履前覺。天不耆之，以駿其奔。淵冰免矣，志氣則存。石泉之瀕，于祔于宅。孰全其歸？視此幽刻。

何叔京墓碣銘〔四〕

邵武之東，百里而近，七臺之麓，小溪之濱〔五〕，有君子者，曰何君，名鎬，字叔京，予獲從之遊相好也。今年冬，過予於寒泉精舍。留止浹旬，歸而屬疾。既病，則手書來告訣，語不及私，獨以不獲終養卒學爲深念〔六〕，而於當世之慮亦眷眷不忘也。時予别君甫踰月，發書驚歎失聲，亟走省焉。至則君已逝矣。既入哭盡哀，明日，君之親友門人以予至，皆復來會哭相弔，議語葬故。君嗣子琰亦衰絰杖出拜伏哭，固以銘墓爲請。

予惟君實以其死累我，今其子又哀以請如是，其何説之辭？則與諸來會者共訂君事，皆曰：君家臺溪且數世〔七〕，世有隱德。至君皇考諱兑始仕，爲左朝奉郎、通判辰州事。娶陳氏、劉氏、林氏、鄧氏，皆封安人，而君劉出也〔八〕。生孝謹有器識，既出就傅，暮歸則不復去親側。誦書日數千言，爲文敏而有思，趣尚高遠，識者奇之。

辰州嘗受程氏中庸之學於故殿中侍御史東平馬公伸，服行不怠。又以其忠節事狀移書太史，忤秦檜，下吏竄南方。危死不恨，間復悉以其所聞者語君。君既受其説，則益務貫穿經史，取友四方，博考旁資以相參伍，蓋久而後有以自信之。於是一意操存，杜門終日，澹然若無所營者。至其論説古今，指陳得失，則又明白慷慨，可舉而行。平居崇德義、厲廉節，絶口未嘗及功利。至於收族恤孤〔九〕，興事濟衆，則又懇惻憂勞，如己嗜欲〔一〇〕。言行相循，没身不懈。由此南州之爲程學者，始又知有馬氏之傳焉。始用辰州致仕恩補官，授泉州安溪主簿，未赴。鄧舅祚帥江西，辟掌書寫機宜文字。再調汀州上杭丞。數行縣事〔一一〕，專用寬簡爲治。白罷税外無名之賦〔一二〕，人便安之。部使者鄭君伯熊名好士，行部得君，喜甚。顧郡事爲不理，囚繫或累歲月不得釋，檄君佐其守。君入幕，悉取文書閲視，具得其所以然者，持白守決遣之，旬日皆盡〔一三〕。又以田税不均，貧弱受病，夙夜疚思〔一四〕，爲所以均之之説甚備。他所以彌縫補助者，亦盡其力。而守顧不悦，君即謝去。君事鄧安人素謹，其赴上杭也，安人以瘴毒爲憚。君不敢請，遂單行。至官，歲以公事一再歸省，每行輒不受俸。秩滿，計其月十有四，悉歸其券於有司。一時學士僚友高君學行，多師尊之，而當路鮮識之者。君固不求，亦不自悔，獨以年格循資調潭州善化令。將行而卒，年四十有八，淳熙乙未十有一月丁丑晦也。

君爲人清夷恬曠，廉直惠和，談經論事簡易條暢。所著書有易論語説、史論、詩文數十卷，其言多可傳者〔一五〕。晚築書堂所居南坂上，名以高遠，用見己志。疾病，召子弟教戒，一以義理，終不及家人生産事。獨曰治喪以禮，勿用浮屠鬼教亂吾法而已。娶同郡李氏。

其叔父郁學於龜山楊公，所謂西山先生者也。奉君命無所違。將以明年某月日葬於臺溪東楊之原〔一六〕。子男三人〔一七〕，琰爲長，次瓚、瑀〔一八〕，女三人〔一九〕，長適吳大同〔二〇〕，次馮棟〔二一〕，次未行也。諸君所論君行事如此，皆予所聞知。

琰等葬君東碭之原，予既書其最納竁中，然間嘗竊目君學行可以司教育，論議可以陪獻納，而其心誠才實，又可以宣德澤而惠鰥寡，今乃僅得一縣令，而又不及試以死，此爲重可哀者。乃復叙次其詳，刻石表墓，且系以銘。銘曰：

清直而温，夷易而方〔二二〕。惟學不懈，厥猷以光。孰啓于家，而尼於邦？孰豐其粹，而嗇其長？帝罔弗衷，氣或交沴，氣則靡定。惟欽厥承，斯得其正。君乎知此，既順且寧。何以昭之？幽竁其銘〔二三〕。既欽厥承，君則奚愧？莫尊匪德，莫久匪言。銘以相之，刻石墓門。

夫人吕氏墓誌銘

夫人姓吕氏，建寧府建陽縣長平里人。其先世於唐爲河東著姓，乾符中，有侍御史行立者避地，始家建陽。入宋餘百年，乃有顯人，而夫人之父希説亦進士中第，剛介不苟合，晚乃爲劍浦令以卒。夫人生愿慤，不妄戲笑。未笄，失其母，劍浦俾治家事，撫弟妹如成人。尋以歸邵武饒君偉，事舅姑，甚得其歡心。餘年生子幹，甫晬而寡。夫人誓志秉節，毅然不可奪。無何，劍浦及皇舅漳州府君亦皆卒，而姑氏固前没。饒氏固清貧，諸叔妹皆幼稚，夫人以孀婦抱弱子，持守門户，奉承賓祭，和輯上下，内外斬斬無間言。其出内用度不以一錢自私，文簿整整，雖龠合分寸無所漏。少或遺亡，則爲之躊躇不懌者累日。指馭僕妾、接隣婦里嫗，咸有恩意。

幹幼時，愛之異甚，捧視漱沐，一不以委他人。及少長，遣就學，則程其術業，謹其出入交遊之際，未嘗輒借以顔色。幹亦孝謹敦實，能自力學問，見稱朋友間。中淳熙二年進士第，人謂夫人盛年苦節，以有斯子，今且享其報矣。始，夫人女弟爲劉氏婦，早卒。至是，其子崇之與幹偕選。夫人爲其母之不見，每及之，未嘗不悲歎出涕。人又以是知夫人之薄於榮利而厚於孝慈也。幹調吉州吉水縣尉，將行，夫人屬微疾，一夕遂不起，聞者莫不哀之。歲丁酉秋七月十四日也，時年五十有六。

明年，幹卜葬夫人於其鄉之思順里，而奉其友江州録事參軍游九思之狀來請銘。拜起，涕泗嗚咽不能言。予哀其志，亦雅聞夫人行實如游掾言，因删取其大者，叙而銘之曰：

皇皇后帝垂三綱，制婦繫夫陰統陽。盛衰脩夭初莫量，有繫弗改兹厥常。吁嗟夫人仁且莊，祗若帝訓篤不忘。疢煢艱棘凛欲僵，卒濟厥子後以昌。玉靈食墨此澗岡，納詞誄行告幽荒〔一四〕，山夷淵實無壞傷。

特奏名李公墓誌銘

邵武軍光澤縣東里所有地曰烏洲，李氏世居之，爲郡著姓。其先有贈大理評事者諱鐸，始以文行知名鄉黨。生太常博士諳，始登進士第，卒贈朝請大夫。陳忠肅公賢之，稱其真率樂易，有古人之風。其仲子深，紹聖間以論斥時相之姦，與任公伯雨等俱入元祐籍。季曰處士濬，隱居不仕。而其葬也，右文殿修撰李公夔實銘之。蓋自其先世，所與交游姻好，盡一時知名士，故其子弟見聞開廓，趣尚高遠，不與世俗同。若特奏府君諱某字得之者，則處士之長子也。少治周禮學，兼通左氏春秋，爲文簡古，不逐時好。弱冠遊太學，薦而不第。舍法行，當充貢，又不果行，竟以累試禮部恩奏名天府〔一五〕。將入奉廷對，前一日卒於臨安之客舍，實紹興五年八月十八日，年才五十有二。歸殯宅之東岡。三十二年，其子呂乃更卜兆於烏君山下獅子嶺之原，奉其柩而遷焉。淳熙六年，呂始見予廬阜之陽，如舊相識。一日，泣而言曰：「呂不孝，先人之没二十七年，而後克以禮葬。葬又十有九年矣，而未克識，將無以爲幽遠無窮之計。惟吾子幸而予之銘。」因出其親友、崇陽大夫游君旹之狀以請。予辭謝不獲，乃次其事如右。

按狀又言，府君爲人事親孝謹，友愛其弟甚篤，之死不少衰。遇族黨有恩意，少有忿爭〔二六〕，則爲居閒極力平處，不令入官府。不幸死喪，則爲經理其家事而任其婚嫁之責。嘗有死上庠者，遣仲弟護其柩以歸。里人有以惡聲至者，未嘗與之較。至周其急，則輟衣食不顧也。諸弟嘗問善人之道，府君語之曰：「臨事而無陰據便利之心，斯可矣。」又嘗語人：「事有當爲，力雖未及，亦勉爲之。若必有餘而後爲，則終無時矣。」此其行身及物之本意也。平居方嚴，不妄戲笑，而遇事輒應，無所凝滯。從弟西山先生嘗面歎曰：「兄於答問若不經意，而受其言者反覆十思，終無以易，此非諸弟所能及也。」性尤敦厚質實，發言處事，不以幽顯物我爲間。樂聞人善而務掩其惡，所與交皆巨人長者，無不愛而敬之。縣嘗以民兵爲屬，府君爲制戰陣擊刺之法，而以時閱習之，甚可觀也。令欲以聞〔二七〕，冀爲府君得勳賞，府君笑謝去，不復有所預。時海内多虞，舉人有不能試禮部者，往往以恩直補官。人有謂府君盍自言者，府君不答。老之將至，婆娑丘林，吟諷書史，逌然自適，未嘗有不遇之歎也。嗚呼！予生晚，不及識府君，而游君不予欺也，則府君者，可謂好德有常之士矣。乃不得少見於用，以没其身，其亦可悲也夫！

夫人上官氏，朝議大夫合之女。繼室黄氏，曲江令銓之女。子男三人，吕爲長，次某，次某。女四人，游君與將仕郎高志旻、從政郎何鎬、保義郎上官賁其婿也。孫男女於今二十有六人。而吕之彊學既有聞，又教諸子皆有法，天之所以報府君者，其將在於此乎？乃爲之銘，使刻宰上以竢。其詞曰：

利不自予，惟義之取。義則彊爲，惟仁之歸。孰長其源，不豐其委？斯丘斯藏，有起無墜。

金紫光禄大夫黄公墓誌銘

淳熙六年春正月，端明殿學士黄公寢疾於邵武故縣之私第。熹往問其起居，謁入，公正衣冠，舉扶起坐，顧中子瀚召熹入。至，則又扶以立，辱與揖讓爲禮，共坐食飲，恭謹不懈如常時。卒食，又扶而起，涕泣爲熹言曰：「中也先考妣之藏久未克識，蓋不敢輕以屬人。今以累子，子其爲我成之。」熹頓首辭謝，不敢當，而公命之不置。熹懼以久勞公，則不敢辭而受命以出。歸，又以書辭，未報而公薨。諸子遣使來訃，且致遺命，以同郡李君吕之狀來。熹既哭公盡哀，且念今則無所於辭，乃考其狀而附以所聞，爲列其事曰：

謹按右宣義郎致仕、贈金紫光禄大夫黄公諱崇，字彦高，其先光州固始人。十一世祖膺避地閩中，今爲邵武軍邵武縣人。曾祖扆有隱德，爲鄉里所尊。晚以子仕登朝，授太常丞以卒。故知制誥吕公夏卿實銘其墓。後以孫履爲尚書右丞，累贈司徒。祖汝臣，不仕。

父豫，用右丞奏爲右承務郎，皆以孝謹聞於鄉黨。公自幼力學，日誦千言，人謂是且大其門矣。既長，承務公任以家事，於是無復進取意。既孤而貧，悉力治喪，不以累其昆弟，而所以爲禮者無不備，觀者歎息。母孫夫人春秋高，性嚴而多病〔一八〕。公致養勤劇，得其驩心。隣家有李永者，尚氣節，雅敬慕公。察公養親之意有餘而力不足，請助公以經紀。公亦信之不疑，竭貲付之，一不問其出入，如是者十有五年。李銜公德，將死，感慨執公手曰：「子，吾父也。」公之兄客遊，以疫死，人無敢往視之者。公獨毅然告行，千里還柩，視其橐，得餘貲尚百餘萬，悉奉以歸其丘嫂，不以一毫自私。平居恭儉自守，不妄取予。至其教子擇師，雖輟衣食無所愛。由是二子皆舉進士，及公時取高科，以德業風概各有聞於當世。既又並登朝列，遇郊慶，奏公爲右宣義郎而致其事。公乘安車東西就養，二子皆孝謹篤至。諸孫滿前，晨夕所以奉養娛樂公者甚備，鄉黨榮之。紹興癸酉正月十九日，以疾卒於南劍州沙縣之寺舍，享年八十有一。其年十月，葬於九整先塋之次。娶建安游氏，先卒，亦以二子故追封孺人。一女，適貢士劉紀。

公卒時，端明公方以某官通判建州事，而季子章亦以某官知沙縣事。其後端明公被遇太上皇帝，擢館職、郎曹、史官，攝贊書命，兼司業、祭酒、侍講，歷工、吏、兵、禮部侍郎，又以府教授、給事中、兵部尚書事今上皇帝，侍讀禁中，正色立朝，聲烈甚茂。以顯謨、龍圖閣學士退老於家，天子又乞言焉，即拜端明殿學士。恩禮殊渥，而海内有識之士，亦莫不歸心焉。沙縣屢宰劇邑，有能稱。然不肯媚事權豪，後以御史中丞湯鵬舉薦入臺爲主簿，以又持論不阿而去。提舉福建路常平茶事知台州，所至聲績皆可紀。以是累贈公至金紫光禄大夫，夫人亦啓封本郡。而孫曾仕者又十餘人，然後鄉人知公所以遺其子孫者爲無窮也。李君又言：「吕以婿公孫女，嘗得拜公堂上。間竊窺觀公之爲人，望之儼然，即之温然，危坐竟日無惰容。雖遇臧獲，不妄言笑。自少至老如一日。」熹以是又知端明公之德之盛，所以没身於禮而不倦者爲有自來也。嗚呼，公其亦賢矣哉！敬爲作銘，銘曰：

司徒之德，浹於州鄉。矧其孫曾，弗俊以良？光禄之賢，克篤其慶。隱耀弗章，及子而盛。其盛伊何？學士尚書。介也英英，亦假節符。國慶所覃，逮其考廟。結紫垂黄，天子有詔。匪爵之貴，惟德之褒。保而弗墜，有積彌高。我思古人，恍其對接。承命作銘，用亶來葉。

建安郡夫人游氏墓誌銘

有宋建安郡夫人游氏，右宣義郎致仕、贈金紫光禄大夫邵武黄公諱崇之妻，而子端明殿學士諱中、台州使君諱章之所追爵也。世爲建州建陽縣長平里人，曾祖正卿、祖希古、父儀皆不仕而有隱德，鄉里推長者。

夫人資靜淑，族母阮氏以婦德爲女師，夫人幼嘗學焉，受班昭女訓，通其大義。至它組紃筆札之藝，皆不待刻意而能輒過人。早孤，其母鍾愛之，以歸大夫公。事舅姑，承祭祀勤肅不懈。舅喜賓客，佳辰令節，親舊滿門。夫人供饋唯謹，未嘗頃刻自逸而委勞於娣姒也。姑性嚴，諸婦侍旁，有二十年不命坐者。夫人獨能順適其意，盥櫛温凊，禮無違者。姑有疾，非夫人進藥不嘗。每因事指言以爲諸婦模楷。遭舅喪，大夫公素貧，昆弟相顧，謀鬻田以葬。夫人曰：「毋隳爾先業爲也。」退斥橐中妝以奉其役，以故大夫公得以不煩於衆而襄大事。大夫公爲人誠慤莊重，夫人以柔順堅正佐之，相敬如賓，謀無不協。其待遇族姻謙謹有禮，樂道其美而不喜聞其過。至其貧困，則賙之必盡其力。日誦女訓及它經言，以自箴警。亦頗信尚浮屠法，娠子則必端居靜室，焚香讀儒佛書，不疾呼，不怒視，曰：「此古人胎教之法也。」故其子生皆賢材。而夫人所以教之者又甚至，稍能言，則置膝上，授以詩書。少長，即爲迎師擇友，教詔諄悉。從兄御史先生學於河南程氏，行業淳懿，爲學者所宗。夫人每語諸子曰：「視乃舅而師法之，足以爲良士矣。」

紹興壬子四月二十三日，以疾卒。病革，大夫公泣視之。夫人曰：「生死聚散，如夜旦然，何以戚戚爲哉？」於是年五十有六矣。二子皆舉進士，中其科，而端明公實以第二人賜第。其後侍從兩朝，出入二十餘年，忠言直節，老而益壯。退居於鄉，天子閔勞以事，嘗遣信使奉璽書就而問之。其忠孝大節固已偉然，而其言行之細又皆可紀，人以爲夫人之遺教也。台州嘗爲御史臺主簿，亦以治行精敏、議論慷慨有聞於時。二公前後凡□逢慶恩〔二九〕，得追榮其母至今封，里人榮之。一女，則貢士劉紀其壻也。

卒之明年，葬於邵武縣石岐之原。大夫公嘗命台州狀其行，而未有所託銘。後四十有六年，端明公乃以命熹。其語具於大夫公之誌，此不著。獨按狀文，剟其大者書而銘之。銘曰：

長平之游，世有德人。弗耀於世，乃里其仁。女士攸宜，壺彝是式。配德娠賢，慶餘善積。尚書刺史，之德之才。湯沐之封，本邦是開。煌煌命書，賁此玄宅。伐石篆辭，永世貽則。

端明殿學士黄公墓誌銘

公姓黄氏，諱中，字通老。其先有諱膺者，自光州固始縣入閩，始家邵武，至公間十有二世矣。公之曾大父汝臣，不仕。大父豫，假承務郎。父崇，贈金紫光禄大夫。母游氏，追封建安郡夫人。

公生而穎悟端慤，少長受書，不過一再讀，退輒默然危坐竟日，問之則皆已成誦矣。未冠，從舅御史先生定夫愛其厚重，手書爲夫人賀。踰冠入太學，會京城失守，僞楚僭位號，公即日出居於外。既而邦昌果遣學官致僞詔藥物勞問諸生，公以前出，故獨無所汙。建炎再造，丞相潛善，公族祖父也，雅器重公，薦諸朝。詔補修職郎、御營使司幹辦公事。紹興五年舉進士，對策廷中，極論孝弟之意，冀以感動聖心。天子果異其言，擢置上第，名次舉首，授左文林郎、保寧軍節度推官。改宣義郎、主管南外敦宗院。代還，秦丞相檜方用事，察公意不附己，差通判建州事。罹外艱，服除，復差通判紹興府事。時公登第二十有餘年矣，轉徙外服，士友歎其滯淹，而公處之泊如也。

檜已死，公道稍開。上記公姓名，乃召以爲秘書省校書郎，兼實録院檢討官。遷著作佐郎，兼普安恩平郡王府教授，遷司封員外郎，兼權國子司業。滿歲，爲真。紹興二十八年，充賀金國生辰使，與賀正使、祕書少監沈介相先後。明年公還，獨言虜作治汴宮，役夫萬計，此必欲徙居以見迫，不可不早自爲計。時約和既久，中外解弛，無復戰守之備。上聞公言，矍然曰：「非但爲離宮耶？」公曰：「臣見其營表之目，宮寢悉備，此豈止爲離宮者？以臣度之，虜勢必南。虜南居汴，則壯士健馬不數日可至淮上。事勢已迫，惟陛下亟深圖之。」上是公言，而宰相皆不悅，顧詰公曰：「沈監之歸，屬耳不聞此言，公安得獨爲此？」殊不以爲意。踰月，公復往扣之，且曰：「即不以鄙言爲可信，請治其罪。」又皆憮然莫應，而右相湯思退怒甚，至以語侵公。公不爲動，已乃除沈吏部侍郎，而徙公祕書少監以抑之。公猶以邊備爲言，不聽，則請補外。上不許，曰：「黄某可謂恬退有守矣。」除起居郎，賜以鞍馬。非故事也。踰月，兼權中書舍人。

顯仁太后崩，百官朝臨，將避辰日。公以非經，且引唐太宗哭張公謹事爭之。已而卜殯日，適在權制釋服之外。有司議百官以吉服陪位，公又論之曰：「唐制，殯在易月之内，則曰百僚各服其服。啓殯在易月之外，則曰各服其初服。今殯雖過期，獨不得以啓殯例之而服其初服乎？且喪與其易寧戚，惟稽古定制，有以伸臣子之至情者，則幸甚。」尋差同知三十年貢舉，權工部侍郎，奏：「御前軍器所領屬中人，其調度程品，工部軍器監有不得而聞者，非祖宗正名建官之意。請得隸屬稽考。」不報。

金人來賀天申節，充接伴使。故事，錫宴使者謝於庭中。至是辭以方暑，請拜宇下。公持不可，乃如故事。遂爲送伴使。還，又言聞虜日繕兵不休，且其重兵皆屯中州，宜有以待之。明年，兼侍講，又兼吏、兵部侍郎。會將有事於明堂，公請毋新幄帟，毋設四輅，以節浮費。詔從之。既而虜使復以天申來賀，方引見，遽以欽宗皇帝訃聞，且多出不遜語。諸公恇駭〔三〇〕，不知所爲，至謂上不可以凶服見使者，欲俟其去乃發喪。公聞之，馳白宰相：

「此國家大事，臣子至痛之節，一有失禮，謂天下後世何？且使人或問故，將何以對？」於是始議行禮。公又率諸同列請對，論決策用兵事。衆莫有同者，公乃獨陳備禦方略，且曰：「朝廷與仇虜通好，二十餘年之間，我未嘗一日言戰，虜未嘗一日忘戰。以我歲幣，啖彼士卒，我日益削，虜日益彊。今幸天褫其魄，使先墜言以警陛下，惟陛下亟加聖心焉。」蓋公自使還三年，每進對，未嘗不以兹事爲言。至是上始入其説，然不數月，而虜亮已擁衆渡淮矣。遷權禮部侍郎，入謝，因論淮西將士不用命，請擇大臣督諸軍。既而殿帥楊存中以御營使行，公又率同列論存中不可遣狀甚力。虜騎至江壖，朝臣震怖，爭遣家逃匿，公獨晏然如平日。家人亦朝暮請行，公曰：「天子六宫在是，吾爲從臣，獨安適耶？」比虜退，唯公與左相陳魯公家在城中，衆皆慚服。

於是車駕將撫師建康，而欽宗未祔廟，留守湯思退請省虞以速祔。公持不可，上納用焉。而議者猶謂凶服不可以即戎，上曰：「吾固以縞素詔中外矣。」卒從公言而行。月朔，留司百官當入臨，思退復議寢其禮，公又力爭，得不罷。比作主，當瘞重，公又以初服請。右相朱倬不可，曰：「徽考大行有故事矣。」公曰：「此前日之誤，今正當改之耳。」倬因妄謂上意實然，臣子務爲恭順可也。公曰：「責難於君，乃爲恭耳。」虜既易主，明年，復遣使來通好，議者皆曰：「土地，實也；君臣，名也。先實後名，我之利也。」公又奏曰：「君臣之名既定，則實將從之，百世不易。若土地〔三一〕，則其得失取予非有定也，安得反謂之實而先之乎？」上然之，詔公去權號。會有詔問足食足兵之計，公以「量入爲出」爲對，且曰：「今天下財賦半入内帑，有司莫能計其盈虚，請悉以歸左藏。」且引唐楊炎告德宗語曰：「陛下仁聖，豈不能爲德宗之爲哉？」上亦善之，然未及行也。

未幾，今天子受禪登極。公始蓋嘗與聞其議，至是自以舊學老臣，且察左右有以術數惑上聽者，首以堯、舜、禹、湯、文、武、周、孔所傳正心誠意、致知格物之説爲上敷陳甚悉。會詔給筆札侍臣論天下事，公既條上，且申前奏，極論内帑之弊。於是有詔，更以内藏激賞爲左藏南庫。明年，兼國子祭酒。詔以旱蝗星變，命近臣言闕政。公曰：「前給筆札，群臣悉已條對，今什未一二施行。夫言非難，行之爲難。願陛下力行而已，無以多言爲也。」已而有旨，自今太上皇后令皆以聖旨爲號。公以故典爭之，不得。宰相建遣王之望使虜約和，公又論之，亦不從。俄兼給事中。

明年，天申上壽，議者以欽宗服除，將復用樂。事下禮曹，公奏曰：「臣事君，猶子事父，禮親喪未葬不除服。春秋君弑賊不討，則雖葬不書，以明臣子之罪。況今欽宗實未葬也，而遽作樂，不亦失禮違經之甚乎！」退復以白宰相，且引永祐龍輴未返時事爲比。左相湯思退曰：「時已遣使奉迎，今則未也。」公曰：「此又誰之責耶？」右相張魏公亦曰：「今乃爲親之故，不得以前日比。」公曰：「太上皇帝於欽宗親弟昆，且常北面事之，有君臣之義，尤恐非所安也。」退具草，將復論之，詞益壯厲。尋有旨集議，而廟堂間遣禮官來偵公意。公出奏草示之，知公議正不可屈，乃寢。

公在東臺不半歲，詔敕下者問理如何，未嘗顧己徇人，小有所屈。内侍李綽、徐紳、賈竑、梁珂遷官不應法，諫官劉度坐論近習龍大淵忤旨補郡，已復罷之，公壹不書讀〔三二〕，繳奏以聞，左右已深忌之。會復有旨賜安穆皇后家墳寺田，而僧遂奪取殿前選鋒軍所買丁禩田以自入，軍士以爲言。事下户部，尚書韓仲通以爲不可，而侍郎錢端禮觀望，獨奏予之。公復封上曰：「今若奉行前詔，則當以官田給賜，不當取諸軍家所買。若謂丁禩得之非道，軍家不應得買，則亦當還直取田，不當遽乾没也。」疏奏，群小相與益肆媒孽公，遂以特旨罷中書舍人。馬騏上疏留公，未報，而言事官尹穡希意投隙，詆公爲張公黨。騏後亦不能自堅，而公竟去國矣。

明年，乾道改元，公年適七十，即移文所居邵武軍，引年告老。除集英殿修撰致仕，進敷文閣待制。久之，上亦寖悟，思公言，將復用之。五年，因御講筵，顧侍臣曰〔三三〕：「黄某老儒，今居何許？年幾何矣？筋力彊否？」於是召公赴闕。公辭謝不獲，明年乃起。公以老成宿望，直道正言，去國七年，至是復來，觀者如堵。入對内殿，問勞甚寵。時用事者方以權譎功利日肆欺罔，公因復以前奏正心誠意、致知格物者爲上精言之。又言：「比年以來，言和者忘不共戴天之讎，固非久安之計；而言戰者徒爲無顧忌大言，又無必勝之策。必也暫與之和而亟爲之備，内修政理而外觀時變，則庶乎其可耳。」上皆聽納。以爲兵部尚書、兼侍讀。每當入直，上常先遣人候視，至則亟召入，坐語極從容。如是數月，月必一再見。公知無不言，其大者則迎請欽廟梓宫，罷天申錫宴也。初，公在禮部論止作樂事，公去踰年，卒用之，然猶未設宴也。至是，將錫宴，公奏申前説，且曰：「三綱五常，聖人所以維持天下之要道，須臾不可無也。欽宗梓宫遠在沙漠，爲臣子者未嘗以一言及之，獨不錫宴一事僅存，如魯告朔之餼羊爾。今又廢之，則三綱五常掃地盡矣，陛下將何以責天下臣子之不盡忠孝於君親哉？」已而詔遣中書舍人范成大使虜，以山陵爲請。公又奏曰：「陛下聖孝及此，天下幸甚。然置欽廟梓宫而不問，則有所未盡於人心。且雖夷狄之無君，其或以是而窺我矣。」上善其言而不及用，虜於是果肆嫚言，人乃服公論之正而識之早也。公又嘗奏請命有司作乾道會計録以制國用，罷去發運使及它民間利病、邊防得失數事。

公前以不得其言而被讒以去，其復來也，將有以卒行其志，而上意鄉公亦益厚。至是不能卒歲，又以言不盡用，浩然有歸志。然猶未忍決求去也，乃陳十要道之説以獻曰：「用人而不自用者，治天下之要道也。以公議進退人材者，用人之要道也。察其正直納忠，阿諛順旨者，辨君子小人之要道也。考核事實者，聽言之要道也。量入爲出者，理財之要道也。精選監司者，理郡邑之要道也。痛懲贓吏者，恤民之要道也。求文武之臣面陳方略者，選將帥之要道也。稽考兵籍，省財之要道也。」言皆切中時病，每奏一篇，上未嘗不稱善。公遂從容乞身以歸，詞旨堅確。上不能奪，乃除顯謨閣學士、提舉江州太平興國宮。入謝且辭，上意殊眷眷，内出犀帶、香茗爲賜。既歸，再疏告老，遂以龍圖閣學士致仕。

淳熙元年，上意猶欲用公，以公篤老不敢召，則上手爲書，遣使詣公，訪以天下利害、朝政闕失。進職端明殿學士，且以銀絹將之。公受詔感激，拜疏以謝。略曰：「朝政之闕失多矣，其尤失者，君子在野，小人在位，政出多門，言路壅塞，廉耻道喪，貨賂公行也。天下之利害多矣，其尤害民者，官吏貪墨，賦斂煩重，財用匱竭，盜賊多有，獄訟不理，政以賄成也。臣願進君子，退小人，精選諸道部使者以察州縣，則朝政有經，民不告病矣。」公之復歸又十年，雖身安田里，老壽康寧，無復它念，然其心未嘗一日忘朝廷。間語及時事，或慷慨悲辛不能已，聞者蓋動心焉。然尚冀公之復起，而卒有以寤上心也。

七年八月庚寅〔三四〕，竟以疾薨於家之正寢。先是，屬疾踰年，手草遺表，猶以山陵境土、欽廟梓宮爲言，而戒上以人主之職不可假之左右，言尤剴切，至是上之。上聞悲悼，朝野相弔。詔以正議大夫告其第。享年八十有五，累封江夏郡開國侯、食邑千五百户、實封百户。娶熊氏、詹氏，又娶詹氏，封淑人。三男：源，通直郎；瀚，承務郎；浩，從政郎。六女，承議郎倪治、通直郎吳應時、宣教郎謝源明承事郎張鑄、承事郎陳景山其婿也。第三子及第二女皆夭〔三五〕，孫男七人，女五人。

公天性莊重，終日儼然，坐立有常處，未嘗傾側跛倚，語默有常節，未嘗戲言苟笑。它人視之若有所拘縶而不能頃刻安者，公獨泰然以終其身。雖在燕私，亦未嘗須臾變也。居家孝友篤至，夫婦相敬如賓。與人交，恭而信，淡而久，苟非其義，一介不取諸人，亦不以予人。少時貧窶，炊黍或不繼，而處之甚安。至其力所可致，則亦不使親與其憂也。晚歲宦達，而自奉簡薄不改於舊。惟祭祀則致豐潔，細大必身親之。仕州縣奉法循理，敦尚風教，在朝廷守經據正，思深慮遠，不爲激訐之言、表襮之行以矜己取名。然誠意所格，愈久而上下愈信服之。上雅敬重公，屢有大用意。而公卒不少貶以求合。上問進取，必謹對曰：「先自治。」問理財，必謹對曰：「量入爲出。」始終一説，未嘗少及功利。至於忠孝大節，敬終追遠之際，則深有所不能忘者。蓋自始對詔策，已發其端，而痛夫欽廟梓宫之未返，則論之終身，至於垂絶之言不釋也。嗚呼悲夫！推公此心，可謂無歉於幽明，而其法戒之所存，雖與天壤相弊可也。

尤恬於勢利，興廢之間，人莫見其喜愠之色。爲郡從事時，驗茶券有僞者。吏白公當受賞，公謝却之。罷惇宗而造朝也，臨安學官與試貢士，公以朝命攝其事。時見官外猶有缺員，用事者故以嘗公。已而試事畢，公即解印去。其人曰：「所攝黨缺員，盍亦自言以審之乎？」公竟不顧，用事者以是惡之。在王府時，龍大淵爲内知，已親幸。它教授或與過從觴詠，公獨未嘗與之坐，朝夕見則揖而退。其後它教授多蒙其力，公獨不徙官。爲司業時，芝草生武成廟，武學官吏請以聞，公不答，則陰圖以獻。宰相召長貳而詰之曰：「治世之瑞，抑而不奏，何耶？」祭酒周公綰未對，公指所畫對曰：「治世何用此爲？」周退，語人曰：「黄公之言精切簡當，惜不使爲諫諍官也。」六和塔成，宰相命諸達官人寫釋氏四十二章之一刻之壁間，公謝不能，請至再，終不與。其不惑異端又如此。

所居官人莫敢干以私，然公初未嘗有意固拒之也。蜀士有仕於朝者，同列多靳侮之，獨感公遇己厚，然公亦未嘗有意獨厚之也。尤喜薦士，王詹事十朋、張舍人震皆公所引。張忠獻公、劉太尉錡之復用，公力爲多。然未嘗以告人，諸公或不之知也。致事里居前後十五年，收死恤孤，振貧繼絶，蒙賴者衆，而公未嘗有自德之色。平居門無雜賓，邑里後生有來見者，躬與爲禮，如對大賓。諄諄教語，必依於孝弟忠信，未嘗以爵齒自高而有懈意惰容也。蓋公之爲人生質粹美，天下之物既無足以動於其心，其學於天下之義理，又皆不待問辨而已識其大者。若其誠意躬行，則又渾然不見其勉强之意。而謙厚慤實，尤以空言爲耻。以故當世鮮克知之。然親炙而有得焉，則未有不厭然心服者。嗚呼！所謂訥言敏行，實浮於名者，公其是與！

明年將葬，嗣子源使其弟瀚狀公行事〔三六〕，屬熹以銘。熹辱公知顧甚厚，且嘗受命以識先大夫、先夫人之墓矣，不復敢辭，乃敬叙其事而銘之。公墓在邵武縣仁澤鄉慶親里居第之北曰石岐原〔三七〕，葬以十二月初五日。其銘曰：

天下國家，孰匪當務？曷爲斯本？身則其處。事物之理，指數其窮。曷其大者？維孝與忠。我觀黄公，天畀淳則。植本自躬，有大其識。儼其若思，履衡蹈從。盛德之表，見於聲容。烝烝於家，懇懇於國。敬終厚遠，靡有遺貸。根深末茂，綱舉目隨。行滿當世，言爲寶龜。出入兩朝，初終一意。酬酢佑神，表裏一致。因而不究〔三八〕，君子惜之。勒銘幽宫，維以質之。

武經大夫趙公墓誌銘

公諱某，字夢周，有宋太宗皇帝之六世孫也。其曾大父某，大父某，皆爲開府儀同三司、贈太師，追王韓、成二國，事皆見國史。父某，舉進士中第，未及仕而卒，贈中奉大夫。

公生睦親宅，以郊祀恩補成忠郎。少孤，能自植立，刻意爲學，欲以文字成名於世。遭亂轉徙，不克遂其志。

年甫冠，調監常州宜興縣税。是時寇難未夷，道路艱棘，公治征算不以苛皦爲事，往來便之。在官獨居一室，日以讀書鼓琴爲事，一無他嗜。同寮莫測其所爲，至使人陰伺之，已乃信服。參知政事張公守亦知其賢，更以爲饒州永平監。舊法，課卒淘土取棄銅以益鑄用，數登萬斤，輒書勞受賞。前後相承，程董峻切，役者病之。公至，獨歎曰：「瘠人肥己，吾弗忍也。」亟罷去，而節他費以足用。守董耘賢之，且愛其詞章，薦於朝，請爲易文資，不果去。居信之弋陽，一時名勝爭迎致館穀，且遣子弟從之遊。久之，自請爲祠官，得主管華州雲臺觀，始來居邵武。時中書舍人王洋知軍事，尤深禮敬與酬唱往來，稱歎不置。秩滿，爲建昌軍兵馬都監。郡守知其廉，帑藏出納悉以諉之。復監泉州軍郡使司糴事〔三九〕。公知前積蠹弊，歎曰：「踵是則吾固不能，正之則蒙其辜者必衆，吾豈爲禍始乎？」因力辭之。既而有求代其任者，果不免，聞者歎服。晚再爲福建路兵馬鈐轄，累官至武經大夫。行年七十有三，淳熙六年七月某日，以疾卒。

公配恭人滿氏，某官中行之曾孫女。子男五人：善俊，朝議大夫、直龍圖閣、知廬州、主管淮西安撫司公事；善佐，朝散郎、知常德府事；善儀，秉義郎；善任，承節郎；善傑，忠翊郎，而善任蚤卒。女七人，其二亦夭〔四〇〕。其五人，則從政郎鄧祖攸、迪功郎楊珵、李絪、黄造、司馬蓮其婿也。孫男女各二人，皆幼。

明年，諸孤特奉公柩葬於邵武縣新屯西宅之原，而書其事狀如此，使人來請銘。熹雅聞公爲人恬淡寬博，自少以廉謹自將。平居未嘗有愠色，尤不喜言人過。以急難告者必周之，未嘗計有無也。生長太平公族間，不爲華靡之習。從宦所至，壹以仁恕惻怛爲心。雖勢卑不得盡行其志，然其隨事及物，亦足以見其胸中所存者。滿恭人有賢行，諸子皆以文學稱。而淮西、常德連中進士第，皆及公無恙時，被遇通顯，知名當世。公晚更得閒適，因不復問家事，顓用棋酒自娱而老壽以没。嗚呼，是亦可以無憾也夫！乃考其狀，叙而銘之。銘曰：

唯紓人之勞，寧卻己之進。豈曰己之廉，而速人以病？仁夫趙公，有睪其宫。我銘斯石，以詔其終。

夫人徐氏墓誌銘

夫人徐氏，温州瑞安縣人，世隱德不仕。夫人生柔順静正，父母愛之，擇所宜歸，以配郡人張君某。既歸，事舅姑盡禮。晨夕敬問衣服食飲寒燠之宜而節適之，舅姑未食不敢食，未寢不敢寢。姑性嚴重，事有不可其意，終日不懌，左右莫能近。夫人獨從容娛侍，所以開釋其意者萬方，俟其語笑復常，乃敢退。如是者十有八年，隣里親族覸之，不見其一日懈也。舅姑没，哀毁不勝衰。

張君家故饒財，喜賓客。中歲少寠約，然不以屑意。朋舊過門，輒飭庖具饌，相與樂飲如故時[四一]。館客於家，至或旬月不厭。夫人節衣食以奉其費無難色，不使張君知其有異於前也。佐張君教諸子，皆有文行。既而其長揚卿遂登進士第，仕州縣，以敦樸詳練爲諸公長者所知。張君由此亦以太上慶壽恩補承務郎而致其事。老壽家居，子孫滿前，鄉鄰以爲榮。而夫人已不及見久矣。

蓋夫人以紹興二十六年十二月□□卒，享年五十有五。凡生三男三女，揚卿之弟曰振卿、曰□卿；女伯、季蚤卒，仲適成忠郎、監左藏西庫林鏞。孫男八人，女六人。卒後四年，乃克祔於先姑周氏之塋。

又二十有五年，而揚卿以從政郎爲南康軍學教授，與予聯事相好也。一日，狀夫人之行以告曰：「揚卿之禄已不得逮其母，日夜痛於厥心。如又不能有以表其行實之懿於方來，則不孝之罪死有餘責。敢敬泣拜以請，夫子幸哀而予之銘，是使揚卿得以不死其親而免於戾也。」予辭謝不獲，而未及爲。明年去郡，揚卿又以書來請不置，乃序其事而銘之。

其詞曰：

既孝既敬，又儉以勤。天曷報之？子秀而文。生短慶長，儲豐饗嗇。銘以訂之，百世其澤。

劉氏妹墓誌銘

新瀏陽丞建安劉君子翔彥集之妻吳郡朱氏者，先太史吏部府君之女，而熹之女弟也。爲人質實易良，自幼不見其有妄言慍色。生五年而失先君（四二），先孺人愛之。年二十有一以歸劉氏，事皇舅大夫公禮敬飭備，下及旁側侍御，委曲逢將，尤有人所難者。大夫公沒，佐彥集理家事，勤約不懈。撫教諸子，愛而有節。其逮下有恩意，門内之治雍如也。淳熙八年，年四十有三，二月乙未，以疾卒。子男二人，瑾、瑱，皆將仕郎。女二人，未嫁。

彥集將以是歲十月辛酉藏其柩於崇安縣西三里大夫公塋左若干步，謂予曰：「子盍銘諸！」予寡兄弟，先君之遺女唯此妹。予既杜門山間，而妹亦幸不遠嫁，一歲中率再三見。其遠別惟從其家之官時爲然，然不一二歲輒歸，復相見。今其病死，而予適從吏役歸，則不復相見矣。獨與彥集相持大慟，而彥集又爲予道其將死時與家人訣別，付託兒女狀，尤使人不忍聞。嗚呼！孰謂吾妹而遽至此耶！老病且哀不能文，彊書此以識其壙，且爲銘曰：

哀哀吾弟，歸藏其丘。懿此遺德，後人之休。

邵武縣丞謝君墓碣銘

臨川有隱君子，曰溪堂先生謝君，名逸，字無逸，與其弟竹友先生名薖，字幼槃，俱學詩於黄太史氏，而以清介廉節有聞於時。然皆不遇以死，是以獨以其詩行於四方，而其行業之懿，則非其邑子有不得而詳焉，是可歎已。竹友之子曰敏行，字長訥，自號中隱居士，娶季氏，生子曰源，字資深，始以進士得官，爲文林郎、邵武軍邵武縣丞。且以慶恩，得封其母爲太安人，蓋將有以大其門者。而不幸以卒，識者莫不傷之。

資深自幼日誦數千言，少長受經屬文，有聲庠塾間。士大夫之賢者來臨川，聞其名莫不延致而賓禮之。再試禮部中第，宰相以兩先生故，不使從吏部選，言於上，以爲建昌軍學教授。居官靜重有守，然事有當爲，亦不憚改革也。嘗祠其鄉之賢者五人於學，以勸諸生，而故劉侍郎季高爲之記。秩滿，諸生相率狀其行治，扣漕臺請留之。使者知其賢，顧法不可，因相與薦之，得稍遷秩，復教授江州州學。未行，遭父喪。終制，調隆興府南昌縣丞。會李侍郎仁甫將漕江西，披輯舊聞，以脩一路圖經，於官屬中獨以資深爲可與於此者，又與諸使者共薦之。嘗行邑事歲餘，屬帥守以聚斂爲急，諸邑奉承唯謹，而資深獨無所屈，常歎曰：「迫貧民以奉上官，吾弗忍爲也。」帥守以是於資深獨不悦，而邑人深德之。既去，父兄子弟相與送之，數里不絶。帥守愧歎，亟以薦書追而與之。詣曹校考，當改京秩。會舉將有故不果，遂來邵武。當路者多知其賢，而常平使者宋君若水尤敬重之，又率同列交薦。章下而資深已病不起矣，時年五十有八，淳熙辛丑九月己丑也。

資深天資渾厚，人少見其喜怒。未第時，教學以奉甘旨。教撫弟妹而婚嫁之，鄉黨稱其孝友。家世清貧，獨有園廛數畝，中隱君既以其號榜之，至資深雖從官，然於生産亦不能有所增益，獨葺此園，築室其間，雜蒔花木蔬果桑竹，暇日挾册吟哦其間。雖飯疏飲水，不自知其有不足也。其詩秀潤和雅，有二祖風致。存者百餘篇，號空齋詩藁云。資深娶同郡黄氏，生三男五女。男曰樞、曰機、曰椿。女所適曰嚴亨甫、曰饒祁，餘未有行也。

資深在邵武時，嘗以檄書便道過我。予雅聞資深名，一見即知其長者。既去，遊武夷山水間，得予所結廬處，復留詩見屬。予以是又知其句律之妙可追前輩無慚也。顧未及酬而聞其訃，又以病不能往弔。今樞等既葬資深中隱君墓之側，而以書奉資深親友吳君炳若之狀來請銘。時予方病，欲謝不能，又念資深前日賦詩相屬之意，不可以終莫之償也，乃爲之銘。銘曰：

惟君家，世隱淪。載其德，之後人。君承之，勢欲振。塗未半，隕厥身。藏於斯，從隱君。陵爲谷，訂此文。

司農寺丞翁君墓碣銘

紹興中，宰相秦檜專柄用事，諸有故怨及不附己者，皆誣以罪，竄嶺海。故相趙忠簡公用此死朱崖。天子哀之，還其柩，將葬衢州常山縣。郡將章傑，紹聖丞相惇諸孫，雅怨趙公當國時奉詔治惇罪，又希檜旨，陽以善意檄常山尉翁君蒙之護其喪。一日，下書翁君曰：「趙氏私爲酒以飲役夫，亟捕置之法。」而陰使人喻意，使并搜取趙公平日知舊往來書疏，欲以敗趙氏，快私憾，且媚檜取美官。翁君不可，則啖以利，又不可，則脅以威，往反再三。翁君度傑意壯不但已，或更屬它吏，則事有不可爲者，即密告趙氏，夜取諸文書悉燒之，無片紙在。翌旦，乃往爲搜捕者，而以無所得告。傑怒，又廉知翁君女弟適故禮部侍郎胡公寅，實當時草詔罪狀惇者，益怒，乃誣翁君它罪劾之。會胡公弟寧爲尚書郎，具以其事白檜，檜亦悟爲傑所賣，下其事安撫使問狀，徙翁君官旁郡，趙氏亦竟得無它，而傑遂廢，不復用。當是時，天下莫不高翁君之誼，慕翁君之名而想見其爲人者。今天子即位，近臣乃以其事聞。上亟召見，嘉歎其節，改秩，再除中都官，皆以省員補外。晚乃歸爲司農寺丞，未幾而卒，聞者莫不哀之。

君字子功，世家建寧府崇安縣之白水村。大父彦深，宣和中爲秘書少監。梁師成欲一見之不可得，遂久不徙官。其後歷國子祭酒、太常少卿，以集英殿脩撰歸老於家。父揆，文林郎、密州司士曹事，亦以文行知名，蚤卒。君以集英任補登仕郎，調右迪功郎、尉常山，移婺之蘭溪。更調明州司理參軍，以母喪不赴。主管吏部架閣文字，又以少母喪去官。改□□郎，監登聞鼓院。出爲江南東路安撫司主管機宜文字。當塗滂疫，君以檄按行，拯療極力，全活甚衆。除軍器監丞，又主江西安撫機宜文字。復值歲凶，君佐其府咨訪處畫，用力尤多。使龔公茂良與諸使者合言於朝，乃召丞大農。卒時年五十有二，淳熙元年二月十三日也。

君自幼卓犖不群，曹偶敬憚。而孝謹順悌，事集英及母兄無間言。兄没，撫其孤甚厚，嫁其女先己女。集英引年恩當及君子，君推以予從祖弟履之。家居不問有無，仕官不計升黜。至於周人之急，則亦不復知有難易多寡之擇，即有不逮，雖奔走乞貸勞辱不憚也。歷陽張晉彦以子孝祥被親擢冠多士故忤相檜意，逮繫廷尉。親舊畏禍及己，莫與通，求所以爲橐饘費者無所得。君聞之，獨慨然謁其兄，罄家貲，得白金百兩遺之。會檜死，事壹解。後張氏父子俱官達，以此德君，終其身不能忘。君與之遊，亦每規正其失，無所避，人兩賢之。在江西時，同寮劉氏子琦奔父喪，病疫甚殆，人莫敢視。君獨輿致其家，蚤暮躬治粥藥，琦得不死。它所爲類此人所難者甚衆，不勝紀。平居食客滿堂，莫非有求於君者，而君不之厭也。娶李氏，紹興史官彌正之女，先卒。無子，以從祖兄誠之之子樗年爲後。一女，適修職郎王仲。

君家自集英時有別業金陵，君即居之。既卒，遂葬江寧縣西北村，祔以李氏。後數年，君之甥豫章通守胡君大原狀君行事以來曰：「舅氏志未克申而不幸至此，其高節馴行有不可以弗識者。子盍識諸？吾且刻其墓上。」予婦家與君有連姻，得蚤從君游，相期甚厚。讀其書，爲出涕，不忍辭也。乃書其事而銘之。銘曰：

仁全故家，知折姦謀。勇蹈大難，賁育其儔。偉哉若人，躬此達德。俛哉終身〔四三〕，靡有回遹。無曰斯丘，四尺之崇。忘私起懦，千載高風。

校勘記

〔一〕國録魏公墓誌銘　淳熙本作「魏元履墓誌」。

〔二〕以諫至三四　「諫」下，淳熙本有「疏」字。

〔三〕則移病杜門　「病」，淳熙本、浙本作「疾」。

〔四〕何叔京墓碣銘　「碣」，淳熙本作「誌」。

〔五〕百里而近七臺之麓小溪之濱　此十二字，淳熙本無之。

〔六〕獨以不獲終養卒學爲深念　「獨」，淳熙本作「惟」；「獲」，淳熙本作「及」。

〔七〕君家臺溪且數世　淳熙本作「君家邵武七臺之麓小溪之濱也」。

〔八〕而君劉出也　「劉」，淳熙本作「林」。

〔九〕至於收族恤孤　「至」，淳熙本作「唯」。

〔一〇〕則又懇惻憂勞如己嗜欲　淳熙本作「爲無所愛其力而」。

〔一一〕數行縣事　「數」，淳熙本作「攝」。

〔一二〕白罷税外無名之賦　「白」，淳熙本作「且」。

〔一三〕旬日皆盡　「日」，淳熙本作「月」。

〔一四〕夙夜疚思　「疚」，淳熙本作「究」。

〔一五〕其言多可傳者　「言多」，淳熙本作「間皆」。

〔一六〕奉君命至東楊之原　按此二十一字原脱，據淳熙本補。

〔一七〕子男三人　「三人」原脱，據淳熙本補。

〔一八〕次瓊瑀　「瓊瑀」原作「某」，據淳熙本改。

〔一九〕女三人　此三字原脱，據淳熙本補。

〔二〇〕長適吴大同　「長」下，原有「女」字，據淳熙本删。

〔二一〕次馮楝　「馮」，原作「馬」，據淳熙本、浙本、文集卷九四知縣何公壙誌改。

〔二二〕夷易而方　「易而」，淳熙本作「直以」。

〔二三〕氣則靡定至幽竁其銘　按此二十八字原缺，據淳熙本補。

〔二四〕納詞誄行告幽荒　「誄」，原作「誅」，浙本、天順本作「誺」，義皆不合。按周禮春官大祝「六曰誄」鄭注：「誄，謂積累生時德行以錫之命，主爲其辭也。」是「誅」、「誺」皆當爲「誄」形近之訛，今以義徑改。

〔二五〕竟以累試禮部恩奏名天府　「恩」，原作「思」，據浙本、天順本改。

〔二六〕少有忿爭　「少」，浙本作「小」。

〔二七〕令欲以聞　「令」，原作「今」，據浙本、天順本改。

〔二八〕性嚴而多病　「病」，浙本作「疾」。

〔二九〕二公前後凡□逢慶恩　缺字，明萬曆本作「遭」，四庫全書本作「累」。

〔三〇〕諸公恇駭　「恇」，原作「惟」，據浙本、天順本改。正訛補遺作「懼」。

〔三一〕若土地　「若」，原作「者」，據閩本、天順本改。

〔三二〕公壹不書讀　記疑補遺：「讀，疑當作牘。」

〔三三〕顧侍臣曰　「曰」，原作「力」，據浙本、天順本改。

〔三四〕七年八月庚寅　「庚寅」原缺，據淳熙本、宋史本傳補。

〔三五〕第三子及第二女皆夭　「三」，原作「二」，據淳熙本、浙本改。

〔三六〕嗣子源使其弟瀚狀公行事　「瀚」，原作「翰」，據淳熙本、浙本改。

〔三七〕慶親里居第之北曰石歧原　「慶親」、「石歧」原缺，據淳熙本補。

〔三八〕因而不究　「因」，浙本作「用」。

〔三九〕復監泉州軍郡使司糴事　「軍」字原脱，據浙本補。

〔四〇〕其二亦夭　「其二」原脱，據浙本補。

〔四一〕相與樂飲如故時　「樂」，浙本無之。

〔四二〕生五年而失先君　「而」，原作「面」，據浙本改。

〔四三〕俛哉終身　「哉」，閩本、浙本、天順本作「焉」。